第四卷

李文溥 ◎ 著

产业经济学

中国经济学探索丛稿

中国财经出版传媒集团
经济科学出版社
Economic Science Press
·北京·

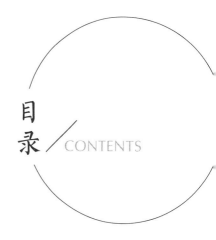

目录 / CONTENTS

第一篇

中国全要素生产率增长率的变化及提升途径[*]
——基于产业视角

一、引言

改革开放以来，中国经济实现了近 40 年高速增长。但是，经济增长质量却也不断受到一些学者的质疑（Krugman，1994；Young，2003；Wu，2014），理由是中国全要素生产率增长率（TFPG）水平太低，难以支撑经济长期高速增长。另外，2012 年以来，中国经济增速大幅下降，目前仍面临着继续下降的较大压力，如何在新常态下夯实经济增长的内生动力基础，是当前中国亟须解决的问题。

自 20 世纪 90 年代以来，随着全要素生产率（TFP）测算方法的扩展和可获得统计数据的增加，对中国 TFP 测算及相关问题的研究呈现方兴未艾之势。根据采用数据的不同，文献可以归为总量时间序列、省际面板、行业面板三个大类。其中，省际面板又可以分为总量省级面板和某一产业（行业）省级面板两类，行业面板又可以分为三次产业面板、总量细分行业面板、工业（制造业）细分行业面板和服务业细分行业面板四类。鉴于本文从产业视角考察经济总量层面 TFP 相关问题，以下仅对三次产业面板和总量细分行业面板的相关文献进行梳理。

三次产业面板文献主要有刘伟和张辉（2008）、干春晖和郑若谷（2009）、辛超等（2015）、王鹏和尤济红（2015）、蔡跃洲和付一夫（2017）等。该类

* 本文原载于《经济学（季刊）》2021 年第 2 期，共同作者：田友春、卢盛荣。

文献研究的主题是产业结构变化的生产率效应，主要使用结构分解方法，将生产率增长分解为内部效应和结构变化效应，进而考察结构变化对生产率增长的贡献。这类文献的研究结果大体上是一致的，主要有两个：一是劳动力结构变化具有显著的"结构红利"效应，资本结构变化的"结构红利"效应不明显，无论生产率是采用单要素生产率还是全要素生产率指标进行衡量，结论都是近似的；二是无论"结构红利"效应是否显著，生产率增长主要来源于内部效应。

总量细分行业面板文献主要有姚战琪（2009）、赵春雨等（2011）、贺京同和何蕾（2016）等。该类文献与三次产业面板的研究主题和研究方法大体相同，对生产率增长的内部效应贡献、劳动力结构变化效应的定性判断的分析结果也基本一致。但是，对于资本结构变化效应定性判断的观点有所差别，总量细分行业面板文献认为资本结构变化效应为负值。究其原因，应该在于是否包含产业内部细分行业之间的结构变化。

综合现有研究来看，从行业，尤其细分行业角度对中国 TFP 及相关问题的研究还非常少。其中的文献也主要研究结构变化效应这一主题，相应的政策内涵也必然是结构变化视角上的，但是，2009 年以来中国 TFP 增速大幅下降的主导因素却可能不是结构上的。此外，一些文献对部分投入产出指标的数据处理也还存在不尽合理和不够细致之处。

相较于现有研究，本文的贡献主要在于三点：一是构建和使用更为合理的投入产出指标数据，使对 TFPG 变化动态的研究结果更加符合中国实际；二是拓展研究视角，从行业内部视角深入探讨 2009 年以来中国 TFPG 大幅下降的原因和提升途径，为当前的"供给侧"改革提供一些政策思路；三是尝试使用 TFPG 反推时变要素产出弹性。资本产出弹性的测算结果能够较好地反映出经济波动的影响。这可能对更精确地测算产能利用率具有借鉴意义。

本文接下来的安排是：第二部分构建数据和测算 TFP 指数，第三部分分析 TFP 增长率及其动态变化，第四部分探讨 2009 年以来 TFP 增速大幅下降的原因及提升途径，最后是结论。

二、数据构建和 TFP 测算

（一）数据来源及构建

本文研究所需变量主要有产出、资本和劳动三个，分别采用增加值、资本存量和全社会从业人员指标来衡量。受限于统计数据缺失，本文的研究时段设定为 1990~2014 年。研究期间行业划分涉及三个标准：GB/T 4754—1994、GB/T 4754—2002 和 GB/T 4754—2011。其中，GB/T 4754—1994 和 GB/T 4754—2002 之间第三产业细分行业划分不同，需要分阶段分别测算 TFP 指数。而 GB/T 4754—2002 和 GB/T 4754—2011 之间细分行业划分差别较小，二者的不同体现在更为细分行业的调进和调出，且主要涉及农林牧渔业、制造业、居民服务和其他服务业三个细分行业。GB/T 4754—2011 从 2012 年开始实施，但 2010~2011 年按照新标准的细分行业增加值和全社会固定资产投资统计数据亦有发布。因此，受此影响的主要是 2009~2010 年的 TFP 指数测算结果。但考虑到调出和调进的数据数值相对非常小，对该年度 TFP 指数测算结果的影响也应该不会太大，本文不再以 2010 年为界点分段研究。

综上考虑，本文将整个研究时段分为 1990~2002 年和 2004~2014 年两个子时段，包含的细分行业分别为 16 个和 19 个，详细分类如表 1 所示。其中，第一产业没有进一步细分，将其视为一个细分行业。行文方便起见，对行业进行了编号。下面对缺失的统计数据详加考察，仔细甄别，构建细分行业面板的投入产出指标，以期对现有文献数据质量问题有所改进。

表1　　　　　　　　　国民经济行业分类

1990~2002 年		2004~2014 年	
行业	编号	行业	编号
农、林、牧、渔业	Ⅰ	农、林、牧、渔业	一
第二产业	Ⅱ	第二产业	二
采掘业	Ⅱ（1）	采矿业	二（1）
制造业	Ⅱ（2）	制造业	二（2）
电力、煤气及水的生产和供应业	Ⅱ（3）	电力、燃气及水的生产和供应业	二（3）
建筑业	Ⅱ（4）	建筑业	二（4）
第三产业	Ⅲ	第三产业	三
地质勘查业、水利管理业	Ⅲ（1）	交通运输、仓储和邮政业	三（1）
交通运输、仓储和邮政通信业	Ⅲ（2）	信息传输、计算机服务和软件业	三（2）
批发和零售贸易、餐饮业	Ⅲ（3）	批发和零售业	三（3）
金融、保险业	Ⅲ（4）	住宿和餐饮业	三（4）
房地产业	Ⅲ（5）	金融业	三（5）
社会服务业	Ⅲ（6）	房地产业	三（6）
卫生、体育和社会福利业	Ⅲ（7）	租赁和商务服务业	三（7）
教育、文化艺术及广播电影电视业	Ⅲ（8）	科学研究、技术服务和地质勘查业	三（8）

1990～2002 年		2004～2014 年	
行业	编号	行业	编号
科学研究和综合技术服务业	Ⅲ（9）	水利、环境和公共设施管理业	三（9）
国家机关、政党机关和社会团体	Ⅲ（10）	居民服务和其他服务业	三（10）
其他行业	Ⅲ（11）	教育	三（11）
		卫生、社会保障和社会福利业	三（12）
		文化、体育和娱乐业	三（13）
		公共管理和社会组织	三（14）

1. 增加值

《中国统计年鉴（2005）》提供了按照 GB/T 4754—1994 分类的 1997～2003 年各细分行业的名义增加值和增加值指数，《中国统计年鉴（1999）》提供了按照 GB/T 4754—1994 分类的 1990～1997 年各细分行业的名义增加值和增加值指数。可以根据二者计算得到以 1990 年为基期各细分行业增加值的实际值。[①]《中国统计年鉴》（2006～2016 年）提供了按照 GB/T 4754—2002（或 GB/T 4754—2011）分类的 2004～2014 年各细分行业的名义增加值数据。但是，对于第三产业，只给出了交通运输、仓储和邮政业、批发和零售业、住宿和餐饮业、金融业、房地产业的增加值指数，没有详细给出其中 11 个细分行业的增加值指数。本文使用省级统计年鉴提供的相对应的细分行业增加值指数，来推算全国这 11 个行业的平减指数，以便更精确地识别细分行业之间实际增加值的差别，进而提高 TFP 的测算精度。查询 2005～2016 年各省份统计年鉴，我们只能够得到北京市、天津市、上海市、浙江省、安徽省、山东省和河南省 7 个省份上述 11 个细分行业以上一年为基期的增加值指数（《安徽统计年鉴》未提供 2005 年数据）。通过比较计算出来的平减指数，我们发现 7 个省份之间，各细分行业的平减指数差异很小。假设全国各省份之间，各细分行业的平减指数差异也很小，可用上述 7 个省份某细分行业平减指数的算术平均值来表示全国相应行业的平减指数。为了得到以 1990 年为基期的平减指数，我们用 1990～2003 年相近行业的平减指数，来表示该期间这 11 个行业的平减指数，从而得到以 1990 年为基期，上述 11 个细分行业的平减指数。最后，根据名义增加值和实际增加值的关系，计算得到以 1990 年为基期的各细分行业的

---

① 1990～2014 年，工业内部三个细分行业的平减指数，不能够根据《中国统计年鉴》和各省份统计年鉴提供的数据来做区分处理，本文用工业的平减指数来表示。

实际增加值。

2. 全社会从业人员

对于总量和三次产业的劳动力，现有文献基本上使用全社会从业人员来衡量。在研究细分行业相关问题时，由于 2003 年以后全国细分行业全社会从业人员统计数据未有发布，而且省级细分行业全社会从业人员统计数据也不完整，大部分文献直接使用城镇单位就业人员衡量劳动力投入。另外，少数文献通过放大细分行业城镇单位就业人员，推算细分行业全社会从业人员（王恕立和胡宗彪，2012；等等）。通过比较 2004～2014 年第二、第三产业的全社会从业人员和城镇单位就业人员所占份额，以及比较 2001 年和 2002 年第三产业各细分行业的二者所占份额，可以发现，二者所占份额差异均非常大，甚至 2004～2012 年第三产业二者所占份额的变化趋势也不一致。因此，不宜用城镇单位就业人员或放大的城镇单位就业人员来衡量劳动力投入。

本文用省级统计数据推算 2004 年以后的全国各细分行业全社会从业人员。有发布细分行业全社会从业人员统计数据的省份如下：2004 年、2007 年、2008 年和 2010 年为 19 个，2005 年、2006 年和 2009 年为 18 个，2011～2013 年为 17 个，2014 年为 16 个。各年均包含东、中、西部省份样本，样本省份总量劳动力加总值占全国统计值的比例在 0.65～0.71，说明样本具有比较高的代表性。具体测算公式为"某细分行业全社会从业人员数 = 总量全社会从业人员数×（某细分行业全社会从业人员样本省份的加总值/总量全社会从业人员样本省份的加总值）"。即通过放大各细分行业全社会从业人员样本省份的加总值，从而得到全国各细分行业全社会从业人员的估算值。为了验证该方法的合理性，我们同样进行两个方面的检验：一是比较 2004～2014 年分别基于全国统计数据和样本省份加总值计算出的全社会从业人员三次产业所占份额；二是选取全国和样本省份全社会从业人员均有统计数据发布的 2001 年和 2002 年，比较分别基于二者计算出的细分行业所占份额。比较结果显示，三次产业所占份额的差别基本上在 3 个百分点以内，细分行业所占份额的差别更小。因此，使用样本省份统计数据推算全国细分行业全社会从业人员的方法更为合理，更能够准确体现细分行业之间劳动力投入的差别。限于篇幅，详细测算过程和结果不再报告。

3. 资本存量

本文总量及细分行业资本存量数据均采用田友春（2016）投资转换率为

100%的估算结果。其中，该文 1999 年细分行业全社会固定资产投资为估算值，根据《中国房地产统计年鉴（2000）》提供的 1999 年细分行业的全社会固定资产投资数据，本文重新估算了 1999～2002 年各细分行业的资本存量。相对于其他一些文献，田友春（2016）识别了细分行业之间差异化的折旧率，从而细分行业资本存量估算结果会更精确一些。

（二）TFP 测算

基于面板数据的 TFP 测算方法，主要有随机前沿分析（SFA）和数据包络分析（DEA）两类。SFA 是以回归分析为基础的参数方法，DEA 为非参数的确定性生产前沿方法。在对 TFP 主要测算方法测算结果进行比较和稳健性检验的基础上，范·比泽布勒克（Van Biesebroeck，2007）和范·贝弗伦（Van Beveren，2012）认为，在截面之间技术异质性很小、数据测量误差较大时可采用 SFA 方法，在数据测量误差较小、截面之间技术存在异质性和可变规模报酬的情况下，宜优先选取 DEA 方法。田友春等（2017）认为，对于宏观的分行业数据，DEA 是较优的测算方法，原因在于，参数方法中对行业之间生产技术相同的假设不甚合理。

综上考虑，本文采用 DEA 方法测算细分行业的 TFP 指数。目前详细介绍 DEA-Malmquist 指数方法测算原理的文献已非常多，在此不再赘述。我们采用单一产出、两种投入（资本和劳动）基于产出的 DEA 模型，使用 DEAP2.1 软件测算得到各细分行业 TFP 指数。然后，以细分行业名义增加值份额为权数，加总得到下文研究所需的总量以及第一、第二和第三产业各类别行业的 TFP 指数。限于篇幅，测算（计算）结果不再报告。[①]

三、TFP 增长率及其动态变化

考虑数据的合理性以及便于分析起见，对测算的 TFP 指数做以下处理：第一，对统计数据调整所导致计算结果非常异常的 1997～1998 年总量各生产率指标进行修正[②]，方法为 TFP 指数用前后一年的算术平均值（1.0477）替换，

---

① 读者若需要平减指数、全社会从业人员和 TFP 指数的测算结果，可以向作者索取。
② 异常的原因在于 1998 年细分行业劳动力统计数据的大幅调整。

然后根据生产率指标之间的关系，将技术效率修正为 1.0630；第二，对缺失的 2002～2003 年和 2003～2004 年的总量各生产率指标，用 2001～2002 年和 2004～2005 年的相应指标平滑插入；第三，TFP 及构成部分的增长率用相应指标的 M 指数减去 1，再乘以 100 得到。

（一）经济增长来源及其变化

自克鲁格曼（Krugman，1994）的论文发表以来，中国经济增长来源一直是学界讨论的热点问题。一类研究认为中国经济增长"粗放"特征明显，若要持续高速发展，必须改变"粗放"的增长方式。另一类研究，基于改革开放以来中国经济高速增长，尤其 21 世纪以来仍能继续保持较高增速的事实，反思以前文献在数据和测算方法上的不足，在对 TFP 重新测算的基础上，认为 TFP 增长对经济增长的贡献不可忽视。

若仅仅考察 TFP 增长对经济增长的贡献份额，直接用前文测算的总量 TFPG 除以总量增加值增长率即可。我们尝试用测算的 TFPG 来反推要素产出弹性，进而可以计算出其他要素（资本和劳动）对经济增长的贡献。具体方法为，把计算得到的总量 TFPG 看作 C-D 生产函数的索罗余值，在规模报酬不变假设条件下，可以利用增长核算公式计算得到要素（资本和劳动）产出弹性，然后乘以要素增长率得到其增长贡献，计算结果报告如表 2 所示。

表 2　　　　　　　　　　1991～2014 年中国经济增长来源

年份	经济增长率（%）	资本弹性	经济增长贡献（%）			经济增长贡献率（%）		
			TFP	资本	劳动	TFP	资本	劳动
1991～2014	10.20	0.37	4.35	5.37	0.48	42.67	52.65	4.68
1991～2002	9.73	0.32	4.44	4.58	0.71	45.63	47.08	7.29
2005～2014	10.81	0.40	4.38	6.19	0.23	40.58	57.29	2.13

由表 2 可知，第一，20 世纪 90 年代以来，中国经济能够在较长时期保持较高增长速度，不仅在于高速度的资本积累，TFP 增长的贡献也非常显著，中国经济的高速增长由资本积累和 TFP 增长"双引擎"共同驱动。第二，1991～2014 年资本产出弹性系数年均值约为 0.37，相较于采用总量时间序列的一些文献，如陈彦斌和姚一旻（2010）、吴国培等（2014），本文的测算结果要低一些。主要体现为，在经济突然下行时期（1997～2001 年、2008～2010 年），资本产出弹性大幅度下降为 0.30 以下。若剔除这两个时间段，其余年份资本产

出弹性的平均值约为 0.45，与上述两文的结果较接近。① 资本投入有资本存量和资本服务流量两类衡量指标，国内文献大多采用资本存量指标，其缺点在于，往往无法识别出资本利用率对 TFPG 的影响。在经济高涨时期，资本利用率较高，选择存量或流量指标对 TFPG 测算结果影响不大。但是，在经济突然下行期间，"资本闲置"问题比较突出，采用资本存量指标则会高估实际投入生产的资本数量。测算结果表现为，资本产出弹性系数下降或经济增长资本积累贡献过高。显然，在经济突然下行时期，资本产出弹性系数有所下降更为合理一些，相应地本文测算的 TFPG 时间序列变化也更能够准确反映其实际演变动态。

具体来看（见图 1），劳动力增长对经济增长的贡献一直很小，而且变化幅度也不大，原因在于劳动力较低的增长速度。20 世纪 90 年代后期到 21 世纪初，在较低的资本增速和资本产出弹性的作用下，资本积累贡献大幅下降，从而 TFP 增长贡献较高。此后，由于资本增速提高和资本产出效率改善，经济增长的资本贡献较高，同时，随着经济增长速度的提高，TFP 增长对经济增长的贡献也处在上升通道之中。2008 年以后，受低迷的全球经济形势的影响，中国出现"资本闲置"现象，表现为测算的资本产出弹性的大幅下降。但是，政府

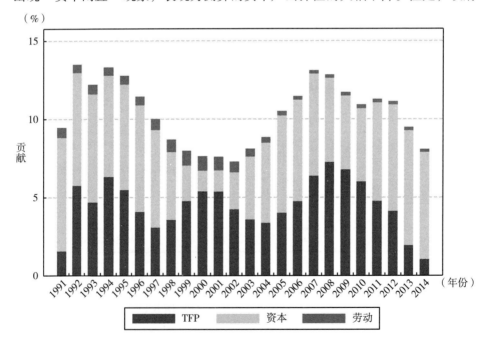

图 1　经济增长来源的时间序列变化

注：为了考察趋势变化及减缓 DEA 方法测算结果较大的波动性，图为三年移动平均结果。

---

① 陈彦斌和姚一旻（2010）、吴国培等（2014）资本产出弹性系数的测算结果分别为 0.469、0.478。

为稳定经济增长，公共投资的扩大使得资本增速不但没有下降，反而有大幅度提高，导致资本积累贡献并没有大幅度下降。而且，政府公共投资的行业主要为基础设施和房地产业，这些行业的投资增加并不能够有效提高或保持 TFPG 水平，原因在于这些行业本身的 TFPG 较低，尤其是房地产业。总之，外部负面冲击、资本增速提高和投资行业 TFPG 较低三者叠加，使得 2009 年以后 TFP 增长对经济增长的贡献大幅下降，贡献率从之前的 46.59% 下降为 30.05%。

（二）TFP 增长动力及其变化

我们将 TFP 增长分解为技术进步增长和技术效率增长两个部分，来考察 TFP 的增长动力及其演变。图 2 显示，以 2001 年、2011 年为分界点[①]，中国 TFP 增长的主要驱动力，在技术效率和技术进步之间进行着转换。[②] 在 2001 年以前，技术效率增长率高于技术进步增长率和 TFPG，说明在此期间 TFP 增长的主导力量是技术效率提升。自 2001 年起，技术进步增速超过技术效率增速，

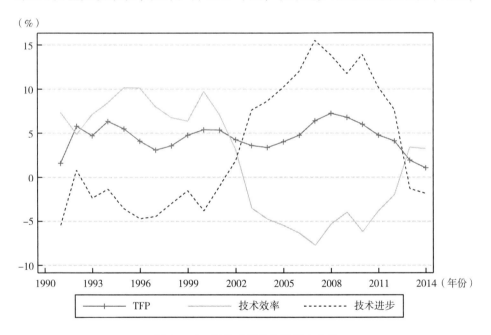

图 2　TFP 及构成部分的增长率变化

注：图为三年移动平均的结果。

---

① 分界点的选择是根据每年的测算结果，而图 2 为三年移动平均的结果，文字表述与图 2 所示的年份略有出入。

② 慎重起见，我们一方面剔除关键行业，另一方面采用"技术不退步"的 DEA 模型，分别对 TFP 指数进行了重新测算。测算结果没有本质差别，说明该结论是稳健的。

一直保持到 2010 年，说明 2001~2010 年，中国 TFP 增长的主导力量是技术进步的提高。而 2011~2014 年，技术效率增速又超过技术进步增速，但是这次二者的转换需要时间来验证是趋势改变，还是短期的波动。

（三）总量 TFP 增长的行业来源及其变化

考虑 1990~2002 年和 2004~2014 年两个阶段的可比较性，我们将第三产业细分行业归并为生产性服务业、消费性服务业和公共服务业三类，具体归类如表 3 所示。通过比较两个时段总量 TFP 增长的三次产业、第二产业内部行业和第三产业内部分类别行业的年平均贡献，来考察总量 TFP 增长的行业来源及其变化。由于修正细分行业数据比较复杂，我们剔除 1997~1998 年度的数据，使用其余 11 年数据来计算 1991~2002 年的均值（见表 4）。

表 3　　　　　　　　　　　第三产业细分行业归类

年份	分类	行业
1990~2002	生产性服务业	交通运输、仓储和邮政业；金融保险业；科学研究和综合技术服务业
	消费性服务业	批发和零售贸易、餐饮业；房地产业；社会服务业；其他行业
	公共服务业	地质勘查业水利管理业；卫生体育和社会福利业；教育、文化艺术及广播电影电视业；国家党政机关和社会团体
2004~2014	生产性服务业	交通运输、仓储和邮政业；信息传输计算机服务和软件业；金融业；租赁和商务服务业；科学研究技术服务和地质勘查业
	消费性服务业	批发和零售业；住宿和餐饮业；居民服务和其他服务业；文化体育和娱乐业；房地产业
	公共服务业	水利环境和公共设施管理业；教育；卫生社会保障和社会福利业；公共管理和社会组织

表 4　　　　　　　　　　总量 TFP 增长行业来源比较

行业	1991~2002 年年均			2005~2014 年年均		
	TFPG（%）	增加值占比（%）	贡献（%）	TFPG（%）	增加值占比（%）	贡献（%）
	(1)	(2)	(3)	(4)	(5)	(6)
第一产业	−6.0273	18.55	−1.1181	−8.6700	10.33	−0.8956
采掘业	16.0636	4.54	0.7293	8.8500	5.04	0.4460
制造业	10.7727	35.61	3.8362	7.8500	31.95	2.5081

行业	1991～2002 年年均			2005～2014 年年均		
	TFPG（%）	增加值占比（%）	贡献（%）	TFPG（%）	增加值占比（%）	贡献（%）
	（1）	（2）	（3）	（4）	（5）	（6）
电力等	13. 1364	2. 67	0. 3507	4. 1400	2. 87	0. 1188
建筑业	- 0. 8636	5. 83	- 0. 0503	- 2. 8900	6. 37	- 0. 1841
第二产业	10. 1781	48. 64	4. 9506	6. 3835	46. 23	2. 9511
生产性服务业	2. 2136	11. 16	0. 2470	4. 4095	16. 22	0. 7152
消费性服务业	- 1. 1228	15. 58	- 0. 1749	5. 1576	18. 15	0. 9361
公共服务业	9. 0766	6. 06	0. 5500	8. 1270	9. 07	0. 7371
第三产业	1. 8800	32. 81	0. 6168	5. 4924	43. 44	2. 3859
总量		1. 0000	4. 4493		1. 0000	4. 4414

注：表中数据之间的关系为：（3）＝（2）×（1），（6）＝（4）×（5）。

由表 4 可知，TFPG 为负的行业，1991～2002 年有第一产业、建筑业和消费性服务业三个，名义增加值份额为 39.96%，2005～2014 年则有第一产业、建筑业两个，名义增加值份额下降为 16.70%。这表明，中国的名义增加值份额在向有利于 TFP 增长的行业转移。而细分行业 TFP 增长贡献的标准差，1991～2002 年为 1.1320，2005～2014 年下降为 0.7154。因此，近十年来，中国 TFP 增长的行业来源正在向多元化和均衡化的方向发展。

具体来说，1991～2002 年和 2005～2014 年总量年均 TFPG 分别为 4.4493% 和 4.4414%，差别并不大。但是，两个阶段总量 TFP 增长的行业来源不同，1991～2002 年主要来源于第二产业，而 2005～2014 年则由第二、第三产业共同贡献。进一步来看第三产业 TFP 增长，1991～2002 年来源于生产性服务业和公共服务业，消费性服务业的贡献为负数，而 2005～2014 年，三者的贡献相对均衡。与此相对应，第三产业对总量 TFP 增长贡献的大幅度提高亦由三者所贡献。其中，主导因素是消费性服务业贡献的由负转正。而且，消费性服务业贡献的大幅提升不仅仅体现为名义增加值份额的提高，更体现为其 TFPG 的大幅度上升。

四、TFP 增速下降原因及提升途径

为了详细探讨 2008 年世界金融危机以后中国总量 TFPG 大幅下滑的细分行业原因，我们将 2005～2014 年细分为 2005～2009 年和 2010～2014 年两个阶段，对两个阶段总量 TFP 增长、技术进步增长和技术效率增长的细分行业贡献进行比较。结果报告如表 5 所示。

表 5　　　　　　　　　　总量 TFPG 行业来源比较　　　　　　　　单位：%

行业	2005~2009 年年均			2010~2014 年年均			变化（年均）		
	TFP	技术进步	技术效率	TFP	技术进步	技术效率	TFP	技术进步	技术效率
第一产业	−0.57	1.58	−1.86	−1.16	−0.93	−0.12	−0.59	−2.51	1.74
第二产业（1）	0.73	0.60	0.17	0.31	0.36	0.01	−0.42	−0.24	−0.16
第二产业（2）	2.26	4.10	−1.52	2.74	2.24	0.84	0.48	−1.86	2.36
第二产业（3）	0.05	0.13	−0.09	0.20	0.19	0.02	0.16	0.06	0.11
第二产业（4）	0.00	0.84	−0.71	−0.38	−0.67	0.40	−0.39	−1.52	1.12
第二产业	3.04	5.67	−2.16	2.87	2.11	1.28	−0.17	−3.56	3.43
第三产业（1）	0.37	0.54	−0.15	0.14	0.32	−0.12	−0.23	−0.22	0.03
第三产业（2）	0.09	0.22	−0.10	0.00	0.15	−0.11	−0.09	−0.06	−0.01
第三产业（3）	0.90	1.19	−0.23	0.78	0.62	0.24	−0.12	−0.57	0.46
第三产业（4）	0.16	0.33	−0.14	0.03	0.13	−0.07	−0.13	−0.20	0.07
第三产业（5）	0.63	0.63	0.00	−0.14	−0.14	0.00	−0.77	−0.77	0.00
第三产业（6）	0.14	0.27	−0.11	−0.26	0.41	−0.58	−0.40	0.14	−0.46
第三产业（7）	0.04	0.25	−0.18	0.05	0.13	−0.05	0.01	−0.12	0.13
第三产业（8）	0.07	0.18	−0.09	0.07	0.10	−0.01	0.00	−0.08	0.08
第三产业（9）	0.01	0.03	−0.02	0.02	0.03	−0.01	0.01	0.00	0.01
第三产业（10）	0.07	0.22	−0.13	−0.15	−0.14	0.00	−0.22	−0.37	0.14
第三产业（11）	0.39	0.36	0.04	0.25	0.21	0.08	−0.14	−0.15	0.04
第三产业（12）	0.13	0.22	−0.08	0.11	0.10	0.03	−0.02	−0.12	0.11
第三产业（13）	0.12	0.07	0.05	0.01	0.05	−0.02	−0.11	−0.03	−0.07
第三产业（14）	0.53	0.46	0.07	0.02	0.28	−0.20	−0.51	−0.18	−0.27
生产性服务业	1.20	1.81	−0.52	0.12	0.57	−0.29	−1.08	−1.25	0.23
消费性服务业	1.39	2.08	−0.57	0.42	1.06	−0.43	−0.97	−1.02	0.13
公共服务业	1.06	1.07	0.01	0.40	0.62	−0.10	−0.65	−0.45	−0.10
第三产业	3.65	4.97	−1.08	0.95	2.25	−0.82	−2.70	−2.72	0.26
总量	6.12	12.22	−5.10	2.65	3.44	0.33	−3.46	−8.78	5.43

（一）TFPG 下降的行业来源

由表 5 可知，2010~2014 年相对于 2005~2009 年，经济总量年均 TFPG 从

6.12% 下降为 2.65%，下降了 3.47 个百分点，其中，第一、第二、第三产业分别贡献 0.59 个、0.17 个和 2.70 个百分点，说明总量 TFPG 下降主要源于第三产业。更进一步来讲，其原因在于，第三产业技术效率增速的改善远低于技术进步增速的下降，而第一、第二产业，尤其是第二产业，技术效率增速的改善有效弥补了技术进步增速的下降。从细分行业来看，对总量 TFPG 下降贡献较大（大于 0.3 个百分点）的行业有金融业、第一产业、公共管理和社会组织、采掘业、房地产业、建筑业六个行业，分别下降 0.77 个、0.59 个、0.51 个、0.42 个、0.40 个、0.39 个百分点，这六个行业约占总量 TFPG 下降的 90%，而且主要由技术进步增长率的下降所导致。从技术效率增长细分行业的贡献来看，相对于 2005～2009 年，2010～2014 年大部分行业技术效率增速均有所提高，但采掘业、信息传输计算机服务和软件业、房地产业、文化体育和娱乐业、公共管理和社会组织五个行业的技术效率增速却在下降，金融业技术效率增速也没有提高。

因此，从总量 TFP 增长的行业来源来看，要改变中国 TFPG 下降过快的任务是双重的：一方面，需要改变各行业技术进步增速普遍下滑的趋势，尤其需要着重扭转第一产业、制造业、建筑业、批发零售业、金融业五个行业的技术进步增速大幅下降的不利局面；另一方面，需要改善第一产业长期以来低下的技术效率增长水平，需要扭转采掘业、信息传输计算机服务和软件业、房地产业、文化体育和娱乐业、公共管理和社会组织五个行业技术效率增速仍在下降的趋势。

（二）经济结构服务化一定会导致 TFPG 下降吗

鲍莫尔（Baumol，1967）指出，从工业化向经济结构服务化阶段过渡，服务业比重的不断提高将不利于整体经济效率的提高，即经济结构服务化必然导致"鲍莫尔成本病"（或"成本病"）。20 世纪 80 年代以来，一些学者从生产率计量、服务业行业生产率的异质性和溢出效应三个方面对"成本病"假说提出了质疑。21 世纪以来，一些学者对中国经济是否存在"成本病"进行了检验（程大中，2004；谭洪波和郑江淮，2012；等等），他们认为中国经济存在"成本病"，主要理由在于，第二产业生产率增长速度快于第三产业。我们认为，他们的观点值得商榷，以下仅检验"成本病"存在的两个前提条件是否满足。首先，本文研究期间甚至从改革开放开始，中国产业结构变化的特征事实是，产值份额（名义增加值份额）从第一产业向第三产业转移，劳动力份额从第一产业向第二、第三产业转移。因此，"成本病"存在的一个前提条件，即第二产业向第三产业转移或经济结构服务化阶段，并不满足。从此角度来看，目前在中国，"成本病"是个"伪命题"。其次，从第二、第三产业之间 TFPG 的变化上看（见图 3），20 世纪 90 年代第二产业 TFPG 确实远大于第三产业，然而，21 世纪初到 2012 年期间，第二、第三产业之间 TFPG 差距开始收窄，呈现交替领先态势。[①] 因此，"成本病"存在的"第二产业生产率增速大于第三产业"的这一前提条件也未得到满足。这意味着，即使从工业化向经济结构服务化阶段过渡，中国经济总量 TFPG 也并不必然下降。当然，中国的经济结构服务化阶段还刚刚开始，目前"成本病"之说是否成立尚难得出确定性结论，还有待于时间序列扩展后的进一步研究。

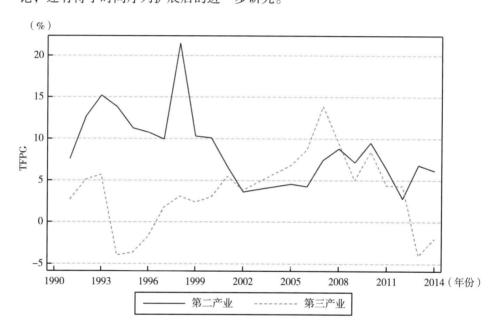

图 3   第二、第三产业 TFPG 比较

注：1993～1994 年和 1997～1998 年数据变化较大的原因在于，劳动力统计数据的调整导致一些行业 TFPG 测算结果异常。

由结构变化生产率效应的相关理论可知，产出（或投入）份额由生产率增长率较低部门转向较高部门可以提高经济总体的生产率增长率，即存在"结构红利"效应。中国第一产业低下的 TFPG 使得产业结构变化的生产率效应为正，但是，其还会通过内部效应负的贡献阻碍总量 TFPG 的提升。研究发现，无论以名义增加值份额，还是以劳动力份额作为结构衡量指标，第一产业的内部效应负的贡献要远大于结构变化效应正的贡献。因此，未来仍然需要通过第一产业富余劳动力的进一步转移，来扭转其长期以来阻碍总量TFP增长的不利局面。因为，这不仅在短期可以发挥结构变化TFPG正效应的作用，更为重要的是，富余劳动力的转出也是第一产业生产经营方式变革，进而提升其TFPG的前提。

（三）制造业技术进步增速下降的原因①

前文分析显示，中国制造业技术进步增速在2008年以后呈下降趋势。从技术进步来源角度来看，一般来讲，中国制造业技术进步来源于境外技术引进（简称"外引"）和国内自主创新两个渠道。在"外引"方式上，一方面表现为依附于机器设备进口的技术引进，文献往往使用实际外商直接投资（FDI）指标来识别；另一方面表现为依附于外购中间投入品的技术引进，从理论上来讲，投入产出的前向关联效应是上游行业作用于下游行业技术进步的一个重要渠道，这一渠道可以通过下游行业中间投入的来源进行识别。除此之外，我们认为，跨国公司在中国所建合资（独资）企业以及在华研发机构对技术进步的贡献，也应该至少部分归于"外引"。由于该渠道在识别上存在较大困难，我们仅就前两个渠道进行考察。

图4显示，在2004年之前，FDI制造业份额和制造业中间投入进口份额均呈上升趋势，在国外技术"空降"及其"扩散效应"的作用下，中国一般性产品的技术水平迅速提升。而此后二者的快速下降则表明，中国一般性产品的技术水平已达到（或接近）世界前沿水平，技术进步"外引"渠道正在逐渐收窄，因为一般性产品市场是竞争性的，而且发达国家的技术壁垒也比较低。那么，中国是否可以继续依靠技术"空降"保持一般性产品的世界技术前沿水平呢？我们认为这是不太现实的。究其原因，除了上述技术差距缩小以外，当前还面临两个方面的制约因素：一是当前"逆全球化"的国际环境；二是伴随中国生产成本的提高，跨国公司生产基地逐渐由中国转移至其他国家（地区）。另外，对于高新技术产品，虽然中国的技术水平与世界前沿水平还存在一定差距，对高新技术的需求也比较迫切，但发达国家高新技术保护政策也使得中国不得不选择自主研发来提升技术进步水平。因此，国内、国外因素的叠加将促使中国技术进步的方式逐步地由"外引"转向自主创新。

---

① 对工业的相关分析结果大体一致，限于篇幅，不再报告计算结果。

图4 制造业中间投入进口份额和FDI制造业份额比较

资料来源:中间投入品数据来源于WIOD,FDI数据来源于《中国统计年鉴》(1997~2015年),具体计算由笔者进行。

国内渠道包括制造业内部研发(包括企业内部研发和企业之间的技术外溢)和从国内专业科研机构引进(简称"内引")两个。表6显示,与其他经济体相比较,东亚地区表现出特有的"一高""一低",即制造业中间投入由制造业所提供的比例较高,由生产性服务业提供的比例较低。与此相对应,制造业技术进步主要来源于制造业本身,生产性服务业贡献不足。同韩国相比较,中国和日本还表现出另一个"低",即制造业中间投入来源于制造业部分中进口份额(或制造业中间投入进口份额)较低,二者的技术进步直观地表现为,主要由制造业内部的创新所驱动。但是,中国和日本相同特征背后的原因是不一样的,日本在于其独特的企业制度——株式会社制(大财团制),而中国则与国内有大量外资企业有关。因此,我们不能简单地从制造业占制造业中间投入份额非常高的表象上,将中国制造业快速的技术进步归因于自主创新。当前,作为创新主导力量,中国生产性企业(尤其是中小企业)的自主创新能力还较弱,还存在创新激励机制不完善等问题(如风险资本市场发展不足、中小企业融资成本高和研发投入机会成本高),创新的外部环境也比较恶劣(如知识产权保护不力),这将极大地损害企业研发投入的积极性,严重侵蚀中国技术进步的基础。

表6				制造业中间投入来源的比较（2000～2014年年均）				单位:%
来源	巴西	印度	德国	美国	日本	中国（不含香港、澳门、台湾）	韩国	中国台湾
制造业	44.95	48.80	50.08	50.30	63.87	65.18	71.14	74.98
生产性服务业	15.21	14.55	18.20	15.91	11.82	8.01	9.88	6.40
进口（制造业）	18.93	20.34	39.06	19.35	10.68	11.60	23.34	38.40

注：（1）生产性服务业由WIOD中的H49-53、J61-63、K64-66、M69-75细分行业组成。（2）前两项为采用国内投入产出表的计算结果，采用投入产出总表（含进口）计算的国家（地区）的排序基本相同。（3）进口（制造业）为制造业中间投入来源于制造业的部分中进口占比。

资料来源：根据WIOD中的数据，笔者计算所得。

中国可以像日本那样，主要依靠大企业的研发来提升技术进步水平吗？我们认为，"日本模式"并不符合中国国情。原因在于，中国业已存在许多事业单位性质的独立研发机构和依托于大学的科研部门，这些部门理应成为中国知识生产和技术开发的重要力量，应该是中国创新体系的重要组成部分。但是，作为知识生产者和技术传播者的角色，中国生产性服务业（知识密集型服务业）发挥得并不好。制造业（甚至经济总体）所需中间投入来源于生产性服务业的份额还比较低，而且在中国加入WTO的10年间（2002～2011年）呈现下降趋势，表现出制造业技术进步"外引"对"内引"的"挤出效应"。"内引"不足固然与中国在全球分工体系中"世界工厂"的地位有关，但也与知识密集型服务业与生产部门脱节相关。知识密集型服务业与生产部门脱节固然与中国研发起步晚、底子薄有关，但也与中国研发体制的弊端所导致的科研部门创新能力不足、研发效率低下相关。因此，破除知识密集型服务业与生产部门脱节的"痼疾"，构建知识密集型服务业和生产部门之间的协同创新体系，是未来提升生产部门的技术进步增速水平的关键。

（四）服务业技术效率增速提升缓慢的原因

如前所述，FDI制造业份额在2004年以后逐步下降，2004～2014年下降了大约38个百分点，相应地服务业所占份额逐步上升。图5显示，消费性服务业份额的上升（约25个百分点）远大于生产性服务业份额的上升（约13个百分点）。表7显示，在生产性服务业中，FDI所占份额（2004～2014年年均）从大到小的行业依次为租赁和商务服务业、交通运输、仓储和邮政业、信息传输计算机服务和软件业、科学研究技术服务和地质勘查业、金融业。这体现出，对外开放程度不同，行业市场竞争性不同的特征。消费性服务业相对于生产性服务业开放程度较高，市场竞争性较强。在生产性服务业中，知识密集型服务业开放程度较低，行业垄断特征也较明显。结合表5，可以发现，当面对外来负面冲击时，开放程度越高，市场竞争性越强，行业技术效率增速改善越大，从而可以较大程度地弥补技术进步增速下降对TFPG的影响，反之则相反。因此，如制造业的市场化改革之路一样，扩大服务业对外开放水平，发挥对外开放的倒逼机制，破除服务业市场化改革滞后所形成的垄断，尤其是行政垄断，提升行业的竞争性水平，是未来中国服务业技术效率增速提高的必由之路。而生产性服务业的市场化改革尤为紧迫，一方面需要通过改革知识密集型服务业与生产部门脱节的"痼疾"，提升知识密集型服务业创新能力和研发效率水平；另一方面需要通过金融业的改革，加快风险资本市场的发展，改善中小企业研发投入不足的问题。

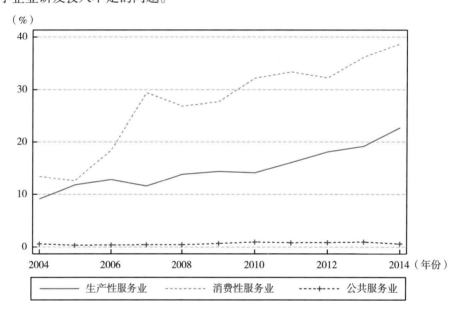

图5　总量FDI服务业分类别份额

资料来源：根据《中国统计年鉴》（2005～2015年）的数据计算。

表7　　　　　　　　生产性服务业FDI的内部细分行业份额　　　　　　单位:%

行业	2004年	2006年	2008年	2010年	2012年	2014年
三（7）	50.8002	52.2877	39.6366	47.6906	40.5326	46.0166
三（1）	22.8951	24.5777	22.3404	15.0072	17.1477	16.4211
三（2）	16.4780	13.2555	21.7408	16.6321	16.5767	10.1539
三（8）	5.2854	6.2425	11.7962	13.1558	15.2807	11.9950
三（5）	4.5414	3.6367	4.4860	7.5143	10.4623	15.4133
三（8）+三（11）	5.9763	6.6065	12.0814	13.2105	15.4503	12.0723

注：计算三（8）+三（11）的分母为生产性服务业的FDI，若使用生产性服务业+教育的FDI，计算结果差异很小。

五、结论

本文在重构行业层面投入产出数据的基础上，运用 DEA-Malmquist 指数方法，测算了 1991～2014 年中国细分行业的 TFP 指数。从经济增长来源和 TFP 增长动力两个方面，揭示了中国 TFPG 水平及其动态变化，分析了总量 TFPG 的细分行业来源及其变化。深入探讨了 2009 年以来中国 TFPG 大幅下降的原因和提升途径，本文得到以下结论。

第一，中国经济的高速增长由资本积累和 TFP 增长"双引擎"共同驱动，中国的经验并没有背离经典经济增长理论的基本结论。研究期间，中国年均 TFPG 为 4.35%，对经济增长的贡献份额达到 42.67%。但是，受外部需求和供给的负向冲击、资本增速提高和投资行业 TFPG 较低的影响，2009 年以来 TFP 增长对经济增长的贡献大幅下降，贡献率从之前的 46.59% 下降为 30.05%。

第二，TFP 增长动力在技术效率和技术进步之间进行着转换。在 1991～2000 年，TFP 增长的主导力量是技术效率改善，2001～2010 年，TFP 增长动力在于技术进步增速的提高，而 2011～2014 年，技术效率增速又超过技术进步增速，但二者的转换是趋势改变还是短期的波动需要时间来验证。

第三，总量 TFP 增长的行业来源更趋多元化和合理化。突出表现为，消费性服务业 TFPG 由负转正、名义增加值份额向 TFPG 为正的行业进行转移和细分行业 TFPG 贡献标准差变小三个方面。

第四，中国经济结构服务化并不必然导致总量 TFPG 下降，但需要通过第一产业劳动力的进一步转出，从根本上扭转其长期以来阻碍总量 TFP 增长的不利局面；需要借助对外开放的倒逼机制，推进第三产业垄断性行业的市场化改革，提高技术效率增长速度；需要通过加快生产性服务业的市场化改革，构建开放性的知识密集型服务业和生产性部门之间的协同创新体系，提升生产性部门的技术进步增速水平。上述问题的解决是一个系统问题，涉及城市化、政府与市场之间的关系、创新体制改革、税收体制改革和国有企业改革等"深水区"问题，相关问题和政策有待今后更加深入地研究。

参考文献

[1] 蔡跃洲、付一夫：《全要素生产率增长中的技术效应与结构效应——基于中国宏观

和产业数据的测算及分解》，载《经济研究》2017 年第 1 期。

［2］陈彦斌、姚一旻：《中国经济增长的源泉：1978—2007 年》，载《经济理论与经济管理》2010 年第 5 期。

［3］程大中：《中国服务业增长的特点、原因及影响——鲍莫尔 - 富克斯假说及其经验研究》，载《中国社会科学》2004 年第 2 期。

［4］干春晖、郑若谷：《改革开放以来产业结构演进与生产率增长研究——对中国 1978—2007 年"结构红利假说"的检验》，载《中国工业经济》2009 年第 2 期。

［5］贺京同、何蕾：《要素配置、生产率与经济增长——基于全行业视角的实证研究》，载《产业经济研究》2016 年第 3 期。

［6］刘伟、张辉：《中国经济增长中的产业结构变迁和技术进步》，载《经济研究》2008 年第 11 期。

［7］谭洪波、郑江淮：《中国经济高速增长与服务业滞后并存之谜：基于部门全要素生产率的研究》，载《中国工业经济》2012 年第 9 期。

［8］田友春、卢盛荣、靳来群：《方法、数据与全要素生产率测算差异》，载《数量经济技术经济研究》2017 年第 12 期。

［9］田友春：《中国分行业资本存量估算：1990 ~ 2014 年》，载《数量经济技术经济研究》2016 年第 6 期。

［10］王鹏、尤济红：《产业结构调整中的要素配置效率——兼对"结构红利假说"的再检验》，载《经济学动态》2015 年第 10 期。

［11］王恕立、胡宗彪：《中国服务业分行业生产率变迁及异质性考察》，载《经济研究》2012 年第 4 期。

［12］吴国培、王伟斌、张习宁：《我国全要素生产率对经济增长的贡献》，中国人民银行工作论文，2014 年。

［13］辛超、张平、袁富华：《资本与劳动力配置结构效应——中国案例与国际比较》，载《中国工业经济》2015 年第 2 期。

［14］姚战琪：《生产率增长与要素再配置效应：中国的经验研究》，载《经济研究》2009 年第 11 期。

［15］赵春雨、朱承亮、安树伟：《生产率增长、要素重置与中国经济增长》，载《中国工业经济》2011 年第 8 期。

［16］Baumol W. J. , Macroeconomics of Unbalanced Growth：The Anatomy of Urban Crisis. The American Economic Review, Vol. 57, No. 3, 1967, pp. 415 – 426.

［17］Krugman P. , The Myth of Asia's Miracle. Foreign Affairs, Vol. 73, No. 6, 1994, pp. 62 – 78.

［18］Van Beveren I. , Total Factor Productivity Estimation：A Practical Review. Journal of Economic Surveys, Vol. 26, No. 1, 2012, pp. 98 – 128.

［19］Van Biesebroeck J. , Robustness of Productivity Estimates. Journal of Industrial Economics，Vol. 55，No. 3，2007，pp. 529 – 569.

［20］Wu H. X.，China's Growth and Productivity Performance Debate Revisited-Accounting for China's Sources of Growth with a New Data Set. Economics Program Working Paper，No. EPWP14 – 01，2014.

［21］Young A.，Gold into Base Metals：Productivity Growth in the People's Republic of China During the Reform Period. Journal of Political Economy，Vol. 111，No. 6，2003，pp. 1220 – 1261.

中国全要素生产率增长率的变化及提升途径

对服务业劳动生产率下降的再解释[*]
——TFP 还是劳动力异质性

一、引言

近年来，随着中国经济的服务化，服务业对经济增长的贡献程度和重要性均在稳步提升。然而，相对于制造业，服务业的单位劳动产出却在持续下降。2009 年，制造业与服务业的实际单位劳动产出比为 2.07∶1，到 2017 年，变为 2.66∶1，八年差距增长 28.4%。全要素生产率（TFP）是度量劳动生产率的重要指标，也是劳动生产率的主要决定因素，一些研究将中国服务业劳动生产率的较低增长归因于服务业 TFP 增长较慢，认为中国服务业 TFP 增速明显低于制造业（刘兴凯和张诚，2010；王恕立等，2015）。不过，另一些研究却并不认可上述观点。张月友等（2018）指出，服务业内部不同行业的 TFP 差异较大，一些现代生产性服务业 TFP 要高于制造业。随着这些行业比重的提升，服务业 TFP 会逐渐赶超制造业。考虑到近年来中国现代服务业比重在持续上升（余泳泽等，2016）[①]，服务业与制造业的 TFP 差距应该是在缩小，至少不应是在扩大。庞瑞芝、邓忠奇（2014）发现，在考虑了环境污染和能源损耗之后，尽管中国服务业 TFP 与工业 TFP 增速之间仍有差距，但是很小，而且大有赶超的趋势。

---

  * 本文原载于《经济学动态》2019 年第 4 期，共同作者：王燕武、张自然。

① 余泳泽等（2016）以交通仓储邮电业、信息传输计算机服务和软件业、金融业、租赁和商业服务业、科研技术服务和地质勘查业五个行业来代表生产性服务业，指出，2005 ~2015 年中国生产性服务业增加值占服务业增加值的比重由 36.6% 逐步提高到 39.7%；加上批发零售业，比重则由 54.6% 提高到 58.8%。无论是哪一种口径，生产性服务业的比重都呈现稳步提高的态势。

造成争议的重要原因之一是 TFP 测算方法不同。现有的绝大多数研究，或是用 DEA、Malmquist 指数等非参数方法（刘兴凯和张诚，2010；庞瑞芝和邓忠奇，2014；王恕立等，2015），或是用随机前沿分析（stochastic frontier analysis，SFA）方法（蒋萍和谷彬，2009；崔敏和魏修建，2015）测算服务业 TFP。前者的优势在于避免了生产函数和非效率项分布函数形式的设定；后者则考虑了随机效率前沿和相关假设检验。两者的不足之处在于：上述两类方法对数据样本的要求较高，覆盖面要广、数量要多，方有代表性；所得结论也易受异常值和样本变动的影响。因此，不同样本、不同维度的研究结果必然会存在较大差异。更重要的是，由于不同样本可能存在着不同的技术前沿，这两类方法实际上并不适用于不同样本之间的指数比较。[①]

有鉴于此，本文以 2001～2016 年上市公司数据为样本，利用索洛余量法测算企业层面 TFP。随着微观企业数据的可获得性增强以及企业异质生产率理论研究工作的推进（Del Gatto et al.，2011），利用企业数据来测算 TFP 的研究方法渐趋普及。[②] 与前述两种方法相比，索洛余量法的优点在于具备经济理论基础，并且可以比较不同样本下的指数变化。为使结果具有普遍性，本文选择常用的 C－D 生产函数作为测算服务业和制造业 TFP 的函数形式。

在此基础上，结合劳动生产率算式，本文还将尝试探讨其他可能影响服务业劳动产出的因素，并重点从劳动异质性、劳动效率的角度来解释服务业劳动生产率的变动。根据 TFP 的测算结果及相关特征事实的统计分析，本文的结论是，近期中国服务业的低劳动生产率并不是 TFP 增速下降引起的，而是服务业扩张带来劳动异质性扩大和劳动效率下降造成的。

二、TFP 测算方法与数据使用说明

（一）TFP 测算方法

如前所述，本文将利用索洛余量法，结合上市公司数据来估计不同部门的

[①] 有关 DEA、SFA 和经济计量方法测算 TFP 的更具体优缺点介绍，可参看科尔利等（Coelli et al.，2005）的研究。

[②] 得益于中国工业企业统计数据库，已有不少研究采用代理变量方法（OP、LP 方法）来估算制造业全要素生产率，如余淼杰（2010）、鲁晓东和连玉君（2012）、勃兰特等（Brandt et al.，2012）、杨汝岱（2015）等。用于服务业的研究还相对少见。王恕立和刘军（2014）曾采用世界银行提供的企业调查数据，运用 LP 法测算了中国服务业企业 1999～2002 年的生产率，但样本时间较早，难以反映当前情况。

TFP，具体公式为：

$$Y_{jt} = A_{jt}K_{jt}^{\alpha}L_{jt}^{\beta} \tag{1}$$

其中，Y_{jt} 表示第 j 家企业的产出，L_{jt} 和 K_{jt} 分别表示第 j 家企业的劳动和资本投入，A_{jt} 代表第 j 家企业的 TFP，满足希克斯中性假设。两边取对数之后，加上随机扰动项，可写成以下计量方程的形式：

$$y_{jt} = \alpha k_{jt} + \beta l_{jt} + a_{jt} + \varepsilon_{jt} \tag{2}$$

其中，y_{jt}、l_{jt}、k_{jt} 和 a_{jt} 分别表示 Y_{jt}、L_{jt}、K_{jt} 和 A_{jt} 的对数形式，ε_{jt} 代表随机扰动项，满足白噪声冲击的设定。由于个体企业的 a_{jt} 通常无法直接观测，如果直接利用 OLS 法对式（2）进行估计，结果会出现偏差。为克服这一问题，现有研究多数采用奥利和帕克斯（Olley & Pakes，1996）（简称 OP 法）和莱文索和皮特林（Levinsohn & Pertin，2003）（简称 LP 法）的方法来估算①。考虑到上市公司数据中没有能与同期固定资产净值、产出增加值等相匹配的投资数据，本文将使用 LP 方法来估算式（2）。

（二）数据使用说明

本文使用上市公司数据的原因在于：首先，上市公司数据涉及较大规模的服务业企业统计，更新较及时，而其他数据，如 2004 年、2008 年全国经济普查数据等，样本时间都比较早，无法反映服务业近期的变化；其次，与制造业相比，服务业包含的行业众多，生产行为相对复杂，难以用统一的生产函数来加以刻画（杨汝岱，2015），并且不同行业的性质差异较大（江小涓，2011）。有些服务业是非营利性的，有些是半营利性半公益性的，其要素投入及生产目的异于营利性行业。② 而上市公司数据可以部分避免上述问题。一是上市公司要符合《中华人民共和国公司法》关于企业上市的条件要求，无论制造业企业，抑或服务业企业，其准入门槛是一致的。二是上市公司的目标也相对一致：要满足股东利益的最大化。并且，在相似的财务制度要求下，上市公司的生产决策机制也趋于一致。三是上市公司的产出增加值、要素投入数据的准确性会更高，统计误差也会相对较小。

不过，使用上市公司数据也有不足之处。首先，代表性可能不够。这既体

---

① 关于 OP、LP 方法的更详细过程及比较，请参阅德尔·加托等（Del Gatto et al.，2011）。
② 使用全国或是省级服务业宏观数据来测算服务业 TFP 的研究，无论是基于生产函数法，抑或前沿非参数方法，也均难以避免不同服务业的性质差异问题。

现在企业数量规模上，也体现在所囊括的行业类别上。前者指上市公司数相对有限，后者指并非所有行业都有上市公司。其次，由于服务产品的标准化程度较差，上市公司样本 TFP 与总体样本 TFP 之间偏差可能存在行业异质性，削弱二者对比结果的全局代表性。但是，随着资本市场扩张，上市公司产出占总产出的比重不断提升，对整体经济的重要性和代表性在稳步提高。[①] 并且，上市公司大多是各细分行业领域内成长性最好的企业，代表最前沿的生产技术水平，反映行业内最高的 TFP 水平。从行业比较角度看，将不同行业内各自具有最高生产效率的企业进行对比，也是比较不同行业生产效率差异的重要途径之一。因此，尽管使用上市公司数据会整体高估行业的 TFP，但在没有更好的微观数据情况下，仍不失为较优选择。

本文选取 2001~2016 年 A 股上市公司数据为测算样本期内不同行业 TFP 水平的样本，相关数据源于 Wind 数据库。在正式使用之前，本文对所选取的数据进行如下筛选：（1）删除归属于第一产业（农业）的公司；（2）删除固定资产净值、产出增加值、中间投入、支付给职工以及为职工支付的现金和企业就业人员等变量为零、小于零或缺失值的公司。最后得到样本观测值 29283 个，涉及 77 个行业大类 3353 家上市公司。

三、中国服务业和制造业 TFP 的测算结果

（一）主要变量选择及描述性统计

（1）产出增加值。根据数据特征，本文选用收入法来计算产出增加值，公式为：产出增加值 = 固定资产折旧 + 营业利润 + 职工工资 + 营业税金及附加 + 应缴增值税。其中，职工工资 = 支付给员工以及为员工支付的现金 + 应付员工薪酬的期末值 – 应付员工薪酬的期初值。同时，为了剔除价格因素影响，本文将计算得到的产出增加值分别用其所在省份对应的第二产业和第三产业 GDP 平减指数进行平减，得到不变价的产出增加值。各平减指数以 2007 年为基年，数据源自国家统计局。

（2）物质资本存量（K）和员工人数（L）。物质资本存量采用上市公司年报

---

① 本文后续测算的结果显示，相似样本时期内，根据上市企业数据测算出来的制造业 TFP，无论是在绝对值，还是在增长率方面，均接近于使用中国工业企业统计数据测算结果。

资产负债表中披露的固定资产净额科目，并根据上市公司所在省份的当年固定资产投资价格指数进行平减；员工人数则采用上市公司年报所披露的员工数据。

（3）中间品投入（M）。由于企业财务报表并未直接公布中间品投入数据，实际操作中有两种计算方法：一是直接法，将制造费用、管理费用、销售费用中属于中间消耗的部分相加，再加上财务费用和直接材料，得到中间投入；二是倒算法，中间投资额＝主营业务成本＋管理费用＋销售费用＋财务费用－本期固定资产折旧－劳动报酬总额（职工工资）。本文采用倒算法计算中间品投入，并且同样根据上市公司所在省份的当年固定资产投资价格指数进行平减，以消除价格因素影响。变量的描述性统计如表1所示。

表1　　　　　　　　　　　主要变量描述性统计

变量	变量名	观测值	均值	标准差	最小值	最大值
$\ln Y$	产出增加值	29283	19.3340	1.4587	10.7466	27.0295
$\ln K$	资本	29283	19.6153	1.7296	7.2348	27.1017
$\ln L$	劳动力	29283	7.4724	1.3584	1.9459	13.2228
$\ln M$	中间品投入	29283	20.4377	1.5501	13.0995	28.2834

（二）TFP测算结果

结合式（2），本文对资本和劳动产出弹性系数进行计量回归估计。本文给出了使用OLS、FE（固定效应模型）和LP三种计量方法的估计结果（见表2）。可以看出，不同方法下，资本和劳动产出弹性系数估计都在1%的显著性水平之内显著。由于增加了中间品投入要素，LP方法估计的资本和劳动产出弹性系数分别为0.194和0.322，二者之和小于OLS和FE估计的弹性系数之和，说明考虑了相关性之后，LP方法将会削弱传统资本和劳动对产出的贡献。

表2　　　　　　　不同估算方法下的要素产出弹性估计结果

变量	OLS	FE	LP
$\ln K$	0.310 *** (67.99)	0.251 *** (14.59)	0.194 *** (13.40)
$\ln L$	0.496 *** (85.51)	0.502 *** (21.27)	0.322 *** (24.10)
观测值	29283	29283	29283

注：括号中为相应系数的t值，*、** 和 *** 分别表示在10%、5%和1%的显著性水平上显著。

1. TFP 总体测算结果

依据表 2 的估计结果，结合企业的变量数值，容易计算得到企业 TFP。从企业层面 TFP 到行业层面的 TFP 估算转化，已有文献主要有两种处理方式：一是以某一变量权重为基础，简单加权平均；二是对不同行业假设不同的替代弹性，给出行业权重，再加权计算最终的制造业 TFP。谢和克莱诺（Hsieh & Klenow，2009）、勃兰特等（Brandt et al.，2012）和杨汝岱（2015）等均采用第一种方法。其中，杨汝岱（2015）讨论了以工业总产值、工业增加值占比为权重，以就业人员占比为权重的制造业加权 TFP，并将其与直接取平均值的结果进行对比，发现不同权重加权的制造业 TFP 具有类似的变动趋势，增长率变动基本保持一致。本文沿用杨汝岱（2015）的处理方式，以行业内某一企业的产出增加值占行业总产出增加值的比重作为权重，加权求和得到不同行业的TFP 值。随后，根据国家统计局公布的三次产业分类标准，将各行业归类为制造业和服务业两大产业，再结合前述加权得到的行业 TFP 估计值，取其平均值，得到制造业和服务业的平均 TFP。

测算的结果见图 1 和表 3。可以看出，第一，从数值上看，样本期内，不同估计方法下的服务业和制造业 TFP 均呈现稳步上升的趋势（见表 3）。其中，LP 方法下估计的 TFP 数值最大，OLS 的估计结果最小，这表明，对式（2）不可观测部分的处理将有助于提高对 TFP 的测算结果。第二，从样本均值看，不同估计方法下的服务业 TFP 均要小于制造业 TFP，但相差较小。其中，OLS 方法下，服务业 TFP 的总体均值比制造业 TFP 仅低 0.08，FE 和 LP 方法下，则分

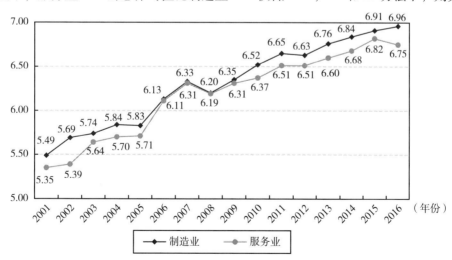

图 1　LP 方法下服务业和制造业 TFP 测算结果

别低 0.14 和 0.12。相对于各自的 TFP 数值而言，相对差距均较小。第三，从时间趋势上看，以 LP 方法为例，2001～2008 年服务业与制造业 TFP 之间的差距在缩小，而 2009 年之后，二者之间的差距又再度拉开，制造业重新占据上风（见图 1）。其他两种方法下的时间变动趋势则基本相似，这里不再赘述。

表3　　　　　不同估计方法下的中国服务业和制造业 TFP 测算结果

年份	TFP_OLS		TFP_FE		TFP_LP	
	制造业	服务业	制造业	服务业	制造业	服务业
2001	2.95	2.98	3.65	3.63	5.49	5.35
2002	3.11	2.96	3.83	3.62	5.69	5.39
2003	3.19	3.12	3.92	3.80	5.74	5.64
2004	3.23	3.14	3.96	3.83	5.84	5.70
2005	3.22	3.07	3.95	3.77	5.83	5.71
2006	3.47	3.51	4.23	4.20	6.13	6.11
2007	3.62	3.66	4.38	4.36	6.33	6.31
2008	3.52	3.56	4.27	4.26	6.20	6.19
2009	3.69	3.68	4.46	4.40	6.35	6.31
2010	3.87	3.79	4.65	4.51	6.52	6.37
2011	3.97	3.91	4.76	4.64	6.65	6.51
2012	3.94	3.86	4.73	4.60	6.63	6.51
2013	4.08	3.94	4.89	4.69	6.76	6.60
2014	4.19	4.01	5.00	4.77	6.84	6.68
2015	4.26	4.12	5.08	4.88	6.91	6.82
2016	4.36	4.09	5.18	4.84	6.96	6.75
2001～2016	3.67	3.59	4.44	4.30	6.31	6.19

注：TFP_OLS、TFP_FE、TFP_LP 分别表示 OLS、FE、LP 方法下的 TFP。

根据表 3 的数据，还可以计算制造业和服务业 TFP 的增速变化。容易看出，服务业和制造业 TFP 增速也相差不大（见图 2）。样本期间内，LP 方法下的制造业和服务业 TFP 的简单平均年增长率分别为 1.60% 和 1.58%，环比年均增长率分别为 1.59% 和 1.56%，制造业仅略快于服务业。分阶段看，2002～2007 年服务业 TFP 增速为 2.81%，大于同期制造业 TFP 增速（2.41%）；2009～2016 年服务业 TFP 增速大幅降至 1.09%，制造业 TFP 增速虽然也在下降（1.46%），但却比服务业高 0.37 个百分点。

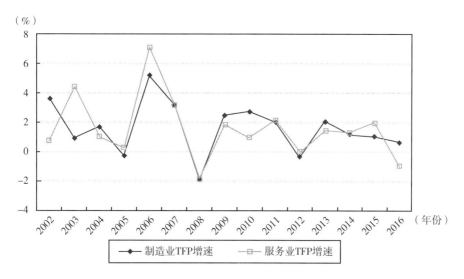

图 2　LP 方法下服务业和制造业 TFP 的增速变化

对比类似的研究，鲁晓东和连玉君（2012）运用 OP、LP 等方法估计 1999~2007 年的制造业 TFP。其中，用 LP 方法估算的 TFP 数值均值在 6.56，增速为 2%~5%；杨汝岱（2015）用 OP 方法估计的 1998~2007 年制造业简单平均 TFP 数值为 2.0~3.5，增速为 2%~6%。用相同的 LP 方法，本文估计的 2002~2007 年制造业 TFP 均值为 5.86，年均增速为 2.41%，接近于鲁晓东和连玉君（2012）估计的结果，说明使用上市公司数据能够反映行业 TFP 的变动情况。

2. 分行业测算结果

分行业的具体数据如表 4 所示，从中可以看出，第一，样本期内，中国服务业和制造业内部不同行业之间的 TFP 差异均较大。其中，服务业 TFP 的行业标准差异系数约为 0.15，略高于制造业（0.13）。服务业中，货币金融服务的 TFP 数值最高（8.87），是最低的教育（5.02）的 1.77 倍；制造业中，石油和天然气开采业的 TFP 最高（9.48），是最低的仪器仪表制造业（5.31）的 1.79 倍，两者的行业相差倍数也基本相近。第二，以金融、电信、物流运输、商务等为代表的现代服务业 TFP 要明显高于以零售、住宿、餐饮、仓储等为代表的传统生活性服务业和以科教文卫为代表的社会性服务业，也高于大部分制造业内部细分行业。这与马罗托 - 萨克兹和夸德拉多 - 卢拉（Maroto-Sanchez & Cuadrado-Roura，2009）、张月友等（2018）等研究的观察结果基本保持一致。

表 4　　**2001～2016 年制造业和服务业内部细分行业的 TFP 均值比较**

制造业				服务业			
行业名称	TFP	行业名称	TFP	行业名称	TFP	行业名称	TFP
石油和天然气开采业	9.48	水的生产和供应业	6.15	货币金融服务	8.87	专业技术服务	5.84
土木工程建筑业	7.59	装饰等建筑业	6.06	电信广播电视卫星传输服务	8.15	机动车、电子品和日用品修理业	5.84
煤炭开采和洗选业	7.53	农副食品加工	6.03	保险业	7.72	生态保护和环境治理业	5.79
黑色金属冶炼及压延加工	7.33	化学原料及化学制品制造业	5.98	资本市场服务	7.39	住宿业	5.79
电力、热力生产和供应	7.31	橡胶和塑料制品业	5.89	房地产业	7.26	仓储业	5.58
汽车制造业	7.21	纺织服装、服饰	5.85	航空运输业	7.24	互联网和相关服务	5.56
石油加工、炼焦及核燃料加工业	7.16	造纸及纸制品	5.85	水上运输业	6.99	广播电视影视录音制作业	5.55
燃气生产和供应业	7.12	其他制造业	5.80	铁路运输业	6.98	邮政业	5.32
酒、饮料和精制茶制造	7.08	印刷和记录媒介复制业	5.74	开采辅助	6.83	公共设施管理业	5.31
通用设备制造业	6.64	化学纤维制造	5.64	道路运输业	6.52	文化艺术业	5.29
金属制品业	6.52	纺织业	5.60	装卸搬运和其他运输代理	6.37	体育	5.25
有色金属矿采选业	6.48	房屋建筑业	5.58	批发业	6.35	餐饮业	5.17
铁路、船舶、航空航天和其他运输设备制造业	6.44	黑色金属矿采选业	5.53	其他金融业	6.29	农林牧渔服务业	5.11
有色金属冶炼及压延加工	6.37	皮革、毛皮、羽毛及其制品和制鞋业	5.51	商务服务业	6.08	教育	5.02
专用设备制造业	6.33	文教、工美、体育和娱乐用品制造业	5.50	零售业	6.07		
非金属矿物制品业	6.28	家具制造业	5.46	软件和信息技术服务业	6.01		

制造业				服务业			
行业名称	TFP	行业名称	TFP	行业名称	TFP	行业名称	TFP
计算机、通信和其他电子设备制造业	6.27	木材加工及木、竹、藤、棕、草制品业	5.45	租赁业	5.99		
电气机械及器材制造	6.24	废弃资源综合利用业	5.33	卫生	5.94		
医药制造业	6.18	仪器仪表制造业	5.31	综合	5.87		
食品制造业	6.15			新闻和出版业	5.86		

从增速看，2002～2016 年制造业内部各行业 TFP 的年均增速为 0.06%～2.97%，而服务业各行业 TFP 的年均增速则为 –0.14%～4.36%（见表 5）。其中，保险业（4.36%）、租赁业（3.95%）、邮政业（3.65%）、资本服务（3.56%）、文化艺术业（3.02%）的 TFP 年均增速均超过所有制造业行业的 TFP 年均增速；而装卸搬运及其他运输代理服务的 TFP 增速出现了负值（–0.14%），低于所有制造业行业。此外，年均增速低于 1.0% 的行业，制造业只有 3 个，而服务业却有 8 个。因此，与制造业相比，服务业内部不同行业之间的 TFP 增速差别更大。

表5　2002～2016 年制造业和服务业内部细分行业的 TFP 平均增速比较

制造业				服务业			
行业名称	增速（%）	行业名称	增速（%）	行业名称	增速（%）	行业名称	增速（%）
土木工程建筑业	2.97	化学原料及化学制品	1.64	保险业	4.36	住宿业	1.37
有色金属矿采选	2.94	煤炭开采和洗选	1.69	租赁业	3.95	航空运输业	1.25
其他制造业	2.84	电气机械及器材制造业	1.61	邮政业	3.65	教育	1.54
家具制造业	2.72	农副食品加工业	1.58	资本服务	3.56	生态保护和环境治理业	1.20
铁路、船舶、航空航天和其他运输设备制造	2.52	造纸及纸制品业	1.57	文化艺术业	3.02	专业技术服务业	1.10
装饰等建筑业	2.40	黑色金属矿采选	1.95	其他金融业	2.91	综合	0.90
纺织服装、服饰业	2.29	木材加工及木竹藤棕草制品业	1.53	铁路运输业	2.63	仓储业	0.83

制造业				服务业			
行业名称	增速（%）	行业名称	增速（%）	行业名称	增速（%）	行业名称	增速（%）
废弃资源综合利用业	2.30	有色金属冶炼及压延加工	1.71	房地产业	2.34	公共设施管理业	0.72
文教工美体育和娱乐用品制造业	2.18	医药制造业	1.49	商务服务业	2.24	道路运输业	0.68
皮革、毛皮、羽毛及其制品和制鞋	1.11	纺织业	1.40	电信广播电视卫星传输	2.45	软件和信息技术服务业	0.65
食品制造业	2.26	石油和天然气开采业	1.18	广播电视影视录音制作	1.99	卫生	0.63
化学纤维制造业	2.27	橡胶和塑料制品	1.20	互联网和相关服务	1.95	农、林、牧、渔服务业	0.19
汽车制造业	2.08	计算机通信和其他电子设备制造	1.16	餐饮业	1.84	装卸搬运及其他运输代理	-0.14
非金属矿物制品	1.95	专用设备制造业	1.05	开采辅助	1.79		
仪器仪表制造业	1.84	电力、热力生产和供应业	1.02	货币金融服务	1.72		
水的生产和供应	1.86	通用设备制造业	1.00	新闻和出版	1.56		
印刷和记录媒介复制业	1.76	黑色金属冶炼及压延加工	0.75	水上运输业	1.71		
酒、饮料和精制茶制造业	1.73	燃气生产和供应	0.10	零售业	1.46		
石油加工、炼焦及核燃料加工业	1.91	金属制品业	0.06	批发业	1.49		

3. 分区域测算结果

首先，从数值上看，样本期内，东部地区的制造业和服务业 TFP 均值均为最高值（分别为 6.70 和 7.10），东北地区次之（分别为 6.47 和 6.20），随后是中部地区（分别为 6.32 和 6.08）、西部地区（分别为 6.20 和 5.82）。四大经济区域中，只有东部地区的服务业 TFP 超过了制造业，其他区域的服务业 TFP 仍然小于制造业（见表6）。容易看出，不同区域的制造业和服务业 TFP 水平与其经济发展水平呈正相关关系。越是经济发达的区域，行业的 TFP 水平越高。

表6				2001~2016年不同区域的制造业和服务业TFP均值比较			
地区		制造业	服务业	之差	地区	制造业	服务业	之差

地区		制造业	服务业	之差	地区		制造业	服务业	之差
东部	北京	8.96	8.58	-0.38	西部	新疆	5.95	6.16	0.21
	上海	7.78	8.00	0.22		重庆	6.55	6.13	-0.42
	广东	6.68	7.84	1.16		广西	6.14	6.04	-0.10
	福建	6.29	7.56	1.27		云南	6.21	6.00	-0.21
	天津	6.05	6.88	0.83		四川	6.65	5.91	-0.74
	江苏	5.99	6.69	0.70		贵州	7.02	5.85	-1.17
	河北	6.59	6.48	-0.11		宁夏	5.15	5.53	0.38
	浙江	6.09	6.45	0.36		甘肃	6.05	5.40	-0.65
	海南	5.89	6.41	0.52		陕西	6.06	5.34	-0.72
	山东	6.72	6.14	-0.58		平均	6.20	5.82	-0.38
	平均	6.70	7.10	0.40					
中部	山西	6.49	7.01	0.52	东北	吉林	6.19	6.33	0.14
	安徽	6.60	6.29	-0.31		辽宁	6.92	6.19	-0.73
	江西	6.32	6.09	-0.23		黑龙江	6.30	6.08	-0.22
	湖北	6.06	6.05	-0.01		平均	6.47	6.20	-0.27
	河南	6.31	5.98	-0.33					
	湖南	5.96	5.89	-0.07					
	内蒙古	6.52	5.22	-1.30					
	平均	6.32	6.08	-0.24					

注:(1)各省份的制造业和服务业TFP数据是以行业内各企业产出占各省份该行业所有企业的总产出比重作为权重,再对企业TFP加权求和得到的;(2)之差是用服务业TFP减制造业TFP。

其次,从增速上看,不同区域的制造业和服务业TFP增速呈现出分散化趋势。东北地区的制造业TFP平均增速最快(1.80%),接下来依次是西部地区(1.64%)、中部地区(1.39%)、东部地区(1.35%);服务业TFP增速最快的是中部地区(2.61%),接下来依次是西部地区(2.25%)、东北地区(2.22%)、东部地区(2.14%)。与TFP数值不同的是,四大经济区域服务业TFP增速均超过制造业。其中,中部地区为1.22%,接下来依次是东部地区(0.80%)、西部地区(0.61%)、东北地区(0.42%)(见表7)。因此,各区域的服务业TFP增速不仅不会低于制造业,反而要高于制造业。

表7 2002～2016年不同区域的制造业和服务业 TFP 增速比较　　单位：%

地区		制造业	服务业	之差	地区		制造业	服务业	之差
东部	北京	0.87	2.72	1.85	西部	新疆	1.53	3.59	2.06
	上海	1.23	2.09	0.86		重庆	1.90	2.13	0.23
	广东	0.73	2.00	1.27		广西	1.32	1.84	0.52
	福建	1.74	3.38	1.64		云南	1.78	1.54	-0.24
	天津	1.53	1.43	-0.10		四川	1.60	2.78	1.18
	江苏	1.53	1.46	-0.07		贵州	1.97	2.45	0.48
	河北	1.53	3.72	2.19		宁夏	0.65	0.14	-0.51
	浙江	1.25	1.99	0.74		甘肃	1.61	3.59	1.98
	海南	1.69	1.50	-0.19		陕西	2.41	2.17	-0.24
	山东	1.37	1.14	-0.23		平均	1.64	2.25	0.61
	平均	1.35	2.14	0.79					
中部	山西	1.63	3.92	2.29	东北	吉林	1.62	2.71	1.09
	安徽	1.27	2.84	1.57		辽宁	2.01	1.92	-0.09
	江西	1.32	1.15	-0.17		黑龙江	1.76	2.03	0.27
	湖北	1.40	1.98	0.58		平均	1.80	2.22	0.42
	河南	1.08	2.76	1.68					
	湖南	1.21	1.95	0.74					
	内蒙古	1.82	3.68	1.86					
	平均	1.39	2.61	1.22					

注：（1）各省份的制造业和服务业 TFP 数据是以行业内各企业产出占各省份该行业所有企业的总产出比重作为权重，再对企业 TFP 加权求和得到的；（2）之差是用服务业 TFP 减制造业 TFP。

综上所述，本文对服务业和制造业 TFP 的测算结果大致可以总结如下。

第一，样本期间内，中国服务业的 TFP 均值和增速都低于制造业，但差距很小。分阶段看，2001～2008 年，服务业 TFP 增速要快于制造业，使二者之间差距迅速缩小；2009 年之后，在服务业和制造业 TFP 增速都下降的背景下，服务业下降速度更快，使其与制造业 TFP 的差距再次拉大。

第二，服务业和制造业内部不同行业的 TFP 大小及增速均存在较大差异。一些现代服务业的 TFP 增速要高于制造业，而生活性服务业和社会性服务业的 TFP 增速低于制造业。服务业内部各行业 TFP 的变动区间比制造业更大。

第三，经济最发达的东部地区的服务业和制造业的 TFP 水平最高。而且东部地区的服务业 TFP，无论是绝对水平，还是在增速变化上，都要高于制造业。

然而，东北地区、中部地区和西部地区的服务业 TFP 仍要低于制造业。不过，从 TFP 增速上看，这些区域的服务业 TFP 增速都超过了制造业。

四、进一步解释

基于上述测算结果，回到引言部分的问题讨论，容易发现，仅从服务业和制造业 TFP 增速相对变化的角度出发，只能小部分解释近些年来中国服务业相对实际单位劳动产出的快速下降。2009～2017 年，中国第二产业的实际单位劳动产出年均增速比服务业的实际单位劳动产出年均增速约高 3.07 个百分点（见图3），明显高于相近时期（2009～2016 年）本文测算的制造业 TFP 增速高于服务业 TFP 增速的幅度（0.37%）。制造业与服务业的 TFP 增速差距如此小，显然无法解释两个产业实际单位劳动产出年均增速之间如此大的差距。

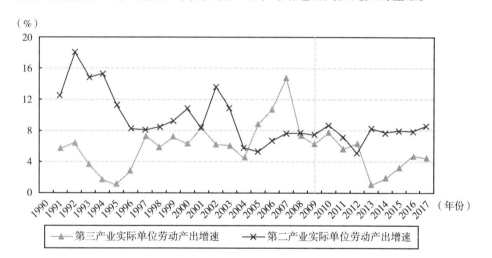

图3　第二产业与第三产业单位劳动产出比值变化

注：实际单位劳动产出数据是将第二产业和第三产业的 GDP 分别以 1990 年为 100 的不变价第二产业和第三产业 GDP 指数作为平减指数，再除以就业人数得到。

资料来源：根据 CEIC 数据库整理。

那么，在 TFP 之外，又有其他哪些影响制造业与服务业之间实际单位劳动产出年均增速差距的因素呢？重新回到 C－D 生产函数，假设：

$$Y_{it} = A_{it} K_{it}^{\alpha} L_{it}^{\beta} \tag{3}$$

其中，Y_{it} 表示第 i 个部门的产出，L_{it} 和 K_{it} 分别表示第 i 个部门的劳动和资本投入，A_{it} 代表第 i 个部门的全要素生产率（TFP），满足希克斯中性假设。将式

（3）的两边同除以 L_{it}，可得第 i 个部门的劳动生产率：

$$\frac{Y_{it}}{L_{it}} = A_{it} \left(\frac{K_{it}}{L_{it}}\right)^{\alpha} (L_{it})^{\alpha + \beta - 1} \quad (4)$$

取对数之后，对时间 t 求导数，可得：

$$\hat{y}_{it} = \hat{A}_{it} + \alpha \hat{k}_{it} + (\alpha + \beta - 1)\hat{L}_{it} \quad (5)$$

在规模报酬不变的假设下，式（5）将改写为：

$$\hat{y}_{it} = \hat{A}_{it} + \alpha \hat{k}_{it} \quad (6)$$

式（6）表明，除了取决于 TFP 变化 $\hat{A}_{it}$ 之外，劳动生产率变化 $\hat{y}_{it}$ 还取决于劳均资本变化 $\hat{k}_{it}$。考虑到前面的讨论已经否定了 TFP 变化的决定性作用，这就意味着，造成服务业相对劳动生产率下降的主要原因是服务业劳均资本的增速大幅度地低于制造业。事实果真如此吗？从劳均固定资产投资增速看[①]，2009 ~ 2017 年，服务业的劳均固定资产投资的年均增速约为 14.6%，第二产业劳均固定资产投资的年均增速约为 14.9%，二者仅相差 0.3 个百分点（见图 4）。因此，即使加上劳均资本增速的差别变化，仍然不足以解释近些年来中国服务业相对劳动生产率的下降幅度，需要寻找新的作用因素。

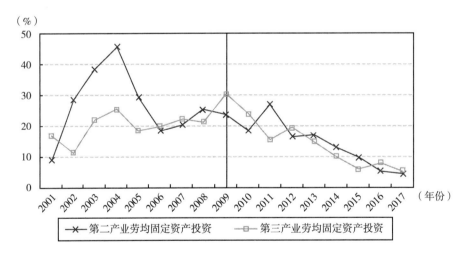

图 4 第二产业与第三产业劳均固定资产投资增速变化

注：劳均固定资产投资数据是将不同行业的固定资产投资数据除以就业人数得到的。

资料来源：根据 CEIC 数据库整理。

近期，一些国外文献试图从劳动者的劳动效率差异角度来解释不同行业的

---

① 这里，本文没有直接计算制造业和服务业的资本存量数据，但根据永续盘存法，只要样本期间内制造业和服务业物质资本的折旧率保持稳定，其年度固定资产投资增速将保持与物质资本存量增速一致的变化趋势，可以用来近似表征。

劳动生产率变化（Young，2014；Cubas et al.，2015），认为那些就业比重上升的行业，其行业平均劳动效率会由于行业劳动力异质性的扩大而下降。这一假说如果成立，将为中国服务业的相对低劳动生产率提供一个新的解释角度。具体而言，改写式（3）：

$$Y_{it} = A_{it} K_{it}^{\alpha} (Z_{it} L_{it})^{\beta} \tag{7}$$

其中，Z_{it} 表示第 i 个部门的平均劳动效率，衡量的是工作效率或劳动质量。其差异是由于部门内劳动异质性引起的，即劳动力存在个人能力高低及素质差异。其他变量含义同式（3）。假定规模报酬不变，将式（7）两边同除以 L_{it}，再取对数、求导之后，可得：

$$\hat{y}_{it} = \hat{A}_{it} + \alpha\,\hat{k}_{it} + \beta\,\hat{Z}_{it} \tag{8}$$

容易看出，与式（6）相比，导致式（8）的劳动生产率变化 $\hat{y}_{it}$ 的作用因素多了一项劳动效率变化 $\hat{Z}_{it}$。当部门平均劳动效率与就业比重之间呈现负线性相关关系时（Young，2014），就业比重的上升将会使该部门的平均劳动效率等比例下降，进而导致其劳动生产率下降。

数据显示，近三十年来，随着中国社会对服务品需求的不断增长，服务业迅速成长为中国第一大就业产业。1991～2017 年，服务业就业人员占全部就业人员的比重由 18.9% 提高到 44.9%，年均增速 3.36%，高出同期第二产业就业人员比重的年均增速（1.05%）2.31 个百分点。2009～2017 年，服务业就业人员比重的年均增速提高到 3.43%，第二产业就业人员比重的年均增速下降为 0.39%，二者差距进一步扩大至 3.04 个百分点。这一差距基本上与同期的第二产业实际单位劳动产出年均增速高于服务业的幅度持平（3.07%）。换言之，在负线性相关的假定下，由服务业就业比重上升所造成的服务业相对平均劳动效率下降，能够解释同期绝大部分的服务业相对实际单位劳动产出下降幅度。

但是，令人遗憾的是，与 TFP 相似，不同部门的平均劳动效率同样是无法直接观测的。我们很难直接对就业比重与劳动效率进行经验检验，以证实二者之间存在负线性相关关系。为此，还需要进一步讨论：服务业劳动力比重的提升是否必然会带来行业劳动效率的下降呢？

逻辑上，行业就业比重与劳动效率之间存在负相关关系是成立的。罗伊（Roy，1951）和杨（Young，2014）指出：一般而言，劳动者会选择相对劳动生产率最高的行业就业。如果劳动者在不同行业的劳动生产率不相关或弱相关，那么，在初始状态，不同行业的劳动者会使各自所处的行业具有生产率优势。随着行业的扩张，劳动需求扩大，它将提供较高的工资以吸引其他行业的劳动者，但吸引来的很可能是原来那些行业里具有较低相对劳动生产率的边缘劳动者，那些具有较高相对生产率的中坚劳动者仍将留在原来的行业里。最终造成的结果是扩张行业的劳动者差异较大，平均劳动生产率因此趋于下降，而收缩行业的劳动者差异缩小，平均劳动生产率因此趋于上升。

这就意味着：制造业和服务业的劳动生产率增长差距可能源于服务业在扩张过程中吸收了制造业中劳动生产率相对低的边缘劳动力，产业的劳动平均效率因此下降，而制造业则因为这些无效率的边缘劳动者减少，反而变得更有生产效率。事实上，劳动力大量流入的部门在一定时期内必然会出现劳动异质化和劳动平均效率下降的现象。原因在于：当劳动力从其他部门流入时，即使这些劳动力在其他部门是熟练劳动力，但是，一旦转移到新部门，他们就成为非熟练劳动力。因此，对于需求扩张从而劳动力资源流入的部门，劳动异质化会扩大，平均劳动效率会下降；相反，在需求下降从而劳动力资源流出的部门，优胜劣汰的结果一般是更有竞争力的劳动力留了下来，最终导致劳动异质化程度下降，部门的平均劳动效率上升。

为佐证上述观点，考虑到受教育程度较高的劳动力往往具有较高的劳动质量和劳动收入（刘万霞，2013；杨娟等，2015），本文选择用相近时期的中国服务业和制造业不同受教育程度就业人员构成变化作为两个部门劳动力质量或劳动效率差异变化的间接证据。

第一，相对于制造业，近期中国服务业就业人员平均受教育程度的变异系数在变大。根据2006～2016年服务业就业人员中未上过学、小学、初中、高中、大学专科、大学本科以及研究生七个级别受教育程度的就业人员占服务业全部就业人员的比重，可以计算出每一年服务业就业人员平均受教育程度的变异系数。由于受教育程度就业人员的统计是根据服务业内部各细分行业进行的，因此，在计算总体服务业就业人员的受教育程度变异系数时，本文先计算了各细分行业的变异系数，再用各细分行业的增加值占服务业增加值比重为权重，加权得到最终的服务业变异系数。结果显示，（1）样本期间内，制造业和服务业就业人员的受教育程度变异系数都出现小幅下降，但制造业下降的幅度要大于服务业，使服务业的变异系数相对增大。其中，2006年，制造业和服务业的变异系数分别为1.37和1.07，服务业约为制造业的0.78倍。到2016年，制造业和服务业的变异系数分别下降为1.22和1.01，服务业相对于制造业的比值提高到0.83。（2）从变异系数的增速上看，二者的趋势变化更明显。其中，2010年之前，制造业的变异系数增速要高于服务业，而2011年之后，服务业的变异系数增速则要明显高于制造业（见图5）。并且，在年均增速上体现为正值（0.19%）。换言之，2011 年之后，服务业就业人员受教育程度的变异系数出现了绝对增长。亦即，服务业部门的劳动力异质性程度，不仅相对制造业在提高，而自身呈现出扩大的趋势。

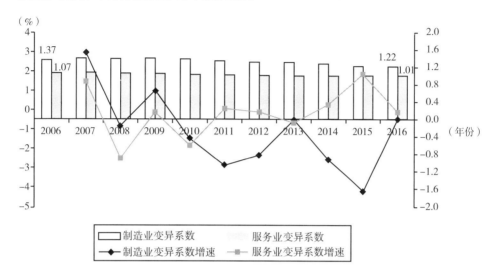

图 5　2006～2016 年中国制造业及服务业就业人员受教育程度构成的变异系数变化
注：图中变异系数增速对应的坐标是左轴；变异系数对应的坐标是右轴。

第二，从服务业内部分行业看，平均受教育程度变异系数越大或是变异系数增速越大的行业，其对应的 TFP 增速越小，二者之间呈负相关关系。2006～2016 年，平均而言，受教育程度变异系数最大的服务业行业是居民服务、修理和其他服务业（1.356），其次是住宿和餐饮业（1.350），第三是批发和零售业（1.284），其 TFP 增速分别对应的是 0.90%、1.61% 和 1.48%，均低于各行业 TFP 增速的平均值（1.78%）；反之，除个别行业之外，多数变异系数较小的行业，如租赁和商务服务业，文化、体育和娱乐业，房地产业，金融业等，其对应的 TFP 增速均较高，两个序列之间的相关系数为 - 0.326（见表 8）。可以看出，这些受教育程度变异系数较大的行业基本上集中在服务业内部劳动力流入最多的生活性和流通性服务业①，准入门槛较低，竞争较为充分，行业内的平均工资相对较低；一些存在劳动力流入障碍的行业，如金融业，文化、体育和娱乐业、教育业等，其劳动力异质程度相对较小。

---

① 根据国家统计局公布的《农民工监测调查报告》，2009 年，在外出农民工中，流向第二产业的比重约为 56.4%，其中，流向制造业的比重高达 39.1%；到 2017 年，流向第二产业的比重下降到 51.5%，其中，流向制造业比重大幅减少到 29.9%。而同期，流向服务业的比重则由 33.3% 提高到 48%。其中，批发和零售业，居民服务、修理和其他服务业，交通运输、仓储和邮政业，住宿和餐饮业是服务业中最主要的流入行业；金融业，教育，文化、体育和娱乐业等服务业的比重则较低。

表8　　　服务业内部就业人员受教育程度变异系数与相应行业 TFP 增速的相关性

行业	变异系数	变异系数变动增速（%）	TFP 增速（%）
批发和零售业	1.284	−1.73	1.48
交通运输、仓储邮政	1.088	4.69	1.52
住宿和餐饮业	1.350	1.14	1.61
信息传输、软件和信息技术服务业	1.213	−3.60	1.72
金融业	0.936	−0.09	3.21
房地产业	0.888	−0.80	2.34
租赁和商务服务业	0.836	−0.48	3.09
科学研究和技术服务业	0.806	1.21	1.10
水利、环境和公共设施管理业	0.856	−1.46	0.96
居民服务、修理和其他服务业	1.356	−1.45	0.90
教育	0.963	−0.22	1.54
卫生和社会工作	0.914	−0.68	0.63
文化、体育和娱乐业	0.843	−0.76	3.02
与对应行业 TFP 增速的相关系数	−0.326	−0.018	1.0

注：各行业对应的 TFP 增速数据是将前述表5的分行业 TFP 数据，按照《国民经济行业分类2017》定义的门类行业分类归纳匹配之后，求均值而得。

第三，从不同受教育程度的城镇就业人员行业构成上看，2006～2016 年，服务业中未上过学、小学和初中文化程度的就业人员占所有行业中未上过学、小学和初中文化程度的就业人员的比重分别大幅提高了 18.6%、17.1% 和 16.7%；而同期，制造业未上过学和小学文化程度就业人员占所有行业未上过学和小学文化程度就业人员的比重分别仅提高 2.6%、2.1%，初中学历的就业人员占所有行业初中水平就业人员的比重甚至还下降了 2.7 个百分点。大专以上学历的劳动力，在服务业和制造业就业占所有行业的就业比重均维持稳定，变化幅度小于 2%（见表9）。因此，可以看出，过去十多年来，我国受教育程度较低的劳动力大多数流入服务业，流入制造业的较少。这意味着，就业比重增长较快的服务业，其就业人员的平均受教育程度下降得较快。

表9　　　2006～2016 年不同受教育程度的城镇就业人员行业构成变化　　　单位：%

年份	未上过学		小学		初中		高中		大专		大学本科		研究生	
	服务业	制造业	服务业	制造业	服务业	制造业	服务业	制造业	服务业	制造业	服务业	制造业	服务业	制造业
2006	13.3	7.9	20.8	15.2	35.1	26.4	56.3	26.3	75.1	16.0	80.3	13.3	83.8	8.8
2007	13.7	7.7	21.0	15.0	36.2	25.4	57.0	26.1	76.0	15.4	81.3	12.1	83.3	8.8

年份	未上过学		小学		初中		高中		大专		大学本科		研究生	
	服务业	制造业	服务业	制造业	服务业	制造业	服务业	制造业	服务业	制造业	服务业	制造业	服务业	制造业
2008	14.5	7.2	21.3	13.9	36.7	24.4	57.5	25.3	75.6	16.0	81.6	12.1	82.3	11.3
2009	15.9	6.4	21.5	13.8	37.2	23.4	58.1	24.4	74.5	16.8	81.1	12.9	84.5	12.0
2010	23.2	11.1	28.5	20.3	40.5	29.3	57.7	27.3	72.7	18.0	79.1	13.9	83.2	12.6
2011	27.2	11.5	31.2	18.0	44.1	26.5	59.1	26.6	72.1	18.7	80.1	12.8	86.0	9.5
2012	24.7	16.0	30.9	16.9	44.6	24.7	60.3	25.6	71.7	18.5	79.3	13.0	81.0	14.7
2013	26.7	13.5	32.5	17.3	45.9	25.5	60.9	25.1	72.4	18.0	78.9	13.4	84.9	11.6
2014	29.1	8.9	33.4	15.9	47.6	24.8	61.7	24.6	72.6	18.2	79.4	13.0	87.1	9.1
2015	34.6	10.2	38.3	17.7	51.0	24.8	62.7	23.4	73.6	17.1	80.6	12.8	84.4	11.7
2016	31.9	10.5	37.9	17.3	51.8	23.7	64.5	22.2	74.0	16.9	80.5	12.3	85.6	10.2
2006～2016	18.6	2.6	17.1	2.1	16.7	-2.7	8.2	-4.1	-1.1	0.9	0.2	-1	1.8	1.4

资料来源：整理自历年《中国劳动统计年鉴》。

综上所述，利用不同受教育程度的就业人员构成变化数据，本文分析发现以下几方面结论。

第一，与制造业相比，服务业就业人员的受教育程度变异系数变得更大，增长速度也在加快，服务业的劳动异质性程度相对更高了。

第二，从服务业内部看，劳动力异质性程度与行业 TFP 增速之间存在负相关的关系。越是劳动力异质性较高的行业，其对应的 TFP 增速会越低。

第三，服务业劳动力异质性程度的提高主要是由于受教育程度较低的就业人员大量流入引发的。越是劳动力流入较为集中的服务业行业，如居民服务、修理和其他服务业，住宿餐饮业，交通运输和邮政仓储业，批发零售业等，其劳动异质性程度越大。

因此，本文认为，近年来，中国服务业劳动力比重的提升主要是依靠受教育程度较低的劳动力流入实现的。这导致服务业内部就业人员的劳动异质性程度提高，部门平均劳动效率下降，并最终促使服务业劳动生产率下降。所以，中国服务业实际劳动生产率及其增速低于制造业的原因主要不是服务业 TFP 增长缓慢，而是近年来，随着我国人均收入水平上升、社会对服务业的需求迅速增加，大批非熟练劳动者进入服务业，导致其劳动异质性扩大，平均劳动效率下降。这不仅抵消了服务业 TFP 增长对劳动生产率的正向作用，而且还拉低了服务业的劳动生产率增速。

五、结束语

随着经济服务化时代的到来，服务业对经济增长的贡献和重要性日益显现。然而，近年来服务业与制造业的劳动生产率差距却在进一步拉大。一些研究将其归因于服务业 TFP 的较低增速。但是，利用上市公司的微观数据，结合 LP 方法，本文对不同地区不同行业的 TFP 测算结果显示：样本期内，尽管中国服务业的 TFP 均值和增速均低于制造业，但二者之间的差距较小，不足以解释服务业相对劳动生产率的下降。服务业内部一些行业和个别区域的 TFP，无论是从绝对数值，还是从增速上看，均不低于甚至高于制造业的 TFP。因此，服务业 TFP 并不是造成近年来中国服务业相对劳动生产率下降的主要因素。

在此基础上，根据近期的文献研究结论，结合劳动生产率的分解，本文提出，服务业就业人员的平均劳动效率下降可能是导致服务业相对劳动生产率下降的主要原因。原因在于：近年来，随着中国向中高收入经济体转变，居民对服务产品的需求迅速增长，使大量劳动力流入服务业。然而，由于流入的劳动力主要是以受教育程度较低的劳动力为主，这就导致服务业的劳动异质性程度提高，平均劳动效率下降。而制造业部门仍能保持较快的劳动生产率增长，则受益于制造业的就业收缩，劳动异质性程度下降，平均劳动效率提高。相关的机理分析和事实数据佐证了上述说法。

从本文的研究可以得出的政策含义是，要提高服务业的劳动生产率，当务之急是提高服务业的平均劳动效率。而要提高服务业平均劳动效率，其重点在于加大服务业的人力资本投资力度，提升服务业劳动力的受教育程度，降低其劳动异质性。同时，还可以通过深化相关领域的体制改革，解除管制，降低被管制服务业的准入门槛，提高其竞争性和劳动力的流动性，促进服务业劳动效率的提高。

参考文献

[1] 崔敏魏、修建：《服务业各行业生产率变迁与内部结构异质性》，载《数量经济技术经济研究》2015 年第 4 期。

[2] 江小涓：《服务业增长：真实含义、多重影响和发展趋势》，载《经济研究》2011 年第 11 期。

　　[3] 蒋萍、谷彬：《中国服务业 TFP 增长率分解与效率演进》，载《数量经济技术经济研究》2009 年第 8 期。

　　[4] 刘万霞：《职业教育对农民工就业的影响——基于对全国农民工调查的实证分析》，载《管理世界》2013 年第 5 期。

　　[5] 刘兴凯、张诚：《中国服务业全要素生产率增长及其收敛分析》，载《数量经济技术经济研究》2010 年第 3 期。

　　[6] 鲁晓东、连玉君：《中国工业企业全要素生产率估计：1999—2007》，载《经济学（季刊）》2012 年第 2 期。

　　[7] 庞瑞芝、邓忠奇：《服务业生产率真的低吗？》，载《经济研究》2014 年第 12 期。

　　[8] 王恕立、刘军：《中国服务企业生产率异质性与资源再配置效应——与制造业企业相同吗》，载《数量经济技术经济研究》2014 年第 5 期。

　　[9] 王恕立、滕泽伟、刘军：《中国服务业生产率变动的差异分析——基于区域及行业视角》，载《经济研究》2015 年第 8 期。

　　[10] 杨娟、赖德胜、邱牧远：《如何通过教育缓解收入不平等？》，载《经济研究》2015 年第 5 期。

　　[11] 杨汝岱：《中国制造业企业全要素生产率研究》，载《经济研究》2015 年第 2 期。

　　[12] 余淼杰：《中国的贸易自由化与制造业企业生产率》，载《经济研究》2010 年第 12 期。

　　[13] 余泳泽、刘大勇、宣烨：《生产性服务业集聚对制造业生产效率的外溢效应及衰减边界——基于空间计量模型的实证分析》，载《金融研究》2016 年第 2 期。

　　[14] 张月友、董启昌、倪敏：《服务业发展与"结构性减速"辨析——兼论建设高质量发展的现代化经济体系》，载《经济学动态》2018 年第 2 期。

　　[15] Brandt L., Van Biesebroeck J., Y. Zhang, Creative Accounting or Creative Destruction? Firm-level Productivity Growth in Chinese Manufacturing. Journal of Development Economics, Vol. 97, No. 2, 2012, pp. 339-351.

　　[16] Coelli T. J., Prasada Rao D. S., O'Donnell C. J., Battese G. E., An Introduction to Efficiency and Productivity Analysis. New York：Second Edition, Springer Science + Business Media, 2005.

　　[17] Cubas G., Ravikumar B., Ventura G., Talent, Labor Quality and Economic Development. Federal Reserve Bank of St. Louis Working Paper, No. 2013-027D, 2015.

　　[18] Del Gatto M., Liberto A. D., Petraglia C., Measuring Productivity. Journal of Economic Surveys, Vol. 25, No. 5, 2011, pp. 952-1008.

　　[19] Hsieh C. T., Klenow P. J., Misallocation and Manufacturing TFP in China and India. The Quarterly Journal of Economics, Vol. 124, No. 4, 2009, pp. 1403-1448.

　　[20] Levinsohn J., Petrin A., Estimating Production Functions Using Inputs to Control for Unobservables. Review of Economic Studies, Vol. 70, No. 2, 2003, pp. 317-341.

［21］Maroto – Sánchez A. , Cuadrado – Roura J. R. , Is Growth of Services an Obstacle to Productivity Growth? A Comparative Analysis. Structural Change and Economic Dynamics, Vol. 20, No. 4, 2009, pp. 254 – 265.

［22］Olley G. S. , Pakes A. , The Dynamics of Productivity in the Telecommunications Equipment Industry. Econometrica, Vol. 64, No. 6, 1996, pp. 1263 – 1297.

［23］Roy A. D. , Some Thoughts on the Distribution of Earnings. Oxford Economic Papers, Vol. 3, No. 2, 1951, pp. 135 – 146.

［24］Tuo Chen, TFP Declines: Misallocation or Mismeasurement?. 2018.

［25］Young A. , Structural Transformation, the Mismeasurement of Productivity Growth, and the Cost Disease of Services. American Economic Review, Vol. 104, No. 11, 2014, pp. 3635 – 3667.

中国资本利用率、企业税负与结构调整[*]
——基于内生化资本利用率的视角

一、引言

2001 年以来，投资对中国 GDP 增长的贡献率开始超过最终消费；2004 年起，按支出法核算的中国 GDP 中资本形成总额的占比超过居民消费的占比，而且不断提高至 2008 年的 43.8%。2008 年底全球金融危机的爆发，出口急剧萎缩，进一步加剧了中国经济增长对投资的依赖。2009 年，中国实现 9.3% 的经济增长，其中，投资贡献了 87.6%。此后，至 2014 年，投资对经济增长的贡献率都稳定在 50% 左右；固定资本形成总额的占比也进一步提高至 47.8%。中国经济增长对投资的高度依赖已导致诸多问题。一是投资效率降低，一定数量的投资对经济增长的贡献不断下降。自 20 世纪 90 年代以来，中国增量资本产出率（ICOR）就一直高于国际平均水平①，而且产能过剩局面频繁出现②。二是经济结构失衡。2010 年，中国人均实际 GDP 为 7746 美元，③ 在 189 个国家中列第 91 位；居民消费率为 44.2%，仅列第 171 位。过低的居民消费率显然不利于提升居民福利。三是长期基于信贷扩张的投资扩张，加剧了中国金融体系的不良债权风险。商业银行不良贷款率 2015 年末已升至 1.67%。因此，新

---

* 本文原载于《学术月刊》2016 年第 48 卷第 10 期，共同作者：龚敏、谢攀。
① 刘元春、陈彦斌：《我国经济增长趋势和政策选择》，载《中国高校社会科学》2013 年第 2 期。
② 中国经历了三轮大规模的产能过剩，第一次是 1998～2001 年，第二次是 2003～2006 年，第三次是 2009 年至今。参见卢锋：《不恰当干预无助于产能过剩》，载《金融实务》2010 年第 1 期。
③ 基于 Penn 7.1，按照 2005 年价格及 PPP 汇率计算。

一届政府放弃了此前的大规模投资刺激政策，转向控制信贷总量、调整投资结构的"微刺激"和"定向宽松"政策；同时，开启固定资产加速折旧政策，试图通过微观主体而非宏观刺激推动投资，以期在短期稳定增长，长期促进工业经济竞争力的提升。

资本积累对经济增长的作用，不仅取决于资本存量的规模及结构，而且取决于资本利用率。现有文献中，有关中国资本存量规模及其结构对经济增长的影响已有较多研究。但是，关于中国资本利用率与经济增长关系的研究却相对缺乏。按照陶布曼、威尔金森（Taubman & Wilkinson，1970）和卡尔沃（Calvo，1975）的定义，资本利用率（capital utilization rate）是指现有资本投入生产的密度，如每天或每周的工作时间等。一方面，资本利用率决定了实际可投入生产的资本数量，从而决定了经济增长率；另一方面，资本利用率越高，折旧越快，而资本折旧率决定了资本投资的边际成本，从而影响经济的投资水平。因此，分析资本积累对经济增长的作用不应忽视资本利用率变化的因素。更重要的，由于资本利用率的高低是企业利润最大化决定的结果，因而，技术进步以及财政税收政策等可通过影响企业最优决策而影响资本利用率，进而影响经济增长以及经济结构。

本文在一个动态随机一般均衡（DSGE）模型的框架下，内生化企业的资本利用率，以揭示中国经济增长过程中资本利用率变化的影响。通过分析资本利用率的决定因素，探讨技术进步冲击以及固定资产加速折旧政策、企业所得税税率调整等对资本利用率以及资本积累的影响，进而研究中国经济增长过程中资本积累、经济增长与经济结构变化的动态机制。研究表明，首先，提高资本利用率不仅有利于控制投资规模，而且有利于改善经济结构。给定资本存量，技术进步率的提高可以促进企业提高资本利用率，降低资本产出比率。其次，短期内，允许企业加速折旧的政策，可以减轻企业税负，但却会降低资本利用率；长期来看，当加速折旧的政策已促使企业加快设备更新，推进科技研发创新之后，需要适时适当上调企业所得税税率，才能够提高经济长期的资本利用率水平，降低资本产出比。最后，资本损耗较快的行业，其本身资本利用率较低，不宜再允许加速折旧；反之，资本损耗较慢的行业，本身资本利用率较高，可在短期适当促进加速折旧。以上研究结论意味着，在投资依然扮演着稳增长"压舱石"的情况下，提高资本利用率是提升供给体系质量和效率，进而调整经济结构的可行路径；与此同时，从提高资本利用率的角度看，不宜使适用于短期的加速折旧政策长期化。

本文余下部分安排如下：第二部分为文献综述；第三部分为理论模型，首先构建一个内生化资本利用率的动态随机一般均衡模型，揭示资本利用率的决定因素及其对经济增长及经济结构的影响机制；在此基础上，引入政府，探讨企业所得税税率和加速固定资产折旧的政策对资本利用率、资本积累以及结构调整的影响；第四部分，基于中国上市公司数据库校准模型，模拟技术进步冲击以及加速固定资产折旧的政策对提高资本利用率的影响；第五部分是结论和政策含义。

二、文献综述

20 世纪 90 年代中期以来，生产要素价格扭曲使中国经济形成了"投资驱动型"的增长方式（陈永伟和胡伟尼，2012），导致经济结构失衡（Huung & Tao，2011；李稻葵和徐翔，2012），损害了增长效率（Heieh & Klenow，2009；张杰等，2011）。对此，有关研究已取得一些成果。在资本存量规模方面，与张延（2010）相反，大部分学者认为，中国的资本积累规模已导致经济增长进入了动态无效的区间（项本武，2009），投资率对产出增长率的正效应并不显著、甚至为负（胡永刚和石崇，2016）。在资本结构方面，中国经济增长前沿课题组（2012）、王亚芬（2012）等还重点分析了公共资本投资与私人资本投资对经济增长的不同作用。

在实践中，资本积累对经济增长的作用，既取决于资本存量的规模及结构，更重要的，还取决于资本利用率的高低。关于资本利用率内生决定的研究最早可以追溯至卢卡斯（Lucas，1970）以及史密斯（Smith，1970）等。所谓内生化资本利用率，是指企业根据宏观经济运行情况、行业景气程度及自身运营状况等因素，基于利润最大化选择的资本利用率水平。格林伍德等（Greenwood et al.，1988）以及波塞德等（Burnside et al.，1993）研究了内生化资本利用率对经济周期产生的影响。之后，里坎德罗等（Licandro et al.，2001）在新古典增长模型的框架下引入企业内生决定的资本利用率，证明了企业最优决策会选择不完全利用资本，即最优的资本利用率是低于 100% 的。达尔加德（Dalgaard，2003）在新古典增长模型的框架下发现，内生化的资本利用率会降低经济向稳态收敛的速度。查特吉（Chatterjee，2005）综合新古典生产函数和 AK 类生产函数，进一步论证了只要折旧率对资本利用率变化较敏感，最优的资本利用率会低于 100%，而且经济向稳态的收敛速度会因此而降低。与假定资本利用率为 100% 的研究相比，基于内生化资本利用率的增长模型的数值模拟结果被认为更能贴近现实经济情形。

此外，在实证研究方面，[1] 夏皮罗（Shapiro，1986）和奥尔（Orr，1989）的研究发现，美国制造业在 1952 年至 1984 年期间，资本的平均工作时间为每周 50 多个小时，其对应的资本利用率仅为 30%。博利厄和麦特伊（Beaulieu & Mattey，1998）估计了 1974 年至 1992 年资本的工作时间，发现上升至平均每周 97 小时，资本利用率提高至 58% 左右；同时发现不同行业之间的资本利用率差距较大，最低为 26.5%，最高为 93.5%。还有一些研究进行了国际资本利用率的比较。安克索等（Anxo et al.，1995）发现，1989 年，德国的资本利用率仅为 31.5%，比利时为 45.8%，欧洲平均为 39%。

长期以来，持续快速的资本积累都是中国经济增长的主要驱动力。林毅夫等（2010）集中分析了导致中国低资本利用率和低投资效率的原因，但仍存在以下不足。一是基本上都是在假定资本被完全利用的条件下进行的，对资本利用率以及折旧率进行内生化的研究尚不多。二是对资本利用率与资本积累之间的关系，进而对经济增长及结构调整的机理缺乏深入研究。陈昆亭和龚六堂（2004）虽然在一个 RBC 模型中内生化了资本利用率，但却是在一个不考虑财政政策的框架下进行的。三是虽然普遍的观点认为中国资本的利用率较低，但却缺乏有关资本实际工作时间或者资本利用率的数据佐证。一些研究利用增量资本产出率，即 ICOR = 当期固定资本形成总额/GDP，来测算中国资本的利用率。其依据在于，如果给定资本存量，那么，资本利用率越高，等量的资本存量就可生产更多的产出，ICOR 就越低，投资效率就越高。然而，ICOR 的变化既取决于资本存量的规模，又取决于资本利用率的水平。中国 ICOR 不断提高，在很大程度上是大规模投资增加的结果，难以反映资本利用率的情况。

区别于以往文献，本文可能的贡献在于以下三个方面。

第一，首次将资本利用率因素引入分析资本积累对中国经济增长的作用之中。资本利用率的变化通过影响资本的折旧率，从而影响企业的投资、资本积累，最终影响经济增长以及经济结构。由于资本利用率的变化决定了折旧率的快慢，进而，改变了资本使用的边际成本，影响投资决定以及经济增长。也就

---

[1]　国外学者对资本利用率的估计有两类做法：一类是狭义口径，聚焦于资本平均每周工时（average workweek of capital，AWW）的估算，依据劳工部门统计的就业规模、工作时间、轮休制度等，以 168 小时/周（即 7 天 × 24 小时）为最大工时极限，综合测算得到资本平均每周工时后，将其与最大工时极限相除，得到资本利用率，譬如蔡特吉（Chatterjee，2005）等；另一类是广义口径，聚焦于工业产能利用率（industrial capacity utilization rate），其核心是测算实际产出对潜在产出的比率，譬如马克·安卓（Marc-Andre，2004）等。

是说，资本利用率的高低一方面决定了经济现期生产所投入使用的资本数量；另一方面通过影响折旧率而影响未来的投资。因此，分析资本积累对经济增长的作用不应忽略资本利用率。

第二，在一个 DSGE 的框架中将资本利用率内生化。通常，折旧率是资本利用率的增函数：资本利用率越高，资本折旧越快，将来经济的增长就需要更多投资。两者之间的这一关系直接决定着资本积累的边际收益与边际成本，从而影响经济向稳态运行的动态过程。由于资本利用率的高低是企业利润最大化决定的结果，因而，宏观政策如财政政策等可通过对企业最优行为的影响而影响资本利用率，进而可对经济增长和经济结构产生影响。据此，本文在模型扩展中引入税收政策，进一步探讨企业所得税与加速折旧比率的变化对资本利用率、资本积累及经济增长的影响。

第三，基于国泰安（CSMAR）上市公司财务指标分析数据库（2006～2012 年）披露的"固定资产周转率"，构建了资本利用率的函数，并通过校准模型，模拟分析技术进步冲击以及加速固定资产折旧的政策对资本利用率的影响。基于这些研究，可揭示资本利用率的决定因素，分析中国经济增长过程中资本利用率与资本积累规模之间的作用，探讨财政税收政策对资本利用率进而对经济结构调整的影响机制和实际效果。

三、理论模型

构建一个离散时间且无限期存活的 DSGE 模型。代表性家庭一生效用的期望为 $E_0 \sum_{t=0}^{\infty} \beta^t \log(c_t)$，其中，$\beta$ 是效用贴现因子，c_t 是当期人均消费。简化起见，假设这个模型经济中没有人口增长，人口总量单位化为 1。代表性企业的生产函数设为 $y_t = e^{z_t}(u_t k_t)^{\alpha}$，其中 k_t 是当期企业可使用的资本存量；u_t 为企业选择的资本利用率水平，$0 \leqslant u_t \leqslant 1$，$u_t k_t$ 为企业实际投入生产的资本存量水平。这里，资本利用率与资本的边际产出正相关：资本边际产出越高时，企业会提高资本利用率。Z_t 是一个随机变量，代表技术进步的水平，并遵循一阶自回归过程，$z_{t+1} = \rho z_t + \varepsilon_{t+1}$，其中，$\{\varepsilon_{t+1}\}_{t=0}^{\infty}$ 是独立同分布，且服从 $N(0, \sigma_2)$，$|\rho| < 1$。

假定折旧率为资本利用率的增函数，其函数形式为 $\delta(u_t) = \delta_0 + \delta_1 \dfrac{u_t^{\phi}}{\phi}$。其

中，δ_0 为资本的自然折旧率，也即资本闲置也必定产生的折旧，有 $\delta(0) = \delta_0 > 0$；$\delta_1 > 0$ 为常数。$\phi > 1$ 为折旧率关于资本利用率的弹性。这里，资本折旧率随资本利用率的提高而提高，有 $\delta'(u) > 0$，$\delta''(u) > 0$。如果 $\phi \to \infty$，那么，$\delta(u) \to 0$。在经济达到稳态时，如果资本利用率保持稳定，那么，折旧率为 ϕ 的一个减函数。在这个内生化资本利用率的模型经济中，资本存量的变化将影响资本的边际产出，继而影响资本利用率以及折旧率；另外，折旧率的变化将影响投资，从而影响资本存量。在经济起步阶段，资本存量较低时，资本的边际产出较高，资本利用率以及折旧率就相对较高。随着经济接近其稳态，资本边际产出的下降会降低资本的利用率，使资本利用率和折旧率都逐渐下降并趋于其稳态。在其他条件不变时，技术进步以及其他可提高资本边际产出的因素，都会提高资本利用率。

（一） 一个内生化资本利用率的 DSGE 模型

在不存在政府的情况下，当期经济的总产出用于消费和投资，记投资量为 x_t，则有 $c_t + x_t = e^{z_t}(u_t k_t)$。那么，资本积累的运动方程为 $k_{t+1} = [1 - \delta(u_t)]k_t + x_t, k_0 > 0$。这里构建一个社会计划者问题以研究资本利用率的决定因素以及技术进步冲击对资本利用率的影响。

一个社会计划者问题为存在一组资源配置 $\{c_t, u_t, k_{t+1}\}_{t=0}^{\infty}$，满足：

$$v(k_t) = \max_{\{c_t, u_t, k_{t+1}\}} \{\log(c_t) + \beta E_t[v(k_{t+1})]\} \tag{1}$$

$$\text{s. t. } c_t + k_{t+1} = e^{z_t}(u_t k_t)^{\alpha} + \left[1 - \delta_0 - \delta_1 \frac{u_t^{\phi}}{\phi}\right]k_t \tag{2}$$

求解上述社会计划者问题，可得当期资本利用率 u_t 和资本存量 k_t 之间应满足：

$$u_t = e^{\frac{z_t}{\phi - \alpha}} \left(\frac{\alpha}{\delta_1}\right)^{\frac{1}{\phi - \alpha}} k_t^{\frac{\alpha - 1}{\phi - \alpha}} \tag{3}$$

上式表明，资本利用率水平除了受资本存量所决定的边际产出的影响外，还受技术进步冲击的影响。一个正向的技术进步冲击提高了资本的边际产出后，进一步可提高资本利用率。同时，资本产出比为：

$$\frac{k_t}{y_t} = \frac{\alpha}{\delta_1} u_t^{-\phi} \tag{4}$$

上式表明，资本产出比与资本利用率呈反向的关系，即 $\dfrac{\mathrm{d}(k_t/y_t)}{\mathrm{d}u_t} < 0$。这意

味着资本利用率的提高可降低经济的资本产出比。进一步,消费产出比为:

$$\frac{c_t}{y_t} = 1 - \frac{\{k_{t+1} - [1-\delta(u_t)]k_t\}}{y_t} \tag{5}$$

当经济达到稳态时,可以求得稳态时的资本利用率 u^* 为:

$$u^* = \left(\frac{1}{\delta_1}\right)^{\frac{1}{\phi}}\left[\frac{\phi}{\phi-1}\right]^{\frac{1}{\phi}}\left[\frac{1}{\beta}+\delta_0-1\right]^{\frac{1}{\phi}} \tag{6}$$

基于资本利用率与边际产出之间的正向关系,资本利用率将从一个较高的水平逐步下降并收敛于上式决定的稳态水平。折旧率也逐渐下降至其稳态水平 $\delta(u^*)$。稳态时的资本存量 k^* 为:

$$k^* = \left(\frac{\delta_1}{\alpha}\right)^{\frac{1}{\alpha-1}}(u^*)^{\frac{\phi-\alpha}{\alpha-1}} \tag{7}$$

最后,稳态的产出 y^* 为:

$$y^* = \left(\frac{\delta_1}{\alpha}\right)(u^*)^{\phi}k^* = \left(\frac{\delta_1}{\alpha}\right)^{\frac{\alpha}{\alpha-1}}(u^*)^{\frac{\alpha(\phi-1)}{\alpha-1}} \tag{8}$$

推论:在一个内生化资本利用率的模型中,稳态时有 $\frac{c^*}{y^*} = 1 - \frac{\alpha\delta_0}{\delta_1}(u^*)^{-\phi}$,因而 $\frac{\mathrm{d}(c^*/y^*)}{\mathrm{d}u^*} > 0$。

上述模型推导结果及推论表明:(1)当经济从初始状态向其稳态运行的过程中,随着资本利用率的逐步下降,资本产出比率将逐步提高;(2)当经济到达稳态时,提高资本利用率,会降低稳态时的资本存量,消费占产出的比例便可随之提高;(3)正向的技术进步冲击可提高资本利用率。这一结果对当前中国经济增长尤其是供给侧结构性改革具有重要的现实意义:在给定资本存量的情况下,提高资本利用率不仅有利于控制投资规模,抑制融资杠杆,而且还有利于改善经济结构,提升消费对国民经济增长的贡献。

(二)模型扩展:引入企业所得税及固定资产加速折旧政策

为避免当前 GDP 增速因工业生产减速而快速下滑,2014 年 10 月,财政部、国家税务总局部署了完善固定资产加速折旧的政策。[①] 通过加速折旧,减

---

① 《关于完善固定资产加速折旧企业所得税政策的通知》。

轻企业税负，促进企业更换机器设备，扩大制造业投资，从而避免工业经济过快下滑。这项政策试图通过激励微观主体而非宏观刺激来稳定投资，并在长期推进企业技术进步，促进制造业产业升级，提升竞争力。然而，在短期内，加速折旧政策对企业的资本利用率有何影响？这里，我们在上述理论模型中引入政府，分析企业所得税以及加速折旧政策对资本利用率的影响。

简化起见，假定没有技术进步冲击，技术进步的增长率也为零。记代表性家庭单位劳动时间中用于劳动供给的比例为 $\{l_t\}_{t=0}^{\infty}$，其实际工资水平为 $\{w_t\}_{t=0}^{\infty}$。家庭的效用函数设为 $\log(c_t) + \varphi\log(1-l_t)$，$\varphi > 0$ 为常数。家庭的初始资产为 $a_0 > 0$。政府允许企业加速其固定资本折旧，这个速度的快慢记为 $\{\tau_t > 0\}_{t=0}^{\infty}$；同时设所得税税率为 $\{\tau_t^f\}_{t=0}^{\infty}$。政府的支出记为 $\{g_t\}_{t=0}^{\infty}$，不影响家庭的效用，也不进入生产函数。政府可发行一年期到期的债券融资，t 期发行的 $t+1$ 期到期的债券数量记为 $\{b_{t+1}\}_{t=0}^{\infty}$，实际利率为 $\{r_t\}_{t=0}^{\infty}$。

一个序贯市场竞争性均衡为，存在一组资源配置 $\{c_t, l_t, u_t; b_{t+1}, k_{t+1}\}_{t=0}^{\infty}$ 以及价格 $\{r_t, w_t\}_{t=0}^{\infty}$，满足以下条件。

1. 代表性家庭

给定初始资产 a_0 和价格 $\{r_t, w_t\}_{t=0}^{\infty}$ 的条件下，效用最大化确定消费需求 $\{c_t\}_{t=0}^{\infty}$、劳动供给 $\{l_t, w_t\}_{t=0}^{\infty}$ 以及资产组合 $\{a_{t+1}, b_{t+1}\}_{t=0}^{\infty}$。代表性家庭的问题为：

$$\max_{\{c_t, l_t; a_{t+1}, b_{t+1}\}} \sum_{t=0}^{\infty} \beta^t \big[\log(c_t) + \varphi\log(1 - l_t) \big] \tag{9}$$

$$\text{s. t. } c_t + a_{t+1} + b_{t+1} = w_t l_t + (1 + r)(a_t + b_t) \tag{10}$$

以及关于两种资产余额的横截性条件：$\lim_{t\to\infty}(\lambda_t a_{t+1}) = 0$，$\lim_{t\to\infty}(\lambda_t b_{t+1}) = 0$，其中，$\lambda_t$ 是家庭财富的影子价格。

2. 代表性企业

企业的生产函数设为 $y_t = (u_t k_t)^{\alpha} l_t^{1-\alpha}$。给定要素价格 $\{r_t, w_t\}_{t=0}^{\infty}$、企业所得税以及固定资产加速折旧比率 $\{\tau_t^f, \tau_t\}_{t=0}^{\infty}$ 条件下，利润最大化确定资本需求 $\{k_t\}_{t=0}^{\infty}$，劳动需求 $\{l_t\}_{t=0}^{\infty}$ 以及资本利用率 $\{u_t\}_{t=0}^{\infty}$。代表性企业的问题为：

$$\max_{\{k_t, l_t, u_t\}} \prod = (1 - \tau_t^f)\big[(u_t k_t)^{\alpha} l_t^{1-\alpha} - (1 + \tau_t)\delta(u_t)k_t - w_t l_t \big] - r_t k_t \tag{11}$$

3. 政府平衡预算

$$g_t + (1 + r_t)b_t = \tau_t^f\big[(u_t k_t)^\alpha l_t^{1-\alpha} - (1 + \tau_t)\delta(u_t)k_t - w_t l_t\big] + b_{t+1} \tag{12}$$

4. 市场均衡

$$c_t + k_{t+1} + g_t = (u_t k_t)l_t^{1-\alpha} + \left(1 - \delta_0 - \delta_1\frac{u_t^\phi}{\phi}\right)k_t \tag{13}$$

$$a_t = k_t \tag{14}$$

求解上述序贯市场竞争性均衡的问题,可得代表性家庭选择的两期消费水平 (c_t, c_{t+1}) 应满足如下的 Euler 方程:

$$\frac{c_{t+1}}{c_t} = \beta\left[1 + (1 - \tau_{t+1}^f)\left(\alpha\frac{y_{t+1}}{k_{t+1}} - (1 + \tau_{t+1})\left(\delta_0 + \frac{u_{t+1}^\phi}{\phi}\right)\right)\right] \tag{15}$$

以及家庭选择的同期消费与劳动供给水平 (c_t, l_t) 应满足:

$$\varphi\frac{c_t}{1 - l_t} = (1 - \alpha)\frac{y_t}{l_t} \tag{16}$$

由企业利润最大化得到资本利用率为:

$$u_t = \left(\frac{\alpha}{(1 + \tau_t)\delta_1}\right)^{\frac{1}{\phi - \alpha}}\left(\frac{k_t}{l_t}\right)^{\frac{\alpha - 1}{\phi - \alpha}} \tag{17}$$

上式表明,在其他条件不变时,政府允许企业加速折旧,短期将降低企业所选择的资本利用率水平,即 $\frac{\partial u_t}{\partial \tau_t} < 0$。

在最优路径上,资本产出率为:

$$\frac{k_t}{y_t} = \frac{\alpha}{(1 + \tau_t)\delta_1}u_t^{-\phi} \tag{18}$$

由式(18)易得 $\frac{\partial(k_t/y_t)}{\partial \tau_t} > 0$。这意味着,在经济趋向稳态的过程中,政府允许企业加快固定资产折旧,会激励企业扩大投资,从而提高经济的资本产出比。

从长期来看,在稳态时,由式(15)可知,经济的资本利用率为:

$$u^* = \left(\frac{1}{\delta_1}\right)^{\frac{1}{\phi}}\left[\frac{\phi}{\phi - 1}\right]^{\frac{1}{\phi}}\left[\frac{1 - \beta}{\beta(1 - \tau^f)(1 + \tau)} + \delta_0\right]^{\frac{1}{\phi}} \tag{19}$$

这里,$\frac{\partial u^*}{\partial \tau^f} > 0$ 以及 $\frac{\partial u^*}{\partial \tau} < 0$。近似地,有:

$$u^* \approx \left(\frac{1}{\delta_1}\right)^{\frac{1}{\phi}} \left[\frac{\phi}{\phi-1}\right]^{\frac{1}{\phi}} \left[\frac{1-\beta}{\beta\left[1-\left(\tau^f-\tau\right)\right]} + \delta_0\right]^{\frac{1}{\phi}} \quad (20)$$

式表明 $\frac{\partial u^*}{\partial\left(\tau^f-\tau\right)} > 0$，对于 $\tau^f > \tau$。也就是，从长期来看，经济稳态时资本利用率水平取决于企业所得税税率与政府允许企业加快折旧的速度之差。两者差距越大，稳态时经济的资本利用率就越高。因而，从长期提高资本利用率的角度来看，加快企业资本折旧的政策，还应辅之以企业所得税税率的调整。只有在此条件下，允许企业加快折旧，才有助于提高经济长期的资本利用率，进而降低稳态时的资本产出率，提高消费占产出的比例。

综上，当前为减轻企业税负而实施的加速折旧政策，短期内可激励企业扩大投资，但同时也会降低企业的资本利用率，进一步提高经济的资本产出比。因此，这项政策即便是通过激励微观主体而非宏观刺激来稳定投资，也不利于经济结构的调整。在长期，加快企业资本折旧的政策，还应配合企业所得税税率政策的调整，才有可能提高经济长期的资本利用率，进而降低稳态时的资本产出率，提高消费占产出的比例。

四、模拟分析

（一）参数赋值

对于效用函数中的贴现率 β，国内外文献取值大多在 0.96 ~ 0.99，此处设定为 $\beta = 0.99$。根据邹（Chow，1993）、邹和李（Chow & Li，2002）、薛和克力诺（Hsieh & Klenow，2009）、罗德明等（2012）的研究，资本的产出份额 α 设定为 0.55。借鉴拉姆博斯和奥赫莫尔（Rumbos & Auernheimer，2001）的做法，并结合中国企业经营实践和相关法规，不失一般性，将自然折旧率 δ_0 设定为 1%。[①] 衡量持续技术进步水平的参数 ρ 取 0.90。

对于折旧率函数中的两个参数即 δ_1 和 ϕ 的取值，目前并没有数据可参照。我们用一种间接的方法来获得。首先，基于万得（Wind）资讯上市公司数据库

---

① 拉姆博斯和奥赫莫尔（Rumbos & Auernheimer，2001）对自然折旧率的选择为 0.01；《中华人民共和国企业所得税法》对中国固定资产折旧年限规定差异迥然。譬如：房屋、建筑物为二十年；火车、轮船、机器、机械及其他生产设备为十年；电子设备和火车、轮船以外的运输工具以及与生产、经营有关的器具、工具、家具等为五年。考虑到中国正处于工业化、信息化、城镇化叠加的发展时期，因此，自然折旧率与国际水平接轨也是合理的。

（2006～2012 年），通过计算"（当年累计折旧额－上年累计折旧额)/当年固定资产原值"，来近似地获得企业当年的折旧率 δ（u_t），取平均值代表当年的折旧水平。

其次，考虑到没有直接符合资本利用率内涵的指标，我们先从国泰安（CSMAR）上市公司财务指标分析数据库（2006～2012 年）中得到"固定资产周转率"，记为 $turnover\_fa_{it}$[①]。借鉴马克安卓（Marc-Andre，2004）对加拿大的一项实证研究的方法[②]，假定中国资本利用率（u_{it}）大致也在 0.5～1 波动。故可对 i 企业 t 年的固定资产周转率 $turnover\_fa_{it}$ 进行 logistic 转化[③]，即 $u_{it} = \dfrac{1}{1 + e^{-turnover\_fa_{it}}}$，从而把数值较高、波动区间较大的固定资产周转率合理地转化为生产要素投入中具有经济学意义的资本利用率。这里，资本使用效率 u_{it} 越接近于 1，说明相对于其他企业而言，投入企业 i 中的固定资产潜力得到越充分的发挥，固定资产利用率越高，经营管理水平越好。取各企业平均后得到当年的资本利用率。按这一方法计算的资本利用率与经济周期呈现出同步波动的特性（见图 1）。2008 年国际金融危机以来，中国经济增长率较快的 2010 年，

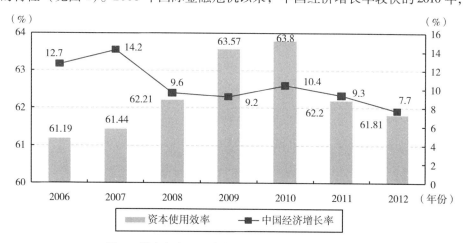

图 1 样本上市公司资本利用率（2006～2012 年）
资料来源：笔者根据国泰安（CSMAR）数据库固定资产周转率指标测算。

———————

① 固定资产周转率＝销售收入（或主营业务收入)/固定资产平均净值，其中，分母项固定资产平均净值＝（固定资产期初净值＋固定资产期末净值)/2。该指标反映了企业固定资产周转情况，是衡量固定资产利用效率的重要依据。观察发现，企业固定资产周转率因产业资本密集度和景气程度不同而呈现出较大差异。如，批发和零售业因其轻资本运营的行业属性，单位固定资产创造的营业收入一直遥遥领先；房地产业、建筑业则得益于房价持续多年上涨的推动，销售收入与投入的固定资产相比也稳居前列；相比之下，采掘业、制造业和电力、煤气及水的生产和供应业等重资本行业的固定资产周转率较低。

② 马克安卓（Marc-Andre，2004）发现 1981 年第一季度至 2001 年第四季度，加拿大的固定资产利用率平均值为 0.816，从而将稳态资本利用率设定为 81.6%。

③ 李稻葵等（2009）曾对劳动份额进行 logistic 转换，以提高模型的整体拟合性。

恰好也是资本利用率（63.8%）较高的一年。这与韩国高等（2011）对中国产能利用率变化趋势的观察是一致的。

最后，利用折旧率函数的定义 $\delta(u_t) = \delta_0 + \delta_1 \dfrac{u_t^{\phi}}{\phi}$，通过移项、取对数回归的方式获得函数中的两个参数 (δ_1, φ)。表1给出了模型校准后的参数值。

表1　　　　　　　　　　　模型参数校准值

参数	β	α	δ_0	δ_0	ρ	ϕ
校准	0.99	0.55	0.01	0.16	0.90	1.3

上述我们对两个关键参数值的选取和测算有四点新意。（1）样本公司的国民经济代表性较强。本文选取中国资本利用率、企业税负与结构调整的样本上市公司包括主板、中小板、创业板上市的国有、民营、外资、集体等各种类型企业2467家。2012年，全部样本公司合计实现营业收入24.53万亿元，净利润1.95万亿元，净利润约占全国规模以上工业企业的1/3，具有一定的行业代表性和区域代表性。[①]（2）样本公司的数据可靠性较高。与非上市公司数据相比，新会计准则实施以来，财务指标统计口径稳定，上市公司经审计后公开披露的数据可靠性能得到较好的保证。（3）样本期间始末的可比性较好。2005年9月6日以前，上市公司股权分置改革尚未启动，"同股不同权""同股不同利"等问题突出。股权分置改革后，上市公司股权结构、公司治理等都发生了显著变化，为增强样本可比性，故选择2006年以后年份。（4）以往研究多受工业企业数据库所限，样本期限截至2007年，本文首次尝试集合两大代表性金融数据库的优点，将样本期限延伸至2012年，更有利于体现企业应对国际金融危机以来的新情况。

（二）技术进步冲击对资本利用率的影响分析

基于上述表1中的相关参数值，我们利用模型模拟了技术进步冲击对资本利用率及其他宏观变量的影响。如图2所示，一个单位的正的技术进步冲击，可在随后的2个时期提升经济的资本利用率，最高达3个百分点之多（见图2（a））；资本存量受资本利用率提高伴随的折旧相应加快的影响，积累速度放缓，产出也受此影响，小幅下降约1个百分点（见图2（b）），资本产

---

① 根据《中国证券业发展报告（2013）》相关数据整理。

出比下降近 1.3 个百分点（见图 2（c））；而消费产出比则可上升 1 个百分点（见图 2（d））。

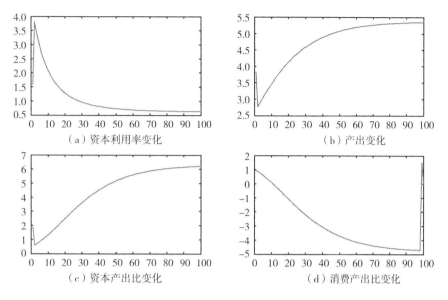

（a）资本利用率变化　　　　　　　（b）产出变化

（c）资本产出比变化　　　　　　　（d）消费产出比变化

图 2　技术冲击下的脉冲反应

据此，可以得出本文基础模型的传导机制如下：给定一次正向的技术进步冲击，理性的社会计划者首先通过调节生产投入资本的使用效率对冲击作出反应。随后，资本利用率通过折旧率传导至投资决策，进而影响到资本存量的积累过程，最终决定产出水平及其在未来投资与消费之间的分配比例。由于资本利用率提高使得获得既定产出水平所需的投资规模减少，所以，资本产出比率下降，消费占产出的比率将随着资本积累速度的放缓而增加，全社会福利状况得以改善。

（三）调整企业所得税税率以及加速固定资产折旧对资本利用率的影响分析

进一步，利用模型模拟企业所得税税率变化以及差异化的加速折旧政策对资本利用率的影响。基于式（20），我们设定企业所得税税率的变化范围为 $\tau^f \in (0.15, 0.25)$，允许折旧加速的比率变化范围为 $\tau \in (0.10, 0.20)$，模拟不同的组合对提高稳态时资本利用率的影响。

假定其他参数如表 1 所示，允许加速折旧的比率越大，企业所选择的资本利用率越低。如图 3 所示，随着允许折旧加速的比率从 10% 逐渐增加至 20%，在所得税税率分别为 25%、20% 和 15% 的情形，资本利用率会下降至 56.5%、

54%和52%，分别下降5.5个、5个以及4.5个百分点（见图3）。另外，从长期提高资本利用率的角度看，实行加速折旧的政策，还需辅之以提高企业的所得税税率：如允许加速折旧15%，那么，将所得税税率从15%调高到20%，可使资本利用率从54.5%提高至56.5%；所得税税率从20%调高到25%，可使资本利用率从56.5%再提高至59%。

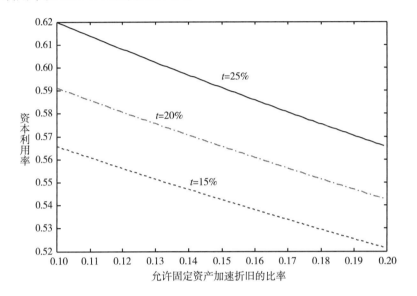

图3 资本利用率与允许固定资产加速折旧的比率

注：图中从上到下的实线、点划线和虚线，依次对应企业所得税税率分别为25%、20%和15%的情景。

模拟结果表明，短期允许加速折旧，或能减轻企业的税负，但却不利于提高企业的资产利用效率。在长期，当加速折旧的政策已促使企业加快设备更新，推进科技研发创新之后，就需适时适当调高企业所得税税率，才能够提高经济长期的资本利用率水平，降低资本产出比。

（四）折旧率关于资本利用率弹性的变化对资本利用率的影响分析

行业间折旧率、固定资产周转率等存在较大差异，导致不同行业资本折旧的速度各不相同。这体现在上述模型中的参数ϕ的不同取值上。它是折旧率关于资本利用率变化的弹性，有的行业弹性较高，即资本利用率的提高会快速提高折旧率；而弹性较低的行业，随着资本利用率的提高，折旧率提高得较慢。这里，将模拟对应于不同的弹性值，经济的资本利用率水平会有什么改变。假定企业所得税税率为25%，允许固定资产折旧加速的比率为5%，其他参数如

表1所示。让折旧率关于资本利用率的弹性变化范围为$\varphi \in (1, 1.3)$，基于式（20）观察资本利用率的变化。如图4所示，随着折旧率关于资本利用率弹性不断提高，资本利用率水平不断降低。这一模拟结果表明，如果经济的折旧率关于资本利用率弹性越大，稳态时资本利用率水平会越低。

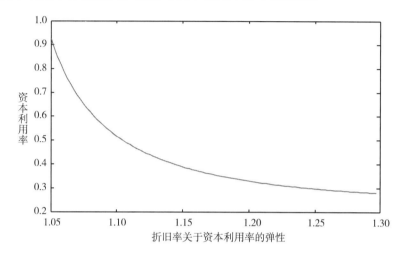

图4　资本利用率与折旧弹性

五、结论和政策含义

长期以来，资本快速积累都是促进中国经济增长的主要动力。然而，持续多年的"投资驱动型"增长逐渐导致了中国经济结构的严重扭曲。当前，在经济增长面临强大下行压力之时，是否进一步通过扩大投资规模以稳定增长成为宏观调控面临的课题。2014年9月，国务院常务会议部署了完善固定资产加速折旧政策，试图通过减轻税负，加快企业设备更新，来稳定制造业投资和经济增长；长期促进企业技术改造和科技研发创新。然而，从结构调整的角度看，允许固定资产加速折旧的政策在保增长的同时，会对结构调整产生什么影响？能否在不进一步加剧结构扭曲的前提下，既实现稳定增长又改善结构？由于资本积累对经济增长的作用，不仅取决于资本存量的规模及结构，而且取决于资本利用率的高低，因而本文基于一个动态随机一般均衡模型，通过内生化资本利用率，分析了技术进步冲击、加速折旧以及调整企业所得税税率等政策对资本利用率、经济增长以及结构调整的影响。

首先，提高资本利用率可以降低经济的资本产出比。并且，1个单位的正的技术进步冲击，可在随后的2个时期提升3个多百分点的资本利用率水平。

这意味着，通过技术进步提高中国的资本利用率水平，可在实现稳定增长的同时，降低资本产出比，改善经济结构。

其次，短期内，允许企业加速折旧的政策，虽然可以在一定程度上减轻企业税负，但却会降低企业的资本利用率。在一定的所得税税率下（如20%），如果允许加速折旧的比例从10%逐渐增加至20%，资本利用率会下降5个百分点。目前，高新技术企业执行15%的所得税优惠税率，从长期来看，当加速固定资产折旧的政策已促使这些企业加快设备更新，推进科技研发创新后，就需要适时适当上调企业所得税税率，才能够提高经济长期的资本利用率水平，降低资本产出比。

最后，对于资本损耗较快的行业而言，其本身资本利用率较低，不宜再允许加速折旧；反之，对于资本损耗较慢的行业，本身资本利用率较高，可在短期适当促进加速折旧。但长期，还需适当上调这些行业的所得税税率，才能保证这些行业在设备更新和研发创新的同时，提高其资本利用率水平。

本文的研究表明，在当前制造业化解过剩产能，投资增速下降的情况下，与其依靠逐渐减弱的投资与经济增长之间的关系，加大投资力度，托底经济，不如转换思维，在存量投资上做文章，通过提高资本利用率深挖资产潜力。

第一，鼓励企业通过改造旧设备，采用新设备、新材料、新工艺等方式，推进技术进步和应用创新，提高存量资本利用率，从而减少为经济增长"托底"所需积累的物质资本，相应降低投资规模，并提高居民收入，从而使消费占 GDP 的比重增加，缓解稳增长对投资的过度依赖。

第二，实施加速折旧的政策，虽然可以在一定程度上稳定企业投资，但却不利于提高资本利用率。基于此，这项政策的实施必须考虑以下因素：一是不宜使适用于短期的加速折旧政策长期化；二是应区别企业类型，实施差异化的加速折旧政策；三是当加速折旧的政策已促使企业加快设备更新，推进科技研发创新后，就需要适当上调企业所得税税率，才能够提高经济长期的资本利用率水平，降低资本产出比。应用万得资讯金融数据库 A 股制造业 1163 家上市公司数据进一步模拟发现，在加大计提折旧力度同时，适时适度上调企业所得税税率对企业综合效应是利大于弊的。[①]

---

① 加大计提折旧力度对企业实际纳税负担减轻的程度，与中长期上调企业所得税税率可能引起税负增加的程度，两者贴现后，综合效应如何？针对这一问题，我们设计了 4 种具体情景，对制造业的 26 个二级子行业进行了模拟估算，模拟结果发现：其中，情景 3 在提升资本利用率的同时，对所有样本企业的利都远大于弊；情景 1、情景 4 仅有少数样本企业的综合效应弊大于利；即使是在情景 2 的情况下，仍然对大部分样本企业的综合效应是利大于弊的。限于篇幅，此处不再列示具体模拟结果，如有需要，可向笔者索取。

第三，从企业减负的角度看，应本着建设有限政府的宗旨，规范政府获得收入行为，减少税外融资规模，建立为企业减轻税费负担的长效机制。持续推进并优化负面清单管理模式，稳定企业预期，激发市场活力，调动民间投资积极性，为民营企业、涉农企业、小微企业发展打开空间。

第四，在提高存量资本利用率的同时，重视资本存量结构的调整。在制造业产能严重过剩的同时，国民经济并不乏投资不足、居民消费需求难以得到满足的部门，它们主要集中于正逐渐成为国民经济新增长点的服务业，尤其是长期被政府管制并依照事业单位管理运营的服务业。这些领域既有旺盛的需求，又严重缺乏投资，而且因垄断和事业化管理，效率低下。因此，需要加大全面深化改革力度，开放新的投资领域，使制造业加快折旧而变现的资本能够投资这些领域，加快推动要素市场化流动，实现资产在国民经济行业间的结构调整，促进市场竞争，提升资源配置效率。

参考文献

［1］陈建奇：《庞氏骗局、动态效率与国债可持续性》，载《世界经济》2006年第12期。

［2］陈昆亭、龚六堂：《中国经济增长的周期与波动的研究：引入人力资本后的RBC模型》，载《经济学季刊》2004年第3卷第4期。

［3］陈永伟、胡伟民：《价格扭曲、要素错配和效率损失：理论和应用》，载《经济学季刊》2011年第10卷第4期。

［4］范子英、张军：《财政分权与中国经济增长的效率——基于非期望产出模型的分析》，载《管理世界》2009年第7期。

［5］韩国高、高铁梅、王立国、齐鹰飞、王晓姝：《中国制造业产能过剩的测度、波动及成因研究》，载《经济研究》2011年第12期。

［6］胡永刚、石崇：《中国经济增长：内生还是外生》，载《学术月刊》2016年第1期。

［7］江飞涛、陈伟刚：《投资规制政策的缺陷与不良效应》，载《中国工业经济》2007年第6期。

［8］江飞涛、耿强、吕大国、李晓萍：《地区竞争、体制扭曲与产能过剩的形成机理》，载《中国工业经济》2012年第6期。

［9］李稻葵、刘霖林、王红领：《GDP中劳动份额演变的U型规律》，载《经济研究》2009年第1期。

［10］李稻葵、徐翔：《市场机制是中国经济结构调整基本动力》，载《比较》2012年第6期。

［11］李尚骜、陈继勇、李卓：《干中学、过度投资和 R&D 投资对人力资本积累的"侵蚀效应"》，载《经济研究》2011 年第 6 期。

［12］李文溥、李静：《要素比价扭曲、过度资本深化与劳动报酬比重下降》，载《学术月刊》2011 年第 2 期。

［13］林毅夫：《潮涌现象与发展中国家宏观经济理论的重新构建》，载《经济研究》2007 年第 7 期。

［14］林毅夫、巫和懋、邢亦青：《"潮涌现象"与产能过剩的形成机理》，载《经济研究》2010 年第 10 期。

［15］刘元春、陈彦斌：《我国经济增长趋势和政策选择》，载《中国高校社会科学》2013 年第 2 期。

［16］卢峰：《不恰当干预无助于产能过剩》，载《金融实务》2010 年第 1 期。

［17］罗德明、李晔、史晋川：《要素市场扭曲、资源错置与生产率》，载《经济研究》2012 年第 3 期。

［18］王亚芬：《公共资本对产出及私人资本的动态冲击效应研究》，载《数学的实践与认识》2012 年第 5 期。

［19］项本武：《中国经济的动态效率：1992—2003》，载《数量经济技术经济研究》2008 年第 3 期。

［20］于立、张杰：《中国产能过剩的根本成因与出路：非市场因素及其三步走战略》，载《改革》2014 年第 2 期。

［21］袁志刚、何樟勇：《20 世纪 90 年代以来中国经济的动态效率》，载《经济研究》2003 年第 7 期。

［22］张杰、周晓艳、李勇：《要素市场扭曲抑制了中国企业 R&D?》，载《经济研究》2011 年第 8 期。

［23］张曙光、程炼：《中国经济转轨过程中的要素价格扭曲与财富转移》，载《世界经济》2010 年第 10 期。

［24］张延：《中国经济是动态无效率的吗？——世代交叠模型对 1994—2008 年中国数据的实证检验》，载《中央财经大学学报》2010 年第 1 期。

［25］赵振华：《关于产能过剩问题的思考》，载《中共中央党校学报》2014 年第 2 期。

［26］中国经济增长前沿课题组：《财政政策的供给效应与经济发展》，载《经济研究》2004 年第 9 期。

［27］中国经济增长前沿课题组：《中国经济长期增长路径、效率与潜在增长水平》，载《经济研究》2012 年第 11 期。

［28］Anxo D. , Bosch G. , Bosworth D. , Cette G. , Sterner T. , Taddei D. , Work Patterns and Capital Utilization. Boston：Kluwer Academic Publications，1995.

［29］Auernheimer, Leonardo, Variable Depreciation and Some of its Implications. Canadian Journal of Economics，Vol. 9, No. 1, 1986, pp. 99 – 113.

［30］Aznar – Márquez J. , R. Ruiz – Tamarit, Endogenous Growth, Capital Utilization and Depreciation. FEDEA Working Paper, No. 2004 – 21, 2004.

［31］Beatriz Rumbos, Leonardo Auernheimer. , Endogenous Capital Utilization a Neoclassical Economic Growth Model. Atlantic Economic Journal, Vol. 29, No. 2, 2001, pp. 121 – 134.

［32］Beaulieu J. , Mattey J. , The Workweek of Capital and Capital Utilization in Manufacturing. Journal of Productivity Analysis, Vol. 10, 1998, pp. 199 – 223.

［33］Burnside A. Craig, Martin S. Eichenbaum, Sergion T. Rebelo, Labor Hoarding and the Business Cycle. Journal of Political Economy, Vol. 101, 1993, pp. 245 – 273.

［34］Calvo Guillermo A. , Efficient and Optimal Utilization of Capital Services. American Economic Review, Vol. 65, 1975, pp. 181 – 186.

［35］Chatterjee S. , Capital Utilization, Economic Growth and Convergence. Journal of Economic Dynamics and Control, Vol. 29, No. 12, 2005, pp. 2093 – 2124.

［36］Chow Gregory C. , Capital Formation and Economic Growthin China. Quarterly Journal of Economics, Vol. 108, 1993, pp. 809 – 842.

［37］Chow Gregory C. , Kui-Wai Li, China's Economic Growth：1952 – 2010. Economic Development and Cultural Change, Vol. 51, 2002, pp. 247 – 286.

［38］Dalgaard C. , Idlecapital and Long-run Productivity. Contributions to Macroeconomics, Vol. 3, 2003, pp. 1 – 42.

［39］Dominique Anxo, Gerhard Bosch, Derek Bosworth, Gilbert Cette, Thomas Sterner and Dominique Taddei, Work Patterns and Capital Utilisation：An International Comparative Study. Kluwer Academic Publishers, 1995.

［40］Gilchrist S, Saito M. , Expectations, Asset Prices, and Monetary Policy：The Role of Learning. NBER Working Paper, No. 12442, 2006.

［41］Greenwood J. , Hercowitz Z. , Huffman G. , Investment, Capacity Utilization, and the Real Business Cycle. American Economic Review, Vol. 78, 1988, pp. 402 – 417.

［42］Hsieh Chang-Tai, Klenow Peter J. , Misallocation and Manufacturing TFP in China and India. The Quarterly Journal of Economics, Vol. CXXIV, No. 4, 2009.

［43］Huang Yiping, Tao Kunyu, Causes of and Remedies for the People's Republic of China's External Imbalances：The Role of Factor Market Distortion. ADBI Working Paper Series, No. 279, 2011.

［44］Keynes, John, M. , The General Theory of Employment, Interest and Money, 1ᵗ ed. . London：Macmillan, 1936.

［45］Licandro O. , Puch L. A. , Ruiz-Tamarit J. R. , Optimal Growth under Endogenous Depreciation, Capital Utilization and Maintenance Costs. Investigaciones Economicas, Vol. 25, No. 3, 2001, pp. 543 – 559.

［46］Lucas R. , Capacity, Overtime, and Empirical Production Function. American Economic Review, Vol. 60, 1990, pp. 23 - 27.

［47］ Marc-Andre. , Capital Utilization and Habit Formationina Small Open Economy Model. Canadian Journal of Economics, Vol. 37, No. 3, 2004.

［48］ Marshall, Alfred. , Principles of Economics, 1ˢᵗ ed. . London: Macmillan, 1922.

［49］ Johnson, Paul A. Capital Utilization and Investment, When Capital Depreciates in Use: Some Implication and Tests. Journal of Macroeconomic, Vol. 16, No. 2, 1994, pp. 243 - 259.

［50］ Orr J. , The Average Workweek of Capital in Manufacturing, 1952 - 1984. Journal of the American Statistical Association, Vol. 84, 1989, pp. 88 - 94.

［51］ P. Taubman, M. Wilkinson, User Cost, Capital Utilization, and Investment Theory. International Economic Review, Vol. 11, No. 2, 1970, pp. 209 - 215.

［52］ Rober J. Barro, Xavier Sala - i - Martin, Convergence. Journal of Political Economy, Vol. 100, No. 2, 1992, pp. 223 - 251.

［53］ Rumbos B. , Auernheimer L. , Endogenous Capital Utilization in a Neoclassical Growth Model. Atlantic Economic Journal, Vol. 29, 2001, pp. 121 - 134.

［54］ Shapiro M. , Capital Utilization and Capital Accumulation: Theory and Evidence. Journal of Applied Econometrics, Vol. 1, 1986, pp. 211 - 234.

［55］ Smith K. , Risk and the Optimal Utilization of Capital. Review of Economic Studies, Vol. 37, 1970, pp. 253 - 259.

政治关联、要素比价扭曲
与再配置效应*

一、引言

中国自改革开放以来，在经济迅速增长的同时，较快地提高了人民收入水平。2011 年，中国人均 GDP 超过 5000 美元，进入了中等偏上收入国家的行列。这意味着中国经济发展完成了从低收入国家向中等收入国家的过渡，并进入从中等收入国家向现代发达经济体过渡的后赶超阶段。然而，持续三十多年高速增长后，传统粗放型增长方式下居民消费占 GDP 比重长期下降，"高投资与低消费"的国民经济结构失衡特征已成为新常态下经济难以健康持续发展的主要障碍。而政府主导型经济所导致的要素比价扭曲则正是中国经济结构失衡、效率损失、国内消费不振的重要原因。鉴于此，近年来，对要素比价扭曲与配置效率损失的研究引起学界关注（Timmer & Szirmai，2000；Banerjee & Duflo，2005）。

以往对配置效率损失的研究多是从产业维度，或是聚焦制造业内部的资源错配（涂正革和肖耿，2005；赵自芳和史晋川，2006；张军等，2009；Hsieh & Klenow，2009；聂辉华和贾瑞雪，2011；陈永伟和胡伟民，2011；曹玉书和楼东玮，2012；杨振和陈甫军，2013），或是将视野从制造业延伸至服务业（盛誉，2005；郝枫，2010），论及不同所有制企业间资源错配的成因、程度及影响的很少。而转型实践提醒我们，尽管民间投资已成为保持固定资产投资增速

＊ 本文原载于《经济管理》2015 年第 6 期，共同作者：谢攀。

从而稳定经济增长的主要力量,[①] 但是,民营企业的成长依然面临诸多"瓶颈"和制约,具有较强政治关联的国有企业与缺少政治关联的民营企业实际面临分割的资本市场和劳动力市场。分割市场对要素比价的扭曲无疑会影响企业技术选择,进而造成不同于完善要素市场体系中资本、劳动的投入配比。因此,忽视企业的政治关联程度,尤其是可能存在的"所有制歧视"(Huang,2003;Boyreau-Debray & Wei,2004;Allen et al.,2005;Huang et al.,2008),将无法厘清资源配置低效的症结。

二、文献回顾

现有关于政治关联与资源配置效率的研究,主要是从就业、要素回报率、融资约束等角度展开。譬如:盛仕斌和徐海(1999)发现,资本和劳动力价格在不同经济类型企业之间的扭曲对中国就业产生了负面影响。多拉尔和魏(Dollar & Wei,2007)使用中国 120 个城市的 12400 家企业 2002~2004 年的数据,发现中国存在着系统性的资本配置扭曲,导致了不同所有制之间非常不平均的资本边际报酬差异;减少扭曲可以在不增加投入的前提下,使中国的 GDP 增加 5%。如果将资源从低效率的国有企业转移至高效率的民营企业,中国企业的 TFP 也将直接受益(Brandt et al.,2009)。政治关联有助于降低资金供求双方的信息不对称,强化企业的获取资源的能力(于蔚等,2012),捐赠行为更有利于民营企业缓解融资约束(王鹏程和李建标,2015)。但是,在统一的理论框架下,对不同政治关联度企业要素误置引起效率损失的分析仍显不足,而且以往测算经常需要较多的结构化假设(如产品市场完全竞争、资源禀赋不变、TFP 正态分布等),也在一定程度上限制了结论的稳健性。

目前,国内外学者的经验研究大多肯定了经济转型进程中,政治关联对企业运营的重要性(白重恩等,2005;胡旭阳,2006;余明桂和潘洪波,2008;Fan et al.,2008;余明桂等,2010)。但是,对因政治关联程度差异而引起的要素比价扭曲对产出效率影响如何?进而,矫正这种扭曲对提升配置效率又有多大作用?现有文献语焉不详。针对这些问题,与以往文献视角不同(白俊和连立帅,2012;罗德明等,2012;苟琴等,2014),本文基于总生产率增长率(aggregate productivity growth,APG)分解,应用更为稳健的半参数广义矩方法,以 A 股上

---

① 2014 年民间投资占全社会固定资产投资的比重提高至 64.1%,比 2013 年增加 1.2 个百分点。

市公司为样本，全面考察政治关联、要素比价与配置效率之间的关系，测算要素比价扭曲引致的资源配置效率下降和产出福利损失，并在以下三个方面丰富了已有文献。（1）在一个统一理论框架下，分别测度了资本要素和劳动要素价格扭曲引起的福利损失，发现 2006 年以来，企业间劳动和资本要素配置效率出现背离趋势，前者错配程度加深，而后者整体有所缓和。（2）对劳动要素而言，政治关联度较低的民营企业劳动力产出缺口较低，使用效率较高；而基于政治关联而形成的劳动力比价扭曲则加剧了国有经济、集体经济中劳动力资源误置。（3）对资本要素而言，多数上市公司都存在负向扭曲，但错配趋于改善。在以国有企业为代表的高政治关联度上市公司中，资本要素配置扭曲程度要强于低政治关联度上市公司。更换样本区间的稳健性检验也支持了上述判断。

以下内容结构安排如下：第三部分阐述研究方法与模型；第四部分介绍变量与数据；第五部分分析实证结果；第六部分进行稳健性检验；第七部分为结论与启示。

三、研究方法与模型

总生产率增长的分解以及企业层面生产函数的估计是应用微观数据分析要素比价扭曲引致产出损失的核心。皮特林和莱文索恩（Petrin & Levinsohn，2005）提出了总生产率增长率（APG）的概念，并将其分解为技术效率项和资源配置效率项。前者体现了技术进步对产出的作用；后者与投入要素和中间产品的再配置缺口相关。为了研究要素错配引起的潜在产出损失，本文将焦点集中于配置效率项。

1. 伍德里奇（Wooldridge，2009）改进范式应用

针对应用微观企业数据估计生产函数可能出现的同时性偏差和样本选择性偏差，研究者提出了不同的改进方法。早期解决内生性问题的两类主要方式是工具变量和固定效应估计（Mundlak，1961）。最近十多年发展起来一系列识别生产函数的新技术。奥利和帕克斯（Olley & Pakes，1996）（简称 OP）首先引入的两步非参数估计法，其核心是将投资作为不可观察的生产率冲击的工具变量，并假定劳动是非动态投入要素，资本是受投资过程约束的动态投入要素，最优投资水平是当期生产率的严格增函数。但是，正如莱文索恩和皮特林（Levinsohn & Petrin，2003）（简称 LP）所指出的，OP 采用的方法最大不足在

于，企业实际运营中，由于调整成本存在，投资行为往往呈现较大波动性，如此，将投资额作为工具变量不能平滑地对生产率冲击作出反应，从而违背了一致性条件。基于这一原因，LP 开始采用中间投入作为工具变量，其优点在于不仅避免了剔除所有投资为零的厂商样本，而且如果中间投入的调整成本相对较小的话，中间投入比投资对生产率冲击的反应可能更加充分。不过，LP 采用的方法并未从根本上解决样本选择问题。近来，与传统两步估计相比而言，GMM 方法的优势逐渐得到学者们认可。于是，伍德里奇（2009）修正了 OP 采用的方法和 LP 采用的方法，对不同的方程指定不同的工具变量，并应用广义矩方法，使得企业层面生产函数估计的结果更加稳健可靠。

针对本文的研究对象——中国 A 股上市公司，注意到：不同于工业企业数据库中企业相对频繁地进入和退出市场，A 股上市公司的退市现象并不多见。除了因吸收合并以及分立等特殊原因而退市外，A 股设立至今，真正意义上因不符合监管规则而退市的仅有 42 家，而且集中在 2004 年和 2005 年。因此，本研究将样本时间划定在 2006 ~ 2012 年，从而，企业进退引起的样本选择问题对本文估计的影响可以忽略。此外，申请首次公开发行（IPO）的公司至少披露申请前 3 年以上的经营数据，这就为上市时间较短的样本也提供了充足的观测值。因此，与采用 OP 使用的方法（余淼杰，2010；陈永伟和胡伟民，2011；聂辉华和贾瑞雪，2011）和 LP 使用的方法（如简泽，2011）不同，本文借鉴伍德里奇（2009）的思路，应用更为稳健的半参数广义矩的方法来估计企业生产函数，并允许厂商间要素价格存在异质性。

不失一般性，首先从典型的取对数后的柯布－道格拉斯生产函数开始，以往的研究对资本、劳动要素关注有余，对中间产品和中间服务的作用重视不足，导致对 TFP 的估计存在偏误。最近的一些研究中，中间投入品的重要性逐渐受到重视。因此，本文在生产函数估算中，将投入要素从劳动力、资本扩展至中间产品和中间服务，以避免估计偏误并体现产业间差异化的技术构成：

$$q_{it} = \beta_l l_{it} + \beta_k k_{it} + \beta_m m_{it} + \beta_v v_{it} + \varepsilon_{it} \tag{1}$$

其中，q_{it}、l_{it}、k_{it}、m_{it}、v_{it} 分别表示样本企业取对数后的实际产出、劳动力投入、资本存量、中间产品和中间服务。假定误差项 $\varepsilon_{it} = \omega_{it} + \eta_{it}$，$\omega_{it}$ 代表生产率冲击中可传递的部分，η_{it} 代表不可预期的生产率冲击或测量误差。

伍德里奇（2009）将可传递的生产率冲击 ω_{it} 视为状态变量和代理变量的函数，即 $\omega_{it} = g(X_{it}, m_{it})$。其中，$X_{it}$ 为状态变量集合，结合本文的研究对象，所以，有 $\omega_{it} = g(k_{it}, l_{it}, m_{it})$。基于状态变量与企业创新水平无关的思想（Olley &

Pakes，1996；Levinsohn & Petrin，2003；Ackerberg et al.，2006），伍德里奇（2009）进一步假定滞后状态变量和代理变量与创新水平也不相关，从而有：

$$E(\omega_{it} \mid k_{it}, l_{it-1}, m_{it-1}, v_{it-1}, \cdots, l_{it}, m_{it}, v_{it}) = E(\omega_{it} \mid \omega_{it-1}) \equiv f[g(k_{it-1}, l_{it-1}, m_{it-1})]$$

$$(2)$$

于是，式（1）可以改写为：

$$q_{it} = \beta_l l_{it} + \beta_k k_{it} + \beta_m m_{it} + \beta_v v_{it} + f[g(k_{it-1}, l_{it-1}, m_{it-1})] + u_{it} \qquad (3)$$

其中，$u_{it} \equiv a_{it} + \varepsilon_{it}$，按照伍德里奇（2009）的推导，识别式（3）的参数可由以下矩条件获得：

$$E(u_{it} \mid k_{it}, l_{it-1}, m_{it-1}, v_{it-1}, \cdots, l_{it}, m_{it}, v_{it}) = 0 \qquad (4)$$

于是，本文采用二阶多项式来近似地估计 $f[g(k_{it-1}, l_{it-1}, m_{it-1})]$，并采用中间服务变量（$v_{it}$）的一阶、二阶滞后项，以及劳动力（$l_{it}$）的二阶滞后项作为工具变量，以获得劳动力、资本、中间产品和中间服务的产出弹性。

2. 再配置效应和要素产出缺口估计

再配置效应基于要素的边际产品价值和边际成本的比较。理论上说，当两者相等时，资源达到帕累托最优配置；否则，资源将向合理方向重新流动，带来产出增加。以劳动要素为例，保持劳动力总数不变，如果1单位劳动力从企业 j 流入企业 i，增加的产值可以表示为：$P_i \dfrac{\partial Q_i}{\partial L_i} - P_j \dfrac{\partial Q_j}{\partial L_j}$。皮特林和西瓦达萨（Petrin & Sivadasan，2011）进一步证明，保持其他要素投入不变，厂商间劳动的边际产品价值和工资之间缺口绝对值的均值等于劳动力投入沿着最优的方向调整1单位所带来的平均生产率的提高。[1] 于是，如果一个经济系统向着更有效率的方向移动一步，所引起的潜在生产率改进程度的下限可以近似地表示为：

$$\frac{1}{N} \sum_{i=1}^{N} \left(P_i \frac{\partial Q}{\partial L} - W \right) D_i = \frac{1}{N} \sum_{i=1}^{N} \left| P_i \frac{\partial Q}{\partial L} - W \right| \qquad (5)$$

其中，D_i 为厂商 i 沿着最优方向调整1单位劳动力的指示变量。当每单位劳动力的边际产品 $\left(P_i \dfrac{\partial Q_i}{\partial L} \right)$ 超过工资水平（W）时，D_i 取值为1。反之，D_i 取值为 -1。

受式（5）启发，将生产函数对劳动力、资本、中间产品和中间服务求偏

---

[1] 也适用于其他生产要素。

导数，可分别得到各要素的边际产出。以劳动要素为例，其边际产出为：

$$\frac{\partial Q_{it}}{\partial L} = \beta_l e^{\varepsilon_{it}} L_{it}^{\beta_l - 1} K_{it}^{\beta_k} M_{it}^{\beta_m} V_{it}^{\beta_v} = \beta_l \frac{Q_{it}}{L_{it}} \tag{6}$$

要素的边际产出再乘以产品价格得到要素的边际产品价值。从而，要素的产出缺口可以表示为其边际产品价值与价格之差：

$$Q_{gap}^{X} = P_{it} \frac{\partial Q_{it}}{\partial X} - P_X \tag{7}$$

式（7）的经济意义在于，第一，当产出缺口显著为正时，意味着与边际成本相比，X 要素的边际产出较大，产出效率较高。假设技术水平不变，合理的配置方向是增加该要素的投入；反之，当产出缺口显著为负，意味在生产活动中对要素 X 投入可能过多，应减少投入。第二，从产出缺口的估计过程可以看出，保持总投入的数量和成本不变，如果投入要素从低边际价值的生产活动向高边际价值的生产活动重新配置，不仅总产出缺口会减小，产出效率也将因此而有效提升。这启发我们，在后金融危机时代，沿着帕累托最优状态的指引方向，优化资源配置，不失为一条从根本上盘活存量，进而推动经济结构调整和发展方式转型的可行路径。

四、变量与数据

1. 数据来源和样本处理

目前，国外一些学者常使用哑变量方法来区分企业是否具有政治关联（Boubakri et al.，2008b；Goldman et al.，2009），而忽略了企业之间政治关联强度的差异。事实上，政治关联的实质在于公司的政治影响力，即公司基于控股股东或大股东的政治背景，通过为其代言且具有一定政治身份的高管对政府决策施加影响。因此，从主要出资方经济性质的视角，观察企业与政府的关联是否紧密，不失为一条判断政治关联度高低的有效途径。

鉴于现有工业企业统计数据库（2001～2007 年）的种种瑕疵（聂辉华等，2012），而新会计准则实施以来，上市公司的财务指标统计口径相对稳定，经审计后公开披露的数据可靠性也较高，本文将研究对象界定为中国 A 股上市公司，采用 Wind 资讯数据库的上市公司经营数据进行分析。选择这一样本和时间，既有利于揭示行业龙头企业中劳动和资本要素比价扭曲引起资源错配和效率损失的新特点，又能降低数据质量参差不齐对估计结果的影响。样本覆盖了在主板、中小板、创业板挂牌上市的 2467 家企业，其中，既有政治关联度较高的国有企业、集体企业，也有政治关联度较低的民营企业、外资企业。与规模以上工业企业总数相比，样本公司数量虽少，但对国民经济的贡献却不低，2011 年全部 A 股上市公司合计实现主营业务收入 18.54 万亿元，利润总额 2.61 万亿元，分别是同期规模以上工业企业主营业务的 21.99% 和利润总额的 47.89%，具备一定行业代表性。[①] 此外，上市公司作为行业标杆，其生产技术、治理结构、经营绩效、财务制度等往往在行业内具有一定示范性，以此作为研究对象，对深化资源整合也具有重要参考价值。

对于缺失值的处理，遵循常用的程序，本文剔除了一些不符合逻辑或不符合会计准则的观测值。并用线性插值法，补齐了缺失年份观测值。最终获得注册地覆盖 31 个省（自治区、直辖市，除港澳台）的 12 万个观测值。

2. 变量说明

产值（Y_{it}）。Wind 资讯数据库没有提供各公司的产值，而营业收入是企业现金流入的重要组成部分，所以，本文用"营业收入"衡量产出[②]，并用制造业出厂价格指数近似地计算其实际值。

劳动力（L_{it}）和劳动力成本。用信息披露中的"员工总数"衡量企业雇用的劳动力数量，用现金流量表中"支付给职工以及为职工支付的现金"来表示员工获得的劳动报酬和福利，并采用就业人员平均工资指数来计算其真实值。从而，单位劳动力成本可由"支付给职工以及为职工支付的现金/员工总数"来近似得到。

资本存量（K_{it}）和资金成本。考虑到内生化的折旧率既以物质资本存量自然折旧率为基础，又受到维护投资影响（Gilchrist & Williams，2000），而且不同行业资本品的异质性使得存量调整——资本折旧行为趋于复杂化。所以，本文采用会计报表附注中的"固定资产净值"来代表生产函数中的资本存量，并用固定资产价格指数进行平减，避免了行业间折旧率外生假定差异对固定资产新旧程度估测的影响。关于资金成本，以往研究鲜有考虑企业层面的资金使用成本，从而无法洞悉资本要素配置扭曲引起的福利损失。为了填补这一空白，本文首次引入"利息支出/（短期借款＋长期借款）"的比率来刻画企业因占有资金而付出的时间成本。

---

① 《2012 年国民经济和社会发展统计公报》《中国上市公司年鉴（2012）》。
② 由于上市公司未予披露经济增加值指标，故本文没有估计基于经济增加值的要素产出弹性。

中间产品（M_{it}）和中间服务（S_{it}）。企业生产经营中的中间产品由原材料和在产品组成，用原材料购进价格指数进行平减。中间服务用销售费用来表示，包括销售产品、自制半成品和提供劳务等过程中发生的各项支出，用国内生产总值平减指数进行平减。表1为主要变量的描述性统计。

表1				主要变量描述统计			
变量	2006 年	2007 年	2008 年	2009 年	2010 年	2011 年	2012 年
工资及福利（万元）	23854.85 (163175.9)	29705.24 (210144.9)	36757.40 (255019.1)	42874.55 (318645.2)	51046.13 (331411.6)	63282.56 (396847.9)	72584.07 (449052.3)
员工数量（万元）	4025.83 (20663.37)	4341.59 (21095.15)	4665.13 (21947.79)	5001.74 (23041)	5466.43 (24094.73)	5905.86 (24884.55)	6352.43 (25580.70)
营业总收入（万元）	348098.2 (2801970)	441775.5 (3322052)	520967.7 (4064543)	547652.10 (3955020)	741471.10 (5532194)	919118 (7156144)	995280.3 (7898454)
固定资产净值（万元）	142153.80 (1022422)	157518.90 (1074476)	183387.10 (1267842)	219814.9 (1523371)	254323 (1752972)	286385.10 (1902997)	321502.80 (2089695)
中间产品支出（万元）	142153.8 (1022422)	1723.67 (162364.5)	19318.66 (136136.1)	22307.77 (203405.7)	28482.82 (209969)	32421.52 (269363.3)	32962.42 (271802)
销售费用（万元）	14416.29 (133234)	13826.47 (109955.1)	15510.06 (120010.8)	17788.88 (131012.6)	22758 (160245.2)	26285.27 (167420.1)	29781.52 (183083)
利息支出（万元）	3967.45 (22227.26)	5431.69 (26846.24)	7370.10 (36943.38)	7062.15 (35547.26)	8180.67 (38822.43)	26285.27 (167420.1)	15166.61 (73702.76)
观测值（个）	16946	17824	16922	16919	16919	16918	16945

注：（1）括号内为样本标准差，不带括号的为样本均值；（2）中间产品支出包括原材料和在产品，中间服务支出用销售费用表示。

资料来源：根据 Wind 资讯金融终端整理。

五、实证结果与分析

经济转型进程中，政治关联度与资源配置效率之间存在怎样关系？进而，优化资源配置对企业间效率的提升空间如何？观察要素产出缺口变化是一个重要参考，下文应用伍德里奇（2009）半参数广义矩估计方法，先测算要素产出弹性，进而依据式（6），估算劳动力和资本边际产出，再与单位要素成本比较，分析产出缺口特征及其在不同所有制企业间的变化趋势。

1. 劳动要素产出缺口：企业分布

关于产品价格，鉴于样本中制造业企业数量占比超过一半，故产品价格信息统一用工业产品出厂价格指数来近似代理。首先来看劳动要素配置状况。

第一，整体而言，劳动要素七年间错配程度趋于加深。如表2所示，2006～2012年，仅外资企业劳动要素产出缺口从16.23下降至14.26，略有改善；而占样本九成的国有企业、民营企业分别扩大了1.7倍、1.1倍。劳动力配置大幅偏离最优条件，很大程度上缘于中国劳动力与资本价格的结构性扭曲——利率管制背景下资本价格长期被压制在较低水平，而劳动力价格刚性较强并逐年上升（谢攀和龚敏，2015）。要素间相对价格扭曲深刻地影响企业技术选择，使其较多选择投入资本而较少使用劳动，于是在总产出既定的前提下，单位劳动力的边际产出被动放大。

表2　　　　　　　企业间劳动要素产出缺口（2006～2012年）

| 企业属性 | 劳动要素产出缺口真实值 | | | | | | | 2006～2012年 | | |
	2006年	2007年	2008年	2009年	2010年	2011年	2012年	均值	标准差	企业数
国有企业	8.97	11.04	13.82	11.57	17.96	23.67	24.01	15.86	5.67	949
民营企业	6.64	8.52	10.60	9.85	12.87	15.35	14.05	11.12	2.89	1053
外资企业	16.23	14.28	14.55	10.36	14.70	15.82	14.26	14.31	1.77	73
集体企业	20.30	16.48	15.65	15.48	21.76	26.65	28.03	20.62	4.79	16
公众企业	-5.89	20.29	21.44	23.89	30.51	37.42	37.76	23.63	13.75	75
其他企业	20.33	22.21	25.61	24.54	28.35	31.65	22.35	25.01	3.64	36

注：国有企业包括中央国有企业、地方国有企业，下同。

第二，政治关联度较低的民营经济、外资经济中，劳动要素偏离最优配置的幅度较小，效率较高。以民营上市公司为例，其劳动产出缺口均值较低（仅为国有企业的70%），而且以标准差衡量的缺口波动性也较小（仅为国有企业的51%）。这说明，一方面，受财务硬约束的民营经济对市场供需变化敏感，而且运营机制灵活，能够更好地预调、微调劳动力、中间服务投入的规模，平滑外部冲击对产值波动的影响。另一方面，随着新《中华人民共和国劳动合同法》颁布后，员工维权意识增强，工会组织广泛建立，劳动合同期限的延长及解雇成本的增大均促使政治关联度弱的非公有制企业完善用工制度，从而降低员工流动频率，提升了劳动力配置效率。

第三，政治关联度较高的国有经济、集体经济中，较大的劳动要素产出缺口表明，基于政治关联而形成的劳动力比价扭曲一定程度上加深了劳动力资源误置。不少国有单位，尤其部分垄断性行业，为了保证正式职工尤其是中高层管理人员享受尽可能高的工资待遇，在不增加或压缩正式员工编制的前提下，大量使用劳务派遣人员，并以"管理费用"和"经营成本"中列支劳务费的形式支付其工资报酬，变相降低本单位工资实际支付额度，从而使"劳务费"成了逃避工资总额控制的"调节阀"。[①] 同工同酬、同岗同酬得不到切实执行，更缺乏有力监督。压低体制外劳动力价格，违法使用劳务派遣用工的确可获得一些短期经济利益，但这是以损害企业长期利益为代价的。因为合法权益受损的劳务派遣工对企业不仅没有认同度、归属感，而且也没有责任感和忠诚度，甚至还可能在心理与企业结怨。长此以往，必将影响整个劳动力市场资源配置效率，降低社会福利水平。

2. 资本要素产出缺口：企业分布

对资本要素在企业间配置状况的考察发现：

第一，资本要素在大多数上市公司的配置都存在负向扭曲，但是，与2006年相比，在金融服务实体经济的力度逐步加大的背景下，资金错配程度整体趋于缓和。[②] 如表3所示，2012年，民营企业资本要素产出缺口收窄至 -0.36，较2006年下降了12%；国有企业资本要素产出缺口降低至 -0.79，较2006年下降了6%。

表3   企业间资本要素产出缺口（2006～2012年）

企业属性	资本要素产出缺口真实值							2006～2012年		
	2006年	2007年	2008年	2009年	2010年	2011年	2012年	均值	标准差	企业数
国有企业	-0.84	-0.81	-0.81	-0.84	-0.80	-0.78	-0.79	-0.81	0.02	949
民营企业	-0.41	-0.33	-0.32	-0.36	-0.27	-0.26	-0.36	-0.33	0.05	1053
外资企业	-0.37	-0.32	-0.36	-0.47	-0.36	-0.39	-0.43	-0.38	0.05	73
集体企业	0.47	0.40	0.86	0.81	1.37	1.34	1.17	0.92	0.36	16
公众企业	0.49	0.90	0.91	0.92	1.25	1.40	1.39	1.04	0.31	75
其他企业	-0.81	-0.86	-0.86	-0.89	-0.77	-0.76	-0.84	-0.83	0.05	36

第二，横向比较，以国有企业为代表的高政治关联度上市公司中，资本要

---

① 全国总工会提供的调研数据显示，劳务派遣主要集中在公有制企业和机关事业单位，部分央企甚至有超过2/3的员工都属于劳务派遣。

② 2014年末小微企业贷款余额15.46万亿元，同比增长15.5%，增速比上年末高1.3个百分点，比同期大型和中型企业贷款增速分别高6.1个和4.8个百分点。

素配置扭曲程度要强于低政治关联度上市公司。随着利于市场化改革推进和民间金融发展，显性的信贷配给"所有制歧视"减少，但隐性的资金价格双轨制依然存在。世界银行投资环境调查显示，75%的中国民营企业把融资约束视为企业发展的主要障碍（Claessens & Tzioumis，2006）。如图1所示，国有企业融资时，有无形的政府信用背书，不仅渠道广，而且成本较低廉；相反，民营企业融资时，途径少，限制多，最终体现在，获得资金的代价往往偏高。预算软约束与资金价格扭曲助长了国有经济部门的投资冲动，但事实上，国有上市公司无论是盈利能力，还是成长能力、偿债能力并不优于民营企业。[①] 较低成本的资金以及更低的边际产出将国有企业资本要素产出缺口均值扩大至 −0.81，是同期外资企业的2.1倍，民营企业的2.5倍。这意味着以信贷配给为显著特征的资本要素配置的所有制歧视依然存在。平均来看，与帕累托最优状态相比，矫正企业间资本配置扭曲，国有企业、民营企业、外资企业每万元的固定资产投资的潜在效率损失将分别减少7900元、3600元和4300元，再配置效应十分可观。

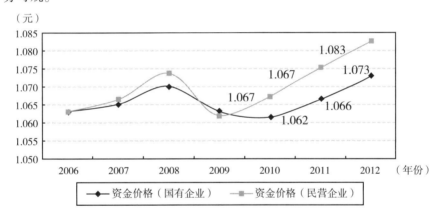

图1 A股国有上市公司与民营上市公司银行贷款成本比较

资料来源：根据 Wind 资讯数据库的上市公司经营数据整理计算。

六、稳健性检验

要素产出缺口在企业间的分布特征反映出，近年来，企业间要素配置水平

---

① 依据全国工商联经济部和中华财务咨询有限公司联合发布的 2011 年度"中华工商上市公司财务指标指数"，主板及中小板的民营上市公司在盈利能力、成长能力、长期偿债能力以及短期偿债能力方面的表现均优于国有及其他类上市公司。民营上市公司的平均毛利率比国有及其他类上市公司高4.51个百分点，平均净利率高2.38个百分点，平均营业收入增长率高2.94个百分点，平均资产负债率低16.35个百分点，平均流动比率高0.98。

似乎出现了背离趋势，即劳动要素配置效率恶化，而资本要素配置效率有所缓和。本研究感兴趣的是，不同政治关联度企业间要素配置效率真的出现了分化吗？为了检验这一判断，本节截取 2010～2012 年这一更近区间，重新估计要素产出弹性，进而观察要素配置效率背离是否因样本年份差异而发生变化。

表4、表5给出了基于替换后的年份区间，获得产出缺口的稳健性检验结果。与表2、表3的结果类似，即近年来劳动力产出缺口在国有企业、民营企业、集体企业中逐步扩大，说明企业间劳动力配置效率的确亟待改善。反之，除总量占比较低的"公众""外资"类型外，其余企业的资本要素产出缺口都呈现不同程度回落，区分经济类型后观察到，国有企业的负向扭曲程度无论是绝对水平，还是增幅都尤为突出。这意味着，第一，劳动和资本要素配置效率分化确实存在，并不依赖于选取的特定样本年份，即使更换样本区间，也同样发现了支持背离趋势的证据。第二，政治关联加剧了劳动力、资本要素误置。转型经济体在起飞阶段，政府主导下采取低成本的方式积累资本，实现投资快速增长，进而拉动产出，有其必要性；但随着中国已迈入中等偏上收入国家，经济发展步入新常态，增长所面临的内外环境不同于以往，"漏损效应"的存在不仅推高社会融资成本，更会恶化资本配置效率，并通过投融资体系循环，加剧对民间资本的挤出效应。[①]

表4　　　　企业间劳动要素产出缺口（2006～2012年）：稳健性检验

企业属性	劳动要素产出缺口真实值							2006～2012年		
	2006年	2007年	2008年	2009年	2010年	2011年	2012年	均值	标准差	企业数
全部企业	14.92	15.98	17.37	15.65	20.78	24.51	22.37	18.80	3.47	2202
国有企业	11.45	13.94	17.25	14.72	22.19	28.86	29.24	19.67	6.69	949
民营企业	6.90	8.82	10.95	10.19	13.28	15.83	14.52	11.50	2.96	1053
外资企业	31.83	28.96	30.34	23.23	30.63	34.04	31.14	30.02	3.12	73
集体企业	21.34	23.72	22.43	22.46	30.74	37.43	38.70	28.12	6.92	16
公众企业	-3.07	-2.62	-3.35	-2.18	-1.58	-1.97	-2.67	-2.49	0.58	75
其他企业	21.08	23.04	26.58	25.48	29.41	32.84	23.26	25.96	3.77	36

[①]　在以金融压抑为特征的经济中，卢峰、姚洋（2004）认为，妨碍金融领域某些方面发展的原因，可能在于中国金融部门存在的"漏损效应"——即金融资源从享有特权的国有部门流向受到信贷歧视的私人部门的过程。

表5　　　　企业间资本要素产出缺口（2006～2012年）：稳健性检验

企业属性	资本要素产出缺口真实值							2006～2012年		
	2006年	2007年	2008年	2009年	2010年	2011年	2012年	均值	标准差	企业数
全部企业	−0.15	−0.08	−0.07	−0.10	0.04	0.08	0.00	−0.05	0.08	2202
国有企业	−0.91	−0.89	−0.90	−0.91	−0.88	−0.87	−0.88	−0.89	0.01	949
民营企业	−0.31	−0.23	−0.22	−0.26	−0.16	−0.14	−0.25	−0.22	0.06	1053
外资企业	−0.28	−0.23	−0.27	−0.39	−0.27	−0.30	−0.35	−0.30	0.05	73
集体企业	−1.01	−1.01	−0.98	−0.97	−0.95	−0.96	−0.99	−0.98	0.02	16
公众企业	0.77	1.28	1.28	1.30	1.68	1.87	1.85	1.43	0.36	75
其他企业	0.81	0.63	0.68	0.62	0.85	0.88	0.64	0.73	0.11	36

基于以上分析，矫正不同经济类型企业间资本价格扭曲引起的资金错配，对改善总体就业结构也具有重要意义。利润最大化的最优条件将引导厂商不断调整要素投入比例，直到要素边际产出之比与其价格之比相等。当因体制等因素，最优条件难以实现时，要素边际产出与要素边际成本（价格）之间的差值，即正产出缺口越大，厂商获利空间就越大，其增加要素使用的愿望就更强。近年来，民营经济对吸纳就业作用日益突出，消除所有制歧视，促使民营经济面对的资本价格回归合理区间，必将显著改善民营企业运营环境，在其劳动边际产出水平较高的条件下，进一步增强对劳动力的吸纳能力。这对经济换挡时期，稳定就业市场，引导劳动力合理流动必将发挥积极作用。

七、结论与启示

本文选用中国A股上市公司经审计后公开披露的2006～2012年经营数据，应用伍德里奇（2009）改进范式，首次直接测算了不同政治关联度企业劳动力和资本价格扭曲引起的资源错配和效率损失。获得了如下结论和启示。（1）2006年以来，企业间劳动和资本要素配置水平呈现背离趋势，前者错配程度加深，配置效率恶化，而后者配置效率整体上有所缓和。（2）对劳动要素而言，在政治关联度较低的民营企业中，劳动要素产出缺口较低，劳动力使用效率较高；基于政治关联而形成的劳动力比价扭曲加剧了国有经济、集体经济中劳动力资源误置，降低了社会福利水平。（3）对资本要素而言，多数上市公司都存在负向扭曲，但在金融服务实体经济力度加大的影响下，错配趋于改善。以信贷配给为显著特征的资本要素配置的所有制歧视依然存在，以国有企业为代表的高政治关联度上市公司中资本要素配置扭曲程度要强于低政治关联度上市公司。(4)针对转型期中国制度变迁的渐进性,本文也考虑了劳动和资本要素配置水平背离等结论的稳健性。通过替换样本区间重新估计产出弹性后,与基准估计结果比较,配置效率背离等特征和趋势仍然成立。

根据本文的经验分析和研究结论,提升资源配置效率,进而盘活存量并推动发展方式转型的思路和策略,可从以下三方面考虑。

(1)建立严格的劳务派遣市场准入机制和退出机制,提高劳务派遣单位准入门槛。鉴于劳务派遣单位承担着劳动者工资、保险等各项具体的金钱给付义务,其资本充实度和实际运营能力将直接影响劳务派遣工的权益,因此,必须严格准入制度,提高注册资本金额度。同时,加大劳动监察执法力度,健全劳动争议调解机制,倒逼各类企业在用工制度和用工政策上自觉遵循市场经济原则。此外,积极完善基层工会组织,推进工资集体协商,加强保护劳动者合法权益,逐步消除因户籍、体制、用工制度等引起的劳动力资源配置扭曲。

(2)加快完善投融资体系,健全资本市场优化资源配置功能。政治关联度高的国有企业以低于市场均衡价格的利率获得资金,一定程度上挤出了民间投资。在较为成熟的市场经济中,企业资金成本的差异应取决于自身的盈利能力和经营风险,而与企业股权所有者的性质、政治关联度的高低无关。只有各类经济成分能在同一个资本市场公平竞争,才能为资源合理流动创造条件。为此,亟须加快投融资体制改革,一方面,在新《中华人民共和国预算法》的框架下,推进城投债向权责更为明确、信息披露更为充分的市政债转变。同时,对地方政府变相融资的风险,监管部门应当高度关注,既要将其纳入日常监测范围并进行动态跟踪监测,又要对其可能产生的后续影响进行评估和制定预案。另一方面,积极探索多元化的投资渠道,创新融资方式,加快出台推动政府与社会资本合作(PPP)发展的政策指引和配套细则,发挥PPP的优势,降低参与的交易成本,激活民间资本。

(3)在政府举债融资行为得到有效监管的基础上,积极推进利率市场化。如果政府和高政治关联度的非独立市场主体仍不受限制地与独立市场主体竞争资金的使用权,利率自由化的结果仍将是利率的非市场决定,是资金价格的进一步扭曲,资源进一步错误配置,中小微企业"融资难、融资贵"问题难以化解。因此,只有切实规范政府融资行为,开正门,堵偏门,方能为利率市场化,提高资金利用效率,降低融资成本创造必要前提。当前,贷款利率下限已经取消,存款利率上限管理事实上压低了市场利率水平。在充分考虑央行对市场基准利率调控状况、竞争主体产权清晰、有序退出、预算硬约束等制度建设情况的基础上,应逐步分段取消存款利率上限管理,扩大金融机构市场化定价范围。

受数据来源所限，本文在资金成本核算中仅考虑了间接融资，而上市公司除银行借贷之外，还有首次公开发行（IPO）、定向增发、配股、公司债、短期融资券、中期票据等多种融资渠道，不同方式又有相应的包括保荐承销费、股息、红利、债息等形式融资成本。因此，基于资金来源和用途的全口径研究也是未来资本要素配置效率分析中值得深入探索的方向。

参考文献

［1］白俊、连立帅：《信贷资金配置差异：所有制歧视抑或禀赋差异?》，载《管理世界》2012 年第 6 期。

［2］白重恩、路江涌、陶志刚：《中国私营企业银行贷款的经验研究》，载《经济学（季刊）》2005 年第 3 期。

［3］曹玉书、楼东玮：《资源错配、经济变迁与中国经济转型》，载《中国工业经济》2012 年第 10 期。

［4］陈永伟、胡伟民：《价格扭曲、要素错配和效率损失：理论和应用》，载《经济学（季刊）》2011 年第 4 期。

［5］苟琴、黄益平、刘晓光：《银行信贷配置真的存在所有制歧视吗?》，载《管理世界》2014 年第 1 期。

［6］胡旭阳：《民营企业家的政治身份与民营企业的融资便利》，载《管理世界》2006 年第 5 期。

［7］简泽：《从国家垄断到竞争：中国工业的生产率增长与转轨特征》，载《中国工业经济》2011 年第 11 期。

［8］卢峰、姚洋：《金融压抑下的法治、金融发展和经济增长》，载《中国社会科学》2004 年第 1 期。

［9］罗党论、甄丽明：《民营控制、政治关系与企业融资约束——基于中国民营上市公司的经验证据》，载《金融研究》2008 年第 12 期。

［10］罗德明、李晔、史晋川：《要素市场扭曲、资源错置与生产率》，载《经济研究》2012 年第 3 期。

［11］聂辉华、贾瑞雪：《中国制造业企业生产率与资源误置》，载《世界经济》2011 年第 7 期。

［12］聂辉华、江艇、杨汝岱：《中国工业企业数据库的使用现状和潜在问题》，载《世界经济》2012 年第 5 期。

［13］盛誉：《贸易自由化与中国要素市场扭曲的测定》，载《世界经济》2005 年第 6 期。

［14］涂正革、肖耿：《中国的工业生产力革命——用随机前沿生产模型对中国大中型工业企业全要素生产率增长的分解机分析》，载《经济研究》2005 年第 3 期。

［15］王鹏程、李建标：《谁回报了民营企业的捐赠》，载《经济管理》2015 年第 2 期。

［16］谢攀、龚敏：《矫正要素比价扭曲、资源错配与发展转型》，载《求是学刊》2015 年第 1 期。

［17］杨振、陈甫军：《中国制造业资源误置及福利损失测度》，载《经济研究》2013 年第 3 期。

［18］于蔚、汪淼军、金祥荣：《政治关联和融资约束：信息效应与资源效应》，载《经济研究》2012 年第 9 期。

［19］余淼杰：《中国的贸易自由化与制造业企业生产率》，载《经济研究》2010 年第 12 期。

［20］余明桂、回雅甫、潘红波：《政治联系、寻租与地方政府财政补贴有效性》，载《经济研究》2010 年第 3 期。

［21］余明桂、潘红波：《政治关系、制度环境与民营企业银行贷款》，载《管理世界》2008 年第 8 期。

［22］张军、陈诗一、Gary H. Jefferson：《结构改革与中国工业增长》，载《经济研究》2009 年第 7 期。

［23］赵自芳、史晋川：《中国要素市场扭曲的产业效率损失——基于 DEA 方法的实证分析》，载《中国工业经济》2006 年第 10 期。

［24］Allen F. , J. Qian, M. Qian. Law, Finance and Economic Growth in China. Journal of Financial Economics，Vol. 77，No. 1，2005，pp. 57 – 116.

［25］Banerjee, Duflo, Growth Theory through the Lens of Development Economics. Handbook of Economic Growth, Edition 1，Vol. 1，No 1，2005.

［26］Boubakr N. , O. Guedham, D. Mishra, W. Saffar, Political Connections and the Cost of Equity Capita. SSRN Working Paper, 1589688，2008b.

［27］Brandt, Loren. JohannesVan, Biesebroeck, Yifan Zhang, Reative Accounting or Creative Destruction? Firm-level Productivity Growth in Chinese Manufacturing，NBER Working Papers，No. 15152，2009.

［28］Claessens S. , K. Tzioumis, Measuring Firms' Access to Finance. World Bank Working Paper, 2006.

［29］Daniel Ackerberg, Kevin Caves, Garth Frazer, Structural Identification of Production Functions. MPRA Paper, No. 38349，2012.

［30］Dollar David, Kui – Wei. Das（Wasted）Kapital：Firm Ownership and Investment Efficiency in China. IMF Working Paper, 2007.

［31］Fan J. P. H. , O. M. Rui, M. Zhao, Public Governance and Corporate Finance：Evidence from Corruption Cases. Journal of Comparative Economics，Vol. 36，No. 3，2008，pp. 343 – 364.

［32］ Goldman E. , J. Rochol, J. So, Do Politically Connected Boards Affect Firm Value? Review of Financial Studies, Vol. 22, No. 6, 2009, pp. 2331 – 2360.

［33］ Hsieh, Chang – Tai and Klenow, Peter J, Misallocation and Manufacturing TFP in China and India. The Quarterly Jounal of Economics, Vol. CXXIV, No. 4, 2009, pp. 1403 – 1448.

［34］ Huang Y, Sell China: Foreign Direct Investment During the Reform Era. Cambridge University Press, 2003.

［35］ Huang Y. , Y. Ma, Z. Yang, Y. Zhang, A Fire Sale without Fire: An Explanation of Labor Intensive FDI in China. MIT Sloan School Working Paper, No. 4713 – 08, 2008.

［36］ Levinshohn J. , A. Petrin, Estimating Production Functions Using Inputs to Control for Unobservables. Review of Economic Studies, Vol. 70, No. 2, 2003, pp. 317 – 341.

［37］ Olley S. , A. Pakes, The Dynamics of Productivity in the Telecommunications Equipment Industry. Econometrics, Vol. 64, No. 6, 1996, pp. 1263 – 1297.

［38］ Petrin A. , J. Levinsohn, Measuring Aggregate Productivity Growth Using Plant-Level Data. NBER Working Paper Series, No. 11887, 2005.

［39］ Petrin A. , Sivadasan, Estimating Lost Output from Allocative Inefficiency, with an Application to Chile and Firing Costs. NBER Working Paper Series, No. 17373, 2011.

［40］ Timmer M. , A. Szirmai, Productivity Growth in Asia Manufacturing: The Structural Bonus Hypothesis Examined. Structural Change and Economic Dynamics, Vol. 11, No. 4, 2000, pp. 371 – 392.

［41］ Wooldridge J, On Estimating Firm – level Production Functions Using Proxy Variables to Control for Unobservables. Economic Letters, Vol. 104, No. 3, 2009, pp. 112 – 114.

［42］ Y. Mundlak, Empirical Production Function Free of Management Bias. Journal of Farm Economics, Vol. 43, No. 1, 1961, pp. 44 – 56.

两部门一般均衡条件下
劳动报酬的决定[*]
——基于省级面板数据的实证分析

一、引言

跨国研究发现，20 世纪 80 年代以来，劳动收入份额不仅在大多数国家呈下降趋势，而且在金融危机中往往急剧下降，以后仅部分地回升（Diwan，1999）。对中国劳动报酬份额的观察发现，20 世纪 90 年代中期是一个分水岭。对于 20 世纪 90 年代中期以来中国劳动报酬份额下降现象的研究和解释，目前文献大多是从宏观层面进行分析，如由于二元经济中的劳动力无限供给，尤其是劳动力转移速度低于资本转移速度，导致劳动力获得的回报低于其边际产出（李稻葵等，2009；龚刚等，2010a，2010b）；农业部门向非农业部门转型（白重恩和钱震杰，2009；罗长远和张军，2009）；劳动节约型的技术进步（黄先海和徐圣，2009；王永进和盛丹，2010）；FDI 的负向工资溢出效应（邵敏和黄玖立，2010）；税收的替代效应（改变生产中要素相对投入比例，从而改变税前要素收益率）和收入效应（通过直接税影响税后要素收益率）（郭庆旺和吕冰洋，2011；吕冰洋和郭庆旺，2012），等等。但是，宏观经济现象必有其微观基础及体制背景，本文在现有文献的基础上，基于劳动力市场和产品市场同时均衡条件下劳动报酬份额的决定机制，从微观角度实证分析中国劳动报酬份额下降的成因，并提出假说：居民在劳动力市场上因整体谈判力下降以及在产

＊ 本文原载于《厦门大学学报（哲学社会科学版）》2015 年第 4 期。《新华文摘》2015 年第 20 期全文转载，共同作者：谢攀。

品市场上因面对价格加成而导致的福利损失，可能超过了企业因利润增加而惠及员工的收益。这些效应因经济全球化趋势下，收入分配向资方倾斜而被强化，最终导致劳动报酬在初次分配中的比重和居民收入在国民收入分配中的比重下降。

与现有实证研究相比，本文在以下三个方面有所不同。首先，在方法上，对怀疑可能具有内生性的变量，严格依照统计检验进行识别，避免了对相关变量与劳动收入占比联立关系判断上的主观性。其次，针对样本时间跨度远小于横截面单位数的数据特征，本文在一个将资本产出比、技术进步、FDI、进出口贸易等关键变量内生化的联立方程模型下进行三阶段最小二乘估计，较好地处理了联立内生性问题，也便于分析双向影响。最后，通过两组稳健性检验，使结论更加普适和稳健。

二、模型设定和变量说明

（一）模型设定

20 世纪 90 年代中期以来中国劳动报酬份额的显著下降，是劳动力市场上工人谈判力量下降和产品市场上价格加成上升共同作用的结果（谢攀等，2013）。在产品市场和劳动力市场两部门一般均衡框架下，布兰查德和贾瓦兹（Blanchard & Giavazzi，2003）推导出一般均衡时的实际工资为：

$$W/P = (1 + \mu(m)\beta)/(1 + \mu(m)) \tag{1}$$

其中，W 和 P 分别为名义工资和消费价格指数；$\mu(m)$ 是产品种类 m 的函数，表示相对价格对保留工资的加成，体现了企业在产品市场上影响力的强弱；β 表示工人议价能力的相对强弱，体现了劳动者在劳动力市场上对劳动报酬决定的影响。式（1）的经济含义为，第一，实际工资是 β 的增函数。工人议价能力越强，对经济租金分配的话语权越大。第二，实际工资是 μ 的减函数，存在两种效应共同影响实际工资。一种与局部均衡时相似，即价格加成上升意味着厂商利润率提高，工人能因此分享到较多经济租金，从而实际工资相对上升。另一种是一般均衡效应，厂商的所有经济租金都源自消费者，产品价格加成上升后，工人虽然能以劳动者的身份获得一定收益，但与此同时，作为消费者，却不得不接受价格加成上升导致的福利损失，尤其是对在竞争性领域就业的劳动者，处境尤为不利。实际工资的决定过程揭示了产品市场和劳动力市场的影响，SK 曲线移动原理又凸显了资本产出比与劳动收入占比的内在联系（Bentolina & Saint-Paul, 2003）。[①] 受此启发，本文未采用特别的函数形式，而是根据理论文献推导结果，结合中国转型实践，首先将我国劳动报酬份额决定机制表述为：

$$Ls_{it} = f(k_{it}, X_{it}) \cdot g(RE_{it}) \tag{2}$$

其中，Ls 表示劳动报酬份额；k_{it} 表示资本产出比，$f(k_{it}, X_{it})$ 衡量资本深化、产品市场和劳动力市场等因素的影响；$g(RE_{it})$ 表示其他因素的影响；i、t 分别代表截面和时间。为了简化模型，将这些因素的影响进一步定义为：

$$f(k_{it}, X_{it}) = k_{it}^{\alpha 1} \prod_{j=1}^{J} (X_{j,it})^{\alpha_j} \tag{3}$$

$$g(RE_{it}) = \exp\left(\sum_{j=1}^{n} \alpha_j \cdot RE_{it}^{j}\right) \tag{4}$$

将式（3）、式（4）代入式（2），取自然对数，得到如下方程：

$$\ln Ls_{it} = \alpha_0 + \sum_{j=1}^{n} \alpha_j \cdot (RE_{it}) + \alpha_{n+1} \ln(k_{it}) + \alpha_{n+2} \cdot \ln(X_{it}) + \varepsilon_{it} \tag{5}$$

其中，$i(= 1, \cdots, 29)$ 代表省份[②]，$t(= 1994, \cdots, 2011)$ 表示年份，ε_{it} 表示误差项，服从正态分布。然后，检验式（5）中关键变量的内生性。最后，通过联立方程的形式来控制变量内生性。

（二）变量说明

针对中国省级数据的可得性，设定如下指标体系（见表1）。

表1   变量说明及数据来源

指标	变量	变量名称	变量说明	数据来源
被解释变量	劳动报酬份额	Ls	$\dfrac{\text{劳动者报酬}}{\text{地区生产总值}}$；$\dfrac{\text{劳动报酬 - 生产税净额}}{\text{地区生产总值}}$	《中国统计年鉴》《中国国内生产总值核算历史资料：1952—2004》
产品市场	资本产出比	k/y	$\dfrac{\text{资本存量}}{\text{地区生产总值}}$，资本存量和产出值是以 1952 年价格为不变价，按各地的 GDP 指数（1952 = 100）求得	中国各省份资本存量数据《中国统计年鉴》《中国财政年鉴》《新中国 55 年统计资料汇编》《中国人口统计年鉴》《中国劳动统计年鉴》
	技术进步	TFP	全要素生产率	

[①] 本托莉娜和圣·保罗（Bentolina & Saint-Paul, 2003）用 SK 线表示劳动收入占比与资本产出比之间的关系，并将影响劳动收入占比的因素分成使 SK 线偏离、滑动、平移三类。

[②] 西藏、重庆、香港、澳门、台湾除外。

指标	变量	变量名称	变量说明	数据来源
产品市场	宏观税负	*Tbur_g*	预算收入 / 地区生产总值	
	固定资产投资比率	*I_g*	固定资产投资 / 地区生产总值	
	政府支出比率	*Govexp*	政府支出 / 地区生产总值	
	消费比率	*Govconrecon*	政府消费对居民消费的比率	
劳动力市场	平均工资比率	*Rwage*	国有单位在岗职工平均工资 / 在岗职工平均工资	中国各省份资本存量数据《中国统计年鉴》《中国财政年鉴》《新中国55年统计资料汇编》《中国人口统计年鉴》《中国劳动统计年鉴》
		Rswage	国有及国有控股企业在岗职工平均工资 / 在岗职工平均工资	
	民营化	*Nonsemp*	非国有就业人员比重	
	人力资本	*Hucap*	受教育年限度量法	
全球化	进出口贸易	*Ie_g*	进出口贸易额 / 地区生产总值	
	FDI	*Fdi_g*	外商直接投资 / 地区生产总值	
经济发展	人均GDP	*Pgdp*	人均实际GDP，以1987年为不变价	
	产业结构	*Is_a*	非农产业产值 / 农业产值	

注：（1）实证中对上述变量均取自然对数；（2）按照张军等（2004）的方法，将资本存量的数据更新到了2011年；（3）沿用李平（2007）的方法，并将资本和劳动的产出弹性分别设定为0.4和0.6，估算了各省份样本期全要素生产率；（4）采用受教育年限度量法，估算了各省份样本期6岁及以上人口平均受教育年限；（5）限于篇幅，相关变量仅在表2列出描述性统计，如有需要均可向作者索取详细测算结果。

下面对表1的指标简要说明如下。

（1）劳动报酬。基于省级收入法GDP核算数据可得性的考虑，首先，将劳动报酬份额界定为劳动者报酬对地区生产总值的比重。其次，引入劳动报酬占扣除生产税净额之后占GDP的比重，以检验结论的稳健性。（2）资本深化。引入资本产出比（k/y，即实际资本存量与实际GDP比值）作为衡量资本深化的指标，并控制要素投入比及要素相对价格变化的影响。现有研究（Bentolila & Gilles，2003；杨俊和邵汉华，2009；白重恩和钱震杰，2010）更多关注资本深化对劳动报酬的影响，忽略了劳动报酬对资本深化的反馈作用。本文则在联立方程模型中，将资本产出比内生化。（3）技术进步。本文先根据"索洛余值法"，详细测算1994～2011年省级全要素生产率，并取对数形式lnTFP作为衡量技术进步的代理变量；再采用联立方程模型，将技术进步内生化，较好地兼顾技术进步和劳动报酬之间的相互影响。（4）宏观税负与财政支出。本文用"预算收入/地区生产总值"考察国民经济的整体税负水平对劳动报酬份额的影响，记作 $Tbur\_g$。鉴于投资变量 $Invest\_g$ 已经包含了财政支出中的投资性支出，引入政府消费对居民消费的比率来观察劳动报酬份额对消费结构的影响，用 $Govcon\_rescon$ 表示。（5）劳动者专业技能素质。本文采用受教育年限法，详细测算了样本期省级人力资本存量，并取对数形式 lnhucap 作为衡量专业技能素质的代理变量。（6）劳动力市场分割。本文分别构建"国有单位在岗职工平均工资/在岗职工平均工资"（$Rwage$）、"国有及国有控股企业在岗职工平均工资/在岗职工平均工资"（$Rswage$）来捕捉劳动力市场分割对劳动报酬的影响。（7）开放程度。本文采用各省份外商直接投资与 GDP 之比和各省份进出口总额与 GDP 之比分别作为衡量竞争与开放程度的代理变量，用 Fdi_g 和 Ie_g 表示。

变量的描述性统计如表 2 所示。

表 2　　　　　　　　　　描述性统计

变量	含义	样本数	均值	标准差	最小值	最大值
$Lshare$	劳动者报酬/GDP	522	0.49	0.08	0.31	0.66
	劳动者报酬/（GDP – 生产税净额）	522	0.58	0.09	0.38	0.80
k/y	资本产出比	522	2.23	0.99	0.63	5.68
TFP	全要素生产率	522	0.51	0.32	0.11	2.40
$Tbur\_g$	预算收入/GDP（%）	522	0.18	0.02	0.13	0.29
$Invest\_g$	固定资产投资/GDP 的比重（%）	522	0.39	0.11	0.21	0.73
$Govexp$	政府支出/GDP 的比重（%）	522	0.13	0.05	0.05	0.36
$Govcon\_rescon$	政府消费/居民消费的比率（%）	522	0.35	0.11	0.14	0.91
$Rwage$	国有单位在岗职工平均工资/在岗职工平均工资	522	1.06	0.07	0.96	1.57
$Rswage$	国有及国有控股企业在岗职工平均工资/在岗职工平均工资	335	1.06	0.10	0.80	1.44
$Nonsemp$	非国有就业人员比重（%）	522	0.33	0.17	0.11	0.81
$Hucap$	人均受教育年限（年）	522	7.80	0.93	5.52	10.74
Ie_g	进出口总额/GDP（%）	522	0.03	0.04	0.004	0.19
Fdi_g	FDI/GDP（%）	522	0.03	0.04	0.0004	0.24
$Pgdp$	人均实际 GDP（元）	522	10726.93	9665.58	1553	66366.66
Is_a	非农业产值/农业产值（%）	522	0.74	0.37	0.36	2.07

注：描述性统计针对变量的原值，所有解释变量由笔者利用 CEIC、中经网数据库和相关统计年鉴的数据计算得到。

三、估计结果和分析

根据上节对实证模型和变量的讨论，将相关变量代入实证模型，式（5）可转化成如下形式：

$$\ln share_{it} = \alpha_0 + \alpha_1 \times \ln fdi\_g_{it} + \alpha_2 \times \ln ie\_g_{it} + \alpha_3 \times \ln(k/y)_{it} + \alpha_4 \times$$
$$\ln TFP_{it} + \alpha_5 \times \ln govexp_{it} + \alpha_6 \times \ln rwage + \alpha_7 \times \ln hucap_{it} +$$
$$\sum_{z=8} \alpha_j \times \ln Convs_{zit} + \varepsilon_{it} \tag{6}$$

现有文献（李稻葵等，2009；白重恩和钱震杰，2009，2010；杨俊和邵汉华，2009）仅考虑了解释变量的单向影响，忽视了变量内生性，尤其当运用GMM方法时，对工具变量个数超过截面数问题关注不足。黄先海和徐圣（2009）通过估算劳动边际产出弹性，将劳动收入比重分解为资本深化和技术进步，规避了这一计量问题。罗长远和张军（2009）虽然也注意到了这一问题，但对全球化相关变量与劳动收入占比联立关系判断的主观性较强。本文对怀疑可能具有内生性的变量采取如下步骤：第一，寻找合适的工具变量，利用2SLS估计模型；第二，通过 Hausman 检验，检验变量是否是内生的；第三，进行过度识别约束检验，考察工具变量过度识别是否有效。经过反复比较，发现 $\ln is\_a$ 与 $\ln fdi\_g$、$\ln ie\_g$、$\ln TFP$ 相关度较高，说明非农产业发展受 FDI、进出口贸易和全要素生产率的影响较大，而且 $\ln is\_a$ 与劳动报酬份额的增减并没有必然联系，故选择 $\ln is\_a$ 作为关键变量 $\ln fdi\_g$、$\ln ie\_g$、$\ln TFP$ 内生性检验中二阶段回归的工具变量，检验结果如表3所示。

表3　　　　　　　　　$\ln fdi\_g$、$\ln ie\_g$、$\ln TFP$ 的内生性检验结果

工具变量		内生变量		
$\ln is\_a$		$\ln fdi\_g$	$\ln ie\_g$	$\ln TFP$
一阶段回归	F 值	70.40	104.65	119.76
	Prob > F	(0.0000)	(0.0000)	(0.0000)
工具变量（2SLS）回归	wald 值	40.73	223.48	182.63
	Prob > chi2	(0.000)	(0.0000)	(0.0000)
Hausman 检验结果	chi2	12.70	33.35	30.09
	Prob > chi2	(0.0128)	(0.0000)	(0.0000)
过度识别约束检验		不存在	不存在	不存在

注：（1）以上检验通过 Stata 软件计算得到；（2）过度识别约束检验采用 overid 命令。

同理，发现人均资本存量 $\ln pk$ 与 $\ln(k/y)$ 相关度较高，且无证据表明人均资本存量（$\ln pk$）与劳动报酬份额有因果联系，否则无法解释发达经济体 20 世纪 70 ~ 90 年代劳动报酬占比较高的事实[①]，故选择 $\ln pk$ 作为关键变量 $\ln(k/y)$ 内生性检验中二阶段回归的工具变量，检验结果限于篇幅未列示。

关键变量的内生性检验结果表明 $\ln fdi\_g$、$\ln ie\_g$、$\ln(k/y)$、$\ln TFP$ 是内生的。于是，采用式（7）、式（8）、式（9）、式（10）与式（6）共同构成的联立方程模型，采取三阶段最小二乘（3SLS）的估计方法。因为，如果方程设定正确且满足秩条件，系统估计方法（3SLS）比工具变量法（2SLS）更有效（Wooldridge，2002）。本文的时间跨度（$T = 14$）小于截面数（$N = 29$），尽管使用 GMM 方法可能有合理性，但基于两点考虑予以放弃：第一，GMM 方法要求"small-T，large-N"的数据结构，而本文的时间跨度和样本数与此要求存在差距，导致在应用 GMM 方法时，工具变量数常常超过 29 个，从而不满足此方法对工具变量数不能超过截面数的要求；第二，GMM 方法无法捕捉多数文献忽略的联立内生性问题。鉴于产品市场和劳动力市场是本文关注的焦点，考虑到资本深化、技术进步和全球化与劳动报酬份额可能存在联立关系，进一步构建如下的劳动报酬份额、FDI 和贸易、资本深化和技术进步的联立方程：

$$\ln fdi\_g_{it} = \beta_0 + \beta_1 \times \ln share_{it} + \beta_2 \times \ln ie\_g_{it} + \sum_{m=3} \beta_j \times \ln Convf_{mit} + \mu_{it} \quad (7)$$

$$\ln ie\_g_{it} = \gamma_0 + \gamma_1 \times \ln share_{it} + \gamma_2 \times \ln fdi\_g_{it} + \sum_{n=3} \lambda_j \times \ln Convie_{nit} + \nu_{it} \quad (8)$$

$$\ln(k/y)_{it} = \chi_0 + \chi_1 \times \ln TFP_{it} + \chi_2 \times \ln share_{it} + \sum_{p=3} \chi_j \ln Convk_{pit} + \upsilon_{it} \quad (9)$$

$$\ln TFP_{it} = \delta_0 + \delta_1 \times \ln(k/y)_{it} + \delta_2 \times \ln share_{it} + \sum_{q=3} \delta_j \ln Convt_{qit} + \tau_{it} \quad (10)$$

式（7）、式（8）、式（9）、式（10）中 Convf、Convie、Convk、Convt 分别对应方程中除 $\ln share$、$\ln ie\_g$、$\ln TFP$、$\ln(k/y)$ 之外的控制变量。本文集中关注 $\ln share$ 的系数，其余内生变量不做过多分析。估计结果如表 4 所示。

表 4　　　　　劳动报酬份额、FDI、贸易、资本深化、技术进步

解释变量	lnshare		lnfdi_g		lnie_g		ln（k/y）		lnTFP	
	a	b	c	d	e	f	g	h	i	j
lnshare			−2. 86 *** (1. 76)	−2. 63 *** (2. 02)	−7. 32 *** (0. 39)	−7. 38 *** (0. 41)	4. 50 *** (0. 98)	3. 76 *** (0. 89)	−2. 45 *** (0. 11)	−2. 5 *** (0. 12)

① 1970 年、1980 年和 1990 年，美国、加拿大、日本、德国、法国、意大利、澳大利亚、荷兰、比利时、挪威、瑞典、芬兰等 12 个 OECD 国家劳动报酬份额均值高达 66.2%、68.4% 和 65.1%（Bentolina & Saint-Paul，2003）。

解释变量	lnshare		lnfdi_g		lnie_g		ln(k/y)		lnTFP	
	a	b	c	d	e	f	g	h	i	j
lnfdi_g	−0.05*** (0.01)	−0.05*** (0.01)								
lnie_g	−0.04*** (0.01)	−0.03*** (0.01)	3.57*** (0.17)	3.81*** (0.19)						
lnTFP	−0.14*** (0.02)	−0.16*** (0.02)							−0.45*** (0.06)	−0.46*** (0.06)
lnk/y	−0.21*** (0.02)	−0.24*** (0.02)	0.97*** (0.37)	0.56 (0.39)			0.65*** (0.16)	0.49*** (0.18)		
lnbr_g					−0.83*** (0.22)	−0.81*** (0.21)				
lnis_a							0.59*** (0.13)	0.52*** (0.11)		
lngovexp			2.06*** (0.35)	2.09*** (0.38)	0.69*** (0.14)	0.71*** (0.14)	0.72*** (0.15)	0.67*** (0.15)		
lni_g	−0.07*** (0.02)	−0.05*** (0.02)					−0.2*** (0.09)	−0.2*** (0.09)	0.08*** (0.03)	0.11*** (0.03)
lnrwage	−0.06*** (0.03)	−0.05*** (0.03)								
lnnonsemp			0.83*** (0.14)	0.81*** (0.14)						
lnhucap	0.52*** (0.08)	0.60*** (0.08)			0.65*** (0.32)	0.81*** (0.31)			1.89*** (0.15)	1.95*** (0.15)
观测值	402	402	402	402	402	402	402	402	402	402
R²	0.38	0.36	0.85	0.84	0.81	0.80	0.67	0.62	0.64	0.61

注：（1）＊、＊＊和＊＊＊分别表示在10%、5%和1%的显著性水平上显著，括号的数字表示标准差；（2）第a、c、e、g、i列为对劳动报酬份额按式（6）定义，联立式（7）至式（11）的估计结果；第b、d、f、h、j列为对劳动报酬份额按"劳动者报酬/（地区生产总值－生产税净额）"定义，联立式（7）至式（11）的估计结果。

FDI对劳动报酬占比的效应显著为负（第a列）。较早的研究认为，外资进入有利于劳动者改善收入（Liu et al.，2004），本文的实证结果并非如此。我们认为它是可信的。第一，生产率较高的外资企业与生产率较低的本地企业在劳动力市场上多年竞争的结果，逐渐呈现出技术效应（生产率提高倾向于降低劳动收入份额）大于工资效应（工资率竞争倾向于提高劳动收入份额）的趋势。这一点在德克纽斯和马雷克（Decreuse & Maarek，2008）对众多发展中国家的观察中也得到了验证。第二，经济全球化使资本比劳动的流动能力更强，从而具备更强的谈判能力（Harrison，2002）。第三，地方政府的引资竞争扭曲了包括劳动力、土地等在内的本地要素价格，进一步弱化了劳动者的议价能力。尤其在加工贸易型、劳动密集型产品的FDI至今仍占中国FDI的较大比重格局下，劳动报酬改善的空间就极为有限。联立方程模型估计进一步发现（第c列），劳动报酬份额对FDI存在显著的负效应。这说明现阶段，加工贸易型劳动密集型产业已经不利于提高我国劳动者的报酬份额。

进出口贸易对劳动报酬份额的效应显著为负（第a列）。随着外资的持续引入和资本深化加快①，中国制造业比较优势正逐渐向资本较为密集的产业转变。根据经典的贸易理论，随着出口产品资本密集度的提高，资本所有者将从出口中获得更多的收益。这可能是过去十多年，中国出口快速增加，但劳动报酬份额不升反降的一个原因。劳动报酬份额对贸易的逆向效应也显著为负（第e列）。这说明劳动报酬份额的增加提高了劳动力价格，不利于主要依赖廉价劳动力的出口导向型企业的发展。这个实证结果与FDI对劳动报酬占比的效应是相呼应的。

资本产出比对劳动报酬占比的效应显著负相关（第g列）。这表明资本深化不利于提高劳动报酬在GDP中的份额。通过回归系数，可以求得资本和劳动之间的替代弹性：

$$\sigma = -\{1 + [\partial \ln Lshare / \partial \ln(K/Y) \cdot Lshare \cdot \eta]\} \tag{11}$$

其中，σ 是替代弹性，η 是劳动需求的价格弹性②。根据表4第a、b列的结果，$\partial \ln Lshare / \partial \ln(K/Y)$ 分别等于 -0.14 和 -0.16，劳动报酬份额的均值（$\overline{Lshare}$）分别等于0.494和0.575，可以得到，资本与劳动之间替代弹性的绝对值分别等于1.05和1.07，均大于1，证明对劳动报酬份额，无论是采用哪种定义方法，样本期内资本与劳动之间均呈现出替代关系，而非互补关系。这说明，随着资本密集度上升，劳动边际产出的弹性将减小，导致乘数效应下降，甚至变为负数。一旦乘数为负，资本深化非但不能提高劳动报酬份额，反而会降低劳动报酬份额。

劳动力市场分割对劳动报酬份额的影响显著为负（第a列）。集中反映工资差距的国有单位在岗职工平均工资对在岗职工平均工资的比率（ln$rwage$）每增加1%，劳动报酬份额将下降0.06%。这说明，第一，近20年来，随着国有经济配置领域的战略性调整与国企改革，越来越多的城市劳动力与农村剩余劳动力一起进入竞争性领域劳动力市场，加之劳动工资集体协商机制的缺失，导致竞争性领域的工人整体谈判力加速下降，弱化了与资方讨价还价的能力，出

---

① 根据本文29个省份的样本数据，中国省级资本产出比均值从1994年的1.88上升到2011年的2.65。

② 根据哈默梅什（Hamermesh，1993）的研究，η 介于 $-0.75 \sim -0.15$，鉴于中国的实际，本文 $\eta = -0.75$，与罗长远、张军（2009）对 η 的取值一致。

现了与自然垄断部门企业相反的"利润侵蚀工资"趋势。第二，劳动力市场的分割导致了在自然垄断部门与市场竞争部门不同的劳动报酬变化趋势（李文溥等，2013）。用国有及国有控股企业在岗职工平均工资对在岗职工平均工资的比率代替国有单位在岗职工平均工资对在岗职工平均工资的比率之后发现，无论是否剔除生产税净额的影响，反映劳动力市场分割的指标（lnrswage）对劳动报酬份额的作用均显著为负（表5第a、b列），而且从绝对值看，分别超过了lnrwage对劳动报酬份额负效应0.14个和0.13个百分点（表4第a、b列）。这在一定程度上说明，劳动力市场的分割对劳动报酬占GDP份额产生了不利影响。

表5　　　　劳动报酬份额、FDI、贸易、资本深化、技术进步

——劳动力市场分割检验

解释变量	lnshare		lnfdi_g		lnie_g		lnk/y		lnTFP	
	a	b	c	d	e	f	g	h	i	j
lnshare			−3.79 *** (0.98)	−2.41 *** (0.53)	−5.78 *** (0.54)	−5.38 *** (0.53)	3.98 *** (0.62)	3.24 *** (0.56)	−2.07 *** (0.16)	−2.01 *** (0.16)
lnfdi_g	−0.16 *** (0.03)	−0.16 *** (0.03)								
lnie_g	0.11 *** (0.03)	0.12 *** (0.03)	1.37 *** (0.17)	1.22 *** (0.16)						
lnTFP	−0.16 *** (0.04)	−0.18 *** (0.04)							−0.44 *** (0.07)	−0.46 *** (0.07)
lnk/y	−0.38 *** (0.05)	−0.43 * (0.05)	0.31 (0.38)	0.23 (0.38)			0.64 *** (0.15)	0.47 *** (0.14)		
lnbr_g					0.84 *** (0.41)	1.26 *** (0.40)				
lnis_a							0.62 *** (0.10)	0.58 *** (0.09)		
lni_g			0.31 (0.22)	0.14 (0.22)	−0.92 *** (0.17)	−0.91 *** (0.17)	0.73 *** (0.14)	0.70 *** (0.14)		
lngovexp	−0.03 (0.05)	−0.004 (0.04)					−0.21 *** (0.10)	−0.23 *** (0.10)	0.12 *** (0.04)	0.15 *** (0.04)
lnrswage	−0.20 *** (0.08)	−0.18 *** (0.08)								
lnhucap	0.92 *** (0.13)	1.04 *** (0.14)								
观测值	261	261	261	261	261	261	261	261	261	261
$\bar{R}^2$	0.36	0.44	0.34	0.30	0.81	0.31	0.62	0.61	0.66	0.68

注：（1）＊、＊＊和＊＊＊分别表示在10%、5%和1%的显著性水平上显著，括号的数字表示标准差；（2）第a、c、e、g、i列为对劳动报酬份额按（6）式定义，联立式（7）至式（11）的估计结果；第b、d、f、h、j列为对劳动报酬份额按"劳动者报酬／（地区生产总值−生产税净额）"定义，联立式（7）至式（11）的估计结果。

四、稳健性检验

针对上述实证结果，我们进一步提出两组问题以检验结论的稳健性：（1）在定义劳动报酬份额时，如果将政府的生产税净额从 GDP 中扣除，仅仅考察收入在劳动与资本之间的分配，上述结果是否成立？（2）用宏观税负代替政府支出，这些代替对结果有变化吗？从 GDP 中扣除生产税净额之后，劳动报酬份额的样本均值从 49% 提高至 58%，采用剔除生产税净额后的劳动报酬份额进行联立方程估计发现，尽管出现了细微差异[①]，但主要结论仍与上文一致。用宏观税负代替政府支出之后，无论是否剔除生产税净额的影响，反映宏观税负程度的 $lnbr\_g$ 对劳动报酬份额的影响均显著为负。这一结果说明了另一个问题：我国目前宏观税负已经偏高，限制了劳动报酬增长［中国季度宏观经济模型（CQMM）课题组，2013］。

五、结论和引申

基于两部门一般均衡条件下劳动报酬份额的决定机制，本文采用中国省级面板数据，对 1994 ~ 2011 年劳动报酬份额的演变进行了实证研究。结果发现，导致 20 世纪 90 年代中期以来我国居民收入占国民收入比重和劳动报酬占初次分配比重下降的原因，从微观角度看，主要有以下四个。

第一，劳动力市场上劳资力量对比失衡。20 世纪 90 年代中后期以来的经济体制改革，在推进经济市场化的同时，由于劳资集体谈判机制缺失，使得居民作为劳动者，尤其是竞争性行业的劳动者的整体谈判力下降，在劳动报酬决定中处于不利地位。

第二，产品市场上价格加成上升和税负转嫁居高。由于居民对垄断程度较高部门和产业链上游企业提供的产品和服务需求替代弹性较小，对其涨价行为往往只能被动接受。如此，尽管身处垄断行业的员工能获益，但众多非垄断行业的劳动者将被迫增加开支。更为隐蔽的是，居高的税负转嫁无疑也制约了劳

---

① 有两点差异：一是反映技术进步的全要素生产率对进口贸易的效应系数为正，但不显著；二是 $lnhucap$ 的系数不仅显著而且上升了 0.08 个百分点。限于篇幅，稳健性检验结果不再列示，如有需要可向笔者索取。

动报酬潜在的改善空间（李文溥等，2012）。估计结果和稳健性检验昭示，居民在劳动力市场上因整体谈判力下降，以及在产品市场上因一些部门垄断倾向加剧，价格加成幅度上升和税负转嫁而发生的福利损失，可能超过了企业因利润增加而惠及员工的收益。[1] 在赶超型发展战略背景下，政府不计成本地招商引资，在收入分配中向资方倾斜，这一效应被进一步强化。[2]

第三，劳动力市场分割不利于劳动报酬份额提高。2003 年以来，垄断行业与非垄断行业的劳动报酬演变趋势分化。前者继承了以往的"工资侵蚀利润"倾向，后者则出现"利润侵蚀工资"的趋势，由于后者从业人员比重大大超过前者，劳动力市场分割的整体效应是负面的。

第四，宏观税负过高不利于劳动报酬份额提高。2012 年，我国宏观税负已经超过 50%〔中国季度宏观经济模型（CQMM）课题组，2014〕，远远高于计划经济时期的 1978 年（按相同口径）。这意味着更多的国民收入为政府所占有，更易于扩大投资和政府消费，阻碍了劳动报酬份额及居民消费占比的提高。

参考文献

［1］白重恩、钱震杰：《国民收入的要素分配：统计数据背后的故事》，载《经济研究》2009 年第 3 期。

［2］白重恩、钱震杰：《劳动收入份额决定因素：来自中国省际面板数据的证据》，载《世界经济》2010 年第 12 期。

［3］龚刚、杨光：《从功能性收入看中国收入不平等》，载《中国社会科学》2010 年第 2 期。

［4］龚刚、杨光：《论工资性收入占国民收入比例的演变》，载《管理世界》2010 年第 5 期。

［5］郭庆旺、吕冰洋：《论税收对要素收入分配的影响》，载《经济研究》2011 年第 6 期。

［6］黄先海、徐圣：《中国劳动收入比重下降成因分析》，载《经济研究》2009 年第 7 期。

［7］李稻葵、刘霖林、王红领：《GDP 中劳动份额演变的 U 型规律》，载《经济研究》2009 年第 1 期。

［8］李平：《进口贸易与国外专利申请对中国区域技术进步的影响》，载《世界经济研

---

① 谢攀、李文溥、刘榆（2013）根据 Wind 资讯数据，计算发现国资属性上市公司（包括中央国有企业、地方国有企业）2012 年价格加成幅度较 1998 年增长了近三成。

② 对表 5 中的 a 列、表 6 中的 a 列以及稳健性检验结果中相关列各变量参数估计的纵向比较发现，产品市场、劳动力市场、全球化等因素对中国劳动报酬份额的负向效应已超过正向效应。

究》2007 年第 5 期。

［9］李文溥等：《劳动力市场分化与行业间工资差距变动趋势研究》，载《山东大学学报（哲学社会科学版）》2013 年第 5 期。

［10］李文溥、谢攀、刘榆：《两税合并的要素收入份额影响研究》，载《南开经济研究》2012 年第 1 期。

［11］吕冰洋、郭庆旺：《中国要素收入分配的测算》，载《经济研究》2012 年第 10 期。

［12］罗长远、张军：《劳动收入占比下降的经济学解释》，载《管理世界》2009 年第 5 期。

［13］邵敏、黄玖立：《外资与劳动收入份额——基于工业行业的经验研究》，载《经济学（季刊）》2010 年第 4 期。

［14］王永进、盛丹：《要素积累、偏向型技术进步与劳动收入占比》，载《世界经济文汇》2010 年第 4 期。

［15］谢攀、李文溥、刘榆：《谈判地位、价格加成与劳资博弈——劳动报酬份额下降的微观机制分析》，载《中国高校社会科学》2013 年第 7 期。

［16］杨俊、邵汉华：《资本深化、技术进步与全球化下的劳动报酬份额》，载《上海经济研究》2009 年第 9 期。

［17］张军、吴桂英、张吉鹏：《中国省际物质资本存量估算：1952—2000》，载《经济研究》2004 年第 10 期。

［18］中国季度宏观经济模型（CQMM）课题组：《2014—2015 年中国宏观经济分析与预测》，载《厦门大学学报》（哲社版）2014 年第 3 期。

［19］中国季度宏观经济模型（CQMM）课题组：《2013—2014 年中国宏观经济再展望》，载《厦门大学学报》（哲社版）2013 年第 6 期。

［20］Bentolila, S., Gilles Saint-Paul, Explaining Movements in the Labor Share. Contribution to Macroeconomics, Vol. 3, No. 1, 2003, P. 1103.

［21］Blanchard, Giavazzi, Macroeconomic Effects of Regulation and Deregulation in Goods and Labor Markets. Quarterly Journal of Economics, Vol. 118, No. 3, 2003, pp. 895 – 896.

［22］Decreuse, Maarek, FDI and the Labor Share in Developing Countries：A Theory and Some Evidence. MPRA Paper, No. 11224, 2008.

［23］Diwan I., Labor Shares and Financial Crises. Draft Paper for the World Bank, 1999.

［24］Hamermesh A. E, Labor Demand. Princeton：Princeton University Press, 1993.

［25］Harrison A. E., Has Globalization Eroded Labor's Share? Some Cross-Country Evidence. MRRA Paper, No. 39649, 2002.

［26］Liu M., Xu L., Liu, L., Wage-related Labour Standard and FDI in China：Some Survey Findings from Guangdong Province. Pacific Economic Review, Vol. 9, No. 3, 2004.

［27］Wooldridge J. M., Introductory Econometrics：A Modern Approach. South-Western College Publishing, 2002.

制造业劳动报酬合理提高
不会影响产业竞争力[*]

近十年来，制造业的平均工资水平在国民经济 19 个部门中仅位列第 14，是最低的五个部门之一。作为一个就业人口 3491.9 万人，约占全国城镇就业总数 27.77%，同时创造了整个国家近 1/3GDP（2008 年为 32.65%）的重要产业部门，制造业的工资水平对居民收入、劳动报酬水平从而国内消费的扩张具有举足轻重的作用。同时，2009 年制造业出口占我国出口总额的 85.8%。因此，制造业的产业竞争力也是讨论制造业劳动报酬水平必须关注的重要问题之一。

一、我国制造业的单位产出劳动力成本

考察制造业竞争力，要综合考虑劳动力成本和劳动生产率的关系。如果前者的增长率超过后者，产品竞争力会下降；反之则反之。因此，我们采用国际劳工组织（1999 年）建议的"单位产出劳动力成本"（ULC）指标。

1999～2009 年，我国制造业小时劳动报酬和劳动生产率呈现以下变化特征：（1）小时劳动生产率和小时劳动报酬都呈较快增长态势，但制造业小时劳动生产率年均增长 15.16%，比小时劳动报酬增速（13.81%）高出 1.35 个百分点；（2）制造业的单位产出劳动力成本在 1999～2004 年逐年下降，2004 年之后虽开始呈上升趋势，但是，2009 年仅为 1999 年的 88.9%。

国际比较发现以下三点。

（1）与发达国家及地区相比，我国制造业单位产出劳动力成本具有绝对优

　＊　本文原载于《中国社会科学报》2011 年 9 月 13 日，共同作者：郑建清、林金霞。

势。2008 年，我国制造业的 *ULC* 仅为美国的 30.35%、中国香港的 48.23%、日本的 31.73%、德国的 19.24%、英国的 25.79%、意大利的 24.56%、法国的 27.44%、荷兰的 22.58%、韩国的 22.69%、新加坡的 20.07%、中国台湾的 53.98%、俄罗斯的 22.22%。

（2）与发展中国家比，我国制造业单位产出劳动力成本也是最低的。2008年，我国制造业单位产出劳动力成本是巴西的 13.74%、墨西哥的 30.85%、印度的 30.27%、印度尼西亚的 78.21%、菲律宾的 14.44%、泰国的 62.84%。

（3）从动态上看，我国制造业的劳动力成本优势在不断强化中。2002～2008 年我国制造业的 *ULC* 不升反降。然而，我国 FDI 主要来源地和主要贸易伙伴以及吸引外资和产品出口的主要竞争国的 *ULC* 却出现了不同程度的增长。

二、我国制造业分行业的劳动力成本

1999～2009 年我国制造业 *ULC* 年均增速为负数，表明近十年来，我国制造业单位产出劳动力成本在下降，产业竞争力因此进一步提高。但就劳动密集型与资本密集型产业看，趋势不同。我们把制造业中的纺织业，纺织服装、鞋、帽制造业，皮革、毛皮、羽毛（绒），木材加工及木、竹、藤，家具制造业，造纸和纸制品制造业，文教体育用品制造业，非金属矿物制品业列为劳动密集型行业，其余算作资本密集型行业。

按广义劳动力成本（工资＋非工资费用）计算 2009 年制造业分行业的 *ULC*。资本密集型的 *ULC* 要低于劳动密集型。2009 年，制造业的 *ULC* 为 0.283，其中，劳动密集型行业的均值为 0.324，而资本密集型行业的均值为 0.225，比劳动密集型行业低 0.99。

三、劳动力成本上升对企业利润率的影响

近年来，反对进一步提高制造业劳动报酬水平的一个重要观点是我国制造业尤其是劳动密集型行业已经利润微薄。提高劳动报酬将会导致大量企业倒闭，工人失业，劳资两亏。

计算发现以下三个方面。

（1）就静态而论，提高劳动报酬对制造业企业的利润率有明显影响。其

中，劳动密集型行业利润率受劳动成本影响要大于资本密集型。以 2009 年为例，人均劳动报酬提高 10%，劳动密集型行业的利润率将下降 8.6%～29.7%；而资本密集型行业的利润率将下降 3.8%～17.6%。

（2）劳动报酬上升对利润率影响是逐年下降的。就影响最大的文教体育用品行业来看，劳动报酬提高 10%，行业利润率在 2006 年会下降 41.4%，但是2009 年的下降幅度就降为 29.7%。这说明我国企业对于劳动力成本变化，有较大调整适应能力。

（3）从动态看，现有的劳动报酬上升幅度尚未对企业利润造成负面影响。2006～2009 年制造业劳动报酬年均增速超过 10%，但是，除石油加工、炼焦及核燃料，黑色金属冶炼及压延，有色金属冶炼及压延三个行业外，制造业其他行业利润总额和利润率都在增长。这说明：目前为止，提高劳动报酬尚未导致制造业企业利润总额和利润率下降，相反，利润总额随着劳动报酬的增长而更快增长。

四、劳动力成本上升对制造业国际贸易
竞争力的影响

我们用贸易竞争指数（TC）考察 2001～2009 年的制造业贸易竞争力变化情况，在此期间内，制造业不同行业的劳动报酬年均增长都超过了 10%。

（1）2009 年劳动密集型行业的 TC 指数都大于 0。其中，纺织业、木材加工及木、竹、藤、棕、草制品业，造纸和纸制品业具有强竞争力；皮革、皮毛、羽毛（绒）及制品业，文教体育用品业具有较强的竞争力；而纺织服装、鞋、帽制造业，家具制造业具有很强的竞争力。

（2）从 TC 指数的变化看，我国劳动密集型行业 2001～2009 年的 TC 指数基本上是正增长。除了家具制造业 TC 指数微小下调外，其他 7 个劳动密集型行业的竞争力都进一步提高了。

（3）虽然从制造业不同行业看，TC 变化有正有负。但是，TC 变化为负的这些行业基本上没有根本改变原来的竞争力状况。目前为止，我国制造业劳动报酬上升，不仅没有削弱，反而在一定程度上促进了劳动密集型制造业国际贸易竞争力的提高，而资本密集型制造业的国际贸易竞争力变化与劳动报酬水平变化，不存在直接关系。

五、结论

（1）1999年以来，制造业劳动报酬水平年递增10%以上，但是，我国制造业 *ULC* 仍呈下降趋势，2009年的 *ULC* 甚至不及1999年的90%。主要原因是制造业劳动生产率提高大大超过了劳动报酬增长，劳动报酬占产业附加值比重持续下降。国际比较发现，不管是与我国 FDI 主要来源地、主要贸易伙伴还是与吸引外资、出口商品的主要竞争对手相比，我国制造业的相对单位产出劳动力成本（*RUIC*）不仅具有绝对优势，而且优势在继续强化。

（2）分行业来看，制造业中劳动密集行业的 *ULC* 及其增速均大于资本密集型行业。*UCL* 有所上升，这是由于近年来劳动密集型行业的劳动报酬在原有较低基数基础上增速大于劳动生产率增长；而资本密集型行业的 *ULC* 基本上仍呈下降趋势。

（3）静态看，劳动报酬变化对企业利润率有较大影响，但程度逐年减弱。其次，就现实情况看，劳动报酬对企业利润率的动态影响却是相反的。伴随着不同行业劳动报酬的较快增长，企业的利润总额和利润率也在迅速增长，而且利润总额的增速还高于劳动报酬的增速。因此，从长期看，合理地逐步提高劳动报酬不仅不会给制造业企业利润率和利润总额带来消极影响，反而会促进企业利润总额增长和利润率提高。

（4）劳动报酬与制造业国际贸易竞争力之间也不存在着此消彼长关系。近十年数据说明，劳动密集型制造业的国际贸易竞争力随着劳动报酬水平的提高而增长；伴随着劳动报酬增长，资本密集型制造业的国际贸易竞争力上升与下降的行业数目前基本上是平分秋色。就其中国际贸易竞争力下降最大的行业而论，其单位产出劳动力成本是下降的。劳动报酬仅仅是影响制造业国际贸易竞争力的一个因素，认为劳动报酬水平的提高将导致制造业国际贸易竞争力下降的说法是没有根据的，其影响的方向及程度还取决于国内外其他众多因素的共同作用。

仅就上述研究结果，或许尚不能得出一国劳动报酬水平变动方向的政策结论，但是，在劳动报酬、居民收入占 GDP 的比重多年持续下降以致国内消费不振，已经导致经济增长严重依赖投资与出口增长的情况下，上述结论的政策推论就十分明确了。

中国地区经济增长差异：基于分级教育的效应[*]

一、引言

 近三十年来，在中国经济持续高速增长的同时，地区经济发展越来越不平衡，东、中、西部增长差距日益拉大。学者们从政策优势、地理因素、经济结构、人力资本、市场化程度等各种角度对此进行了分析和解释。本文将教育作为人力资本的代理变量，研究不同层级的人力资本对东、中、西部三个地区经济增长的效应，试图从教育的角度寻求缩小地区差距的政策意义。

 本文的建模思想源于卢卡斯（Lucas，1988）、罗默（Romer，1990）、尼尔森和菲力普斯（Nelson & Phelps，1966）、本哈比和斯皮格（Benhabib & Spiegel，1994）（简称 BS）等经典论文。卢卡斯（1988）在尤扎瓦（Uzawa，1965）两部门模型的基础上，把人力资本作为一种生产要素直接引入生产函数，强调了人力资本对经济持续增长的根本推动作用，但卢卡斯没有考虑人力资本对全要素生产率的影响。罗默（1990）开创性地提出人力资本分级的思想，将人力资本同时作为生产要素和技术创新的源泉引入模型。本哈比和斯皮格（1994）将尼尔森和菲力普斯（1966）的技术追赶思想和罗默（1990）的技术创新思想统一到一个框架中，人力资本不仅作为生产要素直接影响产出，而且通过技术创新和技术追赶决定全要素生产率，这全面地体现了人力资本促进经济增长的三大作用机制。[①]

 ＊ 本文原载于《经济研究》2013 年第 4 期，共同作者：黄燕萍、刘榆、吴一群。
 ① 人力资本的三大作用是：作为生产要素、作为技术创新与技术模仿的工具。按照卢卡斯（1990）的观点，人力资本还有第四个作用：吸引别的生产要素，特别是物质资本。

主流文献通常把人力资本加总成一个总量（即不分级），这暗含了一个不尽合理但十分方便的假设：不同质的人力资本之间的替代是完全的和对称的。本文放松这一不合理的假设，基于知识外溢性的特点（Romer，1990），把人力资本按有无外溢性分为高级和初级两个部分。在实际研究中则是以劳动者受教育年限为依据，把人力资本分为两个层级建立经济模型，研究不同层级教育对地区经济增长差异的效应，这在国内文献尚未见到，在国外文献似也少见。

二、文献回顾

国内外众多学者分析了人力资本或教育对地区经济增长差异的影响，但结论不尽相同。

第一种观点是：人力资本对经济增长起促进作用，有助于缩小地区差距。卢卡斯（1988）认为，人力资本积累是经济增长的源泉，不同的人力资本积累速度是理解不同经济增长率、国家间收入差距的主要原因。罗默（1990）认为，人力资本存量会影响知识创新能力，进而影响技术进步率，从而决定经济增长率。曼昆等（Mankiw et al.，1992）把人力资本作为生产要素引入 Solow 模型，结果表明，加入人力资本之后的 Solow 模型能更好地解释经济增长和国家间收入差距问题。巴罗（Barro，1997）研究发现，人均收入低的国家倾向于追赶人均收入高的国家，而追赶的速度依赖于教育年限。本哈比和斯皮格（2005）构建了广义的 Nelson-Phelps 技术创新与模仿模型，并利用跨国数据进行实证检验，结果显示，人力资本水平对增长的作用是正的，人力资本通过影响技术创新与模仿的速度对全要素生产率产生正向影响，从而促进了经济增长。杨立岩和王新丽（2004）研究发现，研发和人力资本投资在经济增长中都扮演着重要角色，经济的长期增长率最终依赖于技术进步与人力资本积累。陈晓光（2005）研究表明，在考虑了人力资本向下兼容之后，人力资本和物质资本对于跨国收入差异的贡献与生产率的贡献相比是主要的。刘晔和黄承键（2009）利用1996～2006 年30 个省份的面板数据所做的研究表明，教育支出对经济增长具有明显的正向促进作用，教育的贡献率高于固定资产的贡献率。王小鲁和樊纲（2004）、赖明勇等（2005）、刘生龙（2008）、弗莱舍等（Fleisher et al.，2010）等的研究都认为教育在促进经济增长、缩小地区差距中发挥了重要的作用。

第二种观点是：人力资本对经济增长的作用与经济发展所处的阶段、人力资本结构等有关系。克鲁格和米凯尔（Krueger & Mikael，2001）研究发现，对于教育水平低的国家，教育对经济增长的贡献是正的，但对教育水平高的国家，过度教育则抑制了经济增长。苏（Su，2004）认为，对于欠发达国家，资源向基础教育倾斜有助于经济增长和收入分配公平。郭玉清和杨栋（2007）研究表明，现阶段中等层次的人力资本是我国创新经济增长的主要因素。边雅静和沈利生（2004）实证分析发现，在西部经济增长中，物质资本起了关键性作用，在东部经济增长中，人力资本的贡献大于物质资本。杨新铭和罗润东（2008）研究认为，技能劳动力的上升有助于缩小收入差距，而非技能劳动力的增加则会导致收入差距的扩大。

还有少数学者认为，人力资本对缩小地区经济增长差异的作用有限。普里切特（Pritchett，1996）研究发现，人力资本投资的变化几乎不能解释跨国经济增长差异。陆铭等（2005）研究显示，实物资本是导致地区间收入差距的关键因素，而教育对地区差距影响很小。

本文认为，笼统地讲人力资本对经济增长是正效应或负效应可能都是片面的，不同层级的人力资本在不同地区、不同发展阶段的作用可能有所不同，因此应该采取不同的政策。为了验证这一猜想，本文借鉴罗默（1990）、本哈比和斯皮格（1994）以及尼尔森和菲力普斯（1966）的方法构建人力资本与经济增长的理论模型，继而导出回归方程，在此基础上采用中国省际面板数据研究不同层级的人力资本对地区经济增长差异的效应。

三、基本模型与数据说明

（一）改进的 BS 回归方程

为了研究不同层级的教育对中国地区经济增长差异的影响，我们对本哈比和斯皮格（1994）模型做了两方面的改进：首先，结合罗默（1990）的分级思想，对作为人力资本代理变量的教育进行分级，区分初级教育和高级教育在促进生产和促进技术进步中的不同作用；其次，将罗默（1990）的技术创新思想和尼尔森和菲力普斯（1966）的技术追赶效应相结合，揭示高级人力资本在技术进步中起到的两种作用机制。

具体地，我们的模型基于下列的方程系统推演而成：

$$Y_{it} = A_{it} H_{Yit}^{\alpha} L_{it}^{\beta} K_{it}^{\gamma} \tag{1}$$

$$A_{it} - A_{i0} = g H_{Ait} A_{i0} + m H_{Ait}(A_0^* - A_{i0}) \tag{2}$$

$$H_{it} = H_{Yit} + H_{Ait} \tag{3}$$

其中，$0 < \alpha, \beta, \gamma < 1$，$\alpha + \beta + \gamma = 1$；下标 $t > 0$ 代表年份，i 代表省份；Y 是总产出；A 是技术水平，体现为全要素生产率，为内生变量；H_{Yit} 是初级人力资本；L 是劳动人口数；K 是实物资本存量；H_{Ait} 是高级人力资本，是技术创新与技术追赶的源泉；A_0^* 是基年的技术上界，即基年最先进省份的技术；α、β 和 γ 是三种生产要素的产出弹性，g 和 m 分别是技术创新与技术模仿的系数。

方程（1）是总产出方程，采用罗默（1990）的生产函数。由式（1）可知，一个省份的总产出取决于四个因素：全要素生产率、初级人力资本、劳动人口数和实物资本存量。全要素生产率是内生变量，随着高级人力资本的增加而不断提高；初级人力资本与劳动人口数、实物资本存量一样，作为生产要素直接进入生产函数，用于最终产品的生产。式（2）是技术创新与技术模仿方程。式（2）右边第一项为技术创新带来的全要素生产率的提高，只要高级人力资本存在（$H_{Ait} \neq 0$），创新就是持续的永恒的过程，全要素生产率将不断提高；第二项为技术追赶或技术模仿带来的全要素生产率的提高，它表明，只要 $A_{i0} < A_0^*$，一个省份就有后发优势，技术追赶就存在。我们试图效法本哈比和斯皮格（1994），把式（2）在 A_{i0} 附近展开。但是，三十年来中国经济结构、经济总量都发生了巨大变化。为避免误差太大，我们把样本区间限制在 1997 ~ 2009 年。[①] 线性展开得到一阶近似如下：

$$\log A_{it} - \log A_{i0} = gH_{Ait} + mH_{Ait}(A_0^* - A_{i0})/A_{i0}$$

从上式可见，线性化后的结果仍然具有明确的经济意义。式左边反映了全要素生产率的累积增长速度，它可被分解为两部分：技术创新效应和技术模仿效应。在实际回归中，技术水平的衡量采用 BS 的公式，即 $y_0^*/y_{i0} \approx A_0^*/A_{i0}$。此处，$y$ 表示劳均产出，$*$ 代表全国最高水平。于是有：

$$\log A_{it} = \log A_{i0} + gH_{Ait} + mH_{Ait}(y_0^*/y_{i0} - 1) \tag{4}$$

式（4）与 BS 的技术创新与模仿方程是一致的。式（3）为人力资本恒等式，总人力资本等于初级人力资本与高级人力资本之和。这个等式体现了罗默（1990）的人力资本分级思想。人力资本分为两级以不同的方式进入生产函数，罗默（1990）认为，这是其模型的一个重要特点。本文根据知识外溢性的特点、研究目的和中国已进入中等收入国家的事实对人力资本进行分级，其中初级人力资本（初级教育）包含小学和初中，高级人力资本（高级教育）包含

---

① 相对权威的估算中国 TFP 增长率的研究有张军（2002）、曹吉云（2007）、郭庆旺和贾俊雪（2005）、李宾和曾志雄（2009），这些研究表明，中国十年来的 TFP 变化并不大。

高中和大学及以上。[①] 由式（2）可知，体现技术水平的全要素生产率是高级人力资本的函数，即 $A_{it} = A_{it}(H_{Ait})$，将其代入总产出方程可得：

$$Y_{it} = A_{it}(H_{Ait})H_{Yit}^{\alpha}L_{it}^{\beta}K_{it}^{\gamma} \quad (5)$$

作为罗默（1990）生产函数的一个改进，这个等式表明，初级人力资本是直接增进产出的生产要素，高级人力资本是技术进步的源泉，推动技术创新，促进技术模仿。阿吉奥和德劳夫（Aghion & Durlauf, 2005）也认为，人力资本除了其自身的生产效应外，还具有外部性，人力资本积累通过外部性促进了整个社会产出的提高。将式（5）关于基期对数差分并考虑随机误差，可得：

$$dY_{it} = c + g \times H_{Ait} + m \times H_{Ait}(y_0^*/y_{i0} - 1) + \alpha \times dH_{Yit} + \beta \times dL_{it} + \gamma \times dK_{it} + \varepsilon_{it} \quad (6)$$

使用 BS 的符号系统，$dX_{it} = \log(X_{it}) - \log(X_{i0})$，其中 X 分别代表 Y、H_Y、L、K。令 $Catchup_{it} \equiv H_{Ait}(y_0^*/y_{i0} - 1)$，式（6）可以重写为：

$$dY_{it} = c + g \times Innovation_{it} + m \times Catchup_{it} + \alpha \times dH_{Yit} + \beta \times dL_{it} + \gamma \times dK_{it} + \varepsilon_{it} \quad (7)$$

式（7）是改进的 BS 模型。本文实证部分以式（7）为基础，围绕决定生产函数的四个因素（H_Y、H_A、L 和 K）展开具体的分析，侧重描述初级人力资本和高级人力资本对地区经济增长差异的效应。后文将进一步探讨模型设定和回归结果的合理性。

（二）数据说明

本文的样本为中国的 30 个省（区、市）13 年（1997～2009 年）的面板数据[②]。原始数据来源于《中国统计年鉴》，具体说明如下。

总产出（Y）和劳均产出（y）：总产出是用支出法衡量的国内生产总值，劳均产出是总产出除以劳动人口数，二者都换算为以 1997 年为基期的实际值。国内生产总值、国内生产总值指数、劳动人口数的数据来源于《中国统计年鉴》，其中 2006 年的劳动人口数据缺失，本文用近点等似法对其进行插值。

实物资本存量（K）：直接采用张军等（2004）的计算结果，并根据张军等（2004）的估算方法扩展到 2009 年，然后换算为以 1997 年为基期的实际值。扩展计算时用到的固定资产投资额和固定资产投资价格指数的数据均来自

---

① 初级人力资本和高级人力资本的具体计算见本文的数据说明部分。
② 由于数据限制，这里不包括西藏、香港、澳门、台湾地区。

《中国统计年鉴》。

人力资本（H）：人力资本采用劳均人力资本存量，而不采用人力资本存量（总量），[①] 因为近 100 年来 OECD 国家的增长并不存在规模效应（Jones，1995a；1995b；陈晓光，2006）。劳均高级人力资本存量等于高级人力资本存量除以劳动人口数，劳均初级人力资本存量等于初级人力资本存量除以劳动人口数。高级（初级）人力资本存量等于所有受高级（初级）教育的劳动者的受教育年限之和。劳动者的受教育分布数据来源于《中国劳动统计年鉴》，其中，文盲受教育年限为 0 年，小学为 6 年，初中为 9 年，高中为 12 年，大学及以上为 17 年。在中国，劳动力的流动是不可忽视的，我们在使用产业人员、教育分布的数据时尽可能地考虑了这一问题，使之在目前条件下是相对准确的，较好的。[②] 此外，后文稳健性检验部分使用的外商直接投资（FDI）、用于计算市场开放度的进出口额、汇率数据均来源于《中国贸易外经统计年鉴》和《中国对外经济统计年鉴》。

以上所有原始数据除汇率为全国的同一数据之外，其他的都是分省份的年度数据。

为了说明东、中、西部三个地区各变量在样本区间内的变化，表 1 报告了主要变量 1997 年和 2009 年的统计描述。

表 1　　　　　　　　　　　主要变量的统计描述

地区	年份	Y（亿元）				y（万元/人）			
		均值	标准误	最小值	最大值	均值	标准误	最小值	最大值
东部	1997	3315.37	2088.51	314.82	6503.75	1.48	0.39	0.72	2.96
	2009	12867.42	8611.83	1032.34	26728.57	4.58	1.32	2.22	9.40
中部	1997	2268.49	1030.87	1153.68	4461.59	0.92	0.24	0.71	1.58
	2009	8199.51	3415.58	4701.68	16066.49	3.02	1.01	2.25	5.77
西部	1997	1175.66	968.90	194.10	3417.97	0.72	0.21	0.38	1.44
	2009	4031.75	3420.54	688.05	11946.39	2.18	0.68	1.03	3.63

[①] 在计算数据之前，本文强调初级人力资本与高级人力资本概念上的区别，淡化了平均拥有量和总量的区分，因为这两者间的转化很简单。

[②] 首先，所使用的统计年鉴中，从业人员是按报酬（不是户口）统计的，外来务工者已统计在内。其次，目前世界使用最广的受教育年限数据（Barro & Lee，1996；2013）和广为采用的世界银行数据（Nehru et al.，1995）以及专门研究中国经济问题的美国劳动经济学专家弗莱舍等（2010）都使用总人口的教育分布近似劳动者的教育分布。本文使用的是国家统计局从 1996 年开始公布的由抽样调查得到的劳动者（而非总人口）教育分布（1997～2009 年）的数据，已是现有省际研究中最好的人力资本衡量数据。最后，弗莱舍等（2010）使用的总人口的教育分布含有缺失数值，不得不使用入学率估计。

地区	年份	K（亿元）				L（万人）			
		均值	标准误	最小值	最大值	均值	标准误	最小值	最大值
东部	1997	6485.19	3425.55	1023.90	10931.79	2227.89	1481.80	330.90	4707.00
	2009	33400.42	18516.53	3037.45	58365.98	2808.22	1856.37	431.40	5643.30
中部	1997	3363.40	1364.65	1768.35	5976.08	2460.58	1315.57	1050.30	5017.00
	2009	19235.60	7324.49	13125.51	37554.60	2714.34	1591.46	1142.50	5948.80
西部	1997	2590.31	2097.25	495.59	6817.74	1629.61	1338.49	235.40	4617.60
	2009	12185.38	9191.18	2652.65	28601.02	1851.59	1440.62	285.50	4945.20

地区	年份	H_A				H_Y			
		均值	标准误	最小值	最大值	均值	标准误	最小值	最大值
东部	1997	2.30	1.08	1.19	6.79	5.55	0.34	4.17	5.92
	2009	3.39	1.58	1.94	8.93	5.87	0.76	3.34	6.59
中部	1997	2.04	0.58	1.36	3.40	5.72	0.27	5.15	6.03
	2009	2.62	0.54	1.65	3.28	6.14	0.29	5.71	6.52
西部	1997	1.60	0.51	1.05	3.10	5.12	0.39	3.38	5.57
	2009	1.98	0.59	1.26	3.18	5.83	0.23	4.93	6.04

注：（1）Y、y、L 和 K 分别为国内生产总值、劳均国内生产总值、劳动人口数和实物资本存量；H_A 为劳均高级人力资本存量，H_Y 为劳均初级人力资本存量。（2）东部地区包括北京、天津、河北、辽宁、上海、江苏、浙江、福建、山东、广东、广西、海南；中部地区包括山西、内蒙古、吉林、黑龙江、安徽、江西、河南、湖北、湖南；西部地区包括四川、重庆、贵州、云南、陕西、甘肃、宁夏、青海、新疆。

四、实证结果

上一节推导得到了总产出增长率的回归方程，即改进的 BS 模型：

$$dY_{it} = c + g \times H_{Ait} + m \times Catchup_{it} + \alpha \times dH_{Yit} + \beta \times dL_{it} + \gamma \times dK_{it} + \varepsilon_{it} \qquad (8)$$

Hausman 检验的结果支持随机效应的假设。[①] 由于式（7）是差分得来的，Hausman 检验结果并不出乎意外。表 2 报告了面板数据模型随机效应的估计结果（RE）。为了比较，表 2 同时还报告了固定效应的估计结果（FE）。

———————————

① 此时，使用随机效应既能得到与固定效应一样的一致估计，又能提高估计的有效性。从表 2 中 FE 的结果看，固定效应的标准误确实较大。

表 2 　　　　　　　　　基本模型的回归结果与 Hausman 检验

变量（参数）	地区	RE（基本模型）	FE	Hausman 检验	
				FE-RE	S. E.
$H_A(g)$	东部	0.2751 ** (0.1175)	0.0190(0.3830)	− 0.2561	0.3646
	中部	0.6956 ** (0.3136)	0.6607(0.9638)	− 0.0349	0.9113
	西部	0.5712 ** (0.2763)	− 0.8876(0.7528)	− 1.4588	0.7003
$Catchup(m)$	东部	− 0.0465(0.0479)	0.0905(0.0703)	0.1369	0.0514
	中部	0.0915(0.0712)	0.3395 ** (0.1634)	0.2479	0.14704
	西部	0.1115 ** (0.0561)	0.3087 *** (0.1161)	0.1971	0.1016
$dHY(\alpha)$	东部	0.1859 *** (0.0306)	0.1571 *** (0.0345)	− 0.0288	0.0159
	中部	0.2383 *** (0.0481)	0.2317 *** (0.0556)	− 0.0066	0.0279
	西部	0.0612(0.0372)	0.0469(0.0381)	− 0.0143	0.0082
$dL(\beta)$	东部	0.2979 *** (0.0329)	0.3089 *** (0.0389)	0.0110	0.0208
	中部	0.4039 *** (0.0536)	0.3700 *** (0.0610)	− 0.0338	0.0291
	西部	0.6341 *** (0.0522)	0.7135 *** (0.0585)	0.0794	0.0264
$dK(\gamma)$	东部	0.5162 *** (0.0327)	0.5341 *** (0.0382)	0.0178	0.0197
	中部	0.3578 *** (0.0375)	0.3983 *** (0.0410)	0.0404	0.0166
	西部	0.3048 *** (0.0449)	0.2396 *** (0.0511)	− 0.0651	0.0244
N		360	360	$Chi^2 = 24.02$	
调整 R^2		0.6826	0.5974	P 值 = 0.4026	

注：（1）基本模型指式（7）加入逐年时间虚拟变量后的随机效应模型，即表中 RE 这一列。（2）每一个参数同时有三个估计值，从阅读的角度看，可以将其看成是东、中、西部三个子样本回归结果的叠加，实际是运用虚拟变量控制地区，在一次回归中估计三个地区的参数。（3）我们尝试过采用修正后聚类异方差计算 P 值，结果变化微小。（4）括号内的数值是标准误。**、***分别表示在 5%、1% 的显著性水平上显著。（5）实际回归时，为了便于观察分级教育对经济增长的效应，我们把 H 的单位缩小百分之一，这样处理能使回归系数 g 和 m 变大，而不改变计量本质。

（一）参数估计值

从表 2 的 RE 这一列可以初步判断，所有参数（包括生产要素的产出弹性、技术创新和技术模仿系数）的估计基本合理。技术创新系数（g）在三个地区都显著。技术模仿系数（m）在西部显著，在东部严重不显著（估计值轻微为负），中部的显著性介于东、西部之间。同一种生产要素不同地区间比较：初级人力资本的产出弹性（α）中部最高，劳动力的产出弹性（β）西部最高，实物资本的产出弹性（γ）东部最高。同一地区不同生产要素间比较：东部的实物资本产出弹性大于其他两个要素的产出弹性，而中、西部都是劳动力的产出弹性大于其他两个要素的产出弹性。

（二）人力资本的边际产出

产出弹性（α、β、γ）说明总产出速度的变化，许多文献仅仅分析产出弹性。但产出弹性既不反映要素水平高低的作用，也不反映产出增量的变化。因此，本文进一步计算各生产要素的边际产出。根据表3，初级人力资本的边际产出（MPH_Y）东部最高、中部次之、西部最低。2009 年，东部与西部的初级人力资本边际产出分别为 0.152 和 0.023，这意味着，其他条件不变，如果东、西部初级人力资本总量各自增加 1 个单位，东部产出将增加 1520 元，而西部产出仅增加 230 元。可见，东部初级人力资本边际产出远远高于西部。此外，高级人力资本的边际产出（MPH_A）总体上偏低。

表3　　　　　　　　　初级、高级人力资本的边际产出及其他效应

地区	年份	MPH_A	MPH_Y	MPL	MPK	r
东部	1999	0.004	0.062	0.552	0.278	15.839
	2009	0.011	0.152	1.365	0.209	14.237
中部	1999	0.010	0.046	0.445	0.228	4.577
	2009	0.026	0.118	1.220	0.157	4.456
西部	1999	0.008	0.010	0.544	0.150	1.237
	2009	0.019	0.023	1.381	0.111	1.171

注：（1）变量说明：MPH_A、MPH_Y、MPL、MPK 分别为高级人力资本边际产出、初级人力资本边际产出、劳动人口数边际产出和物质资本边际产出；$r = MPH_Y/MPH_A$ 表示初级人力资本边际产出与高级人力资本边际产出之比。（2）在计算 MPH_A 时，个别高级人力资本的技术模仿系数不显著，可把估计值改为 0，但结果变化不大。

（三）人力资本的相对效率

为了比较初级人力资本和高级人力资本作用的相对效率，本文计算初级人力资本边际产出与高级人力资本边际产出的比值（r）。[①] r 的值越大，则初级教育的相对效率越高，高级教育的相对效率越低。表3 显示，三个地区的 r 值都远大于 1。此外，2009 年东部高级人力资本的边际产出、相对效率在三个地区间都最低。

以上主要比较了西部与东部的差距，西部与中部、中部与东部的差距类似，在此不再赘述。

---

① 如果考虑到初级教育的单位成本较低，即使 r 等于或略小于1，初级人力资本也是相对有效率的。

五、稳健性探讨

测量误差、遗漏变量、互为因果都会导致内生性偏误，理想的解决办法是采用工具变量，但寻找合适的工具变量通常是一项极具挑战性和争议性的工作，目前未有定论。本文借鉴本哈比和斯皮格（1994）的建模思想，以经济理论模型作为推导回归方程的基础。回归后，先观察结果有无正确的经济含义，[①]再做适量的稳健性和模型设定分析。

（一）设置不同的时间虚拟变量

在本文的样本区间（1997~2009 年）内，1999 年中国开始实行高校扩招政策，2003 年扩招后的首届大学生开始进入就业市场，2008 年美国发生金融海啸并演变为全球金融危机。考虑这些事件的影响，在式（7）的基础上，加上四组虚拟变量分别进行回归并比较结果，以验证基本模型的时间虚拟变量设定的合理性。

表4　　　　　　　　考虑不同时间虚拟变量的回归结果

变量（参数）	地区	基本模型	模型 1	模型 2	模型 3
$H_A(g)$	东部	0.2751 ** (0.1175)	0.3096 *** (0.0072)	0.2699 ** (0.0204)	0.2835 ** (0.0158)
	中部	0.6956 ** (0.3136)	0.7098 ** (0.0251)	0.6707 ** (0.0340)	0.6293 ** (0.0462)
	西部	0.5712 ** (0.2763)	0.5872 ** (0.0337)	0.5231 * (0.0592)	0.5292 * (0.0574)
$Catchup(m)$	东部	−0.0465(0.0479)	−0.0739(0.1195)	−0.0954 ** (0.0484)	−0.0500 (0.3038)
	中部	0.0915 (0.0712)	0.0536 (0.4442)	0.0455 (0.5154)	0.1042 (0.1430)
	西部	0.1115 ** (0.0561)	0.0879 + (0.1076)	0.0710 + (0.1970)	0.1231 * (0.0286)
$dHY(\alpha)$	东部	0.1859 *** (0.0306)	0.1976 *** (0.0314)	0.2119 *** (0.0319)	0.1971 *** (0.0312)
	中部	0.2383 *** (0.0481)	0.2581 *** (0.0497)	0.2798 *** (0.0504)	0.2527 *** (0.0493)
	西部	0.0612 * (0.0372)	0.0548 + (0.0389)	0.0635 + (0.0389)	0.0734 * (0.0378)
$dL(\beta)$	东部	0.2979 *** (0.0329)	0.2792 *** (0.0340)	0.2795 *** (0.0338)	0.2950 *** (0.0338)
	中部	0.4039 *** (0.0536)	0.3666 *** (0.0565)	0.3665 *** (0.0562)	0.3892 *** (0.0553)
	西部	0.6341 *** (0.0522)	0.6190 *** (0.0548)	0.6245 *** (0.0545)	0.6291 *** (0.0537)

① 在比较过程中，强调回归系数的定性（估计值的显著性、正负号）或定序上的意义。BS 说明了在模型中，同一参数在不同的子样本里偏误是同一个方向的。因此，在子样本的互相比较中，即使诸如内生性等原因导致估计有偏，最终结论受到的影响也可以忽略不计。

变量（参数）	地区	基本模型	模型1	模型2	模型3
dK(γ)	东部	0.5162 *** (0.0327)	0.5232 *** (0.0336)	0.5086 *** (0.0341)	0.5079 *** (0.0338)
	中部	0.3578 *** (0.0375)	0.3753 *** (0.0379)	0.3536 *** (0.0390)	0.3581 *** (0.0385)
	西部	0.3048 *** (0.0449)	0.3261 *** (0.0465)	0.3120 *** (0.0467)	0.2976 *** (0.0464)
N		360	360	360	360
调整 R²		0.6826	0.6472	0.6527	0.6615

注：（1）基本模型指式（7）加入逐年时间虚拟变量后的随机效应模型。模型1、模型2、模型3是由基本模型改变时间虚拟变量的设定得到的。模型1：没有时间虚拟变量；模型2：两个虚拟变量，以2003年为断点；模型3：四个虚拟变量，以1999年、2003年和2008年为断点。（2）* 、** 和 *** 分别表示在10%、5%和1%的显著性水平上显著，＋表示轻微不显著。

根据表4，设置不同的时间虚拟变量后，各模型中各参数的估计值都保持正常符号，与基本模型相比，显著性、正负号和顺序关系基本不变。唯一较大变化的是西部高级人力资本的技术模仿系数和初级人力资本的参数在模型1和模型2中变得轻微不显著。模型3和基本模型的结果几乎没有区别。这在一定程度上说明，基本模型的时间虚拟变量设定是合理的。

（二）添加辅助变量

本文借鉴 BS 的做法，在基本模型中加入辅助变量，以观察回归结果是否有明显变化（见表5）。选择的两个辅助变量是外商直接投资（FDI）和市场开放度（OPEN），[①] 这是考虑到地方引进外资和市场开放程度与当地的物质资本和人力资本有互相促进的关系。

表5　　　　　　　　　添加辅助变量的回归结果比较

变量（参数）	地区	基本模型	模型4	模型5
$H_A(g)$	东部	0.2751 ** (0.1175)	0.2847 *** (0.0974)	0.2539 ** (0.1342)
	中部	0.6956 ** (0.3136)	0.7030 ** (0.2782)	0.5407 + (0.3705)
	西部	0.5712 ** (0.2763)	0.5209 ** (0.2358)	0.4647 + (0.3033)
$Catchup(m)$	东部	− 0.0465 (0.0479)	− 0.0777 * (0.0437)	− 0.0373 (0.0514)
	中部	0.0915 (0.0712)	0.0607 (0.0605)	0.0944 (0.0692)
	西部	0.1115 ** (0.0561)	0.0906 * (0.0488)	0.1178 ** (0.0553)

---

① 市场开放度通常指一国在一定时期内进口额与 GDP 之比。本文中各地区的市场开放度是地区内各省的进口额之和与 GDP 之和的比值。

变量（参数）	地区	基本模型	模型4	模型5
$dHY(\alpha)$	东部	0.1859 *** (0.0306)	0.1942 *** (0.0310)	0.1842 *** (0.0309)
	中部	0.2383 *** (0.0481)	0.2402 *** (0.0492)	0.2326 *** (0.0487)
	西部	0.0612 * (0.0372)	0.0535 + (0.0388)	0.0575 + (0.0376)
$dL(\beta)$	东部	0.2979 *** (0.0329)	0.2968 *** (0.0331)	0.2948 *** (0.0331)
	中部	0.4039 *** (0.0536)	0.4010 *** (0.0546)	0.4049 *** (0.0542)
	西部	0.6341 *** (0.0522)	0.6266 *** (0.0527)	0.6327 *** (0.0529)
$dK(\gamma)$	东部	0.5162 *** (0.0327)	0.5090 *** (0.0322)	0.5210 *** (0.0331)
	中部	0.3578 *** (0.0375)	0.3588 *** (0.0376)	0.3625 *** (0.0381)
	西部	0.3048 *** (0.0449)	0.3199 *** (0.0445)	0.3098 *** (0.0453)
FDI	东部		0.0085 (0.0070)	
	中部		0.0013 (0.0094)	
	西部		0.0049 (0.0076)	
$OPEN$	东部			0.0000003 (0.0000006)
	中部			0.0000049 (0.0000058)
	西部			0.0000033 (0.0000040)
N		360	360	360
调整 R^2		0.6826	0.6888	0.6804

注：（1）基本模型指式（7）加入逐年时间虚拟变量后的随机效应模型；模型4等于基本模型中加入了外商直接投资；模型5等于基本模型中加入了市场开放度。（2） *、** 和 *** 分别表示在10%、5%和1%的显著性水平上显著，+表示轻微不显著。

由于式（7）经对数差分，本文把 FDI 取对数差分。$OPEN$ 是比值，不再取对数，直接差分。由表5发现，FDI、$OPEN$（模型4、模型5）进入回归方程后，在三个地区都不显著，对基本模型的回归结果影响微小。[1]

（三）不同估计方法的比较

本哈比和斯皮格（1994）采用混合 OLS 估计，本文采用面板数据分析中的随机效应方法进行估计（见表6）。比较表6中基本模型与模型6的回归结果发现，OLS 的结果与随机效应的结果在本质上没有区别，仅仅是东部的技术模仿系数由不显著变为显著，但仍然否定了东部的技术模仿效应（取值为非常小的负数）。因此，本文的结果与用 BS 的方法得到的结论具有一致性，这从另一个侧面说明我

---

[1] 模型4、模型5西部的初级人力资本系数变得轻微不显著，模型5中西部的技术创新系数变得轻微不显著。

们的方法是稳健的。另外，考虑到各省份经济规模大小不一，可能存在聚类异方差，本文尝试了用稳健的异方差估计值来计算基本模型中的 P 值，结果变化微小。

表6　　　　　　　　不同模型设定、不同回归方法的回归结果比较

变量（参数）	地区	基本模型	模型 6	模型 7	模型 8
$H_A(g)$	东部	0.2751 ** (0.1175)	0.2876 *** (0.0744)	0.1544 (0.1790)	
	中部	0.6956 ** (0.3136)	0.6252 *** (0.2394)	0.2024 (0.2158)	
	西部	0.5712 ** (0.2763)	0.4109 ** (0.1862)	0.3684 (0.2312)	
$Catchup(m)$	东部	−0.0465 (0.0479)	−0.1181 *** (0.0368)	−0.0225 (0.0218)	
	中部	0.0915 (0.0712)	0.0187 (0.0477)	0.0193 (0.0229)	
	西部	0.1115 ** (0.0561)	0.0560 + (0.0395)	0.0188 (0.0152)	
$dHY(\alpha)$	东部	0.1859 *** (0.0306)	0.2079 *** (0.0319)	0.2807 *** (0.0384)	0.3239 *** (0.0358)
	中部	0.2383 *** (0.0481)	0.2459 *** (0.0511)	0.1766 *** (0.0417)	0.1933 *** (0.0405)
	西部	0.0612 * (0.0372)	0.0565 + (0.0397)	0.0639 * (0.0356)	0.0746 ** (0.0353)
$dL(\beta)$	东部	0.2979 *** (0.0329)	0.3006 *** (0.0333)	0.2376 *** (0.0351)	0.2552 *** (0.0342)
	中部	0.4039 *** (0.0536)	0.3965 *** (0.0568)	0.4494 *** (0.0535)	0.4301 *** (0.0463)
	西部	0.6341 *** (0.0522)	0.6094 *** (0.0532)	0.7005 *** (0.0581)	0.6029 *** (0.0454)
$dK(\gamma)$	东部	0.5162 *** (0.0327)	0.4916 *** (0.0307)	0.4817 *** (0.0370)	0.4209 *** (0.0300)
	中部	0.3578 *** (0.0375)	0.3576 *** (0.0370)	0.3740 *** (0.0388)	0.3766 *** (0.0273)
	西部	0.3048 *** (0.0449)	0.3341 *** (0.0429)	0.2355 *** (0.0485)	0.3224 *** (0.0331)
N		360	360	360	360
调整 R^2		0.6826	0.6928	0.6849	0.6902

注：（1）基本模型指式（7）加入逐年时间虚拟变量后的随机效应模型；模型 6 同基本模型，但按 OLS 回归；模型 7 是 BS 模型，即人力资本不分级，全部作为生产要素，又全部作为全要素生产率（TFP）的自变量；模型 8 是传统的增长回归模型，即全部人力资本只作为生产要素，没有考虑人力资本对 TFP 的作用。（2）* 、** 和 *** 分别表示在 10%、5% 和 1% 的显著性水平上显著，+ 表示轻微不显著。

（四）基本模型与 BS 模型、传统的增长核算模型的比较

根据表6，比较基本模型和模型 7（即 BS 模型）的回归结果发现，BS 模型的技术创新和技术模仿系数全不显著，这是因为在 BS 模型中，人力资本没有依性质分级，同一变量同时具有生产要素和技术进步工具的双重身份，使其作用变得不清晰。

根据表6，比较基本模型和模型 8（即传统的增长核算模型）的回归结果发现，三种生产要素的参数全部显著，地区间大小顺序基本未变。但传统的增

长核算模型忽视了人力资本对技术进步的促进作用。在本文的基本模型中，由于 H_A 和 H_Y 以不同方式分别进入生产函数，使研究不同层级的人力资本各自在生产和技术进步中的作用成为可能，比传统的增长核算模型能够更加合理地解释不同层级教育对地区经济增长差异的不同效应。

基于以上四个方面的比较，本文模型设定的合理性、回归结果的稳健性得到了支持。

六、结论及政策建议

本文将教育作为人力资本的代理变量，考察不同层级人力资本对地区经济增长的不同作用。从上述的实证分析结果中我们可以得出什么结论呢？

从逻辑上讲，人力资本与经济发展是相互作用的。教育所形成的人力资本数量、质量及其结构将对社会经济发展产生作用；反之，特定时期及地区的经济发展阶段、水平形成了对不同人力资本的需求，它也决定着不同人力资本从而不同教育结构的效率。以下我们从教育结构和社会经济水平及结构两个方面的相互作用角度考察各级人力资本的经济效率。

（1）技术创新系数（g）在三个地区都显著。技术模仿系数（m）在西部显著，在东部严重不显著，中部的显著性介于东、西部之间。技术模仿系数之所以在东部严重不显著，是因为东部的技术水平在国内处于领先地位，因此我们可将东部的技术水平设为标准值，基于中部、西部与东部技术水平之差计算技术模仿系数。因而，东部的技术模仿系数（m）严重不显著是可以想象的。综合考虑，高级人力资本对中国经济发展的作用是正向的。

（2）技术创新系数（g）的显著程度东、中、西依次递减，技术模仿系数（m）的显著程度则为中、西、东部依次递减，这说明，高级人力资本在东、中、西部三个经济发展水平不同的地区，尽管作用都是正向的，但是方向有所不同，高级人力资本在东部推动技术创新的作用要大于技术模仿，而在中部，则主要体现为接受技术传递；西部由于整体的经济发展水平较低，因此，高级人力资本的作用相对较弱。这说明，尽管在经济发展的不同阶段（这里体现为不同发展水平的地区），高级人力资本都是需要的，但是对其能力的需求是各有侧重的。

（3）就同一种生产要素不同地区间的产出弹性比较而言，初级人力资本的产出弹性在中部最高，劳动力的产出弹性在西部最高，实物资本的产出弹性在东部最高；就同一地区不同生产要素的比较而言，东部的实物资本产出弹性大于其他两个要素的产出弹性，而中、西部都是劳动力的产出弹性大于其他两个要素的产出弹性。这说明三个地区的经济发展存在着阶段性区别。西部经济发展水平相对低，物质资本与人力资本都比较缺乏，因此更多地依赖简单劳动从事技术复杂程度较低的生产以推动经济增长，体现了经济起飞阶段的特征；中部基础设施日渐完善，后发优势正在逐步增强，对人才的吸引力也越来越大，经济发展已从初期的单纯依靠简单劳动逐步转向依靠初级人力资本和简单劳动共同推动；东部区位优势明显，基础设施较为完善，市场发育程度高，人力资本尤其是高级人力资本相对充裕，与此同时，就国际比较而言，目前东部的实物资本仍然相对短缺，因此，等量的实物资本投入东部地区，与相对充裕的人力资本相结合，将获得较高的边际产出。

（4）初级人力资本的边际产出（MPH_Y）东部最高、中部次之、西部最低，高级人力资本的边际产出（MPH_A）总体上偏低。这说明，尽管多年高增长，2010 年中国人均 GDP 已超过 5000 美元，东部地区甚至更高，但是，中国的产业层次不仅与发达经济体比是偏低的，而且即使是与现有的人均 GDP 水平比也是偏低的。两头在外、大进大出的加工贸易型产业在东部的比重过高，一定程度上抑制了对高级人力资本的需求（李文溥和陈贵富，2010）。当然，也不能无视我国现有高级教育（包括高等教育）的质量与结构上所存在的问题。①

（5）从人力资本的相对效率上看，三个地区初级人力资本边际产出与高级人力资本边际产出的比值（r）都大于 1，也就是说，目前在我国，初级教育的相对效率高于高级教育。这说明教育层次结构需要与社会经济发展不同阶段的需求相互匹配。如果脱离特定时期的社会经济发展对不同人力资本的需要，片面强调高等教育数量，在经济上可能是低效率的。这也正好印证了阿西莫格鲁（Acemoglu，2009）的一个论断："小学的一学年可能会比研究生的一学年更有价值。例如，学会阅读比学到一门理论课更可能提高生产率。"舒尔茨（1990）的研究也表明，发展中国家对小学、初中等的教育投资比对高等教育的投资更有效率。当然，如果一个国家的国民经济结构、产业结构失衡，也会导致即使原有人才结构是合理的，但在社会经济实践中，不同类别的人力资本相对效率不一的情况。与此同时，东部经济发展水平在国内最高，按理说高级人力资本

---

① 北京市教委"大学生职业适应力拓展"项目 2012 年底出版的《大学生职业适应状况报告》调查显示，大学生所学专业与工作对口的情况看，对口的占 55%，不对口的占 45%。

有更多的用武之地，但其高级人力资本的边际产出与相对效率却在三个地区间最低，可能的解释有：一是东部地区加工贸易型的产业结构限制了高级人力资本的使用效率；二是东部不需要向中、西部进行模仿；三是东部地区相对优越的生活环境使更多的人才宁愿"低就"也要流向沿海，从而使东部的高级人力资本处于相对饱和状态。这些解释值得进一步研究。相反，西部的高级人力资本相对效率最高（r 最小），也许在一定程度上意味着西部的高级人力资本流失严重，导致人才高度短缺。因此需要创造更好的生活科研条件，并通过产业的升级换代产生新的人才需求，吸引高级人才流向西部、留在西部，达到人才结构和经济结构的良性互动。

根据上述分析，我们的基本研究结论是：初级教育和高级教育都能促进经济增长，但二者的作用方式不同，其中初级教育作为生产要素直接促进最终产出，高级教育则通过加快技术创新与模仿的速度提高全要素生产率。在我国现阶段，人力资本尤其是高级人力资本的经济效率偏低；初级教育对经济增长的作用大于高级教育；高级教育对中、西部经济增长的促进作用大于东部。总的说来，由于高级人力资本对增长的贡献不如低级人力资本，也不如劳动力、资本这些传统经济因素，可能也说明了中国目前所处的发展阶段。

教育对社会经济发展的促进作用，不仅取决于教育的质量和结构，而且取决于特定时期的社会经济发展水平与经济结构。因此，从社会经济发展角度看，促进我国尤其是东部地区的产业结构升级，从较多依靠两头在外、大进大出、出口劳动密集型产品为导向的粗放型经济发展方式尽快转向知识、技术创新的集约型经济发展方式，将有利于提高高级人力资本在我国尤其是在东部地区的经济效率。必须进一步推进全国统一的劳动力市场的发展，使相同层次的人力资本在不同地区都能得到大体一致的收入及相应的生活条件，同一地区不同层级人力资本的收入差别合理化；促进人力资源在地区间的合理流动，实现不同地区相同层级的人力资本边际效率趋同化，从而优化不同层级人力资本的配置，提高不同层级人力资本对经济发展的促进作用。

从教育角度看，则应当根据特定时期经济发展对各种层级人力资源的需求，形成最优教育结构。具体而言就是：优先推进基础教育的普及工作，巩固提高九年义务教育水平，加大初级人才的培养力度，提高全民科学文化素质。增加对西部普及九年义务教育的投入，提高西部地区的基础教育水平。加大职业教育投入，规范职业教育发展，为各行各业培养足够多的应用型技术人才。纠正"重数量、轻质量""大而全"的高等教育发展理念，根据市场需求、产业结构升级换代和生产发展的需要调整高等教育的专业结构，突出特色。同时充分考虑地区差异，遵循各地区的实际情况，使人才结构与就业结构、产业结构相匹配，教育与经济发展相协调，从而提高人力资本投资的经济效率。积极引导教育资源向中、西部流动，新增招生计划向中、西部倾斜，扩大东部高校在中、西部地区的招生规模，加大东部高校对西部高校对口支援力度，鼓励高级人才从东部向西部流动，促进人力资本高效使用。在此基础上适度扩大中、西部高级教育的规模，增强其技术创新和技术模仿能力，缩小经济差距，推进地区平衡发展。

参考文献

［1］边雅静、沈利生：《人力资本对我国东西部经济增长影响的实证分析》，载《数量经济技术经济研究》2004 年第 12 期。

［2］蔡昉、都阳：《中国地区经济增长的趋同与差异——对西部开发战略的启示》，载《经济研究》2000 年第 10 期。

［3］蔡增正：《教育对经济增长贡献的计量分析——科教兴国战略的实证依据》，载《经济研究》1999 年第 2 期。

［4］曹吉云：《我国总量生产函数与技术进步贡献率》，载《数量经济技术经济研究》2007 年第 11 期。

［5］陈晓光：《教育、创新与经济增长》，载《经济研究》2006 年第 10 期。

［6］陈晓光：《人力资本向下兼容性及其对跨国收入水平核算的意义》，载《经济研究》2005 年第 4 期。

［7］范剑勇、朱国林：《中国地区差距演变及其结构分解》，载《管理世界》2002 年第 7 期。

［8］郭庆旺、贾俊雪：《中国全要素生产率的估算：1979—2004》，载《经济研究》2005 年第 6 期。

［9］郭玉清、杨栋：《人力资本门槛、创新互动能力与低发展陷阱——对 1990 年以来中国地区经济差距的实证检验》，载《财经研究》2007 年第 6 期。

［10］贺灿飞、梁进社：《中国区域经济差异的时空变化：市场化、全球化与城市化》，载《管理世界》2004 年第 8 期。

［11］赖明勇、张新、彭水军、包群：《经济增长的源泉：人力资本、研究开发与技术外溢》，载《中国社会科学》2005 年第 2 期。

［12］李宾、曾志雄：《中国全要素生产率变动的再测算：1978—2007 年》，载《数量经济技术经济研究》2009 年第 3 期。

［13］李文溥、陈贵富：《工资水平、劳动力供求结构与产业发展型式》，载《厦门大学学报》（哲社版）2010 年第 5 期。

［14］林毅夫、刘培林：《中国的经济发展战略与地区收入差距》，载《经济研究》2003 年第 3 期。

［15］刘生龙：《教育和经验对中国居民收入的影响——基于分位数回归和审查分位数回归的实证研究》，载《数量经济技术经济研究》2008 年第 4 期。

［16］刘晔、黄承键：《我国教育支出对经济增长贡献率的实证研究——基于省际面板数据时空差异的分析》，载《教育与经济》2009 年第 4 期。

［17］刘智勇、胡永远、易先忠：《异质型人力资本对经济增长的作用机制检验》，载《数量经济技术经济研究》2008 年第 4 期。

［18］陆铭、陈钊、万广华：《因患寡，而患不均——中国的收入差距、投资、教育和增长的相互影响》，载《经济研究》2005 年第 12 期。

［19］钱晓烨、迟巍、黎波：《人力资本对我国区域创新及经济增长的影响——基于空间计量的实证研究》，载《数量经济技术经济研究》2010 年第 4 期。

［20］孙超、谭伟：《经济增长的源泉：技术进步和人力资本》，载《数量经济技术经济研究》2004 年第 2 期。

［21］王小鲁、樊纲：《中国地区差距的变动趋势和影响因素》，载《经济研究》2004 年第 1 期。

［22］西奥多·W. 舒尔茨：《人力资本投资》，蒋斌、张蘅译，商务印书馆 1990 年版。

［23］徐舒：《技术进步、教育收益与收入不平等》，载《经济研究》2010 年第 9 期。

［24］杨立岩、潘慧峰：《人力资本、基础研究与经济增长》，载《经济研究》2003 年第 4 期。

［25］杨立岩、王新丽：《人力资本、技术进步与内生经济增长》，载《经济学（季刊）》2004 年第 3 期。

［26］杨新铭、罗润东：《技术进步条件下农村人力资本与收入差距的互动机制》，载《数量经济技术经济研究》2008 年第 1 期。

［27］姚先国、张海峰：《教育、人力资本与地区经济差异》，载《经济研究》2008 年第 5 期。

［28］张军：《资本形成、工业化与经济增长：中国的转轨特征》，载《经济研究》2002 年第 6 期。

［29］张军、吴桂英、张吉鹏：《中国省际物质资本存量估算：1952—2000》，载《经济研究》2004 年第 10 期。

［30］郑鸣、朱怀镇：《高等教育与区域经济增长——基于中国省际面板数据的实证研究》，载《清华大学教育研究》2007 年第 4 期。

［31］邹薇、代谦：《技术模仿、人力资本积累与经济赶超》，载《中国社会科学》2003 年第 5 期。

［32］邹薇、张芬：《农村地区收入差异与人力资本积累》，载《中国社会科学》2006 年第 2 期。

[33] Acemoglu D. , Introduction to Modern Economic Growth. Princeton：Princeton University Press，2009.

[34] Aghion P. , S. N. Durlauf, Handbook of Economic Growth. North Holland，2005.

[35] Bao S. , G. H. Chang, J. D. Sachs, W. T. Woo, Geographic Factors and China's Regional Development under Market Reforms，1978 – 1998. China Economic Review，Vol. 13，No. 1，2002，pp. 89 – 111.

[36] Barro R. , Determinants of Economic Growth：A Cross-Country Empirical Study. Cambridge：MIT Press，1997.

[37] Benhabib J. , M. M. Spiegel, Human Capital and Technology Diffusion. Handbook of Economic Growth 1，2005，pp. 935 – 966.

[38] Benhabib J. , M. M. Spiegel, The Role of Human Capital in Economic Development Evidence from Aggregate Crosscountry Data. Journal of Monetary Economics，Vol. 34，No. 2，1994，pp. 143 – 173.

[39] Duffy J. , Understanding Knowledge as a Commons：From Theory to Practice. Issues in Science and Technology Librarianship，2007.

[40] Fleisher B. M. , J. Chen, The coast – noncoast income gap, productivity, and regional economic policy in China. Journal of Comparative Economics，Vol. 25，No. 2，1997，pp. 220 – 236.

[41] Fleisher B. , H. Li M. Q. Zhao, Human Capital, Economic Growth, and Regional Inequality in China. Journal of Development Economics，Vol. 92，No. 2，2010，pp. 215 – 231.

[42] Jones C. I. , R&D-Based Models of Economic Growth. Journal of Political Economy，1995a，pp. 759 – 784.

[43] Jones C. I. , Time Series Tests of Endogenous Growth Models. Quarterly Journal of Economics，Vol. 110，No. 2，1995b，P. 495.

[44] Krueger Alan B. , L. Mikael, Education for Growth：Why and for Whom. Journal of Economic Literature，Vol. 39，No. 4，2001，pp. 1101 – 1136.

[45] Lucas R. E. , On the Mechanics of Economic Development. Journal of Monetary Economics，Vol. 22，No. 1，1988，pp. 3 – 42.

[46] Mankiw N. G. , D. Romer, D. N. Weil, A Contribution to the Empirics of Economic Growth. Quarterly Journal of Economics，Vol. 107，No. 2，1992，pp. 407 – 437.

[47] Mincer J. , Job Training：Costs, Returns, and Wage Profiles. National Bureau of Economic Research，1989.

[48] Nelson R. R. , E. S. Phelps, Investment in Humans, Technological Diffusion, and Economic Growth. American Economic Review，Vol. 56，No. 1/2，1966，pp. 69 – 75.

[49] Pritchett L. , Mind Yourp's and q's：The Cost of PublicInvestment Is Not the Value of Public Capital. World Bank Policy Research Working Paper，No. 1660，1996.

[50] Robert Barro, Jong – Wha Lee, A New Data Set of Educational Attainment in the World,

1950 – 2010. Journal of Development Economics, Vol. 104, No. C, 2013, pp. 184 – 198.

　　［51］Robert Barro, Jong – Wha Lee, International Measures of Schooling Years and Schooling Quality. American Economic Review, Vol. 86, No. 2, 1996, pp. 218 – 223.

　　［52］Romer P. M., Endogenous Technological Change. Journal of Political Economy, Vol. 98, No. 5, 1990, pp. S71 – S102.

　　［53］Su X., The Allocation of Public Funds in a Hierarchical Educational System. Journal of Economic Dynamics and Control, Vol. 28, No. 12, 2004, pp. 2485 – 2510.

　　［54］Uzawa H., Optimum Technical Changein An Aggregative Model of Economic Growth. International Economic Review, Vol. 6, No. 1, 1965, pp. 18 – 31.

加工贸易型工业化、低效城市化与消费不足[*]

理论上一般认为，工业化创造供给，城市化创造需求，加快城市化进程是拉动消费能力提升的有力保障。然而，近 15 年来，随着城市化进程的加快，中国的居民消费占 GDP 的比重、居民消费率都在不断下降中（CQMM 课题组，2010a；2010b）。这是否与现有的城市化方式，从而经济发展方式有关呢？本文拟以福建省为背景对此进行研究。

一、悖论：城市化加速与消费比重下降

通常，从人口迁移的角度，城市化可以被定义为"农村人口转化为城镇人口的过程"，即人口向城市地区集中或农业人口转变为非农业人口的过程。在经济学上，更多地把城市化与工业化联系在一起，认为在经济发展的某个阶段，工业化将与城市化并进。为了较为确切地了解改革开放以来福建省人口城市化进程，我们采用林毓鹏和李文溥（2000）的方法对福建省的人口城市化率变动情况进行测算。得到的数据如表 1 所示。

表 1　　　　　　　　福建省 1983～2008 年的实际城市化率

年份	实际城市化率（%）	年份	实际城市化率（%）	年份	实际城市化率（%）
1983	24.6	1987	31.5	1991	33.21
1984	26.53	1988	32.19	1992	34.39
1985	30.22	1989	32.41	1993	36.53
1986	30.77	1990	32.73	1994	38.37

* 本文原载于《福建论坛·人文社会科学版》2011 年第 3 期，共同作者：龚丽贞、林致远。

年份	实际城市化率(%)	年份	实际城市化率(%)	年份	实际城市化率(%)
1995	39.07	2000	41.84	2005	49.05
1996	39.81	2001	42.67	2006	50.93
1997	40.53	2002	43.43	2007	52.89
1998	40.52	2003	45.27	2008	54.15
1999	40.61	2004	47.02		

资料来源：根据《福建统计年鉴（2009）》及《新中国五十五年统计资料汇编》数据采用林毓鹏和李文溥（2000）的方法进行计算所得。

近25年来，福建省城市化率大约每年上升1.18个百分点。2000~2008年以来，城市化进程大大加快，实际城镇化率平均每年上升1.54个百分点。到2008年底，福建省人口城市化率已达54.15%，过半数人口已成为事实上的城市人口。

然而，同期福建省最终消费占总需求比重却不断下降。1985~1990年，福建省最终消费占地区生产总值的比重是71.43%。[①] 1996~2000年，降为54.85%，2006~2009年，更降至44.23%，低于同期全国平均水平49.15%，2009年，福建省最终消费所占比重仅为42.8%，低于全国5.2个百分点。随着最终消费在总需求中的比例不断下降，最终需求对经济增长的贡献率不断萎缩，从2000年的54.4%下降到2009年的37.0%，2007年甚至一度下降到24.6%，是华东南沿海四省中（福建省、广东省、浙江省和江苏省）最低的。2009年，广东省、浙江省、江苏省三个沿海发达省份最终消费对经济增长的贡献率分别是58.5%、46.4%和44.1%，而福建省只有37.0%。[②] 这说明，福建省的城市化并未有效地带动消费扩大，伴随着城市化进程的加快，消费占GDP的比重却迅速下降了。

工业高速发展，城市化迅速推进，与此同时，最终消费比重、对经济增长的拉动能力却不断下降，这似乎是个悖论。虽然我们近期的另一项研究表明：发展中经济体在经济起飞以及高速增长的一定时期里，投资率上升及居民消费率下降在一定程度上不可避免（龚敏和李文溥，2010），但是，居民消费率的过快下降，一定程度上说明了现有的城市化效率是比较低下的。它不仅不利于经济的平稳较快增长，而且有违社会经济发展的基本目标。

---

① 根据福建统计局、国家统计局福建调查总队编《福建统计年鉴（2010）》计算所得。

② 根据福建省、广东省、浙江省和江苏省统计局编，福建省、广东省、浙江省和江苏省统计年鉴（2010）计算所得。贡献率指三大需求增量与地区支出法生产总值增量之比。

二、城市化低效与加工贸易型工业化

城市化快速推进而最终消费比重急剧下降所涉及的原因众多，我们在此前的研究中曾讨论过以出口劳动密集型产品为导向的粗放型经济增长所导致的国民收入分配、使用结构失衡、劳工工资上升缓慢对国内消费的影响（李文溥和龚敏，2010；CQMM 课题组，2010b）。从城市化角度看，在我国东部沿海地区，这在一定程度上又与加工贸易型工业化，以及其所导致的第三产业发展缓慢有关。

1. 加工贸易型工业化导致服务业发展缓慢及城市化低效

中国近十年的高速增长，主要是靠高投资、高净出口拉动的。2000 ~ 2009 年，中国年均增长率高达 10.53%。[①] 期间，投资和净出口对增长的贡献率持续递增，消费对增长的贡献率却持续下降。过去 10 年里，最终消费占 GDP 比重呈稳定地逐步下降趋势，从 2000 年的最高点 62.3% 下降到 2009 年的 48.0%，下降了 14.3 个百分点。与此同时，投资和净出口占 GDP 的比重持续上升，资本形成率占 GDP 比重从 2000 年的 35.3% 上升到 2009 年的 47.7%，10 年间上升了 12.4 个百分点。外贸依存度（进出口总额与 GDP 之比）从 2000 年的 39.6% 一度上升到 64.8%（2007 年），之后有所下降。这种"两高一低"的经济结构在外向型经济最发达，出口导向特征最明显的华东南沿海各省份表现得更为突出。2006 年，全国的外贸依存度高达 66.52%，广东省、福建省、浙江省、江苏省、上海市 5 省份外贸依存度是 121.03%，比全国还高出近一半。

出口导向型经济是中国第三产业发展缓慢及城市化低效的重要原因之一。中国出口贸易迅速增长的背后是加工贸易产业的高速发展。从 20 世纪 80 年代初到 2000 年，加工贸易占总出口的比重从 1980 ~ 1985 年的 7.81% 上升到 2001 ~ 2007 年的 54.17%，加工贸易成为我国主要的外贸方式。加工贸易导向的经济发展模式产生了一个严重的收入分配后果：1992 ~ 2008 年，企业所得在可支配收入的比重从 11.7% 上升至 21.6%，上升了近 10 个百分点，提高幅度超过 80%，而同期居民收入从 68.3% 下降到 57.1%，降低了 11.2 个百分点。居民

---

① 根据《中国统计年鉴（2010）》的有关数据计算。

收入的下降，主要是劳动报酬占比下降导致的。1992～2009年，劳动者报酬占GDP的比重从54.6%降至46.6%。[1] 福建省劳动报酬占地区生产总值的比重则下降得更厉害。从1993年的接近60%一度下降至2007年的43.2%。一方面是GDP持续高增长，而另一方面是居民收入增长缓慢。收入增长缓慢在很大程度上决定了居民消费需求难以扩大，[2] 从而导致了服务业特别是消费型服务业发展缓慢。

另外，加工贸易的模式使得我国的工业生产处于垂直产业链体系中的末端环节。这种特殊的分工模式导致了制造业中间需求不足，从而导致了我国服务业特别是生产型服务业的需求不足。按理，产业内部分工和专业化程度的提高可以使得服务业对其他产业的中间服务作用得到加强，对服务业产生更多的需求，从而促进服务业特别是生产服务业的发展。然而中国由于处于国际产业分工的低端环节上，工业的发展并未同时带动产业内部分工的迅速深化和服务业特别是生产性服务业的同步发展，生产性服务业的发展严重滞后于制造业的发展。我国在货物贸易顺差大幅度上升的同时，服务贸易的逆差不断扩大，1998～2008年，我国服务贸易逆差从27.7亿美元急剧扩大到118.1亿美元，[3] 中国快速的工业化进程没有带来相应的服务业发展。

2000～2009年，福建省加工贸易商品出口额占出口商品贸易额的44.88%。与出口贸易（加工贸易）的快速发展相伴随的是服务业的缓慢发展。2009年，福建省第三产业产值比重和从业人员比重分别为41.2%和34.8%。与其他的东南沿海省份浙江省、广东省、江苏省和上海市相比，福建省第三产业的发展都是相对落后的（见表2）。不仅总体产值不高，而且对劳动力的吸纳能力相对较低。从结构上看，2009年，福建省第三产业增加值中，交通运输、仓储和邮政业，批发和零售业所占比例分别为14.9%，20.7%，金融业和房地产业分别为12.1%和13.0%，显示传统第三产业比重较高，而新兴的服务业如金融保险、信息服务业、法律、会计、咨询中介服务等发展缓慢，比重较小。

---

① 厦门大学宏观经济研究中心CQMM课题组：《中国宏观经济预测与分析——2010年春季报告》，厦门大学宏观经济中心报告，2010年。

② 另一个重要因素是种种因素导致了居民储蓄倾向上升。有关分析参见厦门大学宏观经济研究中心CQMM课题组：《中国宏观经济预测与分析——2010年春季报告》，厦门大学宏观经济中心报告，2010年。

③ 根据国家外汇管理局网站公布数据计算得到。

表2			华东南四省及上海市的三次产业结构			单位:%
省份	第一产业产值比重	第二产业产值比重	第三产业产值比重	第一产业从业比重	第二产业从业比重	第三产业从业比重
福建省	9.7	49.1	41.2	29.5	35.8	34.8
江苏省	6.5	53.9	39.6	25.1	35.7	39.2
浙江省	5.06	51.8	43.14	18.32	48.05	33.63
广东省	5.1	49.2	45.7	28.04	39.13	32.83
上海市	0.7	39.9	59.4	4.56	39.74	55.7

资料来源:各省份2010年统计年鉴。

因此,出口加工产业的畸形高速增长实际上导致了两个结果。一方面,加工贸易产业的"廉价品,低工资"的特点导致了劳动者收入水平较低、增长缓慢,低收入导致低消费,特别是减少对非必需品的消费,而这部分消费需求相当部分是对消费性服务业的需求,因此这种工业发展模式无法带动消费型服务业的需求增长,导致消费性服务业发展缓慢;另一方面,加工业的"两头在外"的模式限制了生产性服务业的发展空间,导致了生产性服务业发展缓慢。

而隐藏在这种加工贸易工业发展模式背后的更重要的现实则是:占城市人口比重越来越高的农民工收入水平偏低,并未随着经济增长而相应提高(见图1)。2008年福建省城镇单位新增就业人口中60%以上是农村人口,也即农民工。他们中的相当部分就业于出口导向的劳动密集型产业。我国加工贸易业的发展建立在农民工的低工资形成的低劳动力成本基础上。这一方面使得我国的

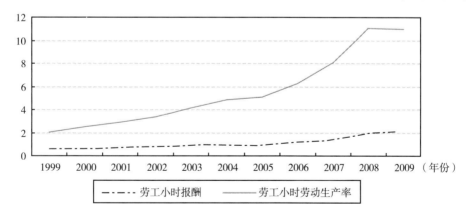

图1 中国制造业劳工小时报酬与劳工小时劳动生产率(以美元计)

资料来源:厦门大学宏观经济研究中心 CQMM 课题组:《中国宏观经济预测与分析——2010年秋季报告》,厦门大学宏观经济中心报告,2010年。

劳动密集型产品有强大的竞争优势从而得以大批进入国际市场;[①] 另一方面,农民工工资过低,进城的青壮年劳动力因此大多只能孤身在外,父母子女必须留居乡村,无力进城。工业发展只形成了农村青壮劳动力的滚动城市化,而不是农村人口的举家迁徙,这也就造成了城市化始终落后于工业化进程的格局。目前的这种城市化方式是一种低层次、低效率的城市化。它无法相应扩大内需,不能有效地带动居民消费增长,从经济增长的需求拉动角度看,实际功效甚微。

2. 第三产业发展缓慢与城市化低效形成恶性循环

发展第三产业与城市化是相互约束、相互促进的互动过程。发展第三产业是推进城市化的重要源泉和强大动力,是工业化中后期推进城市化最重要的产业基础;而城市化是促进第三产业发展的重要力量,只有城市规模发展到相当程度,才能对生产性服务业和生活性服务业产生越来越多的市场需求,才足以支撑服务业的发展壮大。

一方面,第三产业发展可以推进城市化进程。第三产业行业范围广泛,可以吸纳多层次的劳动力,包括各种教育层次劳动力。传统第三产业中部分劳动密集型服务业的发展可以吸收文化程度低、缺乏专业技术的农民工就业,提高农民收入,从而提高他们的购买力和消费水平。另一方面,城市化可以促进第三产业的发展。城市化是第三产业发展的重要需求来源。不同于工农业的生产和消费在时空上具有可分割性,第三产业的重要特点是大部分情况下它的生产和消费在时空上的不可分割性,这使它的发展受到一定区域内人口规模和消费水平的限制。因此,只有城市发展到一定规模,城市居民具备较高的购买力,当地的各种服务业才能得到相当程度的发展,许多高端服务业才有机会进入,城市规模达到一定的门限值,其发展才能呈边际递增趋势。与此同时,城市化也是一个生活方式大变革的过程,与乡村生活中一定程度的自给自足和低层次的生存性需求不同,城市生活带来的是市场交换和对更高层次消费的要求。乡村生活的衣、食、住、行等生存的必需性消费,此时转化为城市生活的衣、食、住、行之外的精神、文化、交流需求,马斯洛的需求层次论指出,人的需求将随着收入水平的提高,从低层次需求的生理需求、安全需求,到高层次的社会交流需求、得到尊重需求和自我价值实现需求,这种需求范围的扩大和层

[①] 最近我们的研究发现:在主要出口对象国市场上的中国主要出口贸易产品上,中国的主要贸易竞争对手国家相对单位劳动力成本是中国的 1.5 倍。参见厦门大学宏观经济研究中心 CQMM 课题组:《中国宏观经济预测与分析——2010 年秋季报告》,厦门大学宏观经济中心报告,2010 年。

次的提升显然会促进相关服务业的规模扩展和层次推进。

但是，由于长期实行的以出口为导向的粗放型经济发展方式，国民经济结构严重失衡，我国的城市化低效与第三产业发展缓慢之间正在形成某种恶性循环。以出口为导向的加工贸易产业主要集中在东部沿海地区，因此这一问题在福建省、广东省、浙江省、江苏省等地都不同程度地存在着。以福建省而论，1983 年到 2009 年，第三产业比重从 27.0% 上升到 41.2%，26 年只增长了 14.2 个百分点，每年只增长近半个百分点。

就各设区市而言，除了福州市（48.2%）和厦门市（51.56%）的第三产业产值超过 40% 之外，其他城市基本都在 40% 左右以下。若从各市辖区看，[①] 福州市辖区的第三产业比重最高，达到 63.41%，高于经济发展水平以及人均收入水平都高于它的厦门市。这在相当程度上是因为福州市是福建省的省会所在地，集中了大量的省直机关、省属企事业单位；厦门市的经济发展水平、人均收入水平居全省之冠，对外贸易量约占全省 70%，港口位列全国十大港口之一，但是厦门市的第三产业比重只有 51.56%，比福州市还低了近 12 个百分点，比较福厦两市的第三产业比重，可以推论，福州市的第三产业"产出"中，有相当部分是省直机关、省属大专院校、省属事业单位等非经营性服务业的"产出"。考察福建省的三个全国百强县市如福清市、石狮市和晋江市，我们发现这三个市的第三产业比重都比较低，除石狮市超过 40% 外，福清市和晋江市的第三产业比重都不到 40%（见表 3）。而且基本上是传统的服务业，现代服务业所占比重很低。[②]

表 3   福建省各市辖区 2009 年三次产业构成比例

地区	人均 GDP（元）	第一产业（%）	第二产业（%）	第三产业（%）
福州市辖区	49003	0.84	35.74	63.42
厦门市	68938	1.18	47.26	51.56
莆田市辖区	29186	10.19	56.45	33.36
三明市辖区	47015	4.98	53.06	41.95
泉州市辖区	54142	1.7	54.32	43.98
漳州市辖区	49887	2.86	46.93	50.21
南平市辖区	30427	13.11	52.21	34.68
龙岩市辖区	58516	5.53	60.78	33.69

① 这样更具有比较意义。

② 当然，这并不是福建省，而是全国普遍存在的问题。全国百强县的前十名县及县级市，第三产业的比重大多徘徊在 30%～40% 之间，第一名的江苏省江阴市，2009 年第三产业的比重也不过 38.1%。如果注意到这些百强县尤其是前十强县市，恰恰都是加工贸易型工业化较发达的县市，那么，可以得出的结论恰恰是：这样的经济结构与加工贸易型工业化之间存在着密切关系。

地区	人均GDP（元）	第一产业（％）	第二产业（％）	第三产业（％）
宁德市辖区	25599	14.41	28.77	56.83
福清市	34137	13.59	48.72	37.69
石狮市	59095	3.91	54.3	41.79
晋江市	49775	1.65	63.95	34.40

资料来源：《福建统计年鉴（2010）》。

观察福建省沿海城市第三产业和城市化发展状况，发现有几个共同特点。

首先，这些城市都是以出口劳动密集型产品为导向的外向型经济，加工贸易占比很高。全国百强县排名前十的晋江市，民营经济相当发达，工业主要集中在纺织服装、制鞋、陶瓷石材、食品、轻工玩具五大传统产业，出口比例都很高。部分种类的鞋、服装产品在世界市场占有相当大份额。相邻的莆田市，产业同样以劳动密集型为主，产品出口外销比例较高，并且加工贸易占有很大比例。[①]

其次，这些城市尽管经济相对发达，但普遍是制造业发展快而第三产业发展慢。这与各地出口偏向型的经济发展模式有密切关系。出口贸易特别是加工出口贸易导致了制造前端的产品研发、设计，制造后端的营销过程都被"外包"了，工业化的迅速推进没有引起生产性服务业的跟进，使得产业结构一直停留在"二、三、一"而无法上升到更高级形态的"三、二、一"上。即，"两头在外"的加工贸易模式导致对生产性服务业的需求不足，抑制了生产性服务业的发展。另外，加工贸易的低附加值特点导致了劳动者收入偏低，生活性服务需求不足，生活性服务业（消费性服务业）难以发展，始终停留在小规模、低资本、低技术、低层次的阶段。

因此，加工贸易占比过高的工业发展模式导致了福建省的第三产业缓慢发展与城市化低速低效的自循环。而农民工的低工资是重要原因。正是低工资低收入抑制了居民需求，导致潜在的需求无法转化为事实上的购买力，需求不足直接导致了服务业发展缓慢，从而导致了城市化进程的低速和低效。

三、转变城市化方式与转变经济发展方式

工业化和城市化仍然是中国经济今后较长时期发展的重要引擎。以福建省

---

① 2008年，莆田市出口额中52.9%为加工贸易出口。

而言，现有的城市化人口不过占总人口的 54.15%，发达国家在完成工业化阶段，城市人口占总人口的比重一般高于 60%，按照现有的城市化进度，"十二五"期间，福建省还将处于这一过程之中，如果我们不改变既有的经济发展方式、城市化方式，继续维持原有的结构特征及发展态势，最终消费占 GDP 的比重继续以目前每年 1.5 个百分点的速度下降，"十二五"末期，福建省最终消费占 GDP 的比重将降至 30% 左右，显然，这样的国民收入支出结构将使社会再生产的循环难以正常进行。

必须调整现有的城市化方式，才能使城市化能更大规模地增加居民消费。现有的城市化基本上是由工业化而且相当程度上是加工贸易型工业化推进的。正是因此，在福建省，近 30 年来，城市化进程最快的是沿着福厦沿海一线地区。加工贸易型工业化推进的城市化，是一个比较低效的城市化方式。世界上不少国家在人均收入 4000 美元左右的时候，工业增加值占 GDP 的比重均值不到 40%，但是，人口城市化率均值却超过了 70%！然而福建省的工业增加值比重早在 1993 年就超过 40%，但是，城市化率至今却只有 54.18%，加工贸易型工业化使第三产业难以相应增长，相近的工业产出比重只能维持较低的人口城市化水平。

现有的城市经济第三产业发展滞后，经济结构不合理既然来自加工贸易型工业化，因此，调整现有的城市化方式，必须从转变现有的工业化方式尤其是加工贸易型工业化入手。因此，根本的出路在于形成有效的劳资双方关于劳动报酬的集体协商机制，提高劳工工资，调整劳资关系、要素比价关系，恢复要素市场的力量对比均衡，从而促进经济发展方式从而工业化的型式随着经济增长、人均 GDP 的提高而适时转变，从加工贸易型工业化向自主创新型工业化转变，逐步调整收入分配格局，努力实现居民收入增长和经济发展同步、劳动报酬增长和劳动生产率提高同步，改变现有的低效率城市化进程，提高整个国民经济的消费比重。而这，正如党的十七届五中全会公报所言：加快转变经济发展方式是我国经济社会领域的一场深刻变革。它需要我们进一步推进社会政治经济体制的改革，为加快转变经济发展方式提供强大的动力。

参考文献

［1］丛海彬：《服务业与城市化互动发展的机理分析》，载《黑龙江对外经贸》2007 年第 6 期。

［2］龚敏、李文溥：《中国高资本报酬率与低消费率的一个解释——基于动态一般均衡

模型的分析与校准》，引自李文溥主编《中国宏观经济预测与分析·2009》，经济科学出版社 2010 年版。

［3］江小涓、李辉：《服务业与中国经济：相关性和加快增长的潜力》，载《经济研究》2004 年第 1 期。

［4］李文溥、龚敏：《出口劳动密集型产品导向的粗放型增长与国民收入结构失衡》，载《经济学动态》2010 年第 7 期。

［5］林毓鹏、李文溥：《福建省城市化水平：测量与分析》，载《福建论坛》2000 年第 11 期。

［6］厦门大学宏观经济研究中心 CQMM 课题组：《中国宏观经济预测与分析——2010 年春季报告》，厦门大学宏观经济中心报告，2010 年。

［7］厦门大学宏观经济研究中心 CQMM 课题组：《中国宏观经济预测与分析——2010 年秋季报告》，厦门大学宏观经济中心报告，2010 年。

［8］余长林、李文溥：《福建省劳动密集型产业转型升级与对外经济发展方式转变研究——基于晋江调研的思考》，厦门大学宏观经济研究中心研究报告，2010 年。

不同有机构成的外商直接投资
对工资水平的影响*
——对沿海四地区的比较分析

一、引言

外商直接投资对东道国平均工资或劳动报酬的总体影响途径大体可划分为两种。一种是因技术因素而产生直接的工资效应：外商直接投资因成本和管理上的优势可以提供更高的效率工资。另一种是就业效应，即通过投资规模扩张，增加劳动力需求，对东道国劳动力市场的供需产生影响。这是一种间接的工资效应，即工资的示范和溢出效应，其作用大小和对象视全社会的劳动力供需状况及其构成而定。

外商直接投资对工资的就业效应，即通过外商直接投资，扩张全社会的投资规模，增加东道国的劳动力需求，间接地对工资产生影响。麦克·杜格尔（Mac Dougall，1960）、肯普（Kemp，1964；1966）、尼肯思（Niehans，1981）等提出并完善的资本流动促进经济增长理论指出，资本的国际流动对母国产生了不利于劳动、有利于资本的影响，而对东道国则产生了有利于劳动的影响。《1994 年世界投资报告》的研究表明，在东道国，跨国公司通过影响上下游企业可以间接地创造就业效应。外商直接投资每增加 1 个员工，至少会创造 1～2 个就业机会。蔡昉和王德文（2004）认为虽然外商直接投资就业份额仍然较小，但由于其增长速度非常快，使得该领域的就业增长对中国总就业增长的贡献率很高。罗良文（2004）利用 1985～2001 年有关数据计量分析发现，实际

＊ 本文原载于《中国人口科学》2010 年第 1 期，共同作者：李静、李翔。

利用外资额与中国就业总量之间存在着高度正相关性。

理论上，社会劳动报酬水平取决于就业和工资增长的快慢。当就业增长高于工资增长时，社会平均劳动报酬的增长会受到抑制，反之则相反。劳动力结构的不同与外商直接投资的有机构成不同，会使外商直接投资的数量和技术因素对实际社会劳动报酬产生不同的作用力。如果外商直接投资引发的劳动需求主要是低工资劳动力的需求（例如引入低有机构成的外资），将会抑制社会劳动平均报酬水平的提高；反之，将提高社会劳动平均报酬水平。

国内现有文献大部分以全国为对象（Zhao，2001；杨泽文和杨全发，2004；黄旭平和张明之，2007；李玉梅，2007），少数以单个省份或城市为对象（李雪辉和许罗丹，2002；宣烨和赵曙东，2005），研究外商直接投资对中国总体工资水平的影响。我们认为，以全国为对象的研究忽视了外商直接投资在中国分布的高度不均衡：2006 年，珠三角、海西区、长三角及环渤海湾四地仅占中国国土面积 8.83%[①]，吸收的外商直接投资却占全国的80.08%。把全国各省份作为样本，看似全面，但却忽略了样本的非同质性对结论的影响。反之，以个别省份、城市为研究对象，结论的代表性有限。因此，本文选取占全国外商直接投资 80% 以上的珠三角、海西区、长三角和环渤海湾为研究对象。

二、沿海四地区的产业结构、外资和劳动力市场状况

沿海四地区虽然都是中国外商投资比较集中的地区，但在外商直接投资的产业分布、吸收的劳动力结构、社会劳动报酬水平以及外商直接投资对劳动报酬水平的影响等方面却不雷同，各有特点。

（一）外商直接投资资本存量占社会总资本存量的比重

四地区的外商直接投资资本存量在社会总资本存量中的比重在 1993~2007 年都有较大幅度上升，其中又以海西区和珠三角最为显著（见图 1）。

[①] 出于资料可得性考虑，本文所界定的珠三角含广东全省，海西区指福建，长三角含上海、江苏和浙江，环渤海湾含北京、天津、山东和辽宁。

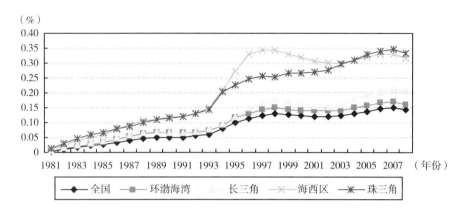

图 1　四地区外资资本存量占社会总资本存量比重

资料来源：根据《中国统计年鉴》各年数据计算。

（二）外商直接投资的产业投向与资本有机构成

从图 2 可以看出，长三角的外商直接投资企业平均资本有机构成最高，环渤海湾和珠三角居中，海西区最低。就海西区与珠三角而言，之间的差距正在扩大，而环渤海湾、珠三角和长三角的差异则有缩小趋势。

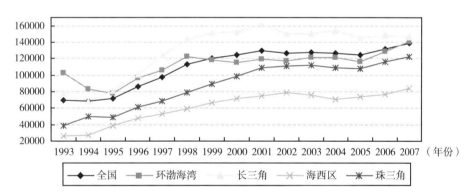

图 2　外资有机构成（资本/劳动）（1990 年价格）

资料来源：根据《中国统计年鉴》各年数据计算。

1985～2006 年，广东的外商直接投资合同金额与实际利用金额居全国之首。历年外商直接投资实际利用金额与全社会固定资产投资（国内）之比亦为四地区前茅，最高年份曾超过 50%，1985～2006 年均为 27.76%。因此，外商直接投资占社会资本存量的比重最高。但就单位项目投资额而言，却始终是四地区中最小的。1985～2006 年，平均项目投资合同金额在四地区中最低，2002～2006 年仍然如此。单项外商直接投资的投资金额及产业投向决定了广东外商直接投资的平均资本有机构成比较低。珠三角整体呈现出以出口劳动密集型产品为导向的粗放经济增长特征。

与珠三角相似，海西区也以劳动密集型产业为主。优势产业是杂项制品，尤其是纺织服装、皮革皮毛制品产业极具竞争力。得益于较早对外开放，海西区1985～2006年的外商直接投资合同金额与实际利用金额并不低。外商直接投资占资本存量的比重在1995～2003年接近35%，甚至高于珠三角，但外商直接投资的平均资本有机构成也是四地中最低的。

长三角的产业以计算机及配件制造、家用电器制造、汽车制造等为主。主要产业的技术含量与资本密集程度比珠三角与海西区要高。外商直接投资的资本有机构成是四地区中最高的，外商直接投资平均项目投资合同金额也是四地中最大的。但外商直接投资占资本存量比重要低于珠三角和海西区，1997～2003年为15%左右，2004～2008年在20%左右。

环渤海湾的机械制造、汽车制造、石化、冶金等产业优势突出。各方面统计数据显示，该地区以相对技术与资本密集型产业为主。虽然地处沿海，但环渤海湾在吸收外资方面并不出色。1985～2006年，人均合同外商直接投资远低于其他三地区。不过2002～2006年的人均合同外商直接投资大幅度超过海西区，逼近珠三角，位列第三。环渤海湾的外商直接投资占资本存量的比重是四地当中最低的，1996～2008年为15%左右。不过，该地区外商直接投资的平均资本有机构成一直比较高。

（三）就业增长、就业结构及人力资本存量

在四地中，珠三角和海西区的就业增长最快，环渤海湾和长三角的就业量在2000年左右则有所收缩（见图3）。在就业结构方面，京、津、沪的城镇就业人员比重较高是可以理解的，但三市14年来的城镇就业人员比重变化趋势却值得玩味。就地区而言，环渤海湾只有山东的城镇就业人员比重是上升的，相反，长三角、海西区和珠三角的城镇就业人员比重都是上升的。这在一定程度上可以说明外商直接投资的进入对长三角、海西区和珠三角地区的人口城市化产生了积极影响。从就业人员中国有职工的比重可以看出，在所统计的9个省（市）中，唯有辽宁国有职工比重只有些微下降，其余8个省（市）都有较大幅度的下降。这在一定程度上说明了不同地区的市场化发展情况。在人力资本存量方面，四地差异很大。环渤海湾的人力资本存量水平最高，依次而下是长三角、珠三角、海西区。

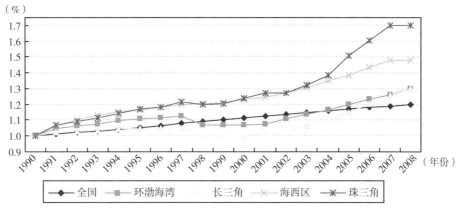

图3　就业人员数定基增长率（1990 = 100%）

资料来源：根据中经网就业人员数计算。

（四）社会劳动报酬水平

四地区的劳动报酬均高于全国平均水平，但之间的初始水平（1993年）差异较大，其后变动也较大。其中，珠三角的劳动报酬水平一直是最高的，长三角在2000年之前低于海西区，之后迅速增长，超越海西区，逼近珠三角，海西区则从20世纪90年代早期的较高水平渐渐被环渤海湾追平（见图4）。

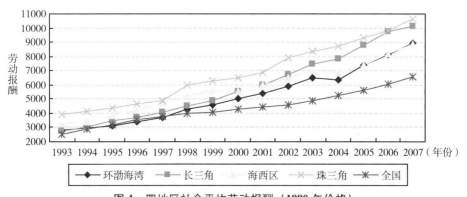

图4　四地区社会平均劳动报酬（1990年价格）

资料来源：根据《中国国内生产总值核算历史资料（1993－2004）》《中国统计年鉴》（2006～2008年）计算。

三、计量模型和指标选取

（一）计量模型的设定

根据C－D生产函数，完全竞争市场中厂商为实现利润最大化，将会选择以下工资方程：

$$w = \beta AK^{\alpha}L^{\beta-1} \tag{1}$$

其中，w 为劳动报酬，A 为技术进步因素，K 为资本存量，L 为劳动力。

要分析外商直接投资对劳动报酬的影响，需要把资本存量分成内外资两个部分，设生产函数为：

$$Y = A(KI \cdot KF^{\lambda})^{\alpha}L^{\beta} ① \tag{2}$$

其中，KI 为国内投资的资本存量，KF 为外资投资的资本存量。对工资方程两边取对数，不同有机构成的外商直接投资对工资水平的影响得到的理论方程为：

$$\ln(w) = \ln(\beta) + \ln(A) + \alpha\ln(KI) + \alpha\lambda\ln(KF) + (\beta-1)\ln(L) \tag{3}$$

根据基本理论模型，设定的计量模型为：

$$\ln(LP_t) = c_1 + c_2\ln(KI_t) + c_3\ln(KF_t) + c_4\ln(L_t) + C_J\ln(X_{Jt}) + \varepsilon_t \tag{4}$$
$$\varepsilon_t: U(0,1)$$

其中，LP 为社会平均劳动报酬，KI 为国内投资的资本存量，KF 为外资投资的资本存量，L 为劳动力人数，X 为含有 J 个控制变量的向量，ε_t 为随机扰动项。

（二）指标的设定和选取

本文意在研究外资有机构成对劳动报酬的影响，因此工资基本方程不仅包含了社会平均劳动报酬、内外资资本存量、就业人员数，还设定了外商直接投资的有机构成指标。根据内生经济增长理论，人力资本是经济增长的重要源泉，因此引入人均人力资本为控制变量。根据中国经济情况，还引入了反映劳动力市场化和产品市场化的控制变量。

其中，社会总劳动报酬的数据来源于《中国国内生产总值核算历史资料（1952－2004）》，2005～2007 年数据来源于《中国统计年鉴》（2006～2008 年）。按收入法计算的国民收入中的劳动报酬统计反映了初次收入分配的劳动收入状况，除以就业人员数这一反映真实经济中的劳动力的投入量，得到当年现价的社会平均劳动报酬（LP），再以 1990 年的居民消费价格指数为基年进行调整，得到各年各地区的社会平均劳动报酬的可比数据。

---

① 许多文献认为 $K' = K^{\lambda}F^{1-\lambda}$，或者将柯布－道格拉斯函数改造为类似 $eK^{\alpha}F^{\gamma}L^{\beta}$ 的形式，这样可以分离出 $\ln K + \ln F$，通过选择合适的参数值 λ，可以让 $KI \cdot KF^{\lambda} = KI + KF$。但是这种假设或改造意味着一旦不存在外商直接投资，资本总额为 0 或总产出为 0，这就无法通过具有经济学意义的等价变换得到类似 $\ln K + \ln F$ 的形式。鉴于本文的样本区间为 1993～2007 年，各地区的外商直接投资资本存量已经不再可能为 0，所以选择这种分离形式是合适的。

总的资本存量和外资资本存量的计算根据各年社会固定资产投资总额以10%的折现率，用永续盘存法计算①。其中，外资资本存量包括外商固定资产投资额和港澳台固定资产投资额的永续盘存。平均人力资本存量利用各年的《中国劳动统计年鉴》的人口抽样调查数据中的受教育人口分组数据，对小学、初中、高中和大专及以上分别赋予 1、2、3、4 的人力资本水平，用分组人口比重加权求得。城镇就业人员比重为城镇就业人员数占总就业人员数的比重，进出口总额为按照经营地原则划分的各地区进出口额，国有职工比重为国有职工数占总职工数的比重，我们用这 3 个指标来反映不同地区的工业化、城市化和市场化水平。外资的有机构成用外商直接投资的资本存量除以外商直接投资企业的就业人员数得到。② 这些数据除特别注明外，均来自各年的《中国统计年鉴》和《中经网统计数据库》。为消除物价影响，资本存量用投资价格指数平减到 1990 年的价格，平均劳动报酬用居民消费价格指数平减到 1990 年的价格。数据样本空间为 1993～2007 年，具体变化趋势如表 1 所示。

表1　　　　1993 年和 2007 年沿海四地区及全国劳动力市场基本情况、经济外向度和市场化变化趋势

城市	人均人力资本		城镇就业人员比重		国有职工比重		国有及国有控股企业工业增加值比重		进出口总额/GDP	
	1993 年	2007 年	1993 年	2007 年	1993 年	2007 年	1993 年	2007 年	1993 年	2007 年
北京	2.05	2.63	0.73	0.72	0.78	0.36	0.57	0.54	0.24	1.57
天津	1.67	2.26	0.63	0.58	0.70	0.43	0.56	0.45	0.43	1.08
辽宁	1.53	2.00	0.56	0.44	0.66	0.61	0.64	0.43	0.24	0.41
上海	1.85	2.46	0.68	0.75	0.72	0.40	0.52	0.39	0.55	1.76
江苏	1.34	1.86	0.25	0.37	0.63	0.40	0.34	0.14	0.18	1.03
浙江	1.27	1.77	0.21	0.36	0.60	0.29	0.30	0.15	0.20	0.72
福建	1.13	1.67	0.26	0.34	0.64	0.33	0.40	0.15	0.52	0.61
山东	1.22	1.80	0.20	0.27	0.47	0.51	0.51	0.23	0.15	0.36
广东	1.29	1.91	0.29	0.39	0.64	0.38	0.36	0.20	1.30	1.55
全国	1.34	1.79	0.27	0.38	0.74	0.54	0.33	0.33	0.32	0.64

资料来源：历年《中国统计年鉴》和《中国劳动统计年鉴》。

---

① 具体计算方法参见张军等：《中国省际物质资本存量估算（1952—2000）》，载《经济研究》2004 年第 10 期。
② 严格意义上的资本有机构成＝不变资本/可变资本，限于资料的可得性，我们用资本存量/劳动者人数，反映外商直接投资企业的人均资本装备系数，它可以作为严格意义上的资本有机构成的一个近似。

四、计量结果分析

由于全国及环渤海湾、长三角地区的数据时序较短，为尽可能利用数据的信息，所以采用面板数据分析影响平均劳动报酬的因素。首先进行面板单位根检验，通过 LLC（Levin-Lin-Chu）检验进行相同根情形下的单位根检验，通过 Fisher-ADF 检验进行不同根情形下的单位根检验。检验结果显示（见表2），所有变量在一阶差分时都是平稳的，符合面板协整的前提。

表2　　　　　　　　　　各动态面板序列平稳性检验

序列名	全国		环渤海湾		长三角	
	LLC	ADF	LLC	ADF	LLC	ADF
人均劳动报酬	- 3.28595 (011)	96.7505 (100)	- 2.63482 (100)	14.7210 (100)	- 2.34787 (011)	33.7816 (101)
外资资本存量	- 7.44867 (011)	130.405 (011)	- 4.85482 (100)	28.6895 (100)	- 2.62815 (101)	12.3525 (101)
内资资本存量	- 1.33784 (011)	84.3938 (011)	- 2.28081 (111)	13.5988 (111)	- 6.12357 (011)	26.6791 (011)
	- 4.80549 (111)	93.0795 (111)			- 3.39445 (101)	14.8174 (101)
人均人力资本存量	- 5.950811 (001)	36.513 (011)	- 4.04099 (011)	29.7442 (011)	- 5.90146 (011)	20.8886 (011)
全部就业人员数	- 7.47864 (100)	178.449 (100)	- 4.35557 (100)	32.3030 (100)	- 2.60702 (111)	12.3329 (100)
城镇就业人员比重	- 2.75435 (001)	174.945 (100)	- 4.72741 (100)	31.6336 (100)	- 2.16918 (100)	11.2130 (100)
进出口总额比重	- 3.39879 (000)	95.0779 (000)	- 3.04204 (000)	40.6952 (000)	- 2.84711 (000)	13.4665 (000)
国有经济比重	- 3.82087 (001)	89.4029 (001)	- 2.20826 (001)	20.8939 (001)	- 2.74728 (011)	42.3443 (100)
国有职工比重	- 3.54109 (011)	145.092 (100)	- 1.84112 (100)	16.2160 (100)	- 1.27097 (111)	15.4231 (111)
外资有机构成	- 5.88521 (001)	81.8444 (001)	- 3.21350 (011)	24.3861 (011)	- 3.06322 (001)	15.3745 (001)

注：变量均进行了自然对数转换，括号内表示检验形式，其中第一位表示差分次数，第二个数字表示是否有趋势项，第三个数字表示是否有常数项，1表示有，0表示没有。最后选择的检验形式均在5%的显著性水平上显著。滞后阶数根据 SCI 准则自动选取。

下面基于 Kao（Engle-Grangerbased）方法做全国、环渤海湾和长三角的面板协整关系检验，结果显示拒绝原假设，即面板数据存在显著的协整关系，可以直接进行回归分析，不存在"伪回归"。全国、环渤海湾和长三角采用广义最小二乘法固定效应估计避免异方差，海西区和长三角直接采用最小二乘法回归。

如表3所示，计量分析发现，外商直接投资的总量效应对环渤海湾地区的社会劳动报酬水平产生正的效用，但是技术效应为负；对长三角地区，两种效应呈现统计上不显著的正的状态；对于海西区，两种效应呈现统计上不显著的负的状态；对于珠三角地区，外商直接投资对社会劳动报酬水平的总量效应显著为负，技术效应显著为正。也即在中国引进外资最多的沿海四个地区，外商直接投资对当地工资水平（劳动报酬）的影响，依外资的有机构成、外资占当地资本的比例、单项投资金额以及产业投向的不同，其总量效应和技术效应分别是：总量效应方面，在外商直接投资更为倾向投资劳动密集型产业的珠三角与海西地区，外商直接投资对工资的总量效应为负，在外商直接投资投向仍为劳动密集型产业但资本有机构成略高的长三角地区，外商直接投资对工资的总量效应为微弱的正向，而在外商直接投资投向相对技术与资本密集产业的环渤海湾地区，外商直接投资对工资的总量效应为显著的正向；从技术效应方面看，计量分析结果显示，吸引高有机构成的外商直接投资显著有利于促进珠三角和海西区的劳动报酬的增长，对长三角地区是微弱的正向影响，对环渤海湾地区还不能成为有利因素。

表3 计量分析结果

变量	全国	环渤海湾	长三角	海西区	珠三角
截距项	8.912661 *** （18.04957）	7.992605 *** （9.417229）	8.102322 *** （4.072801）	70.01941 ** （3.018279）	12.58949 *** （7.794047）
内资资本存量	0.504633 *** （16.04880）	0.330380 *** （3.101102）	0.218646 ** （2.283900）	−0.776595 （−1.029256）	0.157219 （0.780760）
外资资本存量	0.069219 *** （3.912970）	0.305983 *** （5.727976）	0.076521 （1.423823）	−0.098216 （−0.574089）	−0.231641 ** （−2.875750）
外资有机构成	0.004220 （0.376720）	−0.100839 * （−1.900219）	0.113764 （1.250641）	1.400354 ** （3.569862）	0.527354 *** （4.096703）
劳动力	−0.717201 *** （−10.61100）	−0.450258 *** （−3.793270）	−0.484135 * （−1.818164）	−9.255366 ** （−2.736167）	−1.238995 *** （−5.959291）
人均人力资本	0.016201 （0.331978）	−0.121224 （−0.481729）	0.055254 （0.879143）	0.793018 （1.847991）	0.400898 ** （2.812966）

变量	全国	环渤海湾	长三角	海西区	珠三角
城镇就业人员比重	− 0. 126233 *** （− 2. 584752）	− 0. 576648 *** （− 2. 777251）	− 0. 343355 * （− 1. 709978）	3. 281446 ** （3. 299060）	0. 493831 ** （2. 729095）
国有职工比重	− 0. 528568 *** （− 8. 869520）	− 0. 542053 *** （− 4. 285399）	− 0. 733388 *** （− 3. 840379）	− 3. 736641 ** （− 3. 477819）	− 1. 881640 *** （− 4. 241864）
国有经济比重	0. 049909 ** （2. 200002）	0. 097069 * （1. 860021）	0. 076590 （1. 436573）	− 0. 030880 （− 0. 408759）	− 0. 026988 （− 0. 626511）
进出口总额比重	0. 018554 （1. 486459）	− 0. 079224 *** （− 2. 695068）	0. 287142 *** （6. 004125）	− 0. 017189 （− 0. 120433）	− 0. 215983 ** （− 3. 606631）
调整的 R^2	0. 989229	0. 988167	0. 993456	0. 995752	0. 998703
Kao 检验 P 值	0. 0000	0. 0000	0. 0000		
Hausman 检验	P 值为 0，拒绝随机效应				

注：括号中为相应系数的 t 值。* 、** 和 *** 分别表示在 10% 、5% 和 1% 的显著性水平上显著。

计量方程的其他控制变量显示，在珠三角地区，吸引高有机构成的外商直接投资，提高人均人力资本存量、城镇就业人员比重，降低国有职工比重将促进社会劳动报酬水平的提高，以出口劳动密集型产品为主的高外向型经济结构则不利于社会劳动报酬水平的提高；在长三角地区，降低国有职工比重，提高产品市场竞争和经济外向度，仍将是促进社会劳动报酬水平提高的有利因素；在环渤海湾地区，吸引更多的外资，降低国有职工比重和控制经济的过于外向型发展有利于提高社会劳动报酬水平。

五、经济解释与政策思考

珠三角、海西区、长三角和环渤海湾地区，如果按照外商直接投资在社会资本存量中的比重大小进行排序为珠三角、海西区、长三角、环渤海湾；如果按照劳动力平均人力资本大小排序则为环渤海湾、长三角、珠三角、海西区；如果按照外商直接投资的有机构成高低排序，则是长三角、环渤海湾、珠三角、海西区。第四部分的计量分析说明，在珠三角与海西区，低有机构成的外商直接投资对工资的总量效应为负，在长三角地区，资本有机构成略高的外商直接投资对工资的总量效应为微弱的正向，在环渤海湾地区，资本有机构成较高的外商直接投资对工资的总量效应为显著的正向。从技术效应方面看，计量分析结果显示，吸引高有机构成的外商直接投资显著有利于促进珠三角和海西区的劳动报酬的增长，对长三角地区是微弱的正向影响，对环渤海湾地区还不能成为有利因素。

从经济学逻辑上说，低资本有机构成的外商直接投资引入会使对非熟练劳动力的需求高于对熟练劳动力需求。在非熟练劳动力比重较高的低劳动力结构市场上，由于非熟练劳动力人数众多，因此，一定数量非熟练劳动力需求的增加，会提高非熟练劳动力的就业率，但是，只要外商直接投资产生的非熟练劳动力需求相对于东道国的非熟练劳动力供给而言是较小甚至微不足道的①，众多非熟练劳动力对职位的竞争将使非熟练劳动力工资的增长低于非熟练劳动力就业的增长，从而抑制社会劳动报酬水平的提高，使影响社会劳动报酬水平的总量因素为负；相反，在熟练劳动力比重较高的高劳动力结构市场上，非熟练劳动力相对稀缺，非熟练劳动力的报酬增长将高于非熟练劳动力就业的增长，从而促进社会劳动报酬水平的增长，使影响社会劳动报酬水平的总量因素为正。

高资本有机构成的外商直接投资引入会使对熟练劳动力的需求高于对非熟练劳动力的需求。在低劳动力结构市场中，高资本有机构成的外商直接投资引入对熟练劳动力的需求扩大将使其报酬增长高于就业增长，从而促进社会劳动报酬水平的提高，即技术因素为正；相反，在高劳动力结构市场中，高资本有机构成的外商直接投资引入可能会使熟练劳动力报酬的增长低于其就业的增长，抑制社会劳动报酬的提高，即技术因素为负。然而，这些效应的产生以充分发育的劳动力市场为基础，其大小还因外商直接投资在该地区社会总投资中的比重而异。众所周知，中国不同地区的劳动力市场结构不同，引入的外商直接投资有机构成不同，外资在总资本存量中的比重也不同，因此，外商直接投资对各个地区社会劳动报酬水平的影响未必相同。并非任何类型的外商直接投资引入都能导致中国劳动者报酬水平的提高。

在本文研究的时段里，珠三角的情况属于低有机构成外商直接投资进入低劳动力结构地区，非熟练劳动力就业量增长大于其报酬的增长，从而引进外资的社会劳动报酬的总量效应为负。提高外商直接投资的有机构成将有力地促进社会劳动报酬水平的提高。海西区类似于珠三角，只是其程度更低。环渤海湾地区是高有机构成外商直接投资进入高劳动力结构地区，熟练劳动力就业增长快于报酬增长，总量效应为正，但技术效应为负。长三角是有下降趋势的高资

---

① 例如，在中国沿海地区因外商直接投资产生了对非熟练劳动力的需求，但由此引发的外地非熟练劳动力流入甚至大于当地新增的非熟练劳动力需求。

本有机构成外商直接投资进入中等的劳动力结构地区，因此其总量效应和技术效应不太明显。

就中国大多数地区而言，目前像环渤海湾地区这样的高劳动力结构地区可能是少数，而类似珠三角和海西区这样的低劳动力结构地区可能占多数。在同等条件下，后者对于低有机构成外商直接投资有更强的吸引力。它将强化中国自改革开放以来形成的以出口劳动密集型产品为导向的粗放经济发展方式，在目前情况下，它可能不利于中国居民收入水平的提高，消费的扩张。

众所周知，改革开放初期，中国资本严重短缺，土地、劳动力等要素相对丰裕，因此，实行优惠政策，引进外资，鼓励加工贸易，出口劳动密集型产品，尽管是一种粗放利用本国要素的经济发展方式，但在当时历史条件下，它符合中国当时的资源禀赋状况，有利于发挥中国的比较优势。实践证明它优化了中国资源配置，提高了经济增长率和居民收入水平。但是，经济持续高速增长必然导致各类要素比价发生变化。一般而言，随着人均GDP增长，土地、劳动力、环境等要素的相对价格上升，资本的相对价格将逐渐下降。正常情况下，要素比价变化将通过市场引导厂商逐步转变生产方式，用资本、技术替代劳动力、土地，更为珍惜环境，节约资源，原有的劳动密集型产业因此逐步为资本、技术密集型产业所替代，产业结构随着经济增长而逐步演进。就居民偏好而言，也将因人均收入水平的上升、资本回报率的逐渐下降而更多地选择消费而非储蓄。

然而，现实经济的发展并非如此，相对于长期持续的高速增长，中国增长方式的转变、产业的升级换代则缓慢得多。1978~2008年，中国的人均GDP增长了10.97倍，环渤海湾增长了16.54倍，长三角增长了23.52倍，海西区增长了23.98倍，珠三角增长了23.81倍[1]，东部沿海地区远远超过全国平均水平，但是，至今仍然主要依靠引进外商直接投资，贴牌生产、加工贸易，出口劳动密集型产品拉动经济增长。劳工的报酬增长不能不因此受到极大限制。珠三角、海西区以致长三角自2003年以来频频出现严重的"民工荒"，在一定程度上说明低有机构成的外商直接投资已经难以提高劳工的报酬水平，逐渐失去对外来劳工的吸引力。劳动报酬增长因出口劳动密集型产品为导向的粗放型经济增长方式而受到极大限制，是近年来居民收入水平增长缓慢、消费不振的重要原因之一。

需要指出的是，以出口劳动密集型产品为导向的粗放经济增长方式，是在

---

[1] 中经网，用GDP增长指数（1978=100）除以人口增长指数（1978=100）得到。

中国 30 年经济高速增长导致了资源赋存结构重大改变、实际要素比价已经发生重要变化的情况下，由于各级政府对经济增长及财政收入最大化的追求，不计成本地引进外资，采取各种方式压低本国要素（劳动、土地、自然资源及环境、甚至本国储蓄）价格，严重扭曲了要素比价，才难以及时地向集约型经济增长方式转变。这种粗放经济增长方式是形成中国国民收入"两高一低"的失衡支出结构的生产性原因（龚敏和李文溥，2009），它是中国经济遭遇国际经济危机之后增长率急剧下滑的根本内因之一。当此之时，或许我们应当对不惜代价引进外商直接投资，投资劳动密集型产业，出口劳动密集型产品为导向的粗放经济增长方式和政策有所反思和调整。

参考文献

［1］蔡昉、王德文：《外商直接投资与就业——一个人力资本分析框架》，载《财经论丛》2004 年第 1 期。

［2］龚敏、李文溥：《论扩大内需政策与转变经济增长方式》，载《东南学术》2009 年第 1 期。

［3］国家发改委：《2006 年中国居民收入分配年度报告》，人民网，2007 年 2 月 1 日。

［4］黄旭平、张明之：《外商直接投资对工资的影响：基于非稳定面板数据的实证分析》，载《湘潭大学学报》（哲学社会科学版）2007 年第 5 期。

［5］李雪辉、许罗丹：《FDI 对外资集中地区工资水平影响的实证研究》，载《南开经济研究》2002 年第 2 期。

［6］李玉梅：《吸收外资与地区工资水平关系之研究》，载《商场现代化》2007 年第 12 期。

［7］联合国贸发会议跨国公司与投资司：《1994 年世界投资报告：跨国公司、就业与工作环境》，对外经济贸易大学出版社 1995 年版。

［8］罗良文、刘辉：《外商直接投资的就业效应分析》，载《华中农业大学学报（社会科学版）》2003 年第 4 期。

［9］宣烨、赵曙东：《外商直接投资的工资效应分析——以江苏为对象的实证研究》，载《南开经济研究》2005 年第 1 期。

［10］杨泽文、杨全发：《FDI 对中国实际工资水平的影响》，载《世界经济》2004 年第 12 期。

［11］《产业集群调查：浮现的龙脉》，中国网，2005 年 4 月 7 日。

［12］D. Figlio，B. Blonigen，The Effects of Foreign Direct Investment on Local Communities. Journal of Urban Economics，Vol. 48，2000，pp. 338 – 363.

［13］Kemp M. C，The Gains from International Trade and Investment：A New Heckscher-

Ohlin Approach. American Economic Review, LVI, 1966, pp. 788 – 809.

［14］ MacDougall G. D. A, The Benefits and Costs of Private Investment from Abroad：A Theoretical Approach. Economic Record, Vol. 36, 1960, pp. 13 – 35.

［15］ Niehans J. , Static Deviations from Purchasing-Power Parity. Journal of Monetary Economics, Vol. 7, 1981, pp. 57 – 68.

［16］ R. Lipsey, F. Sjoholm, Foreign Direct Investment and Wages in Indonesian Manufacturing. NBER Working Paper Series, No. 8299, 2001.

［17］ S. Girma, D. Grenaway, K. Wakelin, Who Benefits from Foreign Direct Investment in the UK. Scottish Journal of Political Economy, Vol. 48, No. 2, 2001, pp. 119 – 133.

［18］ Zhao Yaohui, Foreign Direct Investment and Relative Wages：The Case of China. CCER Working Paper Series, No. E2000013, 2001.

论我国出口加工型企业的转型[*]

2008 年伊始，国内外宏观经济环境的持续恶化严重挤压了我国出口加工型企业的生存空间，导致大批此类企业破产倒闭。本文围绕这一问题进行讨论，提出我国出口加工型企业转型的总体思路，并对企业转型过程中的政府作用问题提出政策建议。

一、当前宏观经济形势对我国出口加工型企业的影响

（一）当前宏观经济形势分析

近期虽然由新《中华人民共和国劳动法》实施带来的劳动成本上升问题依旧，但随着国内银根放松、美元强势造成人民币升值趋缓以及出口退税政策的结构调整，我国出口加工型企业的内部环境将有所改善，然而国外需求疲软，并非国内宏观政策所能左右。据 IMF 最新预测，2008 年全球经济增长率将为3.7%，远逊于过去 5 年平均的 5%，2009 年经济增速由此前预期的 3% 降至2.2%。世界银行的预测则更为悲观：2009 年全球经济增长率将仅为 1%，其中包括新兴国家在内的发展中国家增长率为 4.5%，而美国、欧盟和日本等发达国家将出现 0.1% 的负增长。可以预见，全球经济低迷还将持续一段时间。这对于我国以出口导向为主的经济发展战略，将是严峻考验。对于出口加工型企业而言，更是严峻的考验。

---

* 本文原载于《东南学术》2009 年第 1 期，共同作者：李鑫、王燕武、王俊海。

（二）宏观经济形势对我国出口加工型企业的影响

1. 对出口的影响

（1）出口增长率大幅度下降。海关总署最新出口数据显示，2008年6月我国出口额为1215.3亿美元，同比增长17.6%，较5月同比增速降低10.5个百分点，较2007年同期下降9.5个百分点。6月作为传统的出口旺季，增速大幅下滑罕见。7月，出口增长出现较强反弹，达到26.9%，随后又开始逐月下滑，至10月出口增长率再次跌破20%，下降到19.2%。在2006年1月以来的34个月中，我国只有4个月出口增幅低于20%，另外两次分别为2007年3月和2008年2月，这显然是春节因素的影响。然而2008年6月、10月的出口增幅跌破20%，则与外部经济形势恶化有着密切关系。2008年上半年，我国出口总值为6666.1亿美元，同比增长21.9%，较2007年下降5.7个百分点，如果考虑到美元贬值的因素，实际的出口放缓幅度将更大。

（2）出口的国别结构发生较大变化，对美国出口下降明显。近几年来，由于人民币对美元单边升值，我国对美国出口占总出口的比重日益下滑，2009年，不仅对美国而且对整个发达地区的出口增长都呈下降趋势。2005年以来，我国出口的国别地区结构呈现如下特征。第一，从洲际来看，亚洲、欧盟、北美洲所占份额仍较大，三者相加占总出口85%以上，其他三个洲所占份额较小，但上升速度较快，尤其是拉丁美洲，4年间增加了近2个百分点。第二，从国别地区来看，对美的出口比重下降，由2005年的21.5%下滑至2008年的17.6%，下降近3.9个百分点。日本所占的份额也较大幅度下降，为2.3个百分点，欧盟所占份额却上升了近1.6个百分点。第三，与2007年相比，2008年出口比重增加的地区，拉丁美洲的增长最快，欧盟的增长速度则明显趋缓。总体来看，发达地区依然是主要出口地，但出口增长速度大幅下降，在发达地区中，欧盟已取代美国成为我国最大的出口对象地区。

（3）出口商品类别结构发生逆向变化（这里使用的出口商品类别是按照STIC分类法区分的）。2008年以来，由于外部市场对加工制成品需求持续下降，我国工业制成品出口增长率不断下滑，初级产品出口增速在三年后再次超过工业制成品，初级产品出口累计增长速度在1月首次超过工业制成品后，二者差距在4月以后日益扩大，至9月，初级产品出口增速高出工业制成品11.3%，比2007年同期增加23.4%。从工业制成品看，2008年每月累计出口增速明显小于2007年同期水平，其中，除了5类化学成品及有关产品外，其余类别无一例外均较 2007 年有较大幅度下降，尤其以 9 类未分类商品及 8 类杂项制品为甚。截至 2008 年 9 月，8 类杂项制品出口累计增长率为 13.2%，同比下降 11.6%；9 类其他未分类商品出口累计增长率则出现负值，达 -28.7%，同比下降 32.6%。这二者出口约占到我国出口总额 1/4，因此，它们出口增长率大幅度下降是导致工业制成品增长下滑的关键因素。

2. 宏观经济形势对出口加工型企业的影响

宏观经济形势恶化在宏观层面上造成了出口增长率大幅度下降，在微观层面则体现为大批出口加工型企业的亏损、破产、倒闭。国家发展改革委中小企业司统计显示，2008 年上半年，全国约 10% 规模以上中小企业工业增加值增长率仅接近 30%，同比减少 15%。广东省规模以上工业完成增加值 7031.40 亿元，增幅同比回落 4.7 个百分点。2008 年 1~5 月，规模以上工业企业实现利润总额增幅同比大幅回落 44.8 个百分点，有 26% 的工业企业亏损。2008 年 1~6 月，浙江省规模以上企业出口交货值增幅同比下降 11.5 个百分点，增幅为 1998 年以来最低。6 月出口交货值仅增长 8.8%，为 10 年来同期最低点。2008 年上半年，全国共约有 6.7 万家规模以上的中小企业倒闭，其中纺织业中小企业倒闭超过 1 万多家，2/3 的纺织企业面临重整，预计全年将有 1/3 的规模以上的中小企业将倒闭。玩具业在经历了大规模中小企业倒闭后，其行业龙头企业，全球最大的玩具代工商合俊集团在 2008 年 10 月宣布破产倒闭，这是迄今为止国内倒闭企业中规模最大的。

在供给方面，2008 年上半年国际市场原材料价格大幅上涨、新《中华人民共和国劳动法》实施后以劳动密集型产业为主的出口加工型企业的劳动力成本快速提高、人民币持续升值、从紧的宏观政策等，都极大地挤压了出口加工型企业的利润空间，使之生产成本急剧上升，这是 2007 年底至 2008 年上半年，东南沿海地区一些小企业倒闭的主要原因；在需求方面，次贷危机对发达国家市场和消费者信心造成巨大的负面影响，使得以往发达国家消费中国制造的全球经济发展模式被打破，在很大程度上抑制了我国出口增长。在供需因素共同作用下，我国出口加工型企业正面临前所未有的严峻考验。

二、我国出口加工型企业的主要特点及问题

虽说，本轮的出口加工型企业倒闭潮主要因国际经济环境恶化引起，但

是，内因从来都是根本。因此，必须对现阶段我国出口加工型企业的特点及问题进行探讨。

（一）现阶段我国出口加工型企业的特点

（1）企业规模偏小，中小企业占绝大多数。据国家统计局统计，2007年我国中小企业出口占全国出口总额的60%。

（2）出口产品以劳动密集型产品为主，附加值不高。据世界贸易组织统计，2007年，我国服装出口占世界服装出口总额的33.4%，居世界第一；纺织品出口占世界出口总额的23.5%，仅次于欧盟；制造业出口占世界制造业出口市场比重11.9%，而化工、药品、汽车等相对高附加值产品，占世界出口市场的份额都比较小。办公通信设备出口额占世界市场出口总额的22.9%，仅次于服装和纺织品，集成电路和电子元件所占比重达8.5%。总体看，我国服装、纺织产业优势明显；办公通信设备和制造业的优势正在体现；而高新技术产品或机电成套设备等仍处于劣势地位。

（3）以加工贸易方式为主。我国加工出口型企业的产品主要通过：外贸公司买断出口、企业自营出口以及接受加工订单出口。从这三种渠道的变化趋势看，外贸企业买断出口所占比重大幅下降，自营出口略有增加（很大一部分由前者转化而来），加工贸易则飞速发展，1981~2006年，我国加工贸易总额从11.31亿美元飙升到5103.55亿美元，增长了近450倍，同期一般贸易只增长了约20倍。绝对量上看，自1995年起，加工贸易的出口总额就超过一般贸易的出口总额，并呈现出逐年扩大的趋势。

（二）当前形势下出口加工型企业存在的问题

（1）由于人民币汇率升值、原材料涨价、劳动力成本上升、知识产权壁垒、产品标准提升、新贸易保护主义抬头等一系列问题，我国出口加工型企业的上述特点在这些因素的共同压榨下很快转化成致命劣势。例如，以中小企业为主的企业构成，自主研发能力严重不足，产品缺乏特色，在经济危机中很容易被替代或淘汰；以低端产品出口为主的特点直接导致了我国大部分出口加工型企业对产品缺乏定价权，这就意味着这些企业无论在国内，还是在国外都无法通过价格机制，将成本传导到消费终端。

（2）品牌企业欠缺，国际竞争力薄弱。2005年，美国《商业周刊》评出年度"全球品牌100强"企业，中国企业无一上榜。因为没有名牌企业，中国制造业在世界工业格局分工中只能处于第三级（美国垄断标准和规则、日本等国垄断技术、中国从事加工），从而导致消耗同样的材料，生产出来的产品增加值却只有发达国家的 1/6~1/4。

（3）出口加工型企业在经营战略方面缺乏国际化视野，规避风险能力较差。其重要原因之一是家族式企业管理模式。据全国工商联调查，我国中小企业中有近80%是家族企业或泛家族企业。这些企业在创业初期普遍采用"任人唯亲"以及企业最高管理者事必躬亲的管理模式来实现企业的发展与扩张，当企业经营规模逐步扩大进而实行国际化经营时，原先的家族式管理模式就不再能有效地对其内外资源进行协调和管理。中小企业在企业组织结构、人事、财务会计、生产经营以及市场营销等方面的管理缺乏严格规范，逐渐形成中小企业国际化经营的管理约束。另外则是由于中小企业优秀的国际化经营人才欠缺，难以在人才竞争方面与大型企业相抗衡。

（4）加工贸易方式使企业利润十分微薄，容易受到国际市场价格波动的影响。据统计，我国大部分加工出口商品的利润率都低于10%，有的甚至低于5%。一旦人民币升值，原材料涨价，出口退税率下降，都会挤压已经微薄异常的利润空间，使之无利可图。

（5）中小型出口加工型企业融资难由来已久。2008年上半年，中央银行执行从紧的货币政策，各家银行纷纷收紧信贷规模，使之融资更加困难。

三、出口加工型企业转型的总体思路及政策建议

关于出口加工型企业的转型方向，目前较为普遍的一种观点是让市场淘汰掉一部分企业，同时扩大内需，加快促进一部分企业转向国内市场。事实上，这一战略在1997年东南亚金融危机之时已被提出，然而随后的经验证实这一战略并没有取得预期效果。那么，此时再次提出这一战略，成功的可能性有多大？因此，这里需先阐述这一战略在新条件下的可行性及其存在的问题，然后再提出我国出口加工型企业转型的总体思路。

（一）市场转向战略的可行性分析

（1）企业转型的内在动力更足。与1997年东南亚金融危机相比，此次属

于全球性经济危机，对欧、美等我国出口主要目的地影响巨大，所以这次危机对我国出口，进而对我国的出口加工型企业的影响将相当严重。因此，出口加工型企业对转型应更有积极性。

（2）经过多年发展，我国已形成一批同类企业密集集聚的产业集群，在这些集群中，由竞争产生了一批国内知名的品牌企业，这些企业的出现使得这些集群的竞争态势逐渐由完全竞争过渡到垄断竞争。产业组织结构发生了较大变化，初步形成了寡头品牌企业、专业生产商、原辅料配件配套厂商等组成的金字塔型产业组织结构。这种产业组织结构的好处在于：产业内分工比较明确，大型品牌企业逐渐从生产为主，转变为研发和品牌营销为主；专业生产企业接受品牌企业的辐射，专注产品生产；原辅料配件厂商小而专、小而大，专业化促进了生产效率的提高。最为关键的是这种产业组织结构能够顺利地将长期以来"两头在外"的外销模式逐步转化为"两头在内"的内销模式，从而为市场转向战略的实现提供了客观基础。

（3）企业销售方式的转变，使得品牌经营成为可能，从而为市场转向战略的实现提供了前提条件。原有的企业销售方式往往采用的是大卖场或大商场模式，这种模式的弊端在于激烈的价格竞争使品牌产品的培养成为无根之木、无源之水。近年来，随着我国企业规模的不断壮大，专卖店模式逐渐取代大卖场模式成为当前我国大型企业的主选销售方式。销售方式的转变，一方面使品牌经营成为可能；另一方面也使企业由原来的间接面对终端市场转变为直接面对终端市场，促使企业能够更快更好地了解和掌握市场信息。此外，销售是生产投资的前哨，当一个企业的终端销售网络成长到一定规模时，它就将摆脱生产的地域限制，将工厂开设到销售网点较为密集的地带。

总的而言，本轮提出的市场转向战略与1997年相比，不论从企业自身的需求，或是从产业环境上看，都要相对成熟些。因此，综合考虑上述分析，我们认为如果单从企业主体来看，此次市场转向战略成功的可能性应该要超过以往。当然，现阶段实施该战略，也存在着不少难点和障碍。

（二）市场转向战略的难点及障碍

（1）资金不足。中小企业发展所面临的最大"瓶颈"就是资金缺乏，转做内销则面临着更大的资金缺口，因为内销需要占用的资金周期可能更长。出口加工型企业一般在拿到订单后，只要有购买原材料的资金就可以运作了，内销却完全不同。在国内，除了个别大型连锁零售企业外，很多地方都已经形成了自己的批发网络，公司要先把货物卖给批发商，再通过他们的网络进入零售市场，而批发商的货款往往要等货卖完才会支付，这样，资金占用周期就比较长。因此，资金问题对于有意转做内销而又没有便捷融资途径的中小出口企业来说，非常棘手。

（2）信用缺少保证。国内企业的信用体系还不健全，商业信用往往缺乏保证，因而在内销市场上，出口企业会遇到新的困难。例如，内销时各地批发商都没有任何担保，生产商又不得不把货物交给他们，否则就无法进入市场。由于这种分散网络很难管理，一旦批发商拖欠货款，企业追款的难度很大。特别是金额比较小的货款，追索成本可能更高。因此，在不成熟的内销网络里，出口型企业往往难以适应。

（3）政策支持力度差。出口与内销分别属于外贸和内贸，国家政策有所不同。例如，税收对于小企业来说是个很重要的问题。企业做出口不但可以不缴增值税，还可获得出口退税，尽管国家的退税政策时有变化。当出口企业改做内销时，不但需要缴税，而且 17% 的增值税还不能抵扣。此外，由于国家一向鼓励出口，有许多对出口的优惠政策，内销就没有这些优惠，对内销中小企业没有什么鼓励政策，这也会让转型后的企业面临着不少困难。

（三）我国出口加工型企业转型的总体思路

虽然，目前市场转向战略还存在着不少难点和障碍，但是市场转向战略不论从短期看，还是从长远看，都将是一项利国利民的发展战略，有利于推动我国经济增长由投资出口驱动型向消费驱动型转变。当然，出口仍将是拉动我国经济增长的"三驾马车"之一，其对中国经济发展的重要性不言而喻。因此，在讨论市场转向战略的同时，要切忌盲目激进、拔苗助长。综上所述，我国出口加工型企业转型的总体思路应当是，其一，要实施市场转向战略，改变传统"两头在外"的外销模式，积极推动"两头在内"的内销模式。其二，转型过程中要注意依托传统优势，而并非打倒一切，另起炉灶。制度经济学指出，人们一旦选择了某个体制，由于规模经济、学习效应、协调效应以及适应性预期等因素的存在，会使该体制沿着既定方向不断自我强化。"路径依赖"反映了历史发展对现在和将来发展的影响，任何体制都离不开一定的历史社会环境。事实上，外贸出口加工型企业转型同样存在着一个类似的"路径依赖"问题，我们很难要求一个长期从事低附加值产品生产如服装、鞋等的企业短期内就转为生产高科技产品的企业，如果企业能够依托其原有的知识、技术积累，迅速实现出口产品的更新换代，这同样也应当属于转型的一种。其三，积极开拓国际新市场，实现出口阵地的转移和替代。事实上，从上文我国出口国别或地区构成的变化来看，我国的出口加工型企业已经充分意识到开拓新国际市场的重要性，并积极在实践中力行。

（四）出口加工型企业转型过程中政府作用问题的政策建议

全球经济形势的持续恶化宣告了过去以加工出口为主的我国出口加工型企业必须调整转型，这不仅是应对全球经济危机的短期措施，而且从长远看，这也是为改善我国国民经济"两高一低"结构需要长期坚持的发展战略。因此，此次经济危机对我国出口加工型企业而言，既是严峻挑战，又是改革契机。那么，对政府而言，究竟应该怎样促使出口加工型企业更好更顺畅地转型呢？我们认为需要重视以下几点。第一，完善外贸政策，帮助外向型企业渡过难关。建议稳定人民币汇率，减弱人民币升值预期，消除次贷危机对我国出口的汇率传导机制，避免汇率成为美国转嫁危机的政策工具。同时，细化劳动密集型产品的不同技术含量和附加值含量，对纺织轻工行业的鼓励类产品进一步提高出口退税率。第二，放松银根，加大金融创新力度，增强对出口加工型企业的信贷倾斜。目前，在我国大部分企业的融资还是通过银行贷款，只有银行系统为出口加工型企业转内销提供资金周转支持，才能解决企业面临的困难。因此，政府应当要加大对中小型外贸企业资金支持力度。第三，完善财税制度，改变对外贸企业和内销企业的不公平待遇。在通过出口退税政策调整、拯救外贸企业的同时，更应该出台相关政策拯救那些在转型过程中苦苦摸索的企业。这就意味着政府不仅应当从资金上多多支持，而且还应当在市场信息等多个层面帮助企业转型升级。第四，尽快构建全国统一的市场体系，削减地方贸易壁垒，帮助转型企业加快建立和完善内销网络。习惯了订单生产经营的出口外销型企业在面对国内这个陌生的市场时，往往会惧怕陷入另一种竞争——市场营销的竞争。由于以往的销售模式，出口型企业缺乏市场营销意识，国内市场品牌、营销人才、渠道资源、产品组合、商业模式等常成为外贸型企业转型过程中迈不过的坎。

参考文献

[1] 国家信息中心经济预测部宏观经济形势分析课题组：《以保增长促转型为宏调取向

防范经济下行——2009 年中国经济走势预测和宏观调控对策建议》，载《中国证券报》2008年 10 月 30 日。

［2］李文溥：《经济全球化及其宏观经济政策的影响》，载《厦门大学学报》2000 年第3 期。

［3］李文溥：《中国宏观经济分析与预测（2007 年）》，经济科学出版社 2007 年版。

［4］林剑、梁树新：《民营企业出口竞争力现状分析》，载《国际贸易问题》2005 年第11 期。

［5］王雪坤：《我国外贸发展进入战略转型期》，载《国际贸易》2006 年第 5 期。

［6］厦门大学宏观经济研究中心课题组：《晋江市国民经济和社会发展第十一个五年规划实施中期评估报告》，2008 年。

［7］厦门大学宏观经济研究中心课题组：《2008—2009 年中国宏观经济分析与预测》，载《厦门大学学报》2008 年第 6 期。

［8］ IMF, Financial Stress and Economic Downturns. World Economic Outlook, October 2008.

福建省百家民营企业调查总报告[*]

一、引言

民营经济是市场经济的基本成分之一。民营企业是市场经济最重要的市场主体。世界范围的实践证明，没有民营经济的市场经济是不可想象的。党的十一届三中全会之后，我国的民营经济冲破传统经济体制限制，逐渐恢复。1992年，我国确立社会主义市场经济为经济体制改革的目标模式，为民营经济的发展提供了广阔的制度空间，民营经济得到迅速发展。据统计，2002年，我国广义民营经济的产出占整个国民经济产出的比例已达64%左右，在广义民营经济中就业的劳动者占全社会就业的比例为90.3%，扣除农业劳动力，则为42%。民营经济不仅在规模上已经成为我国经济最重要的组成部分，而且是最具活力的部分。1989~2002年，民营经济中的个私经济总产值年平均增长35%，是同期规模以上工业企业总产值平均增长速度（17.6%）的两倍。[①] 在我国，凡是经济增长最快，最具有经济活力的地区，也往往同时是民营经济最活跃的地区。福建省也不例外。2002年，福建省实现地区生产总值4682.01亿元，广义民营经济实现的地区生产总值为2308亿元，占当年全省地区生产总值的49.29%。2002年，广义民营经济工业总产值占全省工业总产值的比例达50.6%，对全省工业增长的贡献率达46.5%。[②]

---

[*] 本文原载于《民营经济的崛起与发展——福建百家民营企业调查》，福建人民出版社2004年版，共同作者：龚敏。李金风协助制作了本文的大部分统计表格。

[①] 黄孟复：《中国民营经济发展报告 No. 1（2003）》，社会科学文献出版社2004年版。该报告所定义的广义民营经济包括农村经济和外商投资经济，扣除外商投资经济，内资民营经济所占比重为48.5%。

[②] 黄孟复：《中国民营经济发展报告 No. 1（2003）》，社会科学文献出版社2004年版。

正是基于对民营经济在国民经济中的重要地位、对建设中国特色社会主义市场经济重要意义的充分认识，2004 年 7 月，中共福建省委宣传部、福建省社会科学界联合会联合组织了"福建省百家民营企业调查活动"，由厦门大学、福建师范大学、福州大学、福建农林大学、华侨大学、集美大学、泉州师范学院、福建省行政学院、福建省社科院的 45 名学者和厦门大学的 19 名研究生，以及省社联、9 个设区市社联的有关同志组成 9 个调研组，分赴全省 9 个设区市对 106 家民营企业进行调查研究。调查的方式为座谈、问卷调查、实地参观。实地调查结束之后，参加调查的研究人员分成 12 个子课题组，对取得的第一手资料进行加工整理和研究，就福建省民营企业发展的 6 个主要问题，撰写了 12 份研究报告，本报告建立在这 12 份研究报告以及对本次调研的问卷统计分析基础上，是这次调研活动成果的综合反映。

二、被调查民营企业概况

（一）本次调查研究的对象

在中国，民营企业是一个尚未得到明确定义的概念。一般而言，民营经济指"民办、民投、民营、民享、民有"的自主经营、自负盈亏、自我发展、自我约束的经济实体和市场主体。广义民营经济是对除国有和国有控股企业以外的各种所有制经济的统称，包括个体工商户、私营企业、集体企业、港澳台和外商投资企业。狭义民营经济则不包括港澳台和外商投资企业。[①] 从研究的目的出发，我们确定本次调查研究的对象是狭义民营经济中的私营企业。

（二）样本企业的选择

为了能够更好地了解全省民营企业发展的一般情况，我们在选取调查样本企业时，采取了按地区分配调查样本企业名额，由各设区市委宣传部、市社科联按照"行业代表性较高、发展前景较好、产业集聚作用较强"的要求推荐拟调查的企业名单。名额的分配主要考虑地区经济发展水平、总量大小以及民营经济的发达程度，同时考虑到不同地区的调查工作量。按照这一原则，样本企业的地区分布如表1和图1所示。

表1 被调查民营企业的地区分布

地区	企业数	比例（%）
福州	14	13.21
莆田	10	9.43
泉州	16	15.09
厦门	15	14.16
漳州	10	9.43
南平	10	9.43
三明	10	9.43
龙岩	11	10.38
宁德	10	9.43
合计	106	100.00

注：本文数据由于计算的四舍五入，各地区之和与合计略有差异。

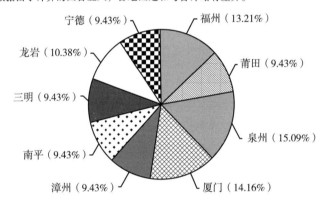

图1 被调查民营企业的地区分布

这样的样本企业抽取方式与抽样调查的规范要求有所不同。之所以没有严格按照抽样调查的要求抽取样本企业，是因为如果那样抽取样本企业，可能会遇到这样两个问题。一是我们的调查是按地区设立调查组的，按照规范的抽样调查方式抽取样本，各个地区之间的样本企业数量悬殊，地区之间调查的工作量差异过大，将大大增加协调的难度。二是我们的调查是本着有关部门推荐、企业自愿的原则进行的。如果实行抽样，则可能遇到被抽选到的企业拒绝调查的情况。重复抽选，征询被抽选企业同意所需要的时间又为本次调查所不许可。我们的目的是希望通过在全省范围内的普遍调查，了解福建省以及省内不同地区民营企业的一般发展状况及存在的问题，并不需要运用样本企业的数据按照抽样调查的要求严格地推断福建省民营企业的总体情况。这样的样本抽取方式虽然不尽理想，但还是允许的。基于企业自愿的原则，各设区市委宣传部、市社科联基本上是按照"行业代表性较高、发展前景较好、产业集聚作用较强"的要求推荐本地区拟调查的企业名单。但实地调查的情况看,我们发现,参与这次调查的大多数企业属于当地发展较好的民营企业,因此,本次问卷调查所获得的数据,以及从访谈了解到的情况,其更多地反映了福建省民营企业中发展较好的那部分企业的一般情况。

(三) 样本企业的成立时间和行业分布

问卷统计表明,被调查样本企业的成立时间主要集中在 1990 年之后。在所调查的 106 家企业中,1990 年以前成立的只有 17 家,占被调查民营企业的 16.04%;1990～2000 年成立的则有 70 家,占 66.04%;2000 年以后成立的有 18 家,占 16.98%。可以看出,目前福建省民营企业绝大部分(80%以上)都是在我国确立了社会主义市场经济体制的改革目标之后诞生的。

随着允许民营企业进入的市场领域逐步放宽和民营企业资本的逐步增大,福建省民营企业迅速从简单的加工修理、商品零售、餐饮行业向现代制造业、农业、建筑业、商业以及信息咨询、广告中介、综合技术服务等新兴产业拓展。① 在本次被调查民营企业中,主营或兼营制造业的企业有 81 家,占被调查民营企业的 76.42%;从事农林牧副渔业的企业次之,有 8 家,占 7.55%;接下来是社会服务业(占 6.60%)以及批发和零售贸易、餐饮业(占 5.60%)。从事其他行业的企业数量较少,其中,有些行业如地质勘探、水利管理业至今仍是空白(见表 2)。

表 2　　　　　被调查民营企业的行业类别分布(至多 3 项,福建省)

行业类别	企业数	比例(%)
农林牧副渔业	8	7.55
采矿业	3	2.83
制造业	81	76.42
建筑业	4	3.77
地质勘查、水利管理业	0	0.00
交通运输仓储及邮电通信业	3	2.83

① 2003 年工商登记注册的私营企业中,第三产业占 52.7%,其中信息咨询服务业 3084 家,计算机应用服务业 2093 家,分别比上年增加 42.3%与 37.7%。不过,目前进入这些新兴行业的民营企业规模仍有限。在 2004 年度民营 300 强中,仍以工业、贸易业、建筑业和房地产业的民企居多,分别占到 133 家、107 家、39 家和 20 家,还有 1 家为交通运输业。

行业类别	企业数	比例（%）
金融保险业	1	0.94
批发和零售贸易、餐饮业	6	5.60
社会服务业	7	6.60
其他行业	4	3.77

尽管这不是严格抽样的结果①，但还是可以看出，福建省的民营企业目前仍主要集中在制造业。从企业所属的制造业类别来看，本次被调查民营企业几乎分布于制造业的所有类别，涉及机械、电子、纺织、建材、医药和生活用品等（见表3）。其中，所占比例较高的三个类别依次是：农副食品加工业（占16.00%），纺织业以及服装、鞋、帽制造业（占12.8%），以及食品及饮料制造业（占10.60%）。

表3   被调查民营企业在制造业中的类别及分布（福建省）

类别	比例（%）
农副食品加工业	16.00
食品及饮料制造业	10.60
烟草制造业	2.10
纺织业以及服装、鞋、帽制造业	12.80
皮革、毛皮、羽毛（绒）及其制造业	1.10
木材加工及木、竹、藤、棕、草制品业	4.30
家具制造业	2.10
造纸及纸制品业	2.10
印刷业和记录媒体的复制业	1.10
文教体育用品制造业	0.00
化学原料及化学制品制造业	6.40
医药制造业	3.20
橡胶以及塑料制造业	1.10
非金属矿物制造业	6.40
金属冶炼及压延加工业以及金属制造业	5.30
交通运输设备制造业	3.20
电气机械及器材制造业	6.40
通信设备、计算机及其他电子设备制造业	2.10

---

① 样本企业中，属于批发零售贸易、餐饮业的民营企业较少，在某种程度上是较少被推荐参加调查的缘故。

类别	比例（%）
仪器仪表及文化、办公用机械制造业	1.10
废弃资源及废旧材料回收加工业	1.10
工艺品制造业	4.30
其他制造业	7.20
合计	100.00

（四）全省被调查民营企业的规模及经营情况

统计结果表明，被调查的 106 家企业雇用的员工平均人数为 956.56 人，雇用人数最多的达 11800 人，最少的只有 22 人。有 45.28% 的被调查民营企业雇用员工人数为 100～500 人，其中，众数是 130 人；雇用员工在 100 人以下的小企业则比较少，只有 15 家，占 14.15%；雇用员工千人以上的企业超过了 25%，其中，还有一些是员工规模超过 5000 人的大企业（见表 4）。

表 4 　　　　　　　　被调查民营企业的员工人数分布

员工数	企业数（家）	比例（%）
100 人以下	15	14.15
100～500 人	48	45.28
500～1000 人	14	13.21
1000～2000 人	13	12.26
2000～5000 人	11	10.38
5000 人以上	3	2.83
缺失值	2	1.89
合计	106	100.00

从资产规模看（见表 5），也是如此。被调查民营企业资产额的众数出现在 5000 万～1 亿元这一组。大部分企业（80.19%）的规模为 1000 万～5 亿元，资产额在 5 亿元以上的大企业在被调查民营企业中的比例也不小。但是，被调查民营企业的人均资产额则较低，仅为 16 万元/人；就销售规模而言（见表 6），被调查民营企业销售额的众数出现在 1 亿～5 亿元这一组。绝大多数企业（85.85%）的销售额规模为 1000 万～5 亿元，年销售额在 5 亿元以上的企业也占相当比例。106 家企业的人均销售产值是 17.5 万元/人。这些数据说明，经过多年发展，民营企业不仅在总量上已经成为福建省国民经济的一个重要组成

部分，而且就个体规模看，也达到了一定水平，出现了一批堪称行业排头兵的大型骨干企业。但是，就技术、资本装备以及生产率而言，水平还较低，基本上是劳动密集型企业。

表5 被调查民营企业资产总额分布

资产总额	企业数（家）	比例（%）
1000 万元以下	9	8.49
1000 万 ~ 5000 万元	27	25.47
5000 万 ~ 1 亿元	31	29.25
1 亿 ~ 5 亿元	27	25.47
5 亿元以上	8	7.55
缺失值	4	3.77
合计	106	100.00

表6 被调查民营企业销售总额分布

销售总额	企业数（家）	比例（%）
1000 万元以下	4	3.77
1000 万 ~ 5000 万元	28	26.42
5000 万 ~ 1 亿元	25	23.58
1 亿 ~ 5 亿元	38	35.86
5 亿元以上	7	6.60
缺失值	4	3.77
合计	106	100.00

从税前利润统计（见表7）来看，大部分被调查民营企业的经营状况都比较好，106 家企业中，只有 7 家企业——被调查民营企业的 6.60%——2003 年的税前利润为负数，93.40% 的企业是盈利的。根据问卷调查数据统计，被调查民营企业的平均资产利润率为 11.19%，平均销售产值利润率是 10.23%。高于同期福建省独立核算工业企业的平均资产利润率（4.77%）和平均总产值利润率（5.56%）1 倍左右。

表7 被调查民营企业的税前利润分布

税前利润	企业数（家）	比例（%）
100 万元以下	10	9.43
100 万 ~ 500 万元	42	39.62
500 万 ~ 1000 万元	17	16.04
1000 万 ~ 5000 万元	26	24.53

税前利润	企业数（家）	比例（%）
5000 万元以上	6	5.66
缺失值	5	4.72
合计	106	100.00

从表 8 的数据来看，大部分被调查民营企业的资产负债率也处于正常状态。67.93% 被调查民营企业的资产负债率低于 50%，其中，有 32.08% 被调查民营企业的资产负债率甚至低于 25%。高负债企业则极少，只有 1 家被调查民营企业的负债率高于 75%。这一方面说明民营企业作为真正自负盈亏的市场主体，其经营方针总体而言是比较稳健的，另一方面，有 32.08% 的被调查企业的资产负债率低于 25%，也说明部分民营企业尤其是中小型企业目前在融资方面存在一定困难。

表 8 　　　　　　　　　　被调查民营企业负债占资产比例分布

企业负债占资产比例	企业数（家）	比例（%）
低于 25%	34	32.08
25%~49.9%	38	35.85
50%~74.9%	30	28.30
75% 以上	1	0.94
缺失值	3	2.83
合计	106	100.00

（五）被调查民营企业的地区差异

我们按照沿海五城市（福州、莆田、泉州、厦门、漳州）与山区四城市（南平、三明、龙岩、宁德）把福建省被调查民营企业分为两组，调查地区间及地区内企业的规模以及行业结构的差异。

1. 地区企业规模差异

比较沿海五城市与山区四城市的情况，在总量方面（见表 9），此次被调查的沿海民营企业数占全部被调查民营企业数的 60.95%，员工总数占全省的比例为 75.19%，企业资产总额占全省的比例为 62.81%，企业销售总额占全省的比例为 62.96%，企业税前利润总额占全省的比例为 71.22%。此次被调查的山区民营企业数占全部企业数的 39.05%，员工总数占全省的比例为 24.81%，企业资产总额占全省的比例为 37.19%，企业销售总额占全省的比例为 37.04%，企业税前利润总额占全省的比例为 28.78%。结果表明，相对而言，沿海民营企业比山区民营企业吸纳的就业人员多，利润率也较高。

表9　　　沿海与山区被调查民营企业的员工数、资产额、销售额及税前利润

企业所在地区	指标	员工人数	企业资产总额	企业销售总额	企业税前利润总额
沿海合计	企业样本数（家）	64	62	62	61
	占全省企业的比例（%）	60.95	60.19	60.19	59.80
	样本企业总数	75517 人	1009379.03 万元	1106705.91 万元	128052.38 万元
	占全省企业的比例（%）	75.19	62.81	62.96	71.22
山区合计	企业样本数（家）	41	41	41	41
	占全省企业的比例（%）	39.05	39.81	39.81	40.20
	样本企业总数	24922 人	597695.03 万元	651068.15 万元	51756.02 万元
	占全省企业的比例（%）	24.81	37.19	37.04	28.78
总计	企业样本数（家）	105	103	103	102
	占全省企业数的比例（%）	100.00	100.00	100.00	100.00
	样本企业总数	100439 人	1607074.1 万元	1757774.1 万元	179808.4 万元
	占全省企业的比例（%）	100.00	100.00	100.00	100.00

注：被调查民营企业的员工人数、资产总额、销售总额、税前利润总额所包含的企业数据分别缺失 1 家、3 家、3 家、4 家。

进一步比较地区内企业规模的差异（见表10），本次调查在沿海地区的三个中心城市抽取了基本接近的样本企业数，其中福州的样本企业数占全省企业总数的比例为 13.33%，泉州和厦门分别为 14.29%。从员工数量来看，泉州被调查民营企业的员工总人数占全省的比例为 25.28%，厦门次之，为 17.18%，福州最小，仅为 3.62%。从企业资产规模看，泉州占全省的比例为 29.54%，厦门为 14.56%，福州为 4.48%。比较企业销售总额，泉州、厦门、福州三地占全省的比例分别为 22.53%、16.02% 和 3.10%；企业税前利润总额各自所占的比例分别为 37.89%、17.64% 和 2.55%。结果表明，在中心城市中，泉州的民营经济已取得较大发展，企业的平均规模、经营效率在三个中心城市中都是最大、最好的，而福州被调查民营企业的平均规模不仅在三个中心城市中是最小的，基本上也是本次各地区被调查民营企业中最小的。在沿海的其他城市，漳州的被调查民营企业的样本数占全省的比例为 9.52%，但员工总数占全省的比例却高达 19.96%，超过厦门 2.80 个百分点。此外，漳州民营企业在其他方面的指标均无突出表现。这说明漳州的被调查民营企业基本上属于劳动密集型以农产品为原料的食品、饲料行业。

表10　　不同地区被调查民营企业的员工数、资产额、销售额及税前利润（总量）

企业所在地区	指标	员工人数	企业资产总额	企业销售总额	企业税前利润总额
福州	企业样本数（家）	14	13	12	12
	占全省企业的比例（%）	13.33	12.62	11.65	11.76
	样本企业总数	3640 人	72031.84 万元	54547 万元	4580.87 万元
	占全省企业的比例（%）	3.62	4.48	3.10	2.55
莆田	企业样本数（家）	10	10	10	10
	占全省企业的比例（%）	9.52	9.71	9.71	9.80
	样本企业总数	9180 人	140498.3 万元	225024 万元	13623.86 万元
	占全省企业的比例（%）	9.14	8.74	12.80	7.58
泉州	企业样本数（家）	15	15	15	15
	占全省企业的比例（%）	14.29	14.56	14.56	14.71
	样本企业总数	25396 人	474672.07 万元	396054.99 万元	68133.01 万元
	占全省企业的比例（%）	25.28	29.54	22.53	37.89
厦门	企业样本数（家）	15	15	15	15
	占全省企业的比例（%）	14.29	14.56	14.56	14.71
	样本企业总数	17257 人	224403.63 万元	281600.74 万元	31712.62 万元
	占全省企业的比例（%）	17.18	13.96	16.02	17.64
漳州	企业样本数（家）	10	9	10	9
	占全省企业的比例（%）	9.52	8.74	9.71	8.82
	样本企业总数	20044 人	97773.19 万元	149479.18 万元	10002.02 万元
	占全省企业的比例（%）	19.96	6.08	8.50	5.56
南平	企业样本数（家）	10	10	10	10
	占全省企业的比例（%）	9.52	9.71	9.71	9.80
	样本企业总数	7263 人	219429 万元	155553 万元	14837 万元
	占全省企业的比例（%）	7.23	13.65	8.85	8.25
三明	企业样本数（家）	10	10	10	10
	占全省企业的比例（%）	9.52	9.71	9.71	9.80
	样本企业总数	3110 人	169106 万元	95747 万元	10555 万元
	占全省企业的比例（%）	3.10	10.52	5.45	5.87
龙岩	企业样本数（家）	11	11	11	11
	占全省企业的比例（%）	10.48	10.68	10.68	10.78
	样本企业总数	10669 人	176401.98 万元	333931.57 万元	20104.67 万元
	占全省企业的比例（%）	10.62	10.98	19.00	11.18
宁德	企业样本数（家）	10	10	10	10
	占全省企业的比例（%）	9.52	9.71	9.71	9.80
	样本企业总数	3880 人	32758.05 万元	65836.58 万元	6259.35 万元
	占全省企业的比例（%）	3.86	2.04	3.75	3.48

企业所在地区	指标	员工人数	企业资产总额	企业销售总额	企业税前利润总额
福建省	企业样本数（家）	105	103	103	102
	占全省企业的比例（%）	100.00	100.00	100.00	100.00
	样本企业总数	100439 人	1607074.1 万元	1757774.1 万元	179808.4 万元
	占全省企业的比例（%）	100.00	100.00	100.00	100.00

注：被调查民营企业的员工人数、资产总额、销售总额、税前利润总额所包含的企业数据分别缺失1 家、3 家、3 家、4 家。

在山区四城市，企业雇佣员工总数最多的地区是龙岩，最少的地区是宁德和三明；企业资产总额最大的地区是南平和龙岩，最小的是宁德；此外，龙岩民营企业的销售总额占全省的比例也是四个城市中最高的，为19%，宁德和三明的销售额最低；最后，在税前利润总额方面，龙岩民营企业也在内地四城市中遥遥领先。结果表明，在山区，龙岩民营企业比其他三个城市更具规模，经营效率也更高。

总体而言，根据我们调查所得到的数据，在全省九个地区中，民营经济发展最具规模的是泉州，发展最快的是龙岩，最慢的都是省会城市福州。

把各项指标按参与此次调查的企业数平均（见表11），福建省被调查民营企业的平均员工人数约为957 人，企业平均资产总额为15602.661 万元，平均销售总额为17065.768 万元，平均税前利润总额为1762.8275 万元。从地区比较来看，漳州被调查民营企业平均员工数最多，约为2004 人，接近全省被调查民营企业平均人数的两倍，其次是泉州和厦门；福州被调查民营企业的员工平均人数最少，仅为260 人，不到全省被调查民营企业平均员工人数的1/3（见图 2）。比较不同地区民营企业的平均资产规模，泉州民营企业以31644.805 万元列所有地区被调查民营企业的首位，其次是南平和三明；宁德民营企业的平均资产规模最小，仅为全省平均水平的21%（见图 3）。从不同地区民营企业的平均销售总额来看，排在第一位的是龙岩，其次是泉州和莆田，福州民营企业的平均销售额最低，不到全省平均水平的三成（见图 4）。

表 11   不同地区被调查民营企业的员工数、资产额、销售额及税前利润

企业所在地区	统计量	员工人数（人）	企业资产总额（万元）	企业销售总额（万元）	企业税前利润总额（万元）
福州	企业数（家）	14	13	12	12
	平均数	260	5540.9108	4545.5833	381.7392
	最小值	86	380	1200	−30
	最大值	800	13500	9587	980

企业所在地区	统计量	员工人数（人）	企业资产总额（万元）	企业销售总额（万元）	企业税前利润总额（万元）
莆田	企业数（家）	10	10	10	10
	平均数	918	14049.83	22502.4	1362.3861
	最小值	22	863.26	900	40
	最大值	3058	52000	65000	4700
泉州	企业数（家）	15	15	15	15
	平均数	1693.07	31644.805	26403.666	4542.2007
	最小值	42	302	156	31
	最大值	11800	300000	200000	50000
厦门	企业数（家）	15	15	15	15
	平均数	1150.47	14960.242	18773.383	2114.1747
	最小值	70	700	1200	−89
	最大值	3560	40169.63	70118	21646
漳州	企业数（家）	10	9	10	9
	平均数	2004.4	10863.688	14947.918	1111.3356
	最小值	68	4000	1239.3	150
	最大值	5800	23631.67	31999.03	3000
南平	企业数（家）	10	10	10	10
	平均数	726.3	21942.9	15555.3	1483.7
	最小值	130	1095	2260	107
	最大值	4000	96483	37724	5171
三明	企业数（家）	10	10	10	10
	平均数	311	16910.6	9574.7	1055.5
	最小值	50	1500	1300	119
	最大值	670	50000	36000	5000
龙岩	企业数（家）	11	11	11	11
	平均数	969.91	16036.544	30357.416	1827.6973
	最小值	32	660	1200	−64
	最大值	4196	113870	267055	15015
宁德	企业数（家）	10	10	10	10
	平均数	388	3275.805	6583.658	625.935
	最小值	35	1.05	1.58	80
	最大值	1831	7000	14800	1300
福建省	企业数（家）	105	103	103	102
	平均数	956.56	15602.661	17065.768	1762.8275
	最小值	22	1.05	1.58	−89
	最大值	11800	300000	267055	50000

注：被调查民营企业的员工人数、资产总额、销售总额、税前利润总额所包含的企业数据分别缺失1家、3家、3家、4家。

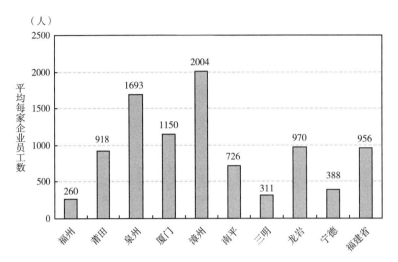

图2　不同地区被调查民营企业平均员工人数

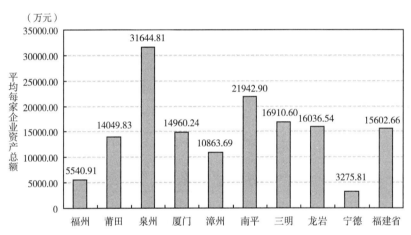

图3　不同地区被调查民营企业平均资产总额

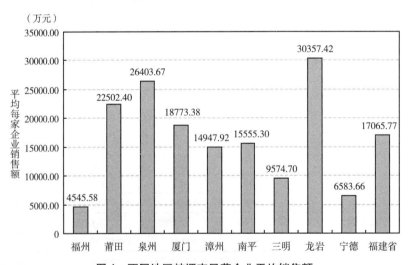

图4　不同地区被调查民营企业平均销售额

结果表明，在中心城市中，厦门民营企业的平均规模小于泉州，厦门被调查民营企业的平均员工人数仅为泉州民营企业的67.95%，平均资产规模也仅仅只是泉州企业的47.28%，但是，厦门民营企业的平均销售总额却是泉州民营企业的71.1%，平均税前利润总额是泉州企业的46.55%。这说明厦门的民营企业与泉州相比，不仅存在行业结构的差异，而且更多是一些成长型的企业。此外，比较龙岩与厦门，龙岩民营企业的平均员工数约为970人，是厦门民营企业的84.31%，但企业平均资产总额占到厦门民营企业的107.19%，其企业平均销售总额占到厦门民营企业的160.7%。不过，龙岩民营企业的平均税前利润总额却只有厦门民营企业的86.45%。这说明，龙岩民营企业的行业结构依然与厦门民营企业有较大的区别，相对而言，龙岩民营企业很可能大多数从事产品附加价值较低的生产。

按照企业平均员工人数、平均资产总额以及平均销售总额从高到低的顺序对各地区进行排序，列第一位的地区赋值9，其次为8，以此类推，最后一位为1，我们可比较各地区民营企业的综合规模（见表12）。从单项排序看，各个地区被调查民营企业的平均规模是各有所长；综合排序的结果是泉州民营企业的平均规模最大，但是，总体而言，福州、莆田、泉州、厦门、漳州五个沿海市的被调查民营企业的综合平均规模（16.37）只略大于南平、三明、龙岩、宁德四个山区市的被调查民营企业的综合平均规模（14.17）。也就是说，与山区相比，沿海地区的被调查民营企业在综合平均规模上没有明显优势，福州被调查民营企业的综合平均规模甚至是9个设区市中最小的。

表12　　　　　　　　不同地区被调查民营企业平均规模排序

排序分类	企业平均规模
按员工数排序	漳州（9）、泉州（8）、厦门（7）、龙岩（6）、莆田（5）、南平（4）、宁德（3）、三明（2）、福州（1）
按资产额排序	泉州（9）、南平（8）、三明（7）、龙岩（6）、厦门（5）、莆田（4）、漳州（3）、福州（2）、宁德（1）
按销售额排序	龙岩（9）、泉州（8）、莆田（7）、厦门（6）、南平（5）、漳州（4）、三明（3）、宁德（2）、福州（1）
综合排序	泉州（25）、龙岩（21）、厦门（18）、南平（17）、漳州（16）、莆田（16）、三明（12）、宁德（6）、福州（4）

从人均指标看（见表13），福建省被调查民营企业人均资产总额为16.0005万元，沿海地区民营企业人均资产总额为13.36625万元，山区民营企业人均

资产总额为 23.98263 万元，沿海企业的人均资产总额水平仅为内地的 55.73%。调查结果显示，地区间经济发展水平差异与地区间被调查民营企业的人均资产总额水平差异之间的关系，从总体上看，是相反的。显然，不同地区被调查民营企业人均资产总额水平的差异，更多受到被调查民营企业所从事行业技术特征的影响，和技术发展水平之间关系不太密切。沿海发达地区的被调查民营企业，更多从事加工型劳动密集型产业，人均资产总额水平因此较低，山区的被调查民营企业则更多从事资源型产业，需要的资产总额水平较高。与之相联系，山区被调查民营企业的劳动生产率也就比沿海地区民营企业更高一些。福建省被调查民营企业人均销售额为 17.50091 万元，其中，沿海民营企业为 14.65506 万元，山区民营企业为 26.12423 万元，沿海民营企业仅仅是山区民营企业的 56.10%。在人均企业税前利润方面，全省为 1.7902249 万元，其中，沿海民营企业为 1.6956762 万元，山区民营企业为 2.0767202 万元，沿海民营企业是山区民营企业的 81.65%。

表 13　　　　　　　　沿海与山区被调查民营企业的平均资产额、

销售额及税前利润

单位：万元/人

企业所在地区	企业资产总额	企业销售总额	企业税前利润总额
沿海	13.36625	14.65506	1.6956762
山区	23.98263	26.12423	2.0767202
福建省	16.0005	17.50091	1.7902249

从地区比较来看（见表14），地区间的企业人均资产额与企业单位资产产出率、企业资产利润率之间存在较强的负相关，相关系数分别为 -0.70102 和 -0.6301（见表15）。企业人均资产总额与企业资产利润率之间的反向关系一定程度上是资本边际报酬递减规律的体现；但企业人均资产总额与企业单位资产产出率之间的反向关系预示着不同地区企业技术水平以及企业整体经营效率的差异。沿海地区被调查民营企业的人均资产总额只有山区被调查民营企业的 55.75%。沿海和内地企业的单位资产产出率大致相同，分别为 1.0964 和 1.0893。沿海被调查民营企业的平均资产利润率为 12.69%，平均销售利润率为 11.57%，而山区则分别只有 8.66% 和 7.95%，只达到沿海的 51.89% 和 68.71%。单位资产产出率大致相同，而两地的劳动生产率差距却与人均资产总额系数差距不成比例，因此，沿海被调查民营企业的整体经营效率要明显高于山区被调查民营企业。

表 14			不同地区被调查民营企业的人均效益指标			
企业所在地区	人均资产总额（万元）	人均销售总额（万元）	人均税前利润总额（万元）	单位资产产出率	资产利润率（%）	销售利润率（%）
福州	21.31	17.48	1.47	0.8204	6.89	8.40
莆田	15.30	24.51	1.48	1.6016	9.70	6.05
泉州	18.69	15.60	2.68	0.8344	14.35	17.20
厦门	13.00	16.32	1.84	1.2549	14.13	11.26
漳州	5.42	7.46	0.55	1.3760	10.23	7.43
南平	30.21	21.42	2.04	0.7089	6.76	9.54
三明	54.37	30.79	3.39	0.5662	6.24	11.02
龙岩	16.53	31.30	1.88	1.8930	11.40	6.02
宁德	8.44	16.97	1.61	2.0098	19.11	9.51
福建省	16.31	17.84	1.84	1.0938	11.30	10.33

表 15			被调查民营企业人均指标间的相关系数			
指标	人均资产总额	人均销售总额	人均税前利润总额	单位资产产出率	资产利润率	销售利润率
人均资产总额	1.000000	0.633687	0.817306	-0.701020	-0.630100	0.215973
人均销售总额	0.633687	1.000000	0.607903	-0.007560	-0.340150	-0.238590
人均税前利润总额	0.817306	0.607903	1.000000	-0.527810	-0.155860	0.591048
单位资产产出率	-0.701020	-0.007560	-0.527810	1.000000	0.650165	-0.513650
资产利润率	-0.630100	-0.340150	-0.155860	0.650165	1.000000	0.282564
销售利润率	0.215973	-0.238590	0.591048	-0.513650	0.282564	1.000000

　　各地区被调查民营企业的资产负债比情况如表 16 所示。如果我们把资产负债率低于 25% 的企业视为在获得外部资金上有一定困难的企业，资产负债率在 25%~49.9% 之间的企业视为获得外部资金情况比较正常的企业，那么，从沿海五市及山区四市的小计数来看，沿海五市获得外部资金有一定困难的企业比例比山区四市更大。

表 16		不同地区被调查民营企业的资产负债比结构				
企业所在地区	指标	低于25%	25%~49.9%	50%~74.9%	75%以上	小计
福州	企业数（家）	7	4	3	0	14
	比例（%）	50.00	28.57	21.43	0	100.00
莆田	企业数（家）	5	4	1	0	10
	比例（%）	50.00	40.00	10.00	0	100.00

续表

企业所在地区	指标	低于25%	25%~49.9%	50%~74.9%	75%以上	小计
	企业数（家）	8	5	2	0	15
	比例（%）	53.34	33.33	13.33	0	100.00
泉州	企业数（家）	4	4	7	0	15
	比例（%）	26.67	26.67	46.66	0	100.00
厦门	企业数（家）	2	4	3	0	9
	比例（%）	22.22	44.45	33.33	0	100.00
漳州	企业数（家）	26	21	16	0	63
	比例（%）	41.27	33.33	25.40	0	100.00
沿海五市	企业数（家）	2	3	5	0	10
	比例（%）	20.00	30.00	50.00	0	100.00
南平	企业数（家）	1	4	5	0	10
	比例（%）	10.00	40.00	50.00	0	100.00
三明	企业数（家）	3	5	3	0	11
	比例（%）	27.27	45.46	27.27	0	100.00
龙岩	企业数（家）	3	5	1	1	10
	比例（%）	30.00	50.00	10.00	10.00	100.00
宁德	企业数（家）	9	17	14	1	41
	比例（%）	21.95	41.46	34.15	2.44	100.00
山区四市	企业数（家）	35	38	30	1	104
	比例（%）	33.65	36.54	28.85	0.96	100.00

注：本项调查缺失2家被调查民营企业数据。
福建省

2. 地区企业行业结构差异

调查显示，在沿海地区（见表17、表18），民营企业基本上在三大产业均有进入，但进入第二产业的企业比例最高，共51家，占沿海被调查民营企业总数的78.46%；其次是第三产业，有18家，占沿海被调查民营企业总数的27.69%；进入第一产业的企业数最少，共3家，仅占4.61%。

表17　　　不同类型地区被调查民营企业的行业结构比较（企业数）

产业	行业	福建	沿海	中心城市	山区
		106	65	45	41
第一产业	农林牧渔业	8	3	1	5
第二产业	采矿业	3	1	1	2
	制造业	81	47	31	34
	建筑业	4	3	2	1

产业	行业	福建	沿海	中心城市	山区
		106	65	45	41
第三产业	交通运输、仓储及邮电通信业	3	3	3	0
	金融保险业	1	1	1	0
	批发和零售贸易、餐饮行业	6	3	1	3
	社会服务业	7	7	6	0
	其他行业	4	4	4	0

表18 沿海地区被调查民营企业的行业类别（多选，至多选3项）

指标	福建	沿海	中心城市				莆田	漳州
			合计	福州	泉州	厦门		
企业数（家）	106	65	45	14	16	15	10	10
农林牧渔业（家）	8	3	1	0	0	1	2	0
比例（%）	7.55	4.62	2.22	0	0	6.67	20.00	0
采矿业（家）	3	1	1	1	0	0	0	0
比例（%）	2.83	1.54	2.22	7.14	0	0	0	0
制造业（家）	81	47	31	12	10	9	7	9
比例（%）	76.42	72.31	68.89	85.70	62.50	60.00	70.00	90.00
建筑业（家）	4	3	2	2	0	0	0	1
比例（%）	3.77	4.62	4.44	14.29	0	0	0	6.70
交通运输、仓储及邮电通信业（家）	3	3	3	1	0	2	0	0
比例（%）	2.83	4.62	6.67	7.14	0	13.33	0	0
金融保险业（家）	1	1	1	0	0	1	0	0
比例（%）	0.94	1.54	2.22	0	0	6.67	0	0
批发和零售贸易、餐饮行业（家）	6	3	1	0	1	0	0	1
比例（%）	5.66	4.62	2.22	0	6.25	0	0	10.00
社会服务业（家）	7	7	6	0	3	3	0	1
比例（%）	6.60	10.77	13.33	0	18.75	20.00	10.00	10.00
其他行业（家）	4	4	4	2	2	0	0	0
比例（%）	3.77	6.15	8.89	14.29	12.50	0	0	0

在第二产业，沿海有72.31%的被调查民营企业（47家）主营或兼营制造业。换句话说，在福建省被调查的81家主营或兼营制造业的企业中，有58.02%分布在沿海地区。其次是社会服务业，共7家，约占沿海被调查民营企业数的10.77%；福建省从事社会服务业的民营企业全部分布在沿海。在三个中心城市中，68.89%的被调查民营企业（31家）主营或兼营制造业。其中

福州的被调查民营企业主营或兼营制造业的比例最高（85.71%），其次是泉州和厦门，分别为 62.5% 和 60%。此外，福州还分别有 14.29% 和 7.14% 的企业从事建筑业和采矿业，泉州和厦门没有这样的企业。

在第三产业，福建省被调查民营企业中共有 3 家企业从事交通运输、仓储及邮电通信业。这 3 家企业全部在中心城市，其中，福州有 1 家，厦门有 2 家。全省唯一的 1 家从事金融保险业的被调查民营企业在厦门。此外，泉州和厦门分别有 3 家被调查民营企业从事社会服务业。

以上调查结果表明，三个中心城市中，福州和泉州的被调查民营企业主要涉足第二产业，其中又以制造业为主。相比之下，厦门的民营企业已经开始进入第三产业了，特别是交通运输、仓储及邮电通信业和金融保险业。这与厦门中心城市的地位以及厦门所具有的服务业优势密切相关。

再看山区被调查民营企业的行业分布（见表 17、表 19），在山区四城市中，85.37% 的被调查民营企业分布在属于第二产业的相关行业，从事第一产业的企业占 12.20%，从事第三产业的企业占 7.14%（主要是批发零售贸易和餐饮行业）。在第二产业中，除龙岩和南平有少数被调查民营企业从事采矿业和建筑业外，82.93% 的山区被调查民营企业（34 家）主营或兼营制造业。其中，三明所有被调查民营企业（10 家）均主营或兼营制造业；宁德的这一比例为 90.00%，南平为 80.00%，龙岩为 63.64%。调查结果表明，在山区的被调查民营企业，其主要涉足的产业为制造业和第一产业。与沿海地区相比，内地民营企业发展从行业分布的角度来看还比较单一。

表 19 山区被调查民营企业的行业类别（多选，至多选 3 项）

指标	福建	山区	南平	三明	龙岩	宁德
企业数（家）	106	41	10	10	11	10
农林牧渔业（家）	8	5	2	0	2	1
比例（%）	7.55	12.20	20.00	0	18.18	10.00
采矿业（家）	3	2	0	0	2	0
比例（%）	2.83	4.88	0	0	18.18	0
制造业（家）	81	34	8	10	7	9
比例（%）	76.42	82.93	80.00	100.00	63.64	90.00
建筑业（家）	4	1	1	0	0	0
比例（%）	3.77	2.44	10.00	0	0	0
交通运输、仓储及邮电通信业（家）	3	0	0	0	0	0
比例（%）	2.83	0	0	0	0	0
金融保险业（家）	1	0	0	0	0	0

指标	福建	山区	南平	三明	龙岩	宁德
比例（%）	0.94	0	0	0	0	0
批发和零售贸易、餐饮行业（家）	6	3	2	1	0	0
比例（%）	5.66	7.32	20.00	10.00	0	0
社会服务业（家）	7	0	0	0	0	0
比例（%）	6.60	0	0	0	0	0
其他行业（家）	4	0	0	0	0	0
比例（%）	3.77	0	0	0	0	0

上述调查显示，制造业是福建省民营企业涉足最多的一个行业，因此，我们进一步调查属于制造业的企业具体类别。在沿海三个中心城市（见表20），泉州被调查民营企业所从事的行业类别数较少，主要集中在纺织业以及服装、鞋、帽制造业和工艺品制造业，以劳动密集型行业为主。福州和厦门的被调查民营企业所从事的行业类别数相对较多；其中，福州的企业主要集中在非金属矿物制造业、纺织业以及服装、鞋、帽制造业和农副食品加工业；厦门的企业主要集中在农副食品加工、食品及饮料制造业和烟草制造业（各1家），医药制造业、橡胶以及塑料制造业和非金属矿物制造业（各1家）。与福州和泉州的主要区别在于，厦门的被调查民营企业中没有从事纺织业以及服装、鞋、帽制造业的，从事农副食品加工业和工艺品制造业的企业也较少（各1家）。结果表明，三个中心城市中，厦门民营企业的制造业类别相对而言是一些资金和技术较为密集的企业；而泉州的民营企业制造业类别主要是一些劳动密集的企业；福州的民营企业制造业类别以劳动密集企业为主，呈多元化的态势。

表20　　　　　不同地区被调查民营企业所从事的制造业类别

项目	福建	沿海	福州	泉州	厦门	莆田	漳州
企业数（家）	106	65	14	16	15	10	10
农副食品加工业	15	8	2	0	1	3	2
食品及饮料制造业	10	5	1	1	1	2	0
烟草制造业	2	2	0	0	1	1	0
纺织业以及服装、鞋、帽制造业	12	9	2	5	0	2	0
皮革、毛皮、羽毛（绒）及其制造业	1	1	1	0	0	0	0
木材加工及木、竹、藤、棕、草制品业	4	2	0	0	1	1	0
家具制造业	2	1	0	0	0	0	1
造纸及纸制品业	2	1	0	1	0	0	0
印刷业和记录媒体的复制业	1	1	0	0	0	0	1

项目	福建	沿海	福州	泉州	厦门	莆田	漳州
文教体育用品制造业	0	0	0	0	0	0	0
化学原料及化学制品制造业	5	2	1	1	0	0	0
医药制造业	3	2	0	0	1	0	1
橡胶以及塑料制造业	1	1	0	0	1	0	0
非金属矿物制造业	6	5	3	1	1	0	0
金属冶炼及压延加工业以及金属制造业	5	3	0	0	0	1	2
交通运输设备制造业	3	0	0	0	0	0	0
电气机械及器材制造业	6	1	1	0	0	0	0
通信设备、计算机及其他电子设备制造业	2	1	0	0	0	0	1
仪器仪表及文化、办公用机械制造业	1	1	0	0	0	0	1
废弃资源及废旧材料回收加工业	1	0	0	0	0	0	0
工艺品制造业	4	4	0	2	1	1	0
其他制造业	13	6	4	0	2	0	0

三、民营企业家素质

企业家的素质直接关系到企业的兴衰。我国加入世贸组织后，在日趋规范的市场秩序和激烈的市场竞争环境中，高素质的企业领导者能够通过科学的内部管理和持续不断的创新使企业在竞争中获得优势，并进一步发展壮大。在本部分，我们调查福建省民营企业家队伍的素质，找出存在的问题，并提出提升企业家队伍素质的若干建议。

（一）企业家队伍构成

接受本次调查的民营企业共 106 家，有 99 家企业提供了企业家的年龄数据。被调查企业家的年龄构成为：35～44 岁的企业家占 50%，45～54 岁的企业家占 31%，34 岁以下的企业家比例为 4%；55 岁以上的企业家比例为 11%（见表 21）。与 2004 年 8 月至 10 月由民建中央企业委员会与中国企业家调查系统共同组织实施的"2004 中国民营企业经营者问卷调查"的结果相比①，福建

---

① 该次调查的民营企业经营者年龄在 36～45 岁和 46～55 岁的比重分别为 31% 和 45.2%。

民营企业家队伍似乎显得更年轻一些。

表21　　　　　　　　　　福建省被调查民营企业家的年龄构成

出生年份（年）	年龄（岁）	人数	比例（%）
1935～1939	65～69	1	1.01
1940～1944	60～64	3	3.03
1945～1949	55～59	7	7.07
1950～1954	50～54	17	17.17
1955～1959	45～49	14	14.14
1960～1964	40～44	33	33.33
1965～1969	35～39	20	20.20
1970～1974	30～34	3	3.03
1975～1978	26～29	1	1.01

注：有7家被调查民营企业的相关数据缺失。

从地区比较来看，沿海五个城市的企业家中35～44岁的比例达到61.40%，高于福建省和全国的水平；45～54岁的企业家占21.10%，低于福建省和全国的比例。具体而言，厦门和莆田两市的企业家80%年龄在45岁以下，漳州的这一比例也达到67%。该项比例福州和泉州较低，分别只有57.00%和44.00%，接近或低于全省的水平。另外，在山区的四个城市中，35～44岁的企业家比例为43.90%，低于福建省平均水平。其中，宁德的该项比例最低，仅为30.00%（见图5）。

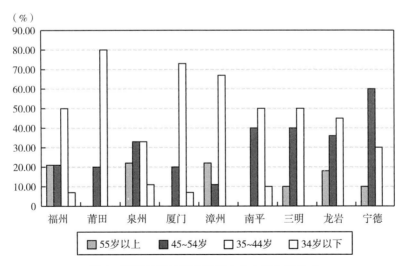

图5　不同地区被调查民营企业家的年龄构成

对企业家学历构成的调查结果显示（见表22），在福建省范围内，文化程度为大专及以上的企业家比例，厦门和三明最高，均为100%；龙岩最低，为36.36%；其他城市均都超过了70%，接近全国水平。[①] 其中，本科及以上学历的企业家比例，沿海五城市平均为29.60%，山区四城市平均为25.10%，沿海比山区高4.5个百分点。在沿海城市中，厦门和泉州最高，福州、莆田次之，漳州最低，仅为11.11%。在山区城市中，三明和宁德的该项比例最高，为30%。

表22　　　　不同地区被调查民营企业家的学历构成及平均受教育年限

学历	福州	莆田	泉州	厦门	漳州	南平	三明	龙岩	宁德
本科及以上学历（%）	28.57	30.00	38.46	40.00	11.11	22.22	30.00	18.18	30.00
高中和大专（%）	42.86	50.00	46.15	60.00	66.67	66.67	70.00	18.18	60.00
中专、初中、小学（%）	28.57	20.00	15.39	0	22.22	11.11	0	63.64	10.00
平均受教育年限（年）	12.93	13.50	14.11	15.10	12.66	13.77	14.70	10.41	14.10

注：平均受教育年限是根据调查数据推算得出的。

为了比较不同地区被调查民营企业家的平均文化水平，我们将不同文化水准折合成一定教育年限，算出不同地区被调查民营企业家的平均受教育年限。不同地区被调查民营企业家的平均受教育年限按照从高到低排列，顺序为厦门、三明、泉州、宁德、南平、莆田、福州、漳州、龙岩。

就福建省情况而言，尽管与2002年福建省工商联对全省9个设区市随机抽样选择80家私营企业的调查结果相比，2004年福建民营企业家队伍的文化程度已有大幅提高，[②] 但是与全国相比，福建民营企业家的平均文化水平仍然偏低。

（二）企业家素质现状

企业家素质的高低直接关系到企业的成败。企业家素质的培养既需要企业家自身的内在积累，也需要社会经济外部环境的熏陶。因此，我们从以下几方面调查目前福建省民营企业家的素质现状。首先，在自身积累方面，我们从企业家创业前的职业背景、创业后用于提高自身素质的学习时间分配以及选择参加的学习培训项目三方面展开调查。其次，对于外部环境，我们从企业家的法

---

① "2004中国民营企业经营者问卷调查"调查结果显示，民营企业家中文化程度为大专及以上的占75.5%，其中具有本科及以上学历的占32.7%。

② 那次调查的结果是，私营企业主中大专以上学历的占35%，其中获得学士、硕士学位的占17.5%。

律意识等方面入手调查。再次，我们设计出一套反映企业家素质的综合指标，让被调查企业家以自评的方式选出自己具备的三种最强和最弱的素质。最后，我们调查了在目前我国的社会经济环境下，促进企业家成长的最重要因素。

1. 企业家自我培训现状

首先了解被调查民营企业家创业前的职业背景。根据问卷调查，福建省被调查民营企业家中，创业前是国家干部、工人、教师和军转人员的占一半以上（54.29%），农民及个体户出身的占34.28%（见表23）。

表23　　　　　　　　　　被调查民营企业家创业前的职业背景

企业所在地区	指标	农民	工人	干部	中小学教师	个体户	军队转业人员	其他	小计
福州	企业数（家）	3	0	3	1	5	0	2	14
	比例（%）	21.43	0	21.43	7.14	35.71	0	14.29	100.00
莆田	企业数（家）	4	0	2	1	1	0	2	10
	比例（%）	40.00	0	20.00	10.00	10.00	0	20.00	100.00
泉州	企业数（家）	2	5	3	3	0	0	2	15
	比例（%）	13.33	33.34	20.00	20.00	0	0	13.33	100.00
厦门	企业数（家）	5	2	6	0	0	0	2	15
	比例（%）	33.34	13.33	40.00	0	0	0	13.33	100.00
漳州	企业数（家）	4	2	2	1	1	0	0	10
	比例（%）	40.00	20.00	20.00	10.00	10.00	0	0	100.00
南平	企业数（家）	3	2	2	1	0	1	1	10
	比例（%）	30.00	20.00	20.00	10.00	0	10.00	10.00	100.00
三明	企业数（家）	0	1	4	0	3	1	1	10
	比例（%）	0	10.00	40.00	0	30.00	10.00	10.00	100.00
龙岩	企业数（家）	0	0	6	0	3	2	0	11
	比例（%）	0	0	54.55	0	27.27	18.18	0	100.00
宁德	企业数（家）	1	3	3	0	1	0	2	10
	比例（%）	10.00	30.00	30.00	0	10.00	0	20.00	100.00
福建省	企业数（家）	22	15	31	7	14	4	12	105
	比例（%）	20.95	14.29	29.52	6.67	13.33	3.81	11.43	100.00

注：有1家泉州的被调查民营企业的相关数据缺失。

通过再分组，发现不同类型地区企业家创业前的职业背景有较大的差异（见表24）。山区被调查民营企业家中63.41%原先职业是干部、教师、工人及军转人员，而农民或个体户占近1/4。沿海地区前者不足一半，农民和个体户

177

占约 40%，在三个中心城市中，福州被调查民营企业家创业前的职业背景构成与厦门和泉州被调查民营企业家的职业背景基本上是相反的，福州被调查民营企业家 57.14% 来自农民和个体户，原先职业是干部、教师、工人及军转人员的不到 30%，相应地，福州被调查民营企业家的平均文化水平是九个地区中较低的。

表 24　　　　　　被调查民营企业家创业前的职业背景构成　　　　　单位：%

企业所在地区	干部、教师、工人及军转人员	农民或个体户	其他
中心城市	52.27	34.09	13.64
其中：福州	28.57	57.14	14.29
泉州	73.34	13.33	13.33
厦门	53.33	33.34	13.33
沿海地区（包括福泉厦）	48.44	39.06	12.50
其中：仅含莆田、漳州	40.00	50.00	10.00
山区	63.41	26.83	9.76
福建省	54.29	34.28	11.43

资料来源：根据表 23 数据计算。

关于企业家学习时间分配的调查表明（见图 6），如果企业家一天的时间在企业内部管理、外部公关、学习以及休息四项活动中分配，那么，福建省被调查民营企业家用于企业内部管理的时间平均约 7 小时（但是个别变量差距很大，有的企业家一天只用 1 小时，而有的却需要投入 15 小时管理企业）。企业家每天用于企业外部公关的时间平均约为 3 小时，其中，最长的达 8 小时。也就是说，被调查民营企业家每天用于与企业相关的工作时间是 9.8 小时，此外，被调查民营企业家每天还有大约 2 小时的时间用于学习。整体而言，民营企业家是比较勤奋、忙碌的社会群体之一。

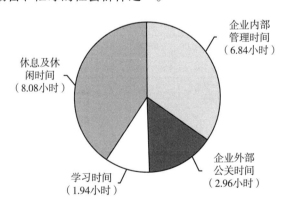

图 6　福建省被调查民营企业家一天的时间安排

观察不同地区被调查民营企业家的时间分配（见表 25），可以得出一些值得注意的结论。

表 25			不同地区被调查民营企业家一天的时间安排			
企业所在地区	企业数（家）	统计量	企业内部管理时间（小时）	企业外部公关时间（小时）	学习时间（小时）	休息及休闲时间（小时）
福州	14	平均数	6.64	2.71	1.93	5.75
		最小值	3.00	0	0	0
		最大值	12.00	8.00	4.00	13.00
莆田	10	平均数	6.50	3.60	2.10	7.80
		最小值	2.00	0	0	0
		最大值	10.00	8.00	4.00	8.00
泉州	14	平均数	7.79	2.54	1.71	8.39
		最小值	3.00	0	1.00	0
		最大值	12.00	4.00	4.00	16.00
厦门	15	平均数	7.67	3.07	1.73	8.17
		最小值	4.00	1.00	0.50	0
		最大值	15.00	5.00	4.00	13.00
漳州	9	平均数	6.44	2.75	1.67	11.13
		最小值	1.00	1.00	0	6.00
		最大值	10.00	5.00	3.00	21.00
南平	10	平均数	6.35	2.50	2.35	8.40
		最小值	4	0.5	0.5	0
		最大值	12.00	4.00	4.00	15.00
三明	10	平均数	6.20	3.30	2.05	7.80
		最小值	3.00	2.00	1.00	3.00
		最大值	13.00	8.00	3.00	13.00
龙岩	11	平均数	6.00	3.36	2.18	10.13
		最小值	2.00	2.00	1.00	6.00
		最大值	8.00	6.00	4.00	16.00
宁德	10	平均数	7.30	2.90	1.90	6.90
		最小值	3	0	1	0
		最大值	12.00	6.00	4.00	14.00
福建省	103	平均数	6.84	2.96	1.94	8.08
		最小值	1	0	0	0
		最大值	15.00	8.00	4.00	21.00

注：本表中有 3 家被调查民营企业的相关数据缺失，此外，还有一些栏目的时间分配为 0，这在逻辑上是不可能的，实际上是由于被调查者拒绝填答而产生的空缺所致。

（1）外部公关时间的长短似乎在一定程度上折射出不同地区的外部环境状况。莆田、厦门、三明、龙岩四市的企业家外部公关时间都超过了福建省平均水平。我们在对各地区民营企业外部环境的综合考察中发现，莆田、厦门、福州、三明的被调查民营企业对其所在地区外部环境的满意度是福建省较低的。企业家花在外部公关时间较多的地区，多数是他们认为外部环境不太满意的地区。因此，有理由认为，不同地区民营企业家外部公关时间的长短在一定程度折射出不同地区的外部环境好坏与否。

（2）从休息时间看，福州与宁德的民营企业家最辛苦，每天休息及休闲时间分别只有5.75小时、6.9小时；漳州的民营企业家最潇洒，每天休息及休闲时间超过11小时。按不同地区被调查企业的平均员工人数计算，漳州被调查民营企业的平均规模最大，福州最小，宁德倒数第三。如此看来，小企业主比大老板更辛苦。

（3）从工作时间（企业内部管理时间＋企业外部公关时间）看，厦门、泉州、宁德和莆田的民营企业家最忙碌，平均每天工作时间超过10小时，难怪可用于学习的时间只有1.83小时，低于福建省平均水平。

（4）山区民营企业家学习欲望更强。山区城市被调查民营企业家每天的学习时间平均为2.12小时，沿海五市的只有1.82小时，而福州、厦门、泉州三中心城市更是减少到1.79小时。

在有一定的学习时间保证的情况下，企业家选择的学习方式对其能力的提高也是至关重要的。我们把学习方式分为参加EMBA/MBA或研究生课程进修班、听专家讲座、自学、学习优秀企业以及出国商务考察等几个主要类型。调查表明（见表26），在福建省范围内，"自学"是企业家选择最多的一种学习方式，得票率达84.6%。"学习优秀企业"和"请教专家"次之，分别为71.2%和70.2%。其中，在学习优秀企业方面，除福州和莆田的企业家外，其他城市六成以上的企业家都表现出相当的积极性。在南平、泉州和宁德有八成及以上的企业家选择了"请教专家"的方式。再次，有63.5%的被调查企业家曾出国进行商务考察，其中厦门的被调查民营企业家全部都出国商务考察学习过。相比之下，福州仅有35.7%的被调查民营企业家有这种经历。相比较而言，民营企业家参加进修班学习的比例是最低的，福建省仅有15.4%的被调查民营企业家曾参加过进修班学习，其中，一半集中在厦门和泉州的企业；而三明和龙岩则为零。民营企业家是一个非常忙碌的群体，脱产学习对他们来说，有一定困难。

表 26				不同地区被调查民营企业家参加过的学习和培训（多选）						
指标	福建	福州	莆田	泉州	厦门	漳州	南平	三明	龙岩	宁德
企业数（家）	106	14	10	16	15	10	10	10	11	10
参加进修班（家）	16	1	2	4	4	2	2	0	0	1
比例（%）	15.09	7.14	20.00	25.00	26.67	20.00	20.00	0	0	10.00
请教专家（家）	73	7	7	13	10	7	9	5	7	8
比例（%）	68.87	50.00	70.00	81.25	66.67	70.00	90.00	50.00	63.64	80.00
自学（家）	88	12	7	13	13	7	9	9	9	9
比例（%）	83.02	85.71	70.00	81.25	86.67	70.00	90.00	90.00	81.82	90.00
学习优秀企业（家）	74	8	5	11	13	6	7	7	9	8
比例（%）	69.81	57.14	50.00	68.75	86.67	60.00	70.00	70.00	81.82	80.00
出国商务考察（家）	66	5	5	10	15	6	7	5	5	8
比例（%）	62.26	35.71	50.00	62.50	100.00	60.00	70.00	50.00	45.45	80.00

以上调查结果表明，福建省民营企业家创业前的职业背景虽然各不相同，但都十分重视学习以提高自身素质。自学因其最方便，是民营企业家选择的最普遍的方式；① 向优秀企业学习，其经验最为实用，马上可以改进本企业的生产技术和经营管理，请教专家是一种个性化服务，形式灵活，内容有针对性，因此，受到民营企业家的青睐。大部分被调查民营企业家都有过向优秀企业学习或请教专家的经历；福建省的外向型经济比较发达，不少民营企业的地域目标市场就是国际市场，② 出国商务考察，对于这些民营企业家来说，也已经是比较普遍、经常性的业务活动，然而，需要指出的是，福州的被调查民营企业家，由于其企业规模较小，企业家平均文化水平偏低，曾经出国商务考察的比例是福建省最低的。

2. 企业家法律意识调查

我们设计了三个问题调查福建企业家的法律意识：（1）您对民营企业相关的法律法规、政策了解吗？（2）贵企业是否聘请常年的法律顾问？（3）如果遇上业务或其他纠纷，您通常会如何解决？

从第一个问题的答案统计中（见表 27），我们看到，近七成的被调查民营企业家都表示较为了解国家与民营企业相关的法律、法规和政策。其中，厦门、南平、漳州、三明等城市的这一比例较高，这与这些地区近一半的企业家

---

① 但是也因此难以核实，可能是最不可靠的陈述。其他的选择可靠性可能更高些。

② 在本文的调查中，50% 的被调查民营企业声称本企业的地域目标市场是国际市场或国际国内市场并重。

原来是干部或工人这样的职业背景，平均文化水平较高密切相关（见表22、表23）。而在福州，由于一半以上的被调查民营企业家来自于个体户或农民，文化程度偏低，因此对法律法规政策比较了解的企业家比例相对较低。

表27　　　　被调查民营企业对与民营企业相关法律法规政策的了解程度

企业所在地区	指标	很不了解	不了解	一般	较了解	非常了解	小计
福州	企业数（家）	1	1	5	7	0	14
	比例（%）	7.14	7.14	35.71	50.00	0	100.00
莆田	企业数（家）	0	0	3	6	1	10
	比例（%）	0	0	30.00	60.00	10.00	100.00
泉州	企业数（家）	0	0	4	10	1	15
	比例（%）	0	0	26.67	66.67	6.67	100.00
厦门	企业数（家）	0	0	2	13	0	15
	比例（%）	0	0	13.33	86.67	0	100.00
漳州	企业数（家）	0	1	1	7	0	9
	比例（%）	0	11.11	11.11	77.78	0	100.00
南平	企业数（家）	0	0	0	9	1	10
	比例（%）	0	0	0	90.00	10.00	100.00
三明	企业数（家）	0	0	3	7	0	10
	比例（%）	0	0	30.00	70.00	0	100.00
龙岩	企业数（家）	0	0	5	5	1	11
	比例（%）	0	0	45.45	45.45	9.09	100.00
宁德	企业数（家）	0	0	3	7	0	10
	比例（%）	0	0	30.00	70.00	0	100.00
福建省	企业数（家）	1	2	26	71	4	104
	比例（%）	0.96	1.92	25.00	68.27	3.85	100.00

注：有2家（泉州1家，漳州1家）被调查民营企业的相关数据缺失。

为了更准确地衡量不同地区民营企业家了解相关法律法规政策的程度，我们进行赋值计算，计算结果如表28所示：福建省被调查民营企业家的平均赋值数是3.7019，相当于较了解水平的92.55%。水平最高的三个地区是厦门、漳州和南平，最差的是福州。

表28　　　被调查民营企业对与民营企业相关法律法规政策的了解程度（赋值计算）

企业所在地区	很不了解（1）	不了解（2）	一般（3）	较了解（4）	非常了解（5）	平均赋值	排序
福州	1×1	2×1	3×5	4×7	5×0	3.2857	7
莆田	1×0	2×0	3×3	4×6	5×1	3.8000	4
泉州	1×0	2×0	3×4	4×10	5×1	3.8000	4

企业所在地区	很不了解（1）	不了解（2）	一般（3）	较了解（4）	非常了解（5）	平均赋值	排序
厦门	1×0	2×0	3×0	4×2	5×13	4.8667	1
漳州	1×0	2×0	3×1	4×1	5×7	4.6667	2
南平	1×0	2×0	3×0	4×9	5×1	4.1000	3
三明	1×0	2×0	3×3	4×7	5×0	3.7000	5
龙岩	1×0	2×0	3×5	4×5	5×1	3.6364	6
宁德	1×0	2×0	3×3	4×7	5×0	3.7000	5
福建省	1×1	2×1	3×26	4×71	5×4	3.7019	—

再看关于第二个问题的回答统计（见表29），福建省67.31%的被调查企业家表示会聘请常年法律顾问，其中，厦门、漳州、三明和宁德的这一比例超过了全省平均数，从表28可以看出，这些地区的被调查民营企业家的平均法律知识水平在福建省或是最高的，或者在平均水准左右。而表示会聘请常年法律顾问的比例较低的三个地区是泉州、龙岩和福州，其中，泉州的情况与龙岩和福州似乎有所不同。泉州的民营企业家并非不重视法律顾问，而是采取方式的差异。他们虽然较少请常年法律顾问，但是临时咨询或专项聘请的比例却是福建省最高的（40.00%）。再看不聘请常年法律顾问，也不临时咨询律师的答案比例，最高的三个地区是莆田、龙岩、福州。我们把肯定与否定的答案结合起来看，可以发现，落在两个答案共同区间的两个地区是福州和龙岩，这两个地区被调查民营企业家的平均法律知识水平是福建省最低的。因此可以得出结论：民营企业家是否聘请常年法律顾问或经常向律师咨询，与其自身的法律素养正相关。

表29 不同地区被调查民营企业聘请常年法律顾问情况

企业所在地区	指标	是	否	否，但有过临时咨询或专项聘请	小计
福州	企业数（家）	8	2	4	14
	比例（%）	57.14	14.29	28.57	100.00
莆田	企业数（家）	6	3	1	10
	比例（%）	60.00	30.00	10.00	100.00
泉州	企业数（家）	8	1	6	15
	比例（%）	53.33	6.67	40.00	100.00
厦门	企业数（家）	13	0	2	15
	比例（%）	86.67	0	13.33	100.00
漳州	企业数（家）	8	0	1	9
	比例（%）	88.89	0	11.11	100.00

企业所在地区	指标	是	否	否，但有过临时咨询或专项聘请	小计
南平	企业数（家）	6	1	3	10
	比例（%）	60.00	10.00	30.00	100.00
三明	企业数（家）	7	0	3	10
	比例（%）	70.00	0	30.00	100.00
龙岩	企业数（家）	6	2	3	11
	比例（%）	54.55	18.18	27.27	100.00
宁德	企业数（家）	8	1	1	10
	比例（%）	80.00	10.00	10.00	100.00
福建省	企业数（家）	70	10	24	104
	比例（%）	67.31	9.62	23.07	100.00

注：有2家（泉州1家，漳州1家）被调查民营企业的相关数据缺失。

最后，关于第三个问题的回答统计（见表30），福建省被调查企业家中90.38%的企业家都表示当企业发生业务或其他纠纷时会选择通过法律途径解决，有2.88%的企业家选择按照乡间民约解决（其中主要是泉州和龙岩的企业家）。剩余的6.74%的被调查企业家选择其他的解决方式，诸如协商解决、自己协调以及借助政府的权力等。在这项调查中，被调查民营企业家较少愿意通过法律途径解决业务及其他纠纷问题的地区之一，也是被调查民营企业家法律知识平均水平较低的地区。

表30　　　　　不同地区被调查民营企业解决业务或其他纠纷的方法调查

企业所在地区	指标	通过法律途径解决	按照乡间民约解决	其他	小计
福州	企业数（家）	13	0	1	14
	比例（%）	92.86	0	7.14	100.00
莆田	企业数（家）	9	0	1	10
	比例（%）	90.00	0	10.00	100.00
泉州	企业数（家）	13	2	0	15
	比例（%）	86.67	13.33	0	100.00
厦门	企业数（家）	14	0	1	15
	比例（%）	93.33	0	6.67	100.00
漳州	企业数（家）	8	0	1	9
	比例（%）	88.89	0	11.11	100.00
南平	企业数（家）	10	0	0	10
	比例（%）	100.00	0	0	100.00

企业所在地区	指标	通过法律途径解决	按照乡间民约解决	其他	小计
三明	企业数（家）	9	0	1	10
	比例（%）	90.00	0	10.00	100.00
龙岩	企业数（家）	8	1	2	11
	比例（%）	72.73	9.09	18.18	100.00
宁德	企业数（家）	10	0	0	10
	比例（%）	100.00	0	0	100.00
福建省	企业数（家）	94	3	7	104
	比例（%）	90.38	2.88	6.74	100.00

注：有2家（泉州1家，漳州1家）被调查民营企业的相关数据缺失。

这一部分的调查结果表明，总体而言，福建省民营企业家的法律意识较强，能较好地遵守国家与民营企业相关的各项法律、法规和政策。大部分被调查企业会聘请常年法律顾问，当企业发生业务或其他纠纷时，通过法律途径解决是企业解决纠纷的主要方式。综合分析发现，被调查民营企业依靠法律手段解决问题的重视程度，与企业家自身的法律素养正相关，与企业家的受教育年限也有一定关系。福州和龙岩的被调查民营企业家的平均受教育年限较低，在运用法律武器保护自身权益方面也相对较弱。

3. 企业家素质现状

我们设计出一套反映企业家素质的综合指标，让被调查企业家以自评的方式选出自己具备的三种最强和最弱的素质。这一套指标从三个方面综合概括了企业家的素质。

（1）企业家的管理能力，包括风险决策能力、组织协调能力、财务管理能力、合作能力、知人善任能力、激励能力等。

（2）企业家的潜力指标，包括学习能力、公关能力、开拓创新能力、表达能力、战略远见、坚忍不拔的意志等。

（3）企业家个人素质，包括自律能力、诚实信用、守法经营、身体健康、社会责任感等。

在福建省范围内，对"企业家最强的3项素质"的统计表明（见图7），得票率最高的三项素质分别为"风险决策能力""开拓创新能力""诚实信用、守法经营"；其次是"战略远见""组织协调能力""坚忍不拔的意志"；得票最低的四项素质分别为"激励能力""表达能力""身体健康""自律能力"。

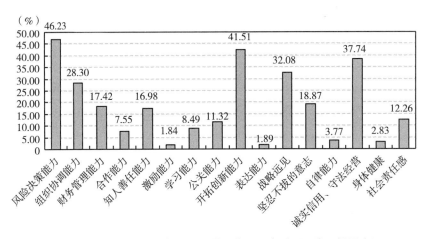

图7　福建省被调查民营企业家最强的3项素质（3选，得票率）

从地区比较来看（见表31），在企业家的管理能力方面，南平、漳州和泉州的被调查企业家对自己的风险决策能力表现出极大的信心；南平、龙岩和莆田的企业家充分肯定了自己的组织协调能力；莆田、宁德和福州的企业家认为财务管理能力也是自己最强的3项素质之一。比较三个中心城市，泉州的企业家不认同自己具备财务管理和知人善任的能力；福州和厦门的企业家认为自己欠缺合作能力。

表31　　　　　不同地区被调查民营企业家最强的3项素质（3选）

	指标	福建省	福州	莆田	泉州	厦门	漳州	南平	三明	龙岩	宁德
	企业数（家）	106	14	10	16	15	10	10	10	11	10
企业家的管理能力	风险决策能力（家）	49	6	4	8	6	5	6	5	5	4
	比例（%）	46.23	42.86	40.00	50.00	40.00	50.00	60.00	50.00	45.45	40.00
	组织协调能力（家）	30	3	4	3	2	2	7	2	6	1
	比例（%）	28.30	21.43	40.00	18.75	13.33	20.00	70.00	20.00	54.55	10.00
	财务管理能力（家）	19	4	4	0	4	1	1	2	1	4
	比例（%）	17.92	28.57	40.00	0	26.67	10.00	10.00	20.00	9.09	40.00
	合作能力（家）	8	1	1	2	1	0	0	1	1	1
	比例（%）	7.55	7.14	10.00	12.50	6.67	0	0	10.00	9.09	10.00
	知人善任能力（家）	18	2	0	0	3	2	1	1	5	4
	比例（%）	16.98	14.29	0	0	20.00	20.00	10.00	10.00	45.45	40.00
	激励能力（家）	2	0	0	1	0	0	0	0	0	1
	比例（%）	1.89	0	0	6.25	0	0	0	0	0	10.00
企业家的潜力指标	学习能力（家）	9	1	1	1	0	1	1	2	2	0
	比例（%）	8.49	7.14	10.00	6.25	0	10.00	10.00	20.00	18.18	0
	公关能力（家）	12	1	1	3	2	1	0	1	1	2
	比例（%）	11.32	7.14	10.00	18.75	13.33	10.00	0	10.00	9.09	20.00
	开拓创新能力（家）	44	8	5	6	6	3	3	6	1	6

指标		福建省	福州	莆田	泉州	厦门	漳州	南平	三明	龙岩	宁德
企业家的潜力指标	比例（%）	41.51	57.14	50.00	37.50	40.00	30.00	30.00	60.00	9.09	60.00
	表达能力（家）	2	0	0	1	1	0	0	0	0	0
	比例（%）	1.89	0	0	6.25	6.67	0	0	0	0	0
	战略远见（家）	34	2	3	7	6	5	3	2	2	4
	比例（%）	32.08	14.29	30.00	43.75	40.00	50.00	30.00	20.00	18.18	40.00
	坚忍不拔的意志（家）	20	2	2	3	5	1	1	3	2	1
	比例（%）	18.87	14.29	20.00	18.75	33.33	10.00	10.00	30.00	18.18	10.00
企业家个人素质	自律能力（家）	4	0	0	1	0	0	1	0	0	2
	比例（%）	3.77	0	0	6.25	0	0	10.00	0	0	20.00
	诚实信用、守法经营（家）	40	7	4	6	5	3	4	5	4	2
	比例（%）	37.74	50.00	40.00	37.50	33.33	30.00	40.00	50.00	36.36	20.00
	身体健康（家）	3	1	1	0	0	0	0	0	1	0
	比例（%）	2.83	7.14	10.00	0	0	0	0	0	9.09	0
	社会责任感（家）	13	4	0	0	2	3	2	0	2	0
	比例（%）	12.26	28.57	0	0	13.33	30.00	20.00	0	18.18	0

在企业家的潜力指标方面，在沿海五城市中有63.64%的被调查企业家表示具备开拓创新能力，在山区四城市这一比例只有36.36%，沿海比山区高出27.28个百分点。此外，认为自己具备战略远见的企业家比例在沿海地区为67.65%，而在山区仅为32.35%，沿海比山区高出了35.3个百分点。这样的结果与沿海地区企业家的学历背景、投资机会等密切相关。

在企业家个人素质方面，大多数被调查企业家都表示"诚实信用、守法经营""社会责任感"是自己最强的素质。

以上调查结果表明，在三个中心城市，虽然被调查民营企业家都认为自己具备风险决策能力，但在财务管理能力和知人善任能力方面，福州和厦门的企业家比泉州的企业家更有信心。与山区城市相比，沿海城市的被调查企业家表现出更强的开拓创新能力和战略远见。此外，"诚实信用、守法经营"是得到大多数被调查企业家首肯的素质之一。

在福建省范围内，对"企业家最弱的3项素质"的回答统计表明（见图8），得票率最高的三项素质分别为"公关能力""表达能力""激励能力""财务管理能力"（后两项得票率相同）。

从地区比较来看（见表32），在企业家的管理能力方面，在三个中心城市，福州的被调查企业家除了认为具备知人善任能力这一项以外，在所有其他指标方面都认为存在能力欠缺；泉州的企业家特别强调了合作能力和财务管理能力的不足；厦门的企业家更担心自己的激励能力。在企业家的潜力指标方面，福州的企业家认为自己的表达能力和公关能力是最弱的两项素质；泉州的企业家则认为学习能力和战略远见欠缺；厦门的企业家对自己公关能力表示出强烈的忧虑。在企业家个人素质方面，三个城市的企业家都不同程度地认为自己的身体健康值得担忧。在山区的企业家（包括漳州）中，财务管理能力和激励能力的不足直接限制了企业家的管理能力；而不具备公关能力和表达能力更加阻碍了企业家潜力的发挥。

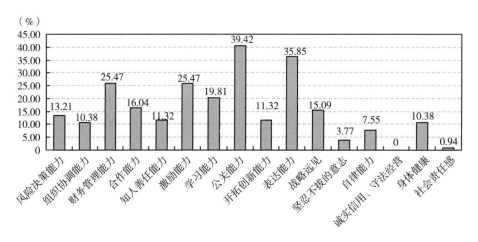

图 8　福建省被调查民营企业家最弱的 3 项素质（3 选，得票率）

表 32　　　　　　不同地区被调查民营企业家最弱的 3 项素质调查（3 选）

	指标	福建	福州	莆田	泉州	厦门	漳州	南平	三明	龙岩	宁德
	企业数（家）	106	14	10	16	15	10	10	10	11	10
企业家的管理能力	风险决策能力（家）	14	2	1	3	3	0	1	1	1	2
	比例（%）	13.21	14.29	10.00	18.75	20.00	0	10.00	10.00	9.09	20.00
	组织协调能力（家）	11	2	1	0	4	0	0	0	1	3
	比例（%）	10.38	14.29	10.00	0	26.67	0	0	0	9.09	30.00
	财务管理能力（家）	27	3	0	3	7	2	5	2	1	4
	比例（%）	25.47	21.40	0	18.75	46.67	22.00	50.00	20.00	9.09	40.00
	合作能力（家）	17	2	3	4	4	3	0	1	0	0
	比例（%）	16.04	14.29	30.00	25.00	26.67	30.00	0	10.00	0	0
	知人善任能力（家）	12	0	3	3	1	0	2	3	0	0
	比例（%）	11.32	0	30.00	18.75	6.67	0	20.00	30.00	0	0
	激励能力（家）	27	3	3	2	6	2	4	4	1	2
	比例（%）	25.47	21.40	30.00	12.50	40.00	20.00	40.00	40.00	9.09	20.00

	指标	福建	福州	莆田	泉州	厦门	漳州	南平	三明	龙岩	宁德
企业家的潜力指标	学习能力（家）	21	2	3	5	1	1	2	2	0	4
	比例（%）	19.81	14.29	30.00	31.25	6.67	10.00	20.00	20.00	0	40.00
	公关能力（家）	42	5	3	2	4	5	7	6	7	2
	比例（%）	39.42	35.71	30.00	12.50	26.67	50.00	70.00	60.00	63.63	20.00
	开拓创新能力（家）	12	3	0	1	4	1	0	2	1	0
	比例（%）	11.32	21.43	0	6.25	26.67	10.00	0	20.00	9.09	0
	表达能力（家）	38	6	4	3	3	7	3	3	6	3
	比例（%）	35.85	42.86	40.00	18.75	20.00	70.00	30.00	30.00	54.55	30.00
	战略远见（家）	16	4	0	2	0	1	1	4	2	2
	比例（%）	15.09	28.57	0	12.50	0	10.00	10.00	40.00	18.18	20.00
	坚忍不拔的意志（家）	4	1	0	1	0	0	0	2	0	0
	比例（%）	3.77	7.14	0	6.25	0	0	0	20.00	0	0
企业家个人素质	自律能力（家）	8	0	1	1	3	0	0	0	3	0
	比例（%）	7.55	0	10.00	6.25	20.00	0	0	0	27.27	0
	诚实信用、守法经营（家）	0	0	0	0	0	0	0	0	0	0
	比例（%）	0	0	0	0	0	0	0	0	0	0
	身体健康（家）	11	1	2	1	1	1	1	0	1	3
	比例（%）	10.38	7.14	20.00	6.25	6.67	10.00	10.00	0	9.09	30.00
	社会责任感（家）	1	0	0	0	1	0	0	0	0	0
	比例（%）	0.94	0	0	0	6.67	0	0	0	0	0

以上调查结果表明，福建省的民营企业家中，欠缺公关能力、表达能力、激励能力以及财务管理能力（甚至学习能力）是一种普遍现象。这一定程度上说明，他们还缺少作为企业家的专业培训。[①] 显然，通过学习获得的知识和经验是企业家人力资本的一部分，而正是这样的人力资本的积累才决定了企业家素质的高低。

（三）企业家基本经营理念调查

为了了解企业家的基本经营理念，我们在这一部分设计了以下几个调查项目：（1）创业原因；（2）经营目标；（3）企业的成功原因，等等。创业原因

---

① 在国外，企业家队伍大都是专业队伍，大约只有5%的企业家没有接受过专业系统的训练。而在国内，有统计表明企业家中大约只有5%接受过专业培训。

或动机的不同可以反映出企业家所追求目标层次的不同。企业经营目标的选择不仅会随企业发展的不同阶段而相应调整，而且还与企业所处的市场竞争环境密切相关。

1. 创业原因

对于"当初是什么原因促使您自办企业"这个问题，我们给出六个选择："谋生"、"获得更多收入"、"为社会作贡献"、"有技术特长想实现自身价值"、"有管理特长想实现自身价值"和"其他"（见图9）。在这六项选择中，有些项目是同类但选择时一般又是不会重复选择的，如"谋生"和"获得更多收入"都是收入方面的追求，"有技术特长想实现自身价值"和"有管理特长想实现自身价值"都与企业家个人价值实现有关。因此，我们把"谋生"和"获得更多收入"，"有技术特长想实现自身价值"和"有管理特长想实现自身价值"选项合并，发现："为社会作贡献""实现企业家人生价值""收入"的得票率分别是40.57%、67.92%、46.23%，以"收入"为基准，三者的强度比是0.88∶1.47∶1.00。价值实现是被调查民营企业家创办企业的主要考虑，收入追求固然重要，但已经降为次要选择。由于被调查对象大多是创业成功的企业家，因此，尽管这些选择也许并不一定反映被调查民营企业家创办企业时的动机，但至少是这些企业家现在对他们经营企业动机的看法。与改革开放初期甚至20世纪90年代初期相比，民营企业家的追求就整体而言，有了较大提高。他们已经相当程度上以贡献社会为己任，力图通过发挥自己的能力来实现自身价值并创造财富。

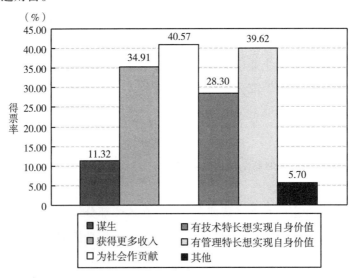

图9　福建省被调查民营企业家办企业的原因（多选）

不同地区被调查企业家创办企业的动机如表 33 所示。比较沿海和山区的情况，沿海有 35.38% 的被调查企业家表示创业的原因是为社会作贡献，在内地，这一比例为 48.78%。内地比沿海高 13.4 个百分点。此外，在山区为了获得更多收入而创办企业的企业家比例平均也比沿海城市高 3.53 个百分点！一个值得注意的现象是，在接受调查的三个中心城市的企业家中，想通过发挥自身的管理特长或技术特长来实现自身价值的企业家比例大大低于福建省的该项比例。其中，在福州和厦门，更多企业家认为"谋生"和"获得更多收入"是自办企业的主要原因。

表 33　　　　　不同地区被调查民营企业家办企业的原因调查（多选）

指标	福建	福州	莆田	泉州	厦门	漳州	南平	三明	龙岩	宁德
企业数（家）	106	14	10	16	15	10	10	10	11	10
谋生（家）	12	2	2	1	3	1	1	1	0	1
比例（%）	11.32	14.29	20.00	6.25	20.00	10.00	10.00	10.00	0	10.00
获得更多收入（家）	37	5	2	3	5	4	3	5	6	4
比例（%）	34.91	35.71	20.00	18.75	33.33	40.00	30.00	50.00	54.55	40.00
为社会作贡献（家）	43	4	3	7	7	2	4	5	8	3
比例（%）	40.57	28.57	30.00	43.75	46.67	20.00	40.00	50.00	72.73	30.00
有技术特长想实现自身价值（家）	30	1	6	2	3	4	4	4	3	3
比例（%）	28.30	7.14	60.00	12.50	20.00	40.00	40.00	40.00	27.27	30.00
有管理特长想实现自身价值（家）	42	5	6	4	2	2	6	3	3	3
比例（%）	39.62	35.71	60.00	25.00	20.00	20.00	60.00	30.00	27.27	30.00

如同对待福建省的数据，我们将分地区统计的这些子项再分组为"实现企业家人生价值""收入""为社会作贡献"3 项，计算不同地区被调查民营企业家办企业的动机强度，结果如表 34 所示。不同地区民营企业家创办企业的不同动机强度差别甚大，泉州、龙岩的民营企业家，"为社会作贡献"动机超过了"收入"动机；除福州、厦门、龙岩之外，所有地区的民营企业家通过办企业"实现企业家人生价值"的动机都超过了"收入"动机。

表 34　　　　　不同地区被调查民营企业家办企业的动机强度比较

（以收入动机为 1）

项目	福州	莆田	泉州	厦门	漳州	南平	三明	龙岩	宁德
为社会作贡献	0.571	0.750	1.750	0.875	0.400	1.000	0.833	1.333	0.600
实现企业家人生价值	0.857	3.000	1.500	0.625	1.200	2.500	1.167	1.000	1.200
收入	1.000	1.000	1.000	1.000	1.000	1.000	1.000	1.000	1.000

资料来源：根据表 33 数据计算。

按地区类型来看（见表 35），被调查民营企业家的"为社会作贡献"动机，沿海地区（莆田、漳州）最强，中心城市最弱。"实现企业家"人生价值，则是沿海地区（莆田、漳州）最强，山区最弱。

表 35　　　　　不同地区被调查民营企业家办企业的动机强度比较

（以收入动机为 1）

	中心城市	沿海地区（含中心城市）	沿海地区（莆田、漳州）	山区
为社会作贡献	0.8972	1.4030	1.6250	1.3812
实现企业家人生价值	1.0253	1.0615	3.0000	0.9524
收入	1.0000	1.0000	1.0000	1.0000

资料来源：根据表 33 数据计算。

马斯洛的人类动机理论指出：人存在着各种不同的欲望，人的一生实际都处在不断追求之中，人不断有需求，各类需要是沿着从基本到高级的顺序逐次展开的：从生存需要到安全需要，从对爱和归属的需要，到自尊与来自他人尊重的需要，以致自我实现的需要、发展的需要，等等。一般而言，收入需要是较基本的需要，自我实现是较高层次的需要，对社会贡献则是更高层次需要。也就是说，需求是有层次性的，基本需要满足之后，才会过渡到对较高层次需要的追求。[①]

如何理解各地区或各种类型地区被调查民营企业家的这些行为动机及其差异呢？我们认为，就总体而言，随着民营经济的发展，民营经济作为社会主义市场经济的重要组成部分之一已经逐渐为社会所认识，民营企业家作为一个社会群体，不仅其收入水平是较高的，而且社会地位也逐渐上升，这些都会对民营企业家的生活态度产生重要影响。因此，各种类型地区被调查民营企业家的各类行为动机强度，不仅是其个人素质的反映，而且也可以折射出不同社会环境、社会评价对他们的影响。

---

　　① F. 戈布尔：《第三思潮：马斯洛心理学》，上海译文出版社 1987 年版。

2. 企业家经营目标调查

市场经济条件中的企业，其最重要的经营目标的选择不仅要随企业发展的不同阶段而相应调整，而且与企业所处的市场竞争环境密切相关。通常，在企业发展的初期，企业最重要的经营目标具有较强的短期性，例如，追求利润最大化；当企业发展进入一定阶段时，其目标相应转向扩大企业规模和提高市场占有率等长期发展方向；当企业进入成熟阶段时，其目标将进一步转向树立良好的企业形象和追求国际化等长远发展方面。另外，当企业所面临的市场环境较宽松，竞争尚不激烈时，企业较为重视短期目标的实现；但在一个企业间竞争非常激烈的环境中，企业为了谋求长远发展在追求短期目标的同时更要确保长期（以及长远）目标的实现。因此，企业家经营目标的差异将在一定程度上反映出福建省民营经济发展的总体状况以及各地区民营经济发展的差距。

对什么是最重要的经营目标的调查表明（见图10），30.19%的被调查民营企业家选择了"提高市场占有率"，24.53%选择了"树立良好的企业形象"，17.92%选择了"追求利润最大化"，10.38%选择了"扩大企业规模"，其余的选择都较少。从福建省被调查民营企业家的经营目的选择比例可以看出：（1）福建省民营企业家的主体经营目标已经从发展初期的重视短期利益，追求利润最大化，转向强调长期发展、扩大企业规模和提高市场占有率；（2）树立良好企业形象已经受到相当部分企业的重视；（3）少数企业开始向国际化方向发展。

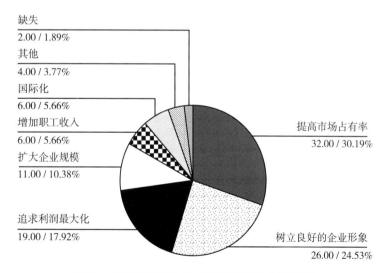

缺失
2.00 / 1.89%
其他
4.00 / 3.77%
国际化
6.00 / 5.66%
增加职工收入
6.00 / 5.66%
扩大企业规模
11.00 / 10.38%
追求利润最大化
19.00 / 17.92%
提高市场占有率
32.00 / 30.19%
树立良好的企业形象
26.00 / 24.53%

图10　被调查民营企业重要经营目标（福建省）

从地区比较来看（见表36），在沿海三个中心城市中，近三成的企业家都把提高市场占有率作为企业经营的最重要目标，其中在泉州，这一比例达到了

46.67%。这与中心城市民营企业所面临的激烈市场竞争的环境相关，当然，这也与泉州的民营企业的目标市场提高密切相关。同时，为了在竞争中谋求企业的长期发展，与福州相比，在厦门和泉州有较大比例的企业家更加重视树立良好的企业形象。三个中心城市的主要区别表现在以下三个方面。（1）福州被调查民营企业的经营目标比较分散。（2）在福建省外向型经济最发达的厦门，被调查民营企业中却没有一家表示国际化是企业经营的最重要目标。出现这样的结果有可能存在两方面的原因：一是有限样本导致的统计遗漏；二是长期以来厦门经济主要靠外资的牵引，民营经济在厦门经济中占的比重低，企业数量少，规模也小。因而，厦门民营企业的经营目标从短期来看主要是追求利润最大化（占被调查企业的20.00%）和扩大企业规模（占13.33%）。（3）泉州被调查民营企业没有一家表示追求利润最大化是企业经营的最重要目标。对此，我们的看法：一是由于各地区调查的样本有限，又不是严格按照抽样原理抽取的，因此可能出现样本类型遗漏；二是与泉州相比，福州和厦门的民营经济发展水平是相对落后的。

表36　　　　　　　　不同地区被调查民营企业重要经营目标比较

企业所在地区	指标	增加职工收入	追求利润最大化	提高市场占有率	扩大企业规模	树立良好的企业形象	国际化	其他	小计
福州	企业数（家）	1	2	4	2	3	1	1	14
	比例（%）	7.14	14.29	28.57	14.29	21.43	7.14	7.14	100.00
莆田	企业数（家）	1	1	4	0	4	0	0	10
	比例（%）	10.00	10.00	40.00	0	40.00	0	0	100.00
泉州	企业数（家）	0	0	7	2	4	1	1	15
	比例（%）	0	0	46.67	13.33	26.67	6.67	6.67	100.00
厦门	企业数（家）	0	3	5	2	5	0	0	15
	比例（%）	0	20.00	33.33	13.33	33.33	0	0	100.00
漳州	企业数（家）	1	1	2	1	1	2	1	9
	比例（%）	11.11	11.11	22.22	11.11	11.11	22.22	11.11	100.00
南平	企业数（家）	0	3	4	2	0	1	0	10
	比例（%）	0	30.00	40.00	20.00	0	10.00	0	100.00
三明	企业数（家）	0	4	1	1	4	0	0	10
	比例（%）	0	40.00	10.00	10.00	40.00	0	0	100.00
龙岩	企业数（家）	1	3	2	1	3	1	0	11
	比例（%）	9.09	27.27	18.18	9.09	27.27	9.09	0	100.00
宁德	企业数（家）	2	2	3	0	2	0	1	10
	比例（%）	20.00	20.00	30.00	0	20.00	0	10.00	100.00
福建省	企业数（家）	6	19	32	11	26	6	4	104
	比例（%）	5.77	18.27	30.7	10.57	25.00	5.7	3.85	100.00

注：有2家被调查民营企业的相关数据缺失。

相比之下，在山区四个城市中，三明、南平和龙岩平均有超过三成的企业表示其最重要的经营目标是追求利润最大化；认为提高市场占有率是最重要目标的企业的比例平均低于沿海城市；在三明，有40.00%的企业重视树立良好的企业形象，龙岩和宁德的这一比例分别只有27.27%和20.00%，南平甚至为0。这些数据明显意味着在山区城市民营经济的发展还可能处于初期阶段，企业的经营目标有较强追求利润的短期性；与此同时，由于市场环境还较为宽松，提高市场占有率和扩大企业规模等企业经营的长远目标尚未得到充分重视。

3. 企业家决策方式

企业家决策方式选择的不同也可从另一个角度体现企业的发展阶段。家族式的小规模企业，重大决策往往是由企业主个人做出的；随着企业规模的扩大，决策日趋复杂，企业家在做出重大决策时，将越来越多地需要参考相关人士的意见，当企业发展成为现代企业之后，经营决策权将转入企业的经营管理决策层之手，以民主的方式决定。

调查结果显示（见图11），福建省被调查民营企业的决策权还是比较集中的。56.63%的被调查企业家面对重大决策时主要是自己决定并参考相关人士的意见；35.80%的企业家认为应该交决策层民主决定；此外，还有2.84%的企业家是自己一人决定重大决策。

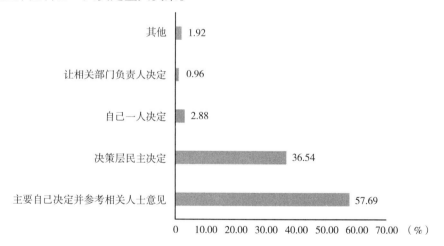

图11 福建省被调查民营企业的决策方式分布

与企业决策方式直接相关的另一项目是"企业投资决策成功率"。我们设计了4个选项：（1）30%以下；（2）30%~60%；（3）60%~90%；（4）90%以上。调查结果显示（见表37），福建省55.80%的被调查民营企业家认为其投资决策成功率在60%~90%之间；成功率在90%以上的企业家比例也达到了

36.50%。从地区比较来看，一个例外是，福州有35.71%的民营企业家表示自己的投资决策成功率30%～60%之间，这一比例是9个城市中最低的，其余8个城市中近九成的民营企业家都表示自己的投资决策成功率在60%以上。

表37　　　　　　　　不同地区被调查民营企业的投资成功率

企业所在地区	指标	30%～60%	60%～90%	90%以上	小计
福州	企业数（家）	5	6	3	14
	比例（%）	35.76	42.85	21.43	100.00
莆田	企业数（家）	0	4	6	10
	比例（%）	0	40.00	60.00	100.00
泉州	企业数（家）	0	11	4	15
	比例（%）	0	73.33	26.67	100.00
厦门	企业数（家）	0	9	6	15
	比例（%）	0	60.00	40.00	100.00
漳州	企业数（家）	0	6	3	9
	比例（%）	0	66.67	33.33	100.00
南平	企业数（家）	1	3	6	10
	比例（%）	10.00	30.00	60.00	100.00
三明	企业数（家）	0	7	3	10
	比例（%）	0	70.00	30.00	100.00
龙岩	企业数（家）	1	7	3	11
	比例（%）	9.09	63.64	27.27	100.00
宁德	企业数（家）	1	5	4	10
	比例（%）	10.00	50.00	40.00	100.00
福建省	企业数（家）	8	58	38	104
	比例（%）	7.70	55.80	36.50	100.00

注：有2家被调查民营企业的相关数据缺失。由于第1项选择为0，我们在表中只给出其他3项选择的结果。

企业重要岗位人员的聘任方式可以认为是企业家所面临的重大决策之一。因此，我们专门对企业重要岗位人员的聘任方式进行了调查。对于"聘任企业的重要岗位人选时，您首先会考虑什么人"这个问题，回答"启用企业内部的合适人选"的企业家比例，福建省为52.88%。从地区比较来看，莆田最高（90.00%），其次是福州和龙岩，最低是厦门和宁德，为40.00%。回答"向社会公开招聘"的企业家比例，福建省为39.42%；从地区来看，厦门最高（60.00%），其次是泉州和龙岩，福州较低，仅为28.57%。这说明相对于福州，厦门、泉州由于能够吸引更多的劳动力和人才，劳动就业市场相对完善，企业能够通过公开招聘选用重要岗位人员。只有漳州、南平、三明和宁德分别有1位企业家选择回答"家庭其他成员"（见表38）。

企业所在地区	指标	家庭其他成员	启用企业内部的合适人选	向社会公开招聘	其他	小计
福州	企业数（家）	0	9	4	1	14
	比例（%）	0	64.29	28.57	7.14	100.00
莆田	企业数（家）	0	9	1	0	10
	比例（%）	0	90.00	10.00	0	100.00
泉州	企业数（家）	0	8	7	0	15
	比例（%）	0	53.33	46.67	0	100.00
厦门	企业数（家）	0	6	9	0	15
	比例（%）	0	40.00	60.00	0	100.00
漳州	企业数（家）	1	4	3	1	9
	比例（%）	11.11	44.44	33.33	11.11	100.00
南平	企业数（家）	1	5	4	0	10
	比例（%）	10.00	50.00	40.00	0	100.00
三明	企业数（家）	1	4	4	1	10
	比例（%）	10.00	40.00	40.00	10.00	100.00
龙岩	企业数（家）	0	6	5	0	11
	比例（%）	0	54.55	45.45	0	100.00
宁德	企业数（家）	1	4	4	1	10
	比例（%）	10.00	40.00	40.00	10.00	100.00
福建省	企业数（家）	4	55	41	4	104
	比例（%）	3.85	52.88	39.42	3.85	100.00

表38　　　　　　不同地区被调查民营企业聘用重要岗位的人选方式

注：有2家被调查民营企业的相关数据缺失。

上述问题是以单项选择题的形式出现的，我们用多项选择题的方式询问了一个类似的问题：贵企业管理人员的招聘方式？答案统计如图12、表39所示。尽

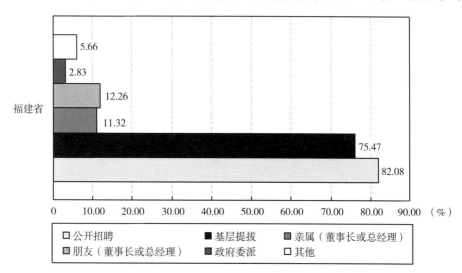

图12　被调查民营企业管理人员的招聘方式（多选，福建省）

管在这两个问题上，福建省的答案统计略有差异——例如，在企业内部提拔与公开向社会招聘的比例上，表38与图12的比例是相反的，但是，大致趋势还是相近的。重用家族成员，已经被认为是不合时宜之举，至少是做得说不得的了。

表39　　　　　不同地区被调查民营企业管理人员的招聘方式（多选）

指标	福建省	福州	莆田	泉州	厦门	漳州	南平	三明	龙岩	宁德
企业数（家）	106	14	10	16	15	10	10	10	11	10
社会公开招聘（家）	87	9	8	15	15	9	9	7	7	8
比例(%)	82.08	64.29	80.00	93.75	100.00	90.00	90.00	70.00	63.64	80.00
企业基层提拔（家）	80	10	9	10	10	5	10	8	11	7
比例(%)	75.47	7.431	90.00	62.50	66.67	50.00	100.00	80.00	100.00	70.00
亲属（董事长或总经理的）（家）	12	1	2	0	1	1	2	1	2	2
比例(%)	11.32	7.14	20.00	0	6.67	10.00	20.00	10.00	18.18	20.00
朋友（董事长或总经理的）（家）	13	0	2	0	1	1	1	4	2	2
比例(%)	12.26	0	20.00	0	6.67	10.00	10.00	40.00	18.18	20.00
政府委派（家）	3	0	1	0	0	0	1	1	0	0
比例(%)	2.83	0	10.00	0	0	0	10.00	10.00	0	0
其他（家）	6	1	2	0	1	0	0	2	0	0
比例(%)	5.66	7.14	20.00	0	6.67	0	0	20.00	0	0

但是，具体到不同地区的比较，我们发现，对于相近的两个问题，答案差距较大（见表39、表40）。可能问题的选答方式——前者单项选择，后者多项选择——对结果有一定影响，但是，这不是唯一的影响因素。我们注意到，表40的两行参数比，在不同地区的趋势基本上是一致的：聘用重要岗位人选，倾向于起用企业内部人员，聘用一般管理人员，不妨多用社会招聘。我们认为，这一方面说明，被调查民营企业在人才使用上，还一定程度上存在着封闭性；另一方面也说明，福建省的人才市场还不够发达，制度不够规范——关于这一点，我们可以看一下厦门。与其他地区不同，厦门的被调查民营企业则更倾向于通过市场招聘获得人才，即使是重要岗位也是如此。这说明厦门相对发达的人才市场为民营企业通过市场化方式获得人才提供了必要的外部环境——因此，企业把向社会公开招聘作为次要的选择。

表40　　　不同地区被调查民营企业聘用重要岗位人选方式、管理人员招聘方式比较
（社会招聘：内部招聘）

岗位	福州	莆田	泉州	厦门	漳州	南平	三明	龙岩	宁德
聘用重要岗位人选	0.44:1	0.11:1	0.88:1	1.5:1	0.75:1	0.8:1	1:1	0.83:1	1:1
管理人员招聘	0.9:1	0.89:1	1.5:1	1.5:1	1.8:1	0.9:1	0.875:1	0.64:1	1.14:1

资料来源：根据表38、表39数据计算。

（四）民营企业家成功的原因

由于民营企业家的个人背景以及素质的高低直接关系到企业的成败，因此，在完成了有关企业家的个人情况以及素质的调查之后，我们还向民营企业家们了解了他们办企业成功的主要原因，询问了什么是促进他们成长的最重要因素，最后，我们还调查了企业家经常参加的组织或商务活动。

我们把企业家创业成功的主要原因归纳为以下几个方面，让被调查民营企业家从中选 3 项：（1）个人的胆识谋略；（2）以人为本的企业文化；（3）科学管理、正确决策；（4）诚实信誉取胜；（5）拥有广泛的社会资源；（6）有利的社会大环境；（7）家庭支持；（8）机会或运气。

调查结果表明（见表 41），在福建省范围内，得票率最高的三项分别是诚实信誉取胜、企业家个人的胆识谋略以及以人为本的企业文化。这一结果与我们调查的福建省民营企业家有较强的法治意识密切相关。从地区比较来看，福州、厦门和莆田的民营企业家们认为科学管理、正确决策也是企业成功的一个主要因素；莆田的民营企业家们还更多地强调了有利的社会大环境的重要性。泉州、漳州的部分民营企业家则认为拥有广泛的社会资源也较为重要。来自山区城市的调查得到一些不同的结果，相比之下，山区城市的民营企业家更加重视诚实信誉和科学管理的正确性。这一定程度上反映出山区城市的投资机会相对较少，企业通常以稳取胜。

表 41　　　　不同地区被调查民营企业家创业成功的主要原因（多选）

企业所在地区	指标	企业家个人的胆识谋略	以人为本的企业文化	科学管理、正确决策	诚实信誉取胜	拥有广泛的社会资源	有利的社会大环境	家庭支持	机会或运气
福州	企业数（家）	10	10	7	11	0	1	2	1
	比例（%）	71.43	71.43	50.00	78.57	0	7.14	14.29	7.14
莆田	企业数（家）	5	5	5	7	0	5	1	0
	比例（%）	50.00	50.00	50.00	70.00	0	50.00	10.00	0
泉州	企业数（家）	12	9	3	11	4	5	1	0
	比例（%）	75.00	56.25	18.75	73.30	25.00	31.25	6.25	0
厦门	企业数（家）	9	9	9	8	2	3	1	1
	比例（%）	60.00	60.00	60.00	53.33	13.33	20.00	6.67	6.67
漳州	企业数（家）	6	3	2	5	2	0	2	3
	比例（%）	60.00	30.00	20.00	50.00	20.00	0	20.00	30.00

续表

企业所在地区	指标	企业家个人的胆识谋略	以人为本的企业文化	科学管理、正确决策	诚实信誉取胜	拥有广泛的社会资源	有利的社会大环境	家庭支持	机会或运气
南平	企业数（家）	5	7	6	8	1	2	0	1
	比例（%）	50.00	70.00	60.00	80.00	10.00	20.00	0	10.00
三明	企业数（家）	4	7	5	9	0	3	0	2
	比例（%）	40.00	70.00	50.00	90.00	0	30.00	0	20.00
龙岩	企业数（家）	8	4	8	8	1	2	1	0
	比例（%）	72.72	36.36	72.72	72.72	9.09	18.18	9.09	0
宁德	企业数（家）	6	5	4	10	1	2	2	0
	比例（%）	60.00	50.00	40.00	100.00	10.00	20.00	20.00	0
福建省	企业数（家）	65	59	49	77	11	23	10	8
	比例（%）	61.32	56.67	46.23	72.64	10.38	22.70	9.43	7.55

对"什么是促进企业家成长的最重要因素"的调查显示（见表42），"有序的市场环境""宽松的政治环境""完善的法治环境"是得票率最高的三个选项。这充分体现了民营企业家要求一种公平公正的社会环境的愿望。位于沿海的民营企业家平均而言，比位于山区的民营企业家更加重视"稳定的家庭环境""持续的职业教育""人才流动"的重要性。其他方面，拥有"健康的社会文化"也是被调查民营企业家们认同的促进企业家成长的一个重要因素。

表42　　　　　促进企业家成长的重要因素（多选，地区比较）

企业所在地区	指标	稳定的家庭环境	有序的市场环境	宽松的政治环境	完善的法治环境	人才流动	健康的社会文化	持续的职业教育
福州	企业数（家）	6	12	9	10	1	2	2
	比例（%）	42.85	85.71	64.29	71.43	7.14	14.29	14.29
莆田	企业数（家）	5	8	8	3	2	1	3
	比例（%）	50.00	80.00	80.00	30.00	20.00	10.00	30.00
泉州	企业数（家）	9	11	10	8	1	2	2
	比例（%）	60.00	73.33	66.67	53.33	6.67	13.33	13.33
厦门	企业数（家）	4	14	10	11	0	3	3
	比例（%）	26.67	93.33	66.67	73.33	0	20.00	20.00
漳州	企业数（家）	5	6	5	5	1	0	2
	比例（%）	55.56	66.67	55.56	55.56	11.11	0	22.22
南平	企业数（家）	3	8	8	6	1	3	1
	比例（%）	30.00	80.00	80.00	60.00	10.00	30.00	10.00

企业所在地区	指标	稳定的家庭环境	有序的市场环境	宽松的政治环境	完善的法治环境	人才流动	健康的社会文化	持续的职业教育
三明	企业数（家）	3	8	10	7	0	1	1
	比例（%）	30.00	80.00	100.00	70.00	0	10.00	10.00
龙岩	企业数（家）	4	9	11	8	0	0	1
	比例（%）	36.36	81.82	100.00	72.73	0	0	9.09
宁德	企业数（家）	6	5	5	7	1	2	3
	比例（%）	60.00	50.00	50.00	70.00	10.00	20.00	30.00
福建省	企业数（家）	45	81	76	65	7	14	18
	比例（%）	43.27	77.88	73.08	62.50	6.73	13.46	17.31

关于民营企业家经常参加的组织或商务活动，从福建省来看，工商联，商会、行业工会以及政协是民营企业家选择最多的三个组织。从地区比较来看，福州的民营企业家更赞同参加个体私协；泉州的民营企业家则表示更愿意参加商会、行业工会；厦门的民营企业家较青睐工商联以及商会和行业工会。山区民营企业家的意见则较为分散（见表43）。

表43　　　　　　企业经常参加的组织或商务活动（多选）

指标	福建	福州	莆田	泉州	厦门	漳州	南平	三明	龙岩	宁德
企业数（家）	106	14	10	16	15	10	10	10	11	10
个协私协（家）	32	8	1	3	7	0	5	3	3	2
比例（%）	30.19	57.14	10.00	18.75	46.67	0	50.00	30.00	27.27	20.00
工商联（家）	65	6	7	5	10	7	6	9	7	8
比例（%）	61.32	42.86	70.00	31.25	66.67	70.00	60.00	90.00	63.64	80.00
企业家联谊会（家）	43	5	4	5	8	2	6	4	4	5
比例（%）	40.57	35.71	40.00	31.25	53.33	20.00	60.00	40.00	36.36	50.00
政协（家）	53	5	4	8	7	5	9	5	4	6
比例（%）	50.00	35.71	40.00	50.00	46.67	50.00	90.00	50.00	36.36	60.00
人大（家）	37	0	6	6	5	4	2	6	5	3
比例（%）	34.91	0	60.00	37.50	33.33	40.00	20.00	60.00	45.45	30.00
商会、行会工会（家）	57	4	6	12	10	3	7	5	4	6
比例（%）	53.77	28.57	60.00	75.00	66.67	30.00	70.00	50.00	36.36	60.00
其他（家）	11	0	2	1	4	2	0	0	0	2
比例（%）	10.38	0	20.00	6.25	26.67	20.00	0	0	0	20.00

以上调查表明，由于福建省的民营企业家具有较强的法治意识，大部分民

营企业家都把诚实守信作为自己成功的最主要原因。同时，民营企业家们也表示，有序的市场环境、宽松的政治环境以及完善的法治环境是促进民营企业家成长的重要因素。从福建省来看，工商联，商会、行业工会以及政协是民营企业家选择最多的三个组织。

四、民营企业发展的外部环境

社会经济环境对企业的生存与发展具有重大影响。由于长期计划经济体制以及"左"的思潮的影响，转型经济中的民营企业在企业生存与发展的外部环境问题上，往往会比国有、集体、外资企业遇到更多的问题。因此，一个地区的民营企业生存发展的外部环境质量，不仅关系到该地区民营企业的发展，而且在某种程度上，是一个地区市场经济发展水平的指示器。福建省民营企业生存发展的外部环境质量，是本次调查关注的重点之一。

企业生存发展的外部环境可以分为两类：一类是物质环境，如一个地区的资源条件、基础设施状况等；另一类是制度环境。调研主要关注后者。制度环境包含多方面的内容，概括而言，有政府与社会两个主要方面。

在政府管理与服务方面，我们着重调查了公平竞争、企业负担问题以及政府工作效率与服务质量。

（一）公平竞争环境问题

是否存在各类市场主体公平竞争的环境是一个地区市场经济是否成熟的重要标志。而公平竞争的市场环境，主要是靠政府来营造。在同一市场竞争领域，政府能否一视同仁地对待不同类型或同一类型的不同市场主体，在相当程度上决定了该市场领域中不同市场主体之间的竞争能否公平地进行。

1. 市场准入

我们首先调查了市场准入问题，这属于制度规范方面的问题。对于"目前民营企业在进入经营领域范围上大于、相当或小于国有企业"这一问题，回答统计显示（见表44、图13），从福建省范围看，在民营企业所能进入的经营范围上，40.95%被调查的民营企业认为与国有企业是相同的，38.10%的民营企业认为小于国有企业，20.95%民营企业则认为还大于国有企业。

企业所在地区	指标	大于国有企业	等于国有企业	小于国有企业	小计
福州	企业数（家）	1	5	8	14
	比例（％）	7.14	35.71	57.14	100.00
莆田	企业数（家）	3	3	4	10
	比例（％）	30.00	30.00	40.00	100.00
泉州	企业数（家）	3	7	6	16
	比例（％）	18.75	43.75	37.50	100
厦门	企业数（家）	1	7	7	15
	比例（％）	6.67	46.67	46.67	100.00
漳州	企业数（家）	2	3	4	9
	比例（％）	22.22	33.33	44.44	100.00
沿海五市	企业数（家）	10	25	29	64
	比例（％）	15.63	39.06	45.31	100.00
南平	企业数（家）	3	5	2	10
	比例（％）	30.00	50.00	20.00	100.00
三明	企业数（家）	1	5	4	10
	比例（％）	10.00	50.00	40.00	100.00
龙岩	企业数（家）	5	4	2	11
	比例（％）	45.46	36.36	18.18	100.00
宁德	企业数（家）	3	4	3	10
	比例（％）	30.00	40.00	30.00	100.00
山区四市	企业数（家）	12	18	11	41
	比例（％）	29.27	43.90	26.83	100.00
福建省	企业数（家）	22	43	40	105
	比例（％）	20.95	40.95	38.10	100

表 44　　　　不同地区被调查民营企业的经营范围（与国有企业比较）

注：有 1 家漳州被调查民营企业的相关数据缺失。

　　对于"目前民营企业在进入经营领域范围上大于、相当或小于外资企业"这一问题，被调查民营企业的回答统计如表45 与图14 所示。与外资企业比较，则答案更乐观，有 46.67％ 被调查民营企业认为与外资企业所能进入的经营范围是相同的，认为小于外资企业的民营企业占 35.24％，18.10％ 的民营企业甚至认为大于外资企业。

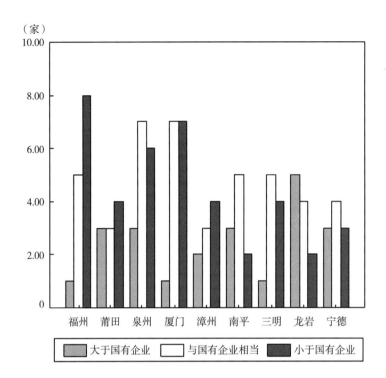

图 13　不同地区被调查民营企业的经营范围（与国有企业比较）

表 45　　　　　　不同地区被调查民营企业的经营范围（与外资企业比较）

企业所在地区	指标	大于外资企业	等于外资企业	小于外资企业	小计
福州	企业数（家）	1	4	9	15
	比例（%）	6.67	26.67	60.00	100.00
莆田	企业数（家）	6	4	0	10
	比例（%）	60.00	40.00	0	100.00
泉州	企业数（家）	3	9	4	16
	比例（%）	18.75	56.25	25.00	100.00
厦门	企业数（家）	0	7	8	15
	比例（%）	0	46.67	53.33	100.00
漳州	企业数（家）	0	4	5	9
	比例（%）	0	44.44	55.56	100.00
沿海五市	企业数（家）	10	28	26	65
	比例（%）	15.38	43.08	40.00	100.00
南平	企业数（家）	2	6	2	10
	比例（%）	20.00	60.00	20.00	100.00
三明	企业数（家）	2	5	3	10
	比例（%）	20.00	50.00	30.00	100.00
龙岩	企业数（家）	2	6	3	11
	比例（%）	18.18	54.55	27.27	100.00

企业所在地区	指标	大于外资企业	等于外资企业	小于外资企业	小计
宁德	企业数（家）	3	4	3	10
	比例（%）	30.00	40.00	30.00	100.00
山区四市	企业数（家）	9	21	11	41
	比例（%）	21.95	51.22	26.83	100.00
福建省	企业数（家）	19	49	37	105
	比例（%）	18.10	46.67	35.24	100.00

注：有1家漳州被调查民营企业的相关数据缺失。

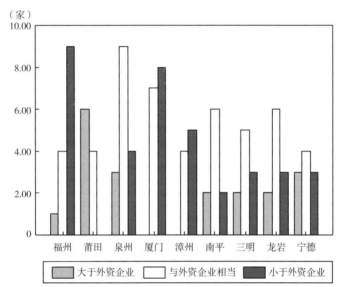

图14　不同地区被调查民营企业的经营领域范围（与外资企业比较）

为了更为精确地描述民营企业对这一问题的评价，我们用赋值法计算平均得分，将大于、等于、小于国有企业（或外资企业）的经营范围分别赋值为3、2、1，计算结果是：福建省被调查民营企业认为它们的经营范围与国有企业（或外资企业）比较，达到了1.8286（见表46、表47）。这个数值说明，从民营企业这个在转型经济中最容易受到歧视的市场主体角度看，福建省在对待各类市场主体的制度规则方面，已经比较平等。但是，这个结论仅仅在福建省范围是适用的。①

————————

① 我们说，"从民营企业这个在转型经济中最容易受到歧视的市场主体角度看"意味着这只是一个主观判断，可能未必准确。比方说，本次调查的民营企业大多数集中在制造业，因此，可能更多反映了制造业民营企业对进入限制问题的看法，对于全部的市场经济领域，结论可能不那么乐观。从整个国民经济的行业准入情况看，目前我国民营企业仍难以进入包括银行、铁路、水电气等30多个重要行业。从企业设立条件来看，也非常烦琐，要经过层层审批。据调查，民营企业开业登记前，涉及其前置审查、审批或实行许可证制度的有20多部法律、60多部法规和规章；需要前置审查或审批或核发许可证的有14个行业、149个经营项目，横跨公安、卫生、文化、旅游、劳动等38个政府行政管理部门。

表 46　　　　　　不同地区被调查民营企业经营范围（赋值计算）

（与国有企业比较）

企业所在地区	大于国有企业	等于国有企业	小于国有企业	平均赋值	排序
福州	3×1	2×5	1×8	1.5000	9
莆田	3×3	2×3	1×4	1.9000	4
泉州	3×3	2×7	1×6	1.8125	5
厦门	3×1	2×7	1×7	1.6000	8
漳州	3×2	2×3	1×4	1.7778	6
南平	3×3	2×5	1×2	2.1000	2
三明	3×1	2×5	1×4	1.7000	7
龙岩	3×5	2×4	1×2	2.2727	1
宁德	3×3	2×4	1×3	2.0000	3
福建省	3×22	2×43	1×40	1.8286	

资料来源：根据表 44 数据计算。

表 47　　　　　　不同地区被调查民营企业的经营范围（赋值计算）

（与外资企业比较）

企业所在地区	大于外资企业	等于外资企业	小于外资企业	平均赋值	排序
福州	3×1	2×4	1×9	1.3333	8
莆田	3×6	2×4	1×0	2.6000	1
泉州	3×3	2×9	1×4	1.9375	3
厦门	3×0	2×7	1×8	1.4667	6
漳州	3×0	2×4	1×5	1.4444	7
南平	3×2	2×6	1×2	2.0000	2
三明	3×2	2×5	1×3	1.9000	5
龙岩	3×2	2×6	1×3	1.9091	4
宁德	3×3	2×4	1×3	2.0000	2
福建省	3×19	2×49	1×37	1.8286	

资料来源：根据表 45 数据计算。

　　从地区结构上看，各设区市之间不太平衡。一个有趣的现象是：沿海经济发达地区的民营企业对这一问题的不满意程度超过了山区经济欠发达地区。福州有 57.14% 的被调查民营企业、厦门有 46.67% 的被调查民营企业认为民营企业的经营领域小于国有企业，比例之高，居福建省之冠。有 45.31% 的沿海五市被调查民营企业认为民营企业的经营领域小于国有企业（见表 44）。在与外资企业的经营领域比较上，认为小于外资企业经营领域的被调查民营企业也主要集中在福州、厦门等外资企业在当地经济中占比较大的地区。福州 60.00%

的被调查民营企业认为民营企业的经营领域小于外资企业，厦门和漳州也超过了50.00%。而山区四市的民营企业认为自己能进入的经营领域的范围小于国有企业、外资企业的比例却相对较低。前者为26.83%，比沿海五市的比例（45.31%）低了18.48个百分点。后者为26.83%，比沿海五市的比例（40.00%）低了13.17个百分点（见表45）。

2. 制度执行

关于公平竞争环境的第二个问题是：民营企业在项目报批和生产用地方面，与国有、集体、外资企业相比，是否受到更多限制？这一问题与制度执行有关。对于这个问题，被调查民营企业的回答率相对较低，只有62.26%~78.30%的被调查民营企业回答了这个问题。但是，回答了这个问题的企业的不满意程度要高于市场准入问题。福建省55.42%的被调查民营企业的回答是，与国有企业相比，民营企业受到了更大限制。从地区分布来看，沿海地区被调查民营企业的不满意程度大大高于山区，在调查中，沿海五市有48家被调查民营企业回答了这个问题，其中，75.00%（36家）民营企业认为受到比国有、集体企业更大的限制，而回答了这个问题的山区四市35家被调查民营企业中，只有28.57%（10家）民营企业认为受到更大限制（见表48）。

表48 不同地区被调查民营企业项目报批和生产用地受限情况
（与国有企业、集体企业比较）

企业所在地区	指标	更多	更少	基本一致	小计
福州	企业数（家）	6	0	3	9
	比例（%）	66.67	0	33.33	100.00
莆田	企业数（家）	8	0	2	10
	比例（%）	80.00	0	20.00	100.00
泉州	企业数（家）	10	0	2	12
	比例（%）	83.33	0	16.67	100.00
厦门	企业数（家）	9	1	0	10
	比例（%）	90.00	10.00	0	100.00
漳州	企业数（家）	3	1	3	7
	比例（%）	42.86	14.29	42.86	100.00
南平	企业数（家）	1	2	4	7
	比例（%）	14.29	28.57	57.14	100.00
三明	企业数（家）	2	2	6	10
	比例（%）	20.00	20.00	60.00	100.00

企业所在地区	指标	更多	更少	基本一致	小计
龙岩	企业数（家）	4	2	3	9
	比例（%）	44.44	22.22	33.33	100.00
宁德	企业数（家）	3	0	6	9
	比例（%）	33.33	0	66.67	100.00
福建省	企业数（家）	46	8	29	83
	比例（%）	55.42	9.64	34.94	100.00

注：有 23 家被调查民营企业的相关数据缺失。

在与外资企业的比较中，被调查民营企业的不满程度要相对低一些。福建省有 66 家被调查民营企业回答了这个问题，其中，24 家即 36.36% 的民营企业认为民营企业受到的限制大于外资企业，在地区分布上，同样也是沿海地区民营企业的不满程度显著高于山区（见表 49）。

表 49　　　　不同地区被调查民营企业项目报批和生产用地受限情况

（与外资企业比较）

企业所在地区	指标	更多	更少	基本一致	小计
福州	企业数（家）	1	2	3	6
	比例（%）	16.67	33.33	50.00	100.00
莆田	企业数（家）	6	0	3	9
	比例（%）	66.67	0	33.33	100.00
泉州	企业数（家）	2	2	2	6
	比例（%）	33.33	33.33	33.33	100.00
厦门	企业数（家）	5	0	4	9
	比例（%）	55.56	0	44.44	100.00
漳州	企业数（家）	2	1	2	5
	比例（%）	40.00	20.00	40.00	100.00
南平	企业数（家）	1	2	4	7
	比例（%）	14.29	28.57	57.14	100.00
三明	企业数（家）	2	2	5	9
	比例（%）	22.22	22.22	55.56	100.00
龙岩	企业数（家）	4	0	5	9
	比例（%）	44.44	0	55.56	100.00
宁德	企业数（家）	1	0	5	6
	比例（%）	16.67	0	83.33	100.00
福建省	企业数（家）	24	9	33	66
	比例（%）	36.36	13.64	50.00	100.00

注：有 40 家被调查民营企业的相关数据缺失。

为了得到较准确的衡量，我们仍然运用赋值计算法，计算出来的该问题福建省平均赋值只有1.5422（与国有企业比较）和1.7727（与外资企业比较），是基本一致赋值的77.11%和88.64%，明显低于第一个问题的平均赋值（见表50、表51）。

表50　不同地区被调查民营企业项目报批和生产用地受限情况（赋值计算）

（与国有企业、集体企业比较）

企业所在地区	更少	基本一致	更多	平均赋值	排序
福州	3×0	2×3	1×6	1.3333	6
莆田	3×0	2×2	1×8	1.2000	7
泉州	3×0	2×2	1×10	1.1667	9
厦门	3×1	2×0	1×9	1.2000	8
漳州	3×1	2×3	1×3	1.7143	4
南平	3×2	2×4	1×1	2.1429	1
三明	3×2	2×6	1×2	2.000	2
龙岩	3×2	2×3	1×4	1.7778	3
宁德	3×0	2×6	1×3	1.6667	5
福建省	3×8	2×29	1×46	1.5422	

资料来源：根据表48数据计算。

表51　不同地区被调查民营企业项目报批和生产用地受限情况（赋值计算）

（与外资企业比较）

企业所在地区	更少	基本一致	更多	平均赋值	排序
福州	3×2	2×3	1×1	2.1667	1
莆田	3×0	2×3	1×6	1.3333	8
泉州	3×2	2×2	1×2	2.0000	3
厦门	3×0	2×4	1×5	1.4444	7
漳州	3×1	2×2	1×2	1.8000	5
南平	3×2	2×4	1×1	2.1429	2
三明	3×2	2×5	1×2	2.0000	3
龙岩	3×0	2×5	1×4	1.5556	6
宁德	3×0	2×5	1×1	1.8333	4
福建省	3×9	2×33	1×24	1.7727	

资料来源：根据表49数据计算。

3. 政府的重视程度与支持力度

与公平竞争环境相关的第三个问题是：政府对民营企业的重视程度和支持

力度。这基本上属于政府部门自由裁量范围。所有被调查民营企业都回答了这个问题。结果统计如下：49.06%的企业认为政府对民营企业的重视程度和支持力度低于国有企业（见表52），65.09%的企业认为政府对民营企业的重视程度和支持力度低于外资企业（见表53）。在地区分布上，与前两个问题相似，沿海地区被调查企业的不满意程度超过山区。回答政府对民营企业重视程度和支持力度低于国有企业的比重最高的三个地区是厦门（73.33%）、福州（64.29%）和漳州（60.00%）；回答政府对民营企业重视和支持力度低于外资企业的民营企业比重最高的四个地区是厦门（86.67%）、漳州（80.00%）、宁德（80.00%）和福州（71.43%）。认为政府对民营企业的重视和支持力度不够的企业基本上都集中在沿海地区。

表52　　　　　　不同地区政府对民营企业的重视和支持力度

（与国企比较）

企业所在地区	指标	大于国有企业	等于国有企业	小于国有企业	小计
福州	企业数（家）	0	5	9	14
	比例（%）	0	35.71	64.29	100.00
莆田	企业数（家）	1	5	4	10
	比例（%）	10.00	50.00	40.00	100.00
泉州	企业数（家）	0	9	7	16
	比例（%）	0	56.25	43.75	100.00
厦门	企业数（家）	2	2	11	15
	比例（%）	13.33	13.33	73.33	100.00
漳州	企业数（家）	0	4	6	10
	比例（%）	0	40.00	60.00	100.00
南平	企业数（家）	2	8	0	10
	比例（%）	20.00	80.00	0	100.00
三明	企业数（家）	2	3	5	10
	比例（%）	20.00	30.00	50.00	100.00
龙岩	企业数（家）	1	5	5	11
	比例（%）	9.09	45.45	45.45	100.00
宁德	企业数（家）	1	4	5	10
	比例（%）	10.00	40.00	50.00	100.00
福建省	企业数（家）	9	45	52	106
	比例（%）	8.48	42.45	49.06	100.00

表53　　　不同地区政府对民营企业的重视和支持力度（与外资企业比较）

企业所在地区	指标	大于外资企业	等于外资企业	小于外资企业	小计
福州	企业数（家）	1	3	10	14
	比例（%）	7.14	21.43	71.43	100.00
莆田	企业数（家）	1	3	6	10
	比例（%）	10.00	30.00	60.00	100.00
泉州	企业数（家）	1	9	6	16
	比例（%）	6.25	56.25	37.50	100.00
厦门	企业数（家）	1	1	13	15
	比例（%）	6.67	6.67	86.67	100.00
漳州	企业数（家）	0	2	8	10
	比例（%）	0	20.00	80.00	100.00
南平	企业数（家）	1	3	6	10
	比例（%）	10.00	30.00	60.00	100.00
三明	企业数（家）	0	3	7	10
	比例（%）	0	30.00	70.00	100.00
龙岩	企业数（家）	0	6	5	11
	比例（%）	0	54.55	45.45	100.00
宁德	企业数（家）	0	2	8	10
	比例（%）	0	20.00	80.00	100.00
福建省	企业数（家）	5	32	69	106
	比例（%）	4.72	30.19	65.09	100.00

　　第三个问题的福建省赋值指数分别是1.5943和1.3962。就平均水平而论，是以上三个问题中得分最低的（见表54、表55）。

表54　　　不同地区政府对民营企业的重视程度与支持力度（赋值计算）

（与国有企业比较）

企业所在地区	大于国有企业	等于国有企业	小于国有企业	平均赋值	排序
福州	3×0	2×5	1×9	1.3571	7
莆田	3×1	2×5	1×4	1.7000	2
泉州	3×0	2×9	1×7	1.5625	5
厦门	3×2	2×2	1×11	1.4000	6
漳州	3×0	2×4	1×6	1.4000	6
南平	3×2	2×8	1×0	2.2000	1
三明	3×2	2×3	1×5	1.7000	2
龙岩	3×1	2×5	1×5	1.6364	3
宁德	3×1	2×4	1×5	1.6000	4
福建省	3×9	2×45	1×52	1.5943	

资料来源：根据表52数据计算。

表55	不同地区政府对民营企业的重视程度与支持力度（赋值计算）（与外资企业比较）				
企业所在地区	大于外资企业	等于外资企业	小于外资企业	平均赋值	排序
福州	3×1	2×3	1×10	1.3571	3
莆田	3×1	2×3	1×6	1.3000	4
泉州	3×1	2×9	1×6	1.6875	1
厦门	3×1	2×1	1×13	1.2000	5
漳州	3×0	2×2	1×8	1.2000	5
南平	3×1	2×3	1×6	1.3000	4
三明	3×0	2×3	1×7	1.3000	4
龙岩	3×0	2×6	1×5	1.5455	2
宁德	3×0	2×2	1×8	1.2000	5
福建省	3×5	2×32	1×69	1.3962	

资料来源：根据表53数据计算。

以上关于公平竞争环境的三个问题的答案统计表明，就福建省而言，被调查民营企业对第一个问题——市场准入范围与第二个问题——项目报批及生产用地的满意程度高于第三个问题——政府对民营企业的重视程度和支持力度。从不同比较对象看，在市场准入方面，回答国有企业的经营范围大于民营企业的被调查民营企业数与回答外资企业的经营范围大于民营企业的被调查民营企业数大致相当；在项目报批和生产用地方面，回答民营企业比国有企业受到更多限制的被调查民营企业的比例大于回答民营企业比外资企业受到更多限制的被调查民营企业的比例；在重视程度与支持力度方面，回答外资企业受到的重视程度与支持力度高于民营企业的被调查民营企业数超过回答国有企业受到的重视程度与支持力度高于民营企业的被调查民营企业数。

因此，可以得出以下三个结论。

（1）福建省在市场经济的制度建设方面的成绩是较为显著的。市场准入范围基本上是由制度规则决定的，问卷调查统计表明，约有2/3的被调查民营企业认为其市场准入范围已经与国有或外资企业相当。该问题赋值计算的结果1.8286，是民营企业的市场准入范围等于国有企业和外资企业市场准入范围的91.43%。这说明福建省在对待各类市场主体的制度规则方面比较平等。

（2）在制度执行上，还存在着一定程度的实际不平等。这个结论主要是从第二个问题的答案统计中得出的。计算得出的该问题福建省平均赋值只有1.5422（与国有企业比较）和1.7727（与外资企业比较），是基本一致赋值的

77.11% 和 88.64%，明显低于第一个问题的平均赋值。由于我们所调查的项目报批和生产用地问题，不仅涉及规则，而且不同地区在审批中有很大的灵活性，因此，企业在此问题上是否受到限制或受限制的程度如何，除取决于制度规定外，还与具体承办的政府部门、工作人员的实际工作行为有关。回答在项目报批和生产用地问题上受到的限制比国有企业多的被调查民营企业数目明显增加。一个可能的解释是，在这个问题上，历史形成的国有企业与政府之间的天然血缘关系，使国有企业在项目报批和生产用地的获得方面，能得到承办部门和相关工作人员的更多配合，从而造成了在制度执行上一定程度的不平等。此外，还需要指出：由于国有企业的产权性质决定了这种实际上的不平等，甚至可以在制度执行上的完全平等下出现，例如，在政府的公共项目招标中，就曾经出现过竞标的国有企业投标价格低于其真实成本，排挤非国有企业的不平等竞争做法。这种在规范执行制度掩盖下的隐性歧视是当前尤其值得政府决策部门重视和防止的。

（3）在制度规范之外，更多依靠政府部门自由裁量的范围内，民营企业作为市场主体，仍然感到得到的重视程度和支持力度低于国有企业和外资企业。也就是说，越是缺乏制度明文规定的地方，民营企业越是觉得受到更多歧视。它表现为另一种隐性歧视。它与政府工作人员思想观念上残存的传统意识有关。下面的分析会指出，它还与目前的经济体制给予政府过大的资源支配权，与民营经济目前还是各类企业中的弱势主体有关。

调查结果显示，在这方面，沿海地区民营企业的不满意程度大大超过了山区的民营企业。众所周知，沿海地区经济发展水平和对外开放程度都高于山区。从逻辑上说，市场经济的发育成熟程度也要高于山区。因此，在公平竞争的制度环境方面，沿海应当比山区要好。可调查的结果是，沿海地区被调查民营企业对该问题的不满意程度大大高于山区。虽然不可否认这样的结果可能是沿海地区民营企业对公平竞争环境要求更高所导致的。如果这样，那么，逻辑推论是：在制度环境一样的情况下，泉州民营企业的抱怨应该最多，因为，泉州是福建省民营经济最发达的地区，民营企业对公平竞争环境的要求也应该最高。然而，问卷调查的结果却是厦门和福州被调查民营企业的不满意比例最高。我们注意到：厦门、福州作为中心城市，引进外资的条件远比其他城市优越，是福建省累计引进外资最多的两个地区。1979～2002 年，福州累计实际利用外资 98.2921 亿美元，厦门累计实际利用外资 130.8550 亿美元，[①] 远远高于

---

① 福建省统计局：《福建统计年鉴（2003）》，中国统计出版社 2003 年版，第 355 页。

其他地区。在两市国民经济中，外资企业的产出占了相当的比重，而民营经济相对弱小。因此，两市政府在创造良好投资环境方面，自然也就更关注如何引进外资，如何为外商提供良好的服务。这就在一定程度上忽略了民营企业的要求，从而造成了在市场经济发育程度较高的中心城市，民营企业对当地市场公平竞争环境有更多的不满。与之相反，山区在吸引外资上区位劣势比较明显，因此将注意力转向国内民间资本。实地调查发现，山区各级政府为吸引民营资本，在市场准入条件、投资领域、工业用地、税费缴纳、产品营销、企业年检等方面都出台了较之沿海市区更优惠的政策措施。例如龙岩政府对资金有困难、新注册资本在 50 万元以下的公司准许在一年内分批注入；对市属重点企业的新征土地费用实行先征后返用于企业技术改造，并减半征收基础设施配套费和免征不可预见的其他费用；对固定资产超 300 万元的新办重点发展企业，由财政给其在银行的流动资金贷款予以两年的贴息；对企业实行联合年检制，采取"一门受理、配套表式、并联审核、一口收费"方式；对于省级以上的本地知名品牌在市属主要媒体作宣传，其广告费用减半收取；等等。为协调政府与企业关系，山区各市还都建立了党政干部到民营企业挂职的制度，以提高政府部门对民营企业的服务效率和质量。这些，显然目前在沿海尤其是中心城市是难以做到的。

这就证实了，在我国，政府对资源的掌控程度还比较高，政府掌控的资源如何配置还缺乏必要的制度规定，政府部门的具体行政行为会在很大程度上决定特定地区市场的公平竞争程度。

以上三个问题的答案平均赋值依次递减的结果给我们如下启示：发展和完善社会主义市场经济，制度建设固然重要，但仅仅是第一步。在全社会范围，形成与社会主义市场经济精神一致的行为准则，不仅需要在形式上，而且更需要在实质上造就各类市场主体平等竞争的社会经济环境；形成与社会主义市场经济相适应的社会文化，是发展社会主义市场经济的深层次任务。在制度框架基本形成之后，这就成为能否最终形成真正的社会主义市场经济的关键。这个任务，至少在福建省，已经摆在了政府与社会各界面前。

（二）民营企业负担问题

我们从税收和税外负担两个方面调查了民营企业负担问题。对于与国有企业、外资企业相比，民营企业的税收负担及税外负担状况，被调查民营企业的回答是比较接近的，10.38% 的被调查企业认为民营企业的税收负担过重，

57.55% 的被调查企业认为民营企业的负担稍重，二者合计，认为民营企业税收负担重于国有企业、外贸企业的比重达被调查民营企业的 67.93%。税外负担方面，相应的比例分别是 9.43%、56.60%、66.03%（9.43% +66.03%）。

1. 民营企业的税收负担

在税收负担问题上，各地区被调查民营企业的感受程度差异并不大，认为税收负担很重和较重的企业比例大致在 50% ~ 75%。沿海和山区的民营企业感受也没有太大的不同：认为税收负担很重和较重的企业比例，沿海是 67.38%，山区是 68.28%。各类企业，尤其是内资企业的税率在不同地区之间是基本相同的，因此，各地民营企业的感受也大致相同（见表 56）。

表 56   不同地区被调查民营企业的税收负担
（与国有企业、外资企业比较）

企业所在地区	指标	很重	较重	恰好	小计
福州	企业数（家）	1	9	4	14
	比例（%）	7.14	64.29	28.57	100.00
莆田	企业数（家）	1	6	3	10
	比例（%）	10.00	60.00	30.00	100.00
泉州	企业数（家）	2	8	6	16
	比例（%）	12.50	50.00	37.50	100.00
厦门	企业数（家）	3	8	4	15
	比例（%）	20.00	53.33	26.67	100.00
漳州	企业数（家）	1	5	4	10
	比例（%）	10.00	50.00	40.00	100.00
南平	企业数（家）	1	4	5	10
	比例（%）	10.00	40.00	50.00	100.00
三明	企业数（家）	0	9	1	10
	比例（%）	0	90.00	10.00	100.00
龙岩	企业数（家）	1	6	4	11
	比例（%）	9.09	54.55	36.36	100.00
宁德	企业数（家）	1	6	3	10
	比例（%）	10.00	60.00	30.00	100.00
福建省	企业数（家）	11	61	34	106
	比例（%）	10.38	57.55	32.07	100.00

为了量化衡量和比较，我们用赋值法计算了福建省及九个地区民营企业税负指数（见表 57），得出福建省平均值是 1.7830，而相当值是 1，即，与国有企业、

外资企业相比，民营企业的税负偏重。把福建省九个地区企业的税负指数从高到低排列，高于福建省平均值的地区有：厦门（1.9333）、三明（1.9000）、莆田（1.8000）、宁德（1.8000）、福州（1.7857）。

表57　　　　　　　不同地区被调查民营企业税收负担（赋值计算）
（与国有企业、外资企业比较）

企业所在地区	相当	略大	大于	平均赋值	排序
福州	1×4	2×9	3×1	1.7857	5
莆田	1×3	2×6	3×1	1.8000	6
泉州	1×6	2×8	3×2	1.7500	4
厦门	1×4	2×8	3×3	1.9333	8
漳州	1×4	2×5	3×1	1.7000	2
南平	1×5	2×4	3×1	1.6000	1
三明	1×1	2×9	3×0	1.9000	7
龙岩	1×4	2×6	3×1	1.7273	3
宁德	1×3	2×6	3×1	1.8000	6
福建省	1×34	2×61	3×11	1.7830	

资料来源：根据表56数据计算。

税收是一个利益分配问题，因此，存在这样的可能，被调查者从自身利益出发，总是希望能尽量少纳税。为了了解被调查民营企业的税负是否偏重，我们在问卷中专门问及，"目前对民营企业发展影响最大的因素是什么？"，答案统计表明，税负不均、税负过重是被调查民营企业最为关注的问题（见图15）。我们的这一调查结果与福建省企业调查队对福建省154家民营企业进行的"民间投资意向调查"所得到的结论是基本一致的。该调查结果显示，福建省民营企业在税赋方面负担相对偏重。究其原因，在现行税收政策方面，与国有企业、外资企业相比，民营企业除了交纳33%的企业所得税外，还要缴纳个人收入调节税；国家对企业技术开发费、技术改造投资购买国产设备抵扣所得税的政策优惠，往往将私营企业排除在外；政府的所得税减免对外资企业是从"获利年度起"，对民营企业则是从开办日期起。有限责任公司性质的民营企业在增资时还需要股东缴纳个人所得税，而外商投资企业增资不仅不需要缴纳个人所得税，而且还返还一定比例的企业所得税。在我们的实地调查中，有企业反映，有些地方政府领导为搞"政绩工程"，要求税收递增，不考虑"放水养鱼"。一些国家税收优惠政策落实不到位。山区四市在福建省属于相对落后地区，其中的一些县还是国家级贫困县，不少县又是革命老区。这些地方的民营企业本来可以享受企业所得税等税收优惠，但恰恰这些地区财政最困难。结果，反而是这些地区的民营企业税收负担比相对发达地区更重。被调查企业还反映福建省的现行增值税抵扣办法僵化死板，这方面与广东等地的做法差距太大。

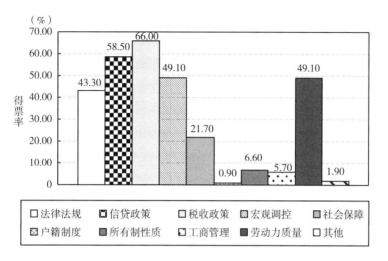

图15　对民营企业发展影响最大的因素（福建省）

此外，税负公平问题也是调查中民营企业高度关注的问题之一。山区调查组在实地调查中发现，一些地区的税务机关在审定企业应纳税收方面存在一定程度的随意性和暗箱操作，公开度、透明度有待提高。在实际的税收征管中，一些地方公开评税、公开办税、公开纳税的"三公开"存在走过场现象，没有完全按照税法要求"应征尽征"，一些与税务征收、稽查人员"关系好"、会"讨价还价"的民营企业，可以少缴税，偷漏税企业在各地都占有相当比例；另一些不会"讨价还价"的民营企业，则必须照章纳税，"应缴尽缴"，甚至要缴"过头税"。

民营企业要求提高税收透明度，加大依法、合法征税力度，要求控制行政事业性收费，减轻投资者负担，并认为这是当前在促进和引导民间投资的软环境建设上政府应优先改进的地方。有些被调查企业坦言，在税收方面受到的不公正待遇，是福建省部分民营企业转制为外资企业的重要原因之一。

2. 民营企业的税外负担

调查结果显示（见表58），在税外负担问题上，沿海和山区被调查民营企业的感受比较接近，有64.62%的沿海民营企业认为税外负担重或偏重，山区民营企业的比例是63.42%。根据赋值法计算，福建省平均税外负担指数是3.6981，介于相当（3）与较重（4）水平之间（见表59）。

表 58　　　不同地区被调查民营企业税外负担（与国有企业、外资企业比较）

企业所在地区	指标	很重	较重	恰好	较轻	很轻	小计
福州	企业数（家）	1	8	5	0	0	14
福州	比例（%）	7.14	57.14	35.71	0	0	100.00
莆田	企业数（家）	1	6	3	0	0	10
莆田	比例（%）	10.00	60.00	30.00	0	0	100.00
泉州	企业数（家）	1	8	6	0	1	16
泉州	比例（%）	6.25	50.00	37.50	0	6.25	100.00
厦门	企业数（家）	1	11	1	2	0	15
厦门	比例（%）	6.67	73.33	6.67	13.33	0	100.00
漳州	企业数（家）	3	4	3	0	0	10
漳州	比例（%）	30.00	40.00	30.00	0	0	100.00
南平	企业数（家）	1	3	4	2	0	10
南平	比例（%）	10.00	30.00	40.00	20.00	0	100.00
三明	企业数（家）	0	10	0	0	0	10
三明	比例（%）	0	100.00	0	0	0	100.00
龙岩	企业数（家）	0	6	5	0	0	11
龙岩	比例（%）	0	54.55	45.45	0	0	100.00
宁德	企业数（家）	2	4	4	0	0	10
宁德	比例（%）	20.00	40.00	40.00	0	0	100.00
福建省	企业数（家）	10	60	31	4	1	106
福建省	比例（%）	9.43	56.60	29.25	3.77	0.94	100.00

表 59　　　民营企业税外负担（赋值计算）（与国有企业、外资企业比较）

企业所在地区	很重	较重	相当	较轻	很轻	平均赋值	排序
福州	5×1	4×8	3×5	2×0	1×0	3.7143	4
莆田	5×1	4×6	3×3	2×0	1×0	3.8000	6
泉州	5×1	4×8	3×6	2×0	1×1	3.5000	2
厦门	5×1	4×11	3×1	2×2	1×0	3.7333	5
漳州	5×3	4×4	3×3	2×0	1×0	4.0000	7
南平	5×1	4×3	3×4	2×2	1×0	3.3000	1
三明	5×0	4×10	3×0	2×0	1×0	4.0000	7
龙岩	5×0	4×6	3×5	2×0	1×0	3.5455	3
宁德	5×2	4×4	3×4	2×0	1×0	3.8000	6
福建省	5×10	4×60	3×31	2×4	1×1	3.6981	

资料来源：根据表 58 数据计算。

具体到各个设区市，则不同地区的民营企业感受差异比较大。九地区税外负担按从重到轻顺序排列如下：三明、漳州、莆田、宁德、厦门、福州、龙岩、泉州、南平。

调查中有些民营企业反映，政府虽然废除了部分不合理的收费，但有些部门却改变收费形式，不合理收费明废暗存。例如，虽然废除了外来打工者的"暂住证"收费，但办理"暂住证"所需要的照片却规定要在指定的地点拍照，收费大大超过市场水平，比原来办理暂住证的收费还要高。有些企业反映，有的政府部门还要求企业按职工人数缴纳工会费。企业认为，组建工会是企业职工自己的事情，即使交纳工会费，政府部门也没有权力要求企业把它上交给不组织企业工会活动的政府部门。还有部分企业反映，企业每年向各种政府部门缴纳的收费多达十几种，其中有些是不合理收费，如职能部门摊派企业订书报，强制收取培训服务费。针对外来务工人员的各项收费、私营企业会员费、各种证件许可证的年检费、工本费、企业车辆年检费等过高。山区调查组发现，有的民营企业的各种行政收费和赞助费甚至超过其缴纳的税收，这家企业对问卷中税外负担的选择是"很重"。有相当一些企业私下向调查组透露，"三乱"现象还比较严重，既有政府明文的各种收费，也有一些掌握实权的政府官员的个人"吃""拿""卡""要"，还有各种名目的达标、赞助费用，企业对此感到很无奈。

调查中，民营企业总体上认为民营企业的税外负担已经减轻了许多，但仍然存在很多问题，要求提高税收透明度，加大依法、合法征税力度，要求控制行政事业性收费，减轻投资者负担，并认为这是当前在促进和引导民间投资的软环境建设上政府应优先改进的方面。

（三）政府工作效率与服务质量

总体而言，民营企业对有关政府部门的工作效率和服务质量还是比较满意的。在回答这个问题的 106 家被调查民营企业中，表示满意和比较满意的有 57 家，占 53.77%，表示不太满意的 49 家，占 46.23%（见表 60）。

表60　不同地区被调查民营企业对政府部门工作效率和服务质量的满意度

企业所在地区	指标	不满意	一般	比较满意	满意	其他	小计
福州	企业数（家）	2	4	7	1	0	14
	比例（%）	14.29	28.57	50.00	7.14	0	100.00

企业所在地区	指标	不满意	一般	比较满意	满意	其他	小计
莆田	企业数（家）	1	6	3	0	0	10
	比例（%）	10.00	60.00	30.00	0	0	100.00
泉州	企业数（家）	1	5	7	3	0	16
	比例（%）	6.25	31.25	43.75	18.75	0	100.00
厦门	企业数（家）	3	6	4	1	1	15
	比例（%）	20.00	40.00	26.67	6.67	6.67	100.00
漳州	企业数（家）	2	3	5	0	0	10
	比例（%）	20.00	30.00	50.00	0	0	100.00
南平	企业数（家）	0	1	8	1	0	10
	比例（%）	0	10.00	80.00	10.00	0	100.00
三明	企业数（家）	1	6	3	0	0	10
	比例（%）	10.00	60.00	30.00	0	0	100.00
龙岩	企业数（家）	0	3	7	1	0	11
	比例（%）	0	27.27	63.64	9.09	0	100.00
宁德	企业数（家）	0	5	3	2	0	10
	比例（%）	0	50.00	30.00	20.00	0	100.00
福建省	企业数（家）	10	39	47	9	1	106
	比例（%）	9.43	36.79	44.34	8.49	0.94	100.00

赋值计算，该问题的福建省平均值是 2.5048，是比较满意赋值的 83.49%（见表61）。根据各地区民营企业的赋值，将各地区被调查民营企业对所在地区政府工作效率与服务质量的评价量化，可以得出地区排序，从高到低依次为南平、龙岩、泉州、宁德、福州、漳州、厦门、三明、莆田。

表61　　　　　不同地区被调查民营企业对政府部门工作效率
与服务质量的满意度（赋值计算）

企业所在地区	不满意	一般	比较满意	满意	平均赋值	排序
福州	1×2	2×4	3×7	4×1	2.500	5
莆田	1×1	2×6	3×3	4×0	2.200	8
泉州	1×1	2×5	3×7	4×3	2.750	3
厦门	1×3	2×6	3×4	4×1	2.214	7
漳州	1×2	2×3	3×5	4×0	2.300	6
南平	1×0	2×1	3×8	4×1	3.000	1
三明	1×1	2×6	3×3	4×0	2.200	8
龙岩	1×0	2×3	3×7	4×1	2.818	2

企业所在地区	不满意	一般	比较满意	满意	平均赋值	排序
宁德	1×0	2×5	3×3	4×2	2.700	4
福建省	1×10	2×39	3×47	4×9	2.500	

资料来源：根据表60数据计算。

在调查中，一些被调查民营企业向调查组反映：一些地区的政府机关服务意识不强，办事效率不高。主要表现在以下三个方面。一是手续繁杂，节奏慢。新办一家企业从征地开工到建成投产要经过村委会、街道办事处、县、市、省5级100多个部门盖章或鉴证，不仅耗费大量的人力、物力，而且耽误了生产。二是在履行职能时找不准定位，存在许多偏差：重管理，轻服务——念念不忘自己手中的权杖，不肯为企业做具体实事。重形式，轻实效——盲目模仿别人成功的项目，而不管该项目合不合乎本地实情。重眼前，轻长远——领导为了任期内的好政绩，贪大求全求快，不顾可持续发展后劲。三是承诺多、兑现少，政府诚信遭质疑。企业认为在投资时遇到的最大难题之一是政府的承诺无法兑现。政策不管用，承诺不兑现，问题难解决，不仅使政府的诚信遭到质疑，而且还会让原来欲进入的投资者望而却步。

（四）民营企业生存发展的社会环境

公平竞争环境、企业负担、政府工作效率和服务质量这三个方面的问题构成了企业生存发展的外部环境中政府所营造的制度环境部分，但是，它仅仅是企业生存发展外部制度环境的一部分。社会环境是企业生存发展外部制度环境中的另一个重要部分。为了评价福建省民营企业生存发展的社会环境，我们从要素供给、产业配套以及社会服务支撑体系三个方面进行调查。在要素供给方面，我们调查了企业融资及劳动力供给现状。由于我们将在后文专门论述融资问题，因此，本部分只报告对劳动力供给、当地企业协作状况以及本地的技术、法律、管理、会计服务能力等问题的调查结果。

1. 劳动力供给

被调查民营企业对当地劳动力供给情况普遍表示不满。明确表示不满意的企业有29家，占被调查企业总数的27.4%，表示一般的有56家，占被调查民营企业的52.8%，二者合计，表示不太满意的民营企业达80%以上

（见表62）。

表62　　　　不同地区被调查民营企业对本地劳动力供应市场满意度

企业所在地区	指标	不满意	一般	比较满意	满意	小计
福州	企业数（家）	5	8	1	0	14
	比例（%）	35.72	57.14	7.14	0	100.00
莆田	企业数（家）	5	2	2	1	10
	比例（%）	50.00	20.00	20.00	10.00	100.00
泉州	企业数（家）	7	5	4	0	16
	比例（%）	43.75	31.25	25.00	0	100.00
厦门	企业数（家）	3	7	5	0	15
	比例（%）	20.00	46.67	33.33	0	100.00
漳州	企业数（家）	4	4	1	1	10
	比例（%）	40.00	40.00	10.00	10.00	100.00
南平	企业数（家）	1	7	2	0	10
	比例（%）	10.00	70.00	20.00	0	100.00
三明	企业数（家）	2	7	1	0	10
	比例（%）	20.00	70.00	10.00	0	100.00
龙岩	企业数（家）	1	8	1	1	11
	比例（%）	9.09	72.73	9.09	9.09	100.00
宁德	企业数（家）	1	8	1	0	10
	比例（%）	10.00	80.00	10.00	0	100.00
福建省	企业数（家）	29	56	18	3	106
	比例（%）	27.36	52.83	16.98	2.83	100.00

　　赋值计算结果，福建省的平均满意指数是1.9528（较满意赋值为3，满意赋值为4），属偏低水准。各地区的平均赋值按照满意→不满意排序，顺序是龙岩、厦门、南平、宁德、莆田、三明、泉州、福州、漳州。其中，得分最高的是龙岩，为2.182，仅达到满意值的54.55%（见表63）。

表63　　　不同地区被调查民营企业对本地劳动力市场的满意度（赋值计算）

企业所在地区	不满意	一般	比较满意	满意	平均赋值	排序
福州	1×5	2×8	3×1	4×0	1.714	7
莆田	1×5	2×2	3×2	4×1	1.900	5

企业所在地区	不满意	一般	比较满意	满意	平均赋值	排序
泉州	1×7	2×5	3×4	4×0	1.815	6
厦门	1×3	2×7	3×5	4×0	2.133	2
漳州	1×4	2×4	3×1	4×1	1.600	8
南平	1×1	2×7	3×2	4×0	2.100	3
三明	1×2	2×7	3×1	4×0	1.900	5
龙岩	1×1	2×8	3×1	4×1	2.182	1
宁德	1×1	2×8	3×1	4×0	2.000	4
福建省	1×29	2×56	3×18	4×3	1.953	—

资料来源：根据表62数据计算。

企业对劳动力市场不满意的一个重要原因是：福建省尤其是沿海地区的民营企业的发展长期依赖外来廉价劳工。但是，自2002年春天起，却出现了较严重的劳动力供给不足。新招工人数量满足不了企业需要，老员工流失严重。据泉州市劳动力中心市场的统计资料显示，2002年第一至三季度，全市劳动力市场总需求为16.4万人，而到劳动力市场求职的总人数为10.3万人，供求比例为1∶1.6。据统计，2003年泉州地区农民工缺乏数量约为20万人。2004年省劳动和社会保障厅发布了一季度福建省劳动力市场供求分析报告。报告显示，福州、泉州、莆田等市劳动力市场均呈现求大于供的状况。本调查进行时，沿海的福州、泉州、莆田等地众多中小民营企业正为招不到工人而一筹莫展，有不少企业因招不到工人而停产或开工不足。晋江位居全国县域经济基本竞争力百强第五位，区内民营经济发展十分活跃，大大小小的企业有1万余家，每年吸纳70万人左右的外来农民工。但福建省企业调查队一项调查显示，2004年春节后晋江大部分企业工人尤其是技术工人严重短缺，影响了企业的正常生产活动，工业企业开工率只有80%～85%，其中陶瓷行业的开工率不足50%。石狮有5000多家民营企业，本地户籍人口只有30万人，外来农民工是当地企业最重要的用工来源，正常情况下，石狮的外来工有20多万人。如今，由于劳工严重短缺，给当地企业生产经营造成严重影响。随着县域经济的发展，闽北、闽西等部分山区，已由传统的劳动力输出开始变为劳动力输入地，并首次出现了招工难。上杭的光华照明公司、长汀的汇鑫纺织等公司都反映招工相当困难。长汀纺织虽然已形成产业集群，但由于劳动力紧缺，企业反映员工队伍相当不稳定，企业之间因员工流动频繁和争抢员工已产生恶性竞争的内耗现象。这就导致了我们在调查中，民营企业对当地劳动力市场供应情况的严重不满。事实上，民营企业对当地劳动力市场供应情况的不满，不仅是因为劳工短缺，更是因为熟练技术工人和技术人才的供给不足。在我们调查企业"生产经营中遇到的三大困难"时，上述判断得到了进一步证实。被调查民营企业选择最多的两个选项是："生产用电"（60.38%）和"人才"（57.55%）。关于这个问题，我们在下文还要进一步阐述。

2. 当地企业协作状况

在社会化大生产条件下，个别企业只是社会分工体系中的一个环节。当众多具有生产协作关系的企业在特定地域内聚集后，外部规模经济性的存在已经为经济学研究所证实。对于以中小企业为主的民营经济的生存与发展而言，这种产业集群的作用就更大。在福建省民营经济较发达的地区，大多形成了一些大小不等的产业集群，产业集群与民营经济之间形成了良性互动关系。

在问卷调查中，被调查民营企业回答了与当地企业合作过程中遇到的主要问题。从答案统计可以看出，主要问题集中在产业集聚、产业竞争力和市场环境三个方面。

产业不配套，上下游加工环节缺失，在当地找不到合适的产业合作伙伴，是民营企业与当地企业合作遇到的最大问题。[1] 有26.42%的被调查民营企业把该问题视为与当地企业合作中遇到的主要问题（见表64、图16）。

表64　　　被调查民营企业与当地企业合作过程中遇到的主要问题

指标	缺乏诚信	产业不配套	产品质量问题	成本问题	其他	总计
企业数（家）	19	28	18	25	16	106
比例（%）	17.92	26.42	16.98	23.58	15.09	100.00

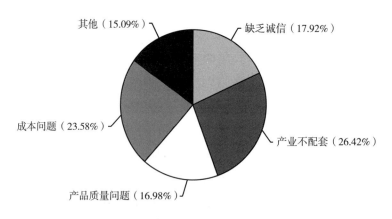

图16　与当地企业合作过程中遇到的主要问题

---

① 著名的福安电机产业集群的原材料如矽钢片、漆包线、轴承、电容器等都需要外省供应。全国与福建龙工集团的配套厂商有100多家，但本地仅有11家，而且这11家配套企业的生产质量还不稳定。

出现这样的问题实际上反映的是在当地尚未形成一定规模的产业集聚，或者说当地产业市场容量不足以支撑产业内专业化分工。关于这一点，我们从分地区问卷统计中可以看得更清楚（见表65）。认为产业不配套是与当地企业合作的主要问题的四个地区，分别是三明（60.00%）、龙岩（45.45%）、南平（40.00%）和漳州（40.00%）。这几个城市都是省内产业集聚不太明显的地区。而认为这一问题不太重要的地区，或是福州、厦门、泉州这样的中心城市，或是莆田、宁德这样的特色产业集聚程度比较高的地区。

表65 被调查民营企业与当地企业合作过程中遇到的主要问题

企业所在地区	指标	缺乏诚信	产业不配套	产品质量问题	成本问题	其他	小计
福州	企业数（家）	4	3	1	5	1	14
	比例（%）	28.57	21.43	7.14	35.71	7.14	100.00
莆田	企业数（家）	1	0	3	2	4	10
	比例（%）	10.00	0	30.00	20.00	40.00	100.00
泉州	企业数（家）	2	3	4	2	5	16
	比例（%）	12.50	18.75	25.00	12.50	31.25	100.00
厦门	企业数（家）	5	1	2	6	1	15
	比例（%）	33.33	6.67	13.33	40.00	6.67	100.00
漳州	企业数（家）	3	4	1	2	0	10
	比例（%）	30.00	40.00	10.00	20.00	0	100.00
南平	企业数（家）	1	4	2	2	1	10
	比例（%）	10.00	40.00	20.00	20.00	10.00	100.00
三明	企业数（家）	2	6	0	2	0	10
	比例（%）	20.00	60.00	0	20.00	0	100.00
龙岩	企业数（家）	0	5	1	2	3	11
	比例（%）	0	45.45	9.09	18.18	27.27	100.00
宁德	企业数（家）	1	2	4	2	1	10
	比例（%）	10.00	20.00	40.00	20.00	10.00	100.00
福建省	企业数（家）	19	28	18	25	16	106
	比例（%）	17.92	26.42	16.98	23.58	15.09	100.00

产品质量与成本问题可以归结为产业竞争力问题。由于福建省民营企业目前还主要集中在劳动密集型产业，土地、劳工成本在相当程度上决定了产品成本。因此，厦门、福州的相对成本劣势在调查中暴露无遗。厦门有40.00%、

福州有 35.71% 的被调查民营企业把成本问题作为与当地企业合作遇到的主要问题；而在其他地区认为成本是主要问题的被调查企业的比例均在 20% 及以下。与厦门、福州相比，泉州作为福建省民营经济最发达的地区，充分体现了它的成本优势①。但是，需要指出的是，对当地合作企业产品质量问题不满意较多的地区，却主要集中在产业集聚比较明显的三个地区：宁德（40.00%）、莆田（30.00%）和泉州（25.0%）。

合作企业缺乏诚信，在一定程度上反映了市场秩序不健全。一般而言，市场秩序健全与否与市场经济发育程度相关。但是，我们的调查结果却是：厦门、漳州、福州的被调查民营企业对这一问题抱怨颇多，其他各地区被调查民营企业的抱怨却比较少。可能的解释是，目前福建省各地区虽然在市场经济发育程度上有所差别，但是这些差别不足以在市场秩序上形成明显的不同。在市场秩序水平大致相同的假定下，市场参与者的数量就决定了他们的行为。如果一个市场的参与者数量越多，交易对象（在这里，他们同时是生产合作伙伴）就越多，交易也就越容易成为不重复博弈，市场参与者因违约而受到惩罚的概率将大大下降，不诚信也就成为市场参与者的理性选择。相反，市场较小，参与者数量少，交易对象必然相对固定，诚信就会成为市场参与者的理性选择。问卷调查所反映的厦门、漳州、福州与其他地区企业的不同行为选择，提示我们：市场秩序建设对各地固然同等重要，但是，目前，在中心城市更具有紧迫性。

3. 社会服务支撑体系

社会服务支撑体系是市场经济体制下，地区经济发展软环境的重要组成部分。成熟的市场经济、良好的经济发展环境，无不以高效优质的社会服务支撑体系为前提条件。我国社会主义市场经济体制建设，在经历了发展多元化市场主体、改革政府经济管理体制为主的初期阶段之后，建立完善竞争市场秩序，发展市场化的社会服务支撑体系，就将成为新的重点。因此，我们对这一问题进行了调查。

从调查结果看，被调查民营企业对本地区的技术、法律、管理、会计服务能力的满意度是比较低的。以福建省而论，只有 3 家即占被调查民营企业总数 2.83% 的企业表示满意，比较满意的也只有 22 家，占 20.75%，明确表示不满

---

① 但是，泉州企业一般员工的实际工资水平（小时工资）过低，劳动时间长，工时波动大，已经造成了严重的劳动供给不足。

意的却有 10 家，占 9.43%，是表示满意企业的 3.3 倍。大多数被调查民营企业（71 家，66.98%）表示对本地区的技术、法律、管理、会计服务能力的满意度为一般，表示不满意与表示一般的企业相加占 76.41%。从地区分布情况看，经济发达地区的社会服务能力要强一些。在调查中，表示满意与比较满意的民营企业最多的三个地区是泉州（43.75%）、厦门（40%）和福州（28.57%），但是，可以看出，即使是这些地区，表示满意的企业比例也不高。而福州、厦门、泉州三城市之外的 6 个设区市，表示不满意和一般的企业就占了绝大多数，比例高达 86.89%。比例之高为企业外部环境调查各问题之最，显然值得政府决策部门重视（见表 66）。

表66　不同地区被调查民营企业对本地技术、法律、管理、会计服务能力满意度调查

企业所在地区	指标	不满意	一般	比较满意	满意	小计
福州	企业数（家）	1	9	4	0	14
	比例（%）	7.14	64.29	28.57	0	100.00
莆田	企业数（家）	2	6	2	0	10
	比例（%）	20.00	60.00	20.00	0	100.00
泉州	企业数（家）	1	8	6	1	16
	比例（%）	6.25	50.00	37.50	6.25	100.00
厦门	企业数（家）	1	8	5	1	15
	比例（%）	6.67	53.33	33.33	6.67	100.00
漳州	企业数（家）	3	6	0	1	10
	比例（%）	30.00	60.00	0	10.00	100.00
南平	企业数（家）	0	8	2	0	10
	比例（%）	0	80.00	20.00	0	100.00
三明	企业数（家）	2	6	2	0	10
	比例（%）	20.00	60.00	20.00	0	100.00
龙岩	企业数（家）	0	11	0	0	11
	比例（%）	0	100.00	0	0	100.00
宁德	企业数（家）	0	9	1	0	10
	比例（%）	0	90.00	10.00	0	100.00
福建省	企业数（家）	10	71	22	3	106
	比例（%）	9.43	66.98	20.75	2.83	100.00

经过赋值计算，得出这个问题的满意指数为 2.170，是满意赋值的 54.25%。泉州、厦门、福州作为经济较发达地区，被调查民营企业对本地区的技术、法律、管理、会计服务能力的满意度要略高一些，但是，即使如此，平均赋值指数也不过 2.438、2.400、2.214，只相当于满意赋值的 60% 左右

（见表67）。

表 67　　　　　不同地区被调查民营企业对本地区的技术、法律、管理、

会计服务能力的满意度（赋值计算）

企业所在地区	不满意	一般	比较满意	满意	平均赋值	排序
福州	1×1	2×9	3×4	4×0	2.214	3
莆田	1×2	2×6	3×2	4×0	2.000	6
泉州	1×1	2×8	3×6	4×1	2.438	1
厦门	1×1	2×8	3×5	4×1	2.400	2
漳州	1×3	2×6	3×0	4×1	1.900	8
南平	1×0	2×8	3×2	4×0	2.200	4
三明	1×2	2×6	3×2	4×0	2.000	7
龙岩	1×0	2×11	3×0	4×0	2.200	4
宁德	1×0	2×9	3×1	4×0	2.100	5
福建省	1×10	2×71	3×22	4×3	2.170	—

资料来源：根据表66数据计算。

（五）民营企业生产经营、发展中的主要困难

目前，福建省民营企业在生产、经营、发展中遇到的主要困难是什么，也是我们这次调查所关心的。我们设计了三个多项选择题，征求被调查民营企业的意见。"生产经营中遇到的三大困难"，主要选项涉及生产要素的供给及产品销售问题；"所面临的最严重的社会障碍"，侧重于政府管理及社会环境；"对民营企业发展影响最大的制约因素"，则关注了体制及政策。

1. 民营企业生产经营中的主要困难

对于"生产经营中遇到的三大困难"，选项频率在50%以上的有两项："生产用电"（60.38%）和"人才"（57.55%），选项频率在30%~50%的也有两项："生产资金"（38.68%）和"技术"（33.96%）（见图17）。

不同地区被调查民营企业选中频率最高的三个选项分别如下（见表68、图18）：福州为生产用电（64.29%）、生产资金（42.86%）、人才（42.86%）；莆田为生产用电（80.00%）、人才（60.00%）、运输（40.00%）；泉州为人才（81.25%）、技术（62.50%）、生产用电（56.25%）；厦门为生产资金（66.67%）、生产用电（60.00%）、人才（46.67%）；漳州为生产用电（60.00%）、人才（60.00%）、原材料（40.00%）、技术（40.00%）；南平为

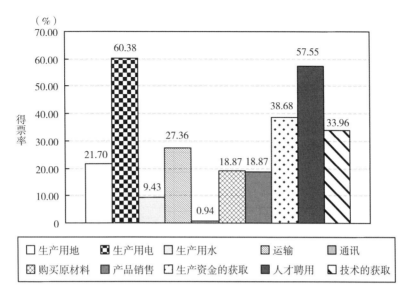

图17 被调查民营企业在生产中遇到的三大困难（多选，福建省）

人才（60.00%）、生产用电（50.00%）、运输（50.00%）；三明为人才（70.00%）、生产资金（60.00%）、生产用电（50.00%）；龙岩为生产用电（72.72%）、运输（45.45%）、生产资金（36.36%）、人才（36.36%）；宁德为人才（60.00%）、生产用电（50.00%）、生产资金（50.00%）。

表68 不同地区被调查民营企业生产经营中遇到的三个最大的困难（多选）

指标	福建	福州	莆田	泉州	厦门	漳州	南平	三明	龙岩	宁德
企业数（家）	106	14	10	16	15	10	10	10	11	10
生产用地（家）	23	3	3	3	4	1	0	3	3	3
比例（%）	21.70	21.43	30.00	18.75	26.67	10.00	0	30.00	27.27	30.00
生产用电（家）	64	9	8	9	9	6	5	5	8	5
比例（%）	60.38	64.29	80.00	56.25	60.00	60.00	50.00	50.00	72.72	50.00
生产用水（家）	10	2	3	2	2	0	1	0	0	0
比例（%）	9.43	14.29	30.00	12.50	13.33	0	10.00	0	0.00	0
运输（家）	29	5	4	1	1	1	5	3	5	4
比例（%）	27.36	35.71	40.00	6.25	6.67	10.00	50.00	30.00	45.45	40.00
通信（家）	1	0	0	0	0	1	0	0	0	0
比例（%）	0.94	0	0	0	0	10.00	0	0	0	0
购买原材料（家）	20	3	1	2	1	4	4	1	3	1
比例（%）	18.87	21.43	10.00	12.50	6.67	40.00	40.00	11.10	27.27	10.00
产品销售（家）	20	2	0	3	5	1	2	1	3	3
比例（%）	18.87	14.29	0	18.75	33.33	10.00	20.00	10.00	27.27	30.00

指标	福建	福州	莆田	泉州	厦门	漳州	南平	三明	龙岩	宁德
生产资金的获取（家）	41	6	2	2	10	2	4	6	4	5
比例（%）	38.68	42.86	20.00	12.50	66.67	20.00	40.00	60.00	36.36	50.00
人才聘用（家）	61	6	6	13	7	6	6	7	4	6
比例（%）	57.55	42.86	60.00	81.25	46.67	60.00	60.00	70.00	36.36	60.00
技术的获取（家）	36	5	1	10	6	4	3	4	1	2
比例（%）	33.96	35.71	10.00	62.50	40.00	40.00	30.00	40.00	9.09	20.00

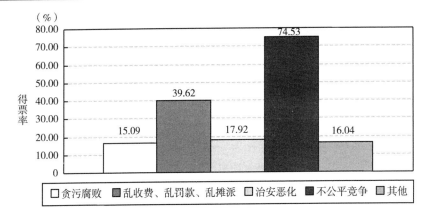

图 18　被调查民营企业面临的最严重社会障碍（多选，福建省）

除了"生产用电""人才""资金""技术"四个福建省全省性问题之外，南平、龙岩、莆田的民营企业还认为运输是主要困难之一。可见，基础设施仍然是制约福建省部分地区经济发展的"瓶颈"问题①。

我们认为，尽管水、电、生产用地、运输等物质性生产要素紧缺仍然在一定程度上限制了福建省民营企业生产能力的充分利用，影响了企业正常经营，但是从整体、从长远角度看，物质性生产要素已经不是限制福建省民营企业发展的主要因素。② 人才与技术将成为限制民营企业发展的主要"瓶颈"，与之相关的是劳动力质量问题。在劳动力质量问题上，地区之间的差别比较明显。福

---

① 三明的普诺维机械有限公司（其生产的高精密度刀具在全国占有很大市场份额）总经理感慨地告诉山区调查组，由于三明市同行业的技术设备配套能力不足，公司只能到外省购买相关设备，而产品又主要销往闽南沿海地区，距离远、路况差，使企业的运输成本始终居高不下，如果三明的交通运输条件再不能得到根本改观，甚至有将企业迁往沿海地区的考虑。

② 电力是物质生产要素中目前最为紧缺的，但是，近年来国家大大加快了电力建设速度，仅2004年国内机械工业生产的发电机组就将近6千万千瓦，再加上进口，则是一个非常庞大的数字，因为目前国内的发电机组装机总量也只有4亿千瓦。预计2004年投产的发电机组发电能力将超过4000万千瓦，创历史新高，2005～2006年投产的发电机组还会超过2004年的水平，因此电力这个制约经济增长的"瓶颈"将在近几年内得到明显改善。

州和厦门的被调查民营企业对这一问题不太关心，只有 33%～36% 的企业提到这个问题。这是可以理解的：大中城市的人口素质本来就比较高，良好的社会物质文化生活条件对人才有较强的吸引力，使高素质劳动力的供给相对充分，民营企业发展至今天，已经得到了社会认可，因此，在大中城市选择劳动力的空间自然也就比较大一些。其他的 7 个地区，有 6 个地区——漳州、龙岩、泉州、南平、三明、宁德——都对劳动力质量问题给予高度关注。[①] 至今仍以从事劳动密集型产业为主的民营企业，对劳动力质量问题高度关注，这在一定程度上反映了经过 20 余年的高速增长，福建省的经济发展正在进入转型阶段。过去形成的低素质劳动力、低工资水平、简单劳动、低端产品、低价出口的增长模式随着经济发展水平的提高，要素成本价格上升，已经逐渐丧失竞争优势。企业用工主要依靠外来劳工，每年春节后临时招聘，经过短期简单训练即上岗操作的低质、低价、高流动性用工模式，已经不适应企业发展和经济增长的需要。对复杂劳动的需求增加，要求企业的基本劳动力供给来自当地常住人口，以保障员工队伍相对稳定，促进企业进行人力资本投资。企业的基本劳动力供给当地化，一方面将促进城市化进程；另一方面将提高企业用工成本，促使产业结构升级。其对经济发展可能造成的直接或间接影响，值得有关部门及早关注。

2. 民营企业面临的最严重的社会障碍

这个问题的选项基本上围绕着有关政府行为及社会经济环境设立。选项统计证实，不公平竞争是目前民营企业最为不满的问题，其次是有关政府部门的乱收费、乱罚款、乱摊派（见图 18）。

从分地区统计看（见表 69），除了莆田之外，其余 8 个地区的被调查民营企业都把不平等竞争列为目前民营企业面临的最严重的社会障碍，其中，选项比率最高的是厦门（100%）。泉州是一个民营经济占很大比重的地区，但是，仍然有 73.3% 的被调查民营企业选择了这一项，可以推测，这种不公平竞争不仅发生在不同所有制企业之间，而且也发生在民营企业之间，因此，它更大意义上是一种隐性的、具体行政行为上的不公平。在乱收费乱罚款乱摊派问题上，地区之间的差异比较明显。福州和厦门的被调查民营企业对此抱怨较少。南平、莆田、宁德被调查民营企业的抱怨最多，这与本部分前面的问题："与国企、外资企业相比，民营企业的税外负担重"的答案是基本一致的。泉州、

---

① 这一问题，我们将在后文中进一步阐述。

龙岩次之。

指标	福建	福州	莆田	泉州	厦门	漳州	南平	三明	龙岩	宁德
表69 民营企业面临的最严重社会障碍（多选）										
企业数（家）	106	14	10	16	15	10	10	10	11	10
贪污腐败（家）	16	1	2	4	3	2	1	1	2	1
比例（%）	15.09	7.14	20.00	25.00	20.00	20.00	10.00	10.00	18.18	10.00
乱收费乱罚款乱摊派（家）	42	3	6	7	4	3	6	3	5	5
比例（%）	39.62	21.43	60.00	43.75	26.67	30.00	60.00	30.00	45.45	50.00
治安恶化（家）	19	4	2	4	3	1	0	1	3	1
比例（%）	17.92	28.57	20.00	25.00	20.00	10.00	0	10.00	27.27	10.00
不公平竞争（家）	79	11	2	11	15	7	8	9	10	6
比例（%）	74.53	78.57	20.00	68.75	100.00	70.00	80.00	90.00	90.91	60.00
其他（家）	17	1	4	1	3	2	1	3	0	2
比例（%）	16.04	7.14	40.00	6.25	20.00	20.00	10.00	30.00	0	20.00

3. 民营企业发展影响最大的制约因素

从福建省看，被调查民营企业认为"对民营企业发展影响最大的因素"按照选项频率高低排列，主要有"税收政策"（66.04%）、"信贷政策"（58.49%）、"宏观调控"（49.06%）、"劳动力质量"（49.06%）、"法律法规"（42.45%）（见图19、表70、图20）。其中，"宏观调控"指2004年国家针对经济过热进行的调控，可以视为短期政策影响。将在较长时间内对民营企业发展产生重要

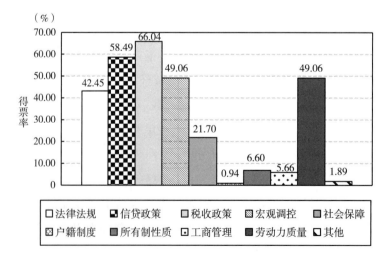

图19 对民营企业发展影响最大的因素（多选，福建省）

影响的因素有税收政策、信贷政策、法律法规和劳动力质量。银行信贷问题，我们拟在本文的后面部分专门讨论，这里只就税收政策和劳动力质量问题做些探讨。

表70 对民营企业发展影响最大的因素（多选）

指标	福建	福州	莆田	泉州	厦门	漳州	南平	三明	龙岩	宁德
企业数（家）	106	14	10	16	15	10	10	10	11	10
法律法规（家）	45	4	4	8	8	1	5	5	6	4
比例（%）	42.45	28.57	40.00	50.00	53.33	10.00	50.00	50.00	54.55	40.00
信贷政策（家）	62	8	8	7	11	3	5	7	6	7
比例（%）	58.49	57.14	80.00	43.75	73.33	30.00	50.00	70.00	54.55	70.00
税收政策（家）	70	11	7	8	12	5	4	9	9	5
比例（%）	66.04	78.57	70.00	50.00	80.00	50.00	40.00	90.00	81.82	50.00
宏观调控（家）	52	7	5	7	7	1	6	6	8	5
比例（%）	49.06	50.00	50.00	43.75	46.67	10.00	60.00	60.00	72.73	50.00
社会保障（家）	23	3	1	4	3	3	2	2	2	3
比例（%）	21.70	21.43	10.00	25.00	20.00	30.00	20.00	20.00	18.18	30.00
户籍制度（家）	1	0	0	0	1	0	0	0	0	0
比例（%）	0.94	0	0	0	6.67	0	0	0	0	0
所有制性质（家）	7	1	1	0	1	0	1	2	0	1
比例（%）	6.60	7.14	10.00	0	6.67	0	10.00	20.00	0	10.00
工商管理（家）	6	0	0	2	1	0	0	0	1	2
比例（%）	5.66	0	0	12.50	6.67	0	0	0	9.09	20.00
劳动力质量（家）	52	5	3	10	5	7	5	5	7	5
比例（%）	49.06	35.71	30.00	62.50	33.33	70.00	50.00	50.00	63.60	50.00
其他（家）	2	0	0	1	1	0	0	0	0	0
比例（%）	1.89	0	0	6.25	6.67	0	0	0	0	0

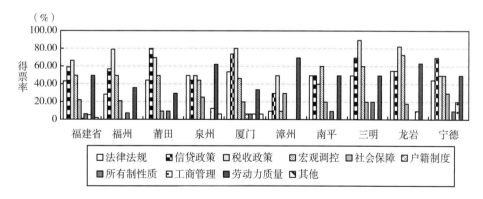

图20 不同地区对民营企业发展影响最大的因素（多选，地区）

在本部分问卷的第四个问题中，我们请被调查民营企业比较了民营企业与国有企业、外资企业的税收负担。答案统计是，福建省有67.9%的被调查民营企业觉得税收负担重或偏重，这个比率与本问题中关注税收政策的企业比重非常接近。

对这两个问题选项的分地区统计进行比较，结果也是非常接近的。在前一个问题中，按照赋值法计算出来的民营企业税负指数从高到低排列，高于福建省平均值（1.7830）的地区是厦门（1.9333）、三明（1.9000）、莆田（1.8000）、宁德（1.8000）、福州（1.7857）。而在本问题中，关注税收政策的企业比重高于福建省平均比重（66.00%）的地区是三明（90.00%）、龙岩（81.00%）、厦门（80.00%）、福州（78.60%）、莆田（70.00%）。因此，被调查民营企业认为税收政策是影响民营企业发展的最大因素之一，所指的是民营企业税负过重，税负不平等。

4. 对福建省投资环境的评价

本部分的最后，我们想得到一个民营企业对其外部环境的整体评价，问卷提出了这样的问题："与广东省、浙江省等周边省份相比，您觉得福建省投资环境怎样？"得到的答案统计如下：大部分被调查民营企业（64.15%）认为，与广东省、浙江省等周边省份相比，福建省的投资环境一般。认为很差的企业比重（25.47%）是认为很好的企业比重（5.66%）的4.5倍，只有少数被调查企业（5家，4.72%）表示对此不清楚（见表71、图21）。因此，可以得出结论：被调查民营企业作为一个整体，认为福建省的投资环境与广东省、浙江省相比，还有一定差距。

表71　　　　　　　　　　　　对福建省投资环境的看法

指标	很好	一般	很差	不清楚	总计
企业数（家）	6	68	27	5	106
比例（%）	5.66	64.15	25.47	4.72	100.00

可以认为，被调查民营企业的回答基本是建立在其自身感受的基础上，其感受主要来源于企业所在地区的投资环境，因此，被调查企业对福建省投资环境的评价，某种程度上也可以认为是对被调查企业的所在地投资环境的一个近似评价（见表72）。我们用赋值法算出各地区被调查民营企业的评价均值。按照得分高低排序分别为泉州、龙岩、三明、南平、宁德、厦门、漳州、福州、莆田（见表73）。

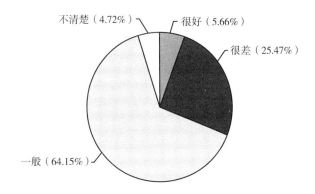

图 21　对福建省投资环境的看法

表 72　　　　　　　　　　　　　对福建省投资环境的看法

企业所在地区	指标	很好	很差	一般	不清楚	小计
福州	企业数（家）	0	5	8	1	14
	比例（%）	0	35.71	57.14	7.14	100.00
莆田	企业数（家）	1	8	1	0	10
	比例（%）	10.00	80.00	10.00	0	100.00
泉州	企业数（家）	3	1	12	0	16
	比例（%）	18.75	6.25	75.00	0	100.00
厦门	企业数（家）	0	3	10	2	15
	比例（%）	0	20.00	66.67	13.33	100.00
漳州	企业数（家）	1	4	4	1	10
	比例（%）	10.00	40.00	40.00	10.00	100.00
南平	企业数（家）	0	2	8	0	10
	比例（%）	0	20.00	80.00	0	100.00
三明	企业数（家）	0	1	8	1	10
	比例（%）	0	10.00	80.00	10.00	100.00
龙岩	企业数（家）	0	0	11	0	11
	比例（%）	0	0	100.00	0	100.00
宁德	企业数（家）	1	3	6	0	10
	比例（%）	10.00	30.00	60.00	0	100.00
福建省	企业数（家）	6	27	68	5	106
	比例（%）	5.66	25.47	64.15	4.72	100.00

表 73　　　　　　　　　对福建省投资环境的评价（赋值计算）

企业所在地区	很好（3）	很差（1）	一般（2）	平均赋值	排序
福州	3×0	1×5	2×8	1.3125	7
莆田	3×1	1×8	2×1	1.300	8
泉州	3×3	1×1	2×12	2.267	1
厦门	3×0	1×3	2×10	1.7692	5
漳州	3×1	1×4	2×4	1.667	6
南平	3×0	1×2	2×8	1.800	4
三明	3×0	1×1	2×8	1.889	3
龙岩	3×0	1×0	2×11	2.000	2
宁德	3×1	1×3	2×6	1.800	4

资料来源：根据表 72 数据计算。

　　为了衡量这一总评价与此前个别评价之间的一致性，我们将前面 9 个问题的平均赋值无量纲化，计算总赋值评价指数，与投资环境评价指数进行比较，发现两个排序数列的相似性相当高，不仅有 4 个地区的排序完全一样，而且 2 个排序数列的均方差系数也相当小（见表 74）。

表 74　　　　对福建省投资环境的评价：不同视角的比较（赋值计算）

企业所在地区	经营领域范围	项目报批	重视程度（比国有企业）	重视程度（比外资企业）	税收负担	税外负担	政府服务	劳动供给	社会服务	总赋值评价指数	投资环境
福州	1.5000 (9)	1.3333 (6)	1.3571 (7)	1.3571 (3)	1.7857 (5)	3.7143 (4)	2.500 (5)	1.714 (7)	2.214 (3)	1.41711 (7)	1.3125 (7)
莆田	1.9000 (4)	1.2000 (7)	1.7000 (2)	1.3000 (4)	1.8000 (6)	3.8000 (6)	2.200 (8)	1.900 (5)	2.000 (6)	1.48333 (5)	1.300 (8)
泉州	1.8125 (5)	1.1667 (9)	1.5625 (5)	1.6875 (1)	1.7500 (4)	3.5000 (2)	2.750 (3)	1.815 (6)	2.438 (1)	2.19894 (3)	2.267 (1)
厦门	1.6000 (8)	1.2000 (8)	1.4000 (6)	1.2000 (5)	1.9333 (8)	3.7333 (5)	2.214 (7)	2.133 (2)	2.400 (2)	1.28240 (8)	1.7692 (5)
漳州	1.7778 (6)	1.7143 (4)	1.4000 (6)	1.2000 (5)	1.7000 (2)	4.0000 (7)	2.300 (6)	1.600 (8)	1.900 (8)	1.44605 (6)	1.667 (6)
南平	2.1000 (2)	2.1429 (1)	2.2000 (1)	1.3000 (4)	1.6000 (1)	3.3000 (1)	3.000 (1)	2.100 (3)	2.200 (4)	3.60478 (1)	1.800 (4)

企业所在地区	经营领域范围	项目报批	重视程度（比国有企业）	重视程度（比外资企业）	税收负担	税外负担	政府服务	劳动供给	社会服务	总赋值评价指数	投资环境
三明	1.7000 （7）	2.000 （2）	1.7000 （2）	1.3000 （4）	1.9000 （7）	4.0000 （7）	2.200 （8）	1.900 （5）	2.000 （7）	1.48333 （5）	1.889 （3）
龙岩	2.2727 （1）	1.7778 （3）	1.6364 （3）	1.5455 （2）	1.7273 （3）	3.5455 （3）	2.818 （2）	2.182 （1）	2.200 （4）	2.74339 （2）	2.000 （2）
宁德	2.0000 （3）	1.6667 （5）	1.6000 （4）	1.2000 （5）	1.8000 （6）	3.8000 （6）	2.700 （4）	2.000 （4）	2.100 （5）	1.9000 （4）	1.800 （4）

注：括号里的数字为排序。

资料来源：前各相关赋值计算表。

根据这两个排序数列，我们可以对各地区的民营企业的外部环境作出大致的评价：总体而言，根据不同地区被调查民营企业的主观评价，山区四个市的民营企业外部环境总体上优于沿海地区，其中对龙岩、南平的评价又高于三明、宁德，沿海地区的民营企业外部环境，泉州最优，福州与厦门最差。如果将福建省九个地区分为三个层次：泉州、龙岩、南平属于第一层次，三明、宁德、漳州属于第二层次，莆田、厦门、福州是第三层次。

五、民营企业的治理结构与经营管理

与西方成熟市场经济国家中的私营企业不一样，我国的民营企业是转轨经济的产物，多数是在我国决定建立社会主义市场经济之后建立的，目前大多仍处于企业生命周期的成长阶段。企业的成长性、转轨时期经济的过渡性以及市场环境变化的迅速性共同决定了民营企业治理结构和经营管理特征的复杂性。

为了了解福建省民营企业当前的治理结构与经营管理状况，我们进行了专题调查。

（一）民营企业的治理结构

在企业不同的发展阶段，企业的规模不同，企业中的产权结构不同，所适合采取的企业制度形式也各不相同。在企业的初创期，企业的规模比较小，其产权大多集中在创业者手里，通常企业会采取个人业主制或合伙制的企业制度形式。在采取此类制度形式的企业中，所有权与经营权高度集中，管理机构较简单，管理者大多是由与企业所有者有亲朋或血缘关系的人担任，管理的人格化特征明显。这样的结构有利于企业所有者集中控制企业的经营活动过程，使其决策具有灵活性和时效性，并能节省管理费用的支出。由于民营企业在开始时大都是由家族或家庭成员投资创立的，因此，初创时期的个人业主制或合伙制的民营企业往往也都是家族制或家庭制的企业。据中国社会科学院 1999 年的抽样调查资料，浙江省私营企业中私人股份所占比例在 90% 以上。其中，大股东所占比例可高达 66% 以上，处于绝对控股地位，其他同姓兄弟占约 14% 的股份，业主和家族其他成员之和占企业股份的 80% 左右。即使是在法国、意大利等西方发达的市场经济国家，或者中国台湾、中国香港等地区，90% 以上的中小企业也都是家族制企业。这种现状似乎与现代企业制度形式不相吻合。与建立在制度和规范基础上的公司制企业相比，这种建立在血亲信用机制基础上的家族制企业尽管在获取外部资源方面不如后者，但在挖掘和利用内部资源上，却有一定的优势，因此更有利于初创时期民营企业的生存与发展。然而，随着企业的发展壮大，对外部资源的需求急剧增加，家族制企业不能有效获取和利用外部资源的劣势将足以抵消其创业初期的生存优势。

问卷调查显示，福建省民营企业在创业初期也大多采取个人业主制、家族制与合伙制的企业制度（见表 75）。有 50.00% 的被调查民营企业是由个人或家族投资兴办的，35.85% 是由非家族成员合伙投资兴办的。

表 75　　　　　　　　　福建省被调查民营企业的最初所有者

最初所有者		企业数（家）	比例（%）
合计		106	100.00
家族所有		25	23.58
个人所有		28	26.42
合伙人共有		38	35.85
集体所有		8	7.55
外资所有		1	0.94
其他:		6	5.66
其中	国有	2	（厦门、三明）
	股份制	2	（莆田、泉州）
	家族＋合伙	1	（福州）
	无名	1	（厦门）

从地区比较来看（见表76），我们将九个市分成三类地区，① 分别计算不同类型企业在各地区被调查民营企业中所占比例。调查表明：沿海地区的家族制企业比例约高于山区9.08个百分点，山区的合伙制企业比例比沿海地区高13.13个百分点（见表77）。相对而言，福建省沿海地区是家族文化氛围比较浓厚的地区，有利于家族式企业的形成；而山区各市，尤其是民营企业较集中的市区，是外来居民比例较高的地区，可利用的家族资源不足，朋友就成为民营企业家创业初期的主要资源之一，因而合伙制企业是山区企业较常见的一种制度形式。这说明不同地区的社会结构和文化特征，在一定程度上解释了不同地区民营企业创办初期的形式差异、资本集聚方式。然而，我们却较难解释从中心城市获得的统计数据（见图22、图23、图24）。中心城市由于居民多来自各地，家族文化氛围一般较弱，照理民营企业应当较少采用家族制而更多采用个人业主制及合伙制。调查结果显示，三个中心城市中只有厦门的企业构成比较符合我们对中心城市民营企业类型的判断。在厦门的被调查民营企业中，家族制企业仅占13.33%，个人企业却高达46.67%。而在福州，家族制企业的比例为42.85%，个人企业的比例仅为7.14%；泉州的这两项比例分别为31.25%和25.00%。我们认为，厦门被调查民营企业的类型结构更代表了中心城市的一般情况，因为，福州、泉州、厦门三个城市，目前只有厦门没有辖县，是一个比较纯粹意义上的城市，而福州和泉州，行政辖区的面积和人口中主要部分是辖县。这些辖县的社会结构、文化氛围与其他沿海县份是相同的。因此，在福州和泉州两市抽取的民营企业类型结构更多地体现出浓厚的沿海地区家族文化特征。

表76　　　　　　　　　不同地区被调查民营企业的制度形式

企业所在地区	指标	家族所有	合伙人共有	集体所有	外资所有	个人所有	其他	合计（家）
福州	企业数（家）	6	6	0	0	1	1	14
	比例（%）	42.85	42.85	0	0	7.14	7.14	
莆田	企业数（家）	2	5	0	0	2	1	10
	比例（%）	20	50	0	0	20	10	
泉州	企业数（家）	5	3	2	1	4	1	16
	比例（%）	31.25	18.75	12.5	6.25	25.00	6.25	
厦门	企业数（家）	2	3	1	0	7	2	15
	比例（%）	13.33	20	6.67	0	46.67	13.33	

① 这里的沿海和山区是按照本报告中的统一分类，即福州、莆田、泉州、厦门、漳州算作沿海，其余四市为山区。如果根据这里讨论的问题分类，宁德虽然按其经济发展水平属于山区，但是在地域文化上则更接近于沿海，如果把宁德划进沿海，那么，沿海的家族制企业比例就上升到29.33%，山区则下降到9.69%，仅为沿海的1/3，相反，合伙制企业的比例却上升到48.39%。

续表

企业所在地区	指标	家族所有	合伙人共有	集体所有	外资所有	个人所有	其他	合计（家）
漳州	企业数（家）	4	3	1	0	2	0	10
	比例（%）	40	30	10	0	20	0	
南平	企业数（家）	1	6	2	0	1	0	10
	比例（%）	10	60	20	0	10	0	
三明	企业数（家）	1	3	0	0	5	1	10
	比例（%）	10	30	0	0	50	10	
龙岩	企业数（家）	1	6	2	0	2	0	11
	比例（%）	9.09	54.55	18.18	0	18.18	0	
宁德	企业数（家）	3	3	0	0	4	0	10
	比例（%）	30	30	0	0	40	0	
福建省	企业数（家）	25	38	8	1	28	6	106
	比例（%）	23.58	35.85	7.55	0.94	26.42	5.66	

表77　　　　　　　　　　　不同地区被调查民营企业的类型结构　　　　　　　　单位：%

企业类型	中心城市	沿海	山区
家族制企业	28.89	26.15	17.07
个人企业	26.67	24.62	29.27
合伙企业	26.67	30.77	43.90

资料来源：根据表76有关数据计算。

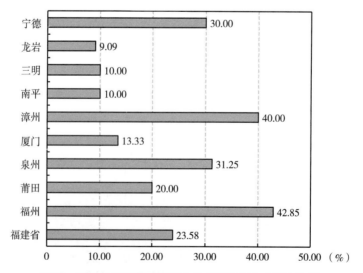

图22　不同地区被调查民营企业中家族制企业所占比例

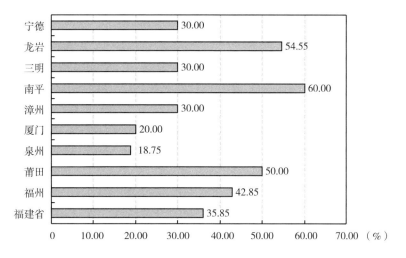

图23 不同地区被调查民营企业中合伙制企业所占比例

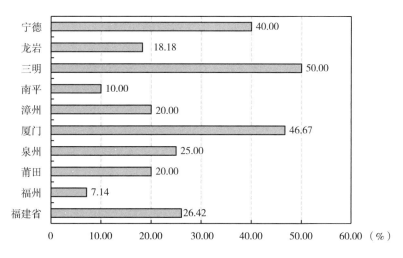

图24 不同地区被调查民营企业中个人业主制企业所占比例

由于历史的原因,我国的民营企业大多比较年轻,因此,此次被调查的民营企业大多数属于创业型企业。处于成长期的企业能否在复杂的社会环境和激烈竞争的市场环境中立住脚跟,在很大程度上取决于企业家处理内外部关系的能力以及企业家个人的胆识和魄力。事实上,目前许多民营企业的生存与发展,严重依赖企业家个人的技术能力及其所掌握的销售渠道或客户资源。在这次调研中,我们发现,有些企业规模已经不小的民营企业家都还在亲自从事产品的技术设计工作,有很多民营企业家仍在亲自从事市场的开拓和销售渠道的建设工作。这说明民营企业家个人的能力和素质对于企业新技术的应用、企业经营理念的形成、企业发展战略的制定都起着决定性的影响作用。调查显示,素质越高的企业家,其经营企业的视野一般较广阔,其企业具有明确的经营发展方向，善于接受和利用先进技术与设备，能够生产科技含量较高的产品，其企业的成长性和发展性也就越好。例如，我们调查的一家从事药品生产和进出口业务的民营企业，创业股东是海外留学归国人员，因此，该企业能够与国内一些科研机构合作，研发出科技含量很高的抗 AIDS 的药品并出口到国外。

民营企业家在企业创业与发展初期的重大作用，决定了个人业主制和家族制企业必定是民营企业创业初期的主要制度形式。也就是说，家族制企业在企业成长初期有其存在的合理性。这种企业制度在创业初期有利于企业所有者动员和挖掘内部资源，集中掌控企业的经营活动，保证决策的灵活性和时效性，节省管理费用支出等。但是，当企业的规模发展到一定程度后，企业对外部资源的需求将逐步超过对内部资源的需求；特别是在企业进入成熟期之后，决策的科学化与管理的规范化将成为决定和影响企业生存和发展的至关重要的问题。这就要求企业制定一套科学的决策机制以及有效的激励约束机制来规范企业成员的行为。因此，能否按照现代企业制度的要求来进行民营企业的制度建设，就成为民营企业进一步发展必须要解决的关键问题。从实践的角度看，许多民营企业发展到一定程度后都开始转入对企业的公司制度改造。

本次调查结果表明，有 90 家即 84.91% 的被调查民营企业回答说本企业已经进行了企业制度改造，成立了公司董事会（见图 25）。就各地区的情况来看，已经成立董事会的企业比例，除了三明较低之外，其他各市的比例都相当高（见表 78），厦门、龙岩甚至达到了 100%。在这一指标上，中心城市、沿海地区与山区城市之间没有明显的程度差别。

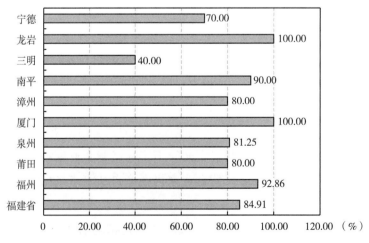

图 25　不同地区被调查民营企业中设有董事会企业所占比例

表 78　　　　**不同地区被调查民营企业董事会设立情况及董事会成员构成**

项目	指标	福建省	福州	莆田	泉州	厦门	漳州	南平	三明	龙岩	宁德
	企业数	106	14	10	16	15	10	10	10	11	10
设有董事会的企业	企业数（家）	90	13	8	13	15	8	9	6	11	7
	比例（%）	84.91	92.86	80.00	81.25	100.00	80.00	90.00	40.00	100.00	70.00
董事会成员构成	所有者（家）	66	11	6	11	8	5	6	6	9	4
	比例（%）	73.33	84.62	75.00	84.62	53.33	62.50	66.67	100	81.82	57.14
	经理人员（家）	15	2	0	1	5	1	2	0	2	2
	比例（%）	16.67	15.38	0	7.69	33.33	12.50	22.22	0	18.18	28.57
	独立人员（家）	2	0	0	0	1	1	0	0	0	0
	比例（%）	2.22	0	0	0	6.67	12.50	0	0	0	0
	职工代表（家）	0	0	0	0	0	0	0	0	0	0
	比例（%）	0	0	0	0	0	0	0	0	0	0
	其他（家）	5	0	2	1	1	1	1	0	0	1
	比例（%）	5.56	0	25.00	7.69	6.67	12.50	11.11	0	0	14.29

此外，根据企业的最终经营管理决策权归属的问卷答案统计（见表79、表80、图26），在56.60%的被调查民营企业中，董事会已经成为决策机构；由经理层决定的企业占13.21%；由企业主个人及大股东、家族决定的企业比例已经不到30%。

表 79　　　　**被调查民营企业经营管理的最终决策权归宿（福建省）**

项目	企业数	比例（%）
董事会决定	60	56.60
企业主个人决定	23	21.70
经理层决定	14	13.21
大股东决定	6	5.66
家族决定	2	1.89
其他	1	0.94
总计	106	100.00

表 80　　　　**不同地区被调查民营企业经营管理的最终决策权**

指标	福建省	福州	莆田	泉州	厦门	漳州	南平	三明	龙岩	宁德
企业数（家）	106	14	10	16	15	10	10	10	11	10
董事会（家）	60	9	3	12	8	5	6	4	8	5
比例（%）	56.60	64.29	30.00	75.00	53.33	50.00	60.00	40.00	72.73	50.00
经理层（家）	14	2	1	1	2	2	2	1	1	2

指标	福建省	福州	莆田	泉州	厦门	漳州	南平	三明	龙岩	宁德
比例（%）	13.21	14.29	10.00	6.25	13.33	20.00	20.00	10.00	9.09	20.00
大股东（家）	6	0	1	0	2	0	1	1	1	0
比例（%）	5.66	0	10.00	0	13.33	0	10.00	10.00	9.09	0
家族决定（家）	2	0	0	0	0	2	0	0	0	0
比例（%）	1.89	0	0	0	0	20.00	0	0	0	0
企业主（家）	23	3	4	3	3	1	1	4	1	3
比例（%）	21.70	21.43	40.00	18.75	20.00	10.00	10.00	40.00	9.09	30.00
其他（家）	1	0	1	0	0	0	0	0	0	0
比例（%）	0.94	0	10.00	0	0	0	0	0	0	0

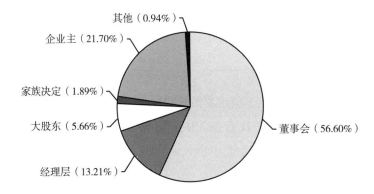

图26　被调查民营企业经营管理最终决策权归宿（福建省）

　　如果仅仅根据上述问卷调查的数据，似乎可以认为福建省的民营企业已经基本完成了公司制改制，建立了现代企业制度。但是，根据调查组实地调查的结果，情况似乎并不如企业自己所认为的那么乐观。沿海调查组发现，在46家自认为已完成制度创新的民营企业中，有16家实际上实行的是股份合作制，还有23家建立的是有限责任公司，真正意义上的股份有限公司只有7家，比例不到10.8%。在这7家股份有限公司中，又有5家是由原来的国有企业或集体企业改制的民营股份制企业。这5家企业的股份制改造，有的是实行管理层收购的办法，有的是由外部资本的注入，采取赎买的办法。这5家企业的股权相对比较分散，除大股东外，部分员工或高层管理人员还持有少部分的股份。而其他所谓实行了股份制改造的民营企业，有不少虽然冠于有限责任公司的名字，很多实际上只是名称上的变化，股权大部分还是集中在创业者个人或家族成员手中。山区调查组也发现，在所调查的民营企业中，大部分民营企业是有限责任公司，股东为3~5个。其中，许多的股东是挂名的（企业主拉上老婆孩子、亲戚朋友凑数），实际产权依然属于企业主个人，即企业的资产基本上归某一个人或者某个家庭所有。私人业主单独持股或家族持股的比例高达 60% ~ 100%。例如，在宁德调查的 10 家企业中，宁德白莲花化工、福安安波电器、福鼎白琳金源石材、霞浦化美实业 4 家企业中，家族持股比例达 100%。一些较大型的民营企业虽然有股权分散的表象，但大多依然是由创业者及其家族把持着绝对控股权或相对控股权。例如，宁德南阳实业、福安马头船业、福鼎圣王乳业、福鼎秦屿海鸥水产、福安亚南电器、柘荣力捷迅药业 6 家公司中，家族处于绝对控股的地位，持股率分别达 70%、55%、90%、66%、80%、60%。分散股权对于这些民营企业家来说不是出于改善决策和组织管理的需要，而是某种技术性的安排，如留住人才或建立新的业务关系等。

公司治理结构是所有权和经营权分离基础上的一种制度设计。所以，对于那些所有权与经营权仍集中在企业主一人手中的个人业主制或合伙制企业而言，事实上并不存在所谓的治理结构问题。山区调查组发现，宁德白莲花化工、福安安波电器、福安亚南电器、霞浦华美实业等企业中，都是公司董事长与总经理合二为一，董事长所占股份都在 80% 以上，在董事会中拥有绝对的发言权和决策权。对于那些建立了董事会的民营企业，即使抛开完善的治理结构所应包括的董事会、监事会和经理层三位一体不谈（因为只有极少数的被调查民营企业形成了这种三位一体的治理结构），仅从董事会机构的角度来看，无论是内部构成还是具体功用，都存在如下问题。（1）从董事会的内部人员构成情况来看（见表78），许多被调查民营企业的董事会成员基本上由所有者构成。家族成员主要分布在企业高层管理部门和财务、生产管理部门的民营企业占被调查民营企业的比例也相当高。由于高层管理和财务、生产部门的管理人员需要特定的专业知识与技能，这些部门如果仍由家族成员来掌控，可以判断，绝大多数民营企业的董事会实际上就是其家族成员的聚集地。（2）从董事会的功用角度来看，由于大多数民营企业的董事会基本由其内部家族成员控制，因此其他的非所有者董事会成员也难以在公司治理中发挥正常作用。

民营企业公司治理结构中的一个难题是，大部分企业所有权与经营管理权高度合一，难以分离。调查结果显示（见表81、图27、图28），股东不参与经营管理的企业只占被调查民营企业的 10.84%。45.78% 的企业是少数股东参与公司经营管理，43% 的企业是一半及以上股东参与了公司的经营管理。例如，山区调查组发现，只有极少部分私营企业（约 10%）的核心技术人员和管理人员通过股票赠予的形式持有少量企业股份（更多的只是拿工资和奖金），这部分股权所占比例仅为 1% ~ 5%，而且只能分红，没有重大决策的发言权。这一定程度上表明，福建省大部分被调查民营企业尽管实现了公司制改造，但仍然未实现企业所有权与经营管理权的分离。不少股份制企业的大部分股权仍控制在个人或家族成员手中；一些实行了企业高级经营管理人员或高级技术人员少量持股的企业实际上是企业采取的对这些成员的一种激励措施，而非真正意义上的分散股权，因此，对改变公司治理结构基本不起作用。

表 81　　　　不同地区被调查股份制民营企业中股东参与公司经营管理情况

指标	福建省	福州	莆田	泉州	厦门	漳州	南平	三明	龙岩	宁德
有效企业数（家）	83	11	3	14	13	5	9	9	10	9
不参与管理（家）	9	0	0	2	2	1	0	0	1	3
比例（%）	10.84	0	0	14.29	15.38	20.00	0	0	10.00	33.33
少数股东参与管理（家）	38	8	1	3	5	2	4	7	5	3
比例（%）	45.79	72.73	33.33	21.43	38.46	40.00	44.44	77.78	50.00	33.33
一半股东参与管理（家）	4	0	0	2	1	0	0	0	1	0
比例（%）	4.82	0	0	14.29	7.69	0	0	0	10.00	0
大部分股东参与管理（家）	21	2	1	5	3	2	4	1	2	1
比例（%）	25.30	18.18	33.33	35.71	23.08	40.00	44.44	11.11	20.00	11.11
所有股东参与管理（家）	11	1	1	2	2	0	1	1	1	2
比例（%）	13.25	9.09	33.33	14.29	15.38	0	11.11	11.11	10.00	22.22

注：本项有 83 家被调查民营企业的相关数据。

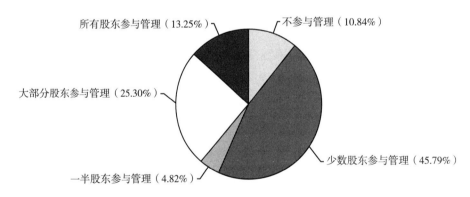

图 27　福建省被调查股份制民营企业中股东参与公司经营管理情况（83 家企业）

企业所有权与经营管理权的不能分离直接导致企业职业经理人的经营管理决策会受到所有者的制约和牵制。调查显示（见图 29、表 82），在福建省被调查民营企业中，职业经理的经营管理决策受到所有者较大及全面制约的企业比例达 49%。三明甚至高达 90%。

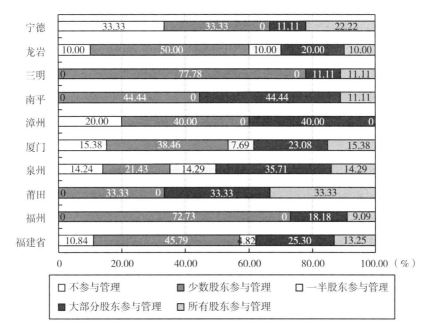

图28　不同地区被调查股份制民营企业中股东参与公司经营管理情况

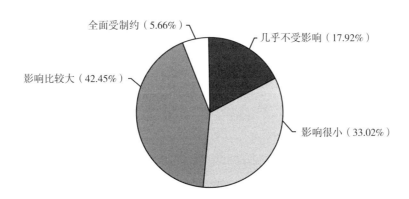

图29　被调查民营企业所有者或董事会对所雇用的企业经理决策的影响程度（福建省）

表82　　　　　不同地区被调查民营企业所有者或董事会对所雇用的

企业经理决策的影响程度

指标	福建省	福州	莆田	泉州	厦门	漳州	南平	三明	龙岩	宁德
企业数（家）	106	14	10	16	15	10	10	10	11	10
几乎不受影响（家）	19	3	1	5	2	2	2	1	1	2
比例（%）	17.92	21.43	10.00	31.25	13.33	20.00	20.00	10.00	9.09	20.00
影响很小（家）	35	10	4	3	6	3	3	0	3	3
比例（%）	33.02	71.43	40.00	18.75	40.00	30.00	30.00	0	27.27	30.00
影响比较大（家）	45	1	5	8	5	5	5	8	6	2

续表

指标	福建省	福州	莆田	泉州	厦门	漳州	南平	三明	龙岩	宁德
比例（%）	42.45	7.14	50.00	50.00	33.33	50.00	50.00	80.00	54.55	20.00
全面受制约（家）	6	0	0	0	2	0	0	1	1	2
比例（%）	5.66	0	0	0	13.33	0	0	10.00	9.09	20.00

这种不完善的治理结构导致了民营企业在决策机制上的一头独大。本次调查中（见图30），约60%的被调查民营企业坦言，企业的重大决策基本上是由企业家个人作出的（自己一人决定、主要自己决定并参考相关人士意见），由决策层民主决定的企业占被调查民营企业的比例为36.54%。

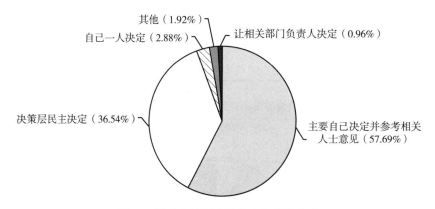

图30　福建省被调查民营企业决策方式

注：有2家（泉州、漳州各1家）被调查民营企业的相关数据缺失。

分地区的统计数据表明（见表83），不同地区被调查民营企业的决策方式比例没有太多区别，创业者或企业主的高度集权管理在各地区都较为普遍。尽管在形式上，这些企业已经建立了公司制，但是个人或家族制企业的管理模式仍在公司制企业中延续。适应现代化大生产所需要的现代企业的科学决策机制并没有真正建立起来。

表83　　　　　　　　　不同地区被调查民营企业决策方式

企业所在地区	指标	决策方式					小计
		自己一人决定	主要自己决定并参考相关人士意见	决策层民主决定	让相关部门负责人决定	其他	
福州	企业数（家）	0	8	5	0	1	14
	比例（%）	0	57.14	35.71	0	7.14	100.00
莆田	企业数（家）	1	5	4	0	0	10
	比例（%）	10.00	50.00	40.00	0	0	100.00

企业所在地区	指标	决策方式					小计
		自己一人决定	主要自己决定并参考相关人士意见	决策层民主决定	让相关部门负责人决定	其他	
泉州	企业数（家）	0	9	5	1	0	15
	比例（％）	0	60.00	33.33	6.67	0.0	100.00
厦门	企业数（家）	0	10	5	0	0	15
	比例（％）	0	66.67	33.33	0	0	100.00
漳州	企业数（家）	1	6	2	0	0	9
	比例（％）	11.11	66.67	22.22	0	0	100.00
南平	企业数（家）	0	6	4	0	0	10
	比例（％）	0	60.00	40.00	0	0	100.00
三明	企业数（家）	0	6	4	0	0	10
	比例（％）	0	60.00	40.00	0	0	100.00
龙岩	企业数（家）	0	6	5	0	0	11
	比例（％）	0	54.55	45.45	0	0	100.00
宁德	企业数（家）	1	4	4	0	1	10
	比例（％）	10.00	40.00	40.00	0	10.00	100.00
福建省	企业数（家）	3	60	38	1	2	104
	比例（％）	2.88	57.69	36.54	0.96	1.92	100.00

注：有2家（泉州、漳州各1家）被调查民营企业的相关数据缺失。

个人或家族制企业的管理模式不仅体现在企业决策权限集中于所有者，而且体现在对企业高层管理及财务、生产管理等关键部门人选的选择。基于血亲基础上的信任考虑超过对专业知识的要求，致使在这些部门中家族成员的比例大大高于其他部门。问卷统计数据证实，被调查民营企业的这一现象仍然比较严重（见图31）。企业所有者的家族成员集中在高级管理部门、财务部门和生产部门的企业比例分别为34.91％、39.62％和29.25％。

分地区的问卷统计数据显示（见表84），家族成员在被调查民营企业管理部门中的分布虽然在不同的地区有所不同，但这种差异与各地区民营经济发展水平却没有明显的相关关系。例如，三明和泉州在地区经济发展水平、民营经济发展水平方面都有较大的差距，但是，两地被调查的民营企业在治理结构上的差异却不大；厦门和龙岩虽然地区经济发展水平差距甚大，但是，被调查民营企业中设立董事会的比例以及家族成员在高层管理和财务部门的集中比例却比较相近。因此，可以认为，尽管福建省不同地区民营企业的发展参差不一，但是在企业治理结构上，都还大致属于相同阶段：仅仅开始迈出了从业主制企业向公司制企业转变的第一步。

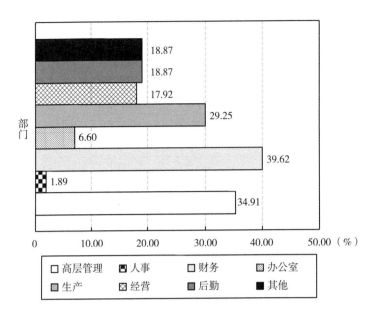

图 31   福建省家族成员在被调查民营企业管理部门中的分布（多选）

表 84   家族成员在被调查民营企业管理部门中的分布（多选）

指标	福建省	福州	莆田	泉州	厦门	漳州	南平	三明	龙岩	宁德
企业数（家）	106	14	10	16	15	10	10	10	11	10
高层管理（家）	37	6	0	8	3	5	1	6	3	5
比例（%）	34.91	42.86	0	50.00	20.00	50.00	10.00	60.00	27.27	50.00
人事（家）	2	0	0	0	1	0	0	1	0	0
比例（%）	1.89	0	0	0	6.67	0	0	10.00	0	0
财务（家）	42	6	4	7	4	4	4	7	2	4
比例（%）	39.62	42.86	40.00	43.75	26.67	40.00	40.00	70.00	18.18	40.00
办公室（家）	7	2	0	1	1	0	2	0	0	1
比例（%）	6.60	14.29	0	6.25	6.67	0	20.00	0	0	10.00
生产（家）	31	5	4	2	2	3	3	2	6	4
比例（%）	29.25	35.71	40.00	12.50	13.33	30.00	30.00	20.00	54.55	40.00
经营（家）	19	3	3	3	3	2	0	0	2	3
比例（%）	17.92	21.43	30.00	18.75	20.00	20.00	0	0	18.18	30.00
后勤（家）	20	2	2	1	5	2	2	0	2	4
比例（%）	18.87	14.29	20.00	6.25	33.33	20.00	20.00	0	18.18	40.00
其他（家）	20	1	3	2	5	0	3	3	2	1
比例（%）	18.87	7.14	30.00	12.50	33.33	0	30.00	30.00	18.18	10.00

如何认识、评价福建省民营企业目前的治理结构？一些论者认为业主制或家族制企业是一种落后的企业制度形式，必须实行改造，使之尽快过渡到规范的公司制企业；一些论者则认为，民营企业以个人业主制和家族制企业为主是正常的，因为，不论是在西方发达的市场经济国家如法国、意大利等，还是我国的台湾、香港等地区，90%以上的中小企业也都是家族制企业。片面地否定家族式企业的存在合理性，不利于民营企业的发展。

我们认为，在法律许可的范围内，选择何种企业制度是民营企业及其所有者的权利，必须得到充分尊重；但是，企业也必须清醒地认识到，企业制度形式与企业发展之间的关系。因此，企业应采用不同的企业制度去适应企业不同阶段的发展需要。① 企业制度的演变不是来自外在的强制，而是企业为获取成长资源、实现自我发展的内在要求所决定的。业主制、家族制和合伙制企业制度的长处在于它以血亲关系为基础，内部信任度高，能够最大限度地动员家族内部资源；短处是由于其封闭性、信息非对称性，外部信任度低，不利于利用外部社会资源。在民营企业发展的成长阶段，企业社会资信度不高，难以获得外部社会资源，创业者所能利用的主要是自己或家族所拥有的内部资源，此时，业主制、家族制和合伙制恰好扬长避短，因此成为主要的企业制度形式。而当企业度过了成长阶段进入成熟期，企业成长的外部资源需求必然超出其所能动员的内部资源，外部资源将成为企业发展的主要资源来源。如果企业不能通过改制转换其资源获取方式，将严重限制其成长空间。为此创业者必须突破企业制度"瓶颈"，用更有利于获取外部成长资源能力的新的企业制度来取代现有的企业制度形式。

从民营经济发展比较快的温州可以看出，随着企业制度形式的变迁，民营企业的平均规模（平均工业产值）也在迅速增长（见表85）。2002年，温州以业主制和合伙制为主要企业制度形式的家族工业企业的平均工业产值只有102万元，而采取股份有限公司制的企业平均工业产值平均达到4327万元。这充分说明采用现代企业制度形式的企业具有更大的资源吸纳能力，从而有利于促进民营企业规模的发展壮大。因此，要实现企业的进一步发展，就必须实现企业制度的变迁与管理模式的转变。民营企业应逐步地从以创业者高度集权管理为主的业主制或家族制企业转向真正的公司制，即转向现代公司的治理结构。通过更多地向外部吸纳称职的职业经理人来取代创业者对企业的直接管理，完

---

① 伊查克·爱迪思（1989）把企业的生命周期描述为成长阶段、再生与成熟阶段和老化阶段。企业的成熟期又包括青春期和盛年期两个阶段。

成向董事会、监事会和经理层三位一体以及各司其职的现代公司管理模式的转型。不经过如此春蚕蜕壳式的变化，民营企业永远只能是以利用家族内部资源为主的中小企业。

表85　　　　2002 年温州民营工业企业的平均产值规模（按制度划分）

企业制度	单位数（个）	工业总产值（万元）	平均工业产值（万元）
股份有限公司制	37	160085	4327
有限责任公司制	3446	4266315	1238
股份合作制	13074	4503700	344
家庭工业	114319	11665400	102

资料来源：《温州统计年鉴（2003）》。

（二）民营企业的经营管理

在企业的经营管理方面，我们侧重从民营企业的战略管理、市场定位、营销管理、信息技术在企业管理中的应用、人力资源管理等方面对福建省民营企业的经营管理现状及存在的问题进行调研。

1. 民营企业的战略管理

关于民营企业现阶段的经营战略，调查表明（见图32），有 24.53% 的被调查民营企业表示目前采取的还是以一种产品为主的一元战略；有 33.96% 的企业已实行了以多种产品并重的多元战略；此外，选择以一元为主其他产品为辅的混合战略的企业所占比例最高，达到 39.62%。从地区比较来看（见表86），沿海五市被调查企业中采用一元战略的比例平均为 23.08%，山区为 26.83%，山区比沿海高出近 3.75 个百分点。采用多元战略的企业比例在沿海仅比山区多 0.3 个百

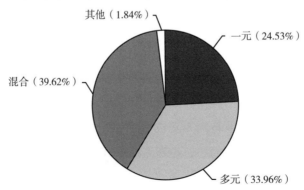

图32　福建省被调查民营企业的经营战略选择

分点，前者为 33.85%，后者为 34.15%。采用混合战略的企业比例沿海和山区分别为 40.00%、39.02%。进一步，比较中心城市，福州和厦门分别有近八成的企业采用多元和混合战略，泉州的这一比例较低，只有 62.50%。

表86　　　　　　不同地区被调查民营企业的经营战略选择

指标	福建省	福州	莆田	泉州	厦门	漳州	南平	三明	龙岩	宁德
企业数（家）	106	14	10	16	15	10	10	10	11	10
一元（家）	26	2	3	5	3	2	4	3	3	1
比例（%）	24.53	14.29	30.00	31.25	20.00	20.00	40.00	30.00	27.27	10.00
多元（家）	36	3	4	6	4	5	4	2	4	4
比例（%）	33.96	21.43	40.00	37.50	26.67	50.00	40.00	20.00	36.36	40.00
混合（家）	42	8	3	4	8	3	2	5	4	5
比例（%）	39.62	57.14	30.00	25.00	53.33	30.00	20.00	50.00	36.36	50.00
其他（家）	2	1	0	1	0	0	0	0	0	0
比例（%）	1.89	7.14	0	6.25	0	0	0	0	0	0

围绕企业经营战略的选择，我们还请被调查民营企业对本企业主营产品在市场中的地位提出自己的看法。调查显示（见表 87），在福建省范围内，31.43% 的被调查民营企业认为其主营产品在市场已经属于领导者，超过一半的企业（53.33%）认为达到了市场挑战者地位，认为属于追随者和游击者地位的不过占 15.24%。从地区比较来看，中心城市中，泉州 40.00% 的企业表示其主营产品处于领导者地位，60.00% 的企业认为其主营产品处于挑战者地位；厦门的这两项比例均为 46.67%。福州的情况有较大不同，表示其主营产品处于领导者地位的企业比例只有 14.29%，处于挑战者地位的企业比例较高，为 64.29%。沿海地区表示其主营产品处于领导者定位的企业比例平均比山区高 11.55 个百分点，分别为 35.94% 和 24.39%；但认为处于挑战者地位的企业比例沿海和山区差距不大，前者为 53.13%，后者为 53.66%，山区比沿海高出 0.53 个百分点。

表87　　　　　民营企业主营产品的市场地位（国内外同类产品相比）

企业所在地区	指标	指标				小计
		领导者地位	挑战者地位	追随者地位	游击者（角落者）地位	
福州	企业数（家）	2	9	3	0	14
	比例（%）	14.29	64.29	21.43	0	100.00
莆田	企业数（家）	2	6	2	0	10
	比例（%）	20.00	60.00	20.00	0	100.00

企业所在地区	指标	指标				小计
		领导者地位	挑战者地位	追随者地位	游击者（角落者）地位	
泉州	企业数（家）	6	9	0	0	15
	比例（%）	40.00	60.00	0	0	100.00
厦门	企业数（家）	7	7	1	0	15
	比例（%）	46.67	46.67	6.67	0	100.00
漳州	企业数（家）	6	3	0	1	10
	比例（%）	60.00	30.00	0	10.00	100.00
南平	企业数（家）	2	8	0	0	10
	比例（%）	20.00	80.00	0	0	100.00
三明	企业数（家）	3	3	4	0	10
	比例（%）	30.00	30.00	40.00	0	100.00
龙岩	企业数（家）	3	5	3	0	11
	比例（%）	27.27	45.45	27.27	0	100.00
宁德	企业数（家）	2	6	2	0	10
	比例（%）	20.00	60.00	20.00	0	100.00
福建省	企业数（家）	33	56	15	1	105
	比例（%）	31.43	53.33	14.29	0.95	100.00

注：有 1 家泉州被调查民营企业的相关数据缺失。

只有在企业的产品技术性能及质量水平达到一定的高度，且已占有相当的市场份额后，才可在市场上占据领导者或是挑战者地位。根据我们在第一部分的调查统计，绝大多数参与本次调查的民营企业（85.85%）的销售额规模都在 1000 万元至 5 亿元之间，年销售收入在 5 亿元以上的企业，仅占 6.60%。即被调查民营企业仍以中小型企业为主，年销售额规模有限。在这一约束下，企业的主营产品要想在市场上居领导者地位，其产品品种就不可能太多。根据《财富》杂志发表的统计数据：全球 500 强企业中，单项产品销售额占企业总销售额比例 95% 以上的有 140 家，占 500 强总数的 28%；主导产品销售额占总销售额 70%~95% 的有 194 家，占 38.8%；而相关产品销售额占总销售额 70%的有 146 家，占 29.2%。这一数据说明，即使是世界 500 强企业，其核心竞争力也主要来源于最擅长的产品生产，而不是面面俱到的多元化战略。然而，以中小企业为主的福建省民营企业，却有 33.96% 选择了以多种产品并重的多元战略。以中小企业所能达到的生产规模实行多种产品并重的多元战略，欲争取市场领导者、挑战者地位，难矣。这似乎在一定程度上反映出福建省民营企业在经营战略管理上还不够成熟。选择多元化经营战略的企业，可能有些是还不了解企业的比较优势所在，还没有找到自己明确的经营方向，处在什么赚钱就做什么的市场游击者状态下。有些也可能是一些发展较好的企业。但是，即使是这些企业，大多也正处于成长期或刚刚进入成熟期，其可支配的资源也是相当有限的。在资源紧缺情况下，进行资源整合的战略选择必须十分慎重。因为，经营战略选择应包括两个方面：选择做什么和选择不做什么。可是，在调研访谈中，调研组发现：很多企业家还不理解选择不做什么的重要性，认为只要是能赚钱的项目就是好项目，战略就是发现和选择这些能赚钱的好项目。在这样的心理驱使下，企业往往容易落入"多元化陷阱"。

2. 民营企业的目标市场定位

观察企业主要产品的主要目标地域市场范围，可以看出企业的经营能力。一般而言，企业的实力和营销能力越强，企业家的文化层次越高，经营视野越宽广，其主要产品的目标地域市场范围也就越广大。沿海调查组在调查中曾发现，在总共31家成立时间在11年以上的企业中，有77.8%的学历在大专以上的企业家已经将自己的目标市场确定为国际或者国内国际市场并重；而大专以下学历的企业家只有30.7%具有这种国际化的经营视野。

问卷调查统计指出（见图33）：在福建省被调查民营企业中，25.47%的企业表示其目标市场为国际市场，同时有24.53%的企业表示会以国内与国际市场并重。以省内市场为目标市场的企业仅占福建省被调查民营企业的12.26%。

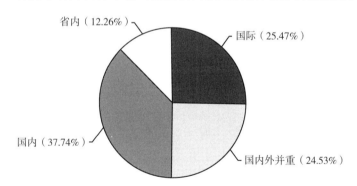

图33 福建省被调查民营企业主要地域目标市场

就分地区数据来看（见表88），比较三个中心城市，福州的被调查企业中有57.15%以国内及省内市场为目标市场，泉州和厦门的这一比例较低，分别为43.75%和46.67%。在其他地区，漳州和宁德的被调查民营企业以国际市场为目标市场的企业比例较高，而以国内及省内市场为目标市场的企业比例较高的地区是莆田和三明。

表 88　　　　　　　　不同地区被调查民营企业的主要地域目标市场

指标	福建省	福州	莆田	泉州	厦门	漳州	南平	三明	龙岩	宁德
企业数（家）	106	14	10	16	15	10	10	10	11	10
国际（家）	27	3	2	5	5	5	1	1	0	5
比例（%）	25.47	21.43	20.00	31.25	33.33	50.00	10.00	10.00	0	50.00
国内外并重（家）	26	3	1	4	3	2	5	1	6	1
比例（%）	24.53	21.43	10.00	25.00	20.00	20.00	50.00	10.00	54.55	10.00
国内（家）	40	6	5	5	6	2	3	5	5	3
比例（%）	37.74	42.86	50.00	31.25	40.00	20.00	30.00	50.00	45.45	30.00
省内（家）	13	2	2	2	1	1	1	3	0	1
比例（%）	12.26	14.29	20.00	12.50	6.67	10.00	10.00	30.00	0	10.00

3. 营销管理

首先，我们围绕企业的产品销售方式展开调查。从对民营企业的销售渠道的调查结果来看，大部分被调查民营企业（61.32%）是通过直接销售渠道进行产品的营销活动（见图34）。

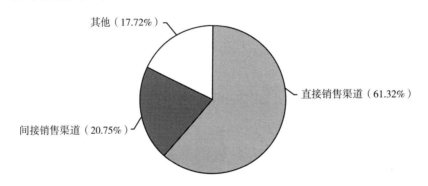

图 34　福建省被调查民营企业的产品销售方式

从分地区统计看（见表89），福建省各地区被调查民营企业产品销售的主要方式比较相近。除了宁德之外，其余地区被调查民营企业通过直接销售渠道销售产品的企业比例都在50%~80%。

表 89　　　　　　　　不同地区被调查民营企业的产品销售方式

指标	福建省	福州	莆田	泉州	厦门	漳州	南平	三明	龙岩	宁德
企业数（家）	106	14	10	16	15	10	10	10	11	10
直接销售渠道（家）	65	10	5	8	11	8	5	7	8	3
比例（%）	61.32	71.43	50.00	50.00	73.33	80.00	50.00	70.00	72.72	30.00
间接销售渠道（家）	22	3	1	3	4	1	2	2	2	4

指标	福建省	福州	莆田	泉州	厦门	漳州	南平	三明	龙岩	宁德
比例（％）	20.75	21.43	10.00	18.75	26.67	10.00	20.00	20.00	18.18	40.00
其他（家）	19	1	4	5	0	1	3	1	1	3
比例（％）	17.72	7.14	40.00	31.25	0	10.00	30.00	10.00	9.09	30.00

通常，直接销售渠道可以有三种形式：第一种是通过建立独立营销网络和依靠自有经销商进行产品营销；第二种是指省略中间环节的"产消见面"式的营销模式；第三种是企业仅仅是加工企业，按客户订单生产，不负责销售。前两种方式对于中小型企业都不太合适。因为自有营销网络的建立需要大量投资，只有在企业产量很大，而且需要生产企业提供特殊性售后服务的情况下，这种投资才是经济有效的，因此，对于绝大多数中小民营企业而言，这是不经济的。一般而言，中小企业应当更多地利用社会现有的营销网络，将企业有限的资源投入到更为急需的地方。省略中间环节的"产消见面"式的直销模式，实际上是一种前店后厂式的营销模式，更适应小规模生产。而对于工厂化生产来说，它实际上是一种倒退。它会严重限制企业关系渠道的建立和营销网络的展开，很可能使企业丧失应有的市场份额。至于第三种情况，由于加工企业在相当程度上受客户企业控制，同时，企业往往只能得到较少的加工费，长此以往，也不利于企业的积累与发展。

不同地区被调查民营企业采取直接销售渠道这种形式的比例如此之大，中心城市的直销比例甚至略高于福建省平均水平，似乎难以理解。如果事实确实如此，在承认企业的行为是理性的前提下，可以得出的一个推论是：福建省的流通产业可能比较薄弱，在提供社会化的优质低价的流通服务方面能力有限，迫使生产企业只能建立自己的直接销售渠道。这一问题与前文被调查民营企业对技术、法律、管理、会计以及劳动力市场等社会化服务体系的不满联系起来看，值得引起政府决策部门的重视。

其次，我们的调查转向企业"品牌管理"。企业营销管理中的另一个问题是品牌管理。表90归纳统计了各个地区被调查民营企业产品拥有的各级品牌数。结果显示，福建省民营企业所拥有的国家级品牌还不多。

表90   不同地区民营企业拥有的各级品牌数

指标	福建省	福州	莆田	泉州	厦门	漳州	南平	三明	龙岩	宁德
企业数（家）	106	14	10	16	15	10	10	10	11	10
国家级品牌数（个）	13	2	1	3	2	3	1	0	1	0

指标	福建省	福州	莆田	泉州	厦门	漳州	南平	三明	龙岩	宁德
平均每家企业拥有数（个）	0.12	0.14	0.10	0.19	0.13	0.30	0.10	0	0.09	0
省级品牌数（个）	64	6	5	7	13	6	9	2	5	11
平均每家企业拥有数（个）	0.60	0.43	0.50	0.44	0.87	0.60	0.90	0.20	0.45	1.10
市级品牌数（个）	44	10	0	7	11	7	3	4	0	2
平均每家企业拥有数（个）	0.42	0.71	0	0.44	0.73	0.70	0.30	0.40	0	0.20

品牌是企业形象的凝聚和商品个性化的体现。一个具有可识别性且消费者的认可程度都很高的品牌，是成熟企业产品差异化的表现，更是企业实行差异化竞争战略的核心内容。作为沿海开放省份，福建省民营经济在品牌运营上显然与浙江省、江苏省、广东省以及上海市等省市存在较大差距。温州作为我国发展民营经济的典范，其民营企业在完成资本原始积累的一次创业过程后，除了继续进行二次创业所必需的相应制度创新外，企业还将大部分的时间和精力投入其品牌的建设与推广工作上。据统计，目前温州已通过其现有的 23 个国内知名品牌在全国范围内建立了销售网点 14327 个（其中包括直营店 2912 个），在很大程度上依靠品牌运营帮助了其产品的市场推广，获取了较高的市场份额。而福建省民营企业经过一段时间的发展与壮大，虽然也创立了像安踏、才子、惠尔康这样的知名品牌，但是对于品牌的运营能力还明显不强。即使是在沿海地区，也只有安踏集团明确提出其未来发展方向将是走品牌化路线。可以说，品牌运营是福建省民营企业相对于其他民营经济发达省份的重要不足之一。

目前，福建省民营企业存在的主要问题是，企业尚不够重视通过品牌运营来推广其产品，提高顾客满意度，培育消费者的产品忠诚度，并最终提高其市场份额。即使是那些已经创出的真正的品牌甚至是名牌（像才子男装、安踏运动等），企业在如何利用和运营这些品牌优势并将其转化为企业差异化的竞争优势以获取更多的市场份额方面，投入的时间和精力都还不够。在经济全球化、一体化的环境下，福建省民营企业不但面临着来自国内其他省份企业的竞争威胁，更要面临着来自国外企业的竞争威胁，品牌意识、品牌营销问题如果不解决，将影响到福建省民营企业的市场竞争力，影响到福建省经济的发展。我们认为，提高品牌意识、搞好品牌营销应成为福建省民营企业发展中值得重视的问题之一。

关于企业营销管理的第三个问题，我们调查了企业的"营销观念"。在调研中，我们发现，几乎近85％的民营企业认为其产品的主要竞争力来源于同等价产品相比更优的质量。虽然调查结果显示，企业的竞争手段已从价格竞争转变为质量竞争（显然这是竞争手段上的进步），但是，我们发现，被调查企业对质量竞争的认识尚停留在产品本身，没有扩展到产品的外延上去。这种对质量的理解，显然比较肤浅而不够全面。按照现代营销理论，顾客受让价值应等于顾客整体获得价值减去顾客支付成本。其中，在顾客整体获得价值中有很大一部分来源于产品生产企业提供的相关服务。只有提升顾客在获得产品同时享受到的服务，才能够增加顾客整体获得价值，培养并提高顾客忠诚度，增加企业实现再销售的概率。这对于依靠"质量"取胜的民营企业而言尤为重要。因此，转变营销观念，树立真正的服务理念，是改进民营企业营销管理中应引起注意的问题之一。

"交易信息"是我们调查企业营销管理现状的第四个问题。市场实现资源有效配置的关键在于其交易信息的透明化。企业只有依靠收集和利用各类透明化的市场信息才能不断获得商机而立于不败之地。但是，调研中我们发现，福建省民营企业基本没有建立起外部市场信息的收集系统，几乎还是在靠企业主自有的关系资源来取代完善的市场信息收集系统。这对处于多变市场环境下的民营企业而言是一个危险的信号。访谈中，一位企业主告诉我们，目前其公司所有客户的资料都由他一个人保存，公司潜在客户的发现和挖掘工作也由他负责。虽然这位企业主充分认识到了客户对企业发展的极端重要性，但同时也说明其企业制度存在明显的不完善和缺失。民营企业要发展成真正的现代企业，在全国甚至世界市场上有竞争力的大企业，就不能依靠这种落后的市场信息的搜集与管理方式。

4. 信息技术在企业管理中的应用

我们通过调查计算机在企业管理中的应用范围，以了解现代信息技术在民营企业的企业管理中的应用情况。调查结果显示（见图35），在被调查民营企业中计算机主要被用于"资金、物流、人力管理"的比例有 59.43%，"成本和价格等经营管理"的比例为 34.91%，用于"生产过程"和"产品的市场销售"的比例分别为 31.10% 和 26.42%。也就是说，在企业管理中现代信息技术主要应用在企业的财务与销售管理方面，用于生产过程管理的比例不大。从回答用于"市场分析和预测"的比例仅为 16.04% 这一点可以发现，计算机在企业财务与销售管理方面的应用尚处一个低层次水平。因此，可以预计，在生产过程中使用了计算机的那部分企业，真正用计算机技术来进行产品设计、设备控制、品质管理等方面的企业就更少了。也就是说，虽然计算机在被调查民营企业中已经得到较普遍的应用，但是，应用层次还比较低，基本上是当作计算器、账本和文字处理器来使用的。

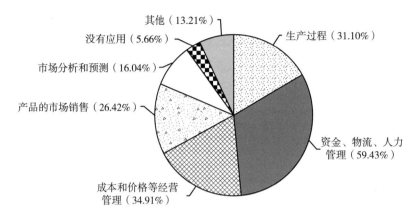

图35　计算机在被调查民营企业管理中的应用（多选，福建省）

分地区统计数据表明（见表90），不同地区被调查民营企业的计算机及其技术的应用程度似乎差别不大。关于这一点，我们对数据进行再分组计算后就显得更明显了（见表91）：在财务与销售管理上，中心城市、沿海地区和山区，应用强度成三个梯次，但是递减幅度不大；在生产过程管理上，山区被调查民营企业的应用强度甚至大大超过中心城市和沿海地区；在市场分析和预测上，中心城市、沿海地区和山区被调查民营企业的应用强度是2.28∶2.05（1.54）∶1.00，[①] 梯次比较明显；在至今没有应用计算机的企业比例上，沿海地区甚至比山区更糟糕。

表90　　　计算机在不同地区被调查民营企业管理中的应用（多选）

指标	福建省	福州	莆田	泉州	厦门	漳州	南平	三明	龙岩	宁德
企业数（家）	106	14	10	16	15	10	10	10	11	10
生产过程（家）	33	3	0	6	4	4	4	7	0	5
比例（%）	31.10	21.43	0	37.50	26.67	40.00	40.00	70.00	0	50.00
资金、物流、人力管理（家）	63	6	7	9	11	6	7	5	5	7
比例（%）	59.43	42.86	70.00	56.25	73.33	60.00	70.00	50.00	45.45	70.00
成本和价格等经营管理（家）	37	4	1	6	9	2	5	4	1	5
比例（%）	34.91	28.57	10.00	37.50	60.00	20.00	50.00	40.00	9.09	50.00
产品的市场销售（家）	28	3	0	6	7	2	4	1	1	4

---

① 括号内的数字是扣掉福州、泉州、厦门之后的沿海地区应用强度与山区应用强度的比较。

指标	福建省	福州	莆田	泉州	厦门	漳州	南平	三明	龙岩	宁德
比例（%）	26.42	21.43	0	37.50	46.67	20.00	40.00	10.00	9.09	40.00
市场分析和预测（家）	17	2	1	3	5	2	0	0	1	3
比例（%）	16.04	14.29	10.00	18.75	33.33	20.00	0	0	9.09	30.00
没有应用（家）	6	1	1	1	0	1	0	0	1	1
比例（%）	5.66	7.14	10.00	6.25	0	10.00	0	0	9.09	10.00
其他（家）	14	5	0	1	1	2	0	2	2	1
比例（%）	13.21	35.71	0	6.25	6.67	20.00	0	20.00	18.18	10.00

表91　　　　计算机在不同类型地区被调查民营企业管理中的应用强度　　　　单位：%

项目	福建省	中心城市	沿海地区	山区
财务与销售	120.75	135.56	121.53	119.51
生产过程	31.13	28.89	26.15	39.02
市场分析和预测	16.04	22.22	20.00	9.76
没有应用	5.66	4.44	6.15	4.88

注：由于本问题是多选题，"财务与销售"一栏的数据是表90中"资金、物流、人力管理""成本和价格等经营管理""产品的市场销售"三项数据汇总计算得出的，因此超过100%。作为强度指标，是可以成立的。

资料来源：根据表90的数据计算。

目前，福建省民营企业中计算机及信息技术的应用层次太低，其主要原因不是财力限制，而是企业管理水平不高、管理需求不足以及人才短缺。这也在一定程度上说明，福建省的民营企业就整体而言，基本上还处在粗放经营阶段。应用信息化技术提升产业技术水平，改善管理，实现集约化生产，提高企业竞争力，对于以劳动密集型产业为主的福建省民营经济的发展而言，值得认真研究。

5. 管理人员的招聘方式

管理人员的招聘方式属于企业人力资源管理的一部分，我们将在后文"人力资源管理"中予以详细讨论，这里仅仅分析企业经营管理人员的来源以及对企业管理的影响。

从统计数据可以看出（见图36、表92），无论是福建省还是各地区，被调查民营企业管理人员的主要来源基本上是一致的，大部分来自公开招聘和基层提拔。直接从企业领导的亲友中遴选的比例只有12%~13%。

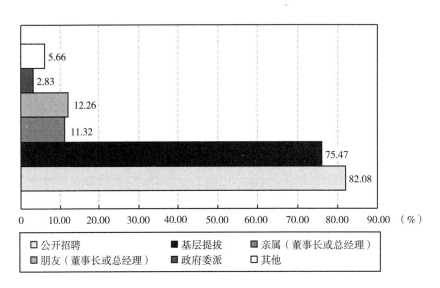

图36　被调查民营企业管理人员的招聘方式（多选，福建省）

表92　　　　　　　不同地区被调查民营企业管理人员的招聘方式（多选）

指标	福建省	福州	莆田	泉州	厦门	漳州	南平	三明	龙岩	宁德
企业数（家）	106	14	10	16	15	10	10	10	11	10
社会公开招聘（家）	87	9	8	15	15	9	9	7	7	8
比例（%）	82.08	64.29	80.00	93.75	100.00	90.00	90.00	70.00	63.64	80.00
企业基层提拔（家）	80	10	9	10	10	5	10	8	11	7
比例（%）	75.47	71.43	90.00	62.50	66.67	50.00	100.00	80.00	100.00	70.00
亲属（董事长或总经理的）（家）	12	1	2	0	1	1	2	1	2	2
比例（%）	11.32	7.14	20.00	0	6.67	10.00	20.00	10.00	18.18	20.00
朋友（董事长或总经理的）（家）	13	0	2	0	1	1	1	4	2	2
比例（%）	12.26	0	20.00	0	6.67	10.00	10.00	40.00	18.18	20.00
政府委派（家）	3	0	1	0	0	0	1	1	0	0
比例（%）	2.83	0	10.00	0	0	0	10.00	10.00	0	0
其他（家）	6	1	2	0	1	0	0	2	0	0
比例（%）	5.66	7.14	20.00	0	6.67	0	0	20.00	0	0

　　日益发展的人才市场为企业运用市场化方式选用人才提供了必要的空间。但是，调查组在实地调查也发现，虽然有82.08%的被调查民营企业是通过招聘的方式来获取管理人才的，大部分企业已不再像从前那样几乎完全从内部提

拔和委任亲属，但是，企业吸纳人才的社会化程度却不能估计过高。第二部分我们曾以单项选择题的方式询问了一个类似的问题，"在聘任企业的重要岗位人选时，您会首先考虑何种方式?"调查显示（见表93），选用家族成员的做法，已经被认为是不合时宜之举，至少是做得说不得的了。但是，在向社会公开招聘与起用企业内部人员上，还有所不同。在选用企业的重要岗位人选时，被调查民营企业还是倾向于起用企业内部人员；只有在聘任一般管理人员上，企业才更多地使用向社会公开招聘的方式。

表93　　　　　　　　　不同地区被调查民营企业聘用重要岗位人选方式

企业所在地区	指标	方案				小计
		家庭其他成员	启用企业内部的合适人选	向社会公开招聘	其他	
福州	企业数（家）	0	9	4	1	14
	比例（%）	0	64.29	28.57	7.14	100.00
莆田	企业数（家）	0	9	1	0	10
	比例（%）	0	90.00	10.00	0	100.00
泉州	企业数（家）	0	8	7	0	15
	比例（%）	0	53.33	46.67	0	100.00
厦门	企业数（家）	0	6	9	0	15
	比例（%）	0	40.00	60.00	0	100.00
漳州	企业数（家）	1	4	3	1	9
	比例（%）	11.11	44.45	33.33	11.11	100.00
南平	企业数（家）	1	5	4	0	10
	比例（%）	10.00	50.00	40.00	0	100.00
三明	企业数（家）	1	4	4	1	10
	比例（%）	10.00	40.00	40.00	10.00	100.00
龙岩	企业数（家）	0	6	5	0	11
	比例（%）	0	54.55	45.45	0	100.00
宁德	企业数（家）	1	4	4	1	10
	比例（%）	10.00	40.00	40.00	10.00	100.00
福建省	企业数（家）	4	55	41	4	104
	比例（%）	3.85	52.88	39.42	3.85	100.00

注：有2家（泉州1家、漳州1家）被调查民营企业的相关数据缺失。

还需要指出的是，目前民营企业向社会公开招聘管理人才的程序和方法都还存在着较大问题。尽管大部分被调查民营企业已经设立了专门的人力资源管理部门，但是，绝大多数企业的人力资源部门都缺乏规范的招聘规程，在招聘前通常也没有详尽周密的招聘计划，往往是"现用现招"。大多数被调查民营企业在招聘时采用传统的面试法，很少采用笔试法、情景模拟法和心理测验法来考察应聘者的写作能力、分析创造能力、组织决策能力和人际交往能力等，基本上是凭经验办事，重学历不重能力。

六、民营企业的人力资源

人才是企业之本。人力资源是企业发展的唯一"活"资源，企业的经营管理、技术创新、产品更新都需要合格的人才。人力资源的数量短缺、结构失衡以及管理不善都将成为企业持续发展的重要制约因素。劳动者的劳动状况、收入水平更关系到全面小康社会的建设进程。

在这一部分，我们将调查福建省民营企业的人力资源、劳动状况以及人力资源管理情况，找出存在的问题。[①]

（一）民营企业员工现状

我们从企业员工的受教育背景、工资待遇以及工作时数等方面对福建省及各地区民营企业的人力资源现状展开调查。

1. 民营企业员工的学历构成

企业各类员工的学历构成是直接反映该企业人力资源状况的一个指标。我们把企业的员工分为三个大类：管理人员、专业技术人员和生产人员，具体调查每家企业各类员工的数目及其受教育的背景。[②] 根据各地区各类人员占员工总数的比例来判断各地区人力资源的禀赋；根据各地区被调查民营企业中各类人员的学历背景，了解人力资源在各地区的分布。

---

① 本次调查企业数为106家，收到104家企业的数据。
② 由于获得的有关生产人员人数及学历构成的数据有明显缺陷，因此只对管理人员和专业技术人员的数据进行分析。

调查结果显示（见图 37），① 在取得数据的福建省 104 家被调查民营企业中，管理人员占员工总人数的比例为 9.26%。其中，福州、三明和莆田的该项比例略高于福建省水平；南平和龙岩略低。

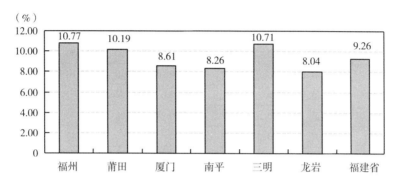

图 37　企业管理人员占员工总人数的比例

从被调查民营企业管理人员的学历构成看（见表 94），福建省被调查民营企业大专以上学历（含本科以上，下同）的企业管理人员比例为 53.7%，本科及以上学历的比例为 22.9%。从地区比较看，沿海地区被调查民营企业的管理人员中拥有大专以上学历的人员比例远远高于全省平均水平，厦门最高，达到 76.30%；福州次之，69.10%。厦门被调查民营企业的管理人员 40.60% 拥有本科及以上学历，这一比例同样是全省最高的。相比之下，山区的该项比例普遍低于全省水平，其中，龙岩最低。大专以上学历的企业管理人员比例仅42.40%，其中，本科及以上学历只有 16.20%。

表 94　　　　　　　　不同地区被调查民营企业管理人员学历构成

企业所在地区	企业数（家）	统计量	人数（人）	本科及以上（%）	大专、高职（%）	中专、职高技校（%）	高中（%）	初中（%）	小学及以下（%）
福州	14	平均数	28.00	26.20	42.90	15.80	10.40	4.80	0
		最小值	9.00	5.00	14.60	0	0	0	0
		最大值	120.00	76.40	78.57	41.67	50.00	44.50	0
莆田	10	平均数	93.50	21.55	24.75	25.13	17.70	10.80	0
		最小值	6.00	0	0	7.00	0	0	0
		最大值	600.00	55.50	60.00	48.00	65.00	28.00	0
厦门	15	平均数	99.00	40.60	35.70	16.70	5.40	1.70	0.10
		最小值	19.00	4.76	20.00	0	0	0	0
		最大值	356.00	80.00	61.50	53.30	26.30	13.80	1.70

① 由于从泉州、漳州和宁德收集上来的该项数据有明显缺陷，不列入分析。

企业所在地区	企业数（家）	统计量	人数（人）	本科及以上（%）	大专、高职（%）	中专、职高技校（%）	高中（%）	初中（%）	小学及以下（%）
南平	10	平均数	60.60	18.50	36.60	17.80	17.80	7.70	0.60
		最小值	12.00	0	0.50	0	0	0	0
		最大值	166.00	58.00	82.00	45.00	37.90	32.00	3.10
三明	10	平均数	33.30	23.10	30.00	32.60	8.10	5.90	0.40
		最小值	5.00	0	20.00	20.00	0	0	0
		最大值	90.00	50.00	45.00	56.00	21.70	20.00	4.35
龙岩	11	平均数	78.00	16.20	26.20	36.10	16.80	4.70	0
		最小值	5.00	0	1.70	16.90	0	0	0
		最大值	442.00	40.00	58.30	50.00	48.00	20.50	0
福建省	70	平均数	88.60	22.90	30.80	25.00	13.10	6.30	0.10
		最小值	5.00	0	0	0	0	0	0
		最大值	800.00	80.00	82.00	172.00	104.00	50.00	4.35

注：本表仅统计数据正常的6市70家企业的数据。

对民营企业专业技术人员的调查结果显示（见图38），[①] 福建省被调查民营企业专业技术人员占员工总人数的比例为10.52%。其中，厦门和三明的该项比例大大高于福建省平均水平，分别为22.30%和13.89%。从专业技术人员的学历构成看（见表95），福建省被调查民营企业大专以上学历的专业技术人员比例为55.30%，本科及以上学历的专业技术人员为23.70%。从地区比较看，沿海城市中，福州被调查民营企业大专以上学历的专业技术人员比例最高，达到70.70%，其次为厦门（60.90%），之后是泉州（57.40%）。此外，福州、泉州和厦门的被调查民营企业都有近3成的专业技术人员拥有本科及以上学历。在山区城市中，三明的这一比例最高，达到62.60%，龙岩最低（48.50%）。这一定程度上说明，（1）厦门和三明的民营企业集中了较多的专业技术人员。其中，厦门经济特区的优势是吸引人才的一个主要原因；三明作为老工业城市在专业技术人才的储备上也具有明显的优势。（2）三个中心城市被调查民营企业的专业技术人员学历层次较高的事实表明，与山区相比，中心城市的被调查民营企业技术层次较高，其中，以福州和厦门最为突出。在这两地，被调查民营企业不仅涉足的行业领域广，而且多为成长型企业。

---

① 由于从漳州、宁德收集上来的该项数据有明显缺陷，不列入分析。

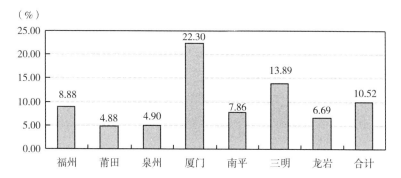

图 38　不同地区被调查民营企业专业技术人员占员工总人数的比例

表 95　　　　　不同地区被调查民营企业专业技术人员学历构成

企业所在地区	企业数（家）	统计量	人数（人）	本科及以上（%）	大专、高职（%）	中专、职高技校（%）	高中（%）	初中（%）	小学及以下（%）
福州	14	平均数	23.10	29.70	41.00	24.10	5.10	0	0
		最小值	3.00	5.00	8.33	0	0	0	0
		最大值	80.00	60.00	80.00	80.56	33.33	0	0
莆田	10	平均数	44.80	10.30	30.25	37.48	13.90	8.07	0
		最小值	2.00	0	0	0	0	0	0
		最大值	290.00	30.00	55.50	76.00	86.00	30.00	0
泉州	14	平均数	82.90	28.60	28.80	19.70	14.30	5.20	0
		最小值	8.00	0	7.00	0	0	0	0
		最大值	272.00	70.00	70.00	51.00	49.00	26.00	0
厦门	15	平均数	256.60	32.40	28.50	24.50	13.90	0.70	0
		最小值	3.00	0	1.50	0	0	0	0
		最大值	2000.00	96.00	80.00	74.30	63.70	8.30	0
南平	10	平均数	57.10	14.70	43.80	25.10	11.80	3.90	0.70
		最小值	7.00	0	4.40	0	0	0	0
		最大值	156.00	33.00	87.50	43.00	35.30	23.50	7.40
三明	10	平均数	43.20	25.00	37.60	25.60	5.70	6.00	0
		最小值	5.00	0	0	0	0	0	0
		最大值	110.00	70.00	62.50	60.00	40.00	60.00	0
龙岩	11	平均数	64.90	27.80	20.70	31.80	10.30	9.40	0
		最小值	3.00	0	0	0	0	0	0
		最大值	348.00	100.00	66.70	80.00	43.80	100.00	0

企业所在地区	企业数（家）	统计量	人数（人）	本科及以上（%）	大专、高职（%）	中专、职高技校（%）	高中（%）	初中（%）	小学及以下（%）
福建省	84	平均数	95.80	23.70	31.60	26.00	9.90	3.70	0.10
		最小值	2.00	0	0	0	0	0	0
		最大值	2000.00	100.00	87.50	80.60	86.00	100.00	7.40

注：本表仅统计数据正常的7市84家民营企业数据。

调查表明，虽然福建省被调查民营企业所拥有的大专以上学历的企业管理人员比例和专业技术人员比例均超过了50%，但这两类人员在地区分布上非常不均匀。本科学历以上的企业管理人员和生产技术人员主要集中在福州、厦门、泉州等中心城市；沿海非中心城市地区和山区被调查民营企业本科学历以上的管理人才普遍匮乏，本科学历以上技术人才的匮乏程度则略低。部分山区城市甚至要好于沿海非中心城市。

2. 被调查民营企业员工的工资待遇

企业不同类型员工的工资待遇高低可以从一个侧面体现出一个地区对各类劳动要素的供求结构。进一步，还可反映各地区民营企业的行业结构。为了说明问题，我们把企业员工的类别细分为六个组别：高级管理人员、一般管理人员、高级专业技术人员、一般专业技术人员、技术工人以及一般工人，并选择2003年各类员工的规定工资以及奖金数进行调查。

我们首先调查民营企业对员工工资标准的确定方式。一般而言，各企业的员工工资或依据本企业的具体情况确定，或依据同类企业的平均水平确定。前者反映的是企业的特殊性，后者则反映同行业的普遍性。我们把工资标准的确定方式分为五类：根据本企业历史水平确定、参照企业经验数据确定、按主管机构规定的标准确定、参照薪酬调查结果确定以及按照企业财务状况确定。对工资标准确定方式的调查结果可以帮助我们判断从个体样本企业获得的工资数据能在多大程度上反映同类企业工资水平。在接受调查的104家民营企业中，有47.17%的企业表示其员工工资标准是参照同类企业的经验数据确定的，根据本企业历史水平和企业财务状况确定员工工资标准的企业比例为33.95%（见图39）。从地区调查的情况看（见表96），回答"参照同类企业经验数据"和"参照薪酬调查结果"的企业的比例都较高。二者相加，占福建省被调查民营企业薪酬决定方式的60.38%。这一方面说明民营企业的工资决定已经在相当程度上市场化了；另一方面也说明下文所进行的

2003 年民营企业各类员工规定工资的调查能够反映各地区各行业民营企业员工工资的一般情况。

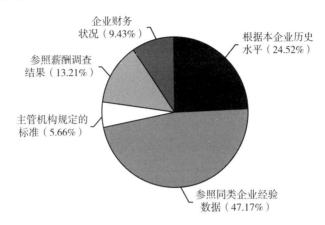

图 39   被调查民营企业员工工资标准的确定方式（福建省）

表 96   **不同地区被调查民营企业员工工资标准的确定方式**

企业所在地区	指标	根据本企业历史水平	参照同类企业经验数据	主管机构规定的标准	参照薪酬调查结果	企业财务状况	小计
福州	企业数（家）	3	7	2	1	1	14
	比例（%）	21.43	50.00	14.29	7.14	7.14	100.00
莆田	企业数（家）	4	5	1	0	0	10
	比例（%）	40.00	50.00	10.00	0	0	100.00
泉州	企业数（家）	1	9	1	3	2	16
	比例（%）	6.25	56.25	6.25	18.75	12.50	100.00
厦门	企业数（家）	4	7	2	2	0	15
	比例（%）	26.67	46.67	13.33	13.33	0	100.00
漳州	企业数（家）	5	4	0	1	0	10
	比例（%）	50.00	40.00	0	10.00	0	100.00
南平	企业数（家）	2	4	0	0	4	10
	比例（%）	20.00	40.00	0	0	40.00	100.00
三明	企业数（家）	3	3	0	3	1	10
	比例（%）	30.00	30.00	0	30.00	10.00	100.00
龙岩	企业数（家）	3	5	0	1	2	11
	比例（%）	27.27	45.45	0	9.09	18.18	100.00
宁德	企业数（家）	1	6	0	3	0	10
	比例（%）	10.00	60.00	0	30.00	0	100.00
福建省	企业数（家）	26	50	6	14	10	106
	比例（%）	24.52	47.17	5.66	13.21	9.43	100.00

从分地区的调查统计数字看，不同地区被调查民营企业的薪酬决定方式有所区别。中心城市被调查民营企业按照市场化方式确定员工工资的企业比例比较高，山区次之，沿海非中心城市地区最低（见表97），山区高于沿海非中心城市地区的主要原因是宁德被调查民营企业90%都采取了市场化确定员工工资的方式。如果扣除宁德，南平、三明、龙岩三市的这一比例就只有51.61%，与沿海非中心城市地区大致相同。

表97　　不同类型地区被调查民营企业根据市场供需决定工资水平的比例

指标	中心城市	沿海非中心城市地区	山区
比例（%）	64.44	50.00	60.98

注：我们把"参照同类企业经验数据"与"参照薪酬调查结果"的企业比例加总，作为根据市场供需决定的企业比例。

资料来源：根据表96有关数据计算。

福建省被调查民营企业2003年高级管理人员的年平均工资（下同）为5.3万元，一般管理人员为2.4万元；高级生产技术人员平均可获得4.9万元的年工资，一般生产技术人员为2.3万元；技术工人和一般工人的平均年工资分别为1.6和1.2万元。计入年终奖金和其他各类奖金后，高级管理人员的收入可比高级专业技术人员平均高出近1万元；一般管理人员的收入与一般专业技术人员的收入大致持平（见图40）。企业各类员工的收入之比是高级管理人员：一般管理人员：技术工人：一般工人 = 4.9333：2.2：1.3333：1.0；高级生产技术人员：一般生产技术人员：技术工人：一般工人 = 4.3333：2：1.3333：1。高

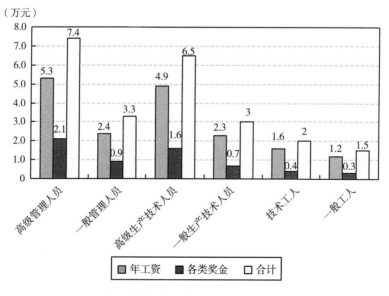

图40　2003年福建省被调查民营企业各类员工的年收入水平

级管理人员的收入是一般管理人员收入的2.24倍，一般工人收入的5倍。这样的收入差距大致上还是合理的。[①]

从地区比较来看（见表98），泉州和厦门两城市被调查民营企业各类员工的平均工资水平均高于福建省，其中泉州民营企业的高级管理人员和高级生产技术人员的年工资接近福建省平均数的两倍；厦门这两类人员的工资仅略高于福建省平均水平。福州企业的各类职工工资基本接近福建省平均水平，其他地区民营企业的各类员工平均工资大体都低于福建省平均水平。

表98　　　　　2003年不同地区被调查民营企业各类员工规定工资水平　　　单位：万元/年

企业所在地区	统计量	高级管理人员	一般管理人员	高级生产技术人员	一般生产技术人员	技术工人	一般工人
福州	平均数	3.7	2.2	4.4	2.1	1.4	1.0
	最小值	1.3	1.2	1.75	1.2	0.8	0.5
	最大值	9.0	4.0	8.0	3.6	2.0	1.5
莆田	平均数	4.0	2.1	4.1	1.8	1.5	1.1
	最小值	1.2	0.9	0.9	0.85	0.85	0.8
	最大值	9.0	4.9	10.0	2.5	2.4	1.5
泉州	平均数	9.7	2.8	8.5	4.0	1.9	1.5
	最小值	0.4	1.2	2.4	1.2	1.2	0.96
	最大值	25.0	7.5	24.0	14.4	3.0	3.0
厦门	平均数	5.8	3.3	5.2	2.9	2.0	1.4
	最小值	1.44	1.08	2.8	1.02	0.9	0.72
	最大值	10.0	7.0	10.0	5.0	4.0	3.0
漳州	平均数	4.7	2.1	4.0	2.3	1.6	1.1
	最小值	2.4	1.44	2.4	1.44	0.96	0.72
	最大值	12	3	10	4.8	2.4	1.8
南平	平均数	6.5	1.9	4.1	1.7	1.4	1.0
	最小值	2.0	0.8	1.2	0.8	0.96	0.58
	最大值	15.0	3.6	15.0	3.0	1.8	1.2
三明	平均数	4.7	3.0	4.0	1.7	1.6	1.0
	最小值	1.5	0.7	1.5	0.7	0.72	0.72
	最大值	20.0	15.0	15.0	2.0	3.0	1.25

---

① 后面我们将加入其他因素对这一收入差距进行进一步分析。

续表

企业所在地区	统计量	高级管理人员	一般管理人员	高级生产技术人员	一般生产技术人员	技术工人	一般工人
龙岩	平均数	4.1	1.7	4.5	1.8	1.4	1.1
	最小值	1.8	1	1.2	0.96	0.84	0.72
	最大值	10.0	3.5	11.5	5.54	2.77	1.85
宁德	平均数	3.7	2.0	4.2	1.8	1.3	1.2
	最小值	1.2	0.96	1.8	0.96	0.7	0.6
	最大值	7.0	3.0	15.0	2.5	2.0	2.5
福建省	平均数	5.3	2.4	4.9	2.3	1.6	1.2
	最小值	0.4	0.7	0.9	0.7	0.7	0.5
	最大值	25.0	15.0	24.0	14.4	4.0	3.0

同一地区被调查民营企业不同类型员工、不同地区被调查民营企业相同类型员工以及同一地区不同企业同类员工工资差距状况是值得研究的。

（1）同一地区被调查民营企业不同类型员工的工资差距状况。从表99可以看出，福建省不同地区被调查民营企业不同类型员工工资差距，大致可以分为三类，从高到低排列为：南平和泉州，三明、漳州和厦门，福州、莆田、龙岩、宁德。高级管理人员与一般工人的平均工资差距为例，差距最大的是6.5∶1；差距最小的是3.08∶1。

表99　　　　被调查民营企业同一地区不同类型员工平均工资比例

（以当地一般工人平均工资水平为1）

企业所在地区	高级管理人员	一般管理人员	高级生产技术人员	一般生产技术人员	技术工人	一般工人
福州	3.70	2.20	4.40	2.10	1.40	1.00
莆田	3.64	1.91	3.73	1.64	1.36	1.00
泉州	6.47	1.87	5.67	2.67	1.27	1.00
厦门	4.14	2.36	3.71	2.07	1.43	1.00
漳州	4.27	1.91	3.64	2.09	1.45	1.00
南平	6.50	1.90	4.10	1.70	1.40	1.00
三明	4.70	3.00	4.00	1.70	1.60	1.00
龙岩	3.73	1.55	4.09	1.64	1.27	1.00
宁德	3.08	1.67	3.50	1.50	1.08	1.00
福建省	4.42	2.00	4.08	1.91	1.33	1.00

资料来源：根据表98数据计算。

（2）不同地区被调查民营企业相同类型员工工资差距。从表100可以看出，福建省不同地区被调查民营企业相同类型员工平均工资差距相当小。技术工人、一般工人的最大差距不超过1.5，一般管理人员不超过2，高级生产技术人员和一般生产技术人员，除了泉州、厦门之外，其他地区的差距都在一成到三成之间，高级管理人员除了泉州，各地差距也不大。如果除以生活费指数，那么同类员工不同地区的收入差距可能更小。这说明，福建省的劳动力市场已经具有相当程度的流动性，一个全省统一的劳动力市场正在形成之中。

表100　　　　不同地区被调查民营企业相同类型员工平均工资比例

（以不同地区同类员工最低平均工资水平为1）

企业所在地区	高级管理人员	一般管理人员	高级生产技术人员	一般生产技术人员	技术工人	一般工人
福州	1.00	1.29	1.1	1.24	1.07	1.00
莆田	1.08	1.24	1.03	1.06	1.15	1.10
泉州	2.62	1.65	2.13	2.35	1.46	1.50
厦门	1.57	1.94	1.30	1.71	1.54	1.40
漳州	1.27	1.24	1.00	1.35	1.23	1.10
南平	1.76	1.12	1.03	1.00	1.08	1.00
三明	1.27	1.76	1.00	1.00	1.23	1.00
龙岩	1.11	1.00	1.13	1.06	1.08	1.10
宁德	1.00	1.18	1.05	1.06	1.00	1.20

资料来源：根据表98数据计算。

（3）同一地区不同企业同类员工工资差距。与福建省不同地区被调查民营企业相同类型员工平均工资的差距相反，被调查民营企业同一地区不同企业同类员工的工资差距却是非常之大（见表101）。其中，又以高级管理人员为最，达到了62.5倍，工人的工资差距则小一些，即使如此，也达到了5~6倍。对这种现象的一种解释：一是同一地区不同企业同类员工工资差距与这些企业的经营效益有极大关系；二是企业对普通工人广泛采取了计件工资制度；三是高级管理人员的工资与企业规模、经营效益有密切关系，同时也带有分红和风险收入的性质。

表 101　　　　被调查民营企业同一地区不同企业同类员工工资的

最大差距　　　　　　　　　　　　　　单位：倍

企业所在地区	高级管理人员	一般管理人员	高级生产技术人员	一般生产技术人员	技术工人	一般工人
福州	6.92	3.33	4.57	3.00	2.50	3.00
莆田	7.50	5.44	11.11	2.94	2.82	1.88
泉州	62.50	6.25	10.00	12.00	2.50	3.13
厦门	6.94	6.48	3.57	4.90	4.44	4.17
漳州	5.00	2.08	4.17	3.33	2.50	2.50
南平	7.50	4.50	12.5	3.75	1.88	2.07
三明	13.33	21.43	10.00	2.86	4.17	1.74
龙岩	5.56	3.50	9.58	5.77	3.30	2.57
宁德	5.83	3.13	8.33	2.60	2.86	4.17
福建省	62.50	21.43	26.67	20.57	5.71	6.00

资料来源：根据表 98 数据计算，倍数 = 当地同类员工工资最大值÷最小值。

工资水平一方面体现要素的生产率水平，另一方面也体现要素的稀缺程度，因此，泉州和厦门两地要素价格的上升应值得特别关注。我们认为，在泉州等地，要素的高工资反映了以下三方面内容。一是当地企业的行业结构偏向于制鞋、服装、机械加工等劳动密集型行业，2004 年的经济快速增长扩大了对各类劳动要素的需求，劳动力市场出现了过去未有的供不应求的状况，[①] 拉动了工资水平上升。二是高级管理人才、高级生产技术人员的平均工资水平高出福建省平均水平 1 倍左右，一方面说明了泉州民营经济的迅速发展对高级管理人次和高级技术人员的旺盛需求，另一方面也说明了当地此类人才的供给严重不足。三是尽管普通工人、技术工人及一般生产技术人员的平均工资水平与其他地区同类员工相比较高，但是在泉州，这些员工的劳动强度大，加班时间太长，考虑到这一因素，他们的实际工资水平（例如小时工资）与福建省平均水平就相去不远。[②] 在厦门，一是一般工人的工资水平比外地高一些，一方面与当地生活费用水平较高有一定关系，另一方面与厦门的产业技术水平整体较高有关。产业技术水平较高，即使是对一般工人，要求也较高，工资水平高一些，也是合理的。二是技术工人与一般生产技术人员工资较高，除了当地生活费用水平高的原因之外，与厦门的产业整体技术水平较高，对技术工人与一般

---

① 2004 年第一季度开始，福建省沿海经济发达地区劳动力市场均呈现供不应求的状况，不少企业因招不到工人而停产或开工不足。其中，以泉州、晋江等区内民营经济发展十分活跃的地区为重。

② 在后文中，我们将继续分析这一问题。

技术人员的需求量大，供给不足也有一定关系。三是尽管当地的生活费用水平高，但是，高级管理人员和高级生产技术人员的平均工资水平仅略高于福建省平均水平的事实表明，这两类人才的供给在厦门是相对富裕的。下面我们对企业员工工作时间的调查进一步验证了上述的观点。

从企业人工成本占企业总成本的比例来看，福建省近90%的被调查民营企业的人工成本在企业总成本中的比例在30%以下。其中，31.07%的企业在10%以下；58.25%的企业在10%~29.9%。从地区比较看（见表102），厦门和泉州的被调查民营企业的人工成本占企业总成本的比例相对要高一些，两地有六成以上被调查民营企业表示其人工成本在企业总成本中占10%~29.90%；在福州只有一半的被调查民营企业表示在企业总成本中人工成本所占的比例大致在10%~29.9%。沿海地区的一个例外是漳州，该项比例达到70%。在内地城市，企业总成本中人工成本占10%以下的企业比例平均高于沿海地区。调查结果表明，在沿海城市的民营企业，其企业成本中支付的人工成本的比例相对较高。我们认为，主要原因是产业结构差异：沿海地区被调查民营企业以从事加工型劳动密集产业为主，每个企业吸纳的就业人员较多，人工成本占企业总成本的比例就会上升，至于不同地区工资水平的影响则不大，因为，福建省不同地区同类员工，尤其是一般员工的工资水平的地区差距并不大（见表100），如果进一步考虑工时与劳动生产率的差异，① 其影响就更小了。

表102　　　不同地区被调查民营企业人工成本占企业总成本的比例

企业所在地区	指标	10%以下	10%~29.9%	30%~49.9%	50%以上	小计
福州	企业数（家）	5	7	1	1	14
	比例（%）	35.72	50.00	7.14	7.14	100.00
莆田	企业数（家）	4	6	0	0	10
	比例（%）	40.00	60.00	0	0	100.00
泉州	企业数（家）	2	8	3	0	13
	比例（%）	15.38	61.54	23.08	0	100.00
厦门	企业数（家）	3	9	2	1	15
	比例（%）	20.00	60.00	13.33	6.67	100.00
漳州	企业数（家）	3	7	0	0	10
	比例（%）	30.00	70.00	0	0	100.00
南平	企业数（家）	3	7	0	0	10
	比例（%）	30.00	70.00	0	0	100.00

---

① 工时长、劳动生产率高，使企业支付给员工的总工资上升，但是，单位成品成本从而总成本中人工成本的比重反而有下降趋势。

企业所在地区	指标	10%以下	10%~29.9%	30%~49.9%	50%以上	小计
三明	企业数（家）	4	6	0	0	10
	比例（%）	40.00	60.00	0	0	100.00
龙岩	企业数（家）	5	4	2	0	11
	比例（%）	45.46	36.36	18.18	0	100.00
宁德	企业数（家）	3	6	1	0	10
	比例（%）	30.00	60.00	10.00	0	100.00
福建省	企业数（家）	32	60	9	2	103
	比例（%）	31.07	58.25	8.74	1.94	100.00

注：有3家泉州被调查民营企业的相关数据缺失。

3. 被调查民营企业员工工作时间

从企业不同类型员工的工作时数及相关指标，可以看出员工的劳动状况以及与之相联系的福利（welfare）水平，不同地区对各类劳动要素的供求结构。

工时差距对员工福利水平的影响。调查发现，（1）被调查民营企业各类员工的平均工时普遍超过法定工时（见表103、表104），各类员工工时超过法定工时的幅度分别如下：高级管理人员为16.25%；高级生产技术人员为12.00%；一般管理人员为14.75%；一般生产技术人员为17.25%；技术工人为17.75%；一般工人为19.75%，从高级管理人员到一般工人，工作超时的幅度是递增的。（2）各类员工不同时期的工时长度相当不均衡，波动幅度分别如下：高级管理人员为180%（-80%~100%）；高级生产技术人员为147.50%（-90%~57.5%）；一般管理人员为175.00%（-75%~100%）；一般生产技术人员为165.00%（-12.5%~152.5%）；技术工人为240.00%（-87.5%~152.5%）；一般工人为250.50%（-98%~152.5%），从高级管理人员到一般工人，工时的波动幅度也是递增的，不仅如此，而且波动的方向有所不同。高级员工的超法定工时的幅度较小，不足法定工时的幅度较大；一般管理人员和一般生产技术人员的超法定工时幅度较大，不足法定工时的幅度较小；一般工人的超法定工时和不足法定工时的幅度都非常大。联系不同类型员工的报酬形式，可以得出结论，不同类型员工的福利水平差距远远大于其收入差距、劳动强度差距。一般而言，企业高级人员的收入结构是"固定薪酬+分红"，工时不与薪酬挂钩，因此，工作不足法定工时数，一定程度上是企业高级人员对此前超时工作的补偿，是自主选择的结果，它更多是一种补偿和福利。一般管理人员和一般生产技术人员，工时一般也不与薪酬挂钩，但是上下班时间受到严格管理，加班多而溜号难。超法定工时幅度较大，不足法定工时的幅度较小，即使加班可以得到加班费，但是，经济学原理指出：加班时间如超过一定限度，所增加收入带来的边际效用将不抵闲暇时间大幅度缩水产生的边际负效用。技术工人和一般工人的薪酬在相当程度上是计件的，或者与工时挂钩，因此，工作时间的波动幅度大，将大大降低他们的收入和福利水平。因此，我们可以得出这样的一个结论：在被调查民营企业，不同类型员工之间的实际福利水平差距将大于其收入水平、平均工时差距。①

表103　　　　　　　2003年不同地区被调查民营企业各类员工周工作时数

企业所在地区	统计量	高级管理人员	一般管理人员	高级生产技术人员	一般生产技术人员	技术工人	一般工人
福州	平均数	45.80	48.20	45.30	48.20	48.20	47.10
	最小值	40.00	40.00	40.00	40.00	40.00	40.00
	最大值	56.00	80.00	56.00	80.00	70.00	70.00
莆田	平均数	45.50	45.50	45.50	45.50	41.00	40.80
	最小值	40.00	40.00	40.00	40.00	5.00	0.80
	最大值	56.00	56.00	56.00	56.00	56.00	56.00
泉州	平均数	47.30	47.90	45.00	54.40	56.70	57.80
	最小值	8.00	10.00	8.00	35.00	38.00	38.00
	最大值	65.00	65.00	60.00	101.00	101.00	101.00
厦门	平均数	42.00	41.40	40.90	41.70	44.50	46.30
	最小值	35.00	30.00	30.00	35.00	40.00	40.00
	最大值	52.00	48.00	48.00	48.00	76.00	76.00
漳州	平均数	48.20	47.60	44.60	49.90	51.10	52.50
	最小值	40.00	40.00	4.00	44.00	44.00	44.00
	最大值	60.00	56.00	63.00	63.00	60.00	60.00
南平	平均数	45.10	44.40	45.70	44.90	44.00	47.20
	最小值	30.00	35.00	35.00	35.00	35.00	35.00
	最大值	56.00	56.00	56.00	56.00	56.00	60.00

---

① 例如，一些民营企业除薪酬之外，也为员工提供一些福利待遇和社会保险，主要包括公寓式住房、员工食堂、有薪假期、有无提供娱乐设施。保障主要包括工伤保险、医疗保障、养老保险。调查得知，福建省沿海地区的被调查民营企业为员工提供住房的占80%，因婚丧嫁娶提供有薪假期的占60%，为员工提供娱乐设施的占60%，为高层管理人员提供交通工具的占10%，有80%的民营企业为员工购买工伤保险，有60%为员工购买医疗保险，为员工购买养老保险的有40%，为员工提供各种福利设施和保险方面，厦门的民营企业是做得最好的。但是，民营企业的福利和保险的覆盖面较窄，不少民营企业没有为一般员工提供住房。也没有员工食堂，有的企业根本没有娱乐设施。有薪假期只是针对管理和技术人员，一部分民营企业没有为农民工购买工伤保险、医疗保险和养老保险。

企业所在地区	统计量	高级管理人员	一般管理人员	高级生产技术人员	一般生产技术人员	技术工人	一般工人
三明	平均数	44.75	45.10	46.40	46.40	47.20	47.20
	最小值	39.00	39.00	39.00	39.00	40.00	40.00
	最大值	48.00	48.00	60.00	60.00	60.00	60.00
龙岩	平均数	46.80	43.90	44.50	44.80	45.50	44.80
	最小值	39.00	39.00	39.00	39.00	39.00	39.00
	最大值	60.00	56.00	56.00	56.00	56.00	56.00
宁德	平均数	55.90	50.90	47.70	48.40	46.90	49.80
	最小值	42.00	42.00	42.00	40.00	42.00	40.00
	最大值	80.00	70.00	60.00	70.00	50.00	84.00
福建省	平均数	46.50	45.90	44.80	46.90	47.10	47.90
	最小值	8.00	10.00	4.00	35.00	5.00	0.80
	最大值	80.00	80.00	63.00	101.00	101.00	101.00

表 104　　2003 年不同地区被调查民营企业各类员工日均工时及波动程度

企业所在地区	指标	高级管理人员	一般管理人员	高级生产技术人员	一般生产技术人员	技术工人	一般工人
福州	日均工时（小时）	9.16	9.64	9.06	9.64	9.64	9.42
	波动范围（%）	0 ~ 40.00	0 ~ 100.00	0 ~ 40.00	0 ~ 100.00	0 ~ 100.00	0 ~ 100.00
	波动幅度（%）	40.00	100.00	56.00	100.00	100.00	100.00
莆田	日均工时（小时）	9.10	9.10	9.10	9.10	8.20	8.16
	波动范围（%）	0 ~ 40.00	0 ~ 40.00	0 ~ 40.00	0 ~ 40.00	- 87.50 ~ 40.00	- 98.00 ~ 40.00
	波动幅度（%）	40.00	40.00	40.00	40.00	127.50	138.00
泉州	日均工时（小时）	9.46	9.58	9.00	10.88	11.34	11.56
	波动范围（%）	- 80.00 ~ 62.50	- 75.00 ~ 62.50	- 80.00 ~ 50.00	- 12.50 ~ 152.50	- 5.00 ~ 152.50	- 5.00 ~ 152.50
	波动幅度（%）	142.50	137.50	130.00	165.00	157.50	157.50
厦门	日均工时（小时）	8.40	8.28	8.18	8.34	8.90	9.26
	波动范围（%）	- 12.50 ~ 30.00	- 25.00 ~ 20.00	- 25.00 ~ 20.00	- 25.00 ~ 20.00	0 ~ 90.00	0 ~ 90.00
	波动幅度（%）	42.50	45.00	45.00	45.00	90.00	90.00
漳州	日均工时（小时）	9.64	9.52	8.92	9.98	10.22	10.50
	波动范围（%）	0 ~ 20.00	0 ~ 40.00	- 90.00 ~ 57.50	10.00 ~ 57.50	10.00 ~ 20.00	10.00 ~ 20.00
	波动幅度（%）	20.00	40.00	147.50	47.50	10.00	10.00

企业所在地区	指标	高级管理人员	一般管理人员	高级生产技术人员	一般生产技术人员	技术工人	一般工人
南平	日均工时（小时）	9.02	8.88	9.14	8.98	8.80	9.44
	波动范围（%）	-25.00 ~ 40.00	-25.00 ~ 40.00	-25.00 ~ 40.00	-25.00 ~ 40.00	-25.00 ~ 40.00	-25.00 ~ 50.00
	波动幅度（%）	65.00	65.00	65.00	65.00	65.00	75.00
三明	日均工时（小时）	8.95	9.02	9.28	9.28	9.44	9.44
	波动范围（%）	-2.50 ~ 20.00	-2.50 ~ 20.00	-2.50 ~ 50.00	-2.50 ~ 50.00	0 ~ 50.00	0 ~ 50.00
	波动幅度（%）	22.50	22.50	52.50	52.50	50.00	50.00
龙岩	日均工时（小时）	9.36	8.78	8.90	8.96	9.10	8.96
	波动范围（%）	-2.50 ~ 50.00	-2.50 ~ 40.00	-2.50 ~ 40.00	-2.50 ~ 40.00	-2.50 ~ 40.00	-2.50 ~ 40.00
	波动幅度（%）	52.50	42.50	42.50	42.50	42.50	42.50
宁德	日均工时（小时）	11.18	10.18	9.54	9.68	9.38	9.96
	波动范围（%）	5.00 ~ 100.00	5.00 ~ 75.00	5.00 ~ 50.00	5.00 ~ 75.00	5.00 ~ 25.00	5.00 ~ 110.00
	波动幅度（%）	95.00	70.00	45.00	75.00	20.00	105.00
合计	日均工时（小时）	9.30	9.18	8.96	9.38	9.42	9.58
	波动范围（%）	-80.00 ~ 100.00	-75.00 ~ 100.00	-90.00 ~ 57.50	-12.50 ~ 152.50	-87.50 ~ 152.50	-98.00 ~ 152.50
	波动幅度（%）	180.00	175.00	147.50	165.00	240.00	250.50

注：日均工时＝周工时÷5。波动范围上限＝（日最大工作时数÷法定日工作时数-1）×100%，波动范围下限＝（日最小工作时数÷法定日工作时数-1）×100%，波动幅度＝波动范围上限-波动范围下限。

资料来源：根据表103数据计算。

从分地区情况看，宁德、泉州和漳州被调查民营企业各类员工周工作时数普遍高于福建省平均水平，其中，泉州和漳州民营企业的一般生产技术人员、技术工人和一般工人的周平均工时大幅度地高于福建省平均数。泉州民营企业技术工人、一般工人的平均周工时分别是法定周工时的141.75%、144.5%，超过福建省平均水平近10小时；宁德民营企业的高级、一般管理人员以及高级生产技术人员的周工作时数也大幅高于福建省平均数，其中，高级管理人员的周平均工时超出法定工时近40%（15.9小时），要比福建省平均长近10小时。厦门的被调查民营企业尽管也存在着各类员工超时工作现象，但是，幅度是福建省最小的。以超工时最多的一般工人为例，厦门的日均超工时时间最高不过1.26小时，而其邻居——泉州，一般工人的日均工作时间是11.56小时，超工时达 3.56 小时！此外，福建省被调查民营企业员工日工时波动幅度最大的地区也是泉州。因此，泉州民营企业员工的工资水平比较高，主要是其劳动强度大的结果，按照工时折算，泉州民营企业一般工人的小时工资水平仅比福建省平均水平高 3.59 个百分点，技术工人的小时工资水平甚至比福建省平均水平还低 1.36 个百分点！考虑到工时波动率等其他因素，泉州的一般员工的实际工资水平和福利水平显然低于福建省平均水平。2004 年的"民工荒"现象，显然与此是有关的。

工时与经济增长对各类劳动要素的关系。工作时数长在较大程度上又是经济增长、企业景气、人手紧缺的体现。对沿海和山区的调查结果显示，福建省劳动力市场在地区间的结构性失衡问题较为突出。以泉州和宁德企业的调查数据为例，从表 103、表 104 的数据可以看出，虽然这两个地区对各类人员的需求都较旺盛，但是，泉州地区更加需要一般生产技术人员、技术人员和一般工人，[①] 而宁德地区的高级（一般）管理人员及高级生产技术人员相对更短缺。

以上调查表明，福建省劳动力市场在地区间的结构性失衡问题较为突出。

山区民营企业缺少高层次的管理和技术人员。山区调查组在南平、三明、龙岩、宁德四市调查的民营企业中有 93% 反映招人难。优秀人才不愿到民营企业工作，更不愿到山区的民营企业工作，一个重要原因是地理位置缺乏对人才的吸引力，多数人都希望工作、生活在繁华的大都市里，因为大都市物质丰裕、生活便利、居民总体文化素质较高，更主要的是都市中有浓郁的文化气息与氛围，精神文化生活丰富，使得大量的贤才能人趋之若鹜，相比较，山区较为落后的生活环境和单调枯燥的文化生活让许多人才望而却步。山区调查组调查的 40 家民营企业，1/3 位于南平、三明、龙岩、宁德的市区或市郊，2/3 分布在各设区市下辖的县（市）中，对于人才的工作与生活而言，地理位置更不理想。此外，另一个关键的原因是民营企业内部人力资源管理的问题，这在下文中将作进一步深入分析。

沿海大部分地区民营企业缺少低层次的技术人员和一般工人。在沿海一些地区，企业劳动强度大，工时长，劳动保护条件差，实际工资水平低，是造成"民工荒"的重要原因。

---

① 在前文关于地区企业的行业结构的调查表明，泉州等部分沿海地区的民营企业所分布的行业大部分是以一般生产技术人员、技术工人和一般工人为主的行业，如劳动密集型行业等。

（二）企业人力资源现状

我们从企业对员工的利益激励措施、近三年企业引进和外流的技术人员的学历及专业构成以及人力资源部门所行使的主要职能三个方面，调查了企业人力资源的变化及其管理现状。

1. 企业人力资源的变化

我们调查了民营企业的员工流动情况。把员工流动率数据与企业对员工的利益激励措施以及引进和外流人员的学历（专业）构成结合起来分析，可以帮助我们了解被调查民营企业获得和管理人力资源的能力。

对民营企业员工年流动率的调查结果表明（见表105），在福建省范围内，有75.24%的被调查民营企业表示本企业的员工年流动率大致在15%以下；有20.00%的被调查民营企业表示这个比例会更高，大约在15%～30%；认为该项比例会在30%～50%的被调查民营企业比例只有4.76%。也就是说，大部分被调查民营企业（75.24%）的员工年流动率是比较合理的。福建省的民营企业员工年平均流动率是12.06%，在合理区间范围内，但是，泉州民营企业的员工年平均流动率是福建省水平的145.11%，其中，制造业和服务业员工年流动率更高，大都在30%～50%，远高于其他行业，泉州民营企业的员工流动率已经进入了过于频繁区间。

表105 不同地区被调查民营企业员工年流动率

企业所在地区	指标	15%以下	15%～30%	30%～50%	小计
福州	企业数（家）	9	4	0	13
	比例（%）	69.23	30.77	0	100.00
莆田	企业数（家）	10	0	0	10
	比例（%）	100.00	0	0	100.00
泉州	企业数（家）	10	2	4	16
	比例（%）	62.50	12.50	25.00	100.00
厦门	企业数（家）	10	4	1	15
	比例（%）	66.67	26.67	6.66	100.00
漳州	企业数（家）	10	0	0	10
	比例（%）	100.00	0	0	100.00
南平	企业数（家）	6	4	0	10
	比例（%）	60.00	40.00	0	100.00

续表

企业所在地区	指标	15%以下	15%~30%	30%~50%	小计
三明	企业数（家）	6	4	0	10
	比例（%）	60.00	40.00	0	100.00
龙岩	企业数（家）	9	2	0	11
	比例（%）	81.82	18.18	0	100.00
宁德	企业数（家）	9	1	0	10
	比例（%）	90.00	10.00	0	100.00
福建省	企业数（家）	79	21	5	105
	比例（%）	75.24	20.00	4.76	100.00

注：有1家福州被调查民营企业的相关数据缺失。

从地区比较来看，在沿海，三个中心城市被调查民营企业员工流动率相对较高（见表106）。其原因是：（1）在中心城市，由于各类人员的供给相对充沛，劳动力市场相对完善，寻找工作的成本相对较低，企业员工流动较容易；（2）三个中心城市中，泉州企业的在岗员工稳定率较低，福州和厦门次之。这与上述提到的泉州企业人力资源管理效率低、劳动强度大、工时长、劳动条件差、实际工资水平低密切相关。人力资源管理效率低导致高层次管理及技术人才流失，劳动强度大、工时长、劳动条件差、实际工资水平低导致企业招不到一般工人，出现"民工荒"。

表106   不同地区被调查民营企业员工年平均流动率

项目	福州	莆田	泉州	厦门	漳州	南平	三明	龙岩	宁德	福建省
流动率（%）	12.12	7.5	17.5	13.69	7.5	13.5	13.5	10.23	9	12.06

资料来源：根据表105数据计算。

比较山区与沿海城市，我们发现，山区四市的员工流动率也比较高，南平、三明仅次于泉州和厦门，龙岩和宁德也比莆田和漳州高。这进一步说明，在山区，不仅各类人才短缺，而且人员的流动率还相当高。实际情况是，大部分山区人才及劳动力都在不断地向沿海地区流动。这进一步恶化了山区各类人才和劳动力短缺的局面。

我们注意到，在回答"外来员工流动是否给企业经营带来困难"问题时，给予肯定答案的不同地区企业中，泉州的比例最高，有50%的被调查民营企业承认员工流动已经给企业带来了生产经营上的困难（见图41）。

企业对员工所采取的利益激励措施是影响员工流动率的一个主要因素。对各地区民营企业利益激励措施的调查结果表明（见表107），在福建省范围内，大部分被调查民营企业（占89.62%）通常以发放奖金的方式来激励员工。

"岗位提升"是另外一种使用较多的措施（占67.92%）。采用"业务利润提成"的民营企业有45.28%，而采取"分给企业股份"这一措施的民营企业比例最低，仅为13.21%。

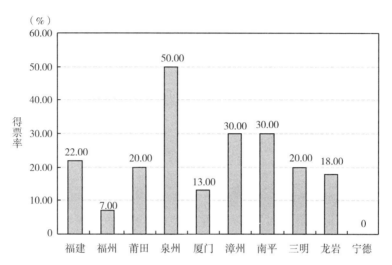

图41　外来员工流动给企业经营带来困难的企业比例（地区比较）

表107　　　　　不同地区被调查民营企业对员工的激励措施（多选）

指标	福建省	福州	莆田	泉州	厦门	漳州	南平	三明	龙岩	宁德
企业数（家）	106	14	10	16	15	10	10	10	11	10
奖金（家）	95	13	10	15	11	10	8	9	10	9
比例（%）	89.62	92.86	100.00	93.75	73.33	100.00	80.00	90.00	90.91	90.00
分给股份（家）	14	1	1	2	2	0	3	0	3	2
比例（%）	13.21	7.14	10.00	12.50	13.33	0	30.00	0	27.27	20.00
岗位提升（家）	72	7	9	14	8	6	8	5	8	7
比例（%）	67.92	50.00	90.00	87.50	53.33	60.00	80.00	50.00	72.73	70.00
业务利润提成（家）	48	7	5	4	13	4	5	5	2	5
比例（%）	45.28	50.00	50.00	25.00	86.67	40.00	50.00	50.00	18.18	50.00
其他（家）	15	2	1	2	1	1	1	3	0	4
比例（%）	14.15	14.29	10.00	12.50	6.67	10.00	10.00	30.00	0	40.00

福建省除厦门和南平，其他地区超过九成的被调查民营企业都选择用奖金的方式激励员工。[①] 相对而言，厦门的被调查民营企业更愿意按照业务利润

---

① 山区调查组的报告指出：85%的山区被调查民营企业在调动员工积极性的方式上过分依赖于物质激励的办法，而忽视了精神激励。龙岩某生产性民营企业总经理在回答企业有何激励措施时，说得非常直白："最好的激励办法就是取消底薪，工资按计件标准发放，多劳多得。"

提成的方式来激励员工。在三个中心城市，与厦门、福州相比，泉州的被调查民营企业更愿意向员工承诺岗位提升的机会；与福州相比，厦门、泉州的被调查民营企业中有更多的企业愿意分给员工股份。在山区城市，一个主要的区别是，相对更多的企业表示"岗位提升"和"分给企业股份"也是他们较常用的激励措施。相对于"奖金"和"业务利润提成"，"岗位提升"和"分给企业股份"这样的激励措施较能够使员工长期服务于本企业，因此，以上结果说明，在沿海地区由于各类劳动供给有一定的保障，给予了企业用工一定的灵活性，企业的激励措施也就不一定从留住员工的需要角度设置。而在山区，由于各类人才的供给缺乏保障，企业需要充分考虑各种能减少人员流动的措施。

　　进一步，我们调查了各地区民营企业近三年来引进和外流的技术人员的学历和专业构成，以了解被调查民营企业的人力资源变化情况。从对引进的技术人员的调查情况看（见表108），福建省2001年引进技术人员数，按被调查民营企业平均约35人，2002年上升到约55人，2003年又提高到约69人。从引进技术人员的学历构成来看，本科及以上学历所占的比例略有下降，2001年为14%，2003年为12%；专科学历的技术人员所占的比例从2001年的19%上升到了2003年的25%；中专及同等学力的技术人员比例基本保持在46%。从引进技术人员的专业构成来看，经营管理类人才比例近三年分别为18%，16%和13%；生产技术类人员的比例从2001年的29%下降到2003年的26%。

表108　　　近三年福建省被调查民营企业引进技术人员学历及专业构成

年份	统计量	总数	学历构成			专业构成		
			本科及以上	专科	中专及同等学力	经营管理类	生产技术类	其他类
2001	企业数（家）	84	84	84	83	81	82	80
	平均数（人）	35.4	5.1	6.8	15.8	6.5	10.4	16.6
	比例（%）	—	14	19	45	18	29	47
	最小值（人）	0	0	0	0	0	0	0
	最大值（人）	530	35	120	312	110	81	400
2002	企业数（家）	86	87	86	86	84	85	83
	平均数（人）	55.1	6.6	11.4	26.1	8.9	14.3	26.7
	比例（%）	—	12	21	47	16	26	48
	最小值（人）	0	0	0	0	0	0	0
	最大值（人）	1058	58	210	810	150	108	848

年份	统计量	总数	学历构成			专业构成		
			本科及以上	专科	中专及同等学力	经营管理类	生产技术类	其他类
2003	企业数（家）	90	93	91	91	89	91	88
	平均数（人）	68.7	8.5	16.9	31.8	8.9	17.9	33.1
	比例（%）	—	12	25	46	13	26	48
	最小值（人）	0	0	0	0	0	0	0
	最大值（人）	1120	70	280	794	128	130	976

对近三年被调查民营企业外流的技术人员的调查情况看（见表109）[①]，福建省2002年外流的技术人员数，按被调查民营企业平均约22人，2003年上升到约26人。这两年外流的技术人员数均低于引进的人数。比较外流和引进的技术人员的学历构成，外流的本科及以上学历所占的比例和专科学历所占的比例均低于引进的比例；比较外流和引进的技术人员的专业构成，外流和引进的经营管理类人才比例基本持平，生产技术类人员外流的比例略低于引进的比例。这说明，在福建省范围内，近期技术人员流入民营企业的数量大于外流的数量；在技术人员的流动中，企业专科以上技术人员的相对比例在不断提高；生产技术类人员的比例也在不断改善。

表109   近三年福建省被调查民营企业外流技术人员学历及专业构成

年份	统计量	总数	学历构成			专业构成		
			本科及以上	专科	中专及同等学力	经营管理类	生产技术类	其他类
2002	企业数（家）	82	81	82	81	79	79	80
	平均数（人）	22.4	2.2	3.5	11.2	3.1	4.5	15.0
	比例（%）	—	10	16	50	14	20	67
	最小值（人）	0	0	0	0	0	0	0
	最大值（人）	485	19	50	208	40	64	395
2003	企业数（家）	86	86	85	85	82	83	83
	平均数（人）	25.6	2.6	4.8	12.4	3.7	6.2	15.9
	比例（%）	—	10	19	48	14	24	62
	最小值（人）	0	0	0	0	0	0	0
	最大值（人）	299	28	80	208	50	75	224

---

① 2001年的"本科及以上"以及"经营管理类"的调查回收数据存在明显问题，该年度情况不进行分析。

调查表明，在沿海地区，中心城市的企业员工流动率比其他城市高；中心城市中，泉州企业的员工流动率相对较高；山区民营企业的员工流动率比沿海城市高。近三年，在福建省范围内，技术人员流入民营企业的数量均大于外流的数量；通过技术人员的引进和流出，福建省民营企业专科以上技术人员的相对比例不断提高，生产技术类人员的学历结构在不断改善。除了企业对员工所采取的利益激励措施是影响员工流动率的一个主要因素外，企业人力资源管理的效率、企业劳动强度、工时、实际工资水平以及劳动保护保障的条件如何都是影响不同地区员工流动率的主要原因。

2. 企业人力资源管理现状

我们从企业是否成立专门的人力资源管理部门、人力资源部在企业中主要形式的职能以及企业获得关键岗位技术人员的方式等几个方面调查了民营企业人力资源管理的现状。

在接受调查的民营企业中，有近七成的民营企业（72家）表示已经成立专门的人力资源管理部门。[①] 其中，在沿海地区，泉州有86.7%的被调查民营企业设有人力资源管理部门；漳州和厦门的这一比例略低，分别为80%和71.43%；福州和莆田的该项比例低于福建省平均水平。在山区，三明仅有三成的被调查民营企业成立了专门的人力资源管理部，其他城市的这一比例接近或略高于福建省水平（见表110）。平均而言，沿海城市被调查民营企业成立了专门的人力资源管理部门的比例为73.01%，山区为63.41%，[②] 沿海比山区高9.6个百分点。

表110　　　不同地区被调查民营企业成立专门的人力资源管理部门情况

企业所在地区	指标	是	否	小计
福州	企业数（家）	9	5	14
	比例（%）	64.29	35.71	100.00
莆田	企业数（家）	6	4	10
	比例（%）	60.00	40.00	100.00
泉州	企业数（家）	13	2	15
	比例（%）	86.67	13.33	100.00

---

① 但是，人力资源管理部的管理人员很少。即使在沿海，75%左右的被调查民营企业的人力资源管理部的员工都在3人以下。而这些企业的员工平均人数却在1000人以上，这样的人员配置比例，基本上只能做人事档案管理和工资发放等最基本的人事管理工作。

② 不少山区被调查民营企业干脆不设立人力资源管理部，把传统人事管理方面的两项最基本的工作——档案管理和工资发放归属于企业的办公室。有些企业虽然设了人力资源管理部门，却没有配备相应的人员，或者有人员但却不是专业的，人力资源管理者的素质偏低，不能发挥应有的作用。

企业所在地区	指标	是	否	小计
厦门	企业数（家）	10	4	14
	比例（%）	71.43	28.57	100.00
漳州	企业数（家）	8	2	10
	比例（%）	80.00	20.00	100.00
南平	企业数（家）	8	2	10
	比例（%）	80.00	20.00	100.00
三明	企业数（家）	3	7	10
	比例（%）	30.00	70.00	100.00
龙岩	企业数（家）	8	3	11
	比例（%）	72.73	27.27	100.00
宁德	企业数（家）	7	3	10
	比例（%）	70.00	30.00	100.00
福建省	企业数（家）	72	32	104
	比例（%）	69.23	30.77	100.00

注：有2家（泉州1家、厦门1家）被调查民营企业的相关数据缺失。

我们进一步调查了人力资源部所行使的主要职能。一般而言，人力资源部在企业中所承担的职能按其重要性可划分为三个层次：人力资源规划，人员的招聘、配置和辞退，员工的培训管理等；员工绩效考评，工资核定等；人事档案管理，办理各类保险及其他。调查结果表明（见表111），福建省73.58%的被调查民营企业表示其人力资源部的主要职能首先是人事档案管理，其次才是负责员工的培训，之后是员工的招聘、配置和辞退。也就是说，尽管大多数被调查民营企业设立人力资源部，但是人力资源部的管理人员素质较差，[①] 其行使的职能还比较单一和初级。

表111　不同地区被调查民营企业人力资源部的主要职能（多选）

指标	福建省	福州	莆田	泉州	厦门	漳州	南平	三明	龙岩	宁德
企业数（家）	106	14	10	16	15	10	10	10	11	10
人力资源规划（家）	57	8	5	7	13	5	6	3	4	6
比例（%）	53.77	57.14	50.00	43.75	86.67	50.00	60.00	30.00	36.36	60.00
人员的招聘、配置和辞退（家）	71	11	6	11	12	7	6	5	7	6

---

① 沿海调查组发现，即使在沿海地区，人力资源管理部门工作人员学历也不高，高中（含职高、中专、技校）以下的人数占总人数（66人）的25.7%。70%的从事人力资源管理的人员没有人力资源管理专业及相关专业背景知识。在工作后接受人力资源管理及相关专业课程培训的也只有30%。山区被调查民营企业的人力资源管理部门人员的平均素质就更低一些。

指标	福建省	福州	莆田	泉州	厦门	漳州	南平	三明	龙岩	宁德
比例（%）	66.98	78.57	60.00	68.75	80.00	70.00	60.00	50.00	63.64	60.00
培训管理（家）	73	9	5	11	13	7	8	6	7	7
比例（%）	68.87	64.29	50.00	68.75	86.67	70.00	80.00	60.00	63.64	70.00
绩效考评（家）	63	6	6	7	12	7	7	5	6	7
比例（%）	66.3	42.86	60.00	43.75	80.00	70.00	70.00	50.00	54.55	70.00
工资核定（家）	61	6	6	10	12	7	7	5	4	5
比例（%）	59.43	42.86	60.00	62.50	80.00	60.00	70.00	50.00	36.36	50.00
人事档案管理（家）	78	12	4	12	12	8	7	10	7	6
比例（%）	73.58	85.71	40.00	75.00	80.00	80.00	70.00	100.00	63.64	60.00
办理各类保险（家）	64	7	4	8	12	7	7	8	7	5
比例（%）	60.38	50.00	50.00	50.00	80.00	60.00	70.00	80.00	63.64	50.00
其他（家）	8	1	1	1	0	0	1	0	0	4
比例（%）	7.55	7.14	10.00	6.25	0	0	10.00	0	0	40.00

比较三个中心城市，厦门所有被调查民营企业都表示，"人力资源规划"和"培训管理"是其人力资源部的主要职能。相比之下，认为"人力资源规划"是人力资源部主要职能，福州被调查民营企业的比例为57.14%，泉州更低，仅为43.75%。在泉州，有68.75%被调查民营企业认为"培训管理"是人力资源部主要职能。在福州，则只有64.29%。这说明，厦门被调查民营企业对人力资源管理部门职能的开发水平大大高于泉州和福州。在山区，人力资源部基本上承担人事档案管理和员工培训的职能。认为进行"人力资源规划"是人力资源部主要职能的企业占被调查民营企业的比例，在山区是46.34%，在沿海是58.46%，内地比沿海低了12.12个百分点。这进一步说明，山区不仅不够重视对人力资源的管理，而且对人力资源的管理水平和效率也相对较低。①

以上调查表明，山区人才匮乏的局面除了区位劣势以外，对人力资源管理的重视程度不够，人力资源管理功能，尤其是人力资源管理中高级管理功能开

---

① 山区调查组发现，在不少山区民营企业，招人、用人等人力资源管理工作，都是企业老板一人说了算，而且招聘人才的方法过于简单，程序极不规范。招聘行为本身应具有计划性、程序性和科学性。而许多民营企业由于缺乏必要的招聘计划和招聘程序，其招聘往往出现"急用急招"的特点。大部分山区被调查民营企业没有详尽的招聘计划和规范的招聘程序。当问到"贵企业用什么方式招聘人才时"，65%的企业负责人说"用高薪从相同行业的其他企业中挖过来"。民营企业在招聘过程中的面试方法也极为简单，往往采用传统的面试法，很少采用笔试法、情景模拟法和心理测验法来考察应聘者的写作能力、分析创造能力、组织决策能力和人际交往能力。招聘时大多只重视学历与以往工作经验，却不注重考察应聘者的能力与以往业绩。在这种情况下，民营企业往往难以寻觅到真正技术硬、能力强的人才。

发不足，人力资源管理效率低是另外一个不可回避的原因。

相对而言，在三个中心城市中，厦门被调查民营企业对人力资源管理的功能开发要大大高于泉州和福州。这一点对厦门民营企业的发展是有利的。

（三）企业人力资源培训现状

我们首先调查了民营企业获得关键岗位技术技能人才的主要方式。其次调查了民营企业员工培训费用的支出情况、培训对象以及技能培训的主要类型。最后，我们还对福建省民营企业在未来三年中的人才需求状况以及企业对技术技能人才的要求做了一个摸底调查。

关于企业获得关键岗位技术技能人才的主要方式，我们设计了四种方式让被调查民营企业选择：（1）委托高校或社会培训机构代培；（2）依靠企业的力量自行培养；（3）用高薪从其他企业调入；（4）通过市场或猎头公司招聘。调查结果表明（见表112），福建省有74.58%的被调查民营企业表示主要"依靠企业的力量自行培养"关键人才；49.06%的被调查民营企业表示会"用高薪从其他企业调入"关键人才；选择"通过市场或猎头公司招聘"的民营企业比例为37.74%；排除"其他"选择，选择"委托高校或社会培训机构代培"的民营企业比例是最低的，仅30.19%。这种选择是可以理解的："委托高校或社会培训机构代培"人才，是一种耗时较长、风险比较大的获得关键岗位技术技能人才的方式，类似期货交易，[①] 而"用高薪从其他企业调入""通过市场或猎头公司招聘"，基本上是一种现期市场交易方式，在人才市场足够发达的条件下，企业的理性选择当然是后者而不是前者。[②] 关于这一点，从分地区数据中可以看得更清楚。

表112　不同地区被调查民营企业获得关键岗位技术技能人员的主要方式（多选）

指标	福建省	福州	莆田	泉州	厦门	漳州	南平	三明	龙岩	宁德
企业数（家）	106	14	10	16	15	10	10	10	11	10
委托高校或社会培训机构代培（家）	32	4	3	5	2	2	4	4	3	5

---

　① 这个风险是双重的。（1）送去培训人员的违约风险，培训的内容越复杂，培训时间就越长，违约风险就越大；（2）培训时间跨度太长，在此期间，因企业经营风险、经营方向转移，也将产生人才投资成本沉没风险。

　② 但是，个体理性行为却造成了整体的不合理和无效率。72.5%的山区被调查民营企业反映企业曾遭受人才流失之痛，所流失的人才基本上都是被相关行业以重金"挖走"的。企业越是通过"挖人"获得人才，就越不愿意对本企业员工进行培训。

指标	福建省	福州	莆田	泉州	厦门	漳州	南平	三明	龙岩	宁德
比例（%）	30.19	28.57	30.00	31.25	13.33	20.00	40.00	40.00	27.27	50.00
依靠企业的力量自行培养（家）	78	11	5	13	9	9	9	8	10	4
比例（%）	73.58	78.57	50.00	81.25	60.00	90.00	90.00	80.00	90.91	40.00
用高薪从其他企业调入（家）	52	6	5	5	5	6	7	5	6	4
比例（%）	49.06	42.86	50.00	31.25	33.33	60.00	70.00	50.00	54.55	40.00
通过市场或猎头公司招聘（家）	40	3	6	9	8	3	3	2	2	4
比例（%）	37.74	21.43	60.00	56.25	53.33	30.00	30.00	20.00	18.18	40.00
其他（家）	4	0	1	0	1	0	0	0	0	2
比例（%）	3.77	0	10.00	0	6.67	0	0	0	0	20.00

从地区比较来看，在三个中心城市，泉州有三成的被调查民营企业表示会通过"委托高校或社会培训机构代培"的方式获得关键人才，厦门仅有13.33%，但是，四个山区市，选择这一选项的企业却有39.02%！① 在是否依靠企业力量自我培养方面，企业的选择也可以说明一定问题。八成左右的福州和泉州的被调查民营企业主要"依靠企业的力量自行培养"关键人才，而厦门只有60.00%。选择"用高薪从其他企业调入"关键人才的企业占福州被调查民营企业的比例在三个中心城市中却是最高的（42.86%），泉州最低（31.25%）。选择"通过市场或猎头公司招聘"企业比例，三个中心城市中，泉州和厦门最高，分别为56.25%和53.33%，福州最低，仅有21.43%。这样的结果一定程度上反映出三个中心城市关键人才的供求形式。相对而言，由于厦门的区位优势，厦门比福州和泉州更容易吸引全国和福建省的各类技术技能人才，因此，在厦门的民营企业除靠自身力量培养关键人才外，还可依靠市场机制获得所需人才。

上述调查显示，"依靠企业的力量自行培养"是福建省大部分民营企业获得关键技术技能人才的方式。因此，我们接下来调查了被调查民营企业2003年投入的员工培训费用。2003年，福建省被调查民营企业平均每家支出28万元的员工培训费用。其中，漳州民营企业的平均员工培训费用最高，其次是南平；厦门和泉州的民营企业支出的平均培训费用略高于福建省平均水平；福州

---

① 但是，山区调查组在调查中发现，95%以上的山区民营企业根本就没有对员工进行长期培训。企业主大多希望技术人才能"即招即用"，只有不到20%的民营企业负责人表示会送企业的技术人员到科研院所去学习深造，大多数企业主表示不想花这个钱来培训技术人员，他们担心这些技术人员培训完后会远走高飞，到头来企业"为他人作嫁衣裳"。尽管在调查问卷表中，大多数民营企业在"年培训费"这一栏上填几万甚至几十万元，但结合访谈，调查组发现这数字中含有大量水分。

是沿海城市中该项指标最低的；三明民营企业的员工培训费用是所有城市中最少的，仅为 6.9 万元（见图 42）。进一步，把企业投入的员工培训费用除以各地区企业的平均员工数，结果显示（见图 43），民营企业人均员工培训费用最高的地区是南平，[①] 其次是宁德，之后是福州。在沿海城市，泉州被调查民营企业的人均员工培训费用是沿海地区最低的，也低于全省平均水平，莆田、漳州和厦门基本接近全省平均水平；山区城市中，三明和龙岩被调查民营企业投入的人均员工培训费用大大低于全省平均水平。

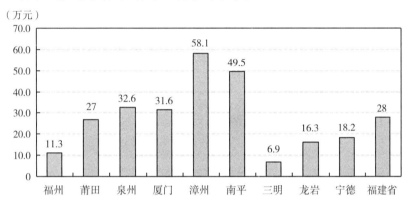

图 42　2003 年不同地区被调查民营企业投入的员工培训费用（按企业平均）

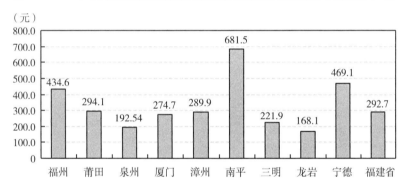

图 43　2003 年不同地区被调查民营企业投入的员工培训费用（按人数平均）

企业培训费用的高低受多种因素的影响，我们这里注意到其中的一个因素。在沿海五市，不同地区被调查民营企业所支出的人均员工培训费用高低基本上是与所在地区被调查民营企业的员工年平均流动率大小相反的（见表 113）。即人均员工培训费越低的地区，当地企业的员工年平均流动率越高，例如，泉州。仅仅根据现有信息，我们还不能判定何者为因，何者为果，但是，两者之

---

① 即使是最高的南平，人均年培训费用也不过 681.5 元。与外资企业年人均培训费用 5020 元，国有企业年人均培训费用 1362 元相比，还是少了许多，而且就是这个数字，调查组根据实地调查发现，有很大水分。

间的这种负相关关系，显然不利于技术进步、竞争力的提高和产业结构的升级。改革开放以来，福建省尤其是沿海地区经济的高速增长，相当程度上依靠外向型的劳动密集型产业的扩张，而劳动密集型产业的竞争力一向以外来廉价但低素质劳工为基础，然而，2004 年发生在沿海地区的"劳工荒"已经警示着这一经济增长模式已经难以为继。要改变这一状况，必须打破一些地区目前存在的企业员工培训费用低投入与员工高流动率之间的恶性循环。

表 113　　　　　　　　不同地区被调查民营企业员工年平均流动率

指标	福州	莆田	泉州	厦门	漳州	南平	三明	龙岩	宁德	福建省
员工平均流动率（%）	12.12	7.50	17.50	13.69	7.50	13.50	13.50	10.23	9.00	12.06

资料来源：根据表 105 数据计算。

关于民营企业投入的员工培训费占工资总额的比例，对 2003 年的调查结果显示（见图 44），福建省有 60% 的被调查民营企业其 2003 年投入的员工培训费占工资总额的比例在 5% 以下，有 33% 的企业该项指标在 5%~10%。员工培训费占工资总额的比例在 10%~15% 的企业比例只有 5%，员工培训费占工资总额的比例在 15% 以上的企业比例为 2%。

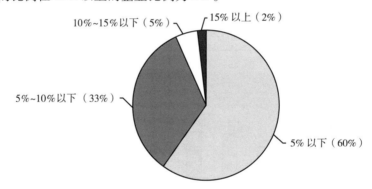

图 44　2003 年福建省被调查民营企业投入的员工培训费占工资总额的比例分布

从培训对象来看（见表 114），管理人员、生产技术人员和技术工人是大多数被调查民营企业选择的三类主要培训对象。从地区比例来看，除漳州、龙岩和泉州的被调查民营企业外，其他城市的被调查民营企业都较为重视管理人员的培训，其中又以泉州以外的沿海地区尤为重视。在这里，值得一提的是，泉州被调查民营企业不仅在管理人员的培训上，而且在所有员工的培训上，态度都不太积极。这显然与前面提及的泉州民营企业员工流动率是福建省最高的是有关系的。众所周知，目前为止，泉州的民营经济仍然是福建省最发达的，但是，在企业劳动强度、员工培训投入、员工流动率等方面存在的问题，对泉州民营经济未来发展趋势的影响，值得引起重视。从问卷统计看，与沿海地区被调查民营企业更重视管理人员的培训相反，山区民营企业似乎更为重视对生产技术人员和技术工人的培训。但是，山区调查组通过实地调查认为，问卷统计数据不太真实，真实情况是：95%以上的山区民营企业根本就没有对员工进行长期培训。至于大多数一线的操作工人，虽然基本上是高中以下文凭甚至仅仅小学毕业，但是，企业对他们的技术要求不高，只需要他们懂得操作、能加班加点吃苦就行了。许多民营企业主认为根本没有必要对他们进行培训。用企业负责人的话说是"招进来后只要教会他们在某个岗位上的操作规则或使用哪几个按钮就可以了，用不着什么培训"。

表114　　　　　不同地区被调查民营企业员工培训的主要对象（多选）

指标	福建省	福州	莆田	泉州	厦门	漳州	南平	三明	龙岩	宁德
企业数（家）	106	14	10	16	15	10	10	10	11	10
管理人员（家）	83	10	10	10	15	7	8	8	7	8
比例（%）	78.30	71.43	100.00	62.50	100.00	70.00	80.00	80.00	63.64	80.00
生产技术人员（家）	77	9	9	10	10	7	8	8	8	8
比例（%）	72.64	64.29	90.00	62.50	66.67	70.00	80.00	80.00	72.73	80.00
技术工人（家）	72	11	5	8	9	9	5	7	10	8
比例（%）	67.92	78.57	50.00	50.00	60.00	90.00	50.00	70.00	90.91	80.00
其他（家）	14	0	1	5	1	1	2	0	0	4
比例（%）	13.21	0	10.00	31.25	6.67	10.00	20.00	0	0	40.00

从企业选择的职工技能培训的主要类型看（见表115），岗位培训是90%以上的被调查民营企业选择的培训方式。有70.75%的民营企业选择了"管理人员培训"，选"新技术培训"的有51.89%，选择"职业资格等级培训"的也占42.45%。从地区比较来看，三个中心城市中，厦门企业更重视"管理人员培训"；厦门和福州的企业比泉州的企业更强调"新技术培训"；福州的企业更注重"职业资格等级培训"。在山区四城市中，大多数企业都认同"管理人员培训"的重要性；宁德的企业以其他山区企业更加重视"新技术培训"。

表115　　　　不同地区被调查民营企业职工技能培训的主要类型（多选）

指标	福建省	福州	莆田	泉州	厦门	漳州	南平	三明	龙岩	宁德
企业数（家）	106	14	10	16	15	10	10	10	11	10
职业资格等级培训（家）	45	7	4	7	6	5	5	3	4	4
比例（%）	42.45	50.00	40.00	43.76	40.00	50.00	50.00	30.00	36.36	40.00
岗位培训（家）	97	12	8	16	15	8	10	9	10	9
比例（%）	91.51	85.71	80.00	100.00	100.00	80.00	100.00	90.00	90.91	90.00

指标	福建省	福州	莆田	泉州	厦门	漳州	南平	三明	龙岩	宁德
新技术培训（家）	55	6	9	5	7	7	4	4	6	7
比例（%）	51.89	42.86	90.00	31.25	46.67	70.00	40.00	40.00	54.55	70.00
复合技能培训（家）	22	2	1	3	3	1	3	1	4	4
比例（%）	2.75	14.29	10.00	18.75	20.00	10.00	30.00	10.00	36.36	40.00
继续教育（家）	31	4	1	3	6	4	4	2	5	2
比例（%）	29.25	28.57	10.00	18.75	40.00	40.00	40.00	20.00	45.45	20.00
管理人员培训（家）	75	7	7	10	12	7	9	7	8	8
比例（%）	70.75	50.00	70.00	62.50	80.00	70.00	90.00	70.00	72.73	80.00
其他（家）	4	0	0	0	0	0	0	0	1	3
比例（%）	3.77	0	0	0	0	0	0	0	10.00	30.00

在本部分调查的最后，我们请被调查民营企业对未来三年中（2005～2007年）的人才需求状况以及基本素质进行预测。从福建省的情况来看（见表116、表117），被调查民营企业对人才的需求还是比较理性的，没有片面地追求"学历高"，未来三年，对专科以上学历人才的需求是在逐渐扩大之中，但是就人才的需求量而言，则是沿着中专及同等学力、专科、本科、研究生逐个下降的，人才的需求主体还是中专生。从人才的专业构成看，对专业技术类人才的需求量较大，经营管理类人才的需求次之。

表116　　　未来三年（2005～2007年）福建省被调查民营企业人才需求状况

年份	指标	学历				专业		
		研究生	本科	专科	中专及同等学力	经营管理类	生产技术类	其他类
2005	企业数（家）	97	97	98	98	98	98	97
	平均数（人）	2.4	12.9	22.0	67.4	13.4	35.8	39.0
	最小值（人）	0	0	0	0	0	1	0
	最大值（人）	20	100	360	1160	200	624	1000
2006	企业数（家）	90	90	91	90	91	90	90
	平均数（人）	3.5	15.9	26.9	77.8	15.9	42.4	48.8
	最小值（人）	0	0	0	0	0	0	0
	最大值（人）	30	120	400	1160	200	684	1115
2007	企业数（家）	89	89	90	90	90	89	89
	平均数（人）	4.8	23.3	33.8	85.2	18.8	50.5	60.1
	最小值（人）	0	0	0	0	0	0	0
	最大值（人）	50	400	500	1160	200	846	1390

表117　　未来三年（2005～2007年）福建省被调查民营企业人才需求学历构成

年份	指标	学历			
		研究生	本科	专科	中专及同等学力
2005	企业数（家）	97	97	98	98
	比例（％）	2.29	12.32	21.01	64.37
2006	企业数（家）	90	90	91	90
	比例（％）	2.82	12.57	21.68	62.69
2007	企业数（家）	89	89	90	90
	比例（％）	3.26	15.84	22.98	57.92

资料来源：根据表116数据计算。

　　未来三年，福建省有78.10％的被调查民营企业表示需要技能/智能复合型人才，仅强调需要技能型人才的比例为17.30％，仅强调需要智能型人才的比例为4.76％（见表118）。从地区比较来看，沿海城市中，泉州和福州的企业较为强调技能型人才的需求，厦门、漳州和莆田的企业更为重视技能/智能复合型人才。在山区城市中，三明的被调查企业中有50.00％强调了技能型人才的重要性；相对而言，其他三个城市的企业较为重视技能/智能复合型人才。

表118　　未来企业主要岗位对技术技能人员基本素质的要求（地区比较）

企业所在地区	指标	技能型	智能型	技能/智能复合型	其他	小计
福州	企业数（家）	2	1	11	0	14
	比例（％）	14.29	7.14	78.57	0	100.00
莆田	企业数（家）	0	0	10	0	10
	比例（％）	0	0	100.00	0	100.00
泉州	企业数（家）	4	2	9	0	15
	比例（％）	26.67	13.33	60.00	0	100.00
厦门	企业数（家）	0	1	13	1	15
	比例（％）	0	6.67	86.66	6.67	100.00
漳州	企业数（家）	1	0	9	0	10
	比例（％）	10.00	0	90.00	0	100.00
南平	企业数（家）	1	1	8	0	10
	比例（％）	10.00	10.00	80.00	0	100.00
三明	企业数（家）	5	0	5	0	10
	比例（％）	50.00	0	50.00	0	100.00
龙岩	企业数（家）	2	0	9	0	11
	比例（％）	18.18	0	81.82	0	100.00

企业所在地区	指标	技能型	智能型	技能/智能复合型	其他	小计
宁德	企业数（家）	2	0	8	0	10
宁德	比例（%）	20.00	0	80.00	0	100.00
福建省	企业数（家）	17	5	82	1	105
福建省	比例（%）	17.30	4.76	78.10	0.94	100.00

以上调查表明，福建省大部分的被调查民营企业表示主要依靠企业的力量自行培养关键人才。但在沿海地区，企业更容易利用中心城市所具备的人才吸引力以及文化优势，依靠市场方式获得所需的人才。虽然除少数地区的企业对员工培训费用的支出不足以外，福建省大多数地区的企业较为重视对员工培训的费用投入。其中，管理人员、生产技术人员和技术工人是大多数被调查民营企业选择的三类主要培训对象。但山区企业比沿海企业更加重视对生产技术人员和技术工人的培训。岗位培训是近九成的被调查企业选择的职工技能培训主要方式，其中，三个中心城市的企业更重视管理人员培训和新技术培训。在未来三年，福建省对各类学历及专业的人才需求均呈上升趋势。其中，对具有本科学历的人才需求增长迅速，其次是具有专科学历的人才；对生产技术类人才的需求量也相对较大，经营管理类人才的需求次之。此外，今后技能/智能复合型人才是福建省需求量最大的一类人才。

七、民营企业的投资与融资

目前，福建省民营企业仍以中小企业为主。中小企业融资难是世界范围的普遍现象。一般而言，银行的规模结构与企业的规模结构之间，存在着一定的匹配关系。国有大商业银行若服务于以中小企业为主的民营企业就存在结构错位。由于目前国有商业银行在银行界占绝对垄断地位，因此，客观上决定了国有商业银行成为民营企业的主要贷款人。但由此导致的这种银行与企业间的结构错位却阻碍了银行向民营企业提供高效优质的服务。不仅如此，目前国有银行向民营企业贷款，客观上还存在着所有制障碍和观念障碍等。同时，由于其他体制方面的原因以及融资渠道有限（甚至不畅），民营企业也很难通过股票市场和债券市场进行直接融资。融资难问题已经在很大程度上限制了民营企业更快更好地发展。因此，如何解决民营企业的融资难问题一直是理论研究和实际工作所关注的问题。本次调查我们把福建省民营企业的投融资问题列为专题之一。

本部分调查包括两个方面内容：民营企业的融资与投资。

（一）民营企业融资问题

民营企业在其发展的不同阶段，融资难度是不一样的。在创业阶段，由于创业者的能力、资信尚难为社会所知，企业又缺乏必要的资产抵押，一般难以在正常的资金市场上获得融资。风险资金不发达，更加大了民营企业从外部获得资金的难度。在这一时期，只有家人、亲戚和朋友较为了解创业者的创业设想、能力和信誉，双方信息不对称程度相对较低；社会亲缘关系保证了重复博弈过程的可能性，大大降低了贷款的风险，因此，民营企业创业初期的资金一般来自与其私人关系密切的社会群体。调查显示，在问及公司创办初期的资金来源构成时，被调查民营企业选择最多的三个答案是家族筹资、银行贷款和朋友间借贷（见表119、图45）。

表119　　　　　　被调查民营企业创办初期资金来源（多选，福建省）

来源	比例（％）
家族筹资	69.81
民间高利贷	9.43
朋友间融资	31.13
银行贷款	34.91
融资租赁	7.55
其他	11.32

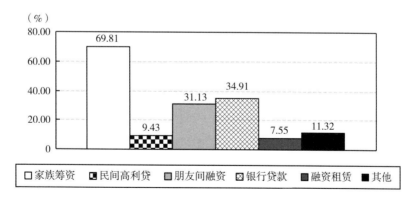

图45　被调查民营企业创办初期的资金来源（多选，福建省）

从地区间比较看（见表120、图46），存在着这样的趋势：依靠家族筹资与从银行贷款之间存在着此消彼涨的关系。沿海地区被调查民营企业在回答创业初期的资金来源时，选择"家族筹资"的比例是75.38%，其中，莆田、漳州两市更高达90.00%，福州、厦门、泉州的比例只有68.89%，相应地，前者得到银行融资的选项比例只有20%，后者（33.33%）要高出13.33个百分点；山区四市调查对象依靠"家族筹资"的比例是48.78%，比沿海低了26.60个百分点，而从银行获得贷款的比例是43.90%，不仅高于沿海五市的平均数（29.23%），而且高于沿海五市中比例最高的厦门。沿海地区与山区民营企业在创业初期筹资结构的差异，可以从多方面给予解释。例如，不同地区对民营企业的重视程度，沿海与山区、中心城市与中小城市之间的文化差异等。

表120　　　不同地区被调查民营企业创办初期的资金来源（多选）

指标	福建省	福州	莆田	泉州	厦门	漳州	南平	三明	龙岩	宁德
企业数（家）	106	14	10	16	15	10	10	10	11	10
家族筹资（家）	74	10	9	11	10	9	5	5	8	7
比例（%）	69.81	71.43	90.00	68.75	66.67	90.00	50.00	50.00	72.73	70.00
民间高利贷（家）	10	3	1	0	1	0	1	1	1	2
比例（%）	9.43	21.43	10.00	0	6.67	0	10.00	10.00	9.09	20.00
朋友间融资（家）	33	6	1	3	3	5	2	6	3	4
比例（%）	31.13	42.86	10.00	18.75	20.00	50.00	20.00	60.00	27.27	40.00
银行贷款（家）	37	4	1	5	6	3	7	1	6	4
比例（%）	34.91	28.57	10.00	31.25	40.00	30.00	70.00	10.00	54.55	40.00
融资租赁（家）	8	3	0	2	0	2	0	1	1	0
比例（%）	7.55	21.43	0	12.50	0	20.00	0	9.10	9.09	0
其他（家）	12	1	1	2	1	0	2	4	0	1
比例（%）	11.32	7.14	10.00	12.50	6.67	0	20.00	40.00	0	10.00

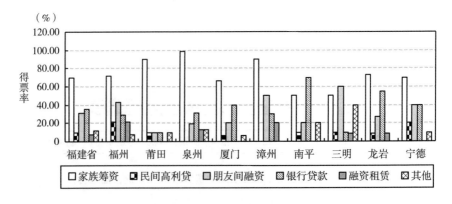

图46　不同地区被调查民营企业创办初期的资金来源（多选）

一般而言，一旦企业进入正常经营状态，银行贷款就成为其外部资金的主要来源。如前所述，此次调查对象基本上是福建省目前经营状况较好的民营企业。在回答"企业目前所需资金的主要来源"这一多选题时，得票率最高（79.25%）的选项是"企业自身利润积累"；其次是"银行贷款"（有82家），占被调查对象的比例从创业初期的34.91%上升到77.36%。与此同时，"家族筹资"的重要性急剧下降，选择这一选项的比例从创业初期的69.81%下降到19.81%，在诸种筹资选择中，从第一位降至第三位。调查表明，福建民营企业即使进入了正常经营阶段，其资金来源也来自企业的利润积累。此外，企业的外部融资渠道比较单一，基本上是间接融资。在104家回答了该问题的被调查企业中，只有4家有发行股票筹资的经历，通过债券融资的则一家也没有（见表121、图47）。

表121　　　　　被调查民营企业目前所需资金主要来源（多选，福建省）

项目	比例（%）
发行股票	3.77
发行债券	0
家族筹资	19.81
银行贷款	77.36
企业自身利润积累	79.25
票据贴现	10.38
朋友间融资	16.04
其他	4.72

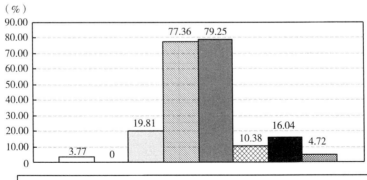

图47　被调查民营企业目前所需资金主要来源（多选，福建省）

从地区分布情况看（见表122、图48），在沿海地区，表示目前所需资金主要来自企业自身利润积累的企业比例为81.54%，高于福建省平均2.29个百分点；但表示可以从银行获得贷款的企业比例较低，仅为69.23%，低于福建省平均水平8.13个百分点。这一方面说明，在沿海地区，民营企业的整体经营状况较好，企业所需资金在大部分情况下可来自其利润的积累；但另一方面也可能意味着，在福建省沿海地区，国有银行更多的是为国有企业（或外资企业）提供服务，中小民营企业获得银行贷款的难度反而相对更大。进一步，我们分析了从三个中心城市获得的调查数据，结果显示，泉州100%的被调查企业表示企业所需资金主要来自企业自身利润积累，从银行获得贷款的企业比例仅为62.50%，低于福建省平均水平14.86个百分点；厦门被调查企业的这两项比例均为73.33%，低于福建省平均水平4.03个百分点；福州有78.57%的企业选择来自企业自身利润积累，57.14%的企业选择从银行贷款，低于福建省平均水平20.22个百分点！泉州和福州两市选择从银行贷款的企业比例不仅大幅度小于选择利用自身利润积累的比例，而且也大幅度低于福建省平均水平。厦门的该项比例虽然是三个中心城市中最高的，但依然低于福建省平均。相比之下，漳州和莆田却有80.00%的被调查企业表示可以从银行获得贷款，该项比例高于福建省平均水平。这样的结果使我们不得不认为中心城市民营企业贷款难的问题可能更加突出。究其原因，我们认为，（1）除泉州外，由于中心城市的经济发展主要靠国有和外资经济带动，民营经济所占的份额还较低，因此，中心城市能够为中小民营企业提供的金融服务相当有限。具体到泉州，企业较少利用银行贷款的原因除了上述因素外，还可能与民营企业家不善于利用银行资金的自身素质有关。（2）福州的被调查企业中选择从银行贷款的比例最低（57.14%），但选择"家族筹资""朋友间融资"的企业比例却是所有被调查地区中最高。这说明那些在企业创办初期的主要筹资方式现在仍然是福州被调查企业在正常经营状况下的重要筹资渠道。除了这可能是由于样本偏差所导致的异常结果外，另一种可能的解释是，福州民营企业的整体发展尚处于初期、小规模的阶段。综上所述，我们认为，除福州外，沿海地区的民营企业在进入正常经营时期后，其外部融资主要依靠交易型融资，关系型融资已逐渐淡出视野。尽管如此，沿海地区特别是中心城市的民营企业，其融资难的问题依然存在，甚至更为突出。下面关于"企业获得贷款的主要来源"以及"不同地区被调查民营企业的融资难度"的调查结果基本上佐证了我们的判断。当视野转向山区时，我们发现，山区被调查民营企业能够更多地从银行得到融资。"银行贷款"的平均选项比例是90.24%，比沿海地区高21.01个百分点。

指标	福建省	福州	莆田	泉州	厦门	漳州	南平	三明	龙岩	宁德
企业数（家）	106	14	10	16	15	10	10	10	11	10
发行股票（家）	4	0	0	2	1	0	1	0	0	0
比例（%）	3.77	0	0	12.50	6.67	0	10.00	0	0	0
发行债券（家）	0	0	0	0	0	0	0	0	0	0
比例（%）	0	0	0	0	0	0	0	0	0	0
家族筹资（家）	21	7	2	1	0	2	1	2	4	2
比例（%）	19.81	50.00	20.00	6.25	0	20.00	10.00	20.00	36.36	20.00
银行贷款（家）	82	8	8	10	11	8	10	8	10	9
比例（%）	77.36	57.14	80.00	62.50	73.33	80.00	100.00	80.00	90.91	90.00
企业自身利润积累（家）	84	11	8	16	11	7	8	5	10	8
比例（%）	79.25	78.57	80.00	100.0	73.33	70.00	80.00	50.00	90.91	80.00
票据贴现（家）	11	2	1	2	1	0	1	2	1	1
比例（%）	10.38	14.29	10.00	12.50	6.67	0	10.00	20.00	9.09	10.00
朋友间融资（家）	17	5	0	2	1	0	0	2	5	2
比例（%）	16.04	35.71	0	12.50	6.67	0	0	20.00	45.55	20.00
其他（家）	5	1	1	0	1	0	0	0	0	2
比例（%）	4.72	7.14	10.00	0	6.67	0	0	0	0	20.00

表 122　　　　不同地区被调查民营企业目前所需资金来源（多选）

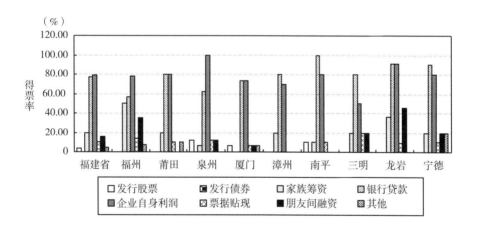

图 48　不同地区被调查民营企业目前所需资金来源（多选）

　　沿海和山区被调查民营企业在获得银行贷款上的差异，一定程度上解释了各地区被调查民营企业对融资难度的评价。

　　银行是民营企业正常经营状态下的主要外部资金来源。目前国内的金融结构决定了民营企业获得贷款的主要来源还是国有独资商业银行。被调查民营企业回答其银行贷款来源时，选择最多的三个选项是国有独资商业银行（70 家，66.04%）、其他商业银行（38 家，35.85%）和城市及农村信用社（17 家，

16.04%）。只有7家被调查企业获得过政策性银行的贷款，2家被调查民营企业有过向外资银行贷款的经历（见表123、图49）。如前所述，被调查民营企业大部分是雇用员工100～500人的中小型企业，但是，根据问卷答案统计，它们申请贷款的对象却主要是比较合适向大中型企业融资的国有大商业银行，显然，这里存在一定程度上的融资对象结构错位。当然，这不能归咎于民营企业，主要是国内银行结构的不合理造成的。但是，融资结构错位必然要增加银行的无效率和民营企业的融资难度。

表123　　　　　福建省被调查民营企业银行贷款主要来源（多选）

主要来源	比例（%）
国有独资商业银行	66.04
其他商业银行	35.85
城市和农村信用社	16.04
政策性银行	6.60
外资银行	1.89
公司没有向银行贷款	12.26

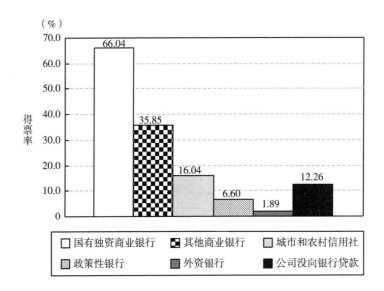

图49　福建省被调查民营企业银行贷款主要来源（多选）

　　融资对象结构错位问题，在不同地区的表现有所不同。分地区统计说明，发达地区与较不发达地区被调查民营企业的融资对象结构有较大差异（见表124、图50）。福州、泉州、厦门三市的被调查民营企业较少从"国有独资商业银行"获得贷款，平均选项比例只有46.67%，与从"其他商业银行"获得贷款的平均选项比例（44.44%）大致相当。在三个城市中，泉州被调查民营企业的银行贷款来源最为多元化而且比例相对均衡；福州的情况比较异常，居然有35.71%的被调查民营企业的选项是"公司没有向银行贷款"。在对融资难度问题进行赋值计算时，福州被调查民营企业的融资难度系数是全省最高的。这说明，没有向银行贷款，并不是因为福州被调查民营企业的自有资金充足，而是贷不到款。

表124　　　　　不同地区被调查民营企业贷款主要来源（多选）

指标	福建省	福州	莆田	泉州	厦门	漳州	南平	三明	龙岩	宁德
企业数（家）	106	14	10	16	15	10	10	10	11	10
国有独资商业银行（家）	70	7	8	6	8	10	9	6	8	8
比例（%）	66.04	50.00	80.00	37.50	53.33	100.0	90.00	60.00	72.72	80.00
其他商业银行（家）	38	3	2	8	9	0	6	6	3	1
比例（%）	35.85	21.43	20.00	50.00	60.00	0	60.00	60.00	27.27	10.00
城市和农村信用社（家）	17	0	1	2	2	0	1	4	5	2
比例（%）	16.04	0	10.00	12.50	13.33	0	10.00	40.00	45.55	20.00
政策性银行（家）	7	1	2	1	0	2	0	0	0	1
比例（%）	6.60	7.14	20.00	6.25	0	20.00	0	0	0	10.00
外资银行（家）	2	0	0	2	0	0	0	0	0	0
比例（%）	1.89	0	0	12.50	0	0	0	0	0	0
公司没有向银行贷款（家）	13	5	2	3	1	0	0	1	1	0
比例（%）	12.26	35.71	20.00	18.75	6.67	0	0	10.00	9.09	0

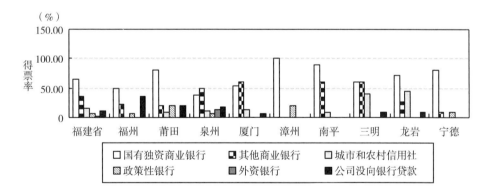

图50　不同地区被调查民营企业贷款主要来源（多选）

相形之下，经济较不发达地区（莆田、漳州、南平、三明、龙岩、宁德）被调查民营企业的融资对象就比较单一，国有独资商业银行是这些地区被调查民营企业贷款的首选对象，平均选项比例是80.33%，漳州和南平的选项比例甚至分别高达100%和90%。但是，从"其他商业银行"获得贷款的平均选项比例较低（29.51%）。与发达地区不同的是，较不发达地区被调查民营企业还有另外一个重要融资对象：城市和农村信用社（21.31%），其中，三明和龙岩被调查民营企业的选项比例更高，达40%~45%。

商业银行是企业，贷款是商业行为，当然要遵循理性经济人的行为准则。但是，我们的调查结果却与按照理性经济人行为准则推论的结果有所差别。如前文所述，泉州被调查民营企业的综合平均规模是福建省九地区中最大的，厦门被调查民营企业的综合平均规模也大于南平、漳州、莆田、三明、宁德、福州。就企业效益而言，前者也显著高于后者。按逻辑推理，泉州、厦门的被调查民营企业似乎应该更能得到大银行的青睐，其他地区被调查民营企业则应该更多地从其他商业银行或城市和农村信用社等中小金融机构获得贷款。但是，实地调查结果却是相反。如何解释商业银行的这种违反理性原则的结果呢？可能的解释有两种。一种是较不发达地区被调查民营企业的规模和效益可能不如发达地区的，但在本地区却是佼佼者，因而是当地大银行的首选贷款对象。此外，较不发达地区的政府部门可能对银行部门施加了更多影响。另一种解释是：发达地区（特别是厦门），民营经济总体所占的份额还很小，国有大商业银行尚未把民营经济纳入自己的重点服务对象。基于我们对企业家素质调查的结果，泉州的企业家有可能欠缺主动并有效地利用银行资金的能力。

融资结构错位等问题所导致的民营企业融资困难是确实存在的。问卷调查统计指出（见表125），福建省有82.85%的被调查民营企业认为融资很困难或困难，其中，选择"很困难"的频率为21.90%，显著高于选择"融资不难"的频率（13.33%）。

表125　　　　　　　　　　不同地区被调查民营企业的融资难度

企业所在地区	指标	很困难	有点困难	不难	容易	很容易	小计
福州	企业数（家）	6	7	1	0	0	14
	比例（%）	42.86	50.00	7.14	0	0	100.00
莆田	企业数（家）	4	4	2	0	0	10
	比例（%）	40.00	40.00	20.00	0	0	100.00
泉州	企业数（家）	2	11	2	0	0	15
	比例（%）	13.33	73.33	13.33	0	0	100.00
厦门	企业数（家）	4	9	2	0	0	15
	比例（%）	26.67	60.00	13.33	0	0	100.00
漳州	企业数（家）	2	4	1	1	2	10
	比例（%）	20.00	40.00	10.00	10.00	20.00	100.00
南平	企业数（家）	0	6	3	1	0	10
	比例（%）	0	60.00	30.00	10.00	0	100.00

企业所在地区	指标	很困难	有点困难	不难	容易	很容易	小计
三明	企业数（家）	0	8	2	0	0	10
	比例（%）	0	80.00	20.00	0	0	100.00
龙岩	企业数（家）	2	9	0	0	0	11
	比例（%）	18.18	81.82	0	0	0	100.00
宁德	企业数（家）	3	6	1	0	0	10
	比例（%）	30.00	60.00	10.00	0	0	100.00
福建省	企业数（家）	23	64	14	2	2	105
	比例（%）	21.90	60.95	13.33	1.91	1.91	100.00

注：有1家泉州被调查民营企业的相关数据缺失。

运用赋值法计算，得到福建省被调查民营企业平均融资难度值为3.9905，与我们对"较难"选项的赋值（4）基本相当。也就是说，福建省被调查民营企业整体上都认为融资存在困难（见表126）。从地区情况看，沿海地区被调查民营企业认为其融资难度更高一些（平均难度值为4.0313）。而山区被调查民营企业的融资难度却要低一些（平均难度值为3.9268）。值得注意的是，在福州和厦门这两个福建省经济最发达的中心城市，被调查民营企业融资难度值却是相当高的。而漳州、南平、三明三个经济发展水平较低地区的被调查民营企业融资难度却是九地区中最低的，介于较难与不难。

表126　　　　　　不同地区被调查民营企业的融资难度（赋值计算）

企业所在地区	很困难	较难	不难	容易	很容易	平均赋值	排序
福州	5×6	4×7	3×1	2×0	1×0	4.3571	1
莆田	5×4	4×4	3×2	2×0	1×0	4.2000	2
泉州	5×2	4×11	3×2	2×0	1×0	4.0000	5
厦门	5×4	4×9	3×2	2×0	1×0	4.1333	4
漳州	5×2	4×4	3×1	2×1	1×2	3.3000	8
南平	5×0	4×6	3×3	2×1	1×0	3.5000	7
三明	5×0	4×8	3×2	2×0	1×0	3.8000	6
龙岩	5×2	4×9	3×0	2×0	1×0	4.1818	3
宁德	5×3	4×6	3×1	2×0	1×0	4.2000	2
福建省	5×23	4×64	3×14	2×2	1×2	3.9905	

资料来源：根据表125数据计算。

关于融资难的原因（见表127），有55.45%的被调查民营企业认为应从企业内外部检讨，36.63%的企业认为是外部原因造成，7.92%的企业认为是内部原因造成。宁德、莆田、厦门、泉州的被调查民营企业更侧重外部因素，漳州的被调查民营企业更侧重外部因素。

表 127　　　　　不同地区被调查民营对企业融资难原因的判断

企业所在地区	指标	企业外部原因	企业内部原因	二者皆有	小计
福州	企业数（家）	3	0	10	13
	比例（%）	23.08	0	76.92	100.00
莆田	企业数（家）	4	1	4	9
	比例（%）	44.45	11.10	44.45	100.00
泉州	企业数（家）	6	1	8	15
	比例（%）	40.00	6.67	53.33	100.00
厦门	企业数（家）	6	0	8	14
	比例（%）	42.86	0	57.14	100.00
漳州	企业数（家）	4	5	1	10
	比例（%）	40.00	50.00	10.00	100.00
南平	企业数（家）	2	1	7	10
	比例（%）	20.00	10.00	70.00	100.00
三明	企业数（家）	3	0	7	10
	比例（%）	30.00	0	70.00	100.00
龙岩	企业数（家）	4	0	7	11
	比例（%）	36.36	0	63.64	100.00
宁德	企业数（家）	5	0	4	9
	比例（%）	55.56	0	44.44	100.00
福建省	企业数（家）	37	8	56	101
	比例（%）	36.63	7.92	55.45	100.00

注：有 5 家（福州 1 家、莆田 1 家、泉州 1 家、厦门 1 家、宁德 1 家）被调查民营企业的相关数据缺失。

至于融资难的外部原因（见表 128），被调查民营企业认为主要有（按选项比例从高到低排列）：国家扶持力度不够（54.72%）、担保机制不健全（46.23%）、社会信用环境不好（44.34%）、银行对民营企业存在歧视（34.91%）。涉及有关金融市场结构是否健全的选项，如"创业板市场""中小银行""债券市场"等，被调查民营企业却不太重视。

表 128　　　　　不同地区民营企业融资难的外部原因调查（多选）

指标	福建省	福州	莆田	泉州	厦门	漳州	南平	三明	龙岩	宁德
企业数（家）	106	14	10	16	15	10	10	10	11	10
国家扶持力度不够（家）	58	10	4	5	10	4	6	5	8	6
比例（%）	54.72	71.43	40.00	31.25	66.67	40.00	60.00	50.00	72.73	60.00

指标	福建省	福州	莆田	泉州	厦门	漳州	南平	三明	龙岩	宁德
银行对民营企业存在歧视（家）	37	7	3	7	9	2	1	4	3	1
比例（%）	34.91	50.00	30.00	43.75	60.00	20.00	10.00	40.00	27.27	10.00
担保机制不健全（家）	49	3	2	7	7	5	4	9	6	6
比例（%）	46.23	21.43	20.00	43.75	46.67	50.00	40.00	90.00	54.55	60.00
社会信用环境不好（家）	47	5	6	8	6	3	5	5	4	5
比例（%）	44.34	35.71	60.00	50.00	40.00	30.00	50.00	50.00	36.36	50.00
创业板市场发展滞后（家）	11	2	0	1	5	2	0	0	0	1
比例（%）	10.38	14.29	0	6.25	33.33	20.00	0	0	0	10.00
缺少中小银行（家）	11	2	1	2	1	1	2	2	0	0
比例（%）	10.38	14.29	10.00	12.50	6.67	10.00	20.00	20.00	0	0
债券市场发展滞后（家）	3	1	0	0	1	0	0	0	1	0
比例（%）	2.83	7.14	0	0	6.67	0	0	0	9.09	0
其他（家）	5	0	0	1	1	1	1	0	0	1
比例（%）	4.72	0	0	6.25	6.67	10.00	10.00	0	0	10.00

　　关于融资难的内部原因（见表129），被调查企业认为首要原因是企业规模小（由于"企业抗风险能力弱"与"企业规模小"密切相关，因而也赢得了较高的选票），其次是企业管理水平（包括企业财务制度较不健全，管理机制较差，资产负债率较高，以及信用度较低等方面）。

表129　　　　不同地区民营企业融资难的内部原因调查（多选）

指标	福建省	福州	莆田	泉州	厦门	漳州	南平	三明	龙岩	宁德
企业数（家）	106	14	10	16	15	10	10	10	11	10
企业财务制度较不健全（家）	26	2	1	8	6	1	1	4	1	2
比例（%）	24.53	14.29	10.00	50.00	40.00	10.00	10.00	40.00	9.09	20.00
企业规模一般较小（家）	50	6	4	5	8	3	5	7	5	7
比例（%）	47.17	42.86	40.00	31.25	53.33	30.00	50.00	70.00	45.55	70.00
企业技术水平偏低（家）	10	0	4	1	1	1	0	1	1	1
比例（%）	9.44	0	40.00	6.25	6.67	10.00	0	10.00	9.09	10.00
企业自身管理机制比较差（家）	21	3	0	2	5	2	3	2	2	2
比例（%）	19.81	21.43	0	12.50	33.33	20.00	30.00	20.00	18.18	20.00
企业信用度比较低（家）	25	1	1	5	4	3	2	4	1	4
比例（%）	23.58	7.14	10.00	31.25	26.67	30.00	20.00	40.00	9.09	40.00
企业资产负债率比较高（家）	21	1	0	3	2	4	3	2	3	3
比例（%）	19.81	7.14	0	18.75	13.33	40.00	30.00	20.00	27.27	30.00

续表

指标	福建省	福州	莆田	泉州	厦门	漳州	南平	三明	龙岩	宁德
企业抗风险能力弱（家）	43	5	2	8	6	5	4	5	4	4
比例（%）	40.57	35.71	20.00	50.00	40.00	50.00	40.00	50.00	36.36	40.00
其他（家）	13	0	3	2	1	1	2	0	3	1
比例（%）	12.26	0	30.00	12.50	6.67	10.00	20.00	0	27.27	10.00

（二）民营企业投资问题

投资直接关系民营企业的发展，直接间接地影响所在地区的经济增长。因此，民营企业的投资动向也是本次调查关注的一个问题。

对企业闲置资金投资意向的调查显示（见表130、图51），扩大企业规模这种量的扩张仍然是目前福建省民营企业投资决策的首选（83.02%）。从企业自身方面的因素看，由于民营企业目前主要是中小企业，平均规模偏小，因此，企业的投资首先是为了扩大企业规模。另外，宏观经济环境的影响也不可忽视。本次调查正逢我国经济进入了新一轮的经济增长期。在这样的宏观环境下，企业投资意向趋于量的扩张是可以理解的。但是，这个因素的影响是相对短暂的。

表130　　　　民营企业闲置资金的意愿投向调查（多选，福建省）

意愿投向	比例（%）
高薪聘请人才	28.30
进行企业技术改造	62.26
扩大企业规模	83.02
购买股票	0
存入银行	0
投资于不同行业，实行多元化经营	29.25
其他	0.94

位居得票率第二位的选择（62.26%）是通过投资完成企业的技术改造，实现企业质的提升。此外，有29.25%的被调查企业希望通过投资其他领域而实现多元化经营，有28.30%的企业表示要把闲置资金用于人才投资。结果表明，大部分被调查民营企业的投资重点还是巩固和提升现有经营领域的市场份额与竞争优势。从是否愿意投资股票市场的回答可以看出，被调查民营企业的投资决策相当谨慎，断然拒绝高风险投资。

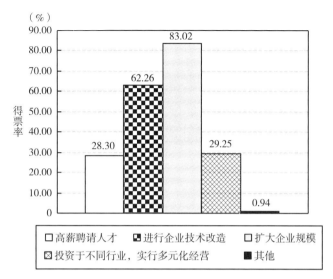

图 51　民营企业闲置资金的意愿投向调查（多选，福建省）

分地区答案统计显示（见表 131、图 52）：南平、三明、宁德的被调查民营企业最愿意把闲置资金用于企业的技术改造，而福州、厦门企业的这一意愿最弱；最希望通过投资扩大企业规模的地区是莆田、南平和三明，宁德的企业则比较消极；厦门、三明、龙岩的被调查民营企业更感兴趣于投资其他行业，以实现企业的多元化经营目标。

表 131　　　　　不同地区民营企业闲置资金的意愿投向调查（多选）

指标	福建省	福州	莆田	泉州	厦门	漳州	南平	三明	龙岩	宁德
企业数（家）	106	14	10	16	15	10	10	10	11	10
高薪聘请人才（家）	30	4	1	5	4	5	3	2	0	6
比例（%）	28.30	28.57	10.00	31.25	26.67	50.00	30.00	20.00	0	60.00
进行企业技术改造（家）	66	8	6	9	8	6	7	7	6	9
比例（%）	62.26	57.14	60.00	56.25	53.33	60.00	70.00	70.00	54.55	90.00
扩大企业规模（家）	88	12	10	12	11	9	10	10	7	7
比例（%）	83.02	85.71	100.00	75.00	73.33	90.00	100.00	100.00	63.64	70.00
购买股票（家）	0	0	0	0	0	0	0	0	0	0
比例（%）	0	0	0	0	0	0	0	0	0	0
存入银行（家）	0	0	0	0	0	0	0	0	0	0
比例（%）	0	0	0	0	0	0	0	0	0	0
投资于不同行业，实行多元化经营（家）	31	4	3	4	6	3	2	4	4	1
比例（%）	29.25	28.57	30.00	25.00	40.00	30.00	20.00	40.00	36.36	10.00
其他（家）	1	0	0	0	1	0	0	0	0	0
比例（%）	0.94	0	0	0	6.67	0	0	0	0	0

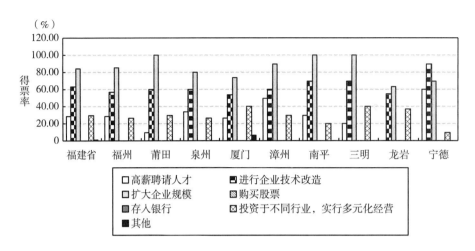

（%）
得票率

□ 高薪聘请人才　　　■ 进行企业技术改造
□ 扩大企业规模　　　▨ 购买股票
■ 存入银行　　　　　⊠ 投资于不同行业，实行多元化经营
■ 其他

图52　不同地区民营企业闲置资金的意愿投向调查（多选）

令人惊讶的是在调查企业是根据什么标准来决定是否进行投资时，福建省各地区被调查民营企业的首选考虑出现高度一致性。福建省81.13%被调查民营企业选择了"与公司整体战略目标是否相吻合"这一选项，其次的选项则只有41.51%。而且，从分地区选项统计看，福建省九个地区的这一选项比例与福建省的选项总比例都非常相近，最高的选择比例是90.00%，最低的也有72.73%（见表132、图53）。

表132　　　　　民营企业投资决策调查（多选，福建省）

投资决策标准	比例（%）
预期收益率	37.74
与公司整体战略目标是否吻合	81.13
投资风险	41.51
成本收益	30.19
资金回收速度	36.79
行业	20.75
其他	0

这说明：（1）无论是沿海还是山区的被调查民营企业，其投资决策行为具有相当程度的一致性；（2）在众多选项中，首先考虑投资应"与公司整体战略目标是否吻合"这一选项，说明被调查民营企业最为重视企业的长远发展。民营企业作为一个独立的市场主体，尽管年轻，但是其投资行为已趋成熟和理性；（3）企业的行为选择，虽然从根本上说是企业家的理性行为，但在相当程度上要受其外部制度环境的影响和制约。我们认为，被调查民营企业的选择，从市场主体的行为角度折射出我国社会主义市场经济体制改革已经不可逆转。

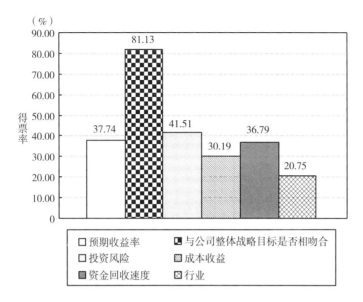

图53　民营企业投资考虑调查（多选，福建省）

　　在其次的选项上，各地被调查民营企业之间就不太一致了。调查显示（见表133、图54），厦门的被调查民营企业更关注投资的预期收益率（66.67%），福州的被调查民营企业侧重资金的回收速度（64.29%），龙岩（63.64%）和泉州（50.00%）的被调查民营企业较为关心投资的成本收益，三明（60.00%）、宁德（60.00%）以及泉州（50.00%）的被调查民营企业重视投资的风险。从不同地区被调查民营企业的投资决策标准选择中，似乎还无法看出沿海与山区企业的明显区域特征，但是，不同地区被调查民营企业的不同选择，显然是与其所在地区的经济环境特征有联系的。例如，在厦门，企业效益普遍较高，在资本利润率平均化规律的压力下，被调查民营企业不能不对投资的预期收益率给予高度关注，否则就难以从外部获得资金来源。福州的被调查民营企业至今难以从银行获得贷款，所需资金中的相当部分要向亲族友朋借款，因此企业是否投资对投资项目的资金回收速度有更迫切的要求。

表133　　　　　　　　不同地区民营企业投资考虑调查（多选）

指标	福建省	福州	莆田	泉州	厦门	漳州	南平	三明	龙岩	宁德
企业数（家）	106	14	10	16	15	10	10	10	11	10
预期收益率（家）	40	6	4	4	10	3	4	4	5	0
比例（%）	37.74	42.86	40.00	25.00	66.67	30.00	40.00	40.00	45.55	0
与公司整体战略目标是否相吻合（家）	86	11	9	14	11	8	9	8	8	8
比例（%）	81.13	78.57	90.00	87.50	73.33	80.00	90.00	80.00	72.73	80.00

指标	福建省	福州	莆田	泉州	厦门	漳州	南平	三明	龙岩	宁德
投资风险（家）	44	4	2	8	5	2	6	6	5	6
比例（%）	41.51	28.57	20.00	50.00	33.33	20.00	60.00	60.00	45.55	60.00
成本收益（家）	32	5	1	8	2	1	2	3	7	3
比例（%）	30.19	35.71	10.00	50.00	13.33	10.00	20.00	30.00	63.64	30.00
资金回收速度（家）	39	9	1	5	5	3	3	4	5	4
比例（%）	36.79	64.29	10.00	31.25	33.33	30.00	30.00	40.00	45.55	40.00
行业（家）	22	2	3	3	4	2	2	2	1	3
比例（%）	20.75	14.29	30.00	18.75	26.67	20.00	20.00	20.00	9.09	30.00

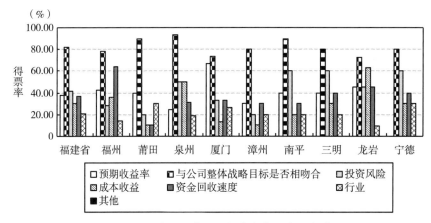

图 54 不同地区民营企业投资考虑调查（多选）

民营企业投资的地区意向，一方面是企业综合竞争力的体现，另一方面也可在一定程度上折射出不同地区的投资环境状况。因此，也是我们所关心的问题。105 家被调查民营企业回答了问卷中关于本企业下一步的投资意向的问题（见表 134），表示其投资意向在国内的企业占 98.10%，只有极少数的被调查民营企业（2 家，1.90%）准备向海外投资。在选择国内投资的企业中，一半以上（52.38%）的被调查民营企业倾向于在本地扩大投资，其次是省内其他地区（23.81%），再次是国内其他地区（21.90%）。

表 134　　　　　　　　　　民营企业的未来投资投向

企业所在地区	指标	本地	省内沿海地区	省内山区	省外东南沿海地区	省外内地地区	海外	小计
福州	企业数（家）	8	1	0	1	4	0	14
	比例（%）	57.14	7.14	0	7.14	28.57	0	100.00
莆田	企业数（家）	4	3	1	0	2	0	10
	比例（%）	40.00	30.00	10.00	0	20.00	0	100.00

企业所在地区	指标	本地	省内沿海地区	省内山区	省外东南沿海地区	省外内地地区	海外	小计
泉州	企业数（家）	6	2	1	4	2	0	15
	比例（%）	40.00	13.33	6.67	26.67	13.33	0	100.00
厦门	企业数（家）	9	1	1	2	2	0	15
	比例（%）	60.00	6.67	6.67	13.33	13.33	0	100.00
漳州	企业数（家）	2	5	0	1	1	1	10
	比例（%）	20.00	50.00	0	10.00	10.00	10.00	100.00
南平	企业数（家）	8	1	1	0	0	0	10
	比例（%）	80.00	10.00	10.00	0	0	0	100.00
三明	企业数（家）	7	2	0	1	0	0	10
	比例（%）	70.00	20.00	0	10.00	0	0	100.00
龙岩	企业数（家）	5	3	1	1	1	0	11
	比例（%）	45.55	27.27	9.09	9.09	9.09	0	100.00
宁德	企业数（家）	6	2	0	0	1	1	10
	比例（%）	60.00	20.00	0	0	10.00	10.00	100.00
福建省	企业数（家）	55	20	5	10	13	2	105
	比例（%）	52.38	19.05	4.76	9.52	12.38	1.90	100.00

注：有1家泉州被调查民营企业的相关数据缺失。

国际商务理论指出，大多数企业走向世界通常遵循"由近及远，先熟悉后陌生"的路线，市场扩张的地理顺序一般是：本地市场→地区市场→全国市场→海外相邻市场→全球市场。海默提出，企业对外直接投资必须满足两个条件。（1）企业必须拥有竞争优势，以抵消在与当地企业竞争中的不利因素。（2）不完全市场的存在，使企业拥有和保持这些优势。邓宁认为，企业进行对外直接投资要满足三个条件。（1）特殊资产垄断优势。企业在供应某一特定市场时拥有对其他国家企业的特殊资产垄断优势。这些特殊资产垄断优势主要表现为独占某些无形资产的优势以及规模经济所产生的优势，总起来说就是企业拥有的各种竞争性优势。（2）市场内部化优势。如果企业拥有对其他国家企业的特殊资产垄断优势，那么，对拥有这些优势的企业来说，它自己使用这些优势要比将其转让给外国企业去使用更有利。即企业通过扩大自己的经营活动，将内部化地使用其优势要比通过与其他企业的市场交易外部化地使用其优势更有利。（3）区位优势。即与企业的特殊资产垄断优势与内部化优势相结合使企业有利可图的当地要素（东道国不可移动的要素禀赋及东道国政府对外国企业的鼓励或限制政策）。企业必须同时兼备特殊资产垄断优势、市场内部化优势和区位优势才能从事有利的对外直接投资活动。如果企业仅有特殊资产垄断优势和市场内部化优势，而不具备区位优势，这就意味着缺乏有利的海外投资场所，因此企业只能将有关优势在国内加以利用，而后依靠产品出口来供应当地市场。如果企业只拥有所有权优势和区位优势而无内部化优势，则说明企业拥有的特殊资产垄断优势难以在内部加以利用，只能将其转让给外国企业。如果企业具备了市场内部化优势和区位优势而无特殊资产垄断优势，则意味着企业缺乏对外直接投资的基本前提，海外扩张也无法成功。海默的对外直接投资的垄断优势理论、邓宁的国际生产折衷理论是在研究企业的跨国投资行为中产生的，但是，在国内市场还相对分割的情况下，一定程度上也可以用以解释企业的国内跨地区投资行为。

问卷答案统计证实：尽管福建省民营企业产品的国际竞争力已经相当强，但是，目前基本上仍然不具备跨国投资的能力。利用本土企业所拥有的区位优势——企业在当地所拥有的不可移动的要素禀赋以及与当地政府、社会的特殊关系——扩大在本地区的投资，仍然是大部分被调查民营企业的首选。以中小型企业为主的民营企业，基本上还是一种地区型企业，首先选择在本地投资是一种理性行为。从本地区向本省其他地区投资，就大部分地区的企业而言，可以将本土区位优势延伸利用，交易成本可能较低，因而成为企业的其次选择。值得注意的是，在省内不同地区的选择上，选择省内沿海地区的被调查民营企业数是选择省内山区数的 4 倍。从企业发展所需要的各种物质技术条件、市场空间等来看，福建省沿海地区都要比山区要优越得多。被调查民营企业准备在省内投资时，倾向于沿海地区是可以理解的，但是，正如本调查报告所揭示的，根据不同地区被调查民营企业的主观评价，山区民营企业的外部环境总体上优于沿海地区。福建省九个地区，泉州、龙岩、南平属于第一层次，三明、宁德、漳州属于第二层次，莆田、厦门、福州属于第三层次。为什么被调查民营企业在选择下一步投资地时，却舍优取劣呢？如果被调查民营企业的选择是理性的，一个可能的解释是，沿海与山区的物质技术条件、市场空间与前景的差异远远超过了当地政府对民营企业的重视程度差异，民营企业由前者可能获得的收益大于后者。如果这个推测可以成立，可以从中得出的政策启示是值得各地政府重视的。

被调查民营企业对省外投资地点的选择却呈现与省内其他地区投资不同的偏好。选择省外东南沿海地区的被调查民营企业比选择省外内地地区的要少。目前，国内东南沿海地区的经济发展水平、企业生存发展的物质技术条件明显高于内地，但是被调查民营企业的省外投资地选择却再次舍优取劣，似乎不好反用对民营企业省内其他地区投资地选择的解释。我们更倾向于从企业自身条件中找原因：福建省的民营企业与国内发达地区的企业相比，缺乏必要的竞争优势或特殊资产垄断优势，因此，更倾向于避实就虚，向内地地区投资。这也就说明了，为什么目前福建省民营企业的海外投资意愿如此之低。

此外，不同地区被调查民营企业的投资地意向所传递的信息也值得注意。从问卷统计得知：福州、厦门民营企业本地投资意愿高而省内沿海地区投资意愿低，除南平市外，其他 6 个地区民营企业对省内沿海地区的投资意愿都高于省内山区，漳州民营企业的省内沿海地区投资意愿甚至比本地投资意愿更高，综合分析中心城市和非中心城市民营企业的两种投资倾向，可以得出这样的推论：在未来一个时期内，福建省民营企业的省内其他地区投资将有向沿海中心城市集中的趋势。

八、民营企业的技术创新与竞争力

技术创新能力是企业发展的持久动力，是形成企业竞争力的最重要的源泉之一。由于种种原因，我国的民营经济起点低，起步晚。不少民营企业的技术装备水平差，技术创新能力低，以生产中低档的劳动密集型产品为主，依靠灵活经营和善于拾遗补缺在竞争中取胜。在民营经济发展的初期阶段，这样的竞争策略不仅是现实可行的，在很多情况下也是最优的。但是，民营企业要发展壮大，在市场经济中与其他市场主体平等竞争，不仅社会要提供平等竞争的环境，自身也应当逐步提高其素质，形成以技术创新能力为核心的竞争力。

为了了解福建省民营企业的技术创新能力与竞争力现状，本次调查把民营企业的技术创新与竞争力作为专题之一。

（一）民营企业的技术现状

我们首先调查福建省民营企业的技术装备现状。受客观条件的限制，我们采取问卷调查与实地观测相结合的方法来了解被调查民营企业的技术装备和生产工艺水平。问卷统计结果显示（见表135），大部分被调查民营企业对其技术设备水平还是比较满意的，认为先进和较先进的比例达到83.65%（87 家），只有16.35%（17 家）的被调查民营企业认为其设备技术属一般或落后水平。

表 135　　被调查民营企业主要设备的技术水平（与全国同行业企业比较）

企业所在地区	指标	先进	较先进	一般	落后	小计
福州	企业数（家）	4	7	3	0	14
	比例（%）	28.57	50.00	21.43	0	100.00
莆田	企业数（家）	4	4	2	0	10
	比例（%）	40.00	40.00	20.00	0	100.00
泉州	企业数（家）	7	6	1	0	14
	比例（%）	50.00	42.86	7.14	0	100.00
厦门	企业数（家）	7	8	0	0	15
	比例（%）	46.67	53.33	0	0	100.00
漳州	企业数（家）	5	3	2	0	10
	比例（%）	50.00	30.00	20.00	0	100.00
南平	企业数（家）	1	8	1	0	10
	比例（%）	10.00	80.00	10.00	0	100.00
三明	企业数（家）	2	6	2	0	10
	比例（%）	20.00	60.00	20.00	0	100.00
龙岩	企业数（家）	1	6	4	0	11
	比例（%）	9.09	54.55	36.36	0	100.00
宁德	企业数（家）	2	6	1	1	10
	比例（%）	20.00	60.00	10.00	10.00	100.00
福建省	企业数（家）	33	54	16	1	104
	比例（%）	31.73	51.92	15.38	0.97	100.00

注：有 2 家泉州被调查民营企业的相关数据缺失。

从地区比较上看，沿海地区被调查民营企业对其主要设备的技术水平估计要更乐观一些。有 42.86% 的被调查民营企业认为自己的设备在国内同行中属于先进水平。其中，泉州、厦门和漳州有近一半的企业表示其设备技术水平达到先进，福州的被调查民营企业则没有这么乐观，大部分企业只认为自己的设备在国内同行中属于较先进水平。相反，山区的被调查民营企业对自己设备水平评价较低，只有 14.63% 的被调查民营企业认为自己的设备属于国内同行先进水平。

与企业技术水平直接相关的另一个问题是企业的生产工艺（见表 136）。我们设计了四个选项请被调查企业评价本企业的生产工艺在国内同行中所处的水平：最先进/比较先进/平均水平/略低于平均水平。调查显示，在福建省范围内，上述四个选项的得票率分别是 17.65%、58.82%、22.55% 和 0.98%，即有 76.47% 的被调查民营企业认为自己的生产工艺在国内同行中属最先进和比较先进的水平。显然这是一个很高的比例。

表136　　　被调查民营企业的生产工艺水平（与全国同行业企业比较）

企业所在地区	指标	最先进水平	比较先进水平	平均水平	略低于平均水平	小计
福州	企业数（家）	2	9	0	1	12
	比例（％）	16.67	75.00	0	8.33	100.00
莆田	企业数（家）	0	6	4	0	10
	比例（％）	0	60.00	40.00	0	100.00
泉州	企业数（家）	4	9	1	0	14
	比例（％）	28.57	64.29	7.14	0	100.00
厦门	企业数（家）	3	12	0	0	15
	比例（％）	20.00	80.00	0	0	100.00
漳州	企业数（家）	5	3	2	0	10
	比例（％）	50.00	30.00	20.00	0	100.00
南平	企业数（家）	2	6	2	0	10
	比例（％）	20.00	60.00	20.00	0	100.00
三明	企业数（家）	2	4	4	0	10
	比例（％）	20.00	40.00	40.00	0	100.00
龙岩	企业数（家）	0	6	5	0	11
	比例（％）	0	54.55	45.45	0	100.00
宁德	企业数（家）	0	5	5	0	10
	比例（％）	0	50.00	50.00	0	100.00
福建省	企业数（家）	18	60	23	1	102
	比例（％）	17.65	58.82	22.55	0.98	100.00

注：有4家（福州2家、泉州2家）被调查民营企业的相关数据缺失。

从地区分布情况看，与前一个问题一样，沿海地区被调查民营企业的自我评价比较高，在福建省共有18家被调查民营企业认为其生产工艺属于国内同行最先进水平，其中，沿海地区的企业就占了14家（约占77.8%），而且这些企业主要集中在泉州、厦门、漳州三市。而在认为其生产工艺水平位于国内同行平均水平的23家被调查民营企业中，有69.60%的企业集中在山区四市，占全部山区被调查民营企业的39.02%，宁德、龙岩、三明三市此类企业的比重更高达45.16%。

此外，与企业技术装备及生产工艺水平相联系的是企业和产品的类型认定。一旦有关部门根据一定的标准和程序认定某一企业属于高新技术企业后，该企业即可享受一定的政策优惠。因此，被调查企业对于申请认定高新技术企业的态度总体上是积极的。

调查显示（见表137），只有42.31%的被调查民营企业属于高新技术企业。该比例远远低于认为自己的技术设备属先进和较先进的比例（83.65%），以及认为自己的生产工艺在国内同行中属最先进和比较先进的比例（76.47%）。地区分布上，沿海五市的高新技术企业比例要高一些，达47.62%，被调查民营企业中2/3以上的高新技术企业集中在沿海地区；山区四市的高新技术企业仅占本地区被调查民营企业的34.15%，比沿海要低13.47个百分点。

表137　　　　　　　　　被调查民营企业中高新技术企业比例

企业所在地区	指标	是	否	小计
福州	企业数（家）	8	6	14
	比例（%）	57.14	42.86	100.00
莆田	企业数（家）	4	6	10
	比例（%）	40.00	60.00	100.00
泉州	企业数（家）	6	8	14
	比例（%）	42.86	57.14	100.00
厦门	企业数（家）	7	8	15
	比例（%）	46.67	53.33	100.00
漳州	企业数（家）	5	5	10
	比例（%）	50.00	50.00	100.00
南平	企业数（家）	3	7	10
	比例（%）	30.00	70.00	100.00
三明	企业数（家）	3	7	10
	比例（%）	30.00	70.00	100.00
龙岩	企业数（家）	4	7	11
	比例（%）	36.36	63.64	100.00
宁德	企业数（家）	4	6	10
	比例（%）	40.00	60.00	100.00
福建省	企业数（家）	44	60	104
	比例（%）	42.31	57.69	100.00

注：有2家泉州被调查民营企业的相关数据缺失。

根据以上三个问题的答案统计，可以对福建省民营企业的技术装备与生产工艺水平做如下的判断：总体而言，福建省民营企业对自己的技术装备与生产工艺水平持较乐观态度。其中，沿海地区，尤其是闽南地区的民营企业对其技术装备与生产工艺水平的估计要更乐观一些；而山区四市，尤其是宁德、龙岩的民营企业技术装备与生产工艺水平要相对落后一些。福建省民营企业的技术装备与生产工艺水平按照闽南、福州和莆田、山区三个层次由强到弱的现状，这是与这三个地区的社会经济发展水平、民营经济的发展水平相一致的。如果说，目前福建省民营企业的发展在山区与沿海之间已经不存在企业规模上的明显差别的话，那么，在技术装备与生产工艺、技术创新能力、主要竞争手段以及经济效率上，仍然存在着比较明显的差异。

（二）产品技术含量与企业竞争力

企业的技术装备以及技术创新能力如何将直接体现到企业所生产产品的技术含量中，并最终转化为企业的竞争力。我们设计了以下 8 个问题对民营企业的产品技术含量和竞争力进行调查。

（1）贵企业是否生产高新技术产品？

（2）与全国同行业企业相比，贵企业主要产品的科技含量水平？

（3）贵企业主导产品的关键技术处于何种水平？

（4）近三年，贵企业的主要产品曾被评为哪一级优质产品？

（5）贵企业近两年的平均新产品产值率是多少？

（6）与竞争对手相比，贵企业产品在市场上受到欢迎的原因是什么？

（7）面对激烈竞争，贵企业的最主要竞争手段是什么？

（8）相对于企业的其他竞争对手，贵企业的竞争力主要体现在哪一方面？

从第一个问题的答案统计中（见表 138），我们得知，实际从事高新技术产品的被调查民营企业数略低于被认定为高新技术企业的数目。正在生产高新技术产品的企业有 40 家，比高新技术企业少 4 家，其中，差异最大的是莆田。莆田有 4 家高新技术企业，但却只有 1 家生产高新技术产品。另外，根据我们在实际调查过程中的观察，有些高新技术企业无论在技术和产品上，都与严格意义上的创新型高新技术产业有区别，可能只是因为所生产的产品被列入了有关部门的高新技术产品名录罢了。这样的判断可以从有关企业的产品、竞争手段和竞争力的调查结果中得到佐证。

表 138　　　　　　　　被调查民营企业生产高新技术产品情况

企业所在地区	指标	是	否	小计
福州	企业数（家）	7	6	13
	比例（%）	53.85	46.15	100.00
莆田	企业数（家）	1	8	9
	比例（%）	11.11	88.89	100.00
泉州	企业数（家）	6	8	14
	比例（%）	42.86	57.14	100.00

企业所在地区	指标	是	否	小计
厦门	企业数（家）	6	9	15
	比例（%）	40.00	60.00	100.00
漳州	企业数（家）	5	5	10
	比例（%）	50.00	50.00	100.00
南平	企业数（家）	3	7	10
	比例（%）	30.00	70.00	100.00
三明	企业数（家）	4	6	10
	比例（%）	40.00	60.00	100.00
龙岩	企业数（家）	5	6	11
	比例（%）	45.45	54.55	100.00
宁德	企业数（家）	3	7	10
	比例（%）	30.00	70.00	100.00
福建省	企业数（家）	40	62	102
	比例（%）	39.22	60.78	100.00

注：有4家（福州1家、莆田1家、泉州2家）被调查民营企业的相关数据缺失。

尽管实际生产高新技术产品的企业只有40家（占39.22%），但是，认为与全国同行业企业相比，本企业产品科技含量很高或较高的企业还是高达71家，占被调查民营企业的68.9%（见表139）。

表139　被调查民营企业主要产品的科技含量（与全国同行业企业比较）

企业所在地区	指标	很高	较高	一般	很低	小计
福州	企业数（家）	3	6	5	0	14
	比例（%）	21.43	42.86	35.71	0	100.00
莆田	企业数（家）	0	7	3	0	10
	比例（%）	0	70.00	30.00	0	100.00
泉州	企业数（家）	3	7	3	0	13
	比例（%）	23.08	53.84	23.08	0	100.00
厦门	企业数（家）	2	9	4	0	15
	比例（%）	13.33	60.00	26.67	0	100.00
漳州	企业数（家）	2	5	3	0	10
	比例（%）	20.00	50.00	30.00	0	100.00
南平	企业数（家）	0	8	2	0	10
	比例（%）	0	80.00	20.00	0	100.00
三明	企业数（家）	3	4	3	0	10
	比例（%）	30.00	40.00	30.00	0	100.00

企业所在地区	指标	很高	较高	一般	很低	小计
龙岩	企业数（家）	1	5	5	0	11
	比例（%）	9.10	45.45	45.45	0	100.00
宁德	企业数（家）	0	6	3	1	10
	比例（%）	0	60.00	30.00	10.00	100.00
福建省	企业数（家）	14	57	31	1	103
	比例（%）	13.59	55.34	30.10	0.97	100.00

注：有3家泉州被调查民营企业的相关数据缺失。

在地区分布上，认为其产品科技含量很高的企业2/3（10家）以上集中在沿海地区，相应地，约有1/3山区的被调查民营企业认为本企业产品的科技含量一般。

关于第三个问题，即"贵企业主导产品的关键技术处于何种水平？"调查显示（见表140），只有极少数企业（3家，占2.91%）认为其产品的关键技术已经达到了国际领先水平，有60.19%的企业认为达到了国内领先水平，有34.96%的企业认为属于国内平均水平。同样，承认本企业主导产品的关键技术低于国内平均水平的企业也极少。就地区分布而言，沿海被调查民营企业的估计要乐观一些，认为到达国内领先水平以上的比例为67.74%。其中，厦门的比例最高，为85.72%；漳州次之，为70.00%；泉州最低，只有57.14%。而山区企业的该项比例只有48.78%，其中，最高的是南平，为70.00%；龙岩最低，仅为36.36%。

表140　　　　　　　被调查民营企业主导产品的关键技术水平

企业所在地区	指标	国际领先	国内领先	国内平均水平	国内平均水平以下	小计
福州	企业数（家）	0	9	4	1	14
	比例（%）	0	64.29	28.57	7.14	100.00
莆田	企业数（家）	0	6	4	0	10
	比例（%）	0	60.00	40.00	0	100.00
泉州	企业数（家）	0	8	5	1	14
	比例（%）	0	57.14	35.72	7.14	100.00
厦门	企业数（家）	1	12	1	0	14
	比例（%）	7.14	85.72	7.14	0	100.00
漳州	企业数（家）	1	7	2	0	10
	比例（%）	10.00	70.00	20.00	0	100.00
南平	企业数（家）	0	7	3	0	10
	比例（%）	0	70.00	30.00	0	100.00

企业所在地区	指标	国际领先	国内领先	国内平均水平	国内平均水平以下	小计
三明	企业数（家）	1	5	4	0	10
	比例（%）	10.00	50.00	40.00	0	100.00
龙岩	企业数（家）	0	4	7	0	11
	比例（%）	0	36.36	63.64	0	100.00
宁德	企业数（家）	0	4	6	0	10
	比例（%）	0	40.00	60.00	0	100.00
福建省	企业数（家）	3	62	36	2	103
	比例（%）	2.91	60.19	34.96	1.94	100.00

注：有 3 家（泉州 2 家、厦门 1 家）被调查民营企业的相关数据缺失。

对于第四个问题："近三年，贵企业的主要产品曾被评为哪一级优质产品？"调查显示（见表 141），在过去三年里，主要产品被评为国家级优质产品的企业有 16 家，占被调查企业的 15.53%；被评为省级优质产品的有 39 家，占 37.86%；被评为市级优质产品的比较少，仅 8 家，占 7.77%。其所以如此，可能是只有部分的设区市进行了市级优质产品评级。在调查中，有 6 个设区市的民营企业在这一项上是空白。由于市级优质产品在省级比较上没有可比性，忽略不计。尽管如此，在近三年里，还是有超过一半的被调查民营企业的主要产品获得了省级以上优质产品称号。显然，这是一个不低的比例。

表 141　　　　　　被调查民营企业主要产品评级情况（近三年）

企业所在地区	指标	市级	省级	国家级	没有	小计
福州	企业数（家）	2	3	2	6	13
	比例（%）	15.38	23.08	15.38	46.16	100.00
莆田	企业数（家）	0	5	2	3	10
	比例（%）	0	50.00	20.00	30.00	100.00
泉州	企业数（家）	3	3	3	5	14
	比例（%）	21.43	21.43	21.43	35.71	100.00
厦门	企业数（家）	0	5	3	7	15
	比例（%）	0	33.33	20.00	46.67	100.00
漳州	企业数（家）	0	6	2	2	10
	比例（%）	0	60.00	20.00	20.00	100.00
南平	企业数（家）	0	5	2	3	10
	比例（%）	0	50.00	20.00	30.00	100.00
三明	企业数（家）	3	2	0	5	10
	比例（%）	30.00	20.00	0	50.00	100.00

企业所在地区	指标	市级	省级	国家级	没有	小计
龙岩	企业数（家）	0	3	1	7	11
	比例（%）	0	27.27	9.09	63.64	100.00
宁德	企业数（家）	0	7	1	2	10
	比例（%）	0	70.00	10.00	20.00	100.00
福建省	企业数（家）	8	39	16	40	103
	比例（%）	7.77	37.86	15.53	38.83	100.00

注：有 3 家（福州 1 家、泉州 2 家）被调查民营企业的相关数据缺失。

分地区的问卷统计数据表明，在获得省级以上优质产品称号方面，福州、厦门、泉州这三个中心城市的被调查民营企业没有明显的优势，厦门只与福建省平均水平持平，福州和泉州甚至低于福建省平均水平。而宁德、漳州、南平的该项比例却甚高。

第五个问题："贵企业近两年的平均新产品产值率是多少？"答案统计表明（见表 142），被调查民营企业的产品更新速度还是比较快的，有接近一半（48.98%）的企业近两年的平均新产品产值率达 20%～30% 或以上。也就是说，4 年左右，这些企业的产品就要更新一遍。从分地区统计可以看出，平均而言，沿海地区民营企业的产品更新速度要快于山区。58.62% 的沿海被调查民营企业近两年的平均新产品产值率达到 20%～30% 或以上，而山区被调查民营企业的这一比例只有 35.00%，低于前者 23.62 个百分点。显然，其间的原因是多元的，不能仅仅归因于沿海的民营企业技术更新能力强，它与沿海、山区被调查民营企业面临的市场环境、所从事的行业都有密切的关系。

表 142　　　　　被调查民营企业的平均新产品产值率（近两年）

企业所在地区	指标	10%以下	10%～20%	20%～30%	30%以上	小计
福州	企业数（家）	1	3	5	3	12
	比例（%）	8.33	25.00	41.67	25.00	100.00
莆田	企业数（家）	2	2	2	4	10
	比例（%）	20.00	20.00	20.00	40.00	100.00
泉州	企业数（家）	0	5	2	6	13
	比例（%）	0	38.46	15.38	46.16	100.00
厦门	企业数（家）	2	5	3	3	13
	比例（%）	15.38	38.46	23.08	23.08	100.00
漳州	企业数（家）	0	4	2	4	10
	比例（%）	0	40.00	20.00	40.00	100.00

续表

企业所在地区	指标	10%以下	10%~20%	20%~30%	30%以上	小计
南平	企业数（家）	1	3	3	2	9
	比例（%）	11.11	33.33	33.33	22.23	100.00
三明	企业数（家）	4	2	2	2	10
	比例（%）	40.00	20.00	20.00	20.00	100.00
龙岩	企业数（家）	4	3	3	1	11
	比例（%）	36.36	27.27	27.27	9.09	100.00
宁德	企业数（家）	3	6	0	1	10
	比例（%）	30.00	60.00	0	10.00	100.00
福建省	企业数（家）	17	33	22	26	98
	比例（%）	17.35	33.67	22.45	26.53	100.00

注：有 8 家（福州 2 家、泉州 3 家、厦门 2 家、南平 1 家）被调查民营企业的相关数据缺失。

从第六个问题"与竞争对手相比，贵企业产品在市场上受到欢迎的原因是什么？"的答案统计可以看出（见表 143、图 55），被调查民营企业认为，他们的产品之所以在市场上受到欢迎，第一靠质量，第二靠产品性能及品种多样化，第三才是价格优势。至于依靠产品的独创性进行竞争，则目前还只有极少数被调查民营企业认为有此能力。我们还注意到，在这个问题上，各个地区之间的差别并没有表现在优先顺序的不同，只存在程度上的差异。

表 143 　　　　不同地区被调查民营企业产品在市场上受欢迎的原因（多选）

指标	福建省	福州	莆田	泉州	厦门	漳州	南平	三明	龙岩	宁德
企业数（家）	106	14	10	16	15	10	10	10	11	10
同质价更低（家）	32	5	4	3	5	4	3	1	4	3
比例（%）	31.19	35.71	40.00	18.75	33.33	40.00	30.00	10.00	36.36	30.00
同价质更好（家）	79	9	8	13	10	7	7	6	11	8
比例（%）	74.53	64.29	80.00	81.25	66.67	70.00	70.00	60.00	100.00	80.00
品种更丰富、性能更特别（家）	50	8	6	10	9	2	4	2	3	6
比例（%）	47.17	57.14	60.00	62.50	60.00	20.00	40.00	20.00	27.27	60.00
没有同类产品（家）	6	1	0	0	0	1	0	1	0	3
比例（%）	5.66	7.14	0	0	0	10.00	0	10.00	0	30.00

对这一问题的调查表明，（1）我国产品市场竞争已经从以价格竞争为主进入以产品质量和技术性能竞争为主。这种转变显然是市场竞争进入更高级、更成熟阶段的标志。（2）与市场竞争阶段的转变相适应，福建省民营企

业也正逐步趋于成熟。在20世纪八九十年代，泉州企业的主要竞争手段还是低质低价和大量销售。本次调查结果显示：现在在泉州，民营企业已经把价格竞争放在相当次要的地位，只有3家（18.75%）被调查民营企业还把价格竞争作为一种竞争战略选择，而81.25%的被调查民营企业选择了质量竞争。与此同时，产品的技术性能和品种多样性在市场竞争中的重要性也受到了62.50%被调查民营企业的重视。（3）民营企业的技术创新能力从整体上看，还有待进一步加强。企业在完成了从价格竞争到质量竞争的转变之后，如何通过技术创新提升产品的技术性能、实现品种多样性就成为企业急需解决的一个重点问题了。这就需要企业投入更多的人力物力改良其技术装备、强化其技术创新能力。

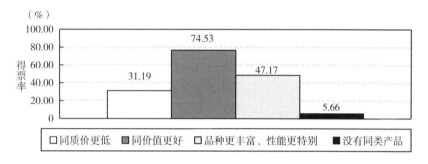

图55 被调查民营企业产品在市场上受欢迎的原因（多选，福建省）

然而，在回答："面对激烈竞争，贵企业的最主要竞争手段是什么?"这一多项选择题时（见图56），被调查民营企业首先选择了"特色产品"（59.43%），依次而下的是"独特的经营管理能力"（51.89%）、"独特的营销能力"（47.17%）、"特殊技术"（35.85%）。

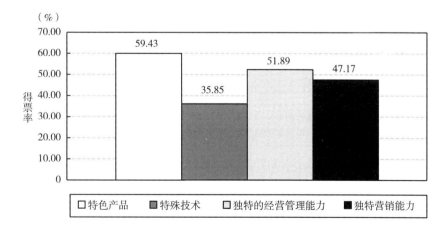

图56 被调查民营企业的最主要竞争手段（多选，福建省）

从地区比较看（见表144、图57），在与技术有关的两个选项上，沿海地区的民营企业更多地依靠特殊技术进行竞争，表示特殊技术是其使用的最主要竞争手段的沿海民营企业占沿海被调查民营企业的比例是40%，而且各市的选项比例比较均匀，选择比例最高的泉州，也不过是43.75%。相反，山区被调查民营企业该项选择的比例相对较低，只有29.27%。如果扣除三明，这一比例更降到22.58%，只及沿海地区的一半。相应地，山区被调查民营企业更多依靠特色产品，有60.98%的山区被调查民营企业把特色产品作为其最主要的竞争手段，这一比例略高于福建省平均水平，其中，尤其值得一提的是宁德，所有被调查民营企业都选择了这一选项。

表144   不同地区被调查民营企业的最主要竞争手段（多选）

指标	福建省	福州	莆田	泉州	厦门	漳州	南平	三明	龙岩	宁德
企业数（家）	106	14	10	16	15	10	10	10	11	10
特色产品（家）	63	8	5	8	11	6	5	3	7	10
比例（%）	59.43	57.14	50.00	50.00	73.33	60.00	50.00	30.00	63.64	100.00
特殊技术（家）	38	5	4	7	6	4	2	5	2	3
比例（%）	35.85	35.71	40.00	43.75	40.00	40.00	20.00	50.00	18.18	30.00
独特的经营管理能力（家）	55	8	6	6	9	5	7	6	6	2
比例（%）	51.89	57.14	60.00	37.50	60.00	50.00	70.00	60.00	54.55	20.00
独特营销能力（家）	50	6	4	8	8	3	4	7	3	7
比例（%）	47.17	42.86	40.00	50.00	53.33	30.00	40.00	70.00	27.27	70.00

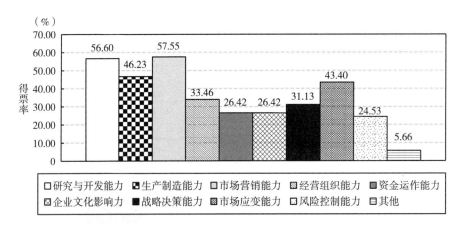

图57   被调查民营企业的主要竞争力（多选，福建省）

在与主要竞争对手的比较中，被调查民营企业认为，它们的竞争能力主要体现在：（1）市场营销能力（57.55%）；（2）研究与开发能力（56.60%）；（3）生产制造能力（46.23%）；（4）市场应变能力（43.40%）（见图57）。

从分地区答案统计看（见表145），不同地区被调查民营企业的竞争力差异是比较明显的。沿海地区被调查民营企业更注重其研发与市场营销方面的竞争力，而山区被调查民营企业由于研发与市场营销能力稍逊一筹，因此更倚重生产制造能力。在问及"相对于企业的其他竞争对手，贵企业的竞争力体现在哪一方面"时，沿海五地区选择研究与开发能力的企业占被调查民营企业的67.69%，高于福建省平均水平11.09个百分点，其中，闽南三角地区（厦门、泉州、漳州）更高达78.05%。山区四地区选择研究与开发能力的被调查民营企业只占39.02%，低于福建省平均水平17.58个百分点。在市场营销能力方面，沿海与山区的差异要小一些。有61.54%（泉州与厦门更高达70.97%）的沿海被调查民营企业认为市场营销能力也是其主要的竞争力之一，而山区的该项比例只有51.22%，二者相差10.32个百分点。相应地，在生产制造能力方面，则出现了相反的趋势：厦门与泉州的被调查民营企业认为其竞争力主要体现在生产制造能力方面的分别只占26.67%和37.50%；而在山区却有60.98%的被调查民营企业认为生产制造能力是企业的主要竞争力。由于研发与市场营销能力不足，相对而言，山区被调查民营企业要比沿海被调查民营企业更多地依靠生产制造能力。

表145　　　　　　不同地区被调查民营企业的主要竞争力（多选）

指标	福建省	福州	莆田	泉州	厦门	漳州	南平	三明	龙岩	宁德
企业数（家）	106	14	10	16	15	10	10	10	11	10
研究与开发能力（家）	60	7	5	12	13	7	5	3	5	3
比例（%）	56.60	50.00	50.00	75.00	86.67	70.00	50.00	30.00	45.45	30.00
生产制造能力（家）	49	6	3	6	4	5	6	6	7	6
比例（%）	46.23	42.86	30.00	37.50	26.67	50.00	60.00	60.00	63.64	60.00
市场营销能力（家）	61	7	5	11	11	6	4	4	6	7
比例（%）	57.55	50.00	50.00	62.50	73.33	60.00	40.00	40.00	54.55	70.00
经营组织能力（家）	36	5	3	4	5	2	6	4	3	4
比例（%）	33.96	35.71	30.00	25.00	33.33	20.00	60.00	40.00	27.27	40.00
资金运作能力（家）	28	1	2	5	2	2	3	4	5	4
比例（%）	26.42	7.14	20.00	31.25	13.33	20.00	30.00	40.00	45.45	40.00
企业文化影响力（家）	28	2	2	6	6	4	4	1	3	2
比例（%）	26.42	14.29	20.00	37.50	40.00	40.00	40.00	10.00	27.27	20.00
战略决策能力（家）	33	6	4	4	6	3	3	0	3	4
比例（%）	31.13	42.86	40.00	25.00	40.00	30.00	30.00	0	27.27	40.00
市场应变能力（家）	46	6	5	6	7	4	3	5	5	5
比例（%）	43.40	42.86	50.00	37.50	46.67	40.00	30.00	50.00	45.45	50.00
风险控制能力（家）	26	2	4	3	4	3	3	2	2	3
比例（%）	24.53	14.29	40.00	18.75	26.67	30.00	30.00	20.00	18.18	30.00

指标	福建省	福州	莆田	泉州	厦门	漳州	南平	三明	龙岩	宁德
其他（家）	6	1	0	0	2	0	1	0	0	2
比例（%）	5.66	7.14	0	0	13.33	0	10.00	0	0	20.00

（三）民营企业的技术来源

企业的技术创新能力取决于企业的技术来源，用于技术创新的投入以及研发机构等。因此，问卷调查了以下问题。

（1）贵公司的关键技术是通过何种途径获得的？

（2）过去三年贵企业的 R&D 费用占同期销售收入的比重？

（3）与主要的竞争对手相比，贵企业投入的研发费用水平如何？

（4）贵企业是否拥有专利？多少项？

（5）贵企业是否成立了技术研发中心？

（6）近三年来，贵企业是否经常进行较大的工艺、流程和设备方面的改造？

（7）贵企业在过去 5 年里是否获得国家创新基金或社会风险基金的资助？

被调查企业对第一个问题的答案令我们吃惊（见图 58）：有 66.98% 的被调查民营企业表示其关键技术是靠自主研发的，其次是与国内高校、科研所合作研究获得的（40.57%），从国外引进的不过 19.81%，购买知识产权的仅6.60%。如果单纯根据这一调查结果，似乎可以认为福建省民营企业的自主技术创新能力已经相当强了。然而，这一结论的可靠性令人怀疑。因为，在关于企业外部环境问题的调查中，被调查民营企业普遍认为人才短缺与缺乏技术是生产经营中遇到的两个最大困难之一。

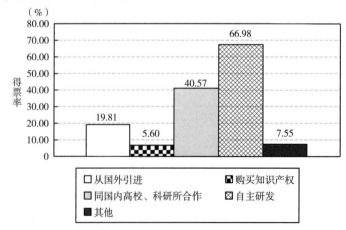

图 58　被调查民营企业关键技术的获得途径（多选，福建省）

分地区答案统计提供了这一问题的更多信息（见表146）。（1）认为能够从国外引进技术的企业主要是福州和厦门的企业。两地有41.38%的企业表示其关键技术是从国外引进的。福建省被调查民营企业中从国外引进关键技术的企业共21家，一半以上（12家）集中在福州、厦门，其他地区曾经引进过国外技术的企业仅占被调查民营企业的11.69%。（2）非中心城市民营企业的关键技术依靠自主研发的比例大大高于中心城市。福州、厦门两市被调查民营企业关键技术来自自主研发的比例是55.17%，福州、厦门以外七地区被调查民营企业关键技术依靠自主研发的比例是71.43%，后者比前者高出16.26个百分点。（3）中心城市民营企业与国内高校、科研所合作开发关键技术的比例低于非中心城市地区。福州、厦门两市被调查民营企业与国内高校、科研所合作开发关键技术的比例只有31.03%，而福州、厦门之外七地区被调查民营企业为44.16%，山区四市更高达56.10%。（4）关键技术来自购买知识产权的比例极低，山区民营企业几乎没有购买知识产权的经历。

表146   **不同地区被调查民营企业关键技术的获得途径（多选）**

指标	福建省	福州	莆田	泉州	厦门	漳州	南平	三明	龙岩	宁德
企业数（家）	106	14	10	16	15	10	10	10	11	10
从国外引进（家）	21	6	0	2	6	3	0	0	1	3
比例（%）	19.81	42.86	0	12.50	40.00	30.00	0	0	9.09	30.00
购买知识产权（家）	7	2	2	0	1	1	1	0	0	0
比例（%）	6.60	14.28	20.00	0	6.67	10.00	10.00	0	0	0
同国内高校、科研所合作（家）	43	2	4	2	7	5	7	4	5	7
比例（%）	40.57	14.28	40.00	12.50	46.67	50.00	70.00	40.00	45.45	70.00
自主研发（家）	71	7	7	10	9	9	8	6	8	7
比例（%）	66.98	50.00	70.00	62.50	60.00	90.00	80.00	60.00	72.73	70.00
其他（家）	8	1	1	1	0	1	0	1	1	2
比例（%）	7.55	7.14	10.00	6.25	0	10.00	0	10.00	9.09	20.00

从分地区答案统计得出了与上述福建省问卷调查统计迥然不同的结论。

（1）福建省科技创新能力比较薄弱，可以投入生产应用的技术缺乏国际竞争力，[①] 因此，即使是在福州、厦门这样科技部门较为集中、科技力量较强的

---

① 2001年，福建省从事科学技术的人员总数为70860人，在全国各省份中排名第16位，R&D经费投入强度（R&D经费占GDP的比重），2000年为0.54%，2001年为0.53%，2002年为0.52%，仅为同期全国平均水平的一半左右。

中心城市，民营企业的关键技术也较多地依赖国外引进。① 在福州，民营企业从国外引进关键技术的比例远远高于与国内高校、科研所合作研发的比例；厦门的情况略好一些，二者比例大致相当。当然，福州和厦门民营企业的关键技术更多依靠国外引进，在一定程度上可能与企业主要生产外销产品有关，引进国外技术比较容易进入国际市场。但是，即使考虑了这一因素，本土研发能力较弱，不能满足企业需求，也是不争的事实。

（2）专利技术市场不发达，研发活动所形成的知识产权结构不合理，可真正应用于生产的发明专利相当有限。② 因此，企业技术源于购买知识产权的比例极低。

（3）非中心城市民营企业与国内高校、科研所合作开发技术的比例远远高于中心城市的民营企业，更多反映的是非中心城市企业对技术的巨大需求，以及当地技术供应能力的严重不足。③ 福建省的高校、科研所基本上集中在福州、厦门，但是，福州、厦门的民营企业却舍近求远，更多地依靠国外引进。目前国内高校、科研所的技术开发能力、技术的国际竞争力，显然有待提高。与福州、厦门两地高校和科研所合作较多的地区反而是当地高校、科研所较少的南平、宁德、漳州。④ 这些地区的民营企业之所以与高校和科研所合作较多，是由于当地可资利用的研发力量十分有限，不得不借助外援。

（4）虽然有66.98％的被调查民营企业表示其关键技术是自主研发的，但是，与其说是这是民营企业自主技术创新能力相当强的表现，不如说是福建省科技活动水平严重落后于社会经济发展的需要、科技部门社会服务能力严重不足的一种反映。

如果企业不能从外部市场获得其所需的技术，就只能依靠自主研发。在企业关键技术来源问题中，回答来自自主研发的企业比例高达66.98％。然而，企业用于研发的资源投入状况究竟如何呢？问卷统计结果显示（见表147），21.7％的企业近三年的R&D费用占同期销售收入1％以下，27.4％的企业为1％～3％，20.8％的企业为3％～5％，19.8％的企业达到了5％以上。

---

① 目前，福建省的研发活动70％以上集中在福州、厦门两市。

② 2002年福建省提出申请的专利中，91.4％是实用新型和外观设计专利，发明专利仅占8.6％，而同期全国的发明专利申请比重是10.7％。

③ 在对企业外部环境调查中，大多数被调查民营企业对当地的技术服务能力不满意。非中心城市民营企业的不满意程度远远高于中心城市的民营企业。

④ 据统计，三市有R&D活动的单位占福建省的比重分别为6.23％、5.88％、5.18％；R&D人员（全时人员）占福建省的比重更低，仅分别为2.70％、2.04％、4.50％。

表 147　　　不同地区被调查民营企业过去三年的 R&D 费用占同期销售收入的比重

企业所在地区	指标	缺失值	1%以下	1%~3%	3%~5%	5%以上	小计
福州	企业数（家）	3	2	4	3	2	14
	比例（%）	21.43	14.29	28.57	21.43	14.29	100.00
莆田	企业数（家）	0	5	2	3	0	10
	比例（%）	0	50.00	20.00	30.00	0	100.00
泉州	企业数（家）	5	2	0	4	5	16
	比例（%）	31.25	12.50	0	25.00	31.25	100.00
厦门	企业数（家）	0	2	6	2	5	15
	比例（%）	0	13.33	40.00	13.33	33.34	100.00
漳州	企业数（家）	2	2	3	3	0	10
	比例（%）	20.00	20.00	30.00	30.00	0	100.00
南平	企业数（家）	1	2	3	2	2	10
	比例（%）	10.00	20.00	30.00	20.00	20.00	100.00
三明	企业数（家）	0	2	3	1	4	10
	比例（%）	0	20.00	30.00	10.00	40.00	100.00
龙岩	企业数（家）	0	3	5	2	1	11
	比例（%）	0	27.27	45.46	18.18	9.09	100.00
宁德	企业数（家）	0	3	3	2	2	10
	比例（%）	0	30.00	30.00	20.00	20.00	100.00
福建省	企业数（家）	11	23	29	22	21	106
	比例（%）	10.38	21.70	27.36	20.75	19.81	100.00

　　这个水平究竟如何，不好直接判断，必须进行比较。最好的比较对象，应该是国内其他地区民营企业或者福建省同行业同等规模的其他所有制企业的这一指标。但是，目前找不到这些统计，能够查到的数据是：2002 年，全国大中型工业企业科技经费支出占产品销售收入的比例是 1.73% ,[1] 全国高科技行业大中型工业企业科技经费支出占产品销售收入的比重为 2.99% 。[2] 以此衡量，如果问卷数据属实，福建省民营企业的研发投入水平不低。40.6% 的企业的研发费用占销售收入的比重甚至高于全国高科技行业大中型工业企业的平均水平。

　　从地区分布情况看（见表 148），泉州、三明、厦门三市被调查民营企业中，研发费用占销售收入 3% 以上的企业比重较高，莆田、宁德、龙岩被调查

---

① 《中国统计年鉴（2003）》。
② 根据《中国统计年鉴（2003）》数据计算。这里的高科技行业包括：医药制造业、航空航天器制造业、电子及通信设备制造业、电子计算机及办公设备制造业、医疗器械及仪器仪表制造业。

民营企业中，研发费用占销售收入1%以下的企业比重较高。回顾本部分前面的一些问题，我们发现，不同地区被调查民营企业研发费用占销售收入比重上的差异，与企业在市场竞争中所依靠的竞争手段之间存在一定联系。例如，厦门等地被调查民营企业在竞争中更多地依靠研发，而宁德、龙岩的被调查民营企业则更多依靠生产制造能力，莆田的被调查民营企业更多依靠市场营销与市场应变能力。但是，不同地区被调查民营企业研发费用占销售收入比重上的差异，与所在地区高新技术企业的比例，却不存在明显的对应关系。福州、漳州被调查民营企业中，高新技术企业比例为福建省之最，但是研发费用比重却相对落后。这应当引起注意，因为，企业，尤其是高新技术企业的研发费用投入在相当程度上决定着它们的竞争力，没有研发费用的高投入，高新技术企业的技术先进性将会很快消失。

表 148　　　　　　　不同地区被调查民营企业的类型　　　　　　单位：%

企业所在地区	高新技术企业比例	生产高新技术产品企业比例	竞争力主要体现为研发的企业比例	研发费用占销售收入3%以上企业比例
福州	57.14	53.85	50.00	35.72
莆田	40.00	11.11	50.00	30.00
泉州	42.86	42.86	75.00	56.25
厦门	46.67	40.00	86.67	46.67
漳州	50.00	50.00	70.00	30.00
南平	30.00	30.00	50.00	40.00
三明	30.00	40.00	30.00	50.00
龙岩	36.36	45.45	45.45	27.27
宁德	40.00	30.00	30.00	40.00

在调查了企业研发费用占销售收入的比例之后，我们调查了企业对其研发投入的评价（见表149）。从福建省看，有51.51%的被调查民营企业认为，其研发投入高于其竞争对手，30.30%的被调查民营企业认为与其竞争对手基本相当，只有18.18%的被调查民营企业认为低于竞争对手。从分地区情况看，福州、泉州、厦门和漳州的被调查民营企业相对乐观一些，这四个市有73.47%的被调查民营企业认为自己的研发投入大于竞争对手，而其余五个市就只有30.0%的被调查民营企业认为自己的研发投入大于竞争对手。把这个答案统计与前一问题的答案结合分析，可以认为：无论是从客观水平还是企业自我评价分析，山区被调查民营企业在研发费用方面的投入还是相对较低的，这

在一定程度上影响了企业的创新能力和竞争力。

表149 不同地区被调查民营企业每年投入的研发费用

企业所在地区	指标	高得多	高一些	差不多	少一些	少了较多	小计
福州	企业数（家）	1	6	2	2	1	12
	比例（%）	8.33	50.00	16.67	16.67	8.33	100.00
莆田	企业数（家）	1	1	4	2	2	10
	比例（%）	10.00	10.00	40.00	20.00	20.00	100.00
泉州	企业数（家）	4	7	1	0	1	13
	比例（%）	30.77	53.85	7.69	0	7.69	100.00
厦门	企业数（家）	2	10	3	0	0	15
	比例（%）	13.33	66.67	20.00	0	0	100.00
漳州	企业数（家）	1	5	2	1	0	9
	比例（%）	11.11	55.56	22.22	11.11	0	100.00
南平	企业数（家）	0	2	3	3	1	9
	比例（%）	0	22.22	33.33	33.33	11.11	100.00
三明	企业数（家）	1	3	4	1	1	10
	比例（%）	10.00	30.00	40.00	10.00	10.00	100.00
龙岩	企业数（家）	1	3	5	2	0	11
	比例（%）	9.09	27.27	45.45	18.18	0	100.00
宁德	企业数（家）	0	3	6	1	0	10
	比例（%）	0	30.00	60.00	10.00	0	100.00
福建省	企业数（家）	11	40	30	12	6	99
	比例（%）	11.11	40.40	30.30	12.12	6.06	100.00

注：有7家（福州2家、泉州3家、漳州1家、南平1家）被调查民营企业的相关数据缺失。

研发经费是投入，研究成果是科研活动的产出。因此，我们调查了不同地区拥有专利的企业数以及这些企业拥有的专利总数（见表150）。在106家被调查民营企业中，拥有专利的企业38家，占被调查企业的35.85%，专利总数是228项。按有专利的企业数平均，每个企业拥有专利6项，按被调查企业总数平均是2.15项。从地区分布可以看出，在沿海，厦门民营企业的科技实力是比较强的，其次是漳州和莆田的民营企业，泉州和福州则较弱一些。山区四市中，三明较强，其他三市与沿海的差距非常明显。这个结果统计似乎与前面的科技投入统计不完全一致。例如，福州的高新技术企业比例较高，但是研发投入与拥有专利总数、企业平均拥有专利数都比较低；泉州研发投入占销售收入3%以上的企业比重为福建省之冠，但是企业拥有专利水平却是沿海地区最低的；漳州和莆田，虽然研发投入占销售收入3%以上的企业比例不高，但是企业拥有的专利水平却不低。我们认为，由于以下两方面的原因可能出现这种不一致的结果：一是投入与产出的非同步性、非比例性；二是数据的不实。综合分析本问卷中与此相关的其他问题的调查信息，我们进一步肯定了下述结论：厦门的民营企业研发实力较强，泉州、福州民营企业的研发能力比较弱，山区民营企业的研发能力整体较弱，其中三明相对较强。同时，这也说明表148的统计数据中，泉州被调查民营企业所填列的研发费用可能不太准确。

表150　　　　　　　　　不同地区被调查民营企业拥有的专利

指标	福建省	福州	莆田	泉州	厦门	漳州	南平	三明	龙岩	宁德
企业数（家）	106	14	10	16	15	10	10	10	11	10
有专利的企业数（家）	38	4	3	8	6	4	6	2	2	3
比例（%）	35.85	28.57	30.00	50.00	40.00	40.00	60.00	20.00	18.18	30.00
专利总数（家）	228	5	53	21	67	54	6	13	2	7
专利平均数（1）（家）	6.00	1.25	17.67	2.63	11.17	13.50	1.00	6.5	1.00	2.33
专利平均数（2）（家）	2.15	0.36	5.30	1.31	4.47	5.40	0.60	1.30	0.18	0.70

注：专利平均数（1）＝专利总数÷有专利的企业数；专利平均数（2）＝专利总数÷被调查企业数。

企业对技术创新的重视程度，不仅可以从其R&D投入水平，而且可以从其机构设置上进行观察。因此，我们还调查了企业的技术研发中心的成立情况。调查结果显示（见表151），有48.57%的被调查民营企业已经成立了技术研发中心，37.14%的被调查民营企业准备成立，不准备成立技术研发中心的企业仅为14.29%。从这个统计数据看，就整体而言，福建省民营企业对技术创新是比较重视的。从地区比较来看，沿海五市要比山区四市先行一步，已经有56.25%的被调查企业成立了技术研发中心。山区尽管有比沿海更多的被调查民营企业希望成立技术研发中心，[①] 但是目前还只有36.59%的被调查民营企业成立了技术研发中心。原因是山区民营企业觉得生产经营中最大的困难之一是人才缺乏；[②] 本部分的问卷调查揭示，山区民营企业在相当程度上依靠与国内高校、科研所合作获得关键技术，这说明，山区民营企业之所以目前较少成

---

① 一个有趣的现象：在是否希望建立技术研发中心问题上，山区予以肯定回答的企业比例（87.8%）反而高于沿海（84.38%）。

② 参阅报告"民营企业发展的外部环境"，在该部分，南平、三明、宁德都把人才缺乏列为生产经营中主要困难的首位。

立技术研发中心，主要原因不是技术创新的欲望不高，而是由于人才缺乏致使其愿望难以实现。

表151 不同地区民营企业成立技术研发中心情况

企业所在地区	指标	已成立	计划成立	不准备成立	小计
福州	企业数（家）	6	5	2	13
	比例（%）	46.15	38.46	15.38	100.00
莆田	企业数（家）	5	3	2	10
	比例（%）	50.00	30.00	20.00	100.00
泉州	企业数（家）	7	5	4	16
	比例（%）	43.75	31.25	25.00	100.00
厦门	企业数（家）	9	5	1	15
	比例（%）	60.00	33.33	6.67	100.00
漳州	企业数（家）	9	0	1	10
	比例（%）	90.00	0	10.00	100.00
南平	企业数（家）	6	4	0	10
	比例（%）	60.00	40.00	0	100.00
三明	企业数（家）	3	5	2	10
	比例（%）	30.00	50.00	20.00	100.00
龙岩	企业数（家）	2	8	1	11
	比例（%）	18.18	72.73	9.09	100.00
宁德	企业数（家）	4	4	2	10
	比例（%）	40.00	40.00	20.00	100.00
福建省	企业数（家）	51	39	15	105
	比例（%）	48.57	37.14	14.29	100.00

注：有1家福州被调查民营企业的相关数据缺失。

在提高企业创新能力与竞争力方面，与研发投入相关的另一项投入是企业对设备与工艺流程的更新改造频率。

问卷统计表明（见表152），福建省民营企业对设备、工艺流程的改造相当重视。近三年来，有一半以上（56.00%）的被调查民营企业每年都进行设备、工艺流程的改造，其中，沿海五市的该项比例（61.67%）高于山区四市（47.50%）。近三年没有更改过设备和工艺流程的企业仅占被调查民营企业的12%。值得引起注意的是，三明居然有40.00%的被调查民营企业近三年没有更改过设备和工艺流程。

表 152　　　　被调查民营企业较大工艺、流程或设备方面改造的频率

企业所在地区	指标	每年一次	隔年一次	三年一次	更长一点时间	小计
福州	企业数（家）	8	1	2	2	13
	比例（%）	61.54	7.69	15.38	15.38	100.00
莆田	企业数（家）	7	0	1	2	10
	比例（%）	70.00	0	10.00	20.00	100.00
泉州	企业数（家）	8	2	2	1	13
	比例（%）	61.54	15.38	15.38	7.69	100.00
厦门	企业数（家）	8	2	3	2	15
	比例（%）	53.34	13.33	20.00	13.33	100.00
漳州	企业数（家）	6	2	1	0	9
	比例（%）	66.67	22.22	11.11	0	100.00
南平	企业数（家）	5	4	0	0	9
	比例（%）	55.56	44.44	0	0	100.00
三明	企业数（家）	3	3	0	4	10
	比例（%）	30.00	30.00	0	40.00	100.00
龙岩	企业数（家）	6	3	1	1	11
	比例（%）	54.55	27.27	9.09	9.09	100.00
宁德	企业数（家）	5	3	2	0	10
	比例（%）	50.00	30.00	20.00	0	100.00
福建省	企业数（家）	56	20	12	12	100
	比例（%）	56.00	20.00	12.00	12.00	100.00

注：有 6 家（福州 1 家、泉州 3 家、漳州 1 家、南平 1 家）被调查民营企业的相关数据缺失。

　　企业的科技创新，除了自身努力之外，还与国家政策与资金的支持力度有关。从问卷答案的统计情况看（见表 153），福建省民营企业的科技创新活动还较少获得国家创新基金资助。近五年来，只有 26.92% 的被调查民营企业获得过国家科技项目资金的资助。其中，厦门、漳州和龙岩的民营企业得到资助的比例比较高，莆田、福州、三明和泉州民营企业受资助比例较低。前面调查获得的信息为：厦门、泉州民营企业自身的 R&D 投入比重较高，技术创新能力也相对较强，但是，泉州的民营企业在获得政府科技项目资金资助上却出奇的少。类似地，福州、莆田的民营企业与山区民营企业相比，在技术水平上也要强一点，但是，获得政府科技项目资金的资助却低于后者；而龙岩的被调查民营企业，此前的大部分统计指标都表明，其技术水平在山区各市的被调查民营企业中也是比较弱的，但是获得政府的科技项目资金资助的比例却是最高的。

表 153　　　被调查民营企业获得政府科技项目经费资助情况（近五年）

企业所在地区	指标	获得过	没有获得	小计
福州	企业数（家）	1	13	14
	比例（%）	7.14	92.86	100.00
莆田	企业数（家）	0	10	10
	比例（%）	0	100.00	100.00
泉州	企业数（家）	2	13	15
	比例（%）	13.33	86.67	100.00
厦门	企业数（家）	8	7	15
	比例（%）	53.33	46.67	100.00
漳州	企业数（家）	5	5	10
	比例（%）	50.00	50.00	100.00
南平	企业数（家）	3	7	10
	比例（%）	30.00	70.00	100.00
三明	企业数（家）	1	9	10
	比例（%）	10.00	90.00	100.00
龙岩	企业数（家）	5	6	11
	比例（%）	45.45	54.55	100.00
宁德	企业数（家）	3	6	9
	比例（%）	33.33	66.67	100.00
福建省	企业数（家）	28	76	104
	比例（%）	26.92	73.08	100.00

注：有2家（泉州1家、宁德1家）被调查民营企业的相关数据缺失。

企业获得政府科技项目资金资助的比例与各地区被调查民营企业的技术创新能力之间出现了不对称。其原因，仅从本次问卷调查所披露的信息中尚难以得到解释。希望能够在今后的进一步研究中予以解释。

公司治理、信任和民营企业的
绩效关系研究*

一、民营企业中外部人力资源、技术创新与公司
治理能力相互关系的理论分析

所有权与控制权高度合一并集中在创业企业家及其家庭或家族成员手中，是中国民营企业两个重要特征。所有权和控制权高度合一，使民营企业有效地避免了国有企业因所有权和经营权分离而产生的委托代理问题，但是，企业的所有权和控制权集中在企业家或其家庭、家族之中，家族成员因血缘而形成的信任，虽有助于降低企业内部的管理成本和交易成本，却不利于企业吸收家族之外的社会资源。储小平和李怀祖（2003）认为，家族企业在成长过程中需要不断吸收三个方面的社会资本：社会金融资本、社会人力资源、社会关系资本。因此，家族企业成长的核心问题就是如何不断突破家族关系的封闭性，与各种社会资本融合。王连娟等（2001）分析了民营企业的家族所有权对社会资本的吸纳和利用的限制以及对企业扩张的影响。除资金之外，家族企业的成长还需要吸收必要的外部人力资源，特别是管理资源。彭罗斯（Penrose，1959）认为，企业成长受其吸收新的管理能力的数量和速度的限制。储小平（2004）发现，相当多民营企业的成长"瓶颈"主要是管理资源短缺。李新春（2003）通过比较浙江和广东的民营企业发展差距认为，前者之所以能后来居上，远远超过后者，一个重要原因是前者较早开始引入外部管理能力。民营企业吸纳外部管理资源的一个主要障碍是缺乏社会信用资源，尽管民营企业家在主观上期

　＊ 本文原载于《福建论坛（人文社会科学版）》2006 年第 9 期，共同作者：孙建国。

待引入外部管理资源，但受制于信任、经理人市场不规范、企业内部控制成本很高等因素，很难顺利引入外部管理资源。李新春和胡骥（2000）发现，企业家型企业成长的约束主要不是吸纳和集成管理资源的能力，而是在吸纳新管理资源时，企业家必须授让部分控制权，在集成管理资源时，企业家要付出许多整合成本。一旦这种成本超出企业家承受能力，企业家就会停止吸纳外部管理资源。因此，企业家的个人经营能力和控制能力，就成为企业引进外部管理资源的约束"瓶颈"。

正是基于此，民营企业更愿意吸纳专业管理人员和技术人员，而不是职业经理。因为专业管理人员和技术人员不会威胁企业家的控制权。但是，这并不意味着民营企业引入外部人力资源风险的减少。一种情况是，这些专业人员更愿意自己创业，只是由于创业条件——资金、技术或社会关系——不具备，不得不给他人打工。这些专业技术和管理人员，随时处于一种为老板打工和自己创业的相机选择中。他们甚至将打工作为创业的前期准备，一旦条件成熟，就跳出去自立门户。结果，不但使企业失去了关键业务骨干，而且增加新竞争对手。另一种情况是，民营企业吸纳的外部人力资源被竞争对手以更高价格挖走，或是自己转投企业的竞争对手，这也同样对企业造成伤害。最为严重的一种情况是，引入的外部人力资源在掌握了企业的内部"隐私"信息（如企业避税资料）之后，以此要挟企业，企业成为自己引进的外部人力资源的"人质"。

从创新角度来看，民营企业本身就是企业家创新精神的产物。这种创新既包括新技术发明，也包括对市场商机的挖掘和发现，或是新的营销技术和管理方法的发明或发现。它们本身就是民营企业家人力资本的产物。通过创立新企业，企业家将自己的发明创意内部化，独占创新收益。为了尽快收回创新收益，创业企业家会尽量发挥自己的先发优势，来形成市场认可的品牌和营销网络，以占据市场的垄断地位。可以说，民营企业是民营企业家保护自己创新活动的产物，但是，这并非意味着企业家的创新和发明因此就得到了绝对的安全保护。随着市场的扩张，原先的创意或产品会被其他厂商模仿。另外，为了尽快抢占市场，企业需要不断扩大生产，因而需要引入外部人力资源。它使企业家的创新面临被内部人抄袭的威胁。和外部通过模仿产品来抄袭的模仿者相比，内部抄袭者的学习成本显然更低。这种情况下，为了保护自己的创新成果，创业企业家的最佳选择是将所有关键知识都掌握在自己手中，或者自己信任的人手里。因此，不难理解为什么家族企业一般都沿着企业家—家庭—家族的路径发展。当然，创业企业家也可以不依靠家庭和家族，通过企业内部复杂的专业化分工，使企业内除了企业家本人之外的任何一个人（或一部分人）都难以完全接触和掌握这些关键资源。但这无疑会加重企业家的内部协调负担，降低企业管理效率。而且，过细分工也不利于生产的知识和经验在员工之间交流和分享，不利于企业进一步创新。过细的专业化分工，容易产生员工人力资源的过度专用性，产生"套牢"效应。当员工意识到这一点，而且预期其人力资源因此升值前景暗淡，可能会选择离开企业另谋发展。而对创业企业家来说，他从原先的创新者变成管理者后，已经没有太多精力投入新的创新工作，即使不是完全退出企业的创新活动，最多也只能充当创新指导者。企业规模越大，创业企业家花费在管理和协调活动上的时间也越多，对创新的关注也越少。这也是为什么人们认为大企业不善于创新的一个重要原因。此时，企业的创新活动将完全依赖企业内部的人力资源。由于创新的人力资源具有不可加性，如果企业创新的核心已经从创业企业家转移到少数具有创意的核心员工身上，当这些核心员工完成创新之后，他们自身就具备了创业企业家的基本条件，可以离开企业开创自己的事业。这样，企业家为了创新而创建的企业最终因为缺乏持续的创新能力而陷入困境。这也可以解释为什么在现实生活中我们常常可以看到许多看起来很有前途的企业最后只是"各领风骚三五天"，而从这些企业出走的员工创办的企业倒是风风火火。

当然，具有创新能力的核心员工的创业活动并不容易，要受许多条件的制约，其中之一是创业资本。没有资本，再好的创意也无法变成现实，因此，社会融资环境就成为创新者创业的重要制约条件。另一个制约条件是社会对知识产权的保护，如果新企业的产品侵犯了原有企业的知识产权，将面临着法律制裁。这类法律诉讼在现实中屡见不鲜。一旦新创企业突破这两方面的"瓶颈"约束，就会大大增加对老企业的威胁。

因此，在民营企业的成长过程中，不但面临着因引入外部人力资源而产生的内部抄袭风险，还面临着因此可能产生的企业家创新能力下降陷阱。如何避免是民营企业必须面对的重要问题。对这一问题的解决不可避免地涉及民营企业的公司治理设计。企业的公司治理机制不是固定不变的，在企业发展的不同阶段都需要一个与之相适应的公司治理机制。已有研究（朱卫平，2004；储小平和李怀祖，2003），分析了按照个体企业、家庭企业、家族企业、泛家族企业、准家族企业等标准分类的不同类型的家族企业相应的公司治理特征，但是，他们只给出了一个大概描述，仅涉及外部人力资源进入对企业控制权和所有权的影响（朱卫平，2004）。主要关注的是创业企业家如何与引进的职业经理人分享企业的控制权。但是，民营企业与现代股份制企业在治理结构上的最大不同在于：后者直接建立在所有权和经营权分离的基础上，前者是创业企业家在保持对企业的所有权和控制权的前提下，向引进的职业经理人授让部分控制权。李新春（2003）区分了民营企业引进一般管理人员和职业经理人之间的差别，前者的引入只是影响企业管理能力，后者的进入则意味着创业者或家族成员剩余控制权的转移。但是，这些研究都没有从企业创新能力的角度考虑家族企业的治理安排。

任何一个创业企业家在安排企业的治理方式时，都需要在所有权、控制权和企业长远发展之间进行权衡，既要尽量保持所有权和控制权，又要兼顾企业的长远发展。后者取决于企业的核心能力，其中创新能力最重要。对创业企业家来说，最佳选择是所有权、控制权、创新能力同时集中在自己手中，其次是集中在家庭或家族成员手中。相应的治理方式是业主个人治理、家庭治理和家族治理。其可持续性主要取决于管理能力和创新能力能否在家族成员之间顺利地积累和传递下去。这需要相当长时间的积累和巩固。很大程度上取决于企业产品的市场定位和市场地位。如果企业的产品定位在竞争不太激烈的缝隙市场（nich-market）上，而且企业又在这一市场上占据了优势地位，就可以有足够的时间让创业企业家及其家族学习和积累创新能力和管理能力。如果企业进入的市场竞争非常激烈，为了在市场上尽快取得优势地位，将不得不面临着迅速引进外部人力资源以扩大生产规模的压力。一方面，外部人力资源的引入，将使企业的内部分工日益细化，这就使创业企业家必须对自己在企业中的角色定位进行选择。一般来说，在企业起步阶段，由于企业的规模小，创业企业家可以同时承担着管理者和创新者的角色，然而随着市场竞争压力加大和企业规模扩大，企业家就面临着角色选择问题。由于企业家的创新角色在企业里无人替代，同时为了保护创新的知识产权，企业家在理性上会继续选择创新者的角色，引进外部人力资源分担他的管理负担，但是，企业家又不能放弃对企业的控制权，所以在开始阶段会尽量引进一般管理人员，因为他们分担他的管理负担却不会威胁到他对企业的控制权。创业企业家只有到了最后才会考虑引进职业经理人，因为职业经理人必然会分享企业家对企业的控制权。另一方面，随着竞争的激烈和企业的发展壮大，企业的创新活动也越来越复杂，企业家将不再是创新活动的主要承担者，创新主体已经变成从外部引进的少数核心员工，为了防止他们外出创业，企业家一般会向他们授让部分所有权。例如，高科技创新企业通常采用股票期权的方式激励核心员工。

因此，结论是，如果创新企业的产品属于竞争不太激烈的缝隙市场产品，企业家将尽量在家族内部积累管理能力和创新能力，企业治理将沿着家族化的路径发展。如果创新企业的产品市场竞争激烈，企业将不得不尽快引进外部人力资源，治理方式因此变化，企业家不得不向职业经理人和核心创意员工授让部分控制权和所有权。在我国目前的情况下，民营企业都面临着较大的成长压力，难以像国外的家族企业那样通过几代人的时间在家族内部积累管理能力和技术创新能力，只能通过引入外部人力资源来缓解管理和创新"瓶颈"，因此要求创业企业家适当授让部分所有权和控制权，并通过对公司治理机制的恰当安排来缓解"瓶颈"约束。

需要研究的是，创业企业家授让控制权和所有权会产生怎样的效果，以及可以在何种程度上授让。企业家向核心创意员工授让部分所有权纯粹是为了留住及激励员工，因此以保持自己对企业的控股地位为前提，根据核心创意员工的能力以及创新产品的市场前景就可以确定所有权的最大授让程度。但是，控制权的授让对企业的影响似乎远比所有权的授让复杂，控制权的授让不仅取决于职业经理人的能力，更重要的是企业家对职业经理人的信任程度以及企业内部的公司治理安排。为了进一步探讨这一问题，我们对福建的部分民营企业进行了实地调查研究，并利用调查的结果进行实证分析，实证分析主要为了解决以下问题：民营企业公司治理中的权力安排状况如何？经理人员获得的授权和信任程度有多大？经理人员的引入是否对企业绩效的提升起到显著作用？对经理人员的信任差别是否引起了企业绩效的差别和创新能力的差别？

二、来自福建民营企业的实证分析

本文的作者在 2004 年夏主持和参加了"福建省百家民营企业调查"。[①] 调查过程中，课题组成员走访了福建 9 个设区市的 106 家民营企业，通过问卷调查和现场座谈的方式完成了调研活动，收回了所有的调查问卷。

样本企业集中在制造业（占 76.4%），少数分布其他行业。[②] 样本企业的员工最多达 11800 人，最低的只有 22 人，众数为 130 人，45.3% 的样本企业在 100～500 人之间。大部分样本企业的资产总额在 1000 万～5 亿元之间，有 30.2% 的样本企业在 5000 万～1 亿元之间，全部样本企业的人均资产额为 16 万元。84% 的样本企业设立了董事会。样本企业的规模较为符合本文所讨论问题的研究要求。我们利用这次调查的数据进行实证分析。

---

① 本次调查的结果见王碧秀：《民营经济的崛起与发展——福建百家民营企业调查》，福建人民出版社 2004 年版。

② 其中，农林牧副渔业占 7.5%，社会服务业占 6.6%，批发贸易和餐饮业占 5.7%。

民营企业的公司治理和现代公司治理的最大区别在于，民营企业引入外部经理人员，并不意味着创业企业家或其家庭（或家族）放松对公司的控制权，而对以两权分离为重要特征的现代企业来说，经理人员的引入往往意味着股东交出了企业的大部分控制权。这样，一个值得研究的问题是，在民营企业的公司治理结构设计上，企业创立者及其家庭（或家族）既要向从外部引入的经理人员授权，又必须尽量掌握企业的最终决策权。通过对外部经理人员的授权以及最终决策权的分布情况进行分析，才能明白民营企业公司治理制度中最为重要的权力分布关系，我们按照这两个维度对样本企业的权力分布情况进行整理。

从表1可以看出，大部分企业（56%）的董事会拥有企业的最终决策权，家族和企业家拥有企业最终决策权的比例差不多，而只有一个企业将最终决策权授予总经理。有17%的企业给经理人员高的授权，39%的企业给经理人员较高的授权，但也有38%的企业对经理人员的授权程度较低，还有7%的样本企业的经理人员根本没有决策权。对表1的数据进行列联分析后发现，企业对经理人员的授权程度与企业的最终控制权的归宿没有密切的相关关系。我们的调查数据证明了前面的观点：民营企业对经理人员的引入，并不意味着对企业控制权的转移和放弃。

表1　　　　　样本企业经理人的授权程度（用决策独立性来表示）

与企业最终控制权分布情况

单位：家

项目	经理人员决策独立性高	经理人员决策独立性较高	经理人员决策独立性较低	经理人员决策受全面制约	合计
最终决策权在董事会	8	26	22	2	58
最终决策权在总经理	1	0	0	0	1
最终决策权在家族	5	9	8	1	23
最终决策权在企业主个人	4	6	9	3	22
合计	18	41	39	6	104

为了分析企业对经理人员的授权和信任程度与企业创新能力之间的关系，我们利用样本的研发投入占销售收入的比重作为企业创新能力的替代指标，以及样本企业经理人员决策的独立性作为企业对经理人员授权和信任程度的替代指标，利用样本企业在这两个指标上的分布情况，构造了表2。根据表2计算出来的卡方值为16.92，而在5%的概率置信度上的临界值为16.91，指标值说明：企业对经理人员的授权和信任程度与企业创新能力之间存在一定关系，但是，仅仅依据卡方值本身还无法确定这个关系是正相关还是负相关。

表2	样本企业创新能力和经理人授权情况关系				单位：家
项目	经理人决策独立性高	经理人决策独立性较高	经理人决策独立性较低	经理人决策受全面制约	合计
研发投入比重小于1%	6	8	6	4	24
研发投入比重在1%~3%之间	2	8	15	2	27
研发投入比重在3%~5%之间	4	12	5	0	21
研发投入比重在5%以上	4	7	10	0	21
合计	16	35	36	6	93

为了进一步探讨民营企业公司治理和企业绩效之间的关系，我们采用 OLS 方法研究样本企业的公司治理情况对企业利润的影响，基本模型为：

$$PBT = \alpha_0 + X_1\beta' + X_2\gamma' + \varepsilon$$

其中，PBT 为税前利润，用于衡量企业业绩；X_1 为基本控制变量向量，主要为企业的投入变量、规模变量；X_2 为分析变量，主要包括企业的公司治理方面的变量，包括外部经理人员的决策独立性，以及企业最终控制权的分布情况。企业的投入变量包括企业的员工人数（X_1）和企业的资产总额（X_2），企业规模以企业拥有的员工人数为标准来划分，并引入虚拟变量来表示，DSL 表示企业员工人数在 1000 人以上，DSM 表示企业员工人数在 100~1000 人之间。公司治理方面的变量主要包括经理人员的决策独立性和企业最终决策权的分布，也同样引入虚拟变量来表示，A_1 表示经理人员的决策基本独立，A_2 表示经理人员的决策自由度较高，A_3 表示经理人员的决策自由度较低。L_1 表示企业的最终决策权在董事会，L_2 表示企业的最高决策权在家族手中。回归结果如下：

$$Y = 2362 + 1.67X_1 + 0.1X_2 - 2655DSL - 4.88DSM - 3372A_1 -$$
$$(2.29) \quad (4.81) \quad (7.7) \quad (-2.7) \quad (-0.73) \quad (-3.2)$$
$$3560A_2 - 3636A_3 + 782L_1 + 263L_2 + 1889L_3$$
$$(-3.7) \quad (3.8) \quad (1.32) \quad (0.33) \quad (2.1)$$

回归方程的判定系数为 89%，具有较好的解释能力，下面括号里的数字为回归系数的 T 值，从 T 值可以看出，DSM、L_1、L_2 的系数没有通过检验。根据通过检验的回归方程系数，得到如下结论。

（1）A_1、A_2、A_3 的系数都为负数，这表明从总体上看，经理人员的引入并不有助于企业绩效的提升，但从三个系数的比较上看，我们还是可以发现对经理人员的授权和信任有助于企业绩效的提升。

（2）企业的规模对企业绩效起重要的影响，企业的规模越大越不利于企业绩效的提升。

（3）企业最终控制权的分布差异并不影响企业的利润。

三、结论和进一步的讨论

本文的实证研究结果有以下几方面。

（1）民营企业引入外部经理人员，并不意味着对企业控制权的转移和放弃。

（2）企业对经理人员的授权和信任程度与企业创新能力之间存在一定关系。但是，目前还无法确定这个关系是正相关还是负相关。

（3）尽管从总体上看，经理人员的引入并不能有助于企业绩效的提升，但另一方面我们却发现对经理人员的授权和信任有助于企业绩效的提升。

（4）企业的规模和企业绩效之间存在负相关关系，企业的规模越大越不利于企业绩效的提升。

（5）企业最终控制权的分布差异并不影响企业的利润。

实证研究的第一个结论与我们的理论分析预期是一致的，第二个结论部分证实了我们的猜测，但是，由于还无法确定这是正相关还是负相关，因此，还值得我们进一步研究。第三、第四个结论似乎有些让人难以置信，但将它们联系起来分析，却可以得到一个合理的解释。第四个结论表明企业的规模越大越不利于企业绩效的提升，正好和本文前半部分所提到的民营企业在成长过程中所面临的引入外部人力资源困境、创新困境、治理困境一致，随着企业规模的扩张，企业所面临的这方面的困境越来越严重，最后对企业的绩效产生严重的不良影响。而第三个结论表明，外部经理人员的引入，并不能将民营企业从上述三方面的困境中解救出来，这方面的原因是多方面的，可能是经理人市场的不成熟，也可能是创业企业家及其家族对引入的外部经理人员缺乏信任，或者两者兼而有之。这也表明民营企业并不容易跨越引入外部人力资源的困境，但有意义的是，从结论三我们发现了信任对民营企业绩效的积极意义，较高的授权和信任可以带来更好的绩效。结论三和结论四表明，公司治理、信任和民营企业的绩效之间存在着密切的联系，然而这三者之间的作用机制，还有待于进一步的研究。第五个实证结论是可以理解的：对民营企业来说，不管是否设立董事会，创业企业家及其家族都不愿放弃对企业的控制权，董事会的存在并不影响创业企业家及其家族对企业的控制权，因此企业最终控制权的分布差异仅仅是一种形式上的差异而非本质差异，所以对企业的绩效没有影响。从这一点出发，我们认为对民营企业来说，建立合理科学的公司治理机制，还需要漫长的过程。这一切都说明：本文仅仅是这一研究的开始而不是它的结论。

参考文献

［1］储小平：《家族企业的成长与社会资本的融合》，经济科学出版社 2004 年版。

［2］储小平、李怀祖：《信任与家族企业的成长》，载《管理世界》2003 年第 6 期。

［3］李文溥、龚敏：《福建百家民营企业调查总报告》，引自王碧秀主编《民营经济的崛起与发展——福建百家民营企业调查》，福建人民出版社 2004 年版。

［4］李新春、胡骥：《企业成长的控制权约束》，载《南开管理评论》2000 年第 3 期。

［5］李新春：《经理人市场失灵与家族企业治理》，载《管理世界》2003 年第 4 期。

［6］苏琦、李新春：《内部治理、外部环境与中国家族企业生命周期》，载《管理世界》2004 年第 10 期。

［7］王连娟、姚中良、田旭：《我国家族企业产权制度变迁因素分析》，载《经济理论与经济管理》2001 年第 12 期。

［8］杨其静：《企业家的企业理论》，中国人民大学出版社 2005 年版。

［9］朱卫平：《论企业家和家族企业》，载《管理世界》2004 年第 7 期。

［10］E. Penrose, The theory of the Growth of the Firm. Oxford：Oxford Academic Press，1959.

以市场经济的方式发展市场经济[*]

——从民营企业调查看政府管理方式转变

我国的市场化取向改革，至今已近 30 年，向社会主义市场经济转轨，也已历时 13 年。政府的经济管理方式是不是就转变到位了呢？这是一个需要调查方能回答的问题。2003 年夏，我们在福建组织了一次民营企业调查，^① 本文利用这次调查的一些数据，对此做些讨论。

一

市场经济中，政府最重要的经济管理职能之一是构造公平竞争的市场环境。本次调查中，我们的问卷有三个问题与此相关，分别涉及制度规范、制度执行和自主决策情况下的政府行为。

（一）制度规范

"目前民营企业获准进入的经营领域范围"是一个属于制度规定方面的问题。如图 1 所示，统计显示，被调查的民营企业中有 40.95% 认为它们所能进入的经营领域与国有企业是相同的，38.10% 认为小于国有企业，20.95% 则认为还大于国有企业。与外资企业相比，则答案更乐观。如图 2 所示，被调查的民营企业中有 46.67% 认为与外资企业所能进入的经营范围是相同的，35.24% 认为小于外资企业，18.10% 甚至认为大于外资企业。也就是说，有 60% 以上

＊ 本文原载于《中国经济观察》2005 年第 4 期。

① 参阅王碧秀：《民营经济的崛起与发展——福建百家民营企业调查》，福建人民出版社 2004 年版。

（约65%）的被调查民营企业认为它们的市场准入范围至少与国有企业（外资企业）一样大了。

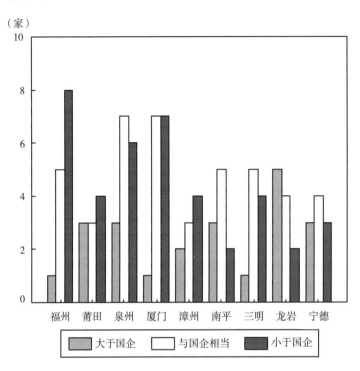

图1 不同地区被调查民营企业的经营范围（与国企比较）

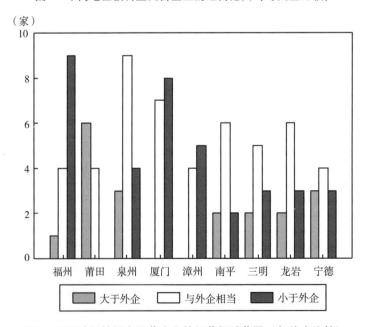

图2 不同地区被调查民营企业的经营领域范围（与外企比较）

为了得出整体的定量评价，我们用赋值法计算平均得分，结果如表1所示。

福建被调查民营企业认为它们的经营范围与国有企业（或外资企业）相比，达到了 1.8286，是等于值 2 的 91.43%（见表 1）。这说明，从民营企业这个在转型经济中最容易受到歧视的市场主体角度看，福建在对待各类市场主体的制度规则方面，已经比较平等。①

表 1　　　　　　　不同地区被调查民营企业的经营范围（赋值计算）

地区	与国有企业比		与外资企业比	
	平均赋值	排序	平均赋值	排序
福州	1.5000	9	1.3333	8
莆田	1.9000	4	2.6000	1
泉州	1.8125	5	1.9375	3
厦门	1.6000	8	1.4667	6
漳州	1.7778	6	1.4444	7
南平	2.1000	2	2.0000	2
三明	1.7000	7	1.9000	5
龙岩	2.2727	1	1.9091	4
宁德	2.0000	3	2.0000	2
福建	1.8286	—	1.8286	—

注：民营企业认为其经营范围大于国有企业（或外资企业）的，赋值为 3，等于为 2，小于为 1。

但是，这个结论仅在福建范围是适用的，各设区市之间则不太平衡。一个有趣的现象是，沿海经济发达地区的民营企业对这一问题的不满意程度超过了内地经济欠发达地区。福州有 57.1% 的被调查民营企业，厦门有 46.7% 的被调查民营企业认为民营企业的经营领域小于国有企业，比例之高，居福建之冠。沿海五市（福州、莆田、泉州、厦门、漳州）被调查民营企业中，有 45.31% 的认为其经营领域小于国有企业，此外，认为小于外资企业经营领域的被调查民营企业也主要集中在福州、厦门等外资企业在当地经济比重较大的地区。福州有 60% 的被调查民营企业认为其经营领域小于外资企业，厦门和漳州也超过了 50%。而内地四市的民营企业认为其经营领域的范围小于国有、外资企业的比例却相对较低。前者为 38.10%，比沿海五市的比例（45.31%）低了 7.21个百分点。后者为 26.83%，比沿海五市的比例低了约 5 个百分点。

① 我们说"从民营企业这个在转型经济中最容易受到歧视的市场主体角度看"意味着这只是一个主观判断，可能未必准确。比方说，本次调查的民营企业大多数集中在制造业，因此，可能更多反映了制造业民营企业对进入限制问题的看法，对于全部的市场经济领域，结论可能不那么乐观。从整个国民经济的行业准入情况看，目前我国民营企业仍难以进入包括银行、铁路、水电气等 30 多个重要行业。从企业设立条件来看，也非常烦琐，要经过层层审批。据调查，民营企业开业登记前，涉及其前置审查、审批或实行许可证制度的有 20 多部法律、60 多部法规和规章；需要前置审查或审批或核发许可证的有 14 个行业、149 个经营项目，横跨公安、卫生、文化、旅游、劳动等 38 个政府行政管理部门。

（二）制度执行

关于公平竞争环境的第二个问题是，民营企业在项目报批和生产用地方面，与国有、集体、外资企业相比，是否受到更多限制？这个问题与制度执行有关。福建55.4%的被调查民营企业的回答是，与国企相比，民营企业受到了更大限制。从地区分布来看，沿海地区的不满意程度大大高于内地，有68.75%的民营企业认为受到更大限制，而内地四市只有28.57%的民营企业认为受到更大限制。

在与外资企业的比较中，被调查民营企业的不满程度要相对低一些。福建36.4%的被调查民营企业认为它们受到的限制大于外资企业。在地区分布上，同样也是沿海地区民营企业的不满程度显著高于内地山区。该问题赋值计算的结果如表2所示。可以看出，福建平均赋值只有1.5422（与国有企业比较）和1.7727（与外资企业比较），分别是基本一致赋值2的77.11%和88.64%，明显低于第一个问题的平均赋值。分地区的赋值情况与第一个问题一样，沿海地区民营企业的不满意程度高于内地。

表2　　不同地区被调查民营企业项目报批和生产用地受限情况（赋值计算）

地区	与国有企业比		与外资企业比	
	平均赋值	排序	平均赋值	排序
福州	1.3333	6	2.1667	1
莆田	1.2000	7	1.3333	8
泉州	1.1667	9	2.0000	3
厦门	1.2000	8	1.4444	7
漳州	1.7143	4	1.8000	5
南平	2.1429	1	2.1429	2
三明	2.000	2	2.0000	3
龙岩	1.7778	3	1.5556	6
宁德	1.6667	5	1.8333	4
福建	1.5422	—	1.7727	—

（三）自主决策情况下的政府行为

与公平竞争环境相关的第三个问题是，政府对民营企业的重视程度和支持力度。这基本上属于没有明文规定，政府自主决策的范围。调查结果统计如下：49.1%的被调查民营企业认为政府对民营企业的重视程度和支持力度低于国有企业，65.1%的企业认为政府对民营企业的重视程度和支持力度低于外资企业。在地区分布上，与前两个问题相似，沿海地区被调查民营企业的不满意程度超过了内地。回答政府对民营企业重视程度和支持力度低于国有企业的比重最高的三个地区是厦门（73.33%）、福州（64.29%）和漳州（60.00%）；回答政府对民营企业重视和支持力度低于外资企业的民营企业比重最高的四个地区是厦门（86.67%）、漳州（80.00%）、宁德（80.00%）和福州（71.43%）。认为政府对民营企业的重视和支持力度不够的企业基本上都集中在沿海地区。该问题的赋值计算结果如表3所示。福建指数分别是1.5943和1.3962。就平均水平而论，是以上三个问题中得分最低的。即三个问题的得分（福建平均赋值）是逐次递减的（1.8286，1.8286→1.5422，1.7727→1.5943，1.3962）。

表3　　　不同地区政府对民营企业的重视程度与支持力度（赋值计算）

地区	与国有企业比		与外资企业比	
	平均赋值	排序	平均赋值	排序
福州	1.3571	7	1.3571	3
莆田	1.7000	2	1.3000	4
泉州	1.5625	5	1.6875	1
厦门	1.4000	6	1.2000	5
漳州	1.4000	6	1.2000	5
南平	2.2000	1	1.3000	4
三明	1.7000	2	1.3000	4
龙岩	1.6364	3	1.5455	2
宁德	1.6000	4	1.2000	5
福建	1.5943		1.3962	

从以上三个问题的答案统计中，可以得出以下几个结论。

（1）福建作为沿海开放省份，在市场经济的制度建设方面，成绩是较为显著的。市场准入范围基本上是由制度规则决定的。问卷调查统计表明，约有2/3的被调查民营企业认为其市场准入范围已经与国有或外资企业相当。该问题赋值计算的结果（1.8286）是民营企业的市场准入范围等于国有企业和外资企业市场准入范围赋值的91.43%。这说明从民营企业这个在转型经济中最容易受到歧视的市场主体角度看，福建在对待各类市场主体的制度规则方面，已经比较平等。①

（2）在制度执行上，还存在着一定程度的实际不平等。这个结论主要是从第二个问题的答案统计中得出的。计算得出的该问题福建平均赋值只有 1.5422（与国有企业比较）和 1.7727（与外资企业比较），分别是基本一致赋值的77.11% 和 88.64%，明显低于第一个问题的平均赋值。

（3）在制度规范之外，更多依靠政府自主决策的范围内，民营企业作为市场主体，感到其受重视程度和支持力度远远低于国有企业和外资企业。也就是说，越是缺乏制度明文规定的地方，民营企业越是觉得受到更多歧视。

（4）沿海中心城市民营企业的不满意程度在福建九个设区市中是最高的，沿海地区民营企业的不满意程度也大大超过了内地经济欠发达地区的民营企业。众所周知，就经济发展水平和对外开放程度而言，中心城市及沿海地区要高于内地山区。从逻辑上说，市场经济的发育成熟程度也要高于内地经济欠发达地区。因此，从理论上说，在公平竞争的制度环境方面，沿海经济发达地区应当比内地经济欠发达地区要好。可调查的结果是，中心城市从而沿海地区被调查民营企业对该问题的不满意程度却大大高于内地山区的民营企业。这似乎是一个悖论。

二

虽然我们调查的范围仅限于福建，但是，从以往有关报刊的报道看，这些调查结果具有一定普遍性。它揭示了一个值得关注的事实。众所周知，市场经济的基本原则是公平竞争。在同一市场领域内，各类市场主体一律平等。按照WTO 的话来说，就是国民待遇原则。这些年来，本此精神制定或修订的法规制度规定也不少。但是，在执行中，不少政府官员还是差别对待：国有的，照顾；外资的，优先；民营私企的，不妨等等再说。

有些政府官员在处理国有与民营私企关系上出现这样的偏差，是可以理解的：长期以来形成的恐私症，看来不是一时半会儿就能消除的。

但是，在政府官员的差别对待行为中，似乎还潜藏着一个更为深层次，至今为人们所忽略的问题：政府应该如何管理市场经济，用什么样的方式促进市

---

① 参阅王碧秀：《民营经济的崛起与发展——福建百家民营企业调查》，福建人民出版社 2004 年版。

场经济的发展？是时不时地对这个或那个市场主体实行倾斜政策，重点扶持，还是一视同仁，公平竞争？

在我们的调查中，内地山区的民营企业对当地政府比较满意，沿海地区尤其是福州和厦门这样的沿海中心城市的民营企业对当地政府则不太满意。原因很简单，前者把发展民营经济作为工作重点，出台了许多向民营企业倾斜的政策，对民营企业进行重点扶持；后者在工作中更重视引进外资，相比之下，民营企业就感到有意无意地受到冷落。例如，福建内地经济欠发达地区的各级政府为了吸引民营资本，在市场准入条件、投资领域、工业用地、税费缴纳、产品营销、企业年检等方面都出台了较之沿海地区更优惠的政策措施。例如，龙岩市政府对资金有困难、新注册资本在 50 万元以下的公司准许在一年内分批注入；对市属重点企业的新征土地费用实行先征后返用于企业技术改造，并减半征收基础设施配套费和免征不可预见的其他费用；对固定资产超 300 万元的新办重点发展企业，由财政给其在银行的流动资金贷款予以两年的贴息；对企业实行联合年检制，采取"一门受理、配套表式、并联审核、一口收费"方式；对于省级以上的本地知名品牌在市属主要媒体作宣传，其广告费用减半收取；等等。为协调政府与企业关系，内地各市还都建立了党政干部到民营企业挂点的制度，以提高政府部门对民营企业的服务效率和质量。而在沿海经济发达地区尤其是中心城市则基本上没有这些措施。

这也就在一定程度上解释了前面所说的悖论：尽管从理论上说，在转轨经济中，随着市场经济的不断发育成熟，政府的行为应当越来越规范，越来越公平、透明地对待每一个市场主体，但是，现阶段在我国，二者之间似乎不存在明显的对应关系。民营企业这个市场经济的弱势主体，在不同地区受到的不同待遇，基本上是由资本在当地的稀缺性决定的。一般而言，无论是从政府官员报告政绩的角度，还是从资本自身的特征来看，外资似乎要比民营资本"高档"一些。因此，只要可能，沿海和内地山区的政府官员都更倾向于引进外资。但是，沿海经济发达地区吸引外商投资的条件要好一些，吸引外资比较容易，当地政府也就集中精力促进外商投资，民营企业不能不在一定程度上被忽略；而内地经济欠发达地区，区位劣势决定了，吸引外商投资比较难，当地政府只能退求其次，做好吸引民营企业投资的文章，民营企业因此觉得备受重视。

但是，沿海或内地的政府，无论是受到民营企业的批评还是得到民营企业赞扬的，就其行为方式而言，并没有太大的原则区别：它们都没有按照市场经济条件下政府管理经济的基本原则——对同一市场领域内的市场主体一视同仁，鼓励公平竞争——办事，而是仍然沿袭计划经济时期的政策思路：没有重点就没有政策。习惯于对特定市场主体实行倾斜政策，重点扶持的做法。所不同的是：沿海地区吸引投资的重点是外商，因此政策就向外商投资企业倾斜，内地山区难以引进外资，发展当地经济只能倚重民间资本，因此对民营企业的重视程度与支持力度就远远高于沿海地区。

计划经济条件下，政府实行这样的经济管理方式是理所当然的。某种意义上说，计划经济的优势就体现在"没有重点就没有政策"上。但是，能否继续沿用这样的政策思路来管理市场经济呢？

笔者认为不宜。原因如下。

（1）它违背了市场经济中政府行为的基本原则。以此指导政策实践，政策将是不公正的。正是在这样的政策思路指导下，一些地方公然提出了"新重商主义"，一时"重商、亲商、爱商"之说甚为流行，一些地方在处理土地开发商与拆迁户——后者也是市场主体之一之间的矛盾时，以发展当地经济为由，政策向土地开发商倾斜，严重地侵犯了拆迁户的合法权益。甚至因此激化了社会矛盾。

（2）在这样的政策思路指导下，政策将是不稳定的。不同时期，政府的具体工作重点总是不断调整的，如果允许根据工作重点的转移，对不同市场主体实行区别对待，倾斜政策，那么，也就意味着对于特定市场主体的扶持措施和倾斜政策是可以随时收回的。这样的政策思路，必然使市场主体、社会公众难以对政策形成合理而稳定的预期，促使市场主体和社会公众的行为短期化。

（3）在这样的政策思路指导下，政策将难以实现透明化，为有关部门的设租及部分市场主体的寻租行为留下空间。这样的政策思路是与WTO规则、市场经济的基本原则从而有关法规制度相悖的，因而难以透明实施，只能内部掌握。如此一来，就为有关部门及相关市场主体的设租及寻租行为留下了机会。谁能说，有些腐败行为不正是缘此而生的呢？

因此，结论是："政策倾斜，重点扶持"，是计划经济管理方式的谬种流传，即使有关当局用此方式的用意是发展市场经济，也不过是以非市场经济的方式来"发展"市场经济而已。从长远看，弊多利少，要不得。

此外，还必须提及的是：有些官员之所以奉行这样的政策思路，隐含的认识——关于这一点，可能他们自己也没有想到——是：与市场相比，政府是强有力的。因此，只要政府想做到的，实行倾斜政策就能做到。这一认识的荒谬性显然：如果如此，何必搞市场经济，实行计划经济不是最好的选择么？我们的调查，也证实了，尽管在我国目前的情况下，与市场相比，政府的能力是有限的观点：在关于下一步投资地点的选择中，尽管内地经济欠发达地区的民营企业对当地政府的重视程度和支持力度表示满意，沿海地区的民营企业对当地政府的满意度较低，但是，选择下一步投资沿海地区的被调查民营企业数却是选择下一步投资山区的民营企业数的 4 倍。福州和厦门的民营企业尽管对当地政府的管理与服务相当不满，可是多数被调查企业还是选择了继续在本地投资，其比例为全省之冠。① 问卷调查的其他相关问题答案统计证实，其所以如此，原因就在于沿海地区以及中心城市相对发达的市场经济发展水平和较完善发达的基础设施条件、专业服务网络为企业发展可能提供的物质技术条件、市场空间与前景远远优于内地经济欠发达地区，它可能带来的收益大大超过了内地山区政府对民营企业的优惠。地区经济发展的硬条件比政府优惠政策的软环境对投资者要有更强的吸引力。

三

现实生活中存在的某些政府官员以计划经济思维方式推进市场经济发展，以非市场经济的方式来"发展"市场经济的现象提示我们：尽管我国市场化取向改革进行了近 30 年，向市场经济转轨也已经历时 13 年，但是，与市场经济体制相协调的市场经济文化及精神，相当程度上仍然是缺位的。因为，大多数人深层次思想观念的转变，往往落后于物质世界以致社会经济体制的变化。从计划经济向市场经济转轨，政府管理经济方式的转变，是一个渐进的过程。先是建章立制，其次是形成与市场经济协调一致的制度文化和制度精神。

但是，建立社会主义市场经济，需要形成与之相适应的市场经济文化及精神。因为，建立与特定体制协调一致的制度文化和制度精神对于一种社会经济运行机制的真正形成，具有重要意义。一种经济体制，如果没有相应的制度文化和制度精神为背景，所形成的运行机制必然在一定程度上是扭曲的。市场经济要求政府在相同领域内公平地对待所有市场主体。目前，这样的制度规范已经建立或正在建立之中。但是，任何制度规范都是一定制度文化背景下的制度规范。制度规范的实行，依赖于社会对特定制度的文化认同程度，必须依靠人来执行。如果执行制度规范的人，并没有形成与这一制度规范一致的制度精

① 参阅王碧秀：《民营经济的崛起与发展——福建百家民营企业调查》，福建人民出版社 2004年版。

神，制度就可能在执行的过程中被扭曲。当一种体制的制度规范已经基本建立起来之后，形成与之相适应的制度文化和制度精神的重要性也就大大上升了。

固然，在形成公平竞争的市场环境方面，加强制度建设，在可能情况下，缩小政府官员在执行政策时的自由选择空间，在目前情况下具有重要意义。制度规定的灵活性太大，在制度上不利于公平竞争市场环境的形成。但是，笔者认为，使政府官员形成与市场经济体制相协调的制度精神、正确的市场经济管理意识，却是更为根本的。① 因为，任何体制下，一定限度的管理者自由选择空间总是必要的，完全取消只会造成机制僵化。但是，政府官员如何正确地运用制度提供的自由选择权，却会在相当程度上决定既定制度的运行效率。

或许已经到了必须提出和正视这个问题的时候了？

---

① 当然，社会公众形成与市场经济体制一致的市场经济文化与精神，也具有非常重要的意义，限于论题，不准备在这里对此展开论述。

经济全球化下的产业结构
演进趋势与政策[*]

经济全球化是世纪之交世界经济发展的最重要趋势之一，其中一个重要特征是国际直接投资迅猛增长，跨国公司日益成为世界经济发展的主角，国际化生产体系正在形成之中。这无疑对各国经济发展的环境以及政策选择空间产生重大影响。本文试就经济全球化条件下开放经济的产业结构演进趋势与政策选择空间做些探讨。

一、虚高度化与产业结构演进的 "U" 型轨迹假说

经济全球化条件下，开放经济国家的产业结构政策是否有效，在某种程度上是一个实证问题。也许有人认为这似乎是一个尚待观察的未来实践，但是，如果同意 1986 年开始的国际直接投资迅猛增长是本次经济全球化的一个主要标志①，则可以认为中国近 20 年的对外开放基本上是在经济全球化背景下进行的。

在经济全球化的大背景下，从高度集中、封闭、自给自足的计划经济转向对外开放、积极参与国际经济分工与竞争的市场经济，必然产生产业结构的重大变化。在计划经济条件下，由于封闭和自给自足，一些在本国没有比较优势的产品，必须自给自足，因此往往以远远高于国际市场的资源消耗水平进行生产，而那些本国资源丰富，生产上有强大比较优势的产品，由于缺乏

---

* 本文原载于《经济学家》2003 年第 1 期，共同作者：陈永杰。

① 1986 年之前，全球国际直接投资的年增长率一直徘徊在 3%～5% 左右，1986 年，首次超过 10%，之后多年基本上保持两位数的年增长率。因此，笔者认为可以把 1986 年作为本次经济全球化的起始年份。

必要的市场需求，无法充分利用优势资源生产。因此，实行计划经济，必然造成像中国这样的发展中国家产业结构的虚高度化，即由于封闭经济，因此必须以比在正常国际分工条件下高得多的成本，超越本国经济发展水平，建立起一批生产成本高于国际水平的资本密集型产业，而大量丰富的劳动力资源却因资源配置扭曲，得不到充分利用。结果造成没有国际比较竞争优势的资本、技术密集型产业的比重偏高，具有国际比较竞争优势的劳动密集型产业的比重偏低，资源配置效率较低的畸形产业结构，也即产业结构虚高度化。它的经济后果：一是资源配置与资源结构错位，资源的非充分利用，实际社会生产水平低于社会生产可能边界，从而降低了社会福利水平；二是产业结构虚高度化，技术与资本的相对密集投入没有得到相应的产出回报。对外开放与经济市场化，从资源配置角度看，同时也是一个根据市场均衡法则及国际经济分工和竞争原则，按照资源的国际比较竞争优势优化产业结构的过程，因此，必然要逐步纠正长期计划经济所形成的资源配置扭曲。那些超越了经济发展水平的资本密集型、技术含量较高的产业，生产成本远远高于国际水平，往往因开放面临国外较低成本同类产品的激烈竞争，市场萎缩，在 GDP 中的产出份额逐渐下降；而过去未能充分利用的劳动力资源，由于价格低廉，生产的劳动密集型产品在国际市场上有强大的比较竞争优势，因开放而迅速发展，在 GDP 中的产出份额迅速增加。如果把产业从劳动密集型向资本密集型，再向技术密集型以至于高新技术密集型的过渡视为产业结构的高度化，那么，这种因开放和市场化使原来虚高度化的产业结构逐渐回归市场竞争均衡状态的过程，就表现为开始实行开放政策的经济体的产业结构在一定时期内不是升级，而是降级，一定阶段之后，才会重新出现升级，产业结构演进呈现出"U"型运动轨迹。这就是我们所说的虚高度化与产业结构演进的"U"型轨迹假说。

二、"U"型轨迹假说的初步验证

"U"型轨迹存在与否，需要验证。

我们利用 1981 年、1986 年、1991 年、1996 年和 1999 年全国各省份主要工业产品的产量和 1987 年、1995 年相应产业的资本/劳动比率的数据进行计算。将 1981 年、1986 年、1991 年、1996 年和 1999 年全国各省份主要工业产品的产量数据分成四个时期，计算各时期东部地区各主要工业产品的比较发展速度。比较发展速度的计算公式为：

$$S_{ij} = f_{ij}/F_j$$

其中，S_{ij} 为某一时期内某区域（i）某产品（j）产量的比较发展速度；f_{ij} 为某一时期内某区域（i）某产品（j）产量的发展速度；F_j 为同一时期全国某产品（j）产量的发展速度。

这个统计指标反映了一个地区某种工业产品产量的增长在全国工业产品产量增长中的相对地位。如果比较发展速度大于 1，说明该地区该产品相对发展速度较快。

与此同时，以资本/劳动比率（万元/人）来衡量产业的资本密集度。在对计算得到的数据进行对比分析后，得到表 1。

表 1   我国东部地区 1981～1999 年主要产品比较发展速度分阶段比较

项目	1981～1986 年	1986～1991 年	1991～1996 年	1996～1999 年
进入计算的产品种数	33	43	43	35
其中：$S<1$ 的产品数	20	22	16	20
$S>1$ 的产品数	13	21	27	15
按 1987 年资本/劳动计算				
$S<1$ 产业平均 K/L	2.472921	2.991357	2.391432	2.909749
$S>1$ 产业平均 K/L	2.376169	2.064928	2.626312	2.313996
按 1995 年资本/劳动计算				
$S<1$ 产业平均 K/L	13.055758	14.880012	12.484938	14.748211
$S>1$ 产业平均 K/L	9.982881	11.161936	13.407478	12.561023

资料来源：《中国统计年鉴》（1980～2000 年）。

从表 1 可以看出，1981～1991 年，东部地区的资本/劳动比率较低，即劳动力密集型产品的发展速度快于全国平均速度。进入 20 世纪 90 年代后，东部地区资本/劳动比率较高，即资本密集型产品的发展速度快于全国平均发展速度。1996 年以后，则出现了逆转趋势。

为了进一步说明问题，我们分析了东部地区各种工业产品的发展轨迹，并重点考察了东部地区相对发展速度较快的几种工业产品，具体如表 2 所示。

表 2   我国东部地区 1981～1999 年主要产品发展趋势及资本密集度分析

产品发展趋势	主要工业产品示例	按 1987 年数计算的平均资本/劳动比	按 1995 年数计算的平均资本/劳动比
发展速度一直高于全国水平的产品	表、电风扇、缝纫机、交流电动机、木材	1.674743	5.963232

产品发展趋势	主要工业产品示例	按1987年数计算的平均资本/劳动比	按1995年数计算的平均资本/劳动比
开放初发展速度高于全国水平，进入20世纪90年代发展趋缓的产品	化学农药、食用植物油、水泥	1.694637	10.908774
发展速度与全国基本一致的产品	啤酒、钢、纱、生铁	2.280279	11.23378
所有主要产品		2.442949	11.615844

资料来源：《中国统计年鉴》（1980~2000年）。

从表2可以看出，东部地区的发展速度一直高于全国水平的产品，其资本/劳动比率在1987年及1995年均明显低于平均值。开放初发展速度高于全国水平，进入20世纪90年代发展趋缓的产品资本/劳动比率在1987年明显低于平均值，到1995年，其资本/劳动比率有较明显的上升，但仍略低于平均值。而发展速度与全国基本一致（各期比较发展速度均在0.95~1.05之间）的产品的资本/劳动比率则略低于平均值。由此可见，东部地区产品的发展快慢与资本密集度紧密相关，发展较快的产品多是劳动密集型的。

为了更明确地衡量产业结构的演变趋势，我们构造了一个测量产业结构高度变化的 H 指数，以产业资本密集度作为评判产业高度化的标准。如果资本密集度高的产业发展速度相对较快，而资本密集度低的产业发展速度较慢，我们就认为整个经济的产业高度化水平提高了。反之，产业高度化水平降低了。

H 指数的计算用公式如下：

$$H = \frac{\sum_i i \text{行业资本密集度} \times i \text{行业的发展速度}}{\sum_i i \text{行业资本密集度}} \bigg/ \frac{\sum_i i \text{行业的发展速度}}{N}$$

整理得：

$$H = \frac{N \times \sum_i i \text{行业资本密集度} \times i \text{行业的发展速度}}{\sum_i i \text{行业的发展速度} \times \sum_i i \text{行业资本密集度}}$$

若 H<1，可视为产业结构高度下降；反之，则视为产业结构高度上升。同样地，也可以利用东部的比较发展速度计算东部的产业高度的提高速度与全国这一数值的比较值。计算结果如表3所示。

表3	1981～1999年我国东部地区产业结构高度变化			
项目	1981～1986年	1986～1991年	1991～1996年	1996～1999年
以东部地区产业的发展速度计算的H值	0.984037	0.987744	1.003737	0.998259
以东部地区产业比较发展速度计算的H值	0.761047	1.008113	1.029689	0.869148

注：表中数据是环比值。

表3的计算权重采用的是1987年的资本/劳动比率，可以看出，1981～1991年，东部地区产业的比较高度处于下滑状态，1991～1996年，出现了缓慢回升趋势。与全国相比，则1981～1986年，产业结构高度是相对下降的，而1986～1996年，产业结构高度是回升的，但到了1996年则出现了逆转的趋势，这个计算结果与表1的结果是基本相同。

也就是说，在这20年里，东部地区的产业结构演变经历了一个先降级后升级过程，即大体上存在着一个"U"型的产业结构演变轨迹。将表3中以东部地区产业的发展速度计算的H值换算成定基值（以1981年为基数），可用图1表示。

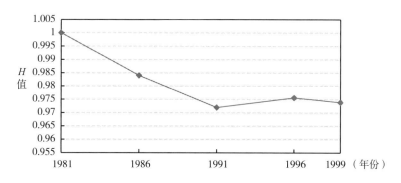

图1　1981～1999年我国东部地区产业结构高度变化

"U"型产业结构演变轨迹，在福建等开放程度较高的省份，则表现得更为明显。福建在改革开放之前，工业基本上布局于三明、南平、龙岩等闽西北地区，这些小三线工业，就总体而言，资本密集度高于福建工业的平均水平，改革开放后，闽西北的小三线工业陷入困境，其在福建工业中的比重逐渐萎缩。与此同时，闽东南沿海地区的以生产杂项产品为代表的劳动密集型产业的迅速发展，使福建的工业结构出现了一个从计划经济下的虚高度化向开放经济下市场竞争均衡状态回归的过程。1995年，以杂项制品为代表的低技能劳动密集型产业经过十余年高速增长，在福建出口产品中的比重达到最高点（57.5%），之后逐渐回落到2000年的45.56%，而机械及运输设备类产品的出口比重，1985年降到谷底（5.7%）之后，开始缓慢上升，2000年已经占出口产品的

26.02%。研究证明，机械及运输设备类产品出口比重上升，建立在该类产品生产所需的关键零部件大量进口基础上，也就是说，取代生产杂项制品的低技能劳动的只是机械及运输设备类产业中的组装加工劳动，而不是整个产业的生产能力，更不是机械及运输设备类产业的核心技术、核心加工能力。因此，从投入的密集要素角度看，仍然属于劳动密集型产业，不过是一定技能的劳动密集型产业而已。① 产业结构升级在经济全球化条件下，采取了产业内小步快走的过渡方式。

三、从"U"型轨迹看产业结构政策的有效性

可以把近20年来政府在各个阶段所制定的产业结构政策重点与前述产业结构演进"U"型轨迹进行比较。

20世纪70年代末，我国的产业结构政策重点发展的产业是燃料、动力、原材料工业和交通运输业，之后又增加了轻纺工业。②

"六五"计划的产业发展重点是能源、交通产业。为了促进能源交通产业的发展，开征能源交通重点建设基金，要求在"六五"计划后三年征收120亿元能源交通重点建设基金。③

"七五"计划提出：加快能源、原材料工业的发展，同时适当控制一般加工工业生产的增长……把交通运输业的发展放到优先地位；大力发展建筑业；加快为生产和第三产业的发展；积极运用新技术改造传统产业、传统产品……有计划地促进若干新技术产业的形成发展；利用外资的重点，一是能源、交通、通信和原材料特别是电力、港口、石油等方面的建设，以及机械电子等行业的技术改造。④

1989年，国务院《关于当前产业政策要点的决定》指出，当前和今后一段时期制定产业政策、调整产业结构的基本方向和任务是，集中力量发展农业、能源、交通和原材料等基础产业。

---

① 张明志、李文溥：《开放经济的出口竞争力产业间转移与产业结构演进》，载《中国经济问题》2001年第2期。
② 《中共中央关于加快工业发展若干问题的决定》（1978年）、《五届人大二次会议政府工作报告》（1979年）。
③ 《关于第六个五年计划的报告（五届人大五次会议）》（1982年）、《中共中央、国务院关于征集国家能源交通重点基金的通知》（1982年）。
④ 《我国国民经济和社会发展的第七个五年计划》（1986年）。

1991 年，《中华人民共和国国民经济和社会发展十年规划和第八个五年计划纲要》指出，要加强能源、交通、通信、重要原材料等基础工业和基础设施的建设，要把发展电子工业放在突出地位，使之成为带头产业，出口要实现向深加工制成品为主的方向转变。

1994 年，国务院第 16 次常务会议审议通过的《九十年代国家产业政策纲要》指出，90 年代国家产业政策要解决的重要课题是，不断强化农业的基础地位，全面发展农村经济；大力加强基础产业，努力缓解基础设施和基础工业严重滞后的局面；加快发展机械电子、石油化工、汽车制造和建筑业等支柱产业，加快高新技术产业的发展，支持新兴产业的发展和新产品开发。

尽管这样的描述和比较是比较粗略的，但也大致可以看出，我国东部地区近 20 年来产业结构演变的轨迹与各相应时期中央政府的产业结构政策目标之间，似乎并不存在密切的因果关系。相反，在东部地区的产业结构演变轨迹中，我们更多地看到了开放市场经济中全球化市场的力量。

四、经济全球化与产业结构政策

20 世纪 80 年代以来，国际经济学界曾就以日本为代表的产业结构政策的有效性问题展开讨论。迄今为止的基本结论是，产业结构政策的有效性无法证实。[①] 本文的研究结果尽管有待进一步深化，但是也已经初步证明，产业结构政策对中国产业结构演进的影响远远低于全球化市场力量的影响。其原因当然是多方面的，这里仅从经济全球化的角度提出一个理论解释。

经济全球化条件下，开放经济中的产业结构政策趋于无效。因为经济全球化使实行开放政策的国家逐步失去了实行产业结构政策的政策空间。

实行产业结构政策的一个重要前提是一国经济必须是相对独立、封闭的。它使政府运用有限的政府财力调节资源在产业间配置的作用，不因国际市场力量的影响而削弱甚至抵消。管理贸易战略以及自主的关税及非关税政策手段是实现将本国经济与国际经济相对隔离开来的一个重要的政策手段。

实行产业结构政策的另一个重要前提条件是本国产业基本上是国内资本投资形成的，这样，使政府在实行倾斜性财政货币政策，改变资源在产业间的分

---

① Ali M. El-Agraa, UK Competitiveness Policy vs. Japanese Industrial Policy. The Economic Journal, 107 (September) 1997. Wyn Grant, Industrial Policy. Edwar Elgar Publishing Limited, 1995. 小宫隆太郎、奥野正宽、铃村兴太郎：《日本的产业政策》，国际文化出版公司 1988 年版。

配时，本国的财政资源不流入外资企业。

但是，经济全球化使开放经济实行产业结构政策的这些前提条件基本上不存在了。从贸易政策角度看，它主要体现为 WTO 的一系列规定基本上取消了各成员独立的贸易政策权。在 WTO 的最惠国待遇、国民待遇及非歧视贸易原则框架下，运用关税壁垒保护国内市场已经不可能，各种非关税保护也受到严格限制。尽管 WTO 对开放市场后可能对成员经济贸易发展带来的影响予以关注，对贸易自由化的风险也相应制定了一系列条款或协议予以防范，允许成员建立自己的符合 WTO 组织规范的保障机制，对本国产业实行合理和适度的保护。但是，这些保护和防范措施不仅实施的时间、范围都受到 WTO 有关条约的严格限制，基本上限于保护幼稚产业，而且必须得到 WTO 的认可后实行。WTO 限制了成员政府的贸易政策空间，是一个不争的事实。在 WTO 框架下，成员政府企图像日本、韩国当年那样任意地选择主导产业，根据主导产业发展的需要制定管理贸易战略，运用贸易政策进行保护，显然是不可能了。失去了管理贸易战略，以发展主导产业为基本内容的产业结构政策在相当程度上也就无法实行。

经济全球化的另一个重要特征是产业全球化。统计数据证实，越是高技术、资本密集型产业，其产业全球化程度越高。

经济全球化的第三个特征是生产的国际化，产业内国际生产分工的迅速发展，从同一产业内不同产品生产的国际分工，发展到零部件生产的国际分工，到同一产品的不同加工工序之间的国际分工。

这些使实行保护、扶持国内产业为目的的产业结构政策、贸易政策遇到了一系列问题。

（1）即使是最有效地实行管理贸易战略的贸易政策，也只能在国内产业与国外产业之间设置保护带，却无法将设立在东道国内的 FDI 企业与内资企业区分开来。众所周知，一部分 FDI（如 jumping investment）的投资目的就是跳过关税和非关税壁垒进入东道国市场。因此，当一个国家大量引进外资，尤其是当外资企业分布的行业足够广，占一定比例之后，管理贸易战略在相当程度上就失效了。

（2）实行产业结构政策，以选定产业的所有企业（包括 FDI 企业）为扶持对象，显然不符合政策初衷，以选定产业的部分企业（例如国内资本企业或国有企业）为扶持对象，则又违反了 WTO 的国民待遇原则。更何况，在全球投资和就业竞争中，许多国家，尤其是迫切希望引进外资的发展中国家，实际上对 FDI 实行的是超国民待遇。此时，实行扶植本国产业的产业结构政策的困难也就更大。

（3）产业结构政策就一般而言是要促进本国产业结构升级，需要扶持的产业往往是技术相对先进、资本比较密集的产业，在经济全球化条件下，这些产业往往是国际化程度最高的产业，因此，以促进产业结构升级为目的的扶持技术先进、资本密集型产业的产业政策或与本国财政资源不流入外资企业的要求相冲突，或将违反 WTO 的国民待遇原则，引起贸易纠纷。

（4）由于生产的国际分工深入产业内的产品加工环节层次，一个国家的产业结构演进往往体现为产业内产品加工环节的过渡，过渡的环节差距小，时限短，短期内一般不体现为产业间的比较优势变化，这就要求产业结构政策选择产业扶持对象必须细化到产业内部的加工环节，而且必须比较迅速地调整扶持对象，这显然给政策决策带来了极大困难。

因此，可以得出结论：在经济全球化尤其是中国加入 WTO 的背景下，产业结构政策将成为一种无效的经济政策，与此同时，产业结构继续根据经济发展的内在规律不断演进。

参考文献

［1］江小涓：《经济转轨时期的产业政策》，上海三联书店、上海人民出版社 1996 年版。

［2］小宫隆太郎、奥野正宽、铃村兴太郎：《日本的产业政策》，国际文化出版公司 1988 年版。

［3］张明志、李文溥：《开放经济的出口竞争力产业间转移与产业结构演进》，载《中国经济问题》2001 年第 2 期。

［4］Ali M. El-Agraa, UK Competitiveness Policy vs. Japanese Industrial Policy. The Economic Journal, 107（September），1997.

［5］Satya Dev Gupta, The Political Economy of Globalization. Kluwer Academic Publishers, 1997.

［6］Wyn Grant, Industrial Policy. Edwar Elgar Publishing Limited, 1995.

福建发展对外直接投资的基础条件分析[*]

对外直接投资是开放经济发展的必然，是市场经济优化资源配置的内在要求。在经济全球化条件下，具备条件的开放经济鼓励企业对外直接投资，直接参与国际经济竞争与合作，是促进当地产业结构优化升级，提高本地区国际竞争力，发展经济的重要手段。本文研究目前福建发展对外直接投资的基础条件。

一、经济发展水平与对外直接投资

（一）人均 GNP 对发展对外直接投资的影响

经济发展水平是影响对外直接投资的重要变量。1979 年，邓宁通过研究67 个国家 1967 ~ 1978 年国际直接投资（FDI）与经济发展水平的关系，发现FDI 流量与各国经济发展水平密切相关，一个国家人均 GNP 越高，那么它对FDI 吸引力就越大，而且对外投资（FDI 流出）的能力也越强。据此，我们计算了 1997 年世界部分国家 GNP 和 FDI 的有关指标，以此为参照系分析目前福建对外直接投资所处的发展阶段。

根据资料的可获得性和研究需要，我们选取了人口规模在千万以上且人均GNP 在 800 美元以上的 40 个国家人均 GNP 与人均 FDI 流量数据。为了更清楚地看出二者之间的数量关系，我们将 40 个国家分八组计算每组平均的人均GNP 和人均 FDI 流出（见表 1）。

---

* 本文原载于《厦门大学学报（哲学社会科学版）》2001 年第 3 期，共同作者：张明志。

福建发展对外直接投资的基础条件分析

表1　　　　**1997年世界部分国家人均GNP与人均FDI**

国家	人均GNP（美元）	人均FDI流入（美元）	FDI流出（百万美元）	人均FDI流出（美元）
日本	38160	25.57	25933	205.70
美国	29080	407.85	109955	410.43
德国	28280	117.06	40288	490.96
法国	26300	395.46	35591	607.25
荷兰	25830	603.59	21474	1376.54
组平均值	29530	309.91		618.18
英国	20870	626.84	63630	1078.29
澳大利亚	20650	464.26	591.4	319.33
意大利	20170	64.33	10225	177.76
加拿大	19640	382.04	22044	734.56
西班牙	14490	162.46	12466	317.04
组平均值	19164	339.98		525.40
希腊	11640	93.71	4	0.38
韩国	10550	61.84	4449	96.74
阿根廷	8950	226.91	3170	88.87
沙特阿拉伯	7150	132.12	195	10.01
捷克共和国	5240	126.31	25	2.43
组平均值	8706	128.18		39.68
智利	4820	370.52	1950	133.38
巴西	4790	117.42	1660	10.40
马来西亚	4530	243.14	3425	163.10
匈牙利	4510	205.42	431	42.46
墨西哥	3700	133.10	1108	11.49
组平均值	4470	213.92		72.17
波兰	3590	126.99		
委内瑞拉	3480	223.31	476	20.90
南非	3210	39.26	2349	54.09
土耳其	3130	12.88	251	4.02
泰国	2740	61.60	447	7.38
组平均值	3230	92.81		17.51
俄罗斯	2680	42.44	2603	17.70
秘鲁	2610	73.29	85	3.49
哥伦比亚	2180	142.31	809	20.19
白俄罗斯	2150	19.57	2	0.20
危地马拉	1580	7.41	1	0.10
组平均值	2240	57.00		8.33
罗马尼亚	1410	54.50	23	1.02
哈萨克斯坦	1350	83.87	1	0.06
摩洛哥	1260	39.51	9	0.33
埃及	1200	14.37	129	2.08
菲律宾	1200	16.62	136	1.85
组平均值	1284	41.77		1.07
叙利亚	1120	5.30	3	0.20
印度尼西亚	1110	23.38	178	0.89
乌克兰	1040	12.36	42	0.83
中国	860	35.78	2563	2.07
斯里兰卡	800	23.18	1	0.05
组平均值	986	20.00		0.81

注：表中的组平均值是指国家的人均GNP和人均FDI流出平均值。

资料来源：UNCTAD, World Investment Report 1999. New York: United Nations Publication, 1999. 刘洪：《国际统计年鉴（1999）》，中国统计出版社1999年版。

从表 1 可以看出经济发展水平与人均 FDI 流出量之间关系的统计规律。人均 GNP 在 1000 美元以下时，人均 FDI 流出量仅为 0.81 美元；当人均 GNP 在 1000~2000 美元之间时，人均 FDI 流出仅比前者增加 0.26 美元，增长幅度大致相当于人均 GNP 的增长。而当人均 GNP 超过 2000 美元之后，人均 FDI 流出有了迅速增长。此时人均 GNP 均值仅比前一组增长 74.45%，但是人均 FDI 却增长了 678.5%，从 1.07 美元跳到了 8.33 美元。而且，从人均 GNP 2000 美元组开始，除了 8000 美元组之外，其余 3000 美元、4000 美元、20000 美元组，都出现了人均 FDI 流出增长速度高于人均 GNP 增长的情况；而在人均 GNP 为 30000 美元组，人均 FDI 流出继续增长，但是增长速度开始回落。因此，从上述 40 个国家的分组数据，可以得出这样的结论：按照 20 世纪 90 年代末的数据，人均 GNP 2000 美元是对外直接投资出现突破性进展的阈值。样本变量与组平均值的离差，则指出尽管人均 GNP 是影响对外直接投资的重要因素，但是，其他因素对对外直接投资的影响作用也不可低估。例如，俄罗斯的人均 FDI 流出量明显高于所在组的平均水平，显然受到其特定的国内政治经济因素的影响，而东亚及东南亚国家人均 FDI 流出量大多高于所在组别的平均水平，说明了出口导向战略可能有利于促进对外直接投资发展。

为了进一步确定人均 GNP 对人均 FDI 流出的影响程度，我们对表 1 中的人均 GNP 的组平均值（GNP）与人均 FDI 流出量的组平均值（FDI）进行了回归分析，得到下列回归方程：

$$FDI = -48.034776 + 0.0239540 \times GNP$$
$$(-1.412) \qquad (9.160)$$
$$R^2 = 0.933 \qquad SE = 71.493 \qquad DW = 3.215 \qquad F = 83.907$$

按照方程的拟合趋势，一个国家要在人均 GNP 超过 2000 美元之后，才开始出现对外直接投资，而方程第 2 项的系数 0.0239540 说明，人均 GNP 每增长 1 个单位，人均对外直接投资将增长 2.3954%。方程中 FDI 流出组均值与人均 GNP 组均值之间的强相关关系，说明了从宏观角度看，经济发展水平是对外直接投资最重要的解释变量。

据统计，1999 年福建人均 GNP 约为 1304 美元。以上述各国数据为参照系，对福建的对外直接投资进行类推预测，可以得出以下估计。

（1）"十五"期间，福建在对外直接投资上，仍处于积极尝试，积累经验，调整政策，完善条件，奠定基础阶段，对外直接投资仍将维持较小规模。

（2）"十一五"期间，如果福建的人均 GNP 跨过 2000 美元大关，将初步进入对外直接投资较快增长的阶段。

（二）对外贸易与对外直接投资

一国（地区）对外贸易的发展水平也是影响对外直接投资的重要宏观因素。大量事实证明，贸易是投资的先导。从企业的国际化顺序来说，也是如此。许多企业都遵循先出口贸易而后对外直接投资这一国际化进程，尤其是制造业企业。因此，分析出口贸易的发展，可以推断福建发展对外直接投资条件的成熟程度。

出口依存度是衡量一国（地区）出口贸易发展的重要指标。我们用该指标来分析福建的出口贸易发展。从表2可以看出，近十几年来，福建对外贸易迅速发展，出口增长明显高于同期的 GDP 增长水平。出口依存度由1985年的8.14%上升到1994年的32.73%。但是从1995年开始，出口依存度开始持续下降，到1999年下降为24.19%（见表2）。其主要原因是福建自20世纪90年代中期开始了改革开放以来的第二次产业结构调整，而不是经济高度发展条件下的对外投资对出口的替代。由于福建工业基础相对薄弱，因此，本轮产业结构调整的速度较慢。当前的主要问题是如何尽快完成本次产业结构的调整。因此，目前而言，福建还处在调整出口结构，实现新的产业基础上的出口扩张阶段。

表2　　　　　　　　　　　1985～1999年福建的出口依存度

年份	出口总额（亿元）	GDP（亿元）	出口依存度（%）	年份	出口总额（亿元）	GDP（亿元）	出口依存度（%）
1985	16.3254	200.48	8.14	1993	298.6911	1128.29	26.47
1986	25.5367	222.54	11.48	1994	548.4961	1675.66	32.73
1987	33.6288	279.24	12.04	1995	662.6954	2145.92	30.88
1988	52.6752	383.21	13.75	1996	695.7384	2560.05	27.18
1989	86.0988	458.40	18.78	1997	848.9586	2974.50	28.54
1990	127.8409	522.28	24.48	1998	824.8092	3286.56	25.10
1991	170.9071	619.87	27.57	1999	858.9005	3550.24	24.19
1992	252.2330	784.68	32.14				

资料来源：《福建统计年鉴（2000）》。

经济理论与实践均表明，在开放经济的不同阶段，贸易与投资对一国（地区）经济增长的推动作用程度不同。在贸易还有较大发展空间时，贸易的作用较大。只有贸易发展到相当程度，对外投资的作用才会大于贸易。目前，福建还处于贸易的作用大于对外直接投资的发展阶段，尽管在这个阶段，可能会出现一些由于产业结构调整而产生的对外投资需求。

这个判断，从福建现在的对外投资类型分布上也可以得到证实（见表3）。表3说明，福建目前的境外企业中，55.13%从事贸易经营，其次是工程、地产、劳务，生产加工只占14.1%。境外投资的行业分布在一定程度上反映了福建现在仍处于贸易扩张而非对外投资扩张阶段。

表3　　　　　福建境外企业的行业分布（截至1998年底）

行业	企业数（个）	比重（%）
贸易性	86	55.13
工程、地产、劳务	23	14.74
生产加工	22	14.10
农业综合开发	9	5.77
旅游	8	5.13
金融	4	2.56
船务	4	2.56
合计	156	100

注：统计对象为独立编制财务报表的企业。
资料来源：福建省对外经贸厅有关调研材料。

二、产业比较优势与对外直接投资

虽然，直接从产业角度分析对外投资的只有小岛清的"边际产业扩张论"，海默的垄断优势理论、弗农的产品周期理论、巴克莱和卡森的内部化理论、威尔斯的小规模技术理论以及邓宁的国际生产折衷理论的主要分析对象是企业，但在一定程度上也适用于产业对外直接投资分析。这些理论虽然角度各异，但都指出，对外投资的产业应具有某种比较优势。

我们做过分析，按照贸易竞争指数，至1999年，福建出口竞争力强的几乎全是劳动密集型行业，主要是轻工和纺织产品或工农业初级产品。而福建国际竞争力较强的六类产品中，四类属于机械及运输设备类产品，其余两类分别为按原料分类的制成品和杂项制品。结合进口的数据分析证明，机械及运输设备类产品国际竞争力的提高，基本上是建立在大量进口关键零部件基础上的，即该类产品的国际竞争力主要体现在劳动密集型的装配环节上。

这说明，目前为止，福建在国际产业分工体系中，还处于较低层次。从总体上看，既不存在海默所说的技术先进具有垄断优势的产业，也不存在弗农所说的拥有可以逐步扩散的新技术产品。因此，凭借技术领先及先进产业优势对外直接投资的可能性基本上不存在。

小岛清的"边际产业扩张论"似乎更适合福建目前的情况。他指出，当一个国家（地区）在产业升级过程中，会产生将本国本地区的边际（比较劣势）产业转移出去的需求，因此形成对外直接投资。边际产业向外转移的条件是，一方面，它应当是国内的比较劣势产业，不转移就难以维持，也难以实现本国的产业结构调整；另一方面，相对于投资对象国的同一产业而言，投资母国应有比较优势，能够有效地利用投资对象国的区位优势，比在母国生产的成本更低，效率更高。

我们曾指出，自改革开放以来，福建产业的国际比较优势发生了两次重大变化。目前，以杂项制品为代表的低技能劳动密集产业，主要是鞋业、服装和纺织业等正在或即将成为福建边际产业。那么，这些产业对外直接投资的可能性有多大呢？显然，以下因素值得考虑。

（1）目前尚不能说以杂项制品为代表的劳动密集型产业在福建已沦为边际产业。因为杂项制品在出口中的比重虽然逐步下降，但从贸易竞争指数看，还是最强的。

（2）随着经济市场化的发展，包括劳动力在内的资源在全国范围的流动性提高，大量内地劳动力仍在不断涌入沿海地区，抑制沿海地区低技能劳动力成本的提升，减轻了沿海低技能劳动密集型产业向外投资转移的压力。

（3）东西部之间存在较明显的产业梯度。即使低技能劳动密集型产业成为沿海地区的边际产业，但在西部（包括福建西部）却可能成为新兴产业。因此，即使低技能劳动密集型产业在沿海地区成为边际产业，转移的可能也是多种的。

（4）制造业企业一般按照贸易先于投资的线性顺序国际化。福建边际产业向国外转移投资时，却会遇到一些特殊问题。因为这些产业的出口对象主要是发达国家（地区），[①] 而投资转移的可能对象却只能是国际分工层次低于我国的发展中国家（地区），贸易对象不能成为投资转移对象。因此，只能采取"迂回"战术，向国际分工位次较福建低的国家（地区）转移投资，利用其更廉价

---

① 根据《福建统计年鉴（2000）》中的数据计算，1999 年福建出口市场前十名的国家（地区）为：美国（24.6%）、日本（19.81%）、中国香港（14.11%）、德国（5.03%）、新加坡（2.39%）、英国（2.07%）、意大利（1.66%）、加拿大（1.62%）、西班牙（1.47%）、法国（1.38%）。括号中的数据为出口比重。

的劳动力和优惠政策，而出口对象仍主要是发达国家（地区）。这使投资转移的条件更苛刻，特别要求企业具有国际营销方面的所有权优势。而福建目前出口产品60%左右是外资企业出口的，非外资企业出口部分，企业自营出口比重较低，因此，国内制造企业目前在国际市场营销方面的所有权优势相当薄弱。这不能不严重限制边际产业的投资转移能力。

三、企业所有权优势与对外直接投资

海默、弗农以及邓宁都强调企业本身须拥有某些优势才有可能从事对外直接投资活动。邓宁的国际折衷生产理论把它们归结为企业所有权优势，它包括对无形资产的独占和企业经济规模两方面所产生的优势，或泛指任何能够不断带来收益的东西。邓宁认为，企业要对外直接投资不仅必须拥有所有权优势，而且必须足以补偿在国外生产经营的附加成本。企业的所有权优势不是绝对的，它是相对于特定市场上同行业的其他企业而言的。相对而言，发达国家企业所有权优势较强。但就具体行业而言，不同国家的企业各有所长，从而形成各自的相对竞争优势。邓宁因此提出了比较所有权优势概念。从定义可知，企业的所有权优势难以直接衡量，目前还只能间接判断。

（1）企业主体性质与企业所有权优势。在我国，分析企业所有权优势首先不能不提及企业的主体性质。能够对外直接投资首先是外向型企业，因为只有熟悉国际市场的企业才可能考虑对外投资。在福建，外向型企业以外资企业为主。外资企业尤其是独资企业即使对外直接投资，其境外投资利润很可能就直接上缴境外的母公司，对我国的经济增长、财政收入没有任何贡献，因此，基本上属于投资转移而不是我国的对外直接投资。目前，吸引外资仍然是促进福建乃至中国经济增长的重要措施，外资企业显然不是我们鼓励对外直接投资的对象。因此，从企业主体性质上看，能成为政策鼓励对象的是内资企业。过去，政策上只允许国有企业对外直接投资。至1998年底，福建经批准设立的境外企业有223家（经批准撤销、厦门立项审批的除外），其中省直单位投资159家，各地市投资64家，基本上是国有企业，而且是省直单位和各地市单位投资而不是企业投资形成的。

这造成了福建现有的国有对外直接投资的动机在相当程度上的非经济性。投资动机的扭曲造成国有境外投资前期工作不到位，投资盲目性大，有些企业虽经批准设立，却久久不能开办，已开办企业经营效率整体不佳。从省经贸厅调查的 200 家境外企业情况看，至 1998 年底，福建境外企业的协议投资总额为 2.13 亿美元，其中中方协议投资金额为 1.57 亿美元，省内实际投资金额为 1.37 亿美元，形成总资产 23 亿。中方权益为 2.22 亿美元，中方累计利润达 1.38 亿美元。1998 年度盈亏对抵经营亏损 0.16 亿美元，债务余额 4.13 亿美元。在调查的 94 家海外企业中，运转正常和盈利的企业仅有 28 家，占企业总数的 29.8%，亏损企业 19 家，停业和拟撤销（其中大部分亏损）的 29 家，未开办的 18 家。后三者占企业总数的 70% 以上。海外国有企业的失败率远高于境内国有企业。

我国国有境外企业经营效率总体不佳的根源是国有企业固有体制缺陷。国有企业产权不明晰、缺乏人格化代表的体制缺陷，会因为境外投资而导致的委托代理链的延长变得更为严重，在有效监管与扩大企业自主权之间出现比境内国有企业更大的两难选择。因此，从对外直接投资的根本目的是发展经济角度看，发展国有企业的对外直接投资，当务之急是加快国有企业的改革步伐。此前，国有企业的对外直接投资必须慎重其事。

国内民营企业是较合适的对外直接投资主体。福建的民营企业多数集中在正在成为边际产业的产业中。这是发展福建民营企业对外直接投资的一个有利条件。但是，据 2000 年对福建百家民营企业的调查，绝大多数是小企业。接受调查的 93 家企业中 67.7%（63 家）的企业注册资本在 500 万元以下，21.5%（20 家）的企业注册资本在 500 万 ~ 5000 万元，5000 万元以上的只占 10.8%。而目前国际上平均的海外直接投资额，发达国家为 600 万美元，发展中国家约为 450 万美元，独联体和东欧国家约为 140 万美元。以此论之，福建民营企业从资本规模看，对外直接投资的实力偏弱。资本、技术、管理以及国际营销等方面的所有权优势不明显，使民营企业目前的投资意愿仍然集中在国内（见表 4）。

表4　　　　　　　　　　百户民营企业投资意愿调查　　　　　　　　单位：家

投资意愿	投资选择顺序			
	1	2	3	4
参与国企改制或改组	11	3	4	18
增加本企业固定资本或技改投资	34	10	5	3
易地设厂或收购兼并民营企业	20	9	12	1
民间合资合作（含与外资合作）	19	14	12	4
国外投资	3	5	2	5
其　他	6			

资料来源：福建省民建调查组：《民间投资缘何启动难》，载《开放潮》2001 年第 1 期。

综上分析，可以得出结论，从企业主体角度看，福建目前企业对外直接投资的所有权优势总体上尚未形成。

（2）技术水平与企业所有权优势。技术水平是决定企业所有权优势的重要因素，而出口结构大体反映了一国（地区）在国际上的技术水平。前面指出，福建近年来技术含量和附加值较高的机械及运输设备类产品的出口比重在提高，但这是建立在技术含量高的关键零部件大量进口基础上的。因此，从总体上看，福建企业在技术方面的所有权优势不明显。福建出口商品的60%，机电产品出口的80%，高新技术产品出口的90%是外资企业生产出口的。若把外资企业撇开，那么福建企业的技术水平比出口商品结构所反映的更低。①

当然，总体上的技术劣势并不否定局部技术优势的存在。威尔斯的小规模技术理论把第三世界跨国公司竞争优势的产生与这些国家自身的市场特征结合起来。他指出，发展中国家跨国企业在三个方面存在比较优势。一是拥有为小市场需要提供服务的劳动密集型小规模生产技术。二是发展中国家在民族产品的海外生产上颇具优势，具有鲜明的民族文化特点。三是低价产品的营销战略。世界市场是多元化、多层次的，因此为那些技术不够先进、经营范围和生产规模不够大的小企业留下了参与国际竞争的空间和机会。

福建以杂项制品为主的劳动密集型产品有很强的国际竞争力，说明在这些产品生产上有其独到之处，对比国际分工较低层次的发展中国家（东道国）有比较竞争优势。因此，福建在其国际竞争力强的产品生产上有可能形成局部技术比较优势。发掘、总结、提炼、利用这些局部技术比较优势，结合边际产业的转移，在局部市场上（即在技术落后、市场规模较小、工业化程度较低、资金和熟练劳动力较缺乏的发展中国家市场上）寻求投资机会，比较符合福建现阶段的技术赋存状况。

（3）规模经济与企业所有权优势。规模经济是企业形成所有权优势，提高国际竞争力的重要条件。但是，据省外经贸厅的调查，至1998年底，福建经批准的境外企业平均投资额不到82万美元，中方投资不足60万美元。与世界不同类型国家的平均对外投资规模相比，福建的对外投资的项目规模明显偏小，不利于企业实现规模经营，在国际市场抵抗风险能力较低。对外投资平均规模小，一是受到经济发展水平的制约，目前福建尚处在资本匮乏，需大力引进外资阶段，缺乏大规模投资海外的经济实力；二是工业相对落后，缺乏有国

---

① 不否认国内有些替代进口的产品技术在出口结构中得不到应有反映，但是，能够用于对于投资的技术一般必须是有国际竞争力的技术，也就是说，必须是有出口竞争力的技术。

际竞争力的大型内资企业，缺乏有实力的国内母公司，大型海外子公司也就成为空中楼阁；三是目前福建还处于贸易利益大于投资利益阶段，海外企业以贸易型企业为主，因而投资规模普遍较小；四是不少部门投资海外企业并不是出于经济目的，许多是所谓的"窗口企业"，有些甚至是单位的办事处和接待站，投资规模自然不大。

（4）国际市场营销与企业所有权优势。企业要发展对外直接投资，需具备较强的国际市场营销能力。对福建部分出口企业的调查表明，目前，很多出口企业还不具备国际市场营销能力，对于国际市场规律和营销策略尚处于摸索阶段，许多企业的营销观念还停留在产品生产观念阶段，企业仍缺乏国际知名的品牌和训练有素的国际市场营销人员。这无疑是企业从纯粹的出口生产走向海外直接投资的重要障碍。特别是，福建出口生产企业大都缺乏自主的国际市场营销渠道，要么依附于国内的一些外贸公司，要么依赖于外资企业或港澳台的出口中间商。当然，这与长期以来我国绝大多数出口生产企业没有外贸经营权有很大关系。

四、结论

（1）经济全球化条件下，发展对外直接投资是开放经济参与国际经济竞争与合作，优化资源配置，提高国际竞争力，发展经济的必然阶段。

（2）人均 GNP 与人均 FDI 流出相关关系的国际比较说明，"十五"期间，福建对外直接投资仍将维持在较小规模，仍保持贸易投资为主，实业投资为辅的投资结构。"十一五"期间，随着人均 GNP 上升至 2000 美元，福建可能开始进入对外直接投资较快增长阶段。但是，在相当长时期里，发展外贸，引进外资对经济发展的推动作用仍然远大于对外直接投资。

（3）从产业角度看，福建目前并不具备有先进技术、在国际竞争中占垄断优势地位的产业，因此，对外直接投资主要是边际产业转移。以杂项制品为代表的劳动密集型产业有可能成为福建的边际产业。但是它向外转移需要一定的前提条件，如国际营销的企业所有权优势，以及成熟的小规模技术优势等。

（4）对外直接投资从根本上说，是企业行为。企业所有权优势是决定对外直接投资成功的关键因素。

第一，内资企业是政策鼓励对外直接投资的对象。国有企业在改革尚未到位之前，投资海外将面临更大的投资风险。体制改革是国有企业对外直接投资的基本前提条件。民营企业应当成为发展对外直接投资的鼓励对象，但是，发展民营企业对外直接投资，首先必须创造必要的基础。提高民营企业的经济实力、经营规模、技术水平、管理制度及国际营销能力等，将有利于促进民营企业发展对外投资。

第二，在技术、规模经济及国际市场营销等方面的企业所有权优势是发展对外直接投资的重要前提条件。福建企业在这些领域的所有权优势从总体上看不明显。

因此，发展对外直接投资，应当持积极而慎重的态度。就目前而言，发展对外直接投资，无论是从经济发展水平、产业以及企业优势角度看，都尚未成熟。过早地大规模发展对外直接投资，将面临较大的投资风险。当前，政策的重点应是针对福建的具体情况，积极地创造发展对外直接投资的各种基本条件。

参考文献

［1］中华人民共和国对外贸易经济合作部《中国对外经济贸易白皮书》编委会：《中国对外经济贸易白皮书》，经济科学出版社 1998 年版。

［2］福建省民建调查组：《民间投资缘何启而难动?》，载《开放潮》2001 年第 1 期。

［3］张明志、李文溥：《开放经济的出口竞争力产业间转移与产业结构演进》，载《中国经济问题》2001 年第 2 期。

［4］John H. Dunning, Rajneesh Narla, Foreign Direct Investment and Government：Catalysts for economic restructuring. London，Routledge，1996.

［5］ K. Kumar，M. Mcleod，Multinational from Developing Countries. Lexington，MA：D. C. Heath，1981.

开放经济的出口竞争力产业间转移
与产业结构演进[*]

——以福建为例

经济全球化条件下，国际市场既是各国各地区经济角逐的竞技场，也是反映和检验各国各地区经济国际竞争力的重要场所。出口竞争力在相当程度上反映了开放经济的竞争力。开放经济地区不同产业的出口竞争力随经济发展水平的提高而演变，反映了该地区参与国际经济分工与竞争过程中，产业结构的演进趋势。研究认识这一趋势，有重要的理论与政策意义。本文以福建为例，对我国沿海开放地区改革开放以来的出口竞争力发展趋势及其在不同产业间的转移进行研究。

一

改革开放以来，福建外贸迅速发展。1978 年，福建的外贸依存度仅 5.16%，低于同期全国平均水平（9.89%）。到 20 世纪 90 年代中期，福建的外贸依存度虽然仍低于广东，但已经大大高于全国平均水平，接近或达到亚洲新兴或次新兴工业国家水平（见表 1）。

出口的数据变化更直接地反映地区经济国际竞争力的演变。1980～1999年，福建出口年平均增长速度高达 30.55%（按美元计算是 20.19%），大大高于同期全国乃至世界的出口增长速度。[①]出口增长速度大大高于世界出口平均增长速度的结果是福建出口商品国际市场占有率逐渐上升（见表 2）。一个国家

---

[*] 本文原载于《中国经济问题》2001 年第 2 期，共同作者：张明志。

① 由于缺乏出口产品的物价指数数据，这些增长速度包含了物价变动的因素。

或地区出口商品国际市场占有率的变化在相当程度上反映了该国（地区）出口竞争力的演变。

表 1　　　　　　　福建与部分国家、地区的外贸依存度比较　　　　单位：%

国家（地区）	1985 年	1990 年	1995 年	国家（地区）	1985 年	1990 年	1995 年
福建	13.17	43.37	56.41	马来西亚	150.9	137	174.5
广东	—	128.56	151.42	泰国	40.2	65.9	76.4
中国	23	29.7	40.3	菲律宾	32.6	47.6	61.8
日本	22.8	17.8	15.2	印度尼西亚	31.8	44.8	43.6
韩国	62.5	53.1	57.2				

资料来源：《世界银行发展报告》，1997 年度；《联合国国际贸易年鉴》。转引自吴建伟：《国际产业间产业竞争与市场容量》，上海三联书店 1999 年版。福建数据根据《福建统计年鉴（2000）》计算得出。

表 2　　　　　　　1980～1998 年福建出口商品国际市场占有率

项目	1980 年	1985 年	1990 年	1995 年	1996 年	1997 年	1998 年	年递增（%）
世界出口总额（亿美元）	20280	19370	33850	49280	51480	53230	52250	5.40
福建出口总额（亿美元）	3.637	5.572	24.491	79.081	83.824	102.556	99.639	20.19
国际市场占有率（%）	0.018	0.029	0.072	0.160	0.163	0.193	0.191	14.02

资料来源：世界出口额数据来自 WTO，转引自中国经济信息网数据库，福建数据根据《福建统计年鉴（2000）》计算得出。

由于美国市场是世界上最大的发达国家市场，是所有外国竞争者都想抢占的市场，所以美国的外国商品市场占有率对衡量除美国以外各国（地区）的国际竞争力有不同于国际市场占有率的价值。因此，以美国的外国商品市场占有率作为检验各国（地区）商品竞争力是国际贸易研究的常用方法之一。表 3 是1990～1999 年福建出口商品的美国外货市场占有率。

表 3　　　　　　　1990～1999 年福建出口商品的美国外货市场占有率

年份	美国进口总额（亿美元）	福建对美国出口额（亿美元）	福建商品的美国外货市场占有率（%）
1990	5189.87	2.6790	0.0516
1991	9300.93	4.2117	0.0453
1992	5539.93	6.6785	0.1206
1993	6034.38	7.4217	0.1230
1994	6892.15	10.2750	0.1491
1995	7709.58	11.3078	0.1467
1996	8178.00	11.8371	0.1447

年份	美国进口总额（亿美元）	福建对美国出口额（亿美元）	福建商品的美国外货市场占有率（%）
1997	—	19.5764	—
1998	9446	22.0214	0.2331
1999	10599	25.5434	0.2410
年递增率（%）	8.26	28.47	18.68

资料来源：美国进口总额数据来自《中国对外经贸年鉴》，福建对美出口额数据来自《福建统计年鉴》。

1980~1999年的福建商品出口增长率、世界市场占有率以及1990~1999年的美国外货市场占有率的扩张都说明，这20年是福建出口竞争力和国际竞争力上升最快的时期，但是各个阶段的发展态势不同。福建出口增长最快，国际市场占有率扩张最快的时期是1986~1995这10年。1986~1990年年均出口增长50.93%，国际市场占有率年均增长19.95%，1991~1995年，则分别为38.97%和17.32%。1995年后速度明显下降。1996~1999年骤降为6.7%和6.08%，[①] 1995年、1996年，福建商品的美国外货市场占有率连续两年出现萎缩态势。由于东亚及东南亚金融危机，亚洲市场大幅度萎缩，1998年起，美国成为福建第一大出口市场，对美国出口比重从1997年的19.09%上升到1999年的24.62%，才使福建商品的美国外货市场占有率恢复上升。

二

分时期数据提出了一个问题：20世纪90年代中期之后，福建出口依存度下降，是不是因为福建经济在经历了主要依靠外需增长的起飞阶段之后，已经进入了逐渐转向依靠内需的阶段？答案是否定的。因为，首先，目前福建经济仍处在起飞阶段中期；其次，韩国、马来西亚等国的90年代中期的外贸依存度数据说明，出口导向经济即使完成经济起飞之后一段时期里，仍然保持较高的外贸依存度。因此，不能不认为，福建自90年代中期以来出现出口依存度下降，是经济国际竞争力提升速度趋缓的反映。经济全球化时代，尤其是对福建这样的出口导向经济而言，国际竞争力提升趋缓显然是一个值得充分重视的问题。

为了探讨出口依存度下降原因，我们对福建出口产品结构变动进行分析。

---

① 国际市场占有率为1996~1998年平均增长率。

从表4可以看出，20年来，随着福建出口迅速增长，出口产品结构也不断变化。第一个重大变化发生在1985年，工业制成品出口比重超过了初级产品。至1999年，初级产品出口比重下降到12.1%。工业制成品出口比重则逐年上升，1985年是55.3%，1999年达到87.9%。其中，杂项制品比重不断上升，1995年达到最高峰，占全部出口的57.5%。1995年起，福建出口产品结构发生了第二个重大变化，杂项制品出口比重开始下降，机械及运输设备类产品出口比重开始上升。1998年、1999年化学品及有关产品、按原料分类的制成品和机械及运输设备三项合计已分别占工业制成品出口的50.17%和49.49%，与杂项制品平分秋色，改变了此前杂项制品的比重大于其余三项之和的局面。

表4　　　　　　　　　　　福建出口商品分类构成　　　　　　　　　单位：%

项目	1985年	1990年	1995年	1996年	1997年	1998年	1999年
出口总值	100	100	100	100	100	100	100
一、初级产品	44.7	21.8	20.3	19.9	19.2	13.1	12.1
食品	32.8	15.7	13.9	13.6	14	10.7	11.1
饮料及烟草	……	0.6	1.2	1.7	0.9	0.3	0.1
非食用原料	11.2	5	4.9	3.6	3.3	1.2	0.6
矿物燃料	0.3	0.2	0.2	0.3	0.4	0.7	0.3
动、植物油、脂及蜡	……	……	—	0.7	0.6	0.2	……
二、工业制成品	55.3	78.2	79.7	80.1	80.8	86.9	87.9
化学品及有关产品	4.4	2.3	1.2	1.8	1.9	5.3	3.5
按原料分类的制成品	8.5	5	4.5	5.5	6.0	17.9	16.1
机械及运输设备	5.7	20.1	16.5	18.7	19.3	20.4	23.9
杂项制品	36.7	50.8	57.5	52.8	51.6	43.3	44.4

资料来源：《福建统计年鉴（2000）》。1985年、1990年、1995年的杂项制品比重是作者推算的。

福建的工业化进程相当迅速，但是由于基础差，产业结构水平至今仍低于全国平均水平。这一点从福建出口产品中初级产品和杂项制品的比重始终高于全国平均水平，而工业制成品、机械及重化工业产品比重始终低于全国平均水平可以看出（见表5）。

表5　　　　　　　　　　　中国出口商品分类构成　　　　　　　　　单位：%

项目	1985年	1990年	1995年	1996年	1998年	1999年
出口总值	100	100	100	100	100	100
一、初级产品	50.6	25.6	14.4	14.5	11.2	10.2
食品	14.1	10.6	6.7	6.8	5.8	5.4

项目	1985 年	1990 年	1995 年	1996 年	1998 年	1999 年
饮料及烟草	0.4	0.5	0.9	0.9	0.5	0.4
非食用原料	9.7	5.7	2.9	2.7	1.9	2.0
矿物燃料	25.9	8.4	3.6	3.9	2.8	2.4
动、植物油、脂及蜡	0.5	0.4	0.3	0.3	0.2	0.1
二、工业制成品	49.5	74.4	85.6	85.5	88.8	89.9
化学品及有关产品	5.0	6.0	6.1	5.9	5.6	5.3
按原料分类的制成品	16.5	20.3	21.7	18.9	17.6	17.1
机械及运输设备	2.8	9.0	21.1	23.4	27.3	30.2
杂项制品	12.8	20.4	36.7	37.3	38.2	37.1
未分类的商品	12.4	18.7	0	0	0.0	0

资料来源：《中国对外经济贸易年鉴》（1997 年、1998 年）。其中，1998 年和 1999 年的数据来自《对外经济贸易简要统计》（1999 年）。

　　福建 20 世纪 90 年代中期起出口依存度逐步下降，产业发展中出现断层是重要原因。福建 80 年代中期开始的第一次出口结构调整进展比较顺利，十年完成了从初级产品出口为主向以杂项制品出口为主的转变。在这个调整过程中，福建利用劳动力资源丰富这一比较优势，发展劳动密集型产业，不仅较快地实现了产业结构和出口结构的调整，而且在调整中出口迅速扩张，推动了福建国民经济的快速增长。经济结构转型与经济增长相互促进。90 年代中期福建进入了第二次经济结构调整期，从原来的杂项产品出口为主向机械、重化工业产品出口为主转变。与第一次转变相比，它显得比较缓慢。在经历了十多年的高速增长，人均收入水平大幅度提高，工资成本的上升导致了杂项产品逐渐丧失竞争优势的同时，福建工业基础薄弱，资本、技术密集型产业落后的缺陷逐渐显示出来，表现为替代杂项产品出口的其他工业制成品国际竞争力上升缓慢。它是 1994 年之后福建出口增长率不断下降的重要原因之一。

三

　　对福建出口产品进行的贸易竞争指数计算及分析，进一步证实了上述分析结论。根据贸易竞争指数的定义,[①] 我们计算了福建 1998 年和 1999 年出口产品的贸易竞争指数。一般认为,贸易竞争指数大于等于 0.5 的可视为出口竞争力强的产品或行业;贸易竞争指数在 0~0.5 之间是出口竞争力较强的产品或行业;贸易竞争指数小于等于 0 则是出口竞争力较弱或很弱的产品或行业。依此标准,对 1999 年海关进出口数据进行计算,把福建的各主要产品或行业划分为三大类,即出口竞争力强、较强和较弱或很弱的行业,考察产业间出口竞争力的状况。

(一) 福建出口竞争力强的行业

从表 6 可以看出,1999 年,福建出口产品中贸易竞争指数最高的前三名是蔬菜及水果,咖啡、茶、可可、调味料及其制品,服装及衣着附件。从行业的角度看,有意义的分析要求该类产品或产业的贸易额有一定规模。我们把超过 1 亿美元的出口竞争力强的行业列出如下:鞋靴,服装及衣着附件,非金属矿物制品,蔬菜及水果,鱼、甲壳及软体类动物及其制品,软木及木制品(家具除外),家具及其零件、褥垫及类似填充制品,旅行用品、手提包及类似品,摄影器材、光学物品及钟表。在这九类产品中,五类属于杂项制品,其余的四类分别属于按原料分类的制成品和食品及活动物类。可见,福建出口竞争力强的几乎全是劳动密集型的行业,主要是轻工和纺织产品或工农业初级产品。

表 6　　　　　　　　　　1998~1999 年福建省竞争力强的行业

国际贸易标准分类	出口	进口	贸易竞争指数
肉及肉制品	1785	87	0.9071
鱼、甲壳及软体类动物及其制品	55816	7951	0.7506
蔬菜及水果	45253	399	0.9825
糖、糖制品及蜂蜜	668	168	0.5981

---

① 贸易竞争指数的定义是:$(E_i - I_i)/(E_i + I_i)$,$i = 1,2,\cdots,n$;这里 I_i 表示某国(地区)i 类产品的进口总额,E_i 表示某国(地区)i 类产品的出口总额。贸易竞争指数表明一个国家(地区)的 i 类产品主要是输出国(地区)还是输入国(地区)。贸易竞争指数为正值时表示本国(地区)对 i 类产品的生产超过了本国(地区)的需求,也表示该国(地区)i 类产品的生产效率高于国际水平,对于世界市场来说,该国(地区)是该产品的提供国(地区),具有较强的出口竞争力;贸易竞争指数为负值时表明该国(地区)i 类产品的生产效率低于国际水平,出口竞争力较弱;贸易竞争指数为零时说明该国(地区)i 类产品的生产效率与国际水平相当,其进出口纯属与国际上进行品种交换。所以,贸易竞争指数又称为"水平分工度指标",表明各类产品的国际分工状况,描述的是国(地区)与国(地区)之间的关系。比较各国(地区)贸易竞争指数的数值,就可以看出世界市场上各类产品提供国(地区)的分布。

国际贸易标准分类	出口	进口	贸易竞争指数
咖啡、茶、可可、调味料及其制品	6262	57	0.9820
烟草及其制品	813	233	0.5545
无机化学品	8703	1784	0.6598
软木及木制品（家具除外）	13781	1375	0.8186
非金属矿物制品	69738	13070	0.6843
活动房屋，卫生 水道 供热及照明装置	2163	239	0.8010
家具及其零件，褥垫及类似填充制品	22901	680	0.9423
旅行用品、手提包及类似品	19445	435	0.9562
服装及衣着附件	101383	1509	0.9707
鞋靴	151256	5967	0.9241
摄影器材、光学物品及钟表	19982	5527	0.5667

资料来源：根据《福建统计年鉴（2000）》中有关数据计算。

这个结论从福建1998年、1999年的十大出口商品中也可以得到证实(见表7)。

表7　　　　　　　　　1998年、1999年福建前十名出口商品

1998年			1999年		
商品名称	金额（万美元）	占出口总额比重（%）	商品名称	金额（万美元）	占出口总额比重（%）
鞋类	149966	12.42	鞋	300391	17.02
服装及衣着附件	102103	8.46	塑料制品	53173	3.01
纺织纱线、织物及制品	54628	4.52	针织或钩编的服装	48651	2.76
塑料制品	42928	3.56	制作或保藏的河鳗（烤鳗）	42228	2.39
蔬菜	22985	1.90	显示器	41442	2.35
灯具、照明装置及类似	16848	1.40	花岗岩石材及制品	39608	2.24
船舶	14722	1.22	非针织或钩编织物制服装	37802	2.14
贵金属或包贵金属首饰	14282	1.18	飞机及直升机的装配零件	20872	1.18
伞	13832	1.15	家具	19847	1.12
水海产品	12449	1.03	旅行用品及箱包	19381	1.10

资料来源：根据《福建统计年鉴（2000）》中有关数据计算。

从表7可以看出，1998年福建最大宗的出口产品是鞋类，出口额达到149966万美元，占出口总额的12.42%；第二大出口产品是服装及衣着附件，出口额为102103万美元，占出口总额的8.46%；接下来是纺织纱线、织物及制品和塑料制品，分别为54628万美元和42928万美元，它们分别占出口总额的4.52%和3.56%。四类产品之和占总出口的28.96%。其余六种商品占出口

总额比重均在2%以下。1999年与1998年基本相似。

（二）福建出口竞争力较强的行业

以1999年的数据为准，表8中列出了出口额超过1亿美元的产品（行业）：办公用机械及自动数据处理设备，电信及声音的录制及重放装置设备，其他运输设备，金属制品，陆路车辆（包括气垫式），专业、科学及控制用仪器和装置。在这六类产品中，四类属于机械及运输设备类产品，其余两类分别为按原料分类的制成品和杂项制品。可见，到1999年，福建出口竞争力较强的行业以机械及运输设备类产品为主。值得注意的是，尽管机械及运输设备类产品的出口竞争力在上升，但是1999年的十大出口商品中，机械及运输设备类产品只有两项：显示器和飞机及直升机的零配件，而且两项之和不到出口总额的4%。

表8　　　　　　　　　1998年、1999年福建竞争力较强的行业

国际贸易标准分类	1998年			1999年		
	出口（万美元）	进口（万美元）	贸易竞争指数	出口（万美元）	进口（万美元）	贸易竞争指数
杂项食品	2742	2562	0.0339	2614	2046	0.1219
饮料	211	247	−0.0786	287	111	0.4422
油籽及含油果实	60	65	−0.0400	101	77	0.1348
其他动、植物原料	2806	712	0.5952	2078	970	0.3635
医药品	9006	2410	0.5778	7487	4855	0.2133
精油、香料及盥洗、光洁制品	2889	881	0.5326	2944	1147	0.4393
橡胶制品	8437	1894	0.6333	7696	5590	0.1585
金属制品	21096	9858	0.3631	22808	11110	0.3449
办公用机械及自动数据处理设备	41956	8813	0.6528	58909	20416	0.4853
电信及声音的录制及重放装置设备	36026	21880	0.2443	38093	19956	0.3124
陆路车辆（包括气垫式）	8588	3340	0.4400	11264	4039	0.4721
其他运输设备	31311	18794	0.2498	35224	23546	0.1987
专业、科学及控制用仪器和装置	7456	6464	0.0713	11198	8527	0.1354

资料来源：根据《福建统计年鉴（2000）》中有关数据计算。

（三）福建出口竞争力较弱或很弱的行业

以1999年的数据为准，表9中列出了进口额超过1亿美元的产品（行业）：电力机械、器具及其电气零件，纺纱、织物、制成品及有关产品，初级

形状的塑料，特种工业机械设备及零件，动力机械及设备，钢铁，通用工业机械设备及零件，有机化学品，有色金属，皮革、皮革制品及已鞣毛皮，石油、石油产品及有关原料，谷物及其制品，纸及纸板、纸浆、纸及纸板制品，生橡胶（包括合成橡胶及再生橡皮），天然气及人造气。在这十五类产品中，除了有四类产品是初级产品外，其余十一类产品都是工业制成品，其中五类产品属按原料分类的制成品，四类属机械及运输设备类产品，剩下两类是化工类产品。这说明：一是福建已经越过了依靠自然资源密集型产品出口的经济发展初期阶段，但是，由于工业性自然资源相对稀缺，因此，依靠自然资源的产业出口竞争力至今仍然很弱；二是资本密集型、技术密集型产业仍然是福建竞争力最弱的产业。

表 9   **1998 年、1999 年福建竞争力较弱或很弱的行业**

国际贸易标准分类	1998 年			1999 年		
	出口（万美元）	进口（万美元）	贸易竞争指数	出口（万美元）	进口（万美元）	贸易竞争指数
活动物	381	183	0.3511	236	239	− 0.0063
乳品及蛋品	553	1020	− 0.2969	527	1286	− 0.4186
谷物及其制品	170	1893	− 0.8352	369	1196	− 0.5284
饲料（不包括未碾磨谷物）	956	11142	− 0.8420	1464	13899	− 0.8094
生皮及生毛皮	4	384	− 0.9794	1	185	− 0.9892
生橡胶（包括合成橡胶及再生橡皮）	1468	13447	− 0.8032	58	10262	− 0.9888
软木及木材	877	1503	− 0.2630	798	2743	− 0.5493
纸浆及废纸	42	5282	− 0.9842	22	4489	− 0.9902
纺织纤维（羊毛条除外）及其废料	3692	20365	− 0.6931	336	7041	− 0.9089
天然肥料及矿物（煤石油及宝石除外）	2791	4757	− 0.2605	2992	8758	− 0.4907
金属矿砂及金属废料	16	3522	− 0.9910	128	4351	− 0.9428
石油、石油产品及有关原料	5928	15642	− 0.4503	3079	16751	− 0.6895
天然气及人造气	1008	5043	− 0.6668	63	10138	− 0.9876
动物油、脂	7	35	− 0.6667	1	137	− 0.9855
植物油、脂	2318	5382	− 0.3979	226	3518	− 0.8793
已加工的动植物油、脂及动植物蜡	25	254	− 0.8208	29	744	− 0.9250
有机化学品	14587	24338	− 0.2505	7932	24994	− 0.5182
染料、鞣料及着色料	1614	6424	− 0.5984	970	7535	− 0.7719
制成废料	6	3188	− 0.9962	43	1785	− 0.9530
初级形状的塑料	9290	63310	− 0.7441	935	44018	− 0.9584
非初级形状的塑料	1787	7234	− 0.6038	1883	8241	− 0.6280
其他化学原料及产品	4599	10174	− 0.3774	5332	9610	− 0.2863
皮革、皮革制品及已鞣毛皮	2731	20749	− 0.7674	1561	17882	− 0.8394
纸及纸板、纸浆、纸及纸板制品	6755	15665	− 0.3974	4409	12943	− 0.4918

国际贸易标准分类	1998 年			1999 年		
	出口（万美元）	进口（万美元）	贸易竞争指数	出口（万美元）	进口（万美元）	贸易竞争指数
纺纱、织物、制成品及有关产品	54605	98745	−0.2878	39913	65736	−0.2444
钢铁	2714	24565	−0.8010	3461	29661	−0.7910
有色金属	5249	20868	−0.5980	3500	19921	−0.7011
动力机械及设备	7553	39408	−0.6783	7573	32288	−0.6200
特种工业机械设备及零件	1678	37229	−0.9137	2310	37216	−0.8831
金工机械	535	7052	−0.8590	452	5849	−0.8565
通用工业机械设备及零件	11855	34098	−0.4840	14563	28896	−0.3298
电力机械、器具及其电气零件	63314	93897	−0.1945	79514	130949	−0.2444

资料来源：根据《福建统计年鉴（2000）》中有关数据计算。

四

把本文第二、三部分的统计数据结合分析，可以得出提高福建出口竞争力与加快产业发展的一些结论。

（1）20 年来福建的出口竞争力从而经济的国际竞争力迅速提高。这是根据比较优势原则，利用福建的优势要素赋存，积极参与国际经济分工和国际经济竞争，调整产业结构的结果。福建在 20 世纪 90 年代中期完成了经济结构的第一次调整，产业竞争优势从初级产品过渡到杂项产品。之后进入第二次结构调整阶段，以杂项产品为代表的低技能劳动密集型产业仍然具有很强的国际竞争力，但是开始下降。机械及运输设备类产品的国际竞争力正在上升，但是，目前，其竞争优势仍然低于杂项产品，无法完全取代其在出口中的地位。产业发展中的断层导致了福建近年来出口竞争力的削弱。

（2）机械及运输设备类产品的国际竞争力提高，逐渐替代杂项产品的地位，代表着福建经济发展的一个新的阶段。但是这并不意味着比较优势从劳动密集型产业转到资本或技术密集型产业，仅仅是从低技能劳动密集型向技能劳动密集型的过渡。尽管从出口看，福建的机械及运输设备类产品已经具有一定的国际竞争力，但不代表该产业的实际竞争力。因为，在经济全球化条件下，国家或地区间的产业分工已经从产业间（inter-industry）分工进入产业内（intra-industry）分工，一个国家或地区在全球化产业分工中往往仅从事产业内特定产品甚至某类产品价值链中某些环节的工作。高新技术产业中，存在着低技术技能加工环节，传统产业内，也可能存在高技能甚至是高新技术水平的价值增值活动。因此，判断一个国家或地区的产业实际水平，不仅要看它进入哪个产业领域，而且要看从事的特定产品及其加工环节的技术水平。近年来，福建机械及运输设备类产品出口上升是建立在大量进口关键零部件基础上的。这一点从 1998 年和 1999 年福建前十名进口商品中可以看出。

从表 10 可以看出，福建首先主要进口资本或技术密集型产品。1998 年，除纸及纸板、纺织用合成纤维等少数产品外，其他均为资本或技术密集型制成品。它与福建主要出口劳动密集型产品相对应。其次，大量进口关键零部件。1999 年，彩色数据/图形显示管、集成电路及微电子组件和航空器零件进口就占进口总额 11.12%。这些都是机械及运输设备类产品生产所需的关键零部件。所以，如果仅从贸易竞争指数上看，机械及运输设备类产品有一定国际竞争力，但是结合进口来看，就发现，目前福建该类产品的国际竞争力是建立在所需的零部件特别是技术含量高的关键零部件大量进口基础上的。即目前福建该类产业的国际竞争力主要体现在组装能力上。而在这类产业，真正代表行业技术水平的与其说是其整机装配能力，不如说是技术含量高的关键零部件生产能力。因此，近年来该产业国际竞争能力一定程度提高实际上只是福建传统要素优势的升级与行业转移，即从低技能劳动要素优势逐渐向技能劳动要素优势升级，引起了资源从杂项产品为代表的低技能劳动密集型产业向机械及运输设备类产品装配为代表的技能劳动密集型产业转移。某种意义上说，它只是一种产业结构准升级。

表 10   1998 年、1999 年福建前十名进口商品

1998 年			1999 年		
商品名称	金额（万美元）	占进口总额比重（%）	商品名称	金额（万美元）	占进口总额比重（%）
初级形状的塑料	63185	8.78	彩色数据/图形显示管	30025	4.13
钢材	23654	3.29	集成电路及微电子组件	27469	3.78
航空器零件	18531	2.57	钢材	24795	3.41
合成纤维长丝机织物	16829	2.34	航空器零件	23342	3.21
纺织用合成纤维	15411	2.14	牛皮革及马皮革	15988	2.20
成品油	14076	1.96	合成纤维长丝织物	14585	2.01
纸及纸板	12792	1.78	合成纤维纱线	13865	1.91
集成电路及微电子组件	11636	1.62	饲料用鱼粉	13605	1.87
涂覆或浸渍塑料的织物	10476	1.46	成品油	12936	1.78
纺织机械	10227	1.42	纺织机械	11395	1.57

资料来源：《福建统计年鉴（2000）》，中国统计出版社 2000 年版。

（3）重化等资源、资本密集型产业至今仍然是福建国际竞争力最弱的产业。这与福建历史形成的资源禀赋格局一致。20年来，这一状况没有得到改善。20世纪90年代以来，跨国公司在华投资有较大幅度增加。缺乏工业基础的福建在吸引跨国公司投资方面与长江三角洲等地区相比，劣势就显得更为突出。实践证明，资源禀赋状况的改变建立在长期经济增长基础上，因此，应充分认识到克服历史形成的经济基础薄弱的长期性和艰巨性。

（4）广义资源禀赋状况是决定国家或地区产业发展的基本条件，而外部经济环境是影响国家或地区产业发展方向的重要制约变量。1985～1995年，福建的产业结构调整，是根据福建当时的广义资源赋存条件及其在国际经济中的比较优势进行的。它促进了经济高速增长，逐渐改变福建的广义资源赋存条件，从而改变了产业间的比较优势，内生出产业结构调整的要求。因此，不同时期的产业结构调整，都必须根据本地区现阶段的广义资源赋存条件及其在国际经济中的比较优势或潜在比较优势进行。机械及重化工业基础落后，限制了福建第二次产业结构调整速度及出口竞争力的提高，也造就了或正在造就结构调整的特殊路径。从低技能劳动密集型产业转向技能劳动密集型产业，实际上是市场主体在资源赋存限制及全球产业内分工不断发展条件下的理性选择，是福建经济结构调整必须经历的一个阶段。

对于福建经济结构调整特点，引起的理论思考是：经济全球化条件下，开放经济的产业结构升级轨迹可能不同于封闭经济，不一定沿着资源密集型产业—劳动密集型产业—资本密集型产业—技术密集型产业—高新技术产业的发展链条顺序发展。存在着从低技能劳动密集型产业—技能型劳动密集型产业—技术密集型产业的发展可能。如果这个观点可以成立，可以得出的一个政策性结论是：必须充分重视人力资本投资，尤其是技能型人力资本投资在福建未来经济发展中作用。

（5）从参与高新技术产业中较简单技术环节的国际分工和竞争入手，是福建发展高新技术产业较现实的发展途径。高新技术在经济发展中的地位决定了高新技术产业是各国（地区）产业发展的方向。但是，发展高新技术产业必须建立在本地经济、技术的现实基础上。福建现有的工业和科技基础决定了近期在总体上并不具备发展真正高新技术产业尤其是自主知识产权的高新技术产业的比较优势。政府集中资源在特定高新技术产业形成任意比较优势的政策行为即使不是不可能的，也是一种高风险选择。目前比较现实可行的发展道路是从参与高新技术产业中较简单技术环节的国际分工和竞争入手，渐进地发展福建的高新技术产业。以信息技术产业为例，它包括电子计算机制造业、日用电子器具制造业、电子原器件制造业、电信业和计算机及信息处理服务业等。前面分析证明，在真正具有较高技术含量的电子原器件制造业上，福建不具有比较优势，福建在该产业的比较优势是在需要较多劳动力的计算机制造业的装配环节。尽管这意味着目前福建参与国际信息技术产业生产仅处于较低技术层次的分工环节，但却是福建参与信息技术产业国际竞争的重要基础。信息技术产业在全球的迅速发展，将不断扩大产业的市场容量，有利于提高福建该类产品的出口量，促进实现生产的规模经济，带来单位成本的快速下降，促进产业国际竞争力的提高。随着产业的发展，技术与人力资本、物质资本的不断积累，将促使福建从参与较低技术层次的产业内国际分工升级到参与较高技术层次的产业内国际分工，从生产非自主知识产权产品到逐步开发推广自主知识产权的产品，到那时，福建发展具有国际竞争力的高新技术产业也就水到渠成了。

经济特区企业制度改革的
若干问题探讨*

过去的十五年里，我国的经济特区实行比内地范围更广、程度更高的对外开放，通过大规模引进外资、发展外向型经济，使特区商品经济的发展程度领先于全国平均水平，并以此促进了特区经济体制的市场取向改革及经济的较快发展。在新形势下，如何充分利用这一业已形成的体制、区位优势，加快制度创新，实现与国际经济惯例接轨，率先建立较为规范的市场经济体制及运行机制，是一个值得探讨的问题。本文拟就其中的企业制度改革问题作些探讨。

一

企业制度改革是现阶段我国经济体制改革的重点任务之一。对于经济特区的市场经济制度建设来说，则显得更为紧迫。之所以这么说，是因为相对于特区的市场经济发展而言，特区的企业制度改革是滞后的。

观察十五年来各经济特区企业制度尤其是国有企业制度的发展轨迹，其走了一条与内地国有企业大致相仿的道路，即从国有国营到放权让利、责任制、利改税、承包制以至于现在提出的建立现代企业制度。这对于特区企业制度发展来说无疑是走了弯路。这种似乎不可思议的特区企业制度变革轨迹，如果放在这十五年来中国政治经济体制变革的大背景下考察便不难理解。其之所以如此，是因为经济特区的发展及制度建设，从未脱离过整个中国的政治经济局势的影响与制约。更何况中央政府在设立经济特区之初，其目标在于"发展对外

---

* 本文原载于《福建经济》1995 年第 5 期。

经济合作与技术交流……鼓励外国公民、华侨、港澳同胞及其公司、企业，投资设厂或者与我方合资设厂，兴办企业和其他事业。"当时经济特区并不是作为经济体制改革的试验区而主要是作为类似出口加工区或自由贸易区来兴办的，因而作为经济体制改革的示范区并不是一开始就是经济特区的任务。相反，如果追溯一下近十五年来的经济体制改革史，却可以发现包括企业制度改革在内的许多改革举措或制度创新倒是先在内地萌芽的。再加上相当长时间内甚至连要不要对外开放、引进外资，要不要办特区、特区能否以市场调节为主也几度引起意识形态色彩浓厚的争论，作为地方政府的特区政府的理性选择必然是把对特区发展更为重要而且政治风险较小的对外开放、引进外资、发展外向型经济放在工作的首位，这也就造成了与对外开放、外向型经济发展相比，特区在企业制度改革方面的相对滞后。这一滞后主要体现在特区国有企业的制度创新方面：直至 20 世纪 90 年代初，各经济特区的国有企业大部分或绝大部分仍然实行与内地国有企业相同的承包制。因此，特区的国有企业也仍然存在着一些与内地国有企业相类似的问题：

（1）政企分离问题至今未得到妥善解决。特区大部分国有企业至今仍在实行承包经营责任制。承包制无论其采用何种具体形式，究其实质只是政府所有制条件下所有权与经营权在政府与企业之间的某种程度上的分割，因而承包制不能形成企业的独立法人财产权，更谈不上真正的政企分离。目前特区不少企业与政府之间的联系纽带是企业集团，而企业集团的前身大多是政府的主管局或中央部委、各地政府驻特区的办事机构，它们转变为集团公司或总公司之后，其职能并未实现根本转化，仍然是行政管理机构的变体。由于不少集团公司与下属企业之间不存在产权关系，下属企业资产的形成与扩展并不依赖集团公司本部，集团公司无法用财产关系约束下属企业，只能用行政手段干预其经营活动；更因为集团公司的董事长、总经理等一般都是由政府部门派出的，故而其行为仍主要是考虑对政府负责，较少商业行为色彩，这就更使得集团公司的行为具有浓厚的行政管理色彩。

（2）国有资产的市场经济配置结构尚未形成。国有制经济应当在社会主义市场经济中发挥其主导作用，但这种作用的发挥形式是与在计划经济体制下完全不相同的。然而，经济特区在其十五年的发展历程中相当程度上仍然是按照传统体制下的方式配置国有资产的。正是这种忽视市场经济运行机制要求、没有区分外在性经济领域与内在性经济领域活动性质差异，国有制经济比较制度优势的国有资产配置结构，在相当程度上造成了特区国有企业改革中政企难以分离，并使特区国有企业也陷入了与内地国有企业一样的经营效率不高、亏损比重长期高居不下的不利局面。在现有的国有资产配置结构下，希望通过建立国有资产管理机构、实行国有资产授权经营等方式形成现代企业制度，彻底改变国有企业在市场竞争中的被动局面，是不现实的。

（3）企业管理制度及民主制度现代化建设上的落后。这是一个不仅存在于特区国有企业而且也存在于特区其他经济成分企业的问题。现代企业制度的建立是一项内容庞大的系统工程，其中产权制度现代化固然居核心地位，但企业管理制度现代化及企业民主制度现代化也具有不可忽视的意义。如果说对于公有制企业产权关系明晰化、产权制度现代化及产权配置结构合理化是目前亟待解决的问题的话，那么，对于经济特区的各类企业来说，企业管理制度及民主制度的现代化则更是普遍存在、亟待解决的问题。企业组织及管理制度的落后已成为部分特区企业管理不善、经营效率低、严重制约其发展的重要原因。而在部分特区企业尤其是部分"三资"企业中，企业民主制度建设的滞后不仅造成了劳资关系紧张、影响了广大职工生产积极性的发挥，而且在一定程度上构成了对职工基本权益的侵犯，成为引发恶性事故的制度根源。这个问题已经超出了企业内部的制度建设、完善管理的范围，成为特区政府必须运用法律法规手段予以纠正、规范的问题。

上面我们分析了特区企业制度改革相对滞后以及由此带来的一些问题，这些问题的存在是与特区十五年发展过程中的特定历史背景及多方面错综复杂的原因密切相关的。在正视问题存在的同时，也应当看到，由于特区毕竟地处开放前沿，商品经济的发展比内地迅速得多，传统企业制度与商品经济运行机制之间的矛盾也就显得更为突出、尖锐。多方投资主体联合投资形成的企业内多元利益格局要求与传统的大一统企业不同的管理制度与方法；近在咫尺的完全按市场经济规律运行的"三资"企业的竞争及示范作用，对特区的内资企业制度的变革不无影响。因此，特区在企业制度改革方面也做了一些探索，如组建集团公司，部分承担了传统体制下专业主管局的行业管理职能；成立了投资管理公司，探索市场经济条件下政府对国有资产进行价值型管理的方式；进行了股份制改造及建立规范公司制企业的试点；开始实施或准备实施无上级主管部门企业及新的企业开业登记注册制度，等等。

二

特区企业制度改革的相对滞后，说明了它在特区加快建设社会主义市场经济体制中的重要性及紧迫性；另外，由于得益于特区开放经济及商品经济的较快发展，应当说特区在加快企业制度改革方面具有比内地更为有利的基础条件，主要体现在以下五个方面。

（1）多元化的产权结构。通过十五年来的外引内联、发展外向型经济及多种经济成分，目前各经济特区已经初步形成了以市属国有企业、内联企业、集体企业、"三资"企业、民营企业及个体企业等多种经济成分并存的国民经济产权结构。与内地城市相比，特区的企业类型构成中国有企业的比重相对较小，而且包含了市属国有企业与内联企业两类不同的企业；"三资"企业、民营、个体企业以及集体企业等独立市场主体或接近于独立市场主体的企业比重较大。这种国民经济产权结构显然是更有利于向市场经济体制过渡的，而且也有利于国有企业改革的顺利实施。

（2）近年来已经制定、颁布并开始实施建立现代企业制度的若干法律法规，在有的特区部分企业已经完成公司化改造工作，建立了有限责任制度；部分公司向社会募股并成为上市公司，其中有些股份公司由于较好地实现了股权多元化、分散化，并建立起较规范的公司组织制度，较成功地实现了向现代企业的转化。它们的探索及经验对特区政府推行现代企业制度政策的制定具有重要的借鉴参考意义。

（3）建立或正在建立国有资产管理公司，对国有资产进行清产核资，对部分市属国有企业开始实行由国有资产管理部门派出董事长制度；进行了国有资产授权经营的试点工作，探索市场经济条件下对国有资产的管理方式。

（4）劳动力市场已经基本形成，劳动者市场求职成为就业的重要方式；专业化的经理阶层已经开始形成，它为建立经理市场、运用市场经济方法选聘企业管理者创造了前提条件。

（5）社会化的社会保障体系已在建立之中，住房商品化不断发展，它们为打破人才的单位所有制、实现劳动力的自由流动创造了必要的前提。

三

特区迅速发展的商品经济、外向型的经济格局、业已形成的多元经济成分，为特区现代企业制度的发展提供了一个较好的基础。因此，特区在发展现代企业制度、构建社会主义市场经济微观基础，从而形成较规范的市场经济运行机制方面，应当而且有可能比内地率先一步。然而，在看到经济特区具有的优势的同时，也应认识到要实现这一任务尚有许多艰巨的工作有待完成。

在发展现代企业制度、促进特区社会主义市场经济发展的过程中，面临的首要任务是国有制经济的改革。

国有制经济的改革首要问题是国有产权配置结构的调整。只有将多年计划经济运行形成的国有资产的计划经济配置结构调整为市场经济配置结构，同时进行企业制度的改革与创新，方能从目前国有企业改革的两难局面中走出来，建立起一个既符合其基本制度性质要求，又能充分发挥在市场经济条件下对国民经济起主导作用的国有制经济。

国有资产配置结构调整的方向是，将现有配置在竞争性领域的国有资产逐步转移到外在性经济领域。国有制经济的基本制度性质决定了它的比较制度优势是外在性经济领域；而社会主义市场经济条件下国家实现其对国民经济宏观调控的作用方式也要求以国有制经济在外在性经济领域的活动对其他经济成分市场主体进行利益诱导，实现国有经济的主导作用。再从经济发展的角度看，作为发展中国家，我国将在相当长时期内面临着严重的资本不足问题，在外在性经济领域这一问题显得更为严重，因而逐步地将配置在竞争性领域的国有资产转移到外在性经济领域，无论是对国有制经济还是国民经济的长远发展都具有深远的意义。首先，它有利于摆脱国有企业改革目前面临的两难局面，从根本上改变由于国有制经济配置在非制度优势领域而造成的在激烈的市场竞争中处于相对劣势的态势，制止因此造成的国有资产流失，卸下财政为此背上的沉重负担；其次，相对而言外在性经济领域更难以从民间获得资金，将原先配置在竞争性领域的国有资产转移到外在性经济领域，将有利于改善全社会的资源配置状况，提高整个国民经济的总体效率水平，提高国家的宏观经济调控能力。因此，根据国有产权的分布结构，选择能够充分发挥其制度优势、提高全社会总体经济效率水平及福利水平的产权制度实现形式，显然是国有产权制度改革的一条更为现实的道路。

在不考虑国有资产从计划经济配置结构转向市场经济配置结构情况下，仅仅实现国有企业现代企业制度化，是无法使现有的国有企业成为真正的独立市场主体的，难以彻底解决传统体制下政府与国有企业之间的行政干预、无限责任等问题。相反，在实现上述转向前提下，国有企业建立以公司制尤其是以股份公司为代表的现代企业制度，通过股份化实现政府对国有资产从实物形态管理转向价值形态管理，一方面使国有企业从传统的国营制度转向以公司制为代表的现代企业制度，通过建立企业的法人财产权使企业与其投资者在财产上完全分离，成为互相分开、彼此独立、各自具有独立的法律地位的不同所有者；另一方面也为国家通过股权转让形式调整国有资产的配置结构创造了可能。国家通过对国有股股权的转让，第一，将使国有资产从传统的计划经济配置结构逐步转向市场经济配置结构；第二，使处于竞争性领域的国有企业逐步切断与国家的产权联系，摆脱政府对企业的行政指令干预，成为真正的独立市场主体；第三，以此为手段始终控制并促进国民经济中带头产业及支柱产业的发展，实现对国民经济的宏观调控。

与内地有所不同的是，特区国有企业包含了市属国有企业与内联国有企业两大部分。对特区政府来说上述政策选择主要适用于市属国有企业这一块。其之所以如此，是因为：首先，这部分企业的产权属于特区政府，由于所有权结构单一，特区政府是它们唯一的或者最大的所有者，因而特区政府可以自主地进行这一政策选择；其次，特区的进一步发展要求在基础设施方面更大的投入。利用外资（如 BOT 方式）、吸引内资与民间资金是值得考虑的方式，但它们都面临着这样的问题：基础设施项目普遍存在的外在性，使之对以营利为目的的外资、内资及民间资金没有足够的吸引力。为了吸引投资，在其他方面给予过多补偿（例如授予垄断经营权、出让相关土地使用权等），从特区长远发展及资源赋存情况看显然不经济。对市属国有企业实行这一改革实际上是资金利用上的置换替代，间接地吸收内资、民间资金以至于外资用于特区经济基础设施的建设。这种方式，除上述对特区市场经济体制形成方面的好处之外，还使得经济基础设施建设的主动权操在特区政府手中，避免了资金盈利要求对公共基础设施建设规划的干扰及所带来的社会利益损失。

内联企业是特区国有企业的另一部分，由于这类企业的所有权不属于或部分不属于特区政府，因而上述改革措施不适用于它们。特区政府颁布实施统一的企业制度改革政策，有利于促进内联企业提高经营自主权及效率。在实现内联企业的现代企业制度改革的同时，必须尽可能地实现其产权结构的多元化，改变其产权主体主要是各地、各类政府机构的格局，使之成为混合产权主体的法人企业，建立有效的所有者监督、约束机制，以遏制代理人的机会主义倾向。

现代企业的产权制度关系现代化，不仅包括产权关系明晰，而且包括一整套适应现代市场经济运行机制要求的制度规范。因此，不仅国有企业，而且特区的其他企业也有一个产权制度现代化问题。特区其他经济类型企业的产权制度现代化及政府企业制度政策是一个内容广泛、需专门探讨的问题。

四

产权制度现代化是建立现代企业制度的核心问题。但是，它并非建立现代企业制度的全部内容，它的根本意义在于建立起一个促进企业长期地去追求高效率经营目标的经济动力机制。然而，具有这一动力机制的企业能否实现其经营目标，还取决于相关的制度保障。

首先，必须实现企业管理制度的现代化。管理制度现代化的目的在于通过管理制度的科学化、规范化构建一个实现高效率的运行机制，使企业的高效率经营的经济动力机制获得必要的制度保障，使之从可能性转化为现实性。企业管理制度现代化是特区各类企业在建立现代企业制度中都必须重视的问题。

其次，必须加强企业民主制度建设。这是建立现代企业制度中需要引起重视的另一制度建设问题。现代产权制度与现代企业管理制度是世界各市场经济国家现代企业制度的一般内容。然而，各国的社会历史、人文背景各不相同，作为现代企业制度的一般内容必须与各国的国情相结合，方能形成与本国独特的社会历史、文化背景相适应的现代企业制度。现代产权制度、现代企业管理制度与现代企业民主制度在形成现代企业制度中有着不同的功能。如果说前二者侧重于对企业所有者、经营者以及经营管理人员之间的权利界定及行为规范，意在以此建立起一套使企业能够高效率运营的经济动力体系及相应的运行体系，那么，企业的民主制度建设则主要是从企业员工等基层人员的参与权力和参与方式角度，构建企业实现高效率运营所需的内部协调体系。现代企业的运行实践证明：良好的企业民主制度有助于形成团结一致的企业文化、企业精神和企业凝聚力，有效地调动企业员工的生产经营积极性，企业团队精神的形成能够替代和减少企业内部的监督和运行费用，减少内部冲突与摩擦成本；企业员工广泛参与企业决策的酝酿与制定，不仅有利于企业生产经营决策的科学性与务实性，而且有利于决策的顺利实施。更进一步地说，企业民主制度的建设还涉及企业职工合法权益的保护问题。在经济特区，"三资"企业占较大比重，在各类企业中外来劳工亦为数不少，这就使建立企业民主制度及其相应的组织机构如工会等具有更为重要的政治经济意义。

实现企业管理制度现代化，加快企业民主制度建设，有相当部分内容属于企业内部的问题。从市场经济条件下企业是独立自主的市场主体这一角度看，政府无须越俎代庖。但是，企业管理制度现代化和企业民主制度建设中的有些问题，或是涉及我国社会制度所决定的基本价值判断问题，或是关系到整个社会经济正常运行的基本制度规范问题，或是需要政府协助创造一个良好的外部环境，因而在这些方面政府应当有所作为。

论外商投资的社会经济效益评估*

改革开放十多年来，我国经济发展中最令世人瞩目的成就之一是在利用外资方面所取得的成功。随着利用外商投资规模的不断扩大，外资对我国社会经济生活的影响日益明显。当前我国正进入改革开放的又一新阶段。值此之时，对利用外资的社会经济影响进行科学系统的评价，全面、准确地反映它所带来的各种经济、社会效益，以及支付的经济、社会成本，进行客观的比较分析，对于我们更好地贯彻党的改革开放路线具有十分重要的意义。本文试就外商投资社会经济效益评价中的若干基本理论问题作些探讨。

一、评价范围界定在外商直接投资方面

外商投资是个笼统的概念，它包括直接投资和间接投资，二者从投资方式、投资目的到投资后果均有所不同。直接投资指投资者直接在别国以各种形式设立厂矿等企业的投资方式，其基本特征是投资者取得投资企业的部分或全部控制权，直接参与经营管理和利润分配。一般界限是：凡一国居民或企业掌握外国公司25%以上股权，就可以有效地参与该公司经营管理，从而应算作直接投资。个别国家当投资者拥有投资企业10%股权，就算是直接投资了。间接投资是指投资者不直接拥有企业控制权而旨在获得资本利息收入的投资，其形式主要有政府贷款、国际金融组织贷款、商业银行信贷、出口信贷、租赁信贷、发行国际债券等。

与间接投资相比，外国直接投资对东道国特别是发展中国家的社会经济影响更深刻、更全面、更复杂。这表现在以下几个方面。

---

* 本文原载于《厦门大学学报（哲社版）》1993 年第 1 期，共同作者：翁君奕、朱崇实。

（1）外国直接投资可以比较全面地带入知识资产。知识资产包括技术工艺知识、组织管理技能、市场经验和销售技能等。利用外国间接投资，债务国一般用它购买设备、原材料等或专利技术、生产许可证等单项的知识资产，不可能获得全面的知识资产。而利用外国直接投资，由于投资者必须参与经营，承担经营风险，因而迫使他将所拥有的知识资产投入其投资项目中。在生产过程，投资外商通过生产工艺设计、员工培训、生产管理等将知识资产转移进来，随后，又通过运用其销售网络及技巧发挥其在市场经验、销售技能方面的优势。对投资外商而言，他运用这些知识资产的边际成本是近乎或等于零的；而对东道国企业来说，要独立获得同样的知识资产就要付出全部费用。因而，直接投资所产生的知识资产的转移和扩散，对东道国是有利的。

（2）外国直接投资对东道国的政治经济主权潜在侵害较大。利用间接投资，除因举债过多造成债务危机而受制于人外，一般不会对本国政治经济主权造成侵害。而利用直接投资则不同。例如，关联企业利用转移定价逃避东道国的税收；跨国公司为了牟利可以在子公司之间任意调动资本，扰乱东道国市场；以及外资进入东道国的关键经济部门后，若东道国与投资外商（及其所在国）的利益发生重大冲突，外资会以其地位相要挟，拒绝按东道国的政策办事，从而构成对东道国主权的直接侵害，等等。

（3）东道国与直接投资者之间利益分配更不确定。间接投资的协议都明确规定了借款利率及还本付息的期限，对外国证券的投资者来说，由于国际债券市场有相当严格的管理制度，发行者资格和担保人条件均受过严格审查，因而投资及收益是有保障的；商业性贷款虽然风险较大，但通过加强风险管理，充分把握借款者财务状况，运用抵押及提高担保条件等则可以相对有效地消除风险。

直接投资则对双方风险都较大。它无法像间接投资那样在签约时尽可能地排除大部分风险。对投资外商来说，他们把包括知识资产在内的各种生产要素一揽子地投入东道国办企业，其间东道国社会经济状况及政策的变化随时改变其经营环境，严重影响投资收益，这种变化显然难以预料。而对东道国来说，既有的涉外经济法规政策及与外商签订的投资协议并不能保证实现其目标。如投资外商特别是跨国公司利用内部交易转移利润，利用东道国税法和管理中的漏洞合法或非法地避税，使东道国的应得利益大量流失，而扩大就业，吸收先进技术，促进出口等其他目标也存在着类似问题。

这些都说明了直接投资与间接投资的性质差异。在对国内经济影响上，利用间接投资除资金来源不同外，其他与国内企业的设备、技术进口是大致相同的，而利用直接投资则有许多特殊之处。因此，我们认为，评价外商投资的社会经济效益必须区分直接投资与间接投资，并把评价范围限定于前者。

二、外商投资社会经济效益评价的特点

（1）评价对象及内容的综合性。外商投资对一国（地区）的影响极其广泛，举凡经济、技术、社会、环境、文化观念、体制等均可见其影响，而上述各项各自又包括许多方面。以经济而言，就包括财政、外贸、外汇、就业、收入与消费、产业结构以至市场发育等，涉及社会再生产全过程，横跨宏微观经济领域。而且，由于外商投资社会经济效益评价是对一国（地区）一定时期内的全部外商投资项目效益的综合评价，众多项目的间接影响汇集在一起，对经济全局的影响相当可观，因而，系统、科学地评价外商投资的社会经济效益，必须尽可能全面地估价其各方面的直接和间接、正和负的影响及其相互制约关系。

（2）评价基点的本体性。效益评价建立在对成本效益的正确识别基础上。在不同层次、角度的效益评价中，成本效益具有相对性，它们依主体划分的不同而不同。因此，任何效益评价都必须正确确定评价基点。外商投资社会经济效益评价基点的本体性指的是在评价时要以我为基点，在我方及外方之间严格区别成本及利益的归属。利益归属性是评价外商投资社会经济效益与国内企业经济效益的最大差别之一。评价外商投资的社会经济效益，不仅要看其经营效率，而且更要看我方由此得到的各种实际收益及相应成本的大小。本体性内涵在现实生活中颇为复杂。它既不能简单地等同于外商投资企业的资方或劳方利益，也不等于外商投资所产生的我方财政收入或国民收入增量。大体说来，仅就本币效益而言，外商投资给我方带来的经济效益，相当于按国民原则计算的国民收入增量减去居留我国一年以上的投资外商及外籍员工的要素收入。而其他社会经济效益就更复杂。

（3）评价视角的事后性。经济效益评价按时间视角分，有事先评价和事后评价两种。前评价的作用是提出各种方案供决策者作出科学的取舍；后评价的作用则是将经济活动的结果与原拟目标进行比较，总结经验教训以利改进。外商投资社会经济效益评价一般只进行后评价。因为实施引进外商投资政策之初，政府只能确定战略性目标，难以具体把握前来投资的外商数目、规模、类型等，更遑论将发生的成本效益。而引进外商投资过程中，又都是逐个进行项目审查而无法做整体的估价。因此，只能在引进外商投资相当时间后，对社会范围的成本效益进行核算对比，评价政策及其执行效果。

（4）评价时点的开放性。对外开放是我国的长期国策。因而，评价视角的事后性仅有相对意义，即相对于评价地区开放之初而言，并非指停止引进外商投资之后，或所有外商投资项目经营期结束之后。由于外商不断前来投资，其经营期限是开放的，因而产生的成本效益流量是不间断的。这决定了外商投资社会经济效益评价时点的开放性，即评价时点不具端点性质，可以不断移动。而且选定评价时点后，该时点之后产生的成本效益也应予以适当考虑，尽可能容纳进来。否则，将使评价结论依时点不同而变化太大。评价时点的开放性，使实际操作中，评价时点的选择及时点之前之后成本效益的折算成为技术性很强、需专门讨论的问题。①

三、外商投资社会经济效益评价的内容

外商投资对一国（地区）的影响十分广泛，因而，构成其社会经济效益的内容也极为广泛。不同国家（地区）因社会价值观念不同，关注的社会经济目标不同，面临的社会经济发展任务不同，在评价外商投资社会经济效益时，不仅成本效益的识别有所不同，而且对评价内容的确定、重点的选择也会有所不同。如何根据国情，科学确定评价内容，既决定了评价的基本取向，也影响着评价的准确性。我们认为，为了达到科学合理的要求，确定评价内容应遵循以下原则。

首先，以社会价值目标为确定评价内容的基本依据。社会经济效益实际上是资源投入与一定社会价值目标实现程度之间的对比关系，因而社会经济效益的评价内容必须以社会价值目标为依据确定。在实践中，人们为了便于操作与管理，把一些实现社会价值目标的关键过渡环节列为中介目标，与最终目标一起评价。例如，技术进步对经济增长至关重要，因而把能否促进技术进步作为评价经济效益的内容，这是必要而且合理的。但是，这并不因此否认社会价值目标在确定经济效益评价内容中的重要性。

其次，从本国（地区）的实际出发确定评价内容。社会经济体制发展阶段

---

① 该问题的详细讨论请参阅王洛林、庄志杰、翁君奕：《厦门特区十年来利用外商投资的财政效益评估》，载《厦门特区调研》1991年特刊。

及经济现状不同，社会关注的发展目标便会有所不同。社会主义国家利用外资，不仅关心它对本国物质文明建设的作用，而且注重其对精神文明建设的影响；正在向商品经济过渡的发展中国家往往重视外商投资对本国市场发育所起的作用；而那些经济不景气的国家则期望外商投资能扩大就业，因而，从国情出发界定社会经济效益的评价内容是一条重要的基本原则。

再次，评价内容应当全面、系统。外商投资社会经济效益评价的内容要能够涵盖外资对东道国社会经济影响的各主要方面，反映其影响的复杂性。如果涵盖面不足，会导致对利用外商投资社会经济效益的判断失误，造成政策失误。各项评价内容还应具备系统性，即相互之间界限清晰、彼此协调，这样有助于得出正确的评价结论并便于接受社会检验。

根据上述基本原则，我们认为我国外商投资社会经济效益评价的内容应当包括财政收入、个人收入与消费、外贸和国际收支（地区评价为外贸及外汇）、产业关联、就业、技术转移、市场发育、社会文化、环境九个方面。其主要理由如下。

（1）国民收入及其增长不宜作为评价内容。国民收入包括投资外商及外籍员工要素所得，因此，若以国民收入为评价内容，无法判别外商投资产生的国民收入增量多少归我国所有，从而无法进行正确的效益评价。举一个极端的例子：国民收入明显增长，回归分析也证实它与外商投资高度正相关，但是，外商投资产生的国民收入增量除支付中方职工工资、基础设施服务收费及少量周转税外，其余尽归外商。此时，按民收入评价的结论就与事实不符。因此，应当从国民收入中剔除外商及外籍员工要素所得，并根据我国国情，归结为财政收入及我国居民收入两大目标。因为我国是以公有制为主多种所有制并存的国家，几乎所有的基础设施及合资（合作）企业都是由国有或集体的资金加入兴办起来的。因而，国有及集体资金使用效益及合资合作企业中的国有和集体财产状况应作为评价重点。把国家及集体收益归并为财政收益，再综合以我国居民的个人收入，就得出我国利用外商投资的净本币效益流量。

（2）外商投资不仅是资本投入，同时也带入了管理组织手段、经营观念、文化观念及生活方式等，其影响是双重的。通过评价，有利于发现问题，采取措施，消除对精神文明建设的消极影响，同时总结吸收其在经营管理等方面的积极成分，促进社会主义市场经济的企业文化建设，培育奋发进取、遵纪守法的社会风气。

（3）建立社会主义市场经济体制是改革开放的一大目标。评价外商投资社会经济效益应重视它对我国市场发育的作用。概括地说，为了引进外资，需要制定涉外经济法律法规及配套的政策措施，这就促使我们按照国际通行的市场规范来思考和处理问题，参照国际惯例来建立我们的市场秩序；另外，外资进入后，也以直接、间接的方式促进国内的商品与要素市场的形成与发育。对市场发育效益的评价，有利于更深入地认识外商投资对发展社会主义市场经济的影响，进一步坚定对改革开放的信心。

最后，外商投资的环境效应问题也应得到重视。这不仅因为其他发展中国家已有这方面的惨痛教训，而且因为我国的生态环境已经相当脆弱，不注意控制污染后患无穷，因而必须对外商投资的环境效应进行评价，以便实行有效的控制。

四、外商投资社会经济效益评价方法概述

迄今为止，我国在利用外商投资的社会经济效益评价理论领域研究极少，基本上是空白，又缺乏公认的准则与方法。在实践中，有人习惯于把利用外商投资得到的种种收益罗列汇总作为效益的具体体现；有人以外资企业的产值比重与涉外税收占全部税收的比重进行比较；有人则侧重考察外资企业本身的效益指标，如出口、资金占用、利润、成本、资产负债比等。[①] 这些虽各有所长，但其共同的不足是缺乏对外商投资各种影响相互关系的考察，没有把外商投资的社会经济效益视为系统工程，进行社会经济效益的整体评价。

我们认为：评价外商投资社会经济效益应采用系统因素分析基础上的成本——效益评价方法为主，同时辅之以其他方法，如时空对比法、结构分析法、趋势分析法、平衡分析法、相关分析法、有无对比法等。在资料搜集及分析整理上，则广泛应用统计及计量经济方法，辅之以必要的典型调查、问卷调查及专家咨询等。

之所以把系统因素分析基础上的成本——效益评价方法作为基础方法，有以下三个原因。

（1）成本效益分析方法是应用系统分析思想全面衡量经济活动尤其是投资活动效益的较好方法。它的产生最早可追溯至 1844 年法国工程师米勒·杜普伊的论文：《关于公用事业的效用测度》。20 世纪中期，它作为福利经济学的

---

① 参阅武超：《外商对华直接投资调研报告》，中国财政经济出版社 1991 年版。

应用分支得到较快发展，并逐渐应用于经济实践。成本效益分析在其发展过程中广泛吸收了系统工程的思想和方法。① 它对项目投入与产出的各方面影响系统分析、综合衡量的思路，是适应全面系统评价外商投资社会经济效益要求的。

（2）成本效益分析强调必须以真实的社会成本和效益作为评价标准，它既不承认实际收入就是社会效益，也不承认实际支出就是社会成本，而是认为任何经济活动必然带来外部效应。从社会角度进行成本效益分析，不仅要计算项目本身实际支出的账面成本和获得的账面收益，而且还要测定潜在的成本和效益，最终促成项目的边际社会成本等于边际社会收益，达到社会经济福利最大化。显然，这一标准是符合评价外商投资社会经济效益要求的。在评价外商投资社会经济效益时，不仅要看到外商投资所带来的各种直接效应，还要注意其对国内经济的种种潜在影响。如三资企业间接享受的各种财政补贴、社会福利、所产生的环境污染等，这些均属于潜在的社会成本；与此同时，外商投资也带来间接社会效益，如促进市场发育、转移和扩散技术及管理经验、增加国内需求从而间接扩大就业、增加财政及居民收入等。运用成本效益分析，有利于较全面、准确地评价外商投资的社会经济效益。

（3）成本效益分析的基本评价方法适应外商投资社会经济效益评价的需要。机会成本、影子价格、货币时间价值、净现值等成本效益分析广泛应用的概念与方法也适用于外商投资社会经济效益评价。计算外商投资的真实社会成本与效益，必须应用机会成本的概念，计算资源消耗的影子价格；引进外商投资必然经历一个由国内先垫付资金进行基础设施建设，而后逐步通过税收等获得收益的过程。应用货币时间价值的概念，对不同时期发生的成本收益按社会贴现率折现比较，则较好地解决了利用外商投资的成本效益流量异时性问题，等等。

在肯定成本效益分析对评价外商投资社会经济效益的适用性的同时，也必须指出：外商投资社会经济效益评价毕竟是一项远比投资项目可行性研究复杂的社会系统工程。而且，成本效益分析本身也存在一定局限性。因此，在实际评价中必须针对评价对象，尤其是其中各子系统的不同特点，灵活机动地运用成本效益分析的基本思路，辅之以其他方法，不能不问对象，一味盲目照搬，否则，成本效益分析的优点就可能变为缺点。例如，外商投资的技术转移效

---

① 王慧炯、李泊溪：《可行性研究与系统工程》，引自国务院技术经济研究中心编《可行性研究及经济评价》，山西人民出版社 1984 年版。

应，其成本效益是完全非对称的。此时，若生硬地去分别测算成本效益就显得不伦不类；再如市场发育或产业发展效应，根本就不具备货币化条件，若一定按成本效益分析的规则去评价甚至企图得出净效益现值就变得不切实际。

总之，应将成本效益分析作为基本方法思路，在对外商投资社会经济效益的整体评价中体现成本与效益的对比核算关系前提下，各评价子系统可以灵活地根据具体评价对象的特点选择其方法，有的可以做定量分析，有的则以定性评价为主，不必强求计算净效益现值，总的目标是全面系统地对外商投资的各种直接的、间接的、经济和非经济的成本效益进行定量定性分析，综合评价。

外商投资的个人收入效益评价研究[*]

外商投资的个人收入效应是其整个社会经济影响中值得重视的一部分。从货币流量、外商投资企业职工与国内企业职工的收入差异，以及外商投资企业在就业用工制度、收入分配方式、劳保福利社会保障等方面与国内企业的较大差异等方面，说明了评价外商投资的个人收入社会经济效益的必要性。

一

对外商投资的个人收入效应进行社会经济效益评价，可以应用成本效益分析法。把传统上仅用于单个项目事前评价的成本效益分析法转而用于对外商投资的社会经济效益的评价，在方法角度上产生了两个重要变化：一是对象从微观转向宏观；二是时间视角从事前转向事后。由此必然产生了对成本、效益识别上的差异特殊性。

运用社会成本效益分析法评价外商投资的个人收入效益的特殊性之一，是成本与效益的相对性。有些变量，从社会角度看是成本，从个人角度看则不是，反之则相反；在效益方面，也有类似情况。例如，因外商投资企业员工的高收入，国家相应增加国营企事业单位职工的补贴、津贴，从外商投资企业职工角度看，既非收益也非成本；对国营职工来说，是收益；而对国家财政来说，则是成本。

由此产生的处理原则是：必须正确区分个人、国家及社会的成本效益，从社会角度计算成本效益。

成本与效益的相对性还表现为一定的变量在不同条件下其成本效益属性不

---

* 本文原载于《福建对外经贸》1992 年第 8 期。

同。一般地说，外商投资企业员工的收入水平较高，它有力地刺激了职工的劳动积极性，促进生产发展，对个人、企业、国家都有利。外商投资企业职工的较高收入，会影响全社会收入分配的基尼系数。在社会收入分配差距过小时，基尼系数因此适当扩大，利大于弊，但基尼系数过高也会对国内企业产生消极的影响，使之成为一种社会成本。

由此产生的评价原则是，对具体变量的成本效益分析，应考虑相关的社会经济环境。

应用社会成本效益分析法评价外商投资的个人收入及消费效益的特殊性，是不同社会价值观念对评价标准从而对成本效益的认识有重要影响。首先，外商投资带来的不同体制变量以及由此所产生的多种文化、价值观的撞击，对此，仅用我国原有的社会观念为评价标准，不完全合适。必须根据改革开放的实践，建立与社会主义有计划商品经济相适应的社会价值观念体系，作为评价外商投资个人收入效益的标准。其次，即使同属社会主义的价值观念体系，评价者的价值偏好仍会有所不同。对于收入分配，有的侧重公平，有的偏重效率，二者对同一问题的评价有可能得出不同的结论。

二

对外商投资的个人收入效益评价，应建立在对其社会成本效益和识别基础上。外商投资的个人收入社会成本效益从可计量角度看，包括总量与结构两个层次。

（一）外商投资的个人收入效应总量分析

外商投资对我国居民收入的影响包括直接影响和间接影响，二者都可以从社会角度识别其收益与成本。

1. 直接收益与成本

直接收益包括以下几项：外商投资企业中方职工直接个人所得。它包括中方职工的工资、奖金、津贴等货币收入及各种实物收入；投资外商及外商投资企业外方员工雇用的生活服务人员（非外商投资企业职工），如驾驶员、保姆等的个人收入；作为外商投资代理人的大陆居民的各种货币、实物收入；我国居民利用非职务时间服务于外商投资企业的各种兼职收入；外商投资企业提留并上交国家的中方职工各项补贴。

与直接收益相对应，直接成本包括：中方职工就业于外商投资企业前的个人收入。外商投资企业中的部分中方职工原先即已就业，他们就业于外商投资企业，也就放弃了原有职业收入。因而，无论对个人或社会而言，其原来的收入都是就业外商投资企业的机会成本。

外商投资企业职工享受的财政补贴和社会福利、我们在外商投资的个人收入效益方计入企业提取并上交的中方职工各项补贴，根据收支对应的原则，必须相应地把国家为此开支的财政补贴列为外商投资在个人收入方面引起的社会成本之一。

2. 间接收益与成本

直接收益与成本仅仅是外商投资个人收入效应的一部分，此外，外商投资还对东道国的整个社会经济产生影响，它形成间接收入效应。

根据产业关联理论，外商投资的间接个人收入效应是一条渐弱的无穷链条，可以应用投入产出表计算。这里，作为因素分析，我们将其归纳如下。

间接个人收入效益包括以下几项：因外商投资企业购买国内生产资料及生产性劳务而增加的个人收入，它既包括国内企业生产能力因此得到充分利用而增加的个人收入，也包括因此扩大就业而增加的个人收入；因外商投资企业及其员工购买国内消费品及生活服务而增加的个人收入；其他间接收入效益。

从更广的范围看，还应包括外商投资使东道国（或地区）的经济环境发生变化而产生的个人收入效益。这部分与外商投资的联系较间接，而且是多种因素共同作用的结果，因而识别较困难，定量估计则更难，但仍有必要指出其存在。它主要包括：因外商投资而增加的国内相关投资所创造的个人收入；因外商投资改变该地区生产要素配置比例，引起某些要素价格上涨，导致个人收入增加；因外商投资引起的国家机关及企事业单位职工的补贴及津贴等的增加；因外商投资而增加的社会公共设施建设。它虽不构成当地居民的货币收入，却是其福利的切实增加。

间接个人收入成本：因外商投资企业产品挤占国内市场，致使部分国内企业及相关企业生产下降、停产以致倒闭造成个人收入减少；因外商投资引起该地区物价上涨而造成的个人实际收入减少；因外商投资引起的该地区社会经济环境变化，政府对居民收入方面的财政补贴支出增加，等等。

（二）外商投资的收入分配效应分析

在社会经济的运行过程中，总量变动总是或多或少地引起结构变化，从而对经济运行及其效益的影响不可忽视。

1. 外商投资所产生的个人收入结构主要变动

从社会成本效益分析角度看，外商投资所产生的个人收入结构变动，较重要的有以下四个方面。

（1）不同部门外商投资企业职工收入水平差异，是影响劳动者择业，从而影响国民经济不同部门发展的因素之一。

（2）同一部门内外商投资企业与国内企业职工收入水平的差异。这种差异处理得当，有助于提高该部门的整体劳动效率，是为效益；反之，有可能导致该部门劳动效率下降，是为成本。

（3）外商投资所导致的社会收入分配结构变化。当一个地区的外商投资达到一定规模时，外商投资企业的收入分配效应必然超出企业范围而产生社会影响。它不仅影响该地区的基尼系数，而且影响该地区国内企业的收入分配方式及水平，以及社会经济生活中更深层次的部分。这种影响相当复杂，很难准确地区分其社会成本及效益。

（4）经济开放地区与内地的收入分配差异。目前，外商投资主要集中于我国东南沿海地区。沿海地区因外商投资及相关投资较多，加之其他有利因素，经济发展较快，居民收入也增长较快，与内地形成了不同的收入分配格局。它导致内地劳动力及人才向沿海地区流动。劳动力及人才通过流动调整配置状态，使之得到更充分利用，提高了劳动力利用的边际效率，但也加剧了已有的人口、人才分布格局不合理，是其不利之处。

2. 外商投资的收入结构变动的效益分析

外商投资产生的收入分配结构变动的社会经济效益与成本是客观存在的，但评价却非易事。世界银行在向发展中国家提供项目贷款时，也很注意项目的收入分配效应，其价值标准主要是收入平等。无疑，这种选择有其道理，但仅以公平为标准是不够的，它应当有利于促进生产力的发展，有利于经济迅速稳定地增长，有利于提高经济效率，作为选择中首要考虑的因素。

因此，可以通过测算外商投资的收入分配结构变动与经济效率变动之间的相关关系来分析收入分配结构变动的成本效益。若二者关系为正相关，则说明外商投资产生的收入分配结构变动，从效率标准看，产生了社会经济效益；反之，为负。

三

对外商投资的个人收入效益的定量分析，必须借助统计方法，把无数的单个变量概括为具有社会意义的统计变量，从宏观上把握、评价。为此，我们设计了如下指标。

（一）外商投资的个人收益——成本指标体系

（1）外商投资的个人收入的总量指标，它包括外商投资的直接个人收入和间接个人收入的总和。

其中，外商投资的直接个人收入包括以下各项：直接个人收入效益、外商投资企业中方职工个人所得、投资外商及外籍职工雇用的生活服务人员个人所得、外商投资代理人（限大陆居民）个人所得、大陆居民从外商投资企业已得兼职收入、外商投资企业上交的中方职工各项补贴。

外商投资的个人间接收入包括：间接个人收入效益、因外商投资企业购买国内生产资料及生产性劳务而增加的收入、因外商投资企业及其员工购买国内消费品及生活服务而增加的收入、其他间接收入效益。

（2）与外商投资个人收入对应的社会成本指标，是社会直接成本与社会间接成本之和。

其中，社会直接成本包括：中方职工就业外商投资企业前的收入、受雇于投资外商及外方职工的生活服务人员的以前收入、外商投资代理人（限大陆居民）以前的收入、大陆居民因获得外商投资企业的兼职收入而放弃的收入、外商投资企业职工享受的财政补贴及社会福利、受雇于投资外商及外方职工的生活服务人员及外商投资代理人（限大陆居民）享受的财政补贴及社会福利。

社会间接成本包括：因外商投资企业挤占国内市场导致的个人收入减少额、因外商投资增加的政府对个人收入的财政补贴、因外商投资导致的涨价造成的个人实际收入减少额。

（3）利用外商投资在个人收入方面的净效益指标，它是上述第一项与第二项的差。

从上述指标我们可以了解一国（地区）利用外商投资在个人收入方面上是否存在效益及其数量大小。但是，由于各地区或同一地区不同时期利用投资的数额大小不同，其效益水平难以比较。为此，可以计算相对净效益水平，它包括单位外商投资的净收入效益（外商投资的直接个人收入净效益/外商投资总额）和外商投资的单位成本效益（外商投资的直接个人收入净效益/外商投资的直接社会成本），这两个指标，前者反映了每增加一单位的外商投资，社会将获得的个人收入净效益量，后者则反映因利用外商投资，社会增支的单位成本将收回多少净效益。两指标也可按完全收入效益与完全社会成本计算。

（二）评价外商投资的收入分配结构效益的指标

首先，可以就外商投资企业内的收入分配结构进行分析、评价，这方面的指标主要有以下两个。

（1）中方职工个人收入比率：外商投资企业中方职工个人收入总额/外商投资企业纯收入总额。该指标可看出中方职工个人收入与外商投资企业纯收入的大致比例。通过该指标的国际比较及国内各地区的比较，可以大致看出我国或本地区在此方面的位次，以及进一步提高收入效益的潜力大小。

（2）中方职工个人收入增长弹性系数：外商投资企业中方职工个人收入增长速度/外商投资企业外方纯收入增长速度。

其次，可以就外商投资企业间的收入分配结构及其成本效益进行分析、评价。这类指标主要有：不同行业外商投资企业人均个人收入比、不同行业单位个人收入生产率和不同行业的个人收入增长的生产率弹性。

同理，上述两个指标也可以用于对外商投资企业中不同类型劳动者收入分配结构及其社会成本效益的分析。

最后，外商投资企业职工与国内企业职工收入分配差异及其社会成本效益的评价。这是一个较为困难的问题。其困难主要在于他们分处于不同的分配体系中，其收入有许多不可比因素。因而，首先必须将二者的实际收入调整为可比口径，方能看出二者的收入差别，其次二者的收入差异是否合理及其社会成本效益，不能简单地从收入差异的绝对额（即使是调整后的实际差距）得出结论，而是必须与各自劳动的生产率，即对社会经济增长的贡献率以及其他有关因素联系起来分析。

当两类企业职工的收入调整到可比基础上之后，可以应用上述分析评价对外商投资企业间的收入分配及其成本效益的有关指标进行分析、评价。

外商投资的消费效益评价方法研究[*]

外商投资的社会经济效益评价问题随着我国对外开放的不断扩大和深入，逐渐引起理论界与实际部门的重视。外商投资对我国居民消费的影响是其整个社会经济影响中值得重视的一部分。研究和探讨外商投资的消费效益评价理论与方法，对完整、客观地评价外商投资的社会经济效益具有重要意义。本文试就评价外商投资的消费效益的方法特点、影响外商投资消费效益的诸因素及其相互关系作些探讨，在此基础上提出一组计算和评价外商投资消费效益的指标体系。

一

在经济活动的效益评价系列中，消费效益评价具有最终综合评价的性质，一切社会经济活动的效益高低，依其最终对提高居民生活消费水平的作用而升降。然而，消费作为社会再生产循环的中间环节又对再生产的其他环节具有重要的反作用，因而消费对再生产其他环节的作用状况又成为评价消费效益必须考虑的另一方面。消费在社会再生产过程中的地位，既决定了消费效益在评价外商投资的社会经济效益中的重要性，同时又决定了评价外商投资消费效益的复杂性。

首先，消费效益体现为一定的消费投入对人们诸种生活需要及消费欲望的满足程度。而任何生活需要及消费欲望的产生，总是特定历史过程的产物。它为特定历史时期的社会生产力水平及生产方式所制约。不同时期人们的消费水平、消费结构可以计量，也可以比较，而人们的生活需要及消费欲望的满足程

* 本文原载于《福建经济》1992 年第 5 期。

度则难以计量、难以比较。从这个意义上说，消费效益及其提高程度是颇难确定的。

其次，消费作为社会再生产循环的中间环节，使动态地考察消费不仅要从其对人们生活需要、消费欲望的满足程度，而且还要从它对生产、流通、分配等环节的反作用进行考察。

最后，评价外商投资消费效益的另一特殊困难在于：消费行为——即使是个人消费——基本上是以家庭为单位进行的，而一个家庭的收入来源往往是多渠道的，例如来自就业于外商投资企业的丈夫的收入与来自就业于政府部门的妻子的收入在家庭开支中混为一体，往往难以辨别，这使确切考察外商投资的消费效益在实践中困难极大，多数情况下只能就一个地区或是该地区某些阶层或消费群体的消费变化情况进行综合考察。因此，分析或评价外商投资的消费效益，往往必须借助横向的（如沿海经济开放区与内地）比较和纵向的（如大批引进外商投资后与在此之前）比较的方法。

二

外商投资的消费效益的评价主要从以下几个方面进行。

（一）消费水平方面的成本效益

消费水平通常指居民的消费所达到并且能够维持的一种状态。具体说来，它指人们对生活消费品和消费性劳务的消费状况以及闲暇时间的拥有和利用状况。两个时点之间消费者在消费品和消费性劳务的消费及闲暇时间的拥有和利用上的差异，构成了消费水平上的差异。

消费效益，首先可以理解为消费水平的提高。在人们的生活需要及消费欲望既定的前提下，消费水平提高意味着人们生活需要及消费欲望的更大实现、更好满足。从此意义上说，外商投资的消费效益意味着因外商投资产生的该地区全体或部分居民消费水平的绝对提高。因此，利用外商投资的消费效益，具体体现为以下三个方面。

（1）个人消费水平的提高。目前我国居民的生活消费主要是以个人或家庭为单位，通过购买消费品及劳务实现的。因而，消费效益提高首先体现为个人或家庭的消费水平提高。外商投资对个人消费水平提高的影响，首先作用于那些就业于外商投资企业的职工及其家庭，其次是外商投资地区的各阶层居民。

（2）社会集体消费水平的提高。社会集体消费，如教育、保健、文化娱乐等方面的设施及其服务等，也是居民消费的一部分。因而，消费效益的提高，也包括既定时期内为居民消费服务的各种社会公共设施的改善、增加以及由此增加的服务量。外商投资对社会集体消费水平提高的作用是较为间接的：一种是由于外商投资使得地方财政收入增加，为地方政府增加社会集体消费基金创造了前提；另一种是地方政府为吸引外商投资而增加基础设施投资，其所建成的基础设施事实上也为当地居民所分享；还有一种则是通过外商投资企业对地方集体福利事业的捐赠和赞助。

（3）闲暇时间的增加。任何消费总是建立在一定时间耗费的基础上。闲暇时间是人们实现消费的基础，而且在一定条件下闲暇本身就是一种消费。因而，闲暇时间的增加应视为消费水平从而消费效益的提高。如果考虑到闲暇可以视为是对收入的放弃，即同一时间可以被用于加班工作或外出兼职而获得额外收入或用于休息、娱乐，那么，考察实际消费水平的变动而不结合对闲暇时间变动的分析显然是不够全面的。值得着重指出的是在评价外商投资的消费效益时，重视考察劳动者业余时间的使用去向有重要的现实意义：在经济开放地区劳动者利用业余时间从事第二职业以提高收入颇为常见，它既成为提高收入从而提高消费水平的来源之一，同时又构成对实际消费水平的一种扣除。

以上对消费效益的考察，基本上是从对消费的投入角度，即消费者享用的消费资料（消费品、消费劳务及闲暇）数量大小、质量高低角度进行考察。然而，消费本身又是个过程。消费资料的获得及使用仅仅是过程的开始，而衡量消费过程效率的标准不能是消费投入而应是消费产出，即特定时期消费者因消费而获得的健康程度、生活质量以及文化科学知识水平的提高。然而，这种衡量一则与利用外商投资之间的联系较间接，二则它在相当程度上依赖于某些相对的或主观标准而难以实际操作，但在作评估时应考虑这一因素。

毫无疑问，利用外商投资在消费方面也存在着社会成本，进行效益评价必须考虑到它的存在。外商投资在消费方面产生的社会成本主要包括以下三个方面。

（1）政府因外商投资为维持或提高居民消费水平而增加的开支，这主要包括因外商投资引起地区社会经济环境变化，政府对居民个人收入方面的财政补贴支出增加。例如因外商投资引起物价上涨，政府对政府部门、事业单位、国营企业职工以至于当地居民增发的补偿性物价补贴等。它既是个人消费方面的收入，又是个人消费方面的社会成本之一。

（2）环境污染的增加。外商投资可能增加该地区的环境污染、恶化生活条件。它或是增加了治理的费用或是造成所在地区居民的实际生活质量的下降，因而它也是外商投资在消费方面的社会成本之一。

（3）闲暇时间的减少。闲暇时间增加构成消费效益增加，相应地，它的减少也应视为社会成本之一。

（二）消费结构及消费方式方面的成本效益

外商投资必然改变投资地区的供给结构，而因外商投资使得经济迅速增长所导致的收入水平上升也会使该地区的消费结构及消费方式发生变化。如何正确估计这种变化所带来的效应，值得探讨。

第一，外商投资所生产的社会消费结构变化中包含着经济增长的消费结构效益成分，即由于外商投资使得该地区经济发展迅速，居民收入增长较快，消费结构较快升级，从而提高了居民享有的经济福利水平。显然，这应视为利用外商投资所产生的社会经济效益之一。

第二，外商投资不仅是资金的流入，而且随之引进了新产品、新设计、新工艺等，促进了当地供给结构的调整与升级，这也有助于消费结构的升级、提高居民的经济福利水平。

第三，外商投资必然促进该地区商品经济的发展，并相应提高该地区收入货币化、消费市场化程度。经济分析证明：在消费者具有独立偏好条件下，消费货币化将使消费者获得既定收入水平下的最大消费效用；而与此同时，消费货币化也有利于提高消费者主权，从而有助于提高消费者的经济福利水平。

第四，外商投资往往带来该地区第三产业的迅速发展。这既因为外商投资往往侧重于此，也由于收入水平提高增加了对第三产业的需求。第三产业的迅速发展，尤其是其中生活服务社会化行业的发展，有利于劳动者减少耗费在家务劳动上的时间，增加休息、娱乐、学习时间。这也是一种消费水平的提高。

第五，外商投资的一个必然结果是缩小了与国际消费潮流时间差距。产品更新周期短，消费新潮层出不穷，这对居民消费方式的影响是：消费品更新周期大大缩短，许多消费品未等其自然寿命终了其经济寿命便告结束。这种消费方式的改变，能使消费者获得更大的消费满足。从这一角度说，外商投资所产生的消费品更新周期缩短是一种消费效益。但是，应当承认，这一变化也带来了居民家庭资产无形损失扩大的成本及其他一些问题。

（三）从社会再生产循环角度看外商投资的消费效益

消费既是单个社会再生产过程的终点，又同时是社会再生产循环的中间环节。从前者角度看，可以用消费效益评价该再生产过程的整体效率；但从后者角度看，消费效益尤其是某一生产过程的消费效益，并不能成为社会整体效率的最终评价。相反，后继社会生产的效率都要成为评价前一消费过程效益的标准之一，而且是相当重要的标准。因此，外商投资的消费效益评价，还应进一步从以下几个方面予以分析。

1. 消费变化对生产要素供给的影响

消费也会改变生产要素的供给情况。这种反作用机制，在不同经济运行机制下是不同的。一般地说，商品经济条件下消费对生产要素供给的反作用要大一些。这种反作用，目前可以观察到的主要有以下两个方面。

（1）消费决策影响劳动供给。在消费欲望拉动下，消费者"寻职努力"上升，努力根据消费支出需要去寻找新的收入来源，从而增加劳动供给。近年来，各开放地区的实践也证实了这种变化：一方面，因消费品市场扩大、消费品供应充足、新消费品层出不穷，使消费品市场对消费者的欲望产生足够的拉力；另一方面，迅速发展的经济、多元化的所有制结构，也为劳动者创造了较多的"寻职机会"，从而在某程度上出现了依据消费需要寻求收入来源的趋势。这就使消费决策对收入从而对生产要素的供给产生重要影响。它首先表现在居民的劳动供给上。

一是有效劳动供给增加。它包括因劳动者寻求加班及兼职收入而增加的劳动供给；因劳动者从报酬较低的职业、单位转向报酬较高的职业与单位而增加的劳动供给；因外地区劳动者的流入而增加的劳动供给等。

二是劳动供给结构发生变化。由于外商投资企业与国内企事业单位之间以及不同行业的外商投资企业之间的收入水平不一，会使劳动供给结构发生变化。但是，也应当看到，由于目前劳动力因收入水平不同而发生的流动并不是建立在边际劳动报酬等于边际支出基础上的，因而劳动力流动的成本与收益同时存在。

（2）消费决策影响其他生产要素的供给。目前较明显的是居民储蓄转向更有利的投资场所。商品经济的发展，使居民的金融投资意识提高；多种筹资渠道的产生，使居民参与投资成为可能。它一方面增加了资金的供给；另一方面也有利于提高资金的使用效率，促进金融市场的发育，提高企业的自我约束能力。

2. 消费变化对生产、流通的影响

外商投资对生活消费的影响之一是进口产品的消费比重上升，消费品市场的国产化比率下降，不少消费品市场为进口产品及"三资"企业产品所挤占。

从消费者角度看，款式新颖、质量较高的产品替代了款式陈旧、质量较差的产品，是一种消费效益，尽管为之付出了较高的价格；从长远看，这也有利于开展竞争，促进国内企业产品更新换代，改进质量、款式，提高经济效益，实现进口替代以至出口替代。但是，进口产品以及"三资"企业产品大量冲击国内市场的社会成本是明显存在的：一则它在相当时期内使国内经济付出了生产份额下降、外汇平衡负担加重、部分经济利益流入外商手中的代价；二则刺激消费超前，不利于资金积累，从而影响经济的发展。

三

评价外商投资的消费效益必须借助一定的统计方法。这里，在以上因素分析的基础上提出若干评价指标。

（一）反映消费水平的指标

1. 反映个人消费水平的指标

居民人均消费支出额（元/人·年）是反映一个地区平均个人消费水平的综合指标，对投资地居民人均消费水平的动态或区际进行横向比较，可以在一定程度上看出外商投资该地区所带来的消费效益。在应用这一指标进行比较时，应注意以下两个问题：一是物价水平的变动及其差异；二是人均消费支出实际上只是人均消费额的一部分，即居民购买部分。在任何体制之下，居民消费都或多或少地包括非购买部分。我国目前正处于体制转轨时期，因而纳入居民购买范围的消费内容处于不断变化之中，无论是横向或纵向的比较都必须注意其中的差异。因此，为弥补价值量比较之不足，居民消费水平的比较还可以辅之以居民人均主要消费品的消费量指标。

2. 反映社会集体消费水平的指标

居民的集体消费水平，可以用居民享受到的集体消费服务予以计算。但这在资料搜集上有困难，而且对特定项目来说也存在一定问题。例如，居民享有的医疗保健水平提高显然不能用人均每年接受治疗的次数增加来说明，只能以患病居民能否得到充分而且高质量的医疗服务来说明。因此，反映居民社会集体消费水平一般运用该地区居民所拥有的集体消费条件。这方面的指标，从社会投入角度看，一般包括以下三个方面：（1）社会用于集体消费的经费支出，包括设施投资及经常费用的支出；（2）拥有的集体消费设施的数量与质量；（3）提供集体消费服务的人员，如各类教师、医务人员、文体工作人员的数量与质量等。

上述各类指标一般均应按人口平均数（如每万人拥有数等）计算。

3. 反映个人闲暇时间的指标

闲暇时间作为劳动者业余可以自由支配的时间，有不同的理解。从闲暇作为与个人消费额、集体消费额等并列为决定消费水平的因素以及闲暇与收入之间的可替代性角度出发，我们将闲暇时间定义为劳动者除劳动工作时间（包括法定工作时间、上下班路途时间、加班加点及从事以获取收入为目的的兼职劳动时间）以外的全部剩余时间。

闲暇时间的长短，在法定工作时间已定前提下可以用下列指标予以间接反映：劳动者加班及兼职劳动（小时/月（年））。

4. 反映生活环境质量水平的指标

在现代社会经济条件下，生活环境（包括自然环境与社会环境）已成为影响人们生活质量的一个重要因素。因此，必须把反映生活环境质量水平的指标作为反映居民消费水平的一个方面。

（二）反映消费结构及消费方式的指标

1. 反映消费结构效益的指标

消费结构包括消费者对物的消费结构及对时间的消费结构。狭义的消费结构仅指消费者对物的消费结构，即各类商品或劳务消费在总消费中的比重。分析、评价外商投资的消费结构效益，应注重分析比较经济开放地区与内地的消费结构差异、经济开放地区中就业于外商投资企业与就业于国内企事业单位劳动者的消费结构差异等。

食物支出在总消费支出中的比重是消费结构研究中最重要的问题。研究这一问题一般应用恩格尔系数。在应用恩格尔系数说明消费结构变动时，应结合对食物支出有影响的其他因素以及食物消费内部的各项构成变化进行分析，方能得出较确切的结论。

除恩格尔系数之外，还可以计算其他各类消费支出占消费总支出的比例以说明消费结构的变动，如购买衣物支出、购买耐用消费品支出、旅游与文化娱乐的支出，等等。经验统计资料证实：各类不同支出在总消费支出中的比重变化与收入的变动存在相关关系。一般地说，随着家庭收入的增加，包括吃、穿在内的生活必需支出所占的比重将逐渐下降，吃、穿以外的消费支出所占比重则逐渐上升。

2. 反映时间消费结构效益的指标

时间消费结构，是消费结构的另一组成部分。比较分析劳动者时间消费结构及其变动趋势可以从另一侧面反映劳动者的生活质量。例如，闲暇时间比重、闲暇时间消费结构等。通过比较不同经济类型（如外商投资企业与非外商投资企业）、不同地区（经济开放地区与内地）职工的时间消费结构可以了解外商投资对居民时间消费方式以及生活方式、生活质量的影响。

3. 反映消费方式变化及其效益的指标

外商投资在消费上产生的影响之一是消费方式的变化。消费方式的变化主要体现在消费者的收入支出结构与方式、消费品的获得方式及其结构等方面。

反映消费者收入支出结构与方式的指标首先是收入用于消费及储蓄的比率，即：

$$人均储蓄率 = \frac{居民个人储蓄额}{居民个人收入额} \times 100\%$$

$$边际储蓄率 = \frac{居民个人储蓄年增长额}{居民个人收入年增长额} \times 100\%$$

居民储蓄率的变化既与居民个人收入水平的变动有关，也与其生活的社会经济环境、体制有关。一般地说，居民储蓄率高一些，有利于积累资金、促进经济增长，因而可以视为一种效益。外商投资是否引起居民储蓄率的变化，是考察其效益的一个重要内容。此外，不同储蓄方式及其结构（即银行各类存款、证券投资及居民个人手存现金等在居民总储蓄中所占的份额及其消长趋势等）也可以反映出居民消费观念、消费方式的变化。

反映消费品获得方式及其结构的指标有：个人消费货币化比率，它等于 $\dfrac{\text{居民市场购买额}}{\text{居民个人消费总额}} \times 100\%$；人均物价补贴额；人均房租补贴额，等等。

传统体制下我国居民的个人消费在相当程度上是通过国家对物价、房租的暗补实现的。近年来，各种形形色色的单位内部实物福利迅速增长，也已成为居民个人消费的重要组成部分。收入实物化、消费非货币化无疑是低效益率的，它既不利于贯彻按劳分配原则，又限制了消费者的选择范围。设置这些指标主要是从消费方式变化的角度来反映外商投资的消费效益。

四

研究外商投资的消费效益评价方法，目的在于改进我们的工作，提高利用外商投资的消费效益。从目前情况看，提高外商投资的消费效益以下几个方面值得重视。

（1）提高外商投资的收入效益是提高消费效益的基础。消费效益的提高是建立在消费水平提高的基础上，而消费水平是以人们的收入水平为前提的。因此，要提高外商投资的消费效益，首先必须提高外商投资的收入效益。

（2）实现劳动者时间的合理消费。消费水平的提高不仅包括对物的消费的增加，而且包括对时间的合理消费，即闲暇时间增加、闲暇时间利用质量提高。目前，外商投资给经济开放地区带来的一个问题是：劳动者加班、从事第二职业的时间增加、闲暇时间减少，这是降低生活质量、消费效益的重要因素。因此，如何实现劳动者对时间的合理消费就成为提高外商投资消费效益中值得研究的问题之一。实现时间的合理消费，不仅要保障劳动者必要的闲暇时间，而且还必须提高劳动者闲暇时间的利用质量。当前，主要是要大力发展第三产业，实现家务劳动社会化。近年来，经济开放地区的第三产业发展较快，但是其中为居民日常生活服务的行业仍相对发展较慢，这种状况是不利于提高劳动者的生活质量、消费效益的；然后是要增加、改善为居民消费服务的社会公共设施，提高服务质量与水平。

（3）发展社会主义商品经济，实现收入货币化、消费市场化，提高消费者主权。

（4）加强精神文明建设，提高居民的文化素质。用健康、文明、科学的消费文化、消费观念指导自己的消费行为，自觉抵制那些不健康、不文明、不科学的消费行为。

关于厦门发展高科技产业的对策研究[*]

高科技产业是当代经济和科技发展相结合的结晶。20 世纪 80 年代以来，随着一系列现代高科技的加速发展及其成果的实用化和商品化，如何促进高科技的商品化和产业化，实现高科技优势向经济竞争优势的转化，引起了世界各国的普遍重视。

根据国民经济十年规划及"八五"计划的精神，创办厦门高科技开发区，发展特区高科技产业，是迎接世界高科技产业化浪潮提出的挑战及提供的机遇，是促进厦门产业结构高度化，增强特区经济国际竞争实力，使特区经济登上新台阶的重要战略步骤之一。

一

高科技开发区的建立和发展，要求当地能提供较优越的自然及经济社会环境，有较雄厚的科技力量及良好的教育基础。厦门具有这些方面的条件。

——从自然地理环境、社会经济条件来看，厦门的地理位置及气候条件为前来讲学、进行科学研究、开发高科技产业的科技人才提供了优雅、清新、幽静的环境，同时也为某些特定的高科技产业的发展准备了相应的自然地理条件。而兴建特区以来，市政府重视交通运输等基础设施的建设，已形成了完整的公路、铁路、海运、空运相结合的主体联运交通网，同时完成了一批重要的城市公用设施建设，这些为高科技开发区的建设和发展提供了良好的外部硬环境。

厦门作为特区及计划单列市，并将逐步实行某些自由港的政策，这使厦门高科技开发区享受开发区及特区的双重优惠政策，对开发区的建设和发展是十

---

* 本文原载于《福建经济》1991 年第 11 期。

分有利的。而厦门特区十年建设特别是湖里工业区建设的宝贵经验，对于建设开发区、保障开发区优惠政策的实施具有重要意义。这些为开发区提供了良好的软环境。

另外，厦门作为著名的侨乡且与台湾一衣带水，也为开发区引进海外先进技术及人才，吸引外资、利用外商的经济技术信息及外销渠道、发展外向型经济提供了有利条件。

（1）从教育及科技基础方面看，厦门的条件也较好。厦门教育事业较发达，智力密集程度较高，现有厦门大学等高校 8 所、中专 11 所、技校等 9 所；百万人口高校数厦门居全国第二位，百万人口高校专职教员数、学生数则居全国第五位，岛内大专以上文化程度人口约占 10%，每万人口专门人才数更是全国平均水平的 3 倍以上。此外，近年来，大批内地科研单位、高校的专门人才纷纷前来特区求职，这些都为开发区的发展提供了丰富的人才资源。

在科研方面，厦门现有各类自然科研及技术开发机构近百家，其中不少是国家级研究所、重点实验室或省、部属研究机构，具有较强的科研力量，这些科研机构频频推出新成果。据不完全统计，近十年来厦门共取得重要科研成果近千项，其中 19 项获国家级科研进步奖，100 多项获省级科技成果奖；近三年来，实施"火炬计划"项目 24 项（其中国家级 8 项）。这些为开发区的建设提供了较好的基础。

（2）从工业基础方面看，厦门的工业自兴建特区以来，一直以 20% 以上的速度迅速增长，逐步形成了以电子、机械、化工、轻纺、食品为主的工业体系，经济效益水平居全省前列，某些还达到了全国先进水平。与此同时，厦门基本上形成了外向型经济格局，全市已投产开业的"三资"企业 500 余家，实现工业产值占全市工业产值的 54%，出口产值占全市工业品出口交货总值的 85%。这些构成了发展外向型高科技产业的良好基础。

二

高科技产业范围广大，任何一个高科技开发区都不可能也没有必要面面俱到、全面发展。厦门高科技开发区的产业发展方向应本着"有限目标，重点突破"和高技术、高增值、高效益、高开放度的原则进行规划。从厦门地区自然环境、科技基础、工业及经济结构等条件出发，可以考虑重点发展以下产业及项目。

（一）电子与信息产业

电子信息技术是当今尖端科技领域的先导和核心，是带动科技革命的基础技术。电子技术渗透到产业部门，从而给传统产业带来革命性飞跃，已经成为一种全球性的趋势。电子信息产业又是很有希望的外向型产业，以台湾为例，20 世纪 80 年代初台湾电子行业的出口总值不过二三千万美元，而到 1988 年已跃升为 51 亿美元，成为台湾第三大出口产业，其中电脑终端机、电脑显示器、电脑影像扫描机的全球市场占有率都在 1/3 以上。改革开放以来，厦门的电子工业基本上是从零起步，十年跃升为厦门第一大产业，部分产品已打入国际市场。从电子信息技术在科技、经济中的地位，以及厦门已有的基础和发展外向型电子信息产业的潜在优势出发，可以考虑在开发区优先发展电子信息产业。其中可列为近期重点发展的项目及产品有以下四个。

（1）微电子。优先发展各类先进的半导体器件——混合集成电路、功率晶体管、太阳能电池、蜂鸣器、继电器等。

（2）计算机。从国际市场前景及项目先进性、可行性角度出发可以考虑重点发展：监控器；键盘及比键盘更便捷的各种计算机输入技术；计算机外围设备；高水平的电子消费类产品，数字电视、数字录像机等。下一阶段可以考虑开发各种微处理机及采用先进操作系统和先进的微处理器的个人计算机。

（3）软件。厦门拥有数千计算机专业人才及数量可观的计算机设备，近年来开发出的一批质量较高的软件在国内许多企事业单位中得到应用。可以考虑在开发区内建立软件开发中心，接受国内外软件开发课题，这是一项耗资不多、较有利于发挥我国人才潜在优势的高科技产业；而在软件生产中也可造就一批具有国际水平的软件开发高级科技人才。

（4）通信与激光。其主要包括：光纤通信，可以考虑开发配套的半导体激光电源检测器、光电耦合器、调制器、连接器和各种光纤；移动通信，重点开发民用无线电台、无线电车载台、无线电船载台、移动电话、保密对讲机等通信设备。

（二）机电一体化产业

这是传统的机械工具与光电子信息、人工智能技术相结合的产物，开发该产业有利于发挥电子信息技术的渗透、扩散作用，实现对传统产业的改造。近期可重点开发：各种数控机床和超精密设备；吊车、叉车、装载机等设备起重、运输、装卸的自动化装置；防火、防盗的保安装置；可编程控器系列、工业控制台系列；微机化、自动化、智能化的仪器仪表等。下一阶段进一步考虑开发办公自动化设备，采用光、电、声、磁、生物传感器的智能机械手及仪器仪表关键共性技术的研究与应用等。

（三）新材料产业

材料研究已发展为独立的材料科学。新材料产业是新技术产业的基础之一，它包括的范围广大。考虑到厦门的产业基础及现有科研力量，开发区可着重开发高技术陶瓷复合材料、彩色感光材料、石油化工新材料、稀土材料等。

（四）生物技术产业

生物工程包括基因工程、细胞工程、酶工程和发酵工程等。根据厦门的实际情况，可考虑重点开发：海洋生物产品，如利用海洋生物生产的色素、胶质、酶、酶抑制剂、酶激活剂等高附加价值产品；植物生物产品，主要从事植物基因工程、细胞工程研究，培育作物新品种的种质资源，许多科研成果商品化后就有希望打入国际市场。

上述产业及项目，宜本着"有限目标，重点突破"的方针，分期分批进行。"八五"期间，优先发展电子信息、光机电一体化及若干新材料产业，以电子信息产业为支柱产业，争取实现重点突破。可以考虑选择 10～15 个基础较好、有良好发展前景、能够打入国际市场的高科技项目，予以重点扶持。鼓励企业通过外引内联，发展横向联合，组织和发展企业集团，积极利用特区国际市场信息灵通、外商国际销售渠道多的优点，以"中、中、外"（即中国的技术、中国的政策环境加上外国的资金和市场渠道）合作的模式发展外向型高科技产业，积极参与国际高科技产业市场的竞争，使开发区成为特区发展外向型经济的一支突击力量。

三

建立开发区的重要意义之一，是要推动地方经济的发展，通过形成高新技术生长点及向传统产业渗透的辐射源，以促进厦门的产业结构、产品结构和技术结构的升级换代，使特区经济逐步转到依靠科技进步的轨道上去，从根本上提高特区参与国际竞争的实力。

因此，开发区高新技术产业的选择还必须考虑厦门产业格局及技术结构的现状。厦门工业虽然近年来发展较快，但无论是从其设备水平、技术层次，还是从其产品结构、档次上看，都还相对落后。据调查，1985 年厦门工业老企业的生产设备中，五六十年代设备还占 60%，80 年代的仅 6%；同期企业的生产工艺水平的 53% 是五六十年代的，80 年代的仅占 8%。近年来建成投产的三资企业，总体水平要先进些，但也有相当部分是属于劳动密集型的。从产品结构及档次上看，近年来厦门电子工业发展迅速，产值已占全市工业产值的 1/4，部分产品打入了国际市场，但该产业还主要是生产消费类产品，如彩电、收录机、录像机等；机械工业则以装载车、叉车、自行车为龙头产品，技术密集程度较低；而化工、食品、轻纺等行业也都不同程度上存在着技术陈旧、产品老化、质量不高等问题。这些反映在外贸出口上，则体现为出口构成上初级产品比重大、工业制成品比例小。为此，必须以开发区为辐射源，用高新技术改造厦门的传统产业，促进特区产业结构高度化，同时促进产品更新换代。

首先，必须促进开发区高新技术企业的发展，尽快形成规模产出能力，使之成为特区经济的增长极。至 1995 年开发区工业产值达到 20 亿元、出口创汇 3 亿美元；至 2000 年实现工业产值 50 亿元、出口创汇 7 亿美元，使开发区的工业产值、工业品创汇额占厦门总产值、工业品创汇额的比重，1995 年分别达到 20% 和 30%、2000 年分别达到 30% 和 40%，对增强特区的国际竞争实力，促进厦门的产业结构高度化起重要作用。

其次，用高新技术改造传统产业的生产设备与工艺。要着重利用电子信息产业的优势，与厦门原有的电子、机械、仪器仪表、电器控制等行业相结合，开发机电一体化产品；广泛运用微电子、计算机等技术对机械、轻纺、食品、化工等产业的设备进行技术改造，提高生产的数控化、自动化和智能化程度。

再次，运用高新技术不断推出新产品，促进老产品升级换代，形成新的产品结构。电子工业在继续发展消费类产品的同时，注重开发计算机、通信、导航设备及其配套产品、光机电一体化产品和工业控制系统、数字化技术等；机械工业发展吊车、叉车、装载机等设备的自动化装置，提高产品档次，开发各种精小轻新的产品；精细化工行业在继续发展彩色感光产品的同时，开发新的原料药、制剂及各种新型添加剂、新型建筑涂料等；食品工业着重应用生物工程技术，提高现有产品质量，开发研制各种氨基酸、酶剂，使食品产品向高档、精细、营养、方便的结构转变；纺织工业立足于用电子技术改造设备、工艺及检测手段，引进新型材料及新工艺，提高产品质量、增加花色品种，增强产品的国际竞争能力。

最后，发挥开发区辐射源的作用，逐步向特区扩散高新技术及其产品，促进特区产业结构高度化、生产类型技术密集化、产品高附加价值化。

四

引进国外先进技术，通过消化吸收创新，缩小同国际先进技术水平的差距；另外将国内先进科技成果转化为商品，使之产业化、国际化，是高科技开发区肩负的双重任务。

身处经济特区、位于沿海经济开放区，是厦门高科技开发区的重要优势。充分发挥地理位置及政策环境的优势，大力发展外引内联，建立外向型高科技产业，是厦门高科技开发区克服其不利因素（如区内尚无高校及科研所、人才不足、资金短缺、基础设施尚欠完善等），争取较快发展的基本对策。

首先，要充分利用开发区享有比特区更优惠的投资政策，积极引进港、澳、侨、台、外的资金，吸引国内企事业单位的技术与资金投入，以弥补开发区的资金不足。同时，鼓励区内的中资企业到国外设立分支机构，开展合作研究、生产等，通过多种形式跟踪世界高新技术的发展。

其次，人才问题，除制定必要的优惠政策，吸引内地及岛内区外的高校、科研部门及科技人才到开发区创办高科技企业、转让科技成果、进行技术交流与合作外，要充分利用厦门特区享有实行自由港的某些政策及开发区享有的政策优惠，在国外设置分支机构或代理机构，负责吸引国外人才到开发区从事科研、产品开发及经营管理。与此同时，放活开发区有关人员（主要是技术骨干及营销人员）进出国渠道，通过试行逐步推广一次审批多次出国的政策，加快开发区与国际市场沟通信息的速度，提高企业在国外的售后服务能力，进而提高产品外销比重。

最后，开发区要充分利用地利，通过"中、中、外"等模式，与港澳侨台外资密切合作，利用"三资"企业与国际市场联系密切特点，逐步建立、发展开发区高新技术产业的国际市场销售网络，不断开拓国外市场。

福建省乡镇工业技术进步状况分析[*]

　　乡镇工业的迅猛发展，是十年改革给农村经济带来的最重要成果之一。1978 年至 1983 年福建省乡镇工业的总产值、固定资产、从业人员分别以年均 25.4%、24.86%、6.19% 的速度迅速增长。至 1988 年底，乡镇工业的总产值已占农村社会总产值的 31.14%，占全省工业总产值的 27.26%。乡镇工业不仅成为农村经济的重要支柱，而且成为福建省工业的一支不可忽视的力量。它在整个国民经济中的重要作用正在逐步显露出来。

　　十年来，乡镇工业迅速发展究竟是以何种态势进行的？它的再生产主要是内涵型的集约增长还是外延型的粗放扩大？技术进步在其发展中起了多大作用？无疑是值得研究的。本文试图运用计量分析的方法对此作些探讨。

一

　　我们选择柯布—道格拉斯生产函数为测定福建省乡镇工业技术进步的基本模型。模型如下：

$$Y = A_o e^{rt} K^\alpha L^\beta \tag{1}$$

其中，Y 代表乡镇工业产出量；K 代表乡镇工业物化劳动投入量；L 代表乡镇工业化劳动投入量。且对式（1）施以规模效益不变限制，即令 $\alpha + \beta = 1$。对式（1）取对数，经整理得到下式：

$$\ln(Y/L) = \ln A_o + rt + \alpha \ln(K/L) \tag{2}$$

　　考虑到近十年来乡镇工业的发展趋势与以往大不相同，加之有关部门将

＊ 本文原载于《福建经济》1990 年第 4 期。

乡、村两级工业作为一个整体进行统计是从 1978 年开始的。因此，选择 1978 ~ 1988 年为样本区间。为扩大样本，充分利用已有数据的信息，在方程的具体拟合中，应用了设置虚拟变量、将时间序列与地区截面资料结合运用的方法。经过计算、筛选，得到福建省乡镇工业的生产函数方程如下：

$$TY_{it} = 1.0867 + 0.0386T + 0.0779X_{it} - 0.1675D_{2t} + 0.0005D_{3t} +$$
$$(31.46) \quad (10.41) \quad (1.66) \quad (-3.61) \quad (0.01)$$
$$0.0281D_{4t} + 0.0455D_{5t} + 0.1782D_{6t} + 0.0936D_{7t} +$$
$$(0.66) \quad (1.05) \quad (3.82) \quad (1.91)$$
$$0.1227D_{8t} - 0.2019D_{9t}$$
$$(3.25) \quad (-4.94)$$

$$R^2 = 0.8150; \bar{R}^2 = 0.7903; D - W = 1.4234; F = 33.0318 \quad (3)$$

其中，TY 为乡镇工业总产值；X 为乡镇工业固定资产原值/乡镇工业工资总额；D 为虚拟变量。样本区间为 1978 ~ 1988 年；样本数为 86。

我们曾分别用从业人数及工资总额作为活劳动投入的指标进行回归，然而，只有工资总额通过了统计检验。以从业人员数为活劳动投入指标的假定前提是：每个劳动者的劳动在样本期间内的边际产品是等同的。而以工资总额为活劳动投入指标的假定前提是：每单位工资支出的边际产品相同。显然，二者作为活劳动投入指标都有一定偏误。一般地说，用工资总额作为活劳动投入计算的技术进步率低于用从业人员计算的技术进步率。

对上述回归方程应用索洛余值方程，可求得福建省乡镇工业的技术进步率如表 1 所示。

表 1　　　　　福建省乡镇工业的要素投入对产出的贡献份额　　　　　单位：%

年份	总产量年均增长	固定资产年均增长	工资年均增长	年技术进步率	技术进步贡献份额	资金增长贡献份额	工资增长贡献份额
1978 ~ 1988	25.40	24.86	20.66	4.41	17.36	7.62	75.02
1978 ~ 1982	19.73	28.86	19.96	-0.92	-4.68	11.39	93.28
1982 ~ 1985	24.35	16.79	17.54	6.87	28.21	5.37	66.42
1985 ~ 1988	34.51	27.98	24.84	7.91	27.31	6.32	66.37

注：$\alpha = 0.0779$；$\beta = (1 - \alpha) = 0.9221$。

二

对上述方程及有关数据进行分析，我们可以得出以下几个初步结论。

（1）福建省乡镇工业从总体上看，是劳动密集型产业，劳动者的资金装备水平较低。整个乡镇工业的人均固定资产原值 1978 年为 597 元，1981 年为 937 元，1984 年为 1464 元，1987 年为 2505 元，1988 年达到了 3013 元，但仍远远低于同期全民所有制工业企业的水平。因而，活劳动投入对产值增长具有极为重要的作用，乡镇工业的固定资金投入与活劳动投入（按工资总额算）之比 1988 年不到 2.5∶1，而 1987 年全民所有制工业的同一比例为 10.21∶1。计量分析结果表明：福建省乡镇工业活劳动投入的产出弹性 β 高达 80% ~ 90% 以上；在乡镇工业产值增长中，劳动要素的贡献份额平均在 70% 左右，而资金要素的贡献份额始终没有超过 15%。

（2）随着乡镇工业的发展，其劳动密集型性质正在逐步改变。随着劳动者技术装备水平的提高，单位产出的劳动投入在下降，平均百元产值工资支出从 1978 年的 26.56 元下降到 1985 年的 22.61 元、1988 年的 18.08 元。相应地，活劳动投入对产出的重要性也在逐步下降，它对产值增长的贡献份额从 70 年代末 80 年代初的 90% 左右降至 60% 左右。

（3）在单位产出的活劳动投入下降的同时，单位产出的固定资金投入基本上没有什么变化，百元产值固定资产占用大体保持在 50 元。但资金要素对产值增长的贡献份额反而有所下降，十年约下降了 5 个百分点。

（4）技术进步在乡镇工业的发展中的作用不断扩大。虽然从总体平均水平看，技术进步对乡镇工业产值增长的贡献份额不算大；但从发展的角度看，其作用不可忽视，十年来，随着活劳动投入对产值增长的贡献份额下降，取而代之的是技术进步贡献份额的迅速增长，从原先的 −4.68% 增长至 27.31%，增长近 32 个百分点。乡镇工业的人均技术装备水平不断提高使劳动生产率迅速提高。1978 ~ 1988 年，在乡镇工业劳动生产率年均提高 18.09%，其中村办工业更是高达 20.81% 的同时，大体维持了资金的利用效率水平。1978 ~ 1988 年，乡镇工业的固定资金产值率年均提高 0.43%，其中村办工业年均提高 4.43%。

应当肯定，无论从总体水平还是从发展眼光看，乡镇工业的技术进步率都不算太低。但是，这十年来，乡镇工业的发展是处于社会总需求不断扩张，以廉价要素的大量投入（主要是廉价的劳动投入）支撑的超高速增长之中——若以需求大膨胀的 1984 年为界，将 1978 ~ 1988 年的乡镇工业分成两段计算平均增长率，前半段不超过 19.69%，而后半段则一跃高达 34.47%。因而，技术进步对经济增长的作用还相当有限。乡镇工业的发展基本上还是外延扩大再生产。但是，这种超常规增长决不可能持久。目前乡镇工业正面临其发展的一个重要转折点：由于治理整顿、紧缩需求，产品市场上的拉力正逐步减弱；而在要素市场上，职工工资水平的迅速提高使以往廉价投入的优势很快就要消失。这一切都要求乡镇工业从前十年的粗放经营、外延扩大为主转向集约经营，逐步向以内涵扩大再生产为主的发展方式过渡。

三

用索洛余值法测定的技术进步是一种广义技术进步，它建立在一系列假定基础上，包括除活劳动、资金投入之外一切因素变动的影响。严格地说，应称之为综合要素效率变动。显然，其影响因素十分复杂。详细分析它们对乡镇工业技术进步率的影响，需要占有更多的资料。但是，通过对乡镇工业中乡办工业与村办工业两类企业若干统计指标的对比分析，也能获得一些有益的启示。

乡办工业比村办工业起步早，因而其发展层次也高些，比较二者的各项经济技术指标，1978 年乡办工业大多优于村办工业。若以村办工业为 1，则乡办工业与村办工业之比、工业总产值为 1.16∶1；固定资产原值为 1.02∶1；人均固定资产为 1.49∶1；劳动生产率为 1.70∶1；百元固定资产产值率为 1.14∶1；百元工资产值率为 1.30∶1。

然而，时隔十年，再次比较上述指标，乡办工业却渐趋劣势：工业总产值为 0.83∶1；固定资产原值为 1.52∶1；人均固定资产为 1.93∶1；劳动生产率为 1.05∶1；百元固定资产产值率为 0.54∶1；百元工资产值率为 1.26∶1。

比较一下乡、村工业的要素投入便可发现：近十年来，乡办工业的资金要素投入增长较快，固定资产总额每年递增 26.6%，10 年增长了 10 倍。因而，尽管乡办工业的劳动力每年增长 7.09%，比村办工业还快 1.56%，但乡、村两级工业的人均固定资产占有差距非但没有缩小，反而扩大了。而村办工业的工资增长较快，无论工资总额还是人均工资水平，其绝对额及增长速度都超过了乡办工业。

由此可见，近十年乡、村两级工业在要素投入上，前者以增加资金要素投入为特征；后者以增加劳动要素投入为特征（如果工资是根据按劳分配原则增长的，那么可以认为工资总额的变动比从业人数更能准确地反映劳动投入的变化）。两种倾斜投入产生的结果大不相同：村办工业在大幅度提高其劳动生产率的同时，资金的利用效率也在提高，单位产值的固定资产占用、工资支出水平都在下降；而乡办工业尽管人均固定资产占有水平提高较快，但劳动生产率的增长却慢于村办工业，而且它的提高是以资金利用效率的下降为代价的。即乡办工业在这十年的发展过程中，产生了资金与劳动的替代效应，这必然影响了综合要素效率（即技术进步率）的提高速度。而村办工业并没有发生类似的替代效应，因而它的综合要素效率比乡办工业提高得快。

首先，村办工业通过增加劳动要素投入，取得比乡办工业更快的增长，从另一角度证实了前面的判断：乡镇工业是劳动密集型产业，增加劳动投入（不仅通过增加劳动力，而且通过充分利用现有企业中的劳动力，提高劳动效率）对其发展具有特殊意义。其次，乡镇工业的劳动生产率与劳动者工资水平之间的高度相关关系，说明乡镇工业技术进步率中相当部分是一种管理效率，即通过采取灵活多样的劳动报酬方式，有效地调动了劳动者的积极性，使劳动效率不断提高。因而，虽然乡镇工业的人均工资水平近十年来一直以较快速度增长，但每百元产值中的工资支出比重一直是在下降的。最后，乡、村两级工业不同倾斜投入的后果证明，乡镇工业是受市场力量支配较强的经济类型，其经济效率与市场波动高度相关：当市场需求旺盛、设备与劳动力都能得到充分利用时，其经济效率必然高；而当市场疲软，资产存量难以调整，因乡镇工业（尤其是村办工业）在调整其劳动投入上相对灵活，可以通过适当缩小其劳动投入来维持其劳动的边际产出相对稳定。资产存量调整的困难及劳动投入调整的相对灵活，使依靠劳动投入的村办工业比依靠资金投入的乡办工业获得了更高的综合要素效率。

乡、村两级工业不同的倾斜投入以及它们的产出总量、产出效率的差异提出了一个值得重视的问题：根据产业资源结构变化发展的一般原理，工业生产的资源结构总是从劳动密集型逐渐转向资金密集型，而后逐步向技术密集型、知识密集型过渡。乡镇工业在其发展的初期阶段，通过大量投入廉价的劳动力取得了惊人的发展速度和一定的效率。但是，进一步的发展显然不能继续寄托在廉价劳动力的大量投入上，进一步提高劳动生产率必须以提高劳动者的资金装备水平为后盾。在某种程度上，出现资金与劳动的替代效应似不可避免，但它必然会给乡镇工业的技术进步速度带来影响。因而，值此乡镇工业发展的转折关头，应采取哪些政策措施加快乡镇工业的技术进步速度，使它在提高技术装备水平的同时，保持劳动生产率的较快增长，并且能尽量避免或减少资金与劳动之间的替代效应，无疑是值得重视的。

第二篇

关于产业组织演进研究方法[*]

一、产业组织演进的新古典分析方法之不足

很多人都把马歇尔以后的新古典经济学形成发展期看作是产业组织理论思想形成的萌芽时期，因为产业组织理论本来就源于微观经济学。许多早期的新古典经济学家如瓦尔拉斯、张伯伦和克拉克等都对产业中的垄断和竞争结构等做过一定的分析和阐述。现代产业组织理论体系建立于 20 世纪 30 年代，它在美国以哈佛大学的梅森和贝恩为主要代表，因此被称为哈佛学派。其主要贡献是构建了 SCP 分析范式。通过市场结构（structure）、市场行为（conduct）和市场绩效（performance）之间的关系来把握和分析曾经是产业组织研究的一种主要范式。该学派因此也被称为结构学派，他们的主要观点是，产业绩效取决于卖方和买方的行为，卖方和买方的行为又取决于市场结构，而结构反过来又取决于企业生产的基本状况。

但是，20 世纪 50～60 年代以来，SCP 分析范式开始受到批评，它主要来自芝加哥学派。如芝加哥学派代表人物施蒂格勒就指出，结构主义主要采用了利润率和回报率两种指标，这两种指标是否遵循了长期绩效衡量方法是存在疑问的。芝加哥学派认为应通过应用价格理论对反托拉斯法展开研究，而不必拘泥于经验研究；应该从价格理论的基础假定出发，而不是通过经验数据来确定市场的竞争效率；其主要工具是竞争均衡模型。芝加哥学派对产业组织理论研究的另一重要贡献是开创了管制经济学。

虽然哈佛学派和芝加哥学派都来自新古典微观经济学，都是研究产业组织

———————————
* 本文是提交中国工业经济学会 2006 年年会的论文，共同作者：靳涛。

的主流学派，但其分析视角和观点明显不同。一般而言，哈佛学派侧重经验分析，通过经验研究得出结论；芝加哥学派侧重理论分析，主要通过理论模型分析，依据演绎逻辑，得出结论。哈佛学派侧重短期，后者更强调长期趋势分析。哈佛学派拥护政府对不合理市场结构进行干预，后者则极力反对。20世纪70年代以后，产业组织理论研究广泛引起学界重视，迅速发展，随着竞争市场理论、交易费用理论和博弈论等新理论、新方法的引入，产业组织理论研究的理论基础、分析手段和研究重点等都出现了实质性的突破。总而言之，产业组织理论的发展一方面沿着SCP分析范式的方向发展成为"新产业组织学"①。另一方面，20世纪80年代，蒂罗尔（泰勒尔的译法是根据英语发音翻译的，但是此人是法国人，因此译蒂罗尔更准确）、克瑞普斯等将博弈论引入产业组织理论研究，使产业组织的研究进一步向理论化和形式化的方向发展。

主流经济学家一般是用新古典"成本—收益"分析方法和"均衡分析方法"进行产业组织研究的，认为从自由竞争到垄断竞争，从福特制到后福特制等都是在市场作用下，一种均衡替代另一种均衡的结果。一般均衡的分析框架在分析产业组织演进时固然有其意义，但局限性也不容忽视。产业组织演化是一个非常复杂的系统过程，它绝不是靠简单的均衡分析、成本—收益分析所能解释清楚的。一般而言，一般均衡模式在分析长期的制度演化时是有效的；但对于短期的制度演化，它的解释力有限，因此，必须结合结构主义的历史方法，才能比较好地演绎产业组织演进的实际。但是，必须指出，虽然哈佛学派更强调结构主义和经验主义的分析方法，但其分析框架仍然不摆脱新古典分析范式，还是静态的和局部的分析方法。组织是演进的，从一种产业组织到另一种产业组织是动态演化的，在新古典研究框架之内，显然，难以分析这种动态的变化过程。因为即便是新古典的跨时期分析方法也完全不是凡勃伦意义上的"演化科学"，它至多算是一种静态多时期研究。因为新古典的分析方法把对产业组织影响最大的制度因素给简化掉了。我们知道，市场制度对于产业组织有着极大的影响和制约。市场制度发育程度不一样的地方，产业组织结构肯定有所不同，对那些正处在制度变迁和经济体制转型的国家来说，更是这样。因此，如果在研究中假设制度是不变的，那么，在这种条件下研究经济体制变迁环境中的产业组织变化过程会有什么意义？其实，对转型国家来说，产业组织演化的过程和经济体制转型、制度变迁的过程是一致和同步的，假定后者是不

---

① "新产业组织学"是在结构学派研究框架的基础上，从市场行为分析入手，把市场的初始条件及企业行为看作是一种外生力量，而市场结构则被看作是内生变量，进一步严格以新古典微观经济学为理论依据的分析范式。

变的情况下，研究前者的演化是否可能？显然不能。所以，新古典经济学这种静止的分析方法肯定不能很好说明产业组织的发展演化。实际上，用新古典的静态方法考察产业组织的演进，不仅对转型国家，即便是对于那些市场制度比较完善的国家，也未必是合适的：一个国家的文化传统、历史禀赋、法律传统和政府作用，都可能对产业组织演进产生重要影响，但是却很难纳入新古典的均衡模型之中。

另外，新古典经济学的一次性静态博弈方法也无法很好解决须重复博弈才能解决的过渡期产业组织问题。从演化主义的角度来看，企业的发展、壮大是在一种自发扩展的演化秩序中不断发育的，在不同的演化路径下会有不同的企业类型出现，这也清楚说明了为什么美国的企业、德国的企业和日本的企业会有区别。企业的发展是适应环境的演化结果，组织创新在企业繁荣和发展中被不断模仿。这种以适者生存和动态分析为框架的分析方法似乎还没有引起新古典经济学家的足够重视。

二、用什么方法研究产业组织演进

新古典经济学家在考察产业组织的演进时，往往过分生搬硬套地运用新古典一般均衡理论。在产业组织演进的过程中，成本和收益是客观存在的，但是把产业组织演进的复杂过程都放在一般均衡的框子里进行分析，未免显得有些生硬和牵强。因为在组织演进的过程中，国家、意识形态刚性、历史依赖、技术进步、制度的滞后惰性等原因都对制度变迁起着不可忽视的作用，这些因素是建立在成本—收益基础上的一般均衡理论所无法包容的。

产业组织的形成和演变是一个复杂过程，仅仅依靠新古典均衡理论不足以反映现象后面所隐藏的本质，新古典经济学家们对技术、文化和观念等因素对产业组织演进的作用要么视而不见，要么是模糊矛盾的。例如，威廉姆森在分析组织时不完全接受理性选择模型，认为经济生活中的当事人实际上是契约人，这种契约人既存在认知能力上的不足，而且也可能受信息成本的约束。产业组织研究应该不仅可以研究标准的新古典契约，而且还可以扩展到权威、强权、关系网络、文化等组织必然包括的元素的分析。把理性模型和有限理性分析相结合，同时考虑制度、规则和习惯对不同社会中人的影响和制约。

马歇尔在为现代经济学分析奠基时说到，经济学的发展有两个思路：一是"工具理性"，即通过理性人的假设，演绎分析社会经济现象的原因；二是进化论的思路，通过"物竞天择，适者生存"，即不通过"理性人"假设，也可以解释现存的社会现象。这说明，经济学的分析方法和分析范式不是唯一的。

由于新古典经济学通常假设个体是理性的，即追求个人效用最大化，关于人类理性的假定直接影响到经济学分析方法和分析方式的差异。其实，这个问题不仅对经济学，而且对整个社会科学都非常重要，福柯曾经说过："哲学和批判思想的核心问题一直是、今天仍旧是、而且我相信将来依然是：我们所使用的理性究竟是什么？它的历史后果是什么？它的局限是什么？危险是什么？"[①] 这一问题长期以来是哲学争论的核心问题。威尔士（1999）在中国社会科学院演讲时指出："在关于理性的哲学中，有一个谜。在传统上，理性被认为是我们最高级的能力，是哲学的核心。例如，亚里士多德赞美理性是自我认知（noes is noeseos）。而现在，许多哲学家都想脱离理性。费耶阿本德宣称'告别理性'起到了范式的作用。如今人们不像从前那样给理性以最高的赞赏，而是鼓吹抛弃理性。"目前演化经济学越来越受到人们的重视也说明经济学过分倚重理性分析可能是有些过头了。当然，经济学家不应该完全抛弃"理性"，但起码我们要像马歇尔那样知道，经济学的发展有两个思路，"工具理性"之外，还可以从演化的角度来分析经济问题。

接下来的问题是：两种经济学分析视角的差别在哪里？在什么情况下，哪种经济分析方法更适合和更有价值？其实，虽然马歇尔提到了经济学研究的两个思路，但他也毫不讳言地谈到，作为一门科学，无疑通过逻辑演绎的分析要好于现象描述的经验研究。他说，经济认识不能停留在单纯的描述阶段，否则就不可能成为严格意义上的经济科学。而科学的分析方法不能离开在少数基本假定基础上所进行的演绎推理。[②] 作为科学的经济分析方法，其逻辑前提的假定和构建是不可缺少的。主流经济学自马歇尔以后，建立在"逻辑演绎"基础上的"工具理性"牢牢统治了经济学的发展，并把经济学研究推向了一个以数理模型为主要研究范式的"科学高度"，并非偶然。但是，对新古典研究范式的质疑始终没有消失过，新古典分析范式在分析某些经济问题上所暴露的局限性，意味着产生科学革命的可能。在这种情况下，我们应当注意到，虽然主流经济学派取得了很大的成绩，但作为以历史视角和演进思路为主要研究范式的

---

① 福柯：《什么是启蒙》，引自道格拉斯·凯尔纳、斯蒂文·贝斯特著《后现代理论——批判性的质疑》，中国编译局出版社 1999 年版。

② 目前的基本假定是理性经济人，这一假定并非没有问题，也曾有过寻求更为合理假定的努力（例如，李文溥所著的《国有经济优化配置论》（经济科学出版社 1999 年版）中的第二章——理论分析前提：个人发展主义的利益结构论），但是，在更为合理的基本假定基础上建立起一个可以取代目前新古典经济理论体系的新体系，还需要多年的努力。

非主流学派却始终没有消失，目前还颇有发展之势。历史主义—制度主义—演进主义的范式演进就清晰地说明了历史学派思潮的不断超越和重塑。① 这充分说明，以历史视角和演进思路为主要研究范式在研究某些经济问题时还是十分有益和可取的。

其实，关于这个问题，青木昌彦（2001）给出了一个很好的解释。青木昌彦（2001）在用博弈论进行经济分析时，按对博弈主体假定的完全理性和有限理性的不同，把博弈模型分为古典博弈模型和进化博弈模型。他认为，古典博弈模型适合用于分析诸如规范、合同和治理结构之类的可自我实施性问题；而进化博弈则适合用于分析以惯例和习俗形式体现的制度的自我实施性。这两种模型在许多方面是可以互补的，在一些情况下，两者甚至在同一域导致相同的模型解。青木昌彦（2001）在用进化博弈模型分析制度演化的同时，并没有完全放弃建立在完全理性基础上的古典博弈模型（子博弈精炼均衡），并认为在某些情况下古典博弈模型在分析问题时也还是有效的。青木昌彦在早期对日本企业和银行制度的研究中主要是通过古典博弈模型来分析；而在后期对习俗、惯例等制度的形成和演化的分析中主要是运用后者来研究。

另外，新奥地利学派在经济分析时，更看重过程分析，也不是更强调均衡分析，其研究目标是从个人效用和行为到价格的非线性因果传递，而不是为人熟知的新古典主义数学函数模型。新奥地利学派产业组织理论的分析基础是不确定性，把竞争性的市场过程理解为分散的知识、信息的发现和利用过程，而市场不均衡是产业组织的常态（于立，2000）。新奥地利学派更强调个人，特别是企业家在产业组织演进中的积极作用，他们对政府干预更加反感和敌视，认为这只会干扰组织演进的自发秩序，在他们潜意识中，自然形成的产业组织结构是最好的。

总的来看，在产业组织演进研究中，可以把两种分析方法结合起来，按对主体假定的完全理性和有限理性的不同，把分析框架分为经典分析框架和进化分析

① 历史主义—制度主义—演化主义的发展可以分作三个阶段。第一阶段，以米勒和李斯特为代表，经过罗雪尔、施穆勒和桑巴特等的发展，可以看作是"古典历史学派"；当然，以康芒斯、凡勃伦、加尔布雷斯为代表的"（老）制度学派"是它的一个延续，笔者把它称为"批判的历史学派"。第二阶段，是以科思、诺斯、威廉姆森、德姆塞茨等为代表的"新制度学派"……从某种意义上说已经偏离了史学的传统方法，把整个理论建构在抽象演绎的基础上，笔者把它称为"新古典历史学派"。第三阶段，是以纳尔逊、温特、霍奇逊、维诺曼、阿尔奇安、格雷夫为代表的"新历史学派"，它的特征是重新延续了奥地利学派，主要是由哈耶克和熊比特开创的"演进历史观"，并结合博弈论的现代分析工具，摆脱了"新古典历史学派"的静态均衡分析，从而在方法论上实现了对"新古典经济学"的扬弃（叶航，2003）。汪丁丁、叶航和罗卫东访谈：《历史视角对经济学研究的意义》，2003 年 9 月 2 日北望经济学园。

框架。经典分析框架适合于分析诸如产业组织的短期规范、企业关系和企业静态结构之类的可自我实施性问题；而进化分析框架则适合于分析产业组织内部秩序和产业组织演化问题。无疑，仅对于产业组织演进来讲，新古典主流化模型是不适用的，它不能代表产业组织演进研究的主流。虽然新古典经济学家们大都认为，假定是否符合现实并不重要，模型本身具有解释力才是重要的。其实这种观点在研究产业组织演进时显然是错误的。因为用简化的静态模型是无法分析动态变化过程的，这种方法论的缺陷早就被凡勃伦、哈耶克等批判过。

在产业组织演进研究中，如果市场制度本身作为研究的基础，那么新古典的简单化模型就不合适，一些社会要素必须纳入经济分析中，而新古典模型中的约束根本无法对付社会因素的复杂性，此时标准化的东西往往是简陋和荒谬的，这意味着产业组织演进研究中的大样本检验根本无法解释产业组织演进的复杂性。因此，要想科学和贴近实际地研究产业组织演进问题，必须抛开新古典的束缚，把演化主义和制度分析纳入产业组织演进研究中。

在产业组织演进研究中，正式市场制度体现了可标准化的知识，而非正式市场制度更多地体现了不同地区个性化的知识。如果在研究中不考虑不同地区的非正式制度差异，那么，结论必然是不同国家产业组织演进的趋势必定是趋同或相近的，而这对于不同的国家，几乎没有什么实际意义。

另外，实验经济学的研究成果也能给我们带来某些启迪。我们知道，经济学中的实验室实验最早来自对产业组织的研究。如张伯伦（Chamberlin，1948）最先发表了市场实验方面的论文，他要描述和刻画"纯粹的"但非"完全的"竞争市场的行为特征。目前，实验经济学研究结果清楚地证明，市场制度和惯例能影响市场绩效。传统归类为市场结构方面的变量也被证明是重要的。而且，通过相当标准的数学模型可以把握许多可观察到的行为。实验协助界定了每个备选模型的应用条件。当所使用的数据对结构和制度变量（例如，标价的价格一般高于口头双边拍卖条件下的价格）敏感时，模型的误差存在某种趋势，但是，一般来说，当模型被应用时，它是以过得去的准确性这么做的。这也说明，市场制度和市场惯例下的结构变量是不容忽视的，制度研究在产业组织研究，特别是在产业组织演进研究中是重要的。

三、产业组织演进的动力追溯与揭示

研究产业组织演进动力的理论范式和理论观点很多，不同的学派都对此有不同的认识，下面我们做一个概括，看看不同的理论和范式是如何看待产业组织的动力问题的。目之所及，主要有以下几种观点。

1. 斯密的分工动力论

斯密（1972）认为，分工是由人类固有的交换倾向所引起的。分工必然会导致交换，而在交换基础上的合作竞争会逐步取代最原始的个体竞争。市场体制下的众多企业通过分工和协作都比以往更多地分享到了分工经济和专业化经济的好处。分工和专业化也因此越来越发达，经济组织和经济结构也呈分化和演进的趋势，网络化、虚拟化企业形式普遍存在，单个企业之间的竞争正在被网络内企业集群之间的竞争所取代。现在主流经济学向古典经济学派的回归和杨小凯超边际分析理论也进一步强调了市场作用下的分工和专业化经济是产业组织自身演进的内在动力。

2. 生产力决定论和技术决定论

这种理论将技术作为推动产业组织演进的主要原因，持这种观点的主要以马克思及其追随者，以及老制度主义的凡勃伦流派为主。历史唯物主义理论认为，生产力的发展是任何社会形态、社会结构发展的根本动力。科学技术的发展导致社会分工和生产工艺的进步，而其所带来的生产潜力却不能在现有的经济组织中得以实现，因而产生了社会变革的需要，而社会变革的结果是，一个充满活力的经济组织替代现有的体制并创立出能把新技术的潜力转化为现实的新型产权形式。凡勃伦认为，组织变迁来自于技术的变迁，而组织框架是在思维的习惯方式（可能多少跟新的技术洞察力相吻合）及决策者的利益（可能多少跟新的创建相吻合）中表现出来的。技术通过改变物质条件，通过改变个人生活和思想的方法、模式及习惯而对组织演进产生影响。

当然，熊彼特（1996）对技术进步和生产工艺的提升对产业组织的影响做了更为深入的揭示，熊彼特（1996）认为，最有助于解决资源配置的静态问题的企业和市场组织与那些最有助于技术飞速进步的组织形式之间存在着鲜明的差别。竞争市场上运营的原子式企业可能是完全适应静态资源配置的工具，但是，在集中的市场上运营的大企业却是"进步和……总产出长期扩张最有力的引擎"。他进而揭示，"完全竞争是较低级的，无法称之为理想的效率模型"。

3. 组织演进的制度决定论

这种假说认为，组织是受制度影响所形成的，组织演进本身是经济发展的动态原因，具有自我循环累积机制，即主张制度决定论。这种观点以诺思为代表。诺思（1999）认为，西方以充分界定私有产权及有效率制度安排的过程导致一种新的有效率的经济组织的出现，这才是西方近现代科技革命和生产技术突飞猛进的主要缘由。"有效率的经济组织是经济增长的关键；一个有效率的经济组织在西欧的发展正是西方兴起的原因所在。"诺思（1999）认为，一个社会如果没有实现经济增长，那就是因为该社会没有为经济方面的创新活动提供一种激励措施。诺思不同意将技术创新、规模经济等看作是经济增长的源泉，他认为恰恰相反，以技术创新和规模经济为代表的产业革命的发展正是受以界定产权和有效率的经济组织出现为代表的制度因素影响所引致的。

4. 预期利益推动论

这种假说认为，产业组织演进是人们对新组织下的收益预期所驱使的结果。新组织下所预期的经济增长和人们效用的增加是推动组织演进的源泉。舒尔茨（1990）认为组织是一种具有经济价值的服务的供给者，是经济领域里的一个内生变量，因对经济增长动态的反应而发生制度演进。新古典经济学在产业组织演进分析中也把预期利益推动说作为一种基本观点，认为一种组织替代另一种组织，肯定是新组织下的预期利益要大于现有组织，否则，组织演进就不会发生。

可以看出，这些理论都从不同侧面对产业组织演进的内在动力做了分析和揭示。但这些理论分歧和争议较大，不同的理论范式导致不同的分析视角和分析框架。分工动力论和预期利益推动论是新古典经济学家研究产业组织演进的理论基础，而生产力决定论、技术决定论和制度决定论都可以归为历史主义—制度主义—演进主义的分析框架。从前面的分析和目前主流经济学研究产业组织演进的不足可以知道，后一种研究范式是建立在历史基础、文化传承、生产力发展水平和不同制度约束下的，这种分析方法对于研究动态演进的事物无疑要好于新古典静止的理论模型分析。但是，经济分析不能仅仅局限于一般描述分析和简单的文字分析，还必须运用更为科学和有效的研究手段来达到研究的目的。因此，博弈论与演化主义的结合是研究产业组织演进的一种有效和可取的方法和视角。

四、博弈论与演化主义的结合

可以认为，博弈论在主流经济学中的运用和发展给经济学带来了一个飞跃。博弈论从完全信息博弈到非完全信息博弈、从静态博弈到动态博弈的不断发展给产业组织演进研究带来了一个非常有用的工具。现在，博弈论已经成为产业组织研究和产业组织演进研究的主要工具之一。1994年诺贝尔经济学奖授予了对博弈论有突出贡献的三位数学家和经济学家：纳什、豪尔绍尼和泽尔滕，这预示着研究"理性人互动行为"的博弈论已全面进入主流经济学的研究领域。博弈论从零和博弈到非零和博弈、从完全信息博弈到非完全信息博弈、从静态博弈到动态博弈、从对理性人完全理性假定下的博弈行为研究到基于有限理性和适应性理性下的进化博弈理论和进化学习理论都对经济学研究的深化和发展起到了重要作用。纳什在冯诺依曼的最大最小定理的基础上为非合作博弈提供了一个非常重要的概念，即纳什均衡（纳什，1951）；豪尔绍尼则通过把现实中的不完全信息转化为完全但不完美信息（海萨尼转换），而达到贝叶斯均衡（豪尔绍尼，1967；1968）；豪尔绍尼和泽尔滕（1988）还通过子博弈完美均衡、颤抖手均衡和序贯均衡而对动态不完全信息下的博弈情况进行研究。另外，奥曼和皮尔斯等还提出了一组比纳什均衡更弱的概念，如重复优超解、可合理化解和相关均衡解等对博弈论深入研究有用的概念。上述博弈论的研究都是建立在主流新古典经济学个体的完全理性的假设之上，博弈论不仅继承了新古典理性人完美理性的假设，还把这种理性扩展为一种"交互理性"和"理性的共同知识"。但是，这种局限于个体完美理性的假设正好和新古典经济学的研究框架一样由于与现实不符，而受到了许多人的批评。在这种情况下，如何在人类有限理性的框架下建立博弈模型和进行博弈分析就成为博弈论研究的热门话题，就目前来看，基于有限理性的博弈分析框架有两条研究路线：一条是"博弈学习理论"；另一条则是狭义的"进化博弈论"。博弈学习模型是通过博弈方"外推"和"学习"的方法来逐步调整策略选择的结果。学习机制需要博弈方有一定的判断力和一定的调整能力，该模型适合分析理性程度较高的有限理性决策行为（Hammerstein et al.，1994；1997）。而狭义的"进化博弈论"不强调博弈方有较高的有限理性，更多强调本能潜意识的选择倾向性，通过自然选择和淘汰，使较优的策略在群体中被更加广泛地使用，从而达到进化稳定均衡的结果（Maynard Smith，1973；1982）。总的来看，建立在有限理性基础上的博弈理论还不是十分成熟，运用起来也十分复杂，还需要后人的不断完善和发展。

现在，把演化主义与博弈论相结合即以演化（进化）博弈思想来研究产业组织的演化可以成为一个有效的理论分析框架。它既继承了历史主义—制度主义—演化主义的分析视角，又用科学有效的方法来研究产业组织演进问题。现在多种多样的进化博弈模型、学习模型和引自生物学概念的（物种）竞争模型都已被陆续引进到组织分析中，并取得了良好的分析效果。虽然，各种模型多种多样、不尽相同，但它们的基本思想总的来讲是一致的，他们都是以达尔文的进化论为基础，用演化博弈的方法，通过学习、模仿和近视眼策略（青木昌彦和奥野正宽，1996；2001），以动态的演化过程来分析和模拟产业组织的演化。我们可以认为博弈论和演化主义的结合已成为产业组织演进研究中的一个里程碑。

当然，我们强调历史主义—制度主义—演进主义分析视角在产业组织研究中的重要性，并不是全面抛弃新古典的分析范式和框架，而是对目前主流研究框架下的一种补充和完善。从目前主流经济学对基于完全理性的古典博弈理论及基于有限理性的博弈学习理论和进化博弈理论的看法和着眼点来看，一些思路清晰和敏锐的经济学家在研究中已经能够很好地把两者综合起来。就目前来看，把基于理性范式和有限理性下演化主义的研究范式有机结合，是大多数经济学家对不同经济限度问题的最好总结和综合。

参考文献

［1］R. 施马兰西、R. D. 威利格：《产业组织经济学手册》，李文溥等译，经济科学出版社 2009 年版。

［2］道格拉斯·凯尔纳、斯蒂文·贝斯特：《后现代理论——批判性的质疑》，张志斌译，中央编译出版社 1999 年版。

［3］凡勃伦：《有闲阶级论》，蔡受百译，商务印书馆 1999 年版。

［4］靳涛：《理性的深化与经济学的发展》，载《经济学家》2003 年第 3 期。

［5］卡布尔：《产业经济学前沿问题》，于立等译，中国税务出版社 2000 年版。

［6］李文溥：《国有经济优化配置论》，经济科学出版社 1999 年版。

［7］李文溥：《论经济学分析的两种逻辑前提》，载《经济学家》1998 年第 4 期。

［8］纳尔逊、温特：《经济变迁的演化理论》，胡世凯译，商务印书馆 1997 年版。

［9］诺思：《经济史中的结构与变迁》，陈郁、罗华平译，上海三联书店 1999 年版。

［10］青木昌彦、奥野正宽：《经济体制的比较制度分析》，魏加宁等译，中国发展出版社 1999 年版。

［11］青木昌彦：《比较制度分析》，周黎安译，上海远东出版社 2001 年版。

［12］斯密：《国民财富的性质和原因的研究》，郭大力、王亚南译，商务印书馆 1972 年版。

［13］舒尔茨：《人力资本投资》，蒋斌、张薅译，商务印书馆 1990 年版。

［14］宋承先：《西方经济学名著提要》，江西人民出版社 1998 年版。

［15］汪丁丁、叶航和罗卫东访谈：《历史视角对经济学研究的意义》，2003 年 9 月 2 日。

［16］威尔士：《哲学的发展：今天和未来》，张敦敏译，1999 年 10 月 11 日在中国社会科学院演讲稿。

［17］熊彼特：《经济发展理论》，何畏等译，商务出版社 1996 年版。

［18］于立：《产业经济学理论与问题研究》，经济管理出版社 2000 年版。

［19］约翰·德勒巴克、约翰·奈：《新制度经济学前沿》，张宇燕译，经济科学出版社 2003 年版。

［20］Adams，John，Institutionalism and Social Choice Economics. Journal of Economic Issue，Vol. 24，1990.

［21］Aoki M. ，Organizational Conventions and the Gains from Diversity：An Evolution Game Approach. Industial and Corporate Change，1998.

［22］Chamberlin E. H. An Experimental Imperfect Market. Journal of Political Economy，Vol. 56，1948，pp. 95 - 108.

［23］Veblen，Why is Economics Not an Evolutionary Science？1961，Reprinted in the Place of Science in Modern Civilisation，New York：Russell & Russell，1998.

产权、竞争与产业绩效[*]
——一个基于中国机械产业数据的经验分析

一、引言

  20 世纪 90 年代后期，私有产权优于国有产权的传统"产权论"受到有关经验研究（Martin & Parker，1997；Tittenbrun，1996）的挑战与冲击。这些研究认为，企业效益与产权的归属没有必然关系，而与市场竞争程度有关系：竞争是迫使企业改善治理机制提高经济效益的根本保证条件，市场竞争越激烈，企业提高效率的努力程度就越高。在这样的背景下，一些英国经济学家开始提出"超产权论"。刘芍佳和李骥（1998）提出了一个阐明产权论与超产权论在决定企业绩效方面的主要差异的理论模式。在中国，在国有企业改革的核心问题上也曾发生过类似的"产权论"（樊纲，1995）与"竞争论"（林毅夫等，1995）的争论。产权论与超产权论的冲突提出了一个重要的理论问题：产权与市场竞争，在决定产业绩效上，究竟哪个更为重要？

  纯粹的理论思辨只能提供理论假说，验证有赖于令人信服的实证分析。尽管近几年来国内一些研究者利用上市公司的数据来研究公司产权结构、竞争与绩效之间的关系，产生了不少有价值的实证文献：例如，孙永祥和黄祖辉（1999）、施东晖（2000、2003）、陈晓和江东（2000）、朱武祥和宋勇（2001）、陈小悦和徐晓东（2001）、吴淑琨（2002）等。但是，在产业层面上研究产权、竞争与产业绩效关系的经验文献很少，刘小玄（2003）的研究是个例外。她利用 1995 年第三次工业普查的数据，考察了全部工业制造业的大约

  * 本文原载于《产业经济评论》2005 年第 2 期，共同作者：王继平。

400个的四位数产业，计量检验了产权与市场相关的命题以及产权和市场都是决定产业绩效的重要因素的假定。不过，上述文献基本上没有对特定经济环境下产权与竞争对产业绩效的相对重要性进行比较。

本文通过对中国机械产业层面数据的计量分析比较产权与市场竞争对产业绩效的相对重要性。研究显示，在转轨经济中，产权是一个比市场竞争更为重要的影响产业绩效的因素。

二、计量经济模型与估计方法

为了估计和比较产权和市场竞争对产业绩效的影响，我们设定如下计量模型：

$$Y_i = \beta_0 + \beta_1 X_i + \beta_2 STATE_i + \beta_3 LSIZE_i + \beta_4 EXPORT_i + \beta_5 Y94_i + \nu_i \qquad (1)$$

这是一个综合模型，其中，Y为被解释变量，它可以是产业的销售利润率，或工业增加值率，或固定资产利润率，或全员劳动生产率的自然对数，用来度量产业的盈利能力或绩效；X为用8企业集中率（$CR8$）或赫芬达尔指数（HHI）度量的产业集中度，通过市场结构测度市场的竞争性；$STATE$为产业中国有经济比重，度量产业的产权结构；$LSIZE$为企业的平均规模的自然对数，这样做的好处之一是缩小了变量的取值范围，从而使估计对异常（极端）观测点不那么敏感；$EXPORT$为产业的出口比重；$Y94$为相应的被解释变量上一年度的值，旨在控制观测不到的一些变量（如历史因素、传统和惯性等）；ν为随机干扰项，它是所有可能影响Y但又未包括在回归模型中的被忽略变量的代理；β_i为模型的待估计参数。

既有的经济研究证明，影响产业绩效的因素是多元的。特定产业的绩效不仅取决于该产业的集中度，而且与该产业的产权结构、技术状况、资本密集程度和进出口等因素有关。产业的高集中度有利于企业共谋，也有利于实现规模经济，可以假定，高集中度有利于提高产业利润率，预计β_1、β_3为正。现代产权经济学认为，公有产权与私有产权相比，激励问题更难解决。一般认为，在竞争性产业中，公有产权比例高则产业绩效低，所以，可以预计β_2为负。出口水平在很大程度上标志着一个产业的国际竞争力，出口水平与利润率之间的关系相对复杂。计划经济中，出口不是企业的自主行为，国家的出口计划决定企业的出口任务，目的在于获得外汇，因此，产业的出口水平与产业利润率之间不存在相关关系；市场经济中，企业的出口与否是盈利导向的。一般而言，产业的出口比重高，说明该产业具有较强的竞争优势，但是，产业出口量与产业利润率之间的关系还受到税率、汇率、利率等多种政策因素的影响，无法明确判断，即 β_4 的符号待定。由于机械产品与农产品不同，不存在明显的蛛网效应，β_5 作为滞后变量，其符号也是无法确定的。

本文目的在于估计和比较产权和市场竞争在决定产业绩效上，哪个因素更重要。由于一般的多元回归模型，各个解释变量的测度单位不同，不能直接通过比较系数的大小确定其相对重要性。要确定解释变量的相对重要性必须寻求别的办法。一般而言，有两种方法可以科学地比较多元回归模型中解释变量的相对重要性。一种方法只适用于弹性模型，即被解释变量和解释变量都以对数形式出现的模型。在该模型中可以通过直接比较解释变量的系数来获得解释变量相对重要性的信息，系数大的变量比系数小的更重要。由于在我们的样本中被解释变量有不少观测取负值，因此不可能构造一个弹性模型。另一种方法是通过估计和比较所谓的标准化系数（即 Beta 系数）来确定解释变量的相对重要性，这种方法适用于所有类型的模型。其方法是估计一个标准化回归模型，即首先将解释变量和被解释变量都标准化，即变量减去其均值除以其标准差的估计，然后，用标准化了的变量进行回归即可得到标准化系数。变量的标准化消除了原来不同测度单位的影响，把所有的解释变量都放到相同的地位上，从而使得比较由此得到的系数就有了说服力。标准化系数与原来未标准化的多元回归模型的系数有着密切的关系。可以证明下式：

$$\hat{\beta}_j^* = \hat{\beta}_j \frac{s_{X_j}}{s_{Y_j}} \quad j = 1, 2, \cdots, k \tag{2}$$

其中，$\hat{\beta}_j^*$ 代表标准化系数，$\hat{\beta}_j$ 代表原来未标准化的多元回归模型的系数，s_{X_j} 和 s_{Y_j} 分别表示解释变量和被解释变量的标准差的估计值。这样，我们可以利用未标准化的系数求得标准化系数。与一般系数的解释不同，标准化系数的含义是：如果解释变量 X_j 变化一个标准差，将引起被解释变量变化 $\hat{\beta}_j^*$ 个标准差。在下文中，我们首先估计未标准化的系数，然后通过式（2）计算了 *CR8*、*HHI* 和 *STATE* 的标准化系数。

三、数据来源说明

本文运用的是中国机械产业的数据。依据 1994 年颁布的《国民经济行业分类与代码》（GB/T 4754—94）和现行统计的划分标准，本文所指的机械产业包括金属制品业（34）、普通机械制造业（35）、专用设备制造业（36）、交通运输设备制造业（37）、电气机械及器材制造业（40）和仪器仪表及文化、办公用机械制造业（42）6 个大类，48 个中类和 207 个小类。我们对修理业不予考虑，这样实际研究的四位数代码产业为 193 个。计算有关指标的基础数据来自于 1995 年第三次全国工业普查汇编资料。有关产业集中度的数据 CR8 和 HHI 采用刘小玄（2003）计算的结果。有关变量的定义、单位及摘要统计量如表 1 和表 2 所示。

表 1　　　　　　　　　　　　**计量经济模型中有关变量定义**

变量及符号	定义
销售利润率（SPR）	利润总额与产品销售收入之比（%）
固定资产利润率（FAPR）	利润总额与年末固定资产原价之比（%）
工业增加值率（VAR）	工业增加值与工业总产值之比（%）
全员劳动生产率（LOLP）	工业增加值与职工年平均人数（元/人·年）的自然对数
集中率（CR8）	前 8 家最大企业销售收入的市场份额（%）
赫芬达尔指数（HHI）	产业中所有企业销售收入市场份额的平方和
国有经济比重（STATE）	独立核算国有企业工业总产值与全部独立核算企业工业总产值之比（%）
企业平均规模（LSIZE）	工业总产值与企业数之比的自然对数
出口比重（EXPORT）	出口交货值与工业总产值之比（%）
销售利润率 94（SPR94）	1994 年销售利润率（%）
固定资产利润率 94（FAPR94）	1994 年固定资产利润率（%）
工业增加值率 94（VAR94）	1994 年工业增加值率（%）
全员劳动生产率 94（LOLP94）	1994 年全员劳动生产率（元/人·年）的自然对数

表 2　　　　　　　　　　　　**有关变量的摘要统计量**

变量	均值	标准差	最小值	最大值
SPR	1.54	3.51	−15.18	10.02
FAPR	3.77	6.37	−9.75	39.8
VAR	27.15	5.51	14.04	51.29
LOLP	9.57	0.45	8.52	12.46
CR8	44.39	25.25	6.03	100
HHI	690.57	1178.23	13.7	10000
STATE	36.98	25.10	0	100
LSIZE	2.27	1.11	−0.18	6.96
EXPORT	13.21	13.96	0.20	93.13
SPR94	2.64	3.03	−10.62	14.53
FAPR94	1.56	9.24	−50	72.09
VAR94	28.05	6.32	7.03	69.32
LOLP94	9.61	0.50	7.77	9.57

四、计量分析结果

依据上述模型和数据，我们分别以工业增加值率和全员劳动生产率为被解释变量进行了计量分析，其结果基本上大同小异，因此，这里只报告以销售利润率、固定资产利润率为被解释变量的计量结果（见表3和表4），并且以此为例进行分析。

表3　　　　　　　　　　　　被解释变量：销售利润率（*SPR*）

解释变量	模型1	模型2	模型3	模型4	模型5	模型6
截距	3.203 (6.222) [0.000]	3.574 (8.523) [0.000]	2.815 (4.693) [0.000]	2.948 (5.088) [0.000]	1.215 (1.994) [0.048]	1.380 (2.341) [0.020]
*CR*8	0.011 〖0.079〗 (1.055) [0.293]		0.008 〖0.058〗 (0.753) [0.453]		0.010 〖0.072〗 (1.038) [0.301]	
HHI		−0.0003 〖0.101〗 (−1.238) [0.217]		0.0004 〖0.134〗 (1.287) [0.200]		0.0004 〖0.134〗 (1.541) [0.125]
STATE	−0.058 〖−0.415〗 (−5.686) [0.000]	−0.050 〖−0.358〗 (−5.165) [0.000]	−0.073 〖−0.522〗 (−7.001) [0.000]	−0.074 〖−0.529〗 (−7.189) [0.000]	−0.053 〖−0.379〗 (−5.212) [0.000]	−0.053 〖−0.379〗 (−5.322) [0.000]
LSIZE			0.828 (3.657) [0.000]	0.832 (3.854) [0.000]	0.586 (2.777) [0.006]	0.601 (2.984) [0.003]
EXPORT			−0.055 (−3.320) [0.001]	−0.055 (−3.351) [0.001]	−0.039 (−2.544) [0.012]	−0.039 (−2.567) [0.011]
*SPR*94					0.434 (5.600) [0.000]	0.434 (6.025) [0.000]
观测次数	193	193	186	186	185	185
R^2	0.152	0.154	0.227	0.232	0.356	0.360
调整 R^2	0.142	0.144	0.210	0.215	0.338	0.343

注：（　）内数字为对异方差鲁棒的 t 值，〖　〗内数字为标准化系数，[　]数字为 p 值。

表4		被解释变量：固定资产利润率（*FAPR*）				
解释变量	模型1	模型2	模型3	模型4	模型5	模型6
截距	4.997 (5.511) [0.000]	6.972 (9.170) [0.000]	4.504 (4.251) [0.000]	5.382 (5.265) [0.000]	4.755 (4.783) [0.000]	5.748 (5.917) [0.000]
CR8	0.072 〖0.285〗 (4.058) [0.000]		0.055 〖0.218〗 (2.979) [0.003]		0.065 〖0.258〗 (3.751) [0.000]	
HHI		0.001 〖0.185〗 (2.289) [0.023]		0.002 〖0.370〗 (3.228) [0.002]		0.002 〖0.370〗 (3.405) [0.001]
STATE	-0.120 〖-0.473〗 (-6.703) [0.000]	-0.103 〖-0.406〗 (-5.827) [0.000]	-0.169 〖-0.666〗 (-9.174) [0.000]	-0.167 〖-0.658〗 (-9.203) [0.000]	-0.155 〖-0.611〗 (-8.907) [0.000]	-0.151 〖-0.595〗 (-8.707) [0.000]
LSIZE			2.125 (5.318) [0.000]	2.296 (6.028) [0.000]	1.397 (3.491) [0.001]	1.700 (4.440) [0.000]
EXPORT			-0.132 (-4.503) [0.000]	-0.130 (-4.474) [0.000]	-0.116 (-4.210) [0.000]	-0.115 (-4.129) [0.000]
FAPR94					0.220 (5.154) [0.000]	0.202 (4.741) [0.000]
观测次数	193	193	186	186	185	185
R^2	0.199	0.153	0.353	0.358	0.437	0.429
调整 R^2	0.191	0.145	0.339	0.344	0.421	0.413

注：（ ）内数字为对异方差鲁棒的 t 值，〖 〗内数字为标准化系数，[ ] 数字为 p 值。

我们首先分析只包含市场集中度（*CR8* 或 *HHI*）和产权结构（*STATE*）两个解释变量的模型1和模型2。如表3和表4的第2列和第3列所示，在模型1和模型2中，*CR8* 和 *HHI* 的系数与理论预期的符号的一致性并不稳定，例如，在以销售利润率（*SPR*）为被解释变量的模型中，*HHI* 的系数与理论预期为正的符号相反，并且即使在10%的显著水平上都不是统计显著的。产权结构变量（*STATE*）的系数既与理论所预期的符号相一致，又在1%的显著性水平上都是统计显著小于零的。*CR8* 和 *HHI* 系数错误的符号以及没有通过统计检验，这个结果其实并不奇怪，它意味着我们漏掉了对被解释变量有重要影响的变量。从

453

拟合优度来看，模型1和模型2仅解释了被解释变量总变差的很小的部分。总之，模型1和模型2似乎并没有为我们理解解释变量和被解释变量之间的关系提供了多少信息。

把企业规模和出口比率纳入分析，就有了模型3和模型4，其估计结果如表3和表4的第4列和第5列所示。首先考虑我们所特别关注的变量 $CR8$ 和 HHI。在模型3和模型4中，$CR8$ 和 HHI 的系数具有稳定的与理论预期一致的符号，而且，在以 $FAPR$ 为被解释变量的模型中，在5%的显著性水平上通过了统计检验，但是，在以 SPR 为被解释变量的模型中，$CR8$ 和 HHI 的系数仍是统计不显著的。然后考虑 $STATE$ 的系数。$STATE$ 的系数不仅有与理论预期一致的符号，而且即使在1%的显著性水平上都是统计显著小于零的。接下来再看看模型3和模型4中有关控制变量的情况。在以 SPR 为被解释变量的模型中，$LSIZE$ 有与理论预期一致的符号，并且即使在1%的显著性水平上都是统计显著的，但是，在以 $FAPR$ 为被解释变量的模型中，与理论预期的符号相左。$EXPORT$ 与 $FAPR$ 之间关系是负向的，并且即使在1%的显著性水平上也是统计显著的。这并不令人意外，因为，国外已有许多实证研究证明，出口与盈利水平之间呈负向关系。张军（2002）的研究也是如此。[①]

模型3和模型4还可以进一步改进。计量经济分析中控制观测不到的变量（如历史因素、传统和惯性等）的一个一般方法是把滞后的因变量加入模型的解释变量之中。我们把被解释变量的相应的滞后值纳入方程，便有了模型5和模型6。从表3和表4的第6列和第7列可以看出，与模型3和模型4相比，滞后因变量的加入尽管对主要变量系数的符号没有影响，但是，它使得在以 $FAPR$ 为被解释变量的模型中的 $LSIZE$ 出现了与理论预期一致的符号，同时改善了模型的拟合优度，更为重要的是还提高了我们对所关注变量的系数的估计精度以及统计显著性。

下面确定市场结构和产权结构对产业绩效影响的相对重要性。首先，从统计显著性来看，无论是以 SPR 还以 $FAPR$ 为被解释变量的模型中，$CR8$ 和 HHI 的统计显著性都远远低于 $STATE$ 的统计显著性，这从一个方面表明产权似乎比竞争更重要。但是，仅仅比较统计显著性是不够的，还要看其经济显著性，即比较 $CR8$ 或 HHI 与 $STATE$ 的标准化系数的大小。从表4可以看出，模型5和模型6 $STATE$ 的标准化系数均为负值（ -0.155、-0.151 ）——这说明：中国机

---

① 一个解释是：目前，各国为鼓励出口，通行出口退税，只要实行出口退税，企业就可以以税后利润很低甚至无利的价格出口产品。因此，在计量上就出现了出口与盈利水平之间的负相关关系。

械工业的产业绩效与国有产权比重是负相关关系——国有产权比重越高，产业绩效越低，而且，系数的绝对值比模型 5 和模型 6 的 $CR8$ 或 HHI 的标准化系数（0.065，0.002）的绝对值要大得多，在模型 5 中，$STATE$ 的标准化系数绝对值是 $CR8$ 的标准化系数绝对值的 2.385 倍（$2.385 = 0.155/0.065$）；在模型 6 中，$STATE$ 的标准化系数绝对值是 HHI 的标准化系数绝对值的 75.5 倍（$75.5 = 0.151/0.002$）。统计显著性和经济显著性的比较表明，从中国机械产业的情况来看，在控制其他变量的条件下，产权结构比市场结构和市场竞争状况对产业绩效有着远为重要的影响。

五、结论

本文的实证研究表明，在转轨经济中，至少就中国机械行业而言，产权与竞争都是影响产业绩效的重要因素，其中，产权似乎更为重要。简言之，我们的实证分析没有为超产权论提供支持，相反，我们认为在转轨经济中产权改革似乎更为重要一些。

这一结论的经济解释其实容易做出。对于产业绩效而言，产权和竞争都只是激励因素之一，不能单独发生作用。产权明晰化的目的在于使企业的成本、风险的承担者与收益者之间尽可能地对称，使成本收益内在化，其最大作用就在于使企业产生提高效率的内在激励；竞争市场对于企业效率的作用则在于提高外在压力，不提高效率将被市场淘汰。20 世纪 80 年代以来欧美国家在自然垄断行业实行的私有化、解除管制（deregulation）的改革实践证明，在垄断的市场结构下，私有化的自然垄断行业企业仍然缺乏提高效率的外在压力，依旧是低效率的，自然垄断行业的私有化必须与市场结构重组相结合才能有效地提高产业效率。反过来，仅有竞争的市场结构，缺乏能将竞争市场压力传递给企业决策者的产权结构，竞争的市场结构对提高企业效率的作用也无法实现。在中国，传统的国有产权结构，使国有企业经理的剩余索取权非常有限，既缺乏提高企业效率的内在激励，又感受不到市场竞争的外在压力。相反，我们观察到，在国内不少竞争性行业中，民营企业的效率往往高于同行业的国有企业。相同的竞争市场结构，产权不同，效率不同。这说明了在相同的竞争市场结构下，产权明晰化将有效地将外在的市场竞争压力转化为促使企业提高效率的内在激励。从理论上说，外因必须通过内因发生作用。在体制转轨过程中，通过产权改革改变企业的激励机制，是企业对外在市场压力产生反应的内在基础。

没有实质性的产权改革，没有真正地对某种稀缺资源的独占权和转让权，优胜劣汰的市场竞争机制是不会充分发挥其作用的。因此，在国有产权占较大比重的转轨经济中，产权改革与构造竞争市场结构相比，前者的作用可能会更大些。所做的这个实证研究只是证明了我们的直观判断而已。

参考文献

[1] 陈小悦、徐晓东：《股权结构、企业绩效与投资者利益保护》，载《经济研究》2001 年第 11 期。

[2] 陈晓、江东：《股权多元化、公司业绩与行业竞争性》，载《经济研究》2000 年第 8 期。

[3] 樊纲：《论当前国有企业产权关系的改革》，载《广东经济》1995 年第 1 期。

[4] 林毅夫、李周等：《企业改革的核心是什么?》，载《经济日报》1995 年 6 月 26 日。

[5] 刘芍佳、李骥：《超产权论与企业绩效》，载《经济研究》1998 年第 8 期。

[6] 刘小玄：《中国转轨过程中的产权与市场——关于市场、产权、行为和绩效的分析》，上海三联书店、上海人民出版社 2003 年版。

[7] 施东晖：《股权结构、公司治理与绩效表现》，载《世界经济》2000 年第 12 期。

[8] 施东辉：《转轨经济中的所有权与竞争：来自中国上市公司的经验证据》，载《经济研究》2003 年第 8 期。

[9] 孙永祥、黄祖辉：《上市公司的股权结构与绩效》，载《经济研究》1999 年第 12 期。

[10] 魏后凯：《市场竞争、经济绩效与产业集中——对中国制造业集中与市场结构的实证研究》，经济管理出版社 2003 年版。

[11] 吴淑琨：《股权结构与公司绩效的 U 型关系研究——1997—2000 年上市公司的实证研究》，载《中国工业经济》2002 年第 1 期。

[12] 张军：《所有制、厂商规模与中国工业企业利润率的决定：解释及其政策含义》，载《产业经济评论》2002 年第 1 期。

[13] 朱武祥、宋勇：《股权结构与企业价值——对家电行业上市公司实证分析》，载《经济研究》2001 年第 12 期。

[14] Jack Tittenbrun, Private Versus Public Enterprises. London：Janus Publishing Company，1996.

[15] Stephen Martin, David Parker, The Impact of Privatization：Ownership and Corporate Performance in UK. London：Routledge，1997.

电力行业管制改革与市场风险防范*

20 世纪 80 年代的放松管制（deregulation）浪潮中，许多国家对自然垄断行业进行以市场化为导向的改革。在这场改革中，自然垄断行业传统的产权结构和产业组织结构发生了很大的变化，原先高度集中的垂直一体化的产业组织结构被水平分离，以便在那些潜在竞争部门中引入竞争。作为典型的自然垄断行业——电力部门也经历了复杂的重组和改革。英国政府在 1990 年对本国的电力部门进行私有化和重组的成功，对其他国家的电力改革起了很大的推动作用。尽管有证据显示许多国家的电力部门在改革和重组后都不同程度地提高了效率（Caroline et al.，1997），但是，美国加州电力市场 2000 ~ 2001 年发生的危机表明：由于电力市场的不完全性，电力管制体制的改革在大幅度提高电力部门效率的同时，也蕴藏着巨大的风险。本文以加州电力危机为例，对电力行业管制改革所引发的市场风险进行分析。

一、加州的电力管制体制改革和电力危机

加州的经济规模仅次于英国，其 GDP 占美国 GDP 的比重超过 1/10。和美国的其他州一样，在改革前，加州的电力部门是以私人投资者所有的垂直一体化的公用事业公司为主体，加州政府的公用事业管制委员会对这些公用事业公司进行收益率管制（rate of return）。在 20 世纪 70 年代的石油危机中，加州的公用事业公司对原子能电站进行了大量投资，由于那时美国经济正值高通货膨胀、高利率时期，加之政府对原子能电站的安全要求十分严格，这些原子能电站的建设成本非常高。20 世纪 80 年代以后，石油价格开始逐步回落，使原子

＊ 本文原载于《经济学家》2004 年第 1 期，共同作者：孙建国。

能发电站和传统火电站相比在成本上处于不利地位。此外，加州政府为了推动环境保护，鼓励发展用可再生的发电技术生产的高成本的绿色电力，由于这两个原因，加州的电价明显高出美国的其他州。例如，1993年美国的平均零售电价是每千瓦时6.9美分，而加州却为每千瓦时9.7美分（Joskow，1996）。加州的电力管制部门因此承受了很大的改革压力。而英国政府在1990年对英国电力部门实施的发电、输电、配电、供电彻底分离的改革大幅度地提高了电力部门的劳动生产率，英国的电价水平也因此显著下降。① 英国的电力管制体制改革模式对其他国家的电力体制改革产生了很大的影响，加州的电力改革就是在这种背景之下展开的。

英国的电力部门在改革前全部属于国家所有，因此，私有化和重组的过程都十分顺利。但是，加州公用事业公司的产权属于私人投资者。电力市场放开后，这些公用事业拥有的高成本的原子能发电站有可能被挤出发电市场，由此产生的沉没成本将给公用事业公司造成重大经济损失。②因此，公用事业公司要求政府在电力市场重组的过程中必须让它们收回这些沉没成本，而消费者却希望由公用事业公司的股东来承担这些损失。

为了解决公用事业公司的沉没成本问题，加州的立法机构在1996年通过的《电力重组法案》中设立了一个为期五年的过渡期，过渡期在2002年3月结束。在过渡期内，将零售电价固定为每千瓦时6美分，批发电价和零售电价之间价差用于弥补公用事业公司的沉没成本。在公用事业公司的沉没成本回收完毕后，再将零售电价直接与批发电价挂钩。《电力重组法案》还对加州的电力市场进行了重组，使加州的电力部门在发电、输电、配电环节上互相独立，为了确保发电公司在新的发电市场上进行平等竞争，《电力重组法案》要求州内三个最大的公用事业公司在一年之内将它们所拥有的天然气发电站——这些发电站的装机容量约占全州发电装机容量的30%～40%——全部出售给另外5家发电公司。

在发电交易市场的设计上，加州设立了两个电力交易市场。一个是独立系统运行者（independent system operator，ISO）对交易双方的交易进行输电安排的实时市场（real-time market）。由于加州的输电系统属于不同的公用事业公司所有，为了使电力交易能够顺利完成，必然要求设立一个独立于电力交易双方的机构对完成电力交易所涉及的输电业务进行调度和安排，以保证电网的正常

---

① 与1990年相比，英国2000年的电价下降了30%，其中从1994～1998年，居民电价和工业电价分别下降了40%和19%。

② 根据穆迪公司估计，在美国电力改革开始后的十年之内，公用事业公司的搁浅成本合计将达到1350亿美元。

运行，这个独立机构就是独立系统运行者。另一个市场是加州电力交易所建立的在电力交易前一天运行的电力库市场（pool market），它通过投标实现次日电力供求的平衡。从 1999 年开始，加州电力交易所还设立了电力远期交易市场，以便使电力交易的双方进行套期保值以回避市场的价格波动的风险。

新的电力市场于 1998 年 4 月开始运行，但不久就出现批发交易电价波动幅度太大的问题。到了 1999 年 10 月，由独立系统运行者（ISO）调节的实时市场上的电价有时上升到每千千瓦时 750 美元，而管制机构规定的价格上限是每千千瓦时 250 美元，但是，每个月的平均批发电价却还低于每千千瓦时 50 美元。这表明，虽然实时市场上的供需出现了较大波动，但较长时段的市场供求关系还是基本平衡的。然而，到了 2000 年 7 月，加州电力市场开始出现供给不足，平均批发电价上升到每千千瓦时 10 美分，而公用事业公司的零售电价却被固定在每千千瓦时 6 美分，这使公用事业公司发生了严重亏损。更为严重的是，2000 年 11 月以后，加州的天然气价格突然从每百万英国热量单位（british thermal units，BTU）4 ~ 6 美元上升到 30 美元以上，这就推动了电价的进一步上涨。到了 2001 年春天，加州电力市场上的平均电价比上年同期高 10 倍，承担供电业务的公用事业公司因此陷入了破产的困境，并失去了支付能力，无法在电力市场上进行正常的采购活动，在这种情况下加州政府不得不进入电力批发市场，代替公用事业公司进行电力采购活动。2001 年春季，州政府每个月支出 10 亿美元购买电力，同时将零售电价提高 40% ~ 50%。2001 年 3 月，加州最大的公用事业公司——太平洋煤气和电力公司（资产总额 240 亿美元）申请破产。直到 2001 年 6 月初，加州的天然气市场上的天然气价格突然暴跌，从每百万英热单位（BTU）10 美元下降到 3 美元，电力价格才开始回落。到了 2001 年 7 ~ 8 月，现货市场上的电价也下降到危机前的水平。加州电力市场逐步恢复了正常。

二、加州电力危机的教训

加州电力危机在一定程度上是由于加州政府在电力管制体制改革上考虑不周、操作不当引起的。

首先，加州的电力管制部门在设计电力管制改革方案时没有考虑和防范电力市场开放后的电力短缺风险。尽管在电力管制改革前，加州的电力部门存在着过剩的发电能力，然而，由于在原子能发电站上的投资失误，加州的公用事业公司在发电站的投资上已经非常谨慎，加上加州政府的环境保护标准越来越高，居民的环保意识也越来越强，强烈反对在自己的家园附近建设发电站，新电站的建设不但成本高，而且面临着越来越难以解决的选址问题。这使发电公司在新建电厂时花在选址和州政府审批上的时间，相当于美国其他州的两倍。此外电力改革也给发电厂商的投资决策造成了不确定性，由于以上因素的作用，从1992年后加州就没有建造新的发电厂，然而90年代后期的加州经济繁荣却使电力需求不断上升，当1998年加州的电力市场开始运行时，加州的电力部门已经不存在过剩的发电能力。由于电力供给的弹性非常小，当供求关系紧张到一定程度后，电价就开始迅速飞涨。从加州的情况看，当火力发电量超过14000兆瓦（一兆瓦等于一百万瓦）时，电力供给的边际成本就开始迅速上升。当火力发电量到达18000兆瓦时，电力供给能力就达到极限。这时，需求的微小增加，都会造成电价的大幅度上升，而电价的上涨却无法带动电力供给的增加（Borenstein & Bushnell，2002）。在电力改革之初，加州能源委员会计划从其他州获得230万千瓦的发电容量，然而由于临近的其他州也存在着电力供应紧张的问题，使这一计划无法实现。加之2000年干旱炎热的天气使水电站的发电能力大幅度下降，而炎热天气造成的空调用电剧增，则进一步加剧了电力供求关系的紧张。

其次，发电商的市场势力（market power）问题。实证研究的结果表明，发电厂商的市场势力对加州电力市场上的供求不平衡有重要影响（Borenstein & Bushnell，1999）。尽管加州的电力管制机构在电力市场建立之初对州内的发电企业进行了重组，使重组后的每一个发电企业拥有的发电装机容量都不超过全州总发电装机容量的10%，但是，电力作为国民经济的基础产品，其需求是高度无弹性的，因此，发电企业在电力供求关系非常紧张的情况下，可以非常容易地操纵电价。一个只拥有很小市场份额的发电商都可能对市场价格产生很大影响。电力供求关系的这种特殊性使人们无法用市场集中度等产业组织理论中的一般常用指标来判断电力市场上厂商的市场势力。而加州电力库市场上的竞争性的投标竞价方式，在电力供给短缺的情况下缺乏有效的平抑电价手段。在这种情况下只有远期合同交易可以防范电价的波动。但是，加州的公用事业公司在电力改革之初进行发电资产重组时，在向其他发电公司出售了自己拥有的发电资产时，却没有与购买这些发电资产的发电公司签订长期供电合同，而是依靠在电力库市场上的采购活动来购买所需的电力，这就给发电公司操纵现货市场上的电价留下可乘之机。此外，不但电力市场存在发电厂商操纵市场的问题，而且加州的天然气市场也存在天然气供应商操纵市场的问题。2000年11月以后，加州天然气价格的突然暴涨，对加州的电力危机起了推波助澜的作用，并将加州的公用事业公司推入破产境地。2002 年，美国爆出了能源企业安然公司的欺诈丑闻后，由于安然公司在当时的加州天然气市场上非常活跃，许多人怀疑安然公司操纵了加州的天然气市场。

加州的电力管制机构的一些不当做法也是电力危机产生和加剧的一个重要原因，为了让公用事业公司收回沉没成本，管制机构将电力市场开放后五年过渡期内的零售电价固定为每千瓦时 6 美分，这种做法根本违背了电力市场化的原则。因为建立电力市场的目的就是通过市场价格来调节电力供求关系。而加州的管制当局固定零售电价的做法，等于取消了价格对供求的调节作用，进一步加剧了电力供求矛盾。如果对零售电价采取实时定价，使零售电价能真实地反映在电力批发市场上的采购成本，电力需求就能够根据电价的变化进行调整，消费者在用电高峰时期会减少用电需求，从而减轻对批发市场电价的压力，加州的公用事业公司也不会被逼到破产的境地。负责管制美国电力批发交易市场的联邦能源管制委员会（FERC）在加州电力市场上的电价飞涨时没有及时采取控制措施。[①] 2000 年下半年，在加州电力市场平均批发电价迅速上涨的情况下，加州政府和加州的公用事业公司都请求联邦能源管制委员会对电力市场上的电价实施价格上限管制，但是，联邦能源管制委员会一直不愿意采取管制措施。整个 2001 年春天，联邦政府和州政府都在为是否实行价格上限进行斗争，直到 2001 年 5 月，联邦能源管制委员会才转变了态度，开始对加州电力市场实施强制性的价格上限管制，但是已经为时太晚。

最后，加州政府在处理电力危机中也未能及时采取恰当措施。在 2001 年电价上涨最厉害的时候，加州政府和向加州电力市场售电的主要发电公司签订了许多供电合同。这些合同的时间长度为 1 年到 20 年不等，总价值达 400 亿美元。当 2001 年 8 月加州电力市场的现货价格重新回到危机前的水平时，这些合同电价比未来现货市场的预期电价高 50%。这意味着加州的电价在未来一段时期内将处于较高的水平，这又将使电力消费者要求绕开公用事业公司，从其他价格较为便宜的电力供应商那里购买电力，这就又会产生电力改革之初出现的搁置成本（stranded cost）问题。这样，加州的电力市场在运行三年后，在许多方面又重新回到 1996 年刚开始电力改革时的状况。此外，为了保证电力市场的竞争性，加州政府在 2001 年夏天成立了加州公共电力局（CPPA），加州公共电力局的目标是拥有占加州总发电装机容量 15% 的备用装机容量（reserve

---

① 根据法律，联邦政府负责管制所有的跨州交易，由于批发交易常常涉及跨州交易，所以也归联邦政府管制。

capacity margin），在电力负荷高峰时期投入运行，以确保不再发生电力短缺现象，并使电力市场处于竞争状态。但是，用这种方法来促进市场竞争的代价未免过高了。

三、对我国电力管制体制改革的启示

作为从 20 世纪 90 年代初开始的全球自然垄断行业市场化改革浪潮中首次出现的市场失败的危机，美国的加州电力危机震惊了全世界，也为其他国家的电力管制体制改革提供了深刻的教训。我国目前的电力体制源于 20 世纪 80 年代后期实施的"政企分开、省为实体、联合电网、统一调度、集资办电"的体制改革，当时的情况是电力供给非常短缺，而中央政府的财政收入在实施财政包干制度后占国民收入的比重不断下降，这使传统的高度集中的计划体制已经无法为电力工业的发展提供足够的资金支持，为了调动地方政府集资办电的积极性，实施了"省为实体"的电力体制改革，将电力投资和管制的权力下放给省级政府，这种"省为实体"的新体制尽管有助于吸引电力投资，但却存在着由地方政府的行政审批制度决定的电价水平过高，以及电力市场高度分割的问题，特别是 1997 年后在全国大部分地区都已经消除了电力短缺现象，电力供求关系出现了供大于求的局面，这就为解决上面两个问题创造了条件，开始以"厂网分开，竞价上网"为主要内容的新一轮改革，以便在发电领域引入竞争，建立区域性的电力市场。在我国电力市场化改革即将全面展开之际，加州的电力危机可以对我国的电力管制体制改革提供有益的教训。

第一，必须从整体上把握电力市场化改革的要点：一是具备建立电力市场所必需的物质条件，发电系统的发电能力必须大于电力需求，这是市场竞争的前提，输电系统和配电系统必须具备充分的输电和配电能力，这样才能为发电部门和供电部门引入竞争创造条件；二是对发电和供电这两个潜在竞争性部门进行重组，形成多元化产权主体，对输电和配电这两个继续保持自然垄断性质的部门继续实施管制；三是建立竞争性市场结构和市场制度；四是合理的电力市场运行模式和管理体制；五是建立市场风险防范机制，不能片面地将电力改革只简化为降低电价和引入竞争。

第二，电力管制体制改革必须在提高效率和防范市场风险之间寻求平衡。电力管制体制改革的目的是将发电、供电等潜在的竞争部门从原先的自然垄断状态中分离出来，通过市场竞争来提高其效率，用市场化的水平竞争模式取代原先的垂直一体化的产业组织方式。由于电力无法以较低的成本储存，电力系统必须时刻保持供求平衡，这就要求发电、输电、配电和供电各环节之间保持较高的协调水平，这就是几乎所有国家的电力行业在电力改革前都采用垂直一体化产业组织方式的原因。改革后，发电、输电、配电和供电环节互相分离，用市场交易取代了原先的垂直一体化企业组织对电力供应各个环节的协调。因为市场的协调效率明显低于企业内部通过行政手段进行协调的效率，因此，电力管制体制的市场化改革肯定会造成协调效率的损失。这就要求改革后市场竞争的收益要大于协调效率损失，否则将得不偿失。从这一角度看，我国电力管制改革成功的一个重要前提是：是否形成了足够充裕的电力供给能力，以及能否形成一个多元主体充分竞争的高效率的发电市场。从我国目前的电力供求关系看，尽管就整体而言，已经基本上解决了缺电现象，但是，一些经济发展较快地区在电力负荷高峰期还存在着缺电现象，这种电力供求关系还无法保证发电市场在市场竞争状态下保持正常运转。多元化产权主体的发电企业相互充分竞争的格局尚未形成。因此，电力改革首先要打破现存的发电部门市场进入壁垒，鼓励社会资金进入发电行业，尽快形成较充裕的电力供给能力，为形成高效率的发电市场与降低发电市场风险创造必要的前提条件。在这方面，一定要吸取加州的电力管制体制改革由于没有带动对发电部门的投资而酿成电力危机的教训。

第三，在电力管制体制改革过程中，必须处理好复杂的利益集团关系。加州的电力管制体制改革失败的一个重要原因是：为了保护公用事业公司的利益而采用在五年过渡期内固定零售电价的做法。它从根本上违背了市场化的改革方向，使电力危机愈演愈烈。在我国的电力管制体制改革过程中，所面临的利益集团关系也十分复杂。在这种情况下，如何在国家、消费者、地方政府、电力企业之间分摊电力改革的社会成本，是一个十分棘手的问题。如果进行一揽子的市场化改革，那么，社会在短期内要承担较高的改革成本，但一段时间以后，形成的高效率电力市场将使社会全体成员受益。反之，如果采用"渐进式"的改革方式，社会在短期承担的改革成本很低，改革的振荡也较小，但是，由于新的电力市场在扭曲的环境下运行，不但会产生长期的效率损失，而且会使未来的改革成本更大。我国即将进行的电力体制也会面临着复杂的利益关系处理问题，首先是电力市场建立后，地方政府将会失去对省级电力市场的控制权，原先受地方政府保护的电力企业将要面临竞争的压力，特别是一些由地方政府定价的独立发电企业，在竞争性的电力市场上面临着能否收回投资的问题。尤其是三峡水电站和西气东输工程完成后，将会有部分高成本的燃煤发电站在与水电和天然气发电站的竞争中退出电力市场，这又会对煤炭行业产生影响。此外发电市场放开后，国有发电企业在重组后必然会进行产权改革，建立多元化的产权结构，并建立以效率为导向的管理机制，部分国有发电企业的职工将失去原有的工作，这又会增加社会的就业压力（英国在电力私有化改革后，原先国有发电企业的职工有一半失去了工作）。为了妥善解决以上可能出现的问题，必须对电力改革的短期成本和长期成本进行仔细的权衡和抉择。

第四，必须慎重选择电力市场运行模式。加州电力管制体制改革参照了英国的做法，选择了建立强制性的电力库市场作为电力市场的主要运行模式。从表面上看，这种电力市场运行模式通过竞争来决定实时电价，最能体现竞争市场的要求，但是，英国和加州的电力库市场运行结果都表明这一市场存在着一些问题。首先，电力库市场上的电价波动幅度太大。其次，厂商容易进行市场操纵。因为电力库市场上的报价信息非常透明，这就使发电厂商在电力供求关系紧张时很容易操纵市场。另外，由于电力需求缺乏弹性，发电厂商在不拥有很高的市场份额的情况下就可以操纵电力市场。例如在电力市场上的供求缺口为3%的情况下，一个拥有6%发电市场份额的厂商就能对发电市场的价格产生很大影响。供求关系越紧张，电力价格被操纵的可能性越大。此外，从电力定价的角度看，电力库市场上的电价不但要反映发电系统运行的边际成本，而且还要反映停电的机会成本，这样才能使发电厂商保持必要的备用发电装机容量在负荷高峰时期投入运行，这种机会成本非常难以在事先计算。不仅如此，电力定价还必须反映输电能力的限制，这样才能为发电站的选址提供正确的信号，这些要求在竞争性的竞价制度下都难以体现。特别是在输电能力不足的情况下，会出现电力交易无法完成的情况。正是由于以上原因，英国在实施电力管制体制改革十年之后的2001年3月废除了电力库市场，转而采用双边合同市场，通过发电商和供电商之间事先签订的合同来确定电价。这种做法的好处是：发电公司事先已经出售了大部分产出，降低了它们操纵现货市场电价的积极性。在这种情况下，它们即使操纵现货市场的电价也得不到什么好处。双边合同市场的另一个优点是可以避免发电厂商盲目进入发电市场而产生过剩的发电能力，以及相应的沉没成本。而我国电力管制体制改革目前选择的模式是"厂网分开，竞价上网"，将竞争性的电力库市场作为电力市场的运行模式，但是对电力库市场的缺点，以及如何防范电力库市场上的电价波动风险和电力短缺风险却似乎不够重视。有人认为可以通过远期市场来解决电力库市场上的电价波动风险，但是，由于电力几乎无法贮存，以及电力输送受电网输电能力的限制，使电力期货交易存在着交割上的困难。这是国外许多期货交易所都试图建立电力期货交易，但是都未获得成功的原因。长期以来，我国的电力投资大部分集中在电源建设上，电网输电能力一直是个薄弱环节，输电能力限制对电力交易影响不可忽视。

第五，必须充分重视电力市场开放后的能源产业之间的协调以及能源战略安全问题。在加州电力危机中，天然气价格暴涨对加州的电价上涨起了火上浇油的作用。由于电力行业的产业关联度较高，因此在电力改革过程中既要防范电力价格波动和电力短缺对其他行业的冲击，也要防范其他部门尤其是燃料行业对电力行业的影响，保证能源产业的协调发展。目前我国的发电燃料主要以煤炭为主，随着西气东输工程的建设，以及 2002 年我国开始和澳大利亚、印度尼西亚签订天然气进口合同，我国的东部经济发达地区将逐步采用天然气发电，这将会显著改变我国的能源消费结构，在这种情况下电力体制改革还必须考虑我国的能源战略安全以及能源产业的协调发展。

参考文献

［1］David M. Newbery, The Regulator's Review of the Electricity Pool. Utilities Policy, Vol. 7, 1998, pp. 129 – 141.

［2］Paul L. Joskow, Restructuring Competition and Regulatory Reform in the U. S. Electricity Sector. Journal of Economic Perspectives, Vol. 11, 1996, pp. 119 – 139.

［3］Richard J. Green, Draining the Pool: the Reform of Electricity Trading in England and Wales. Energy Policy, Vol. 27, 1999, pp. 515 – 525.

［4］Severin Borenstein, James Bushnell, An Empirical Analysis of the Potential for Market Power in California's Electricity Industry. Journal of Industrial Economics, Vol. 47, No. 3, 1999, pp. 285 – 323.

［5］Severin Borenstein, James Bushnell, Measuring Market Inefficiencies in California's Restructured Wholesale Electricity Market. American Economic Review, Vol. 92, No. 5, December 2002, pp. 1376 – 1405.

［6］Severin Borenstein, The Trouble with Electricity Markets: Understanding California's Restructuring Disaster. Journal of Economic Perspectives, Vol. 15, 2002, pp. 191 – 211.

［7］Severin Borenstein, Understanding Competitive Pricing and Market Power in Wholesale Electricity Markets. The Electricity Journal, Vol. 7, 2000, pp. 81 – 86.

［8］Simon Bishop, Ciara Mcsorley, Regulating Electricity Markets: Experience from the United Kingdom. The Electricity Journal December, 2001, pp. 81 – 86.

［9］William W. Hongan. Electricity Market Restructuring: Reform of Reforms. Journal of Regulatory Economics, Vol. 21 – 1, 2002, pp. 103 – 132.

电力行业技术效率和全要素生产率增长的国际比较[*]

一、引言

电力行业是自然垄断行业，也是国民经济的基础行业。由于这一原因，长期以来电力行业一般都要接受政府的严格管制。但自20世纪八九十年代以来，随着以市场化为导向的全球经济改革浪潮的掀起，许多国家都对电力行业进行管制改革，以提高电力行业的效率和生产率水平。管制改革是否提高了电力行业的生产率，改善了效率状态，是否推动了电力行业的技术进步？为了回答这一问题，本文对部分国家的电力行业在1990~1997年的效率状况和生产率的增长水平进行了测量。

在对行业绩效进行测量的相关文献中，有许多不同的效率测量方法，如规模效率、范围效率、分配效率、生产效率、技术效率等。本文的研究主要是对以投入—产出框架为基础的技术效率进行分析。技术效率可以定义为在给定的投入水平和给定的技术条件下实现最大产出的能力。

本文运用的随机前沿生产函数是由康韦尔等（Cornwell et al.，1990）首先提出的，它能同时反映技术效率水平的横截面变动和时间变动。利用这一生产函数和18个国家电力行业的面板数据，我们对1990~1997年电力行业的技术效率状态和变动、技术变迁情况和全要素生产率的变化进行了实证分析。全文共分五个部分，第一部分是引言；第二部分介绍了随机前沿生产函数、技术效率和全要素生产率增长的分解方法；第三部分是本文的研究方法和数据；第四

* 本文原载于《中国经济问题》2003年第6期，共同作者：孙建国。

部分是估计结果和分析；第五部分是结论。

二、随机前沿生产函数、技术效率和全要素生产率增长的分解

1. 前沿生产函数简介

前沿生产函数描述的是一组给定的要素投入的最大生产能力。因此，实际产出只能位于前沿的下方或前沿上，而不可能在前沿的上方。实际的产出与前沿上最大产出之间的差距则为非技术效率的度量。

前沿模型一般可以被分为参数前沿和非参数前沿两个基本类型（Lovell，1993）。参数前沿主要依赖于函数的设定形式，按其发展阶段又可以分为最初的确定性前沿和后来的随机生产前沿（Greene，1993）。确定性前沿模型假设任何与前沿的偏离都是非效率产生的，而随机前沿则考虑了随机因素或统计噪音（statistical noise）的影响。因此，确定性前沿的主要缺点是任何测量误差和模型设定的偏差都会隐藏在非效率这一单边项中。

随机前沿生产模型考虑了由一个双边对称项和一个单边项构成的复合误差项。单边项反映了非效率，而双边项则描述了在生产单位控制之外的随机影响，包括测量误差和其他的统计噪声，因此，随机前沿可以克服确定性前沿的不足。

参数前沿存在的问题与函数形式的选择有关。大多数的实证研究都会采用柯布—道格拉斯函数形式或超越对数形式。但是又有许多的实证研究表明，技术效率的测量受函数形式的影响很小或不受影响。

参数前沿函数的计量经济学估计可以根据数据的分类分为横截面估计和面板估计。横截面数据指的是不同观测单位在同一时点上的数据，而面板数据则包括了一些或所有观测单位在某一时期内的数据。就效率估计而言，如果能够获得观测单位在多个时间点的数据，则可以提高估计的准确性。从计量经济学的角度看，用面板数据估计随机前沿可以避免横截面估计中的一些局限性，其中之一是可以获得技术效率的一致估计，这是单纯靠增加横截面的观测单位的数量所不能解决的问题。面板数据的另一个优点是它不用对单边的非效率项的分布形式做出假设并绕开了非效率项与解释变量不相关的假设。

面板数据的另一个特点是可以将生产率的增长分解为技术进步和技术效率。而且技术效率可以被模拟成不随时间变动或者是随时间变动的。

467

非参数前沿模型又称为数学规划法或数据包络分析（DEA），它主要以数学规划技术为基础。其主要特征是不需要设定函数的具体形式。但是其缺陷与确定性前沿一样，未考虑随机噪声的影响。DEA 的另一个不足是效率的测量对观测值的个数以及投入和产出的个数的变化较为敏感。

学术界对参数前沿和非参数前沿的研究和应用很多，但是，目前尚未对哪一种方法更为准确达成一致。本文采用的是面板数据的随机前沿方法。

2. 随机前沿生产函数与技术效率

随机前沿生产函数的设定如下：

$$y_i = f(x_i; \beta) \exp\{u_i + v_i\} \tag{1}$$

其中，y 为产出，x 为投入向量，β 为待估计的参数向量，$i = 1, 2, \cdots, N$ 为生产者。方程（1）与一般的随机方程的不同之处在于具有一个复合的随机剩余项，其中 v_i 为随机误差项，反映统计噪声的影响，一般假定 $v_i \sim N(0, \sigma^2)$。u_i 为与 v_i 相互独立的非（技术）效率项，它反映的是生产者的实际产出与前沿产出的差距，因此，$u_i \leqslant 0$。生产者的技术效率（TE）水平为实际的产出与前沿产出之比，即：

$$TE_i = \frac{y_i}{f(\chi_i; \beta) \exp(v_i)} = \exp(u_i) \tag{2}$$

技术效率水平（$0 < \exp(u_i) \leqslant 1$）估计的困难在于对方程（1）中剩余项的分解：随机误差项和非效率项。国外的许多学者已提出了一些针对截面数据和面板数据的不同的估计方法。这些估计方法各有其优缺点。本文以康韦尔等（1990）提出的随机前沿生产函数方法为基础，该方法克服了在其之前的许多估计方法的不足。它不仅考虑了技术效率水平在不同的生产者之间的差别，而且考虑了在不同时间上的不同。该方法的另一个优点是不用对非效率项和统计噪声的分布做很强的假设。[①] 康韦尔等（1990）假设非效率项为时间的函数，并且随不同的生产者而变化，即：

$$u_{it} = \theta_{i0} + \theta_{i1} t + \theta_{i2} t^2 \tag{3}$$

其中，θ_{i0} 表示与生产者有关的固定影响，θ_{i1} 和 θ_{i2} 是生产者的技术效率随时间变动的相应的参数。

[①] 在康韦尔等（1990）之前的学者所提出的用面板数据估计随机前沿生产函数的方法，或者是假设单个生产者的非效率项不随时间变化，或者是对非效率项的分布做出某种假定。

3. 全要素生产率增长的分解

全要素生产率的增长一般被理解为产出增长中扣除投入要素增长的部分。早期的研究者多认为全要素增长率的增长源于生产前沿的移动，即技术进步。但是现在越来越多的学者认为，全要素生产率的增长不仅来源于技术进步，而且还来源于技术效率的变动，即效率水平向生产前沿的靠近。[①]本文对全要素生产率增长的分析就是基于这一观点。

与式（1）相对应的面板数据的最优生产前沿为：

$$y_{it} = f(x_{it}, t) e^{u_{it}} \tag{4}$$

将式（4）的对数形式对时间求导，得：

$$\frac{\dot{y}_{it}}{y_{it}} = f_x \frac{\dot{x}_{it}}{x_{it}} + f_t + \dot{u}_{it} \tag{5}$$

其中，f_x 和 f_t 分别表示 $f(x_{it}, t)$ 对 x_{it} 和 t 的产出弹性，加点的变量表示对时间的微分。

由式（5）可以看出，产出的增长可以分解为两个部分：以产出弹性为权数的投入要素的增长、技术进步和技术效率的变动。将式（5）右边的第一项移到等号左边，即可得到全要素生产率增长（ΔTFP）的分解，即：

$$\Delta TFP_{it} = f_t + \dot{u}_{it} \tag{6}$$

即全要素生产率的增长等于技术进步和技术效率变动之和。

三、研究方法和数据

1. 模型的设定和估计

本文对电力行业生产前沿函数的设定以柯布—道格拉斯函数为基础[②]，并将技术进步设定为非中性的，是时间的二次函数[③]。具体为：

电力行业技术效率和全要素生产率增长的国际比较

---

① 可参见格罗斯科夫（Grosskopf, 1993）中的更详细的论述。

② 一般来说，对于行业内各个生产者的数据，可以采用更为灵活地超越对数函数的形式，但对于加总的国家数据（即每个国家的数据是该国家内所有电力企业的数据之和）采用较为简单的柯布—道格拉斯生产函数也是合适的。而且从后文的实际结果看，这一设定的拟合优度非常高，达到了 0.99。

③ 实际上，在本文的研究中曾考虑过将技术进步设定为中性的，即设定技术进步是时间的一次函数。但实际拟合时，一次时间变量的显著性检验不支持该种假设。而当设定技术进步为时间的二次函数时，一次时间变量和二次时间变量都是显著的。

$$\ln y_{it} = \beta_1 \ln K_{it} + \beta_2 \ln L_{it} + \lambda_1 t + \lambda_2 t^2 + \varepsilon_{it}$$
$$\varepsilon_{it} = u_{it} + v_{it} \tag{7}$$

其中，$i = 1, 2, \cdots, N$ 表示国家，$t = 1, 2, \cdots, T$ 表示时间。y 为产出，K 为资本投入，L 为劳动力投入。u_{it} 为非（技术）效率项，其具体形式如式（3）所示。v_{it} 为随机误差项。需要估计的参数为 $\beta_1, \beta_2, \lambda_1, \lambda_2$ 和 N 个 $\theta_{i0}, \theta_{i1}, \theta_{i2}$。这些参数的估计需要分两个步骤。第一步是用 OLS 或 GLS 法估计式（7）中的残差项 $\hat{\varepsilon}_{it}$。第二步是以 $\hat{\varepsilon}_{it}$ 为因变量估计以下方程：

$$\hat{\varepsilon}_{it} = \theta_{i0} + \theta_{i1} t + \theta_{i2} t^2 + v_{it} \tag{8}$$

其中，$v_{it} \sim N(0, \sigma_v^2)$。式（8）的拟合值即为非（技术）效率项 u_{it} 的估计：

$$\hat{u}_{it} = \hat{\theta}_{i0} + \hat{\theta}_{i1} t + \hat{\theta}_{i2} t^2 \tag{9}$$

式（9）给出了各个国家随时间变动的非效率项。为了满足 u_{it} 的负约束条件，还需对其进行标准化：

$$\hat{u}'_{it} = \hat{u}_{it} - \max_i(\hat{u}_{it}) \tag{10}$$

这里 $\max_i(\hat{u}_{it})$ 是面板数据中最有效的观测值，且假设它位于生产前沿上。因此，各个国家不同时间的技术效率为：

$$TE_{it} = e^{\hat{u}_{it}} \tag{11}$$

由式（7）推导出的全要素生产率的增长为：

$$\Delta TFP_{it} = \lambda_1 + 2\lambda_2 t + \theta_{i1} + 2\theta_{i2} t \tag{12}$$

其中，等号右边的前两项表示技术进步水平，后两项表示技术效率的变动。

2. 数据

本文研究所采用的面板数据集主要来源于中国统计出版社出版的各年度的《国际统计年鉴》、联合国出版的各年度的 "Energy Statistics Yearbook" 和 "Energy Balances and Electricity Profiles"。

在国际比较过程中首先遇到的是对不同国家的价值量进行换算以实现可比性的问题。由于不同国家的币种和购买力水平不同，不同年度的汇率和购买力平价也会发生变化，因此这一换算过程将会使数据的处理过程复杂化。鉴于此，本文的研究采用实物量指标避开这一问题。产出水平 Y 用总发电量表示，资本投入量 K 用电力装机容量表示，劳动力投入 L 则用劳动力人数表示。由于数据来源的限制，我们最终确定的样本是 1990～1997 年 18 个国家的面板数据。有关这些数据的基本描述如表 1 所示。

表 1　　　　世界各国＊发电量、装机容量和劳动力人数的描述统计

项目	发电量（亿千瓦时）	装机容量（千千瓦时）	劳动力人数（万人）
平均值	3962.78	90771.14	33.35
最大值	34942.00	791659.00	283.00
最小值	32.00	1289.00	1.00
标准差	7657.84	178553.50	62.61

注：本表中所包括的 18 个国家为中国、以色列、日本、韩国、马来西亚、巴基斯坦、菲律宾、斯里兰卡、泰国、加拿大、美国、委内瑞拉、阿根廷、荷兰、西班牙、英国、澳大利亚和新西兰。

四、估计结果和分析

从表 1 可以看出，各国电力行业的规模相差很大。以发电量为例，最小值是 32 亿千瓦时，而最大值是 34942 亿千瓦时，为最小值的 100 多倍。将这样的 18 个国家的面板数据用于第一步的估计时，显然存在着明显的异方差现象。因此，对第一步的估计，我们采用了克服异方差的 GLS 法，估计的结果列示在表 2 中。

表 2　　　　　　　　电力行业的随机生产函数

项目	β_1	β_2	λ_1	λ_2	R^2
估计值	0.650081	0.253120	−0.091298	0.011026	0.993771
t 统计量	62.50756	13.82510	−2.253426	2.545015	
p 值	0.0000	0.0000	0.0259	0.0121	

由表 2 可以看出，我们设定的柯布—道格拉斯生产函数的拟合效果很好，达到了 0.99 以上。各个参数估计值的 t 检验也非常显著，其中，β_1 和 β_2 的 p 值（即临界概率值）为零，而 λ_1 和 λ_2 也分别在 2% 和 1% 的水平上近似显著。

从表 2 中技术进步的二阶参数的符号看，电力行业的平均技术水平存在加速增长现象，即平均每年以 1% 的加速度增长。

通过第二步的估计，可以得到世界各国在各年的技术效率水平、技术效率的变动以及全要素生产率增长的情况。表 3 中给出了各国的平均技术效率水平、平均效率水平变动和全要素生产率的平均增长水平。

表3　　1990~1997年世界电力行业的平均（技术）效率水平、平均技术效率

变动率和平均全要素生产率增长（18个国家）　　　　单位：%

序号	国家	平均效率水平	平均效率变动	平均全要素生产率变动	序号	国家	平均效率水平	平均效率变动	平均全要素生产率变动
1	加拿大	100.0000	1.1254	1.9190	10	以色列	61.7402	-0.7468	0.0468
2	美国	94.3561	1.1484	1.9420	11	中国	57.7805	2.0555	2.8491
3	日本	90.3695	-0.5294	0.2642	12	马来西亚	50.2300	2.5822	3.3758
4	韩国	78.0647	4.4712	5.2648	13	委内瑞拉	49.5654	2.2984	3.0920
5	英国	71.2221	2.1137	2.9073	14	泰国	45.8090	0.5248	1.3184
6	澳大利亚	70.6484	2.1843	2.9779	15	阿根廷	36.8450	3.4161	4.2097
7	荷兰	66.1462	-0.4186	0.3750	16	巴基斯坦	33.7083	0.0659	0.8595
8	新西兰	64.9639	0.5951	1.3887	17	菲律宾	30.5045	1.1589	1.9525
9	西班牙	62.9655	1.3872	2.1808	18	斯里兰卡	19.8163	-0.3712	0.4224

表3的第3列是各国在1990~1997年的平均效率水平，该表由上而下的排列顺序所依据的是各国平均效率水平的高低。由表3可以看出，加拿大电力行业的平均效率水平最高，达到了100%。也就是说，加拿大的效率水平在每一年都是最优的。其次是美国，其平均效率水平达94.3561%，再次是日本，其平均效率水平在90%左右。电力行业效率最低的三个国家依次是斯里兰卡、菲律宾和巴基斯坦，它们的效率水平都在35%以下，其中斯里兰卡的平均效率则不到20%。中国电力行业的效率在18个国家中居于第11位，平均效率水平约为57.7805%。也就是说，非效率的程度达到了42.2195%。

从效率水平的变动来看，1990~1997年各国的电力行业的平均效率水平基本上没有下降。因为，表3中第4列的数据显示，各国的平均效率变动几乎都为正数，即使有少数的几个国家，如以色列、日本、斯里兰卡和荷兰的平均效率变动的符号是负的，但是其数字都非常小，可以近似看作为零。在18个国家中，效率水平增长最快的国家是韩国，平均每年增长的速度是4.4712%，其次是阿根廷，其效率增长的平均速度为3.4161%。其他效率水平的增长比较明显的国家是中国、马来西亚、委内瑞拉、英国和澳大利亚，它们的效率水平的提高速度都在2%以上。

表3的第5列表明这些国家电力行业的全要素生产率都有所增长，但各国的增长水平不尽相同。1990~1997年，全要素生产率平均增长最多的国家还是韩国，达到了5.2648%，其次是阿根廷，它的全要素生产率的平均增长水平为4.2097%。此外，全要素生产率增长水平较高的国家还有中国、马来西亚、委内瑞拉、英国和澳大利亚，它们的平均增长水平都在3%左右。

五、结论

从本文的实证研究结果可以看出，20 世纪 90 年代电力行业存在着加速增长的技术进步，各国电力行业的平均技术效率水平变动和全要素生产率的增长情况虽然各不相同，但基本都呈现增长的趋势。

从本文的实证研究结果还可以看出，电力行业效率水平的高低与该国的经济发展水平具有很高的相关度。电力行业效率水平最高的国家，如加拿大、美国和日本，都是经济发展水平最高的发达国家；而电力行业效率最低的国家，如斯里兰卡和巴基斯坦，也是经济发展水平较为落后的发展中国家。这主要是因为电力行业的效率水平是建立在物质生产力水平基础上的，技术先进，自然效率水平就要高一些。但从平均效率变动和平均全要素生产变动的角度看，韩国和阿根廷的增长速度最快，英国、澳大利亚、中国、马来西亚、委内瑞拉都保持了较快的增长速度，在逐步缩短和发达国家之间的平均效率水平的差距。

对实证结果的进一步分析可以发现，一个国家的经济增长状况对电力行业的效率变动起很大的影响和作用，这方面表现最为显著的国家是日本，尽管日本电力行业的平均效率水平仍然处于较高水平，但 20 世纪 90 年代，日本经济增长的停滞使电力行业的平均效率变动为负数。此外，电力管制改革对电力行业的效率水平也有着很大的影响，英国、阿根廷、澳大利亚、中国等对电力行业实施管制改革的国家的平均效率变动和全要素生产率的变动都处于较高的水平，这表明 20 世纪 90 年代兴起的以竞争为导向的管制改革运动促进了电力行业的效率水平和全要素生产率水平的提高。

从本文的国际比较中还可以发现尽管中国的电力行业在 20 世纪 90 年代有了很大的发展，也保持了较高的平均效率变动和平均全要素生产率变动速度，在逐步缩短与发达国家的效率差距。但中国电力行业的整体效率水平还比较低（在 18 个国家排在第 11 位），和美国、加拿大等国的效率差距还很大，我国的电力行业应该利用在今后一段时期内我国经济增长仍然保持较快增长速度的有利条件，加大电力行业的改革力度，进一步缩短和发达国家之间的效率差异。

参考文献

［1］孙建国、李文溥：《从依靠管制转向依靠市场：自然垄断行业引入竞争机制的趋势

分析》，载《东南学术》2002 年第 4 期。

［2］ Bauer Paul W. , Recent Developments in the Econometric Estimation of Frontiers. Journal of Econometrics, Vol. 46, 1990, pp. 39 – 56.

［3］ Cornwell Christopher, Peter Schmidt, Robin C. Sickles, Production Frontiers with Cross-sectional and Time-series Variation in Efficiency Levels. Journal of Econometrics, Vol. 46, 1990, pp. 185 – 200.

［4］ Farrokh Nourzad, Financial Development and Productive Efficiency: A Panel Study of Developed and Developing Countries. Journal of Economics and Finance, Vol. 26, 2002, pp. 138 – 149.

［5］ Fecher Fabienne, Pestieau Pierre, Efficiency and Competition in O. E. C. D. Financial Services. In Fried H. O. , Lovel C. A. K, Schmidt S. S. （Eds. ）, The Measurement of Productive Efficiency: Techniques and Applications. Oxford: Oxford University Press, 1993.

［6］ Greene William H. , The Econometric Approach to Efficiency Analysis. In Fried H. O. , Lovel C. A. K, Schmidt S. S. （Eds. ）, The Measurement of Productive Efficiency: Techniques and Applications. Oxford: Oxford University Press, 1993.

［7］ Grosskopf S. , Efficiency and Productivity. In Fried H. O. , Lovel C. A. K, Schmidt S. S. （Eds. ）, The Measurement of Productive Efficiency: Techniques and Applications. Oxford: Oxford University Press, 1993.

［8］ Kumbhakar Subal C. , Production Frontiers, Panel Data, and Time-varying Technical Inefficiency. Journal of Econometrics, Vol. 46, 1990, pp. 201 – 211.

［9］ Lovell Knox C. A. , Production Frontiers and Productive Efficiency. In Fried H. O. , Lovel C. A. K, Schmidt S. S. （Eds. ）, The Measurement of Productive: Efficiency Techniques and Applications. Oxford: Oxford University Press, 1993.

管制产业中的产权制度变革[*]

——对英国电力管制改革的分析

一、市场失效导致国有化

英国是世界电力工业的发源地。电力最初被用于家庭照明，然后被用于为工业生产提供动力。最早出现的电力企业是私有企业，而后又出现了由地方政府投资的市政电力企业，并形成了私有电力企业与市政电力企业并存的格局。英国电力工业在发展早期面临的主要问题是电力市场处于高度垄断和市场分割并存的状况，各种规模不一的电力企业通过各自拥有的输、配电网络分割了电力市场，成为自己市场范围内的垄断者。由于市场分割，每个电力企业拥有的输、配电网络都互不相连，无法形成全国统一的电网电压和频率方面的标准，电压和电流的差异使英国市场上电器的种类繁多，不仅增加了消费者的负担，也影响了英国电器制造业的发展。分割的市场结构致使英国发电企业的规模普遍偏小，不但造成资源配置浪费，而且影响了英国电力工业技术水平的提高。

英国电力行业发展的第一个转折点是第一次世界大战。在战争期间，由于英国缺乏全国统一的电网，各地的电力资源无法统一协调使用，使电力供应非常紧张，这充分暴露了英国电力行业的缺点，并使人们产生了让现有的发电厂互相联网的迫切要求，因为联网后可以用先进的大型电站来取代落后的小发电站，并可以优先让效率高的发电站投入发电，这就可以提高电力供应的效率。还在战争期间的 1917 年，英国设立的战后重建委员会就在报告中要求战后建

---

 * 本文原载于《厦门大学学报（哲学社会科学版）》2003 年第 6 期，共同作者：孙建国。

立大型电站来取代现存的 600 座小发电站。1919 年英国颁布了《电力法》，要求发电企业在互利的基础上联网，但是由于政府没有采取强制联网的管制措施，英国电网的发展非常缓慢，到 1926 年，上网的发电量还只占全国发电量的 10%（Richard & Edward，1996）。由于电网发展缓慢，大型发电站的技术效率无法充分发挥，小型发电站仍然是新建电站的主流。这不但使英国电力行业仍然处于低效率的境地，而且也影响了与电力有关的其他产业的发展。

在市场本身无法自动进行结构调整的情况下，英国政府只好决定采取强制性的管制措施。1926 年政府决定成立中央电力局（Central Electricity Board），负责建立全国电网，并对电力投资进行协调和分配，希望在不影响现有电力公司产权关系的情况下，来实现电力投资和发电资源的优化配置。1933 年，英国建成了全国电网。全国电网的建立大大提高了英国发电部门的效率，通过全国电网，发电企业可以进行有效的竞争，效率高的大型发电站在竞争中获得很大的优势，使电力行业的平均发电成本显著下降，电价也随之下降；全国电网建成后，由于统一了输电电压和电流频率标准，结束了原先存在的英国各地用电设备标准不统一的现象，推动了电力的广泛应用，也进一步发挥了电力工业的规模经济效应；此外，统一的全国电网使不同地区的发电企业能够在各地的电力需求高峰期之间进行调峰作业，互相支持，减少了所需的备用发电装机容量。备用发电装机容量占总装机容量的比重从全国电网建成前的 40% 下降到 1938 年的 10%。投入下降、产出增加、运营效率提高，大大提高了英国发电部门的资源利用效率。当时，全国电网的建设成本为 2900 万英镑，而建成后每年节约的发电成本就达 550 万英镑。英国政府对发电行业的干预获得了很大的成功，并推动了英国电力工业的进一步发展。1929～1935 年，尽管遇到了世界性经济大萧条，但是英国的市政电力部门的发电量仍然增长了 70%，电力投资也一直被公众认为是最安全的投资，电力企业的股票价格在这一时期的股市危机中不但没有下跌，反而略有上涨（Richard & Edward，1996）。

英国政府对发电部门干预的成功，并不意味着电力行业的效率问题得到彻底解决，处于小公司割据状态的配电部门仍然处于规模不经济之中，由于配电部门的自然垄断特征，政府无法通过引入竞争来解决配电部门的效率问题，在这种情况下，解决配电部门规模不经济的办法只有两个：配电公司之间进行自愿的合并，或者对配电部门实施国有化。前者遭到了小配电公司的反对，而后者，由于国有化措施所引发的价值取向争论，又遭到了英国社会主流意识形态的反对，因此，直到第二次世界大战之前，英国都无法解决配电部门的低效率问题。

第二次世界大战结束后，英国面临着战后重建的问题。由于战争给英国经济带来很大的冲击，在战后经济匮乏时期，社会也不允许浪费和非效率行为发生，这就增加了解决配电部门的低效率问题的迫切性。由于英国中央电力局对发电部门重组的成功使人们认识到公共产权和政府干预是解决自然垄断部门存在的市场失灵问题的有效方法。加之英国最早实施国有化的英国广播公司（BBC）的良好经营表现，这样，对电力行业和煤炭行业进行国有化的主张终于得到了英国的两个主要政党——保守党和工党的一致支持，1947 年，英国通过了新的《电力法》，对整个电力行业实施国有化。

二、公共产权下的管制缺陷

国有化后的英国电力工业由两部分组成：中央电力生产局（Central Electricity Generation Board，CEGB）负责经营发电和输电业务，配电业务由中央电力生产局下属的 12 个地区电力局负责经营，地区电力局向中央电力生产局购电后转售给本地区的消费者。这样，国有化后的英国电力行业就形成了高度集中的垂直一体化的产业组织结构。这不但解决了原先一直无法解决的配电部门的效率问题，而且也有利于发电、输电、配电部门的互相协调。

国有化后的英国电力企业的经营原则是："由公共所有、对公众负责、为了实现公共目标而进行商业化管理"，一方面要做到自负盈亏，另一方面要为公共利益服务。政府希望国有电力企业能够进行自我管制，重视公共利益，并保持经营的独立性。

尽管政府要求国有电力企业以公共利益为经营目标，但是由于公共利益的内涵并不明确，在现实中，所谓公共利益的真实内涵往往是由利益集团的竞争决定的，因此国有电力企业的经营行为深受有关利益集团的影响，这些利益集团主要有以下几个。一是大工业用户。由于大工业用户的用电量很大，电价水平的高低将直接影响其生产成本，进而影响其产品在国际市场上的竞争能力，因此，它们强烈要求享受优惠的电价。二是煤炭行业和电力设备制造业。这两个行业的发展在很大程度上取决于电力部门的采购量和采购价格。三是居民。对居民来说，电是基本消费品，他们当然希望电价越低越好，由于电的需求弹性极低，居民对电的供给及价格的要求就极易转化为政治压力。这三大利益集团对政府都有着很强的影响，特别是战后执政多年的工党政府主要是从英国的工会获得政治支持，而英国煤炭行业的工会一向有着非常强大的政治影响。在煤炭行业的政治势力影响下，英国政府要求电力部门以高于进口煤炭的价格向国有的英国煤炭公司购买煤炭。这等于要求电力行业变相地为煤炭行业提供补贴。根据 1993 年英国贸易和工业部发表的报告披露，1990～1992 年，电力部门向煤炭部门支付的高价格使煤炭部门每年多收入 10 亿英镑。1979～1992 年，电力部门向煤炭部门支付的补贴以不变价格计算，相当于电力部门销售收入的 19%（Severin，2000）。在这种利益集团政治的格局下，政府对电力行业的管制就难以坚持以最小成本最大限度地满足社会需求的目标，这必然最终导致管制的失败。

另外，国有电力部门在这种管制环境下也不可能产生内在的效率动机。在这种情况下的效率问题一般不会出现在电力系统的协调和最优运行上，因为这些问题在国有产权的治理结构下容易得到解决。新的效率问题往往出现在新设备的采购和新技术的研发上。由于缺乏内在的成本约束和预算约束，国有化后的英国电力部门出现了过度追求大型设备和先进技术的倾向。这主要表现在早期建造传统火电站的设备选型方面和随后的原子能技术的发展上。20 世纪 50 年代和 60 年代，中央电力生产局过于强调发展大型火电站，往往在没有完全掌握现有的大型电站运行状况的情况下就开始订购更大型的设备，这就无法形成设备重置的学习效应。此外，由于这些大型火电站的设计部门和制造部门很少交流，新电站的许多设计错误未能被及时发现，加之对建设电站的二级承包商管理不善，导致了火电站建设效率低下，成本高昂，根本没有体现出英国制造业的应有水准。

英国电力部门在原子能技术发展上出现的成本问题更加严重。为了扶持本国原子能工业的发展，英国政府决定独立自主地发展本国的原子能技术，放弃了引进国外成熟的原子能反应堆技术，并由国内企业负责原子能电站的设计和制造，然而由于英国的原子能技术不成熟，原子能电站在建设过程中为了满足安全标准而多次对原先的设计进行修改，工期也多次延长，例如原计划在 1981 年投产的原子能电站，到了 1989 年还没有完工，建造成本也大大超出原先的预算，这些项目无论在财务上还是在工程上都是灾难性的。

由于技术创新的复杂性和不确定性，新技术的研发工作充满了风险，然而，无论是政府还是国有企业都存在着过分追求自力更生和先进技术的倾向，往往会在新技术的研发上过度投入资源，这就加大了创新失败而导致的损失程度。事实上，对于英国这种中等经济规模的国家来说，采用国外现有的成熟技术而不事事自主研发，在经济上是更具有合理性的。

由于实行了全行业国有化，政府只能从国有电力企业那里获得产业发展的有关信息。英国的电力部门往往利用这种信息不对称来获得好处。由于电力产业的高度集中和垄断，以及电力技术的复杂性，政府和公众难以对国有电力企业的运行进行有效的评估。这种信息不对称的状况有时会延续很长时间。例如中央电力生产局一直向公众隐瞒原子能电站的运行成本和核废料的处理成本，直到英国政府决定对电力部门实施私有化后，才公布了按照私营部门的会计核算方法计算的真实成本。结果 1988~1989 年的核燃料处理成本竟高达 40 亿英镑，比 1985~1986 年的处理成本高 10 倍。原子能电站的运行成本也大幅提高，这最终迫使英国政府将原子能电站撤出了私有化计划（William，2002）。

由于以上原因，英国电力部门在国有化之后尽管解决了电力行业的协调问题，但是，政府对国有电力部门的管制严重受制于利益集团政治的影响，它使英国的电力部门和煤炭部门的关系日益复杂，并深刻地影响了英国的能源政策。而国有化后的英国电力部门由于缺乏成本最小化的激励，电站建设成本要比其他发达国家高 50%~100%，工程建造时间是其他国家的两倍。中央电力局在原子能项目建设评估过程中刻意隐瞒真实成本的行为受到了英国垄断和兼并委员会的公开批评，认为中央电力生产局的做法违背了公共利益，公众也批评国有电力企业的运行僵化、封闭、缺乏活力。不仅是电力行业，英国其他的国有垄断行业也存在着同样的弊病，到了 20 世纪 80 年代，英国的经济处于高通货膨胀率、高利率、高财政赤字、低经济增长率的滞胀困境中，长期执政的工党也因此而下台，以撒切尔夫人为首的保守党政府上台后，为了激发英国经济的活力，减轻政府的财政赤字负担，对电信、供水、铁路、电力、煤炭、邮政等国有垄断行业实施大规模的私有化，英国电力行业也在 1990 年被私有化。

三、私有化效果和新的管制问题

1990 年 3 月，英国政府对电力行业进行了重组，将中央电力生产局拥有的发电、输电、配电资产进行彻底分离，重组后的英国电力行业在输电和配电领域仍然保持自然垄断状况，但在发电和供电领域引入竞争，中央电力生产局的全部发电资产被重组成国家电力公司（National Power）、电力生产公司（Power Gen）和原子能电力公司（Nuclear Power）三大发电公司，全国的输电业务由新设立的国家电网公司垄断经营，原先负责配电业务的 12 个地区电力局被组建为 12 家独立经营配电业务的地区电力公司。供电市场在重组之初被分为由地区电力公司负责经营的向小客户供电的特许市场，以及为大客户服务的非特许市场，后者是竞争性市场，在此基础上，逐步开放供电市场。重组后的国家电网公司的股权由 12 个地区电力公司所有，以保证国家电网公司对发电公司的独立性。地区电力公司、国家电力公司和电力生产公司的股票都陆续向公众出售，成为私人投资者所有的股份制公司。原子能电力公司因为发电成本和核废料的处理成本太高，无法进行私有化，只能继续由国家所有，直到 1996 年才将部分有竞争力的原子能电站重组后向公众出售。

私有化之后，英国电力行业原先高度垂直一体化的产业组织结构被分成发电、输电、配电和供电四个互相独立的部分。整个电力系统的运行和协调也由私有化之前中央电力生产局通过行政手段完成，转变为不同的市场主体通过市场交易的方式来完成。在这种情况下，市场交易的效率就成为整个电力系统能否协调运行的关键。私有化后，英国建立了网上电力供应市场（bulk electricity supply market），也就是电力库（the pool）。通过发电商和供电商在电力库市场上进行的竞争性投标来显示市场供求，国家电网公司根据接收到的市场供求信息进行电网管理和发电顺序安排。在电力库市场之外，发电商和供电商还利用远期供电合同进行套期保值，使双方能够回避电力库市场价格波动的风险。

电力行业的私有化解决了在国有产权下的英国电力工业缺乏内在效率的问题。私有化以后，政府再也不能像过去那样要求电力行业向煤炭行业提供巨额补贴，发电厂可以从国外进口更廉价的煤炭。另外，在私有化后的前三年时间里，发电部门裁减了将近一半的员工，原先国有的电力研发机构在私有化之后被关闭了一半。这种成本的节约对提高英国电力行业的运行效率起了关键的作用。随着成本的节约，电价也不断下降，1990 ~ 2000 年，英国的电价下降了30%（Richard & David，1992），尤其是在改革的最初三年里，电力库市场的电价下降得非常显著，它使英国的电力管制体制改革对其他国家的电力管制体制改革产生很大的影响。

但是，这并不意味着英国的电力管制体制改革获得了彻底的成功。1993 年后，新的电力市场逐步暴露出一些问题。最先是发电市场出现了垄断现象。英国政府在对电力行业重组时将全部的发电资产组建成两大发电公司——国家电力公司和电力生产公司，两大发电公司具有很强的市场势力（market power），在电力库市场上形成了双头垄断的格局，电力库市场上的电价基本上是由它们两家决定的。发电市场开放后进入发电市场的发电商大部分是采用"混合循环天然气涡轮机"（combine-cycle gas turbine，CCGT）发电技术，这种发电站以天然气为燃料，热能利用效率高达50%，安装快，规模适度，比燃煤发电站更符合环保要求，特别是 CCGT 发电站的启动成本低，可以迅速投入供电，在用电负荷高峰时期的供电成本要比燃煤发电站低，但英国发电市场开放后出现了对 CCGT 发电站投资过度，形成了过剩的发电能力的现象，在此情况下一部分天然气发电站开始和燃煤发电站竞争基础负荷的供电业务（在基础负荷的供给上，一般来说燃煤发电站比天然气发电站更有成本优势）（Richard，1999），部分燃煤发电站因此被迫提前退出了发电市场，这又进一步加剧了英国煤炭行业的危机。从 1992 年到 1994 年，英国煤炭部门的煤炭产量从 7000 万吨下降到 3000 万吨，并造成了 3 万名煤炭工人失业。

电力库市场存在的另一个问题是定价机制不合理，有效的定价机制是一个市场能否顺利运行的关键，因为价格信号不仅是为现货市场的资源配置提供信号，而且为远期合同市场提供定价的关键信息。然而，由于电力系统运行的特殊性，市场化的电力定价非常困难，这种特殊性体现在以下几方面。首先，电网系统在运行时遵循的是物理法则，而不是经济法则，电流进入电网系统后就难以进行产权的界定，此外电网系统局部发生的供电故障会对电网的其他部分用户产生影响，发电市场的定价必须充分反映这种外部性。其次，由于电力几乎不可储存，而电力需求的波动很大，电力供求关系必须时刻保持平衡，为此发电部门必须保留一定的备用发电能力，以防止在电网系统的负荷高峰期出现停电事故，这就要求电价必须能够反映停电的机会成本，从而使发电商能够保持适当的备用发电能力。最后，电力定价还必须考虑到电网的输电能力的限制，这样，电价才能为新建电站的选址提供正确的信号，并使整个输电系统实现最优的运行。只有解决了这几方面的问题，电力定价机制才可以确保电力系统处于最优的运行状态，然而英国的电力库市场的定价机制只是一个竞争性的投标竞价系统，它没有考虑输电能力的限制，对停电的机会成本也没能予以正确的反映，更为严重的是它无法实现激励相容，出现了高成本的发电企业将低成本的发电企业挤出市场的现象，主要是一些天然气发电站由于事先已经向天然气供电商购买了天然气，为了避免毁约损失，就以零价格进行投标，使一部分具有成本优势的燃煤发电站被挤出发电市场，这引起了英国公众的不满。

英国的电力监管部门针对以上问题采取了新的管制措施，首先是在 1996 年和 1999 年，两次要求国家电力公司和电力生产公司出售发电资产，以降低它们在电力市场上的份额。国家电力公司和电力生产公司拥有的发电装机容量占全国总发电装机容量的比重从出售前的 61.8% 下降到出售后的 29.5%。1996 年，电力库市场上的电价有 76.6% 是由国家电力公司和电力生产公司决定的，到了 2000 年，这一比例下降到 31.4%，市场集中度的下降，明显减少了它们垄断市场的能力（David，1998）。

针对电力库市场在定价方面存在着严重的缺陷，英国电力监管部门在 1998 年建议用一整套新的交易系统取代电力库市场。这套交易系统包括：（1）远期电力市场；（2）在实际交易开始前 24 小时至 4 小时之间运行的短期双边市场，它的作用是使市场参与者在市场交易之前对手中持有的交易合同进行调整；（3）从交易开始前 4 小时到实时交易开始之间运行的平衡市场，它的作用是使国家电网公司作为系统运行者（system operator）通过最后的投标来解决输电限制和电网的平衡问题；（4）对系统运行者为维持系统稳定所付出的成本进行定价以及对因电网外在性而产生的支出进行定价的结算系统。英国政府在 1998 年 10 月出版的白皮书中接受了这一建议。新的交易系统在 2001 年 3 月底正式取代了原有的电力库市场。在新的电力市场中，90% 的电量由发电公司和供电商以及用户直接通过双边合同进行交易，另外 10% 的电量通过平衡交易运行。新的市场扩大了电力消费者的选择范围，但是能否像预期的那样解决原来电力库市场存在的问题，仍有待时间的检验。

四、对我国电力管制体制改革的启示

英国电力管制体制改革对我国的电力管制体制改革有着重要的借鉴作用。它主要体现在以下几方面。

第一，在电力管制体制改革中，产权制度改革的重要性不容忽视。20 世纪 90 年代，英国的电力管制体制改革的经验显示了在自然垄断行业的管制体制改革中产权制度改革的重要性，产权的变革使英国的电力企业真正有了提高效率的动力和压力，为解决原先国有电力企业一直无法解决的冗员以及电力行业向煤炭行业提供巨额补贴的问题创造了必要的前提。近年来，随着我国市场经济的发展，经济体制改革的深化，国有资本应逐步退出竞争性领域的思想已经逐渐得到认同，但是，国有产权制度在自然垄断产业中的绝对垄断地位，则尚未受到严重挑战。不少人认为，为了确保政府对关系国计民生的基础产业的控制，即使是在市场经济条件下，也应当维持国有产权制度在自然垄断行业中的绝对垄断地位。有些论者主张国有资本从竞争性领域退出，应集中到自然垄断行业，认为这样才能确保政府控制国家的经济命脉。这些观点似是而非。国家对自然垄断行业实行管制，目的是实现社会公共利益，从管制经济学的角度看，国有化只是实现管制目的的一种政策手段而已。市场经济条件下，特定产业只要具有自然垄断性质，政府就可以基于维护社会公共利益的目的对其实行管制。如果非实行国有化不足以实现管制目的，国有化也就是合理的管制政策手段。反之，如果由于科技进步，受管制产业或是其中的部分环节已经转化为竞争性领域，那么，既有的管制也就可以解除，如果实践证明：受管制产业的国有化实际上已经不利于该产业最大效率地实现社会公众利益目标，例如，像英国电力行业那样，当国有化导致的低效率已到了不可容忍的程度，那么，在自然垄断产业实行产权制度改革显然也是必要的，不过是管制方式的调整而已。

第二，在电力管制体制改革之初，发电资产的重组对于新的电力市场能否健康运行起着关键的作用。电力行业的重组也是一个对产权进行重新界定的过程。根据科斯定理，如果政府对产权的初始界定比较合理，就可以提高市场的运行效率。英国的电力库市场之所以出现垄断现象，和英国政府在电力私有化之初将全部非原子能发电站组建成两大发电公司有很大的关系。我国即将实施的电力行业改革方案中将全部国有发电资产重组为五大发电公司。这种重组方式能否消除新的发电市场上的垄断现象是值得研究的，因为美国加州电力危机事件证明：电力需求弹性极低，在寡头垄断的市场组织结构下，一旦出现供电能力不足，电力市场就非常容易被操纵。例如，电力供求只要有极小的缺口，例如3%，一个拥有6%的发电市场份额的厂商就能对发电市场的价格产生很大影响。[①] 供求关系越紧张，电力价格被操纵的可能性越大。因此，在进行发电资产重组时，究竟应当形成何种发电市场结构，计划形成的市场结构在电力供求关系趋向紧张的情况下，是否可能出现发电企业操纵发电市场的问题，是值得重视的。尽管在发电部门的重组过程中，必须考虑到发电企业在公司水平上的规模经济，但如果发电公司的规模明显超过必要的规模经济水平，不仅会产生明显的"X—非效率"现象，而且厂商也会试图利用过大的规模垄断市场。

第三，电力市场运行模式的选择问题。目前我国讨论电力市场改革的大多数文献都认为我国的电力改革应该从"厂网分开，竞价上网"开始。也就是像英国那样建立竞争性的电力库市场。但是，英国电力库市场运行的结果表明，这种市场不但会出现垄断现象，而且还会产生过度进入和沉没成本等问题，特别是电力定价无法正确地反映输电限制和停电的机会成本。此外，英国实施电力库市场是因为有着强大的输电能力，而我国尽管在1998年后加强了在输电方面的投资，目前在同一电网内部已经具备了足够的输电能力，但跨地区的长

---

① 加州电力危机问题我们将另文讨论。

途输电能力仍然不足，这对建立竞争性的电力市场是非常不利的，从国外的经验看，较为稳妥的改革方法是建立一个可竞争的供电合同市场，让发电方与供电方在竞争性的供电合同市场上签订长期供电合同，这样不仅可以在实现竞争的同时避免市场的价格波动，也避免了发电商盲目进入市场以及随之产生的沉没成本问题。

第四，电力行业的市场化改革并不意味着政府对电力行业管制的减轻。从英国的经验看，电力行业私有化之后，政府对电力市场要进行监管并迅速解决电力市场出现的问题，甚至对电力市场进行彻底的改造，因此电力行业的重组和改革并不意味着政府退出电力市场，电力改革后政府还必须负担以下三方面的责任：一是确保电力供给不再发生短缺；二是制止和遏制发电市场上的垄断行为；三是确保我国的能源供给安全和能源产业的健康发展。

参考文献

［1］ David M. Newbery, The Regulator's Review of the Electricity Pool. Utilities Policy, Vol. 7, 1998.

［2］ Richard J. Gilbert, Edward P. Kahn, International Comparisons of Electricity Regulation. Cambridge University Press, 1996.

［3］ Richard J. Green, David M. Newbery, Competition in the British Electricity Spot Market. Journal of Political Economy, Vol. 100, 1992.

［4］ Richard J. Green, Draining the Pool: The Reform of Electricity Trading in England and Wales. Energy Policy, Vol. 27, 1999.

［5］ Severin Borenstein. The Trouble with Electricity Markets: Understanding California's Restructuring Disaster. Journal of Economic Perspectives, Vol. 15, 2000.

［6］ Severin Borenstein. Understanding Competitive Pricing and Market Power in Wholesale Electricity Markets. The Electricity Journal, July 2000.

［7］ Simon Bishop, Ciara Mcsorley, Regulating Electricity Markets: Experience from the United Kingdom. The Electricity Journal, December 2001.

［8］ William W. Hongan, Electricity Market Restructuring: Reform of Reforms. Journal of Regulatory Economics, Vol. 21 – 1, 2002.

从依靠管制转向依靠市场[*]
——自然垄断行业引入竞争机制的趋势分析

1991 年的苏联解体宣告了冷战时代的终结，同时也宣告了从 20 世纪 20 ~ 30 年代开始的经济管制时代的结束。在整个 90 年代，全球掀起了一股以市场化为导向的经济改革浪潮，这种浪潮不但发生在广大发展中国家，也发生在长期实行市场经济的发达国家，前者表现为纷纷引入和建立市场经济体制，后者表现为对那些长期实行国有化和政府管制的自然垄断行业进行以市场化和竞争为导向的改革，这场改革运动的影响极其深远，它是推动 20 世纪 90 年代全球经济增长的基本动力之一，尤其是对电信行业的改革，极大地推动了高科技领域的创新和发展，成为 90 年代后期全球经济增长的主要动力。本文的主要内容是从理论和实践方面探讨为什么自然垄断行业在实行了多年的国有化和管制之后，会出现以竞争和市场化为主要特征的新变化。

一、自然垄断行业的定义和特征

自然垄断行业的共同特征是成本的次可加性（subadditivity），它意味着在这一行业中由一个厂商向市场提供全部产出的单位成本比由两个或两个以上的厂商分别向市场提供产出的成本更低。具体来说，这些行业都面临着相对高的固定成本，即使生产很小数量的产品也需要很高的固定成本，因为它们一般都需要一个传输产品的物理网络（如电话网、输电网、自来水输水管道系统），对这些物理网络的重复投资一般被认为是一种典型的浪费行为。

早先人们对自然垄断的认识是从规模经济开始的，马歇尔在 1920 年就认

---

* 本文原载于《东南学术》2002 年第 4 期。共同作者：孙建国。

识到在竞争和规模经济之间存在着矛盾（后人称之为"马歇尔悖论"），但是，规模经济仅仅是自然垄断的充分条件而不是必要条件，因为在现实中范围经济也可以形成自然垄断，这往往出现在生产多产品的厂商中，鲍莫尔（Baumol，1977）提出了对自然垄断的次可加定义，盖加克斯和诺威特里（Gegax & Nowetry，1993）区分了强自然垄断和弱自然垄断的差别，强自然垄断厂商的平均成本是递减的，而在弱自然垄断中，尽管厂商的成本是次可加的，但平均成本是递增的，这样，现存厂商就会发现它不能阻止其他厂商的进入，从而产生了自然垄断的可维持性问题。

二、自然垄断行业走向竞争的理论基础
——管制理论的发展

对自然垄断进行管制的最早解释是公共利益理论，因为在自然垄断的情况下，市场机制本身无法实现生产效率和分配效率。首先，生产效率要求产量应在平均成本曲线的最低点，这就要求让一个厂商向市场提供产品和服务的同时禁止其他厂商进入市场（市场准入管制），以避免不必要的重复投资，分配效率要求由边际成本曲线和需求曲线的交点决定产量，否则就会出现净福利损失（deadweight loss），显然在没有竞争的压力下，追求利润最大化的自然垄断厂商可能会利用自己的垄断地位实施垄断价格，而产生净福利损失，为了避免出现这种情况就必须对垄断厂商实施价格管制，或者由国家直接控制自然垄断行业，因而，对自然垄断厂商进行管制是建立在市场失灵和保护公共利益的基础上的，这就是管制的公共利益理论。

尽管公共利益理论主张以政府管制来纠正市场失灵，而且假定政府的管制可以带来更高的效率以及更低的社会成本，但是，它并没有对这一假定的合理性给出充分的证明，而进一步的理论和实证研究却否定了这一假定。首先，对次优理论的研究显示，只要经济中的其他部分仍然存在着不可避免的低效率，则资源配置效率的局部提高并不能使整个经济运行的效率提高，而对一个资源配置处于次优状态的经济来说，政府是不可能通过管制将效率提高到最优状态。在现实中，由于外部性、税收、不完全竞争和不完全信息的作用，往往使管制在其他方面产生非效率，例如，被管制的厂商会出现"X—非效率"以及阻碍技术进步的行为，有关研究也证明了，在管制过程中采用交叉补贴的做法将导致明显的配置无效率。其次，公共利益理论通常假定管制是为了提高效

率，但是，它不能解释为什么在现实中人们为了实现其他社会目标，例如社会公正、再分配而不惜降低经济效率，尤其是它无法解决在管制过程中常遇到的公平和效率的冲突问题，对效率问题，一般可以用帕累托标准或卡尔多—希克斯标准来进行分析，而对于公平和公正问题，目前的经济学尚无可行的分析框架，更谈不上对公平和效率的关系进行准确的理解和分析，以及提出可以进行实证的理论。最后，作为一种理论，应该有起码的预测能力，公共利益理论在这方面的表现也令人失望，它无法预测哪一个行业或哪一个部门应该被管制，应该采取哪一种管制方式，以及管制可能出现的各种后果。对于现实中的一些问题，例如，为什么企业支持甚至要求管制，公共利益理论也无法给出充分合理的解释。

1971 年，以斯蒂格勒（Stigler）、佩尔特茨曼（Peltzman）为代表的芝加哥学派，提出了"经济管制理论"，认为"管制作为一种规则，是产业要求的，而且主要是为了产业的利益而设计和运行的"（Stigler，1971），因为，对一个产业而言，管制的利益是明显的，从对管制的需求看，首先，政府保证提供补贴或者禁止竞争者进入这一产业，都可以增加垄断厂商的利润。其次，相对于卡特尔而言，政府的价格管制使厂商更容易维持最低价格。最后，政府还可以禁止被管制产业的替代产品的使用来更好地保护被管制厂商的利益。而且，政府政策的制定和执行过程又可以让利益集团利用自身的影响来实现它的目的，在这方面，成员较少的小集团比成员较多的大集团有更大的优势，因为前者比后者有更强的同质性、更低的组织成本，更便于防止"搭便车"，而就同样的收益而言，小集团使每个成员的平均收益也更大。斯蒂格勒通过产业集中度来解释为什么大企业可以更好地组织起来这一常见事实：在一个产业集中度很高的行业中可以将大企业看成是一个小集团。此外，他还认为在存在产业的不对称信息的情况下，例如在一个产品多样化或生产技术变化很大的产业中，不同的公司可以为了阻止出现对它们不利的管制而组织起来形成小集团。

佩尔特茨曼（1976）通过扩展经济管制理论，对交叉补贴作了解释。他假定政治家选择能使自己获得最大程度政治支持的管制政策，因而管制的利益不可能由产业独占，一些消费者集团也可以将自己组织起来。在卡特尔利润只减少一小部分的时候，组织和信息成本的障碍使卡特尔不可能立即撤销它们的政治支持，降低价格对消费者有利，而提高价格能够从被管制的产业中获得更多的政治支持，这样，管制的价格水平应当设置在使因收入转移而增加的选票正好和因提高价格而失去的选票相平衡的那一点上。这不但解释了交叉补贴现象，而且还预测了哪一个行业应该被管制，这就是相对竞争行业和垄断行业。

在前一种行业中，厂商有强烈的管制愿望，而在后一种行业，消费者有着很大的管制利益，而对两者之间的产业来说，即使发生管制，管制价格与实际价格也不会相差太远，因而不值得厂商和消费者组织起来去争取对自己有利的管制。现实中的管制情况似乎也验证了这种说法。

芝加哥学派还利用科斯的交易成本理论对管制进行解释，在存在交易成本的情况下，对于市场失效，与各当事人之间谈判的解决方式相比，管制的效率更高。因而管制相对于市场而言是一种更有效的解决问题的方式。

尽管芝加哥学派的经济管制理论比公共利益理论对管制有更强的解释力，但是，它过于强调再分配在管制形成过程中的作用，而对在管制中的获益方和受损方的分析，并不能说明管制的原因。此外，它假定利益集团对选举和政治决策有决定性的影响作用，但是，正如人们对公平和效率的关系无法建立一个可行的分析框架一样，对于在政治决策的过程中许多目标不同的参与者之间的相互作用能否实现经济福利最大化，目前的经济学也不能进行明确的分析。因而，它也是一种不完全的理论。

公共选择理论对管制理论也有所发展，尤其是克鲁格（Krueger，1974）提出的"寻租"概念是公共选择理论对管制进行解释的内核，寻租意味着个人或集团致力于获得政府保证的对稀缺资源的垄断权的政治活动，公共选择理论将重点放在寻租的无效率上，塔洛克（Tullock，1967）指出，垄断的无效率不仅由众所周知的哈伯格（Harberg，1956）三角形组成，潜在的垄断者为获得垄断权的竞争使无效率扩展为正方形（又称塔洛克正方形）。更进一步，处于潜在不利地位的消费者在可能的情况下将运用稀缺资源去防止垄断力量的建立，而垄断者在建立垄断力量后也要运用"寻租"去阻止潜在竞争者和处于不利地位的消费者的威胁，这更浪费了资源，最终，垄断权导致了"X—非效率"，垄断者不以最小成本进行生产。

鲍莫尔等（1983）提出了可竞争理论，它建立在德姆塞茨（Demsetz，1968）的以潜在的竞争威胁作为约束机制的基础上，由鲍莫尔等发展并应用到自然垄断上。在一个进入和退出彻底自由而且不受限制的市场上，潜在的竞争威胁将使价格靠近成本，当潜在的竞争者对现存垄断厂商的行为有强烈约束时，后者的计划定价将更接近成本。在一个可竞争的市场上，厂商的利润不高于在竞争性环境下可获得的正常利润。否则其他厂商将以同样的生产规模进入市场，以略低的价格出售并占领整个市场，这种活动常被称为"打了就跑"的进入和退出。可竞争市场使管制成为纯粹的浪费，因为在没有管制的情况下，垄断者在潜在进入的威胁下也不会产生垄断行为，政府所要做的就是废除那些阻碍潜在进入的措施，建立一个推动竞争的环境。换言之，管制者应当鼓励而不是阻碍其他厂商进入自然垄断市场。

以上内容基本上概括了管制理论的发展过程。尽管政府的管制活动并不仅仅局限于自然垄断领域，我们不难看出上述的管制理论也完全适用于对自然垄断的管制分析。随着理论的发展，传统的以政府的"看得见的手"去纠正市场的"看不见的手"的合理性正在逐渐消退，人们开始逐步相信市场能够解决自身的问题。

三、自然垄断行业走向竞争的实践基础
——管制失败的教训

自然垄断行业从管制走向竞争的另一个更大的推动力是对自然垄断行业的管制失败。一般来说，对自然垄断行业有三种管制方法：国有化、以成本为基础的管制、以激励为基础的管制。正是由于这三种管制方法的失败才使管制者被迫放松管制，逐步解除了对自然垄断行业的进入壁垒。

首先我们分析自然垄断行业的国有化管制。这是对自然垄断行业最彻底的一种管制形式。国有化的理由是：相对于由追求利润最大化的股东组成的私人垄断企业，国有企业不以利润最大化为经营目标，这样国有企业能够实现非财务目标或分配目标，以及制定使社会福利最大化的价格，如按照边际成本定价，避免垄断利润。20世纪30年代西方国家的大萧条以及与此同时苏联工业化的成功使人们普遍相信国有化是解决垄断问题的关键措施。许多国家都将本国的自然垄断行业国有化。

应该承认国有化对于推动自然垄断行业的市场扩张，实现规模经济效益有很大的促进作用，许多国家的自然垄断行业在国有化后都经历了一段生产率增长的时期。但随着时间的推移，在国有化体制下，企业缺乏利润动机的问题越来越大，现代企业理论已经证明：剩余索取权的安排对于保证企业的经营效率至关重要。在企业产权属于国家所有的情况下，企业经理减少成本、提高质量以及创新的动机就较弱。因为，作为非所有者，他这样做只能得到一小部分收益，国有股东的抽象性和国有产权的不可转让性使国有企业的经理不用像私人公司的经理那样担心被股东罢免和抛弃。因而国有企业的经理和员工几乎没有为国有股东服务的动机。

从国有化后的自然垄断企业的治理结构上看，政府对国有化企业决策的影响最大。在这种情况下，国有化企业的决策过程在很大程度上受政治决策过程的影响，在这一过程中，相关的利益集团之间的竞争结果起决定性作用。例如，为了保护一些生产效率低但在政治上又有着很大影响的相关行业，国有企业常常被迫以高价购入原材料，或是低价向某些客户提供产品。这往往会扭曲企业正常的投入产出关系，例如，英国的电力部门在 1979～1992 年向煤炭行业支付的过高价格使煤炭行业每年多收入 10 亿英镑，相当于电力部门年销售收入的 19%，由于燃料成本的增加，英国国家电力生产局的电价平均上涨了 5%。这种情况造成了资源配置的扭曲。

此外，对国有自然垄断企业来说，它们自身成为产业信息的主要来源，不像竞争性厂商那样，犯错误就要接受惩罚。因为管制者要么不能彻底认识它们的错误，要么会原谅它们。管制机构需要很长时间才能认识产业的复杂性。实际上根本无法对企业决策进行有效的评估，这使国有自然垄断企业可以在很多年里选择无效的技术，尤其是一些经济规模小的国家，过于追求自力更生，或是在最先进的技术的研发上投入大量资源，其沉没成本给社会造成巨大的经济损失。这方面的例子可以举出许多。

由于以上的原因，国有化的自然垄断行业在规模经济效率耗尽后，基本上无法进一步提高生产率，相反，其效率开始下降，财务状况也不断恶化，逐步成为全社会的包袱，最终不得不实行私有化和市场竞争。从 20 世纪 90 年代开始，以英国为代表的西方市场经济国家逐步对本国的国有自然垄断行业进行私有化，并放松了市场准入管制，开始引入市场竞争。

在另一些国家，自然垄断行业主要由私人投资者所有，并由政府进行管制。美国的自然垄断行业就以这种管制模式为主。在这种管制体制下，自然垄断企业（公用事业企业）获得一个地区的特许经营权（垄断权），各州设立公用事业管制委员会对公用事业企业实施收益率管制，管制机构设置的价格允许公用事业企业投入的资本获得公正收益率，这样既可以使公用事业企业能够维持一定的财务能力，吸引资本，对投资者进行风险补偿，又能够避免企业利用垄断地位，实施垄断价格。从表面上看，这种管制方式比较简单，能够兼顾厂商和消费者的利益，但在实施过程中也很快就暴露出问题。

阿弗奇和约翰逊（Averch & Johnson，1962）用模型证明了收益率管制下的厂商是追求最大化利润的。模型显示，如果被管制的收益率高于资本成本，被管制的厂商就会违背成本最小的原则，过多地使用资本，或者向其他市场扩张，即使它在这些市场上运作亏损，也要将有竞争力的公司逐出该市场。之所以过多地使用资本，是因为只要被管制的资本收益率高于资本成本，厂商就会因为每单位额外的资本支出而多获得一份利润。这就造成了资源配置的无效率。之所以不计成本地向其他市场扩张，是因为只要允许厂商将用于其他市场生产的资本计入收益率管制的计价基础，厂商就有动机向其他市场扩张，直到它在其他市场上每一附加资本获得的额外收益被资本成本、其他投入和产品生产的亏损所抵销。这样，在该竞争性市场上，一些有竞争力的厂商就会因此被逐出市场。

在实际运行中，自然垄断厂商的价格调整的决策主要由管制机构召集的价格听证会决定，这就决定了这种管制机制必定非常脆弱。因为，在某些情况下，厂商的利益和消费者的利益是难以平衡的。20 世纪 70 年代的石油危机使美国的电力行业从以燃油发电转向燃煤发电和原子能发电，由于在这一时期的高通货膨胀、高利率，以及对电厂建设的更高的环境要求，不但增加了电站的建造成本，而且使建造时间大大延长。这样在 80 年代早期这些电站投入商业运行时，它们的名义成本常常比原始估计的成本高 5～10 倍，管制机构为了保护消费者的利益拒绝承认这些成本，使公共事业企业的投资者蒙受损失，甚至破产。在公用事业企业无意对新建电厂进行投资的情况下，管制者被迫开放了发电市场。由此可见，收益率管制难以承受外部环境的重大冲击。

为了克服收益率管制无法为厂商提供成本最小化激励的缺陷，一些国家对自然垄断行业采用激励性管制方法，最早的激励性管制形式为价格上限管制。20 世纪 80 年代起，英国对通信、煤气、自来水行业实施了价格上限管制，在这种管制形式下，管制者在设定价格上限时选定了两个值，P 为初始的价格上限，X 为调整项（一般是物价变动率），这样，在一段时间以后，价格上限就为 $P-X$，被管制厂商可以选择价格等于或低于价格上限。另外一种激励性管制形式为利润分享。在这种管制形式下，厂商留存了它的利润的一部分而将其余部分返还给消费者。

尽管早期的文献对激励性管制的效果大加肯定，但随后的理论工作的进展和管制实践显示它并不像预期的那样好，在价格指数的计算、最优价格结构、质量保证以及价格上限设立的时期方面，价格上限管制都存在一定的问题。劳（Law，1993）指出，以拉氏指数决定的价格上限的收益权数会引起厂商为了操纵权数而在第一期会以减少消费者福利和增加厂商福利的方式定价，并且可能在第二期减少消费者福利。其他学者也讨论了其他形式的指数操纵方式（Fareman，1992；Sappington & Sibley，1995）。价格上限管制对质量的影响是另一个潜在的大问题，弗雷泽（Fraser，1994）研究了价格上限管制对电力供应的可靠性的影响，他发现，无论用哪种方式设立价格上限，这种管制都会影响服务质量。

价格上限管制还存在管制者承诺的可靠性和价格上限设立的时期问题。价格上限管制是通过允许厂商拥有（至少是部分拥有）削减的成本来实现成本的下降。为了使这种激励起作用，管制者必须可信地承诺在价格上限的有效期内不对厂商进行干预，然而这种承诺有时却并不可靠。1995 年 7 月，英国管制机构在配电部门实施价格上限管制两个月后，就决定重新设立价格上限水平，这样，原先保证在五年内不干涉的承诺只维持不到三个月。这种承诺的不可靠将降低厂商为节约成本而进行投资的动机。阿姆斯特朗等（Armstrong et al.，1995）推导出一个内生决定价格上限管制期限的模型，他们的结论是：本期价格上限管制实施的时间越长，下一期价格下降的可能性就越大，因为这使厂商有更强的动机在削减成本上进行投资并在长时间里留存利润，但是，高价格的时间也越长。这就存在着互相抵销的效果。而对另一种激励性管制方式利润分享的研究显示，不但许多已有的问题继续存在，还会产生一些新的问题，如管制者被厂商俘虏的问题（Mayer & Vickers，1996）。

通过以上分析，我们可以了解到在一种非竞争性的市场环境中，任何一种管制体制和管制方法都存在缺陷。这种缺陷要么表现在管制体制本身无法使厂商按成本最小化的原则行动，要么表现在当外部环境发生变化时，管制体制无法适应这种变化和冲击。因此，不难理解为什么各国在对自然垄断行业实行长时期的管制后，都开始在这些行业中引入竞争。而且在电力、电信等行业引入竞争后的效果（厂商降低了成本和价格，消费者得到更多的选择），也基本上证明了这种做法的合理性。

四、结语：对我国自然垄断行业改革的反思

我国的自然垄断行业在长时期的管制之后，也正面临着向引入更多竞争的转变，但要彻底完成这一种转变却并非易事，首先是改革的理论准备并不充分，长期以来我国的主流经济学观点一直认为对自然垄断行业的国家垄断经营是社会主义优越性的集中体现，目前最新的主流理论更是认为国有资本应该从竞争性行业退出而集中到垄断性行业，这种人为设定的理论前提束缚了进一步大胆探索的思路，使我国对自然垄断行业改革的理论研究一直落后于改革的实践，甚至沦落为改革政策的被动的诠释者。对自然垄断行业本身的研究也非常缺乏，如对自然垄断行业的规模经济与范围经济存在的范围和程度、自然垄断

行业的垂直一体化和水平分工这两种产业组织形式的优劣比较、自然垄断行业的最优产权结构和管制体制、对自然垄断行业的最优管制方式等急需明确的问题却很少有人进行细致的研究，更谈不上出现有说服力的研究成果（尤其是实证研究成果），大部分研究仅限于揭示垄断的弊端或泛泛而谈地提出改革设想（或思路）。而自然垄断行业由于在国民经济中的基础性地位，以及由自然垄断行业的物理网络所产生的巨大的规模经济和外部性，决定了对自然垄断行业的改革不能采取"摸着石头过河"的试错法，因为社会无法承担反复试错的成本。细致的理论研究是自然垄断行业改革的一个非常重要的前提，而目前这种理论研究的滞后，对我国自然垄断行业的改革是非常不利的。

其次，如何解决自然垄断行业改革中出现的生产者利益和消费者利益冲突问题，是自然垄断行业改革中急需解决的另一问题。尽管在理论上一直不愿意承认社会主义社会存在着利益集团和利益冲突，但是，在现实中利益集团和利益冲突却是自然垄断行业改革中的最大障碍。而传统的政企不分的管理体制，又在无形中强化了自然垄断行业的势力和既得利益，管制者被被管制者"俘虏"已成为普遍现象，在这种情况下，由主管部门和自然垄断行业联合做出的改革方案，既难以做到程序公正，也难以保证结果公正。这也是我国自然垄断行业改革难以深化的重要原因。

最后，我们还必须认识到，尽管促进竞争是自然垄断行业改革的方向，但对不同的行业而言，充分竞争的条件是不一样的，有些行业（如电信行业）只要增加竞争者的数量就可以实现有效竞争，而另一些行业（如电力行业）实现有效竞争需要更加严格的条件，以电力行业为例，一个资源配置有效的电力市场是由一个庞大而复杂的市场体系构成的，它包括电力即期交易市场（spot market）以解决目前的发电资源的有效配置以及批发电力定价问题，远期市场（future market 或 forward market）以解决电力生产者和电力消费者的风险回避问题，输电权（transmission right）交易市场以解决输电网络的最佳利用问题。如果没有这些市场的建立，电力管制改革中遇到的许多问题就根本无法彻底解决。而在我国目前的自然垄断行业改革中也存在着两种错误倾向：一种是不顾条件盲目强调竞争，将竞争作为改革的终极目标；另一种是以竞争的条件不具备为借口，拖延改革的进程。应根据各个行业的具体情况来设计改革方案和安排改革进程。

参考文献

[1] Armstrong Mark Rees Ray, Vickers John S, Optimal Regulation Lag under Price-Cap Reg-

ulation. Revista Espanola de Economia, Vol. 0, No. S, 1995, pp. 93 – 116.

[2] Averch H. , Johnson L. L. Behavior of the Firm under Regulatory Constraint. Amrican Economic Review, Vol. 52, 1962, pp. 1053 – 1069.

[3] Baumol William J. Bailey Elizabeth E. , Willi Robert D, Weak Invisible Hand Theorems on the Sustainnablity of Prices in a Multiproduct Monoply. Amrican Economic Review, Vol. 67, 1977, pp. 350 – 365.

[4] Demsetz Harold, Why Regulate Utilities. Journal of Law and Eocnomics, Vol. 11, 1968, pp. 55 – 65.

[5] Douglas Gegax, Kenneth Nowotny, Competition and the Electric Utility Industry: An Evaluation. Yale Journal on Regulation, Vol. 10, No. 1, Winter 1993, pp. 63 – 87.

[6] Fraser Rob, Price, Quaity, Regulation: An Analysis of Price-capping and the Reliability of Electricity Supply. Energy Eocnomics, Vol. 16, 1994, pp. 175 – 183.

[7] Harberger A. C. , The Economics of the President's Economic Reports. Journal of The American Statistical Association, Vol. 51, 1956, pp. 454 – 460.

[8] Krueger Ann O. , The Political Economic of the Rent-seeking Society. Amrican Economic Review, Vol. 64, 1974, pp. 82 – 87.

[9] Law Peter J. , Welfare Effects of Strategic Price Setting in Anticipation of Price Regulation. Bulletin of Economic Research, Vol. 45, 1993, pp. 147 – 159.

[10] Mayer Colin, Vickers John S. , Profit-Sharing Regulation: An Economic Appraisal. Fiscal Studies, Vol. 17, 1996, pp. 1 – 18.

[11] Pelzman Sam, Towards a More General Theory of Regulation. Journal of Law and Economics, Vol. 19, 1976, pp. 211 – 240.

[12] Sappington David E. M. , Sibley David S. , Strategic Nonlinear Pricing under Price-Cap Regulation. Rand Journal of Economics, Vol. 23, 1992, pp. 1 – 19.

[13] Stigler George J. , The Theory of Economic Regulation. Bell Journal of Economics and Management Science, Vol. 2, 1971, pp. 3 – 21.

[14] Tullock Gordon, The Welfare Costs of Tariffs, Monopolies and Theft. Westerm Economic journal, Vol. 5, 1967, pp. 224 – 232.

自然垄断行业中的竞争[*]
——对一个地区电力工业内部竞争问题的案例研究

电力工业作为具有强烈自然垄断性质的经济基础设施部门，其生产运营的技术经济特点，对国民经济运行的重要作用，决定了即使是在市场经济条件下，也必须由国家实行统一管理，垄断经营。[①] 这一点可以说已经得到了经济理论界与经济管理部门的基本认同。但是，在自然垄断部门中，是否也存在着竞争？在我国特定的经济体制下，这种竞争产生的背景是什么？它的表现形式及其后果，以及由此引起的理论与政策上的思考，都是些颇有兴趣的问题。本文是对福建省某地区电力工业行业中出现的竞争的一个案例研究，我们希望通过对它的研究，能够揭示一些具有一般意义的问题。

一、背景

作为一个发展中国家，资本积累不足是我国经济发展中长期存在的问题，而电力工业作为经济基础设施部门，所需的一次性投资额巨大，因此，电力工业的发展不能满足经济发展的需要是我国国民经济运行中长期存在的矛盾。长期以来，国家投资的大型电站、省以及跨省区大电网只能首先满足大中城市、

　　* 本文原载于《中国经济问题》1997 年第 5 期，共同作者：翁小巧、王挺。

　　① 对于现代的自然垄断行业其垄断成立的技术经济原因，日本经济学家植草益先生在《微观规制经济学》一书中作了很好的阐述。植草益先生指出并论证了，这些产业之所以必须实行国家管理下的垄断经营，是因为：这些产业存在着网络供应系统的规模经济效益；存在着范围经济效益；此外，还由于物品和服务的必需性、服务的公共性、防止毁灭性竞争、避免重复投资，以及确保技术的统一性的必要，等等。参阅：（日）植草益著：《微观规制经济学》，中国发展出版社 1992 年版。植草益先生所指出的自然垄断行业的技术经济特征在电力工业中表现的相当充分。关于利用自然垄断部门的技术经济特点，把政府对该部门的管理变为实现国家宏观经济调控的有效手段的有关分析，请参阅罗季荣、李文溥：《社会主义市场经济宏观调控理论》，中国计划出版社 1995 年版。

重要工业基地的用电需要，小城市、地方工业以及农村生产生活用电则难以得到保障。为了解决后者的用电需要，国家在发展电力工业上采取了两条腿走路的方针，即在国家投资建设大型电力设施的同时，提出了"三自"（自建、自管、自用）方针鼓励有条件的地区发展中小型电力设施（主要是小水电）以满足地方经济发展及城乡居民生活的需要。与之相适应，在管理体制上，则形成了两个系统并行的局面：大电网归能源部门管理，小电网归水利部门管理。在计划经济条件下，一方面是电力供应上长期存在的严重短缺，供电区域基本上是各管一块；另一方面，而且更为重要的是，大、小电网都不是独立自主的商品生产者，其经济利益与其生产经营行为之间的关系并不密切，因此，各电网之间的利益矛盾并不突出。然而，党的十一届三中全会以来，我国经济随着改革开放的不断深化，进入高速增长的轨道，能源工业也有了较大发展。有些地区的大电网开始有能力把自己的供电网络延伸至原来无法由其供电的县市，与此同时，那些在"三自"方针指导下发展起来的小型电站通过联网等，也逐步形成了地区性电网，供电能力得到了较大提高，其供电区域也在延伸扩大之中。大小电网在充分发挥生产能力，提高企业经济效益的利益驱动下扩大供电区域的行为使二者的供电区域出现了重合或交叉；更为重要的是，随着我国经济体制向社会主义市场经济转轨，大、小电网作为独立核算的经济主体，其经营收入与企业的经济利益密切相关，这就使得电力这个自然垄断行业的内部出现了激烈的市场竞争。由于两种电网分属于不同的政府部门以及地方政府，它使这场竞争不仅仅是企业之间的竞争，而且掺杂了地方和部门的利益，从而使这场竞争显得更为复杂。如果说，在竞争性行业或领域，企业之间的公平竞争有利于提高经济效率和社会福利，应当得到鼓励的话，自然垄断行业内部的竞争则是另一回事。

二、矛盾

福建省电网与闽东电网、福建省电业局与闽东电力开发集团公司以及下属的各市县电站目前正处在我们前面所说的自然垄断行业中的这种竞争之中。

闽东电力开发集团公司所管辖的闽东电网是一个位于福建省宁德地区的地区级电网。20世纪60年代，宁德地区（原称福安地区）没有电网，只有发电仅供各县自用的县级电站。不仅电力不能满足需要，而且难以调节各县之间的用电峰谷余缺。70年代，宁德地区组织了所属10县的劳动力，投资建设了闽东水电站，而后又将福鼎、福安、寿宁、周宁、柘荣等县市的电站联网，形成了一个约有 12.5 亿元资产，年发电能力 7.8 亿千瓦时的闽东电网。由于宁德地区是老少边穷地区，经济发展相对落后于福建省的其他地区，因此，尽管当地的水电资源较丰富，当地的经济发展对电力供应提出了更大的需求，但是，宁德地区却无力投资增加闽东电网的生产能力，改善闽东电网丰水期发电能力过剩、枯水期又缺电的状况。80 年代末 90 年代初，几经争取，作为扶贫项目，省里投资 4000 万元建设了从福州的洪山到福安的甘棠的 22 万伏高压输变线路，实现了福建省电网与闽东电网的联网。

电力生产的特点决定了电网的扩大对提高供电质量、电网的安全运行以及不同地区之间的电力调度都是有利的。但是，当技术上实现了规模经济运营的可能之后，如果在体制上不能提供相应的保障，这种技术上的可能不仅无法实现，反而可能带来一系列问题。

闽东电网与福建省电网同处于福建省，近似的地理、资源条件决定了两个电网具有相近的动力结构。一般地说，合理的电网动力结构应当是水电与火电之比为 30∶70。但是，福建省水力资源丰富而煤炭等矿物能源资源短缺，因此，福建省电网与闽东电网都是水电多而火电少，福建省电网的水火电比例为 65∶35，闽东电网则全部是水电。这就出现了这样的问题：丰水期，福建省电网与闽东电网发电能力都过剩；枯水期，两个电网都缺电。以闽东电网为例，丰水期，每天有 100 万千瓦时电能无法上网供电，只能放空过水，而枯水期，则又每天缺电 100 万千瓦时。

电网动力结构的不合理，在整个电网属于一个生产经营单位的条件下，主要的问题是生产能力的利用不均衡，但是，在一个电网中的各个电站是实行独立经济核算的不同经济主体时，所导致的问题就要严重得多。它主要体现为各经济主体为了实现自身的利益最大化，必然展开激烈的竞争，从而严重地损害国民经济的整体利益。

闽东电网与福建省电网联网之后，在电力供应问题上一直存在着激烈的竞争。竞争的焦点是丰水期谁开机送电，枯水期有限的电能如何分配。由于电力工业尤其是水电是一个投资巨大，从而在其生产成本结构中固定成本占绝大比重而可变成本极低。据估算，水电的发电运行成本仅为其全部成本的 1%。而折旧等固定成本却大得多。因此，丰水期能否开足马力上网送电，可以说是关系联网情况下独立经济核算电力企业生死存亡的大事，反过来，枯水期不能保障网区内用户用电，所在地区政府的压力可以想象，在电力企业对网区内企事业单位具有垄断供应权的情况下，"电老大"开三停四，实行限电措施，用电单位无可奈何。但是，一旦有可能，它们必然寻找更好的供应商。因此，自联网之后，闽东电力开发集团公司与福建省电业局一直是矛盾重重。作为老少边穷地区的宁德地区，希望福建省电业局把架设洪山—甘棠 22 万伏高压输变线路、省网与地区网的联网作为扶贫项目（就省里批准其建设的初衷来说，是如此），因此，希望丰水期不仅能够由闽东电网调节本地区所属各县市的用电余缺，而且能够上网向外送电，枯水期省网能多向闽东网送点电。而福建省电业局尽管是国有自然垄断性企业，有实现省政府经济调控任务的义务，但是，作为企业，它也有追求企业利益最大化的强烈动机，因此，在有关政府部门没有明确支援老少边穷地区的具体任务及成本承担方式时，当然不能以扶贫为己任，尤其是在它与企业的经济利益存在冲突的情况下。因此，在处理两个电网之间关系的问题上，企业行为占了上风，丰水期不让闽东电网上网送电，制定了种种惩罚措施，如解列等，枯水期则因福建省电网自己也缺电，因此，也无法满足闽东电网的要求。这就造成了：省里架设洪山—甘棠 22 万伏高压输变线路，实现福建省电网与闽东电网联网的初衷基本没有实现，相反，4000 万元投资因线路能力利用不足而难以及时回收，同时，也导致了福建省电业局在宁德地区的下属企业经营效率较低；为了实现各自企业以及在企业后面的部门及地方政府的利益最大化，双方围绕着联网展开了激烈的竞争。这一发生在自然垄断行业中的竞争，导致了新一轮的重复建设、投资浪费以及不正当竞争等一系列问题。

三、问题

管理体制不顺所造成的矛盾，当然只能通过理顺管理体制得到解决。电力行业高度社会化的生产力性质决定了，在一个电网之内的所有电站都只能作为企业内部的车间而不是独立核算的企业运行，因此，在两个电网联网之后，必须相应地在联网的基础上实行联营，经济上统一核算，按投资比例收入分成，那么，尽管整个电网的动力结构不合理仍然存在，但是，经济利益上的矛盾可以消除，而由于经济利益摩擦而导致的相关问题也可以得到解决。

但是，问题并不像所想象的那么简单。福建省电网与闽东电网的联营尽管必要，但却困难重重，至今仍步履艰难。

1990 年，福建省电网架设的洪山—甘棠 22 万伏高压输变线路完工。福建省电业局向闽东电力开发集团公司提出：在联网的基础上实行按资产联营。闽东电网成为福建省电网下属的地区级供电企业。考虑到闽东电网是宁德地区最大的而且是经济效益最好的工业企业，福建省电业局答应，闽东电网在联营后，每年上缴地区的利润基数保持不变，并实行递增分成。但是闽东电力集团公司拒绝了福建省电业局提出的联营倡议。原因是，第一，福建省电业局的条件太苛刻。例如，按资产联营，资产如何评估？由于闽东电网与福建省电网的动力结构基本相同，因此，对于福建省电网来说，闽东电网中的水电站只有个别中型电站是有上网必要的，而其余的小水电却没有太大的利用价值，因此，福建省电网作为企业，当然希望在联营时按照真正发挥作用的资产计算收入分成。对于闽东电网来说，按这种条件联营，好比是一棵大树，只卖出树干的钱，这无论如何是不能接受的。第二，按资产联营，涉及按什么样的价格计算各自的资产价值。显然，这也是一笔糊涂账，闽东水电站建于 20 世纪 70 年代初，加之当时大量投入是行署动员的农民劳动投入，按实际支出货币计算的投资很小，而洪山—甘棠 22 万伏输变线路是 80 年代末的投资，如果按原始投资计算，确实难以接受，按重置价值计算，也涉及许多难以解决的问题。第三，目前各电网的债权债务如何处理？由于联营不是建立在对整个闽东电网的资产全部接收下来的方式基础上的，债权债务问题也就复杂化了。第四，富余人员消化问题。第五，联营后的电价问题，它不仅与企业利益有关，而且涉及地方的利益，等等。

联营困难重重，问题不仅出在福建省电业局和闽东电力集团公司两个企业之间，而且，作为地方政府的宁德专署以及闽东电网的业务主管部门——中央及省的水利部门对联营也持反对态度。首先，宁德专署之所以如此，是因为，宁德地区是福建省的老少边穷地区，工业资源比较贫乏，唯有水力资源比较丰富。目前闽东电力开发集团公司是宁德地区财政的主要支柱，1995 年，该企业实现利税 2100 万元，1996 年，实现利税为 1800 万元。与福建省电网联营之后，地方政府的经济利益如何得到保障，是专署十分关心的问题之一。其次，实现联营之后，电力调度权归福建省电业局，能否实现对老少边穷的宁德地区的倾斜政策？这是一个关系宁德地区经济发展的大事。但是，福建省电业局是企业，显然，作为企业，其目标是实现其自身的经济利益最大化，扶贫不是它的职责。在省政府等上级政府没有予以必要的财政补偿情况下，要求福建省电业局长期对宁德地区实行倾斜政策，显然是不现实的。对于这一点，地方政府也是清楚的。最后，一些虽然不大但却不是无关紧要的问题，也使地方政府对联营持否定态度。例如，地区对闽东电力开发集团公司的人事控制权，在联营之后显然要基本失去。宁德地区的经济比较落后，地属企业大部分经济效益不好，闽东电力集团公司留在地属企业中，其盈利可以抵销相当一批地属企业的亏损，把闽东电网并入福建省电网，有可能使地方政府的政绩受到影响。因此，从各种角度看，对于地方政府来说，联营之后，无论是从实际经济利益、电力调度控制还是其他方面的得失上看，显然是远不如有一个自己所属的电网来得方便、有利。

除了地区政府之外，闽东电网的业务主管部门——水利部门等对联营也是持否定态度的。这是可以理解的。闽东电网是在水利部门的"三自"方针指导下发展起来的，水利部门不仅在业务指导上倾注了大量心血，而且，在资金、物资等方面也予以相当的支持，一旦联营，一个盈利企业从自己名下转到其他部门名下，尽管从理论上说，投资的权益可以得到保障，但是，大量不可言说的实际利益却必然因此丧失殆尽。

在这种情况下，原来是作为扶贫项目修建的洪山—甘棠22万伏输变线路却成为福建省电网与闽东电网之间恶性竞争的导火索。由于丰水期两电网生产能力都富余，因此，丰水期，福建省电网不让闽东电网上网送电，洪山—甘棠22万伏输变线路得不到有效利用。枯水期，闽东电网每天缺电100万千瓦时，可是福建省电网只能向其送电40万千瓦时，洪甘线路还是利用不足，这样，投资4000万元建成的洪山—甘棠22万伏输变线路也就必然处于亏本运营状态。为了打破这种不利局面，福建省电网必须扩大其在宁德地区的供电区域，而这建立在缩小闽东电网供电区域的基础上，为了实现这一目标，福建省电网在经营上实行了"趸售到县"的政策，即采取在闽东地区亏本经营的措施，让利给使用福建省电网电力的县市。希望通过这些措施扩大自己在闽东电力市场上的占有率，打垮竞争对手。而闽东电力开发集团公司在省网的压迫下，又面临着原有供电区域内县市电站闹独立的危险。如何在夹缝中求生存，发展壮大自己的经济实力，成为公司经营战略中的主要问题。这同时也是宁德专署关心的问题。地方政府希望闽东电力开发集团公司能够把行署辖区内的电力企业都统起来形成一个有竞争力的企业集团，但是对更大范围内的联合却颇感为难。电力行业的技术经济特点决定了，最大限度地发挥企业的设备生产能力，是提高企业经济效益的最好方法。针对丰水期生产能力无法充分利用而枯水期本电网无法满足用户需求的问题，首先，闽东电网于1996年下半年投资800万元，架设了到温州的高压输变线路，实行枯水期（10月1日~3月14日）与福建电网联网，丰水期（3月15日~9月30日）与华东电网联网，以峰电换谷电①解决

---

① 即在白天用电高峰期，由闽东电网向华东电网送电100万千瓦时，到下半夜用电低谷期，闽东电网关机蓄能，使用华东电网送来的电40万千瓦时。由于华东电网的动力结构是火电：水电为96：4，因此，与闽东电网存在着互补关系。闽东电网通过与华东电网之间的峰电换谷电，获得可观差价及用电差额的收入，华东电网也因此在一定程度上缓解了它的供电能力不足困难。需要指出的是，闽东电网架设通往温州的线路，向华东电网送电，属于跨区送电。尽管从两电网的动力结构互补上看，是有利的，但是，却不符合1996年开始实行《中华人民共和国电力法》中不许跨区送电的规定。

自己富余电力生产能力的出路；其次，为了打败竞争对手，双方都不断地通过扩大投资来完善本电网的供电设施，延伸自己的供电区域。结果造成了严重的重复建设，投资浪费。在宁德地区，目前已经建成的和正在建设的高压变电所大大超出了实际需要，两个电网的变电所有的竟只有一墙之隔！而从技术经济角度看，一个就足够了。一个高压变电所便是数百上千万元的投资。重复建设导致的浪费之大，可想而知。

四、思考

闽东地区两个电力企业之间的这种竞争是不是一种个别现象呢？不是。由于我国经济发展史上众所周知的原因，这种两条腿走路方针、不同部门管理所形成的本应统一管理的生产力人为分割，导致浪费及损失的现象决不仅电力工业一家有。就电力行业来说，目前这一问题比较突出的，就有福建省、四川省、贵州省等。据介绍，福建省这两家电力企业之间的竞争目前为止还不是最激烈的，有的地方甚至到了诉诸暴力的地步。这不能不引起我们的思考。

（1）建立社会主义市场经济，必须正确处理好竞争与垄断的关系。毫无疑问，在市场经济条件下，竞争是社会经济生活的主流，但是，市场经济并不意味着需要在社会经济生活的所有领域都展开市场竞争。生产力的性质决定了，自然垄断领域中的市场竞争只能是毁灭性竞争。因而，即使是在市场经济条件下，它也是不需要的。尤其需要指出的是，对于自然垄断领域基本上是国有企业一统天下的我国来说，这种恶性竞争将有可能更为激烈和残酷，因为竞争双方以及在双方企业后面的政府部门用以投入这场竞争赌博的都不是自己而是属于全国人民的国有资本。无论是哪一方在竞争中失败了，最大的输家都是国家，而赢家——它决不可能是国家——将从中得到实实在在的经济利益。这是一场所得与成本极不对称的赌博，因此，即使比之相同领域内私人资本之间的竞争，它也将对社会造成更大危害。但是，由于我国是社会主义经济，国有产权的基本制度性质决定了，我们有条件、有能力处理好转轨中出现的这类问题。从计划经济向市场经济转轨，我们不仅必须而且能在竞争性领域建立良好的市场竞争秩序，而且必须并且能够在自然垄断领域建立与其经济活动性质相适应的运行秩序。

（2）从技术经济角度看，无论是供电质量、电力调度、供电安全、周波稳定等，大电网都比小电网要优越得多。经济的发展，要求逐步用集中统一调度管理的全国性大电网取代过去在特定历史条件下分散发展起来的零星中小电站、地区性的小电网。但是，如何顺利地将这些零星的中小电站、地区性电网联入省级以及更大范围的电网，却是一个值得有关经济决策部门研究的问题。

显然，以恶性竞争的方法，挤垮对手实现一统天下要不得。尽管这些企业分属不同的政府部门，但是归根到底都是国有企业，在这场不应有的竞争中无论受损失的是哪一方，实际上最终都是国有资产的损失。

当然，也不能采取计划经济体制下通行的无偿调拨方式。因为即使是在计划经济体制下，无偿调拨也是困难重重，即便勉强实行了，往往也是后患无穷。更何况在市场经济条件下。

在承认并妥善处理各方利益的前提下，按照电力生产的技术经济要求，实现经济联合，是比较适当的途径。我们看到，福建省电网也曾提出这种建议。可是为什么没有实现呢？原因可以举出许多，但是，根本原因在于没能妥善地处理好联营中的各方经济利益关系。

妥善处理各方的经济利益关系，必须建立在承认历史及现实的前提上。地方中小电站、地区性电网的形成有其历史原因，它为地区经济的发展作出了贡献。在实行以资产为纽带的联营时，对地方政府及有关部门历史上投资形成的资产，必须以合理的价格予以承认或补偿。尽管这些过去形成的资产从大电网运行看，可能没有太大价值，但是，这种从眼前看不合算的做法，从企业以及社会的长远、全局利益看，是必要的。我们知道，就连在西方市场经济条件下，那些以盈利最大化为目标的私营企业在实行兼并战略时，都舍得出大价钱，以高出目标企业股票市场价格相当百分比的价格及佣金实现兼并。[1] 难道在社会主义市场经济条件下的以社会利益为首要目标的国有大企业就没有这种气魄吗？[2] 更何况，即使是为此多付出了一些代价，至多也不过是国有制经济内部的资源再分配而已，比起恶性竞争，为此而重复投资所造成的那种真正的资源浪费，何是何非，岂不了然？

（3）从计划经济转向市场经济，必须实现国有资产配置的调整。它既包括国有资产从竞争性领域向非竞争性或者说公共经济领域的调整，也包括另外的调整：把国有资产从过去计划经济体制下"统一计划、分级管理"所形成的地方所有制、部门所有制，条块分割状态下解放出来，按照社会生产力内在性质

---

① 据美国经济学家的研究，在 20 世纪 60 年代，一家美国公司兼并另一家公司，兼并公司投标价格要高于目标公司股票市场价格的 25%，到 80 年代，则上升到 60% 以上，在 1 亿美元的大兼并中，这个比例增长到 1 倍以上。在 60 年代，兼并企业支付给经营兼并业务经纪人的佣金，平均为目标企业市场价格的 25%，80 年代兼并高潮中，增加到 50%。"U. S. News & World Report"，Feb. 13，1989，P66；"New York Times"，July 7，1987，Pt，I，P1。

② 这里是指自然垄断行业的国有企业，它们应当以社会福利最大化为企业经营的首要目标。

的要求合理组织社会生产。显然，这一方面必须承认和照顾到历史形成的利益格局；另一方面是如何使这些利益能够以与市场经济相容的方式得以适当的表达，并且有利于向淡化企业与地方及部门之间的行政隶属关系的方向发展。应当说，现代企业制度、股票证券市场以及各种投资基金的发展为解决这一问题提供了可能的途径。

（4）应当明确经济基础设施部门的国有垄断企业的首要经营目标是社会福利最大化，并在政策上做出相应规定，在制度上保证这一目标的实现。在市场经济条件下，竞争性领域企业是独立自主的商品生产者，其目标是实现企业的利润最大化，但是，经济基础设施部门（它们一般也是自然垄断部门）的地位及其技术经济特点决定了，这些行业中的企业不能是独立自主的商品生产者，必须在国家的监督管理下从事生产经营活动，把社会利益放在首位，为实现国家的宏观经济调控政策服务。从这个意义上说，电力企业在其生产经营活动中，对贫困地区实行一定的倾斜政策是必要的。而且，这样做，对企业自身的长远发展也是有利的。为了使企业能够更好地从事这项工作，有关政府部门应当明确经济基础设施部门的国有垄断企业不同于竞争性部门的国有企业，前者的首要经营目标是社会福利最大化，为了能够有效地实现它，对经济基础设施部门的国有企业制定一些相应的政策，规定必要的制度保障，例如，与竞争性领域国有企业不同的考核办法、不同的财务核算制度，显然也是必要的。

第三篇

第三方购买、内部市场与过度医疗[*]
——基于不完全信息的动态博弈视角

一、引言

近年来，政府对卫生的投入快速增加，[①] 但仍难以满足居民持续增长的健康需求。优质放心的医疗服务已成为当今供给普遍过剩市场中少数供不应求的产品之一，"看病难"始终困扰着城乡居民，"看病贵"（过度用药、过度手术、过度检查）进一步加剧了医疗资源误置。据中新网联合数字 100 市场研究公司 2015 年的调查显示：仅有 15.8% 的受访网友表示没有遇到过过度医疗。[②]对此，有人归咎于医保体制的市场化改革（李玲，2012）。然而，发达市场经济体的医疗市场化程度远高于中国，过度医疗现象却不严重；有人认为是医疗服务市场不完全竞争的结果（朱恒鹏，2007）。但在垄断市场中，常常出现的是供给不足，过度医疗意味着医疗机构提供了过度服务，这似乎是"悖论"；有人认为，价格（包括诊疗、药品、器械等）管制是主要原因（刘小鲁，2011；杜创，2013）。可是，加拿大、英国、德国、日本等都存在不同形式的药品价格管制，[③] "以药养医""以械养医"却鲜有发生。症结究竟何在呢？

本文研究发现，计划经济型的事业管理体制阻碍了医疗卫生行业的正常发展。延续至今的计划经济型管理体制将医疗卫生行业（尤其是公立医院）整体

---

* 本文原载于《学术研究》2017 年第 7 期，共同作者：谢攀、储成亮。
① 根据《中国卫生统计年鉴（2015）》和《中国统计年鉴（2015）》，2001～2014 年，政府卫生支出由 800.61 亿元升至 10579.23 亿元，年均增速 20.25%，同期 GDP 年均增速 13.33%。
② 《超 4 成网友自认曾遭遇过度医疗》，中国新闻网，2015 年 4 月 24 日。
③ 《揭秘国外如何管理药品价格》，载《经济日报》2015 年 5 月 13 日。

上视为公益性事业，管办不分，影响社会资本进入；医疗保险费收支不分，监管乏力。让医院过多地承担医疗保险的功能，以极低的价格提供医疗服务，势必导致投入不足，有效供给短缺；要弥补政府投入不足，默许医院利用信息优势，势必助长"以药养医""以械养医"，加剧医患关系矛盾。因此，改革的关键在于明确划清医院与医疗保险机构的社会职能，使之各司其职，各尽其能，各负其责。其所以如此，原因有以下三个方面。

第一，医院是医疗服务生产单位，其功能是生产和销售医疗服务，而非提供医疗保险。大多数医疗服务（包括"基本医疗服务"）具有排他性和竞争性，因此，应当引入市场竞争机制进行生产和消费。政府应当承担的只能是真正的公共品，如部分防控传染病的公共医疗服务、突发性重大灾害伤病救援以及具有准公共品属性的医疗科研支出等。将"基本医疗服务"视为公共品而要求政府无偿或低价提供，理论上不能成立，实践上更不可持续。

第二，鉴于医患之间存在严重的信息不对称，在放松经济管制的同时，应加强对医院的社会性管制，使之成为政府管制下的民生服务企业。期待患者向不同专家征求建议（Wolinsky，1993），或通过提高受教育水平、搜寻知识等途径，来减少欺骗行为（Dulleck，2006；黄涛和颜涛，2009）的成本过高，难以抑制医生或医院利用信息不对称、医疗服务无弹性及需求的收入弹性大于1等特征，获取不当收益的动机；依赖现有行政化的医保管理机关，因其缺乏内在激励，又削弱了提高医保资金使用效率的动力。因此，只有将对医保体系的行政监管与医保基金的商业化运营分开，在后者引入竞争，重塑市场化的监督约束机制，才能彻底抑制信息优势方（医生）诱导信息劣势方（患者）多消费的倾向，提高医疗服务质量。

第三，医保不是免费的社会福利，而是规避疾病风险的强制保险机制，所以，本质上医保基金是可以按照商业保险模式运行的。微观经济学证明了人们的期望效用在相互保险的安排下将高于在没有任何保险下的效用。当所有人都是理性人时，都会自愿地参加医保，以规避疾病给其生活带来的风险。从这个意义上说，医保与其他保险（如车险、财险等）的性质和功能是一样的，区别在于，并非人人都能理智地对待疾病风险，从而可能给社会带来负担，这使得医保成为必须强制参加的险种。政府只需规定一个最低的参保等级，在此之上，投保人可按照收入和偏好自主选择。

综上所述，与其他行业相比，医疗行业突出的信息不对称性决定了仅靠医患双方的力量难以实现医疗市场出清，独立的第三方不可或缺。纵观英国、德国、瑞典等发达经济体，医保体制之所以日臻完善，关键的理念在于既不是完全将医疗服务推向市场，也不是依靠政府垄断，大包大揽，而是走上了一条构建医疗"内部市场"（internal market）、① 强化医保机构独立主体地位的道路，将市场力量从医疗服务供给方转移到购买方，从而使对欺骗行为的处罚内部化、显性化。这既有利于适度补偿尽职尽责的医生，维持医院投入产出的平衡，也能有效分割医院与药厂、药厂与保险公司之间的利益关联，提高医疗资源的配置效率。

引入第三方购买能否遏制过度医疗的趋势？对此，本文构建了一个包括患者、医生、医疗保险公司等三类主体的不完全信息动态博弈框架。首先，在基准模型中，假设保险方仅收取保费，替患者分担医疗费，但没有监督处罚权。在扩展模型中，放松这一假设，证明在引入第三方保险机构、加强商业化监督基础上构建的"内部市场"，将有效遏制过度医疗倾向。其次，基于国内医疗服务收费和人均卫生费用等数据，通过数值模拟，首次定量分析"内部市场"对过度医疗的抑制效应，发现对轻症的作用强于重症，对住院强于门诊。最后，基于以上研究，提出一个兼顾医院、患者、医疗保险费收集者、医保基金公司等各方利益的新医保体制，从制度上对医疗服务供给方施加约束，从而减少诱导性需求。

二、文献述评

在一些市场上，消费者甚至在消费之后也无法评价产品（服务）的质量，其中尤以医疗最典型。据此，达比和卡里（Darby & Karni, 1973）首次定义了"信任品"（credence goods），并讨论了名誉、市场条件以及政府干预如何影响欺骗行为。由于政府官员与私人主体一样，容易臣服于利益诱惑和成本考量。因此，依赖政府干预医疗市场，以实现监控信任商品的效果并不理想。多梅尼盖蒂等（Domenighetti et al., 1993）对瑞士 Ticino 州医疗数据的研究发现，在七项重要手术的病人结构方面，特殊病人（医生及其家属）的比例要比普通病人低 33%。

不少研究认为，供给者诱导性需求是产生过度医疗的主要原因（Arrow,

---

① 亦称准市场（quasi market），意在将医疗服务的购买者（承保人）与提供方分开，即医疗保险公司先筹集保费，然后代表参保人，向医院购买医疗服务，监督医治过程。医保公司之间相互竞争保费，医院之间竞相吸引患者。"内部市场"起源于英国，后逐步在瑞典、德国等地区推广。参阅 Laura Brereton and Vilashiny Vasoodaven, "The Impact of the NHS Market: An Overview of Literature." CIVITAS, London, 2010.

1963；Evans，1974；Fuchs，1978；Moy et al.，1998）。随着博弈论和信息经济学研究的深入，过度医疗问题逐渐被纳入非合作博弈框架下思考。皮特金和斯科特（Pitchik & Schotter，1987）首次构建了专家和消费者博弈的混合策略均衡，沃林斯基（Wolinsky，1993）进一步揭示了消费者的选择可能会产生专家擅长不同级别服务的动态平衡，专家因考虑到消费者的选择或者为了名声而更加规范自己的行为。所以，对价格、市场份额等数据的分析可以推测出专家的动机（Emons，1997），甚至测算出医生实施过度医疗的概率（David Hemenway，1998）。特别地，当患者异质性表现在支付意愿或治疗成本上时，专家更容易进行欺骗，并以此来替代价格歧视（Fong，2005）。阿尔格和撒拉妮（Alger & Salanie，2006）分析了引入欺骗成本（fraud cost）后的福利损失，刘（Liu，2006）考察了存在两种类型专家（即自私专家和正直专家）时的市场均衡，指出既能甄别专家类型，又考虑到患者支付水平差异的市场机制有望降低专家的欺骗倾向。

20 世纪 90 年代初以来，中国卫生总费用增速和政府卫生支出增速均连续多年超过同期 GDP 增速。一些研究认为，以利润为核心的医院业绩评估体系激发了科室主任及医生的创收动机（刘学和史录文，2006），价格管制不当造成的扭曲激励进一步助推了医疗费用的上涨（佟珺和石磊，2010；杜创，2013）；逆向选择无疑加重了医保资金支出的压力（臧文斌等，2012；郭华和蒋远胜，2014），发挥医保政策杠杆效应，完善分级医疗体系，缩小上下级医院的服务差距将减轻患者负担（甘筱青等，2014）。

回顾以往研究，尽管有文献提到了内部市场提升医疗效率的原理（王苏生等，2010），但大都不涉及医保的作用，或将其仅仅视为改变了患者的支付能力。与独立保险模式（医疗服务和保险分开）相比，汪浩（2010）认为，整合保险模式下，医疗服务量大价优，整体服务效率较高。但其证明过程依赖于医院实施两部定价，并且其利润为消费者所拥有等较强假设，限制了结论的普适性。其提出医院与保险不分家的主张，更强化了信息优势方的市场地位，也与一些成功实施医疗体制改革国家中，健全医保公司作为独立市场主体的实践背道而驰。

事实上，无论是在实施社会医疗保险的国家，还是实行全民公费医疗的国度，医改的难点都聚焦在如何理顺医疗服务提供者与购买者之间的关系上，其核心是通过引入一套契约化的安排：将医疗服务提供者与购买者分开，将参保费收集者（collector）与医保付费者（payer）分开，实现医保经办机构之间的合理竞争、医保付费者的自主选择。经过多年探索，"内部市场"作为一种比较成熟的制度被越来越多的国家认可。本文将独立的保险方纳入分析框架，比较不同均衡中医生、保险公司的得益，揭示引入市场化运作的保险机构作为第三方，负责购买并参与监督的必要性和可行性，在此基础上构建"内部市场"对遏制过度治疗的影响机理，进而设计一套各市场主体相互制约的医疗市场运行机制，为构建新型医保体制提供决策参考。

三、模型基本设定

（一）代表性主体

（1）患者。假设病人患某种疾病，程度分重症（serious）、轻症（minor），重症概率为 α，轻症概率为 $1-\alpha$。疾病的轻重程度为公共知识，但病人并不知道自身病情属于何种程度。相应地，病人遭受两类疾病的损失分别为 l_s 和 $l_m(l_s > l_m)$，这也可以理解为病人为治疗疾病所愿意支付的最高代价，超过此范围，病人将放弃治疗。

（2）医生。医生拥有诊断并治疗疾病的知识和能力，诊断的成本为 d，治疗重症和轻症的方案分别为 s 和 m，其成本分别为 r_s 和 $r_m(r_s > r_m)$，相应的价格为 p_s 和 p_m（$p_s > p_m$）。[①] 两种方案都可以治愈轻症，但重症只有 s 型方案才可治愈。医生在诊断的基础上向病人推荐治疗方案，病人可以选择接受或者拒绝。

（3）保险公司。所有人缴纳保费，总保费金额为 F。一旦患者生病就医，保险公司即分担一定比例的医疗费。在基本模型中，保险方只在收取保费的基础上替病人分担医疗费，分担比例为 γ，病人自付比例为 $1-\gamma$。在扩展模型中，保险方除分担医疗费之外，还具有独立的监督检查职能，如果发现医生有过度医疗行为，可对其进行处罚。

（二）博弈时序

（1）自然选择患者生重病或轻病，患者仅知道自己生病了，不知程度如何。

---

① 2015 年 6 月 1 日起，绝大部分药品取消政府定价，但价格上限管制长期以来都是我国医疗市场的一个基本制度背景，故此处假设治疗两类疾病的价格都在价格上限以内，即 $p_m < p_s \le p_{reg}$。

（2）患者患病程度的概率分布（$\alpha, 1-\alpha$）与医院的价格政策（d, p_s, p_m）以及医保方的价格政策和（$F, 1-\gamma$），一起构成整个社会的公共知识。所有患者（包括潜在患者）都参加医保，并为此缴纳保费。

（3）投保人生病后去医院就诊，医生诊断后告知其疾病程度并推荐治疗方案。

（4）患者在得到治疗方案推荐后，修正自己对于疾病程度的判断，并决定是否接受治疗。如不接受治疗，医生只收取诊费 d，博弈结束；如果患者接受治疗，则医保方需为此承担 γ 比例的费用。医生提供服务，疾病能一次治愈，不考虑治愈周期以及复发问题。整个就医过程，在基准模型中，医保方只是被动地分担医疗费。在扩展模型中，对于已接受治疗的病例，医保公司付出成本 c 进行抽查，对于欺骗行为有 $\beta = f(c)$ 的概率发现，[①] 并对医生（或医院）处以罚款 P，罚金归医保公司。

（三）基本假设

超过治愈疾病实际所需的诊断和治疗不仅对疾病治愈毫无作用，甚至会延误病情。当过度治疗发生时，整个社会的福利损失可表示为 $r_s - r_m$，也就是说对于轻症，投入过多医疗资源（包括检查、诊断等费用），导致资源错配。[②]

假设 1：为保证治疗能促进整个社会福利水平的提高，令 $r_s \leqslant l_s$、$r_m \leqslant l_m$，即医生治疗的成本不超过患者遭遇疾病的损失。

假设 2：不存在其他补贴，对于医生，价格须满足 $p_s \geqslant r_s$，$p_m \geqslant r_m$，否则医生不会提供服务；对于患者来说，价格要满足 $(1-\gamma)p_s \leqslant l_s$，$(1-\gamma)p_m \leqslant l_m$，否则会放弃治疗。如果患者总能得到适度的治疗，则该均衡有效，否则无效。

在这个信号博弈中，[③] 如果医生是自私的，不管病情是否严重，都告诉患者病情严重，进而要求实施重症治疗，此时为混同均衡；反之，如果医生医德高尚，针对不同病情提出适当治疗方案，此时为分离均衡。介于这两者之间，则为半分离均衡，即对重症患者建议 s 型治疗，对轻症患者以 x 的概率建议 s 型治疗方案，以 $1-x$ 的概率建议 m 型治疗方案。

---

① $f(c)$ 为关于 c 的正比例函数，$f(0)=0$，$f(\infty)=1$。
② 对过度医疗的定义，此处与黄涛和颜涛（2009）相同。
③ 医生作为具有私人信息的一方先行动，患者作为另一方根据发送者的行动来推断自己的病情如何。

四、不存在内部市场的均衡分析

在不存在内部市场的基准模型中，医保机构只是被动地帮患者分担医疗费，没有实质性加入医患间的博弈，均衡的结果可能出现以下三种情形。

（一）分离均衡

医生针对病症不同程度的患者建议相适应的治疗方案，患者则根据医生的方案修正自己对疾病的认识，继而选择接受或者拒绝。医生能预期到患者在何种情况下会接受治疗，因而会制定合理的价格水平以保证患者不会放弃。为了确保医生不会对轻症建议重症治疗方案，要求重症治疗方案的利润不高于轻症治疗方案，即 $p_s - r_s \leqslant p_m - r_m$。医生在预期到患者应对措施后最大化自己的利润。

当参数满足 $l_s/(1-\gamma) - r_s \leqslant l_m/(1-\gamma) - r_m$ 时，医生可以获得的最大利润 $\pi_u^{se\_d_1}$ 为：[①]

$$\pi_u^{se\_d_1} = d + \alpha\left(\frac{l_s}{1-\gamma} - r_s\right) + (1-\alpha)\left(\frac{l_m}{1-\gamma} - r_m\right) \tag{1}$$

当参数满足 $l_s/(1-\gamma) - r_s > l_m/(1-\gamma) - r_m$ 时，医生可以获得的最大利润 $\pi_u^{se\_d_2}$ 为：

$$\pi_u^{se\_d_2} = d + \frac{l_m}{1-\gamma} - r_m \tag{2}$$

（二）混同均衡

无论患者病情轻重，医生均建议 s 型治疗，此时患者无法根据医生发出的信号来修正自己的认知，期望支付意愿为 $E(l) = \alpha l_s + (1-\alpha)l_m$。为了使患者接受治疗，医生建议的 s 型治疗价格不能高于患者的期望支付，即 $(1-\gamma)p_s \leqslant E(l)$。另外，在混同均衡时，医生没有激励去推荐 m 型治疗，所以有 $p_s - r_s >$

---

① 内部市场不存在的均衡和内部市场构建后的均衡中，医生利润分别记为 π_u 和 π_c；分离均衡、半分离均衡、混同均衡对应 π 的上标分别 se、sse、pe。有关证明参见附录。

$p_m - r_m$，即 $p_m < p_s - r_s + r_m$，此时，m 型治疗的价格是如此之低，以致医生总是提议 s 型方案。此时，医生可获得的最大利润 $\pi_u^{pe\_d}$ 为：

$$\pi_u^{pe\_d} = d + \frac{[\alpha l_s + (1-\alpha) l_m]}{1-\gamma} r_s \tag{3}$$

（三）半分离均衡

医生对重症患者提议 s 型治疗，对于轻症患者以 x 概率提议 s 型治疗，以 $1-x$ 概率提议 m 型治疗。对于患者而言，当其得到 m 型治疗建议时，则肯定自身患病不严重；当其面对 s 型治疗建议时，则修正自己患病严重的概率为 $\frac{\alpha}{\alpha(1-\alpha)x}$。由于医生没有改变策略的动机，提议轻症治疗或重症治疗的收益对医生而言是无差异的，因此有 $p_s - r_s = p_m - r_m$。求解医生利润最大化问题，得到：

当参数满足 $l_s - l_m > (1-\gamma)(r_s - r_m)$ 时，存在 $x = \frac{\alpha}{1-\alpha}\left[\frac{l_s - l_m}{(1-\gamma)(r_s - r_m)} - 1\right]$ 使上述半分离均衡成立，此时，医生的最大化利润 $\pi_u^{sse\_d}$ 为：

$$\pi_u^{sse\_d} = d + p_m - r_m = d + \frac{l_m}{(1-\gamma)} - r_m \tag{4}$$

当参数满足 $l_s - l_m \leq (1-\gamma)(r_s - r_m)$ 时，x 不存在或为 0。

（四）分离均衡、混同均衡与半分离均衡比较

对以上三种情形，我们关心哪种情形下医生的利润最大？首先，比较分离均衡和半分离均衡，当 $l_s - l_m \leq (1-\gamma)(r_s - r_m)$ 时，半分离均衡不存在；而分离均衡中，医生的利润为 $\pi_c^{se\_d_1}$。当 $l_s - l_m > (1-\gamma)(r_s - r_m)$ 时，两者利润相同，$\pi_u^{sse\_d} = \pi_u^{se\_d_2}$。可见，总体而言，半分离均衡要求的激励相容条件更为严格，因此，医生在半分离均衡中获得的利润不会高于分离均衡时的利润。

其次，比较分离均衡和混同均衡，当 $l_s - l_m \leq (1-\gamma)(r_s - r_m)$ 时，比较式（1）和式（3）等号的右侧，不难发现 $d + \alpha\left(\frac{l_s}{1-\gamma} - r_s\right) + (1-\alpha)\left(\frac{l_m}{1-\gamma} - r_m\right) > d + \frac{[al_s + (1-\alpha)l_m]}{1-\gamma} - r_s$ 恒成立，亦即分离均衡总是优于混同均衡。

当 $l_s - l_m > (1-\gamma)(r_s - r_m)$ 时，分离均衡利润为 $\pi_u^{se-d_2}$。如果 $\alpha > \dfrac{(1-\gamma)(r_s - r_m)}{l_s - l_m}$，则有 $d + \alpha\left(\dfrac{l_s}{1-\gamma} - r_s\right) + (1-\alpha)\left(\dfrac{l_m}{1-\gamma} - r_m\right) > d + \dfrac{[\alpha l_s + (1-\alpha)l_m]}{1-\gamma} - r_s$ 成立，即混同均衡占优；如果 $\alpha < \dfrac{(1-\gamma)(r_s - r_m)}{l_s - l_m}$，则分离均衡占优。根据以上分析，可以获得命题1。

命题1：当某种疾病发病率较高且一旦发病，病情严重的概率也较高，即参数满足 $\alpha > \dfrac{(1-\gamma)(r_s - r_m)}{l_s - l_m}$ 时，混同均衡占优，即医生对所有患者都建议重症治疗，社会福利损失为 $(1-\alpha)(r_s - r_m)$。

从社会角度而言，对命题1，一个合理的解释在于当某种疾病发病率较高且程度严重的可能性较大，以至于患者的期望支付意愿 $E(l)$ 达到一个很高水平时，统一定高价优于分开定价。这也就是成本非均匀情况下的价格歧视。此时，过度医疗出现，社会福利的损失来源于医生在轻症患者身上投入过多的医疗资源 $(r_s - r_m)$。反之，当某种疾病发病率较低而且不严重概率较高时，虽然也存在着信息不对称和对过度医疗的激励，但医生出于长期收益最大化的考虑，会选择分离均衡，此时患者都能得到合适的治疗，社会不存在效率损失。

在基准模型中，医保机构只是被动地分担医疗费，尽管没有加入医患博弈，但是这种分担也能改变对医患双方的激励。当 $(1-\gamma)p_s \leq l_s$，$(1-\gamma)p_m \leq l_m$ 时，患者能够接受的价格将较之没有保险时上升，并且 γ 越大，个人负担比例就越低，患者越能接受昂贵的治疗，这让医生有更大的空间制定高价方案，从而助长了过度消费。由此可见，如果对医保费用支出缺乏有力的监督检查，可能导致全社会的医疗费用大于社会最优水平，加剧医保基金收支失衡的风险。

五、内部市场构建后的均衡分析

现有政府主导下的医保经办机构缺乏市场激励，而且收支不分，监督动力薄弱。如果引入第三方商业医保公司，该机构出于自身经济利益的考虑，对医院的定价和治疗行为有较强的监督动力，一旦发现过度医疗，便可采用警告、罚款直至用脚投票等方式实施惩戒。

鉴于此，本文引入市场化的监督取代行政化的监督，赋予第三方保险机构独立的检查职能。与基准模型相区别的是，"内部市场"构建后的扩展模型中，对已接受治疗的病例，允许医保公司在分担医疗费用的同时对病例进行抽查，一旦发现欺骗行为，便可将责任人记入行医不诚信名单，并对医院处以罚款，罚款归医保公司。[①] 其他假设不变。

由命题 1 知，只有当参数满足 $\frac{(1-\gamma)(r_s - r_m)}{l_s - l_m} < 1$，且 $\frac{(1-\gamma)(r_s - r_m)}{l_s - l_m} < \alpha$ 时，混同均衡才占优。如果分离均衡自发出现，便不需要医保方监督，这时也不存在过度医疗行为。只有当自发形成混同均衡情况下，才需要医保公司介入。故为了排除分离均衡情形，上述两条件可简化为 $\frac{(1-\gamma)(r_s - r_m)}{l_s - l_m} < \alpha$。对于医保公司而言，如果其预期通过付出成本 c 的检查之后，能达到分离均衡结果，则必取最小水平的 c 值，如果通过检查并不能改变均衡状态，欺骗行为仍然继续，这时要么放弃检查，因而 $c = 0$，要么当惩罚的期望收益大于抽查成本，即 $f(c)p > c$ 时，仍坚持检查。[②] 从上一节的分析可知，半分离均衡的结果不会优于分离均衡的结果，因而本节只比较分离均衡和混同均衡的情形。

（一）分离均衡

分离均衡中，得知医保公司事后将介入甄别过度医疗病例时，医生对不同患者会提出合适的治疗方案。对于医生，要求 $p_s - r_s - \beta_p \le p_m - r_m$ 成立，对可能发生的欺骗行为，有 β 的概率被发现并要求罚款 P，$\beta = f(c) > \frac{p_s - r_s - p_m + r_m}{p}$。对于患者，与上一节分离均衡中的参与约束条件相同。此时，医保公司获得的利润 $\pi_c^{se\_ic} = F - \gamma\left[\alpha p_s + (1-\alpha)p_m\right] - c$。

满足分离均衡条件后，医保公司希望最小化检查成本，则 $c = f^{-1}\left(\frac{p_s - r_s - p_m + r_m}{p}\right)$，代入利润表达式，得 $\pi_c^{se\_ic} = F - \gamma\left[\alpha p_s + (1-\alpha)p_m\right] - f^{-1}\left(\frac{p_s - r_s - p_m + r_m}{p}\right)$。而当混同均衡出现时，$c = 0$，医保公司利润 $\pi_c^{pe\_ic} = F -$

---

① 当累计罚款超过一定次数后，医保公司还可通过暂停直至终止采购该医院的医疗服务等措施，维护投保人（患者）的正当权益。限于篇幅，本文对此暂不予以分析。

② 此时的最优监督成本应该满足 $f'(c)p = 1$，混同均衡只能是在这一最优监督投入下，医院仍然能够从过度医疗中获利时才成立。从后文的数值模拟结果看，这一条件也是容易满足的。

γp_s。只有当 $\pi_c^{se\_ic} \geqslant \pi_c^{pe\_ic}$ 时，医保公司才会倾向于分离均衡，即

$$f^{-1}\left(\frac{p_s - r_s - p_m + r_m}{p}\right) \leqslant \gamma(1-\alpha)(p_s - p_m)。$$

在分离均衡中，当参数满足 $\gamma pk > 1$ 且 $\dfrac{l_s - l_m}{1-\gamma} \leqslant \dfrac{r_s - r_m}{1 - \gamma Pk(1-\alpha)}$ 时，医生的利润如下：

$$\pi_c^{se\_d_1} = d + \alpha\left(\frac{l_s}{1-\gamma} - r_s\right) + (1-\alpha)\left(\frac{l_m}{1-\gamma} - r_m\right) \tag{5}$$

当 $\gamma pk < 1$ 时，$p_m = \dfrac{l_m}{1-\gamma}$，$p_s = \dfrac{l_m}{1-\gamma} + \dfrac{r_s - r_m}{1 - \gamma Pk(1-\alpha)}$，此时医生的利润如下：

$$\pi_c^{se\_d_2} = d + \alpha\left[\frac{l_m}{1-\gamma} + \frac{r_s - r_m}{1 - \gamma Pk(1-\alpha)} - r_s\right] + (1-\alpha)\left[\frac{l_m}{1-\gamma} - r_m\right] \tag{6}$$

当 $\gamma pk > 1$，且 $\dfrac{l_s - l_m}{1-\gamma} > \dfrac{r_s - r_m}{1 - \gamma Pk(1-\alpha)}$ 时，$p_m = \dfrac{l_m}{1-\gamma}$，$p_s = \dfrac{l_m}{1-\gamma} + \dfrac{r_s - r_m}{1 - \gamma Pk(1-\alpha)}$，最大化医生利润的 $\pi_c^{se\_d_3} = \pi_c^{se\_d_2}$。

（二）混同均衡

混同均衡出现时，即使医保公司预期抽查不能制止欺骗行为发生，但贸然放弃抽查，日后如遭患者投诉，必然面临保费收入下降的窘境。为此，医保公司要求的利润不可能低于分离均衡的利润，即 $\pi_c^{se\_ic} \geqslant \pi_c^{pe\_ic}$。这时，对于医生来说，向轻症的患者推荐 s 型治疗方案有利可图，即 $p_s - r_s > p_m - r_m$；对于患者而言，由于治疗方案传递的信号并不能提供更多的信息用以修正自己关于疾病的认知，因而当 p_s 满足 $(1-\gamma)p_s \leqslant E(l) = \alpha l_s + (1-\alpha)l_m$，便会接受治疗。此时，求解医生最大化利润问题，可获得命题2：

命题2：当医保公司对医院抽查的期望收益大于抽查成本时，如果参数满足 $\gamma pk > 1$，且 $\dfrac{l_s - l_m}{1-\gamma} < \dfrac{r_s - r_m}{1 - \gamma pk(1-\alpha)}$，医生选择分离均衡。反之，如果 $\gamma pk < 1$，且 $\dfrac{\alpha(l_s - l_m)}{(1-\gamma)(r_s - r_m)} > \dfrac{1 - \gamma pk(1-\alpha)^2}{1 - \gamma pk(1-\alpha)}$，医生才会选择混同均衡。

由命题2，易知 $\dfrac{\alpha(l_s - l_m)}{(1-\gamma)(r_s - r_m)} > \dfrac{1 - \gamma pk(1-\alpha)^2}{1 - \gamma pk(1-\alpha)} > 1$，与命题1中混同均衡出现的条件 $\left[\dfrac{\alpha(l_s - l_m)}{(1-\gamma)(r_s - r_m)}\right]$ 相比，引入"内部市场"后，在第三方保险

机构的监督抽查下，混同均衡出现所要求参数满足的条件更为苛刻，也就是说医生实行欺骗的可能性确实降低了。这主要缘于医保机构的罚款措施并非不可置信的威胁，既遏制了医生的投机倾向，又弥补了医保公司的检查成本。容易证明混同均衡出现的临界值 $\dfrac{1-\gamma Pk(1-\alpha)^2}{1-\gamma Pk(1-\alpha)}$ 是罚款 P 的严格增函数，因此，一个足够大的罚金能够保证不存在混同均衡。除非一次欺骗的利润非常之高，以致诱使医生不惜铤而走险。

六、数值模拟

理论推导的结果表明建立"内部市场"后，过度医疗发生的可能性降低了，实践中，降低的程度究竟会有多大？出于数据可得性的限制，对相关变量和参数赋值如下。

参照现有医保实际报销比例、医保管理机构对违规医疗服务机构的经济处罚水平，不失一般性，假设医保公司发现欺骗行为后开出的罚单（P）为 5 万元，每次抽查的成本（c）为 500 元；医保公司负担医疗费的比例（γ），普通门诊报销 25%，住院报销 50%。[①]

为表示疾病严重程度的差异，α 分别取 0.05、0.2、0.4、0.6、0.8 以示区别，α 值越高，患重症的概率就越大。罹患疾病会对正常工作产生影响，故从补偿收入的角度，用城镇单位人员平均工资来代理患病的经济损失。按单位登记注册类型划分，将最低平均工资和最高平均工资分别记为 l_m 和 l_s。参考解洪涛等（2015）的做法，用人均卫生费用支出来表示医治成本，低医治成本（r_m）和高医治成本（r_s）分别由农村人均卫生费用和城市人均卫生费用代理。关于医疗价格，采用估算的方式，在医疗成本的基础上，分别加成 10% 和 30%，近似地获得低价医疗费 p_m 和高价医疗费 p_s。[②] 具体设定如表 1 所示。

---

① 根据中研网（http://www.chinairn.com/news/20140912/100248521.shtml）的报道，2013 年全国城镇居民医保实际报销比例为 52.28%，新农合的实际报销比例为 49.2%。

② 2012 年起，公立医院开始逐步取消药品价格加成，同时相应地提高诊疗费、手术费、护理费等。此前，县及县以上医院销售药品均实行加成定价。篇幅所限，详细测算过程，如有兴趣，可向笔者索取。

表1	罹患疾病的损失、医治成本及医治价格				单位：元/人	
年份	患者罹患疾病的损失		医疗机构的医治成本		医疗机构的医治价格	
	l_m	l_s	r_s	r_m	p_m	p_s
2011	29961	49978	879	2697	967	3507
2012	34694	56254	1065	2999	1171	3899
2013	38306	63171	1274	3234	1402	4204

资料来源：根据《中国统计年鉴》整理。

注意到，命题2中的混同均衡成立时，$\dfrac{\alpha\,(l_s - l_m)}{(1-\gamma)\,(r_s - r_m)}$ 要求的临界值较命题1显著上升，为方便比较，将上升的绝对幅度记为 Δat，从而 $\Delta at = \dfrac{1-\gamma Pk\,(1-\alpha)^2}{1-\gamma Pk\,(1-\alpha)} - 1$，化简后得：

$$\Delta at = \frac{\alpha(1-\alpha)\gamma Pk}{1-(1-\alpha)\gamma Pk} \tag{7}$$

已知医生有 $\beta = f(c) > \dfrac{p_s - r_s - p_m + r_m}{p}$ 的概率被处罚，当此式取紧时，并假设在均衡点附近 $f(c) = kc$。根据上述变量及参数，可得到 k 的值，将其代入式（7），进而获得 Δat。如图1所示，混同均衡成立时要求临界值上升的幅度呈现出两个特征。一是随着病症轻重程度的变化呈现出显著的倒"U"型，即当重症的概率从小到大逐步增加时，临界值的增幅先上升而后下降。细分类别观察，门诊治疗和住院治疗分别在 $\alpha = 0.4$ 时和 $\alpha = 0.2$ 时，增幅最大。二是住院治疗的增幅均显著高于门诊治疗的增幅。这意味着"内部市场"机制的建立

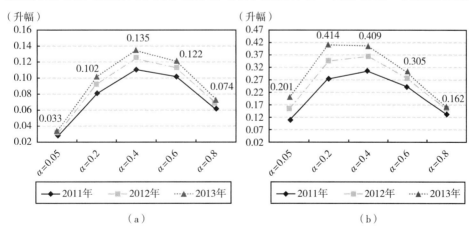

图1　混同均衡成立时临界值上升的绝对幅度

注：图1（a）、图1（b）分别对应门诊和住院的情形。

对遏制过度医疗的效果是存在差异的，整体而言，对住院治疗的效果要强于门诊治疗。

临界值变动的绝对幅度为观察"内部市场"机制的抑制效应提供了直观的依据，进一步，我们还关心临界值变动的相对增幅有多大呢？为此，将相对上升幅度记为 Δrt，从而有：

$$\Delta rt = \frac{\Delta at}{\dfrac{\alpha(l_s - l_m)}{(1-\gamma)(r_s - r_m)}} \tag{8}$$

将根据式（7）测算的结果及表1中的相关参数代入式（8），可得混同均衡成立时要求临界值上升的相对幅度（见表2）。从中可以发现，"内部市场"对轻重程度不一的各类病症的过度医疗趋势均有显著抑制作用。对2013年门诊和住院两类就医的数值模拟结果发现，过度医疗分别将较无"内部市场"情况下降了3.95%和15.83%。此外，横向比较，α 越低，临界值上升的相对幅度就越大，这说明对轻症的过度医疗的抑制效应显著高于重症。

表2 　　　　　　　　混同均衡成立时临界值上升的相对幅度 　　　　　　　单位：%

年份	$\alpha = 0.05$		$\alpha = 0.2$		$\alpha = 0.4$		$\alpha = 0.6$		$\alpha = 0.8$	
	门诊	住院	门诊	住院	门诊	住院	门诊	住院	门诊	住院
2011	3.55	9.89	2.76	6.20	1.88	3.46	1.15	1.84	0.53	0.77
2012	4.07	13.72	3.13	7.79	2.10	4.07	1.27	2.09	0.58	0.85
2013	3.95	15.83	3.01	8.16	2.00	4.03	1.20	2.00	0.54	0.80

资料来源：笔者测算。

七、机制设计

以上分析证明了基于第三方监督构建的"内部市场"有助于降低混同均衡，遏制医生的欺骗倾向。实践中，如何设计一套相互制约又运转高效的医保运行机制来实现这一目标呢？本文认为至少可从以下三个方面着手。

第一，引导多数公立医院从计划经济型的事业单位逐渐转变为市场经济中接受社会性管制的民生服务企业。医疗服务产品按社会平均医疗成本收费，医院获得按公正报酬率计算的资金利润，从而使其获得正常扩大再生产能力，自主增加医疗服务供给，改善服务环境。

第二，放开医院设立管制，引导社会资本参与医院的投资、建设、运营、管理，保障其正常运营，为依靠社会力量填补医疗供给短缺，满足老龄化社会中人民日益增长的诊疗、护理、保健等需求创造基本前提。既鼓励"走出去"，推动本地优质医院到外地建立分院，逐步向跨地区的大型医疗控股集团转变，充分利用其优质医疗资源及品牌资源，扩大优质医疗服务的有效供给，又鼓励"引进来"，允许外资、港澳台以及外地优质医院到本地设立分院，形成医疗供给竞争市场，平衡患者适度就医和医院的正常运转。

第三，分离医保体系的行政监管与医保基金的运营管理职能，打破医保管理机构"收支不分"的格局。具体而言，（1）医保缴费和财政补贴先流入医保中心，当所有参保者自主选择一家（或一组）为自己服务的医院之后，医保中心根据各家医保基金公司吸引到参保者的规模，将资金划拨出去；（2）医保基金管理公司实行竞争经营，形成竞争市场，让参保者在同等投入条件下有机会选择性价比更高的医疗服务，也便于医保公司聘请专业人才，对医疗服务产品及时监督检查，监控就医全过程；（3）完善按病种定额付费（diagnostic related group，DRG）、人头付费等预付制实现形式，优化医疗费用筹集和支付方式，防止道德风险引起医疗费用上涨。

多国实践证明，引入商业化的医保公司且允许其相互竞争要比由政府垄断医保收支更有效率。构建"内部市场"机制，走向有监管的市场化不失为新常态下医保体制改革的可行思路。具体操作如图2所示，首先，明确医保公司的定位，即扮演参保者的经纪人，代表参保者的利益购买医疗服务。可先以省为单位，组建3~4家股份制医保公司，在规范运营基础上，放开跨省交叉经营限制，逐渐形成全国性的医保公司的竞争市场，居民自由投保，医保公司自主选择定点医疗机构，监督医院的服务水平。其次，实行"收支两条线"。医疗保险费收集者（医保中心）负责收集参保者的缴费，并根据各家医保公司吸引到的参保者规模，划拨医保资金及财政补贴。医保公司则扮演实际付费者的角色，提供不同价位、不同标准的医保菜单，通过竞争经营，对医院实施专业化的第三方监督。再次，建立医保公司与医院之间的谈判机制。尽管政府可通过行政法规等方式对参保者的最低给付结构和水平予以规定，但在具体的医疗保障服务提供中，付费者仍需要同医院就服务内容、质量等进行集体谈判。最后，由卫生监管部门对医院的业务技术予以监督指导，由保险业监管部门对医保公司履行运营合规监管，维护医保基金市场秩序，由食品药品监管部门监管药厂生产，确保药品质量安全。

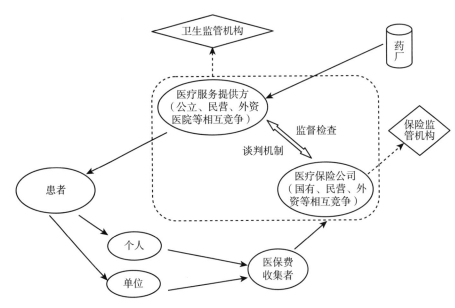

图 2　新型医疗保险体制改革的实现机制

八、结论及启示

针对频频出现的过度医疗现象，本文在一个包含患者、医生、医保公司等三类参与主体的不完全信息动态博弈的框架下，系统比较了"内部市场"构建前后的博弈均衡，剖析了引入第三方购买纠正过度医疗的影响机制，并基于合理的参数设定，测算了其对门诊和住院治疗中过度医疗的缓解程度。研究发现有以下几种情况存在。

第一，当一种疾病发病率较高而且一旦发病，病情严重的概率也较高时，混同均衡占优，引起 $(1-\alpha)(r_s-r_m)$ 的福利损失。

第二，引入商业化保险机构作为独立的第三方，对医疗过程实施监督抽查能显著地降低混同均衡出现的可能性，减少医生欺骗行为。

第三，扩展模型中，混同均衡成立时临界值上升的幅度随病症轻重程度的变化呈现出显著的倒"U"型，即当病症严重的概率逐步增大时，临界值的增幅先上升而后下降；整体而言，基于"第三方购买"构建的"内部市场"提高了医疗市场的资源配置效率，对轻症中过度医疗的抑制效应显著高于重症，对住院治疗的过度医疗抑制效应强于门诊。

以上研究启示我们设计了一个兼顾医院、患者、医疗保险费收集者、医保基金公司等各方利益的新型医保体制。通过重塑市场化的监督约束机制，扭转信息不对称条件下患者的劣势处境，阻断药厂与医院之间利益输送的纽带，根除过度医疗产生的土壤，抑制全社会医疗费用的过快增长，提高就医效率。

为确保基本医疗服务的公益性，强化市场作用的同时，建议基本医疗服务产品坚持社会平均医疗成本定价（即按公正报酬率定价）。（1）明确医疗保险为用人单位和劳动者必须强制参加的险种，规定医保等级最低标准，以降低疾病潜在的负外部性。（2）允许投保人根据其收入及偏好，自由选择更高保障水平的医保产品。保障等级越高，个人缴款比例越高。还可参照人寿保险的计算方法，规定不同年龄、不同健康状况参保者的不同缴费数额。（3）为城乡低收入贫困阶层提供一定补助，扭转低收入者在医疗市场中的弱势地位。按不同低收入组别居民人均收入低于社会平均收入水平的程度，由政府提供相应医保补助，定期转入低收入者个人医保账户，所有享受正常医疗服务者（包括低收入者）均应按照正常价格向医院缴费（由医保个人账户支付或个人缴费），超标的医疗服务需求则由个人和补充商业医疗保险按比例负担。

简化证明起见，本文没有考虑患者收入水平分布、委托代理成本等因素对市场均衡的影响。因为收入水平、委托代理成本等只是改变了均衡解命题1、命题2中分界点的具体值，即使引入也不会改变本文的基本结论。当然，以上仅是我们对医保体制改革的一个理论分析和政策思路，如何将这些政策思路转化为具体实施方案，还有待进一步的深入调查与研究。

附录

（一）基准模型

1. 分离均衡

构建医生利润最大化问题：

$$\max_{p_s,p_m}\prod = d + \alpha(p_s - r_s) + (1 - \alpha)(p_m - r_m)$$

$$\text{s. t. } (1 - \gamma)p_s \leq l_s, (1 - \gamma)p_m \leq l_m (参与约束)$$

$$p_s - r_s \leq p_m - r_m (参与约束)$$

当参数满足 $l_s/(1-\gamma)-r_s \leqslant l_m/(1-\gamma)-r_m$ 时，$p_s=l_s/(1-\gamma)$，$p_m=l_m/(1-\gamma)$，从而得到式（1）。当参数满足 $l_s/(1-\gamma)-r_s > l_m/(1-\gamma)-r_m$ 时，$p_m=l_m/(1-\gamma)$，$p_s=l_m/(1-\gamma)-r_m+r_s$，从而得到式（2）。

2. 混同均衡

构建医生利润最大化问题：

$$\max_{p_s,p_m}\prod = d + p_s - r_s$$

$$\text{s. t. } (1-\gamma)p_s \leqslant \alpha l_s + (1-\alpha)l_m（参与约束）$$

$$p_s - r_s > p_m - r_m（参与约束）$$

使得医生期望利润最大的 $p_s=[\alpha l_s+(1-\alpha)l_m]/(1-\gamma)$，$p_m < p_s - r_s + r_m$，实际医生不会推荐价格较低的 m 型方案，所以，此时，最大化利润即为式（3）。

3. 半分离均衡

构建医生利润最大化问题：

$$\max_{p_s,p_m}\prod = d + [\alpha + (1-\alpha)x](p_s - r_s) + (1-x)(1-\alpha)(p_m - r_m)$$

$$\text{s. t. } (1-\gamma)p_m \leqslant l_m（参与约束）$$

$$(1-\gamma)p_s \leqslant \frac{\alpha}{\alpha+(1-\alpha)x}l_s + \frac{(1-\alpha)x}{\alpha+(1-\alpha)x}l_m（参与约束）$$

$$p_s - r_s = p_m - r_m（参与约束）$$

满足 $(1-\gamma)p_m=l_m$ 的均衡要求 $p_s=p_m-r_m+r_s=l_m/(1-\gamma)-r_m+r_s$，$l_m+(1-\gamma)(r_s-r_m)=\frac{\alpha}{\alpha+(1-\alpha)x}l_s+\frac{(1-\alpha)x}{\alpha+(1-\alpha)x}l_m$。当 $l_s-l_m>(1-\gamma)(r_s-r_m)$ 时，存在 $x=\frac{\alpha}{1-\alpha}\left[\frac{l_s-l_m}{(1-\gamma)(r_s-r_m)}-1\right]$ 使如上半分离均衡成立，从而得到最大化医生的利润，即式（4）。

（二）扩展模型

1. 分离均衡

医生利润最大化问题为：

$$\max_{p_s,p_m}\prod = d + \alpha p_s + (1-\alpha)p_m - \alpha r_s - (1-\alpha)r_m$$

$$\text{s. t. } (1-\gamma)p_s \leqslant l_s, (1-\gamma)p_m \leqslant l_m（参与约束）$$

$$f^{-1}\left(\frac{p_s - r_s - p_m + r_m}{p}\right) \leqslant \gamma(1-\alpha)(p_s - p_m)（参与约束）$$

因为 $\beta=f(c)>\dfrac{p_s-r_s-p_m+r_m}{p}$，对于在均衡点附近的 $f(c)$，假设 $f(c)=kc$，

则 $f^{-1}\left(\dfrac{p_s - r_s - p_m + r_m}{p}\right) = \dfrac{p_s - r_s - p_m + r_m}{pk}$，即有 $p_s - p_m \leqslant \dfrac{r_s - r_m}{1 - \gamma pk(1 - \alpha)}$。

由于 $\alpha > \dfrac{(1 - \gamma)(r_s - r_m)}{l_s - l_m}$，即 $\dfrac{ls - lm}{1 - \gamma} > \dfrac{rs - rm}{\alpha}$。当 $\gamma pk > 1$，且 $\dfrac{ls - lm}{1 - \gamma} \leqslant$

$\dfrac{r_s - r_m}{1 - \gamma \mathrm{k}(1 - \alpha)}$ 时，$p_s = l_s / (1 - \gamma)$，$p_m = l_m / (1 - \gamma)$，得到医生的利润如式（5）所示。

2. 混同均衡

医生利润最大化问题为：

$$\max_{p_s, p_m} \prod = d + p_s - r_s$$

$$\text{s. t. } (1 - \gamma)p_s \leqslant E(l) = al_s + (1 - \alpha)l_m \text{（参与约束）}$$

$$p_s - r_s \geqslant p_m - r_m \text{（参与约束）}$$

$$F - \gamma P_s > F - \gamma \alpha p_s - \gamma(1 - \alpha)p_m - f^{-1}\left(\dfrac{p_s - r_s - p_m + r_m}{p}\right) \text{（参与约束）}$$

$$f(c)p > c \text{（激励相容约束）}$$

同样按照分离均衡的假设，有 $p_s - p_m > \dfrac{r_s - r_m}{1 - \gamma pk(1 - \alpha)} > r_s - r_m$，$p_s = \dfrac{\alpha l_s + (1 - \alpha)l_m}{1 - \gamma}$，

$$p_m = \dfrac{\alpha l_s + (1 - \alpha)l_m}{1 - \gamma} - \dfrac{r_s - r_m}{1 - \gamma pk(1 - \alpha)}。 \text{此时，} \pi_c^{pe\_d} = d + \dfrac{\alpha l_s + (1 - \alpha)l_m}{1 - \gamma} - r_s。$$

比较两种情形中医生所获得收益的大小，由于 $d + \alpha\left(\dfrac{l_s}{1 - \gamma} - r_s\right) + (1 - \alpha)$

$\left(\dfrac{l_m}{1 - \gamma} - r_m\right) > d + \dfrac{\alpha l_s + (1 - \alpha)l_m}{1 - \gamma} - r_s$，所以，当 $\gamma pk > 1$ 且 $\dfrac{l_s - l_m}{1 - \gamma} < \dfrac{r_s - r_m}{1 - \gamma pk(1 - \alpha)}$

时，医生会选择分离均衡。

参考文献

［1］杜创：《价格管制与过度医疗》，载《世界经济》2013 年第 1 期。

［2］甘筱青、尤铭祥、胡凯：《医保报销比例差距、患者行为选择与医疗费用的关系研究——基于三阶段动态博弈模型的分析》，载《系统工程理论实践》2014 年第 11 期。

［3］郭华、蒋远胜：《医疗保险保障水平提高是否增加医疗服务的诱导需求——以成都市城乡居民为例》，载《农业技术经济》2014 年第 1 期。

［4］黄涛、颜涛：《医疗信任商品的信号博弈分析》，载《经济研究》2009 年第 8 期。

［5］雷海潮、胡善联、李刚：《心血管专业卫生资源的优化配置研究》，载《中国卫生质量管理》2002 年第 9 期。

［6］李玲：《中国医改：世纪大突破》，载《决策与信息》2012 年第 9 期。

［7］刘小鲁：《管制、市场结构与中国医药分离的市场绩效》，载《世界经济》2011 年第 12 期。

［8］刘学、史录文：《医疗费用上涨与医德医风下降：组织架构变革角度的解释》，载《管理世界》2006 年第 10 期。

［9］佟珺、石磊：《价格规制、激励扭曲与医疗费用上涨》，载《南方经济》2010 年第 1 期。

［10］汪浩：《医疗服务、医疗保险和管理医疗》，载《世界经济》2010 年第 1 期。

［11］王苏生、孔照昆、向静、周明建：《基于内部市场视角的医疗费用与医疗服务质量的双重控制》，载《管理评论》2010 年第 10 期。

［12］解洪涛、陈利伟、庄佳强：《鲍莫尔"成本病"与"以药养医"：中国社会医疗成本快速增长》，载《公共管理学报》2015 年第 1 期。

［13］臧文斌、赵绍阳、刘国恩：《城镇基本医疗保险中逆向选择的检验》，载《经济学（季刊）》2012 年第 1 期。

［14］朱恒鹏：《医疗体制弊端与药品定价扭曲》，载《中国社会科学》2007 年第 4 期。

［15］朱俊生：《城镇居民基本医疗保险的比较制度分析——基于东中西部 3 省 9 市试点方案的比较》，载《人口与发展》2009 年第 3 期。

［16］Alger I. , Salanie F. , A Theory of Fraud and Overtreatment in Experts Markets. Journal of Economics & Management Strategy, Vol. 15, No. 4, 2006, pp. 853 – 881.

［17］Arrow K. J. , Uncertainty and the Welfare Economics of Medical Care. American Economy Review, Vol. 53, No. 5, 1963, pp. 941 – 967.

［18］Darby M. R. , Karni E. , Free Competition and the Optimal Amount of Fraud. Journal of Law and Economics, Vol. 16, No. 1, 1973, pp. 67 – 88.

［19］David Hemenway, Demand Inducement and the Physician-Patient Relationship. Economic Inquiry, Vol. 26, No. 2, 1998, pp. 281 – 298.

［20］Domenighetti G. , Casabianca A. , Gutzwiller F. , Revisiting the Most Informed Consumer of Surgical Services：the Physician-patient International. Journal of Technology Assessment in Health Care, Vol. 9, No. 4, 1993, pp. 505 – 513.

［21］Dulleck, Uwe, Kerschbamer Rudolf, On Doctors, Mechanism, and Computer Specialists：The Economics of Credence Goods. Journal of Economic Literature, Vol. 44, No. 1, 2006, pp. 5 – 42.

［22］Emons W. , Credence Goods and Fraudulent Experts. The RAND Journal of Economics, Vol. 28, No. 1, 1997, pp. 107 – 119.

［23］Emons W. , Credence Goods Monopolists. International Journal of Industrial Organization, Vol. 19, No. 3, 2001, pp. 375 – 389.

[24] Evans R. G. , Supplier-Induced Demand: Some Empirical Evidence and Implications. The Economics of Health and Medical Care, Vol. 6, 1974, pp. 162 – 173.

[25] Farely P J. , Theories of the Price and Quantity of Physician Services. Journal of Health Economics, Vol. 5, No. 4, 1986, pp. 315 – 333.

[26] Fong Y. , When Do Experts Cheat and Whom Do They Target? . The RAND Journal of Economics, Vol. 36, No. 1, 2005, pp. 113 – 130.

[27] Fuchs, Victor R. The Supply of Surgeons and the Demand for Operations. The Economics of Physician and Patient Behavior, Vol. Ⅷ, 1978, pp. 35 – 56.

[28] Liu Ting, Credence Goods Markets with Conscientious and Selfish Experts. MPRA Paper, No. 1107, 2006.

[29] Moy E. , Bartman B. A. , Clancy C. M. , Cornelius L. J. , Changes in Usual Sources of Medical Care between 1987 and 1992. Journal of Health Care for the Poor and Undeserved, Vol. 9, No. 2, 1998, pp. 126 – 139.

[30] Pitchik C. , Schotter A. , Honesty in a Model of Strategic Information Transmission. The American Economic Review, Vol. 77, No. 5, 1987, pp. 1032 – 1036.

[31] Wolinsky A. , Competition in a Market for Informed Experts' Services. The RAND Journal of Economics, Vol. 24, No. 3, 1993, pp. 380 – 398.

关于医疗及医保体制改革的
几点政策性思考[*]

2014 年，中国人均 GDP 超过 7500 美元（现价），进入了向高收入经济体过渡的新发展阶段。人均收入达到一定水平之后，居民对服务产品的需求迅速增长，近年来，服务业增加值占 GDP 的比重不断提高，反映了需求结构转型正在推动中国的经济服务化。

市场经济，有需求必有供给，需求是产业发展的根本。但是，非市场竞争部门，常常反之。目前医疗卫生可能是居民需求井喷式增长，但供给尤其优质供给长期短缺的少数部门之一。根本原因之一是尽管进行了多轮医改，但至今没有理顺作为社会保障体系之一的医保与作为医疗服务企业的医院之间的关系。让医院直接承担医保责任，以低于成本提供医疗服务，这势必导致有效投入不足，需求无限扩大，医疗服务短缺永远无法克服；让医院成为追逐利润最大化的企业，医院将利用其对患者的信息优势地位，诱导患者购买大量高价低效、微效甚至无效有害的医疗服务，获取高收入。老百姓的正常医疗服务需求却无法合理满足。

问题的关键在于既有的医疗卫生体制未能合理地区分医院与医保。医疗服务生产与医疗保险两者的社会功能与职能是不同的，合理的医疗社会保障体制应当区分二者，分离二者，使它们各司其职，各尽其能，各负其责。

第一，医院是医疗服务生产单位，其功能是生产和销售医疗服务，而非提供医疗保障的单位。医院应从依靠政府投入为主的事业单位转变民生服务企业。绝大多数医疗服务（包括"基本医疗服务"[①]）都具有私人物品特性，即具有排他性和竞争性，所以，将"基本医疗服务"视为公共物品要求政府无偿

---

　* 本文是提交教育部 2014 年在上海复旦大学举办的"中国智库论坛"的论文。
　① 治疗感冒与治疗癌症相比，后者的成本尽管是前者万倍以上，但后者却是老百姓更急需的基本医疗服务。现在老百姓需要而且严重短缺的是包括基本医疗服务在内的正常医疗服务。

提供，在理论上不能成立。目前仅仅是部分财政补贴（已造成了很大财政负担）的医疗保障体系尚且不能满足居民的基本医疗服务需求。如果将基本医疗服务作为向全民免费提供的公共产品，或者只能提供比现有水平更低、服务质量更差的基本医疗服务，或者将使政府财政或医保基金破产。政府应当承担的只能是严格意义上的公共产品，如部分传染性预防控制公共医疗服务，以及具有较强外部性而具有准公共产品性质的医疗科研等方面的支出。绝大多数医疗服务产品都应当引入市场竞争机制来进行生产和消费。但是，医疗服务关系民生，而且医疗服务与普通商品不同，医患之间严重的信息非对称性，使患者作为医疗服务的购买者和消费者，居弱势地位。因此，应当对具有较强信息优势的供给方——医院实行管制，使之成为政府管制下的民生服务企业。一方面，医院作为企业，按照正常医疗服务价格收费，收支相抵并获得按照公正报酬率计算的资金利润，有利于实现医院及医疗服务的正常再生产，参与正常市场竞争，从而提高正常医疗服务标准，改善医疗服务环境，提升医疗服务水平。它也为社会资本调整投资结构，投资医疗服务产业，依靠社会力量消除医疗供给能力短缺，满足人民的潜在消费需求创造基本前提。另一方面，为保障公民应有的医疗保障权利，政府应该强化社会性管制职能，扭转消费者在医疗市场中的弱势地位，确保医疗服务的公平性和公益性，正常医疗服务产品必须实行按平均成本（也即按公正报酬率定价）收费。但是，对于城乡低收入阶层，应提供一定补助以保障其获得必要的医疗服务。对此可以采取按不同低收入组别居民人均收入水平低于社会平均收入水平的程度，由政府提供相应的医保补助金额，定期打入其个人医保账户。所有享受正常医疗卫生服务者（包括低收入者）均应按照正常价格向医院缴费（由医保个人账户支付或个人缴费），超标医疗服务需求则由个人付费。

第二，医院以正常价格提供医疗服务，保障医院正常运营可以获得社会平均收益率，为医院从事业单位转为民生服务企业提供基本的体制及物质基础。在此基础上，医院应逐步开放，鼓励各种所有制经济投资医院，尤其是有较高医疗服务资质的医院，扩大优质医疗服务的有效供给能力，鼓励优质医院建立分院，逐步向跨地区的大型医疗服务集团转变。引进外资、台港澳优质医疗资源设立医疗机构，形成医疗服务的竞争性市场。无论是从中国历史经验还是外国实践看，放松对医疗服务的直接经济型管制，引入市场竞争，动用社会力量参与提供医疗服务，都是符合医疗发展的客观规律的。

第三，医疗服务与普通商品不同，由于其高度专业性，医患之间存在着严重的信息不对称；医疗服务需求与其他消费需求的重大差别之一，是其需求的

529

高度无弹性；从其与人均收入水平的关系看，则当个人收入达到一定水平之后，其需求的收入弹性大大高于1。医疗服务需求的这些特征决定了：如果仅仅考虑医疗服务产品的私人物品特征，政府在放松经济性管制，将医疗服务市场化、产业化时，忽视了对医院的社会性管制，将会导致医院利用信息不对称、医疗服务无弹性及需求的收入弹性大大高于1等特征，获取不当收益，加剧医疗市场的利益攫取和分利活动，因此，应当在放松经济性管制，将医疗服务市场化、产业化的同时，加强对医院的社会性管制。

第四，医疗保障制度解决的是如何规避疾病风险的问题。疾病是每个人都无法逃避的，人们只能付出一定的代价以摆脱这一风险给自己生活带来的意外损失。微观经济学证明了人们的期望效用在相互保险的安排下将高于他们在没有任何保险条件下的效用。医疗保障体制在本质上是一种自我保险机制，在参保人足够多时，医疗保险将很好地使参保者规避疾病给其生活带来的风险，一个设计良好的医保体系在理论上是可以做到这一点的。因此，国外一些大企业的职工医疗保险就是按照自我保险的原则组织的。在所有人都是理性的情况下，大家都会自愿地参加医疗保险，其每年所交的医保缴费将等于他当年所发生的医疗费用的平均数。医疗保险与其他保险（如车险、财产险等）的性质和功能是一样的，说明医疗保险基金是可以按照商业保险模式运行的。问题在于，尽管人人都会生病，但是，并非每个人都能理智地对待疾病给自己生活带来的风险，从而给社会带来负担，这就使医疗保险成为必须强制参加的保险。目前我国实行的社会医疗保障体制，其实就是强制保险机制。

第五，医保与其他商业保险在性质与功能上一致，这就说明：（1）参保的水平是可以选择的，消费者可以按照自己的收入与需求和偏好，选择相应的医保级别；（2）政府可以规定一个最低的医疗保险等级，保障基本医疗服务的提供，对于这一等级，规定个人与就业单位的缴费比例，在此之上，应当允许消费者根据其收入及需求和偏好，选择更高的医疗保险等级，政府只要规定不同等级的医疗保险，个人与就业单位的不同缴款比例就可以了，一般而言，医疗保险等级越高，个人缴款比例应当越高，同时，还可以参照人寿保险的计算方法，规定不同年龄不同健康状况参保者的不同缴费数额；（3）医保可以而且必须通过商业化运作来提高其运营效率，使老百姓交同样的钱，享受最好的医疗服务。目前的医疗、医药价格管制并没有从根本上改变激励机制，无法解决"看病贵"问题，应该以改变医疗市场激励机制的管制改革为方向。为了提高医疗服务质量、医疗资源利用效率，让民众（及政府）在同等投入条件下享受更多更有效的医疗保健服务，应当在医疗保障体系与医院分离的基础上，将医疗保障体系的行政管理与医保基金的运营管理分开，在后者引入市场竞争。

医保基金的运营管理上，通过组建多家有相互竞争关系的医保基金管理公司，将要比现行的由政府独家管理的医疗保险机构更有效率。其原因在于以下几个方面。

（1）当医院成为医疗服务企业之后，尽管政府实行社会性管制，但是仍难以避免医院利用医患之间的信息不对称，争取自身利益最大化，患者由于其弱势地位，难以有效拒绝医院的那些机会主义行为。

（2）在面对医疗保险机构方面，医患又具有共同利益，其机会主义合谋行为则导致了医保资金的浪费，降低医保基金的使用效率，最终导致全社会的"看病贵"。

（3）现有的医疗保险管理机构缺乏对医院、患者的机会主义行为进行有效监督的利益激励，行政性的医疗、医药价格管制管理，无法解决"看病贵"、医保资源使用无效率等问题。然而，通过引入市场机制，让各家医保基金管理公司以商业方式运营，提供不同的医保产品，供消费者选择，医保基金管理公司雇佣专业人才，对医院的医疗服务产品进行成本监督，对消费者的消费行为进行监督，控制并降低医疗保险成本，不同医保基金管理公司以市场竞争的方式经营医疗保险产品，将能有效地提高医保基金的使用效率。与此同时，政府的医疗保险管理部门则主要履行保监会的职能，对医疗保险市场的竞争秩序进行监管。

具体操作上，可以先以省为单位组建3~4家医保基金管理公司，而后逐渐跨省交叉经营，形成全国性的医保基金管理公司的竞争市场，通过居民选择医保基金管理公司，医保基金管理公司选择定点医保机构，监督医疗机构的服务水平、质量与价格。医保基金管理公司以市场竞争的方式提供不同价位、不同标准的医保菜单，通过医保基金管理公司的竞争性经营，对医院实施专业化的第三方监督，督促医院提高医疗服务质量、医疗资源利用效率，降低医疗成本，使同量的医保基金发挥最大的医疗保障作用，促进医疗卫生产业发展。同时，医保行政管理部门对医保基金管理公司、医保基金市场运营履行政府的监管职能。

以上仅仅是我们对医疗及医保体制改革的一个政策方案思路，要转化为可具体操作的政策方案，还有待进一步的深入调查与研究。

厦门大学经济学研究生教育改革的实践与探索[*]

一、研究生教育改革的必要性和紧迫性

在全国高校经济院系中，近年来深感在发展中存在着潜在危机。出现潜在危机的原因是多方面的，究其根本原因，是在我国社会经济体制大变革中，体制创新不足，整个教学体系尤其是研究生教学体系已经严重地落后于社会经济发展的需要，主要体现为以下几个方面。

（1）研究生培养模式陈旧。研究生培养基本上仍沿袭 20 世纪 80 年代初的培养模式，即导师个人负责制，不存在实质意义上的导师组制。

（2）课程体系的更新比较缓慢，课程设置不合理；课程部分内容严重老化，学生难以系统地掌握现代经济学的基本理论体系及实证研究的基本方法。

（3）入学考试缺乏统一的考核标准，入学新生质量无保障。

（4）考试及答辩制度松弛。

总之，研究生的培养缺乏必要的质量检验，显然，这在制度设计上，是不合理的，在研究生招生规模迅速增长、导师队伍不断扩大的情况下，更是难以为继的。

在这样的培养制度下，出现了一些值得关注的现象。

（1）部分研究生不以研究为业，硕士研究生成为部分冷门专业或一般院校本科生改换门庭，提高就业能力的中转站，生源质量下降。部分硕士生在学期间草率应付课程学习及论文写作，学术水准、研究能力下降，难以承担具有创

＊ 本文原载于《中国大学教育》2007 年第 6 期。

新意义的研究工作，硕士学位论文总体质量下降。

（2）在职博士生培养质量难以保证。在职博士生中，来自政界、商界的考生增加，由于工作繁忙，致使他们不能保证必要的学习时间和正常的学习秩序，这对于建立大学正常教学秩序、学术人才培养机制、师德师风建设都可能造成不良的影响。

（3）博士生缺乏严格的学术训练，难以从事具有创新意义的研究。由于课程体系不合理，专业理论基础很不扎实，缺乏必要的专业技能训练，影响了博士生的培养质量。

（4）考试及答辩缺乏正常的淘汰机制。在硕士论文阶段，硕士生往往将求职以及相关的实习放在首位，导师迫于压力，往往不敢严格要求学生用足够的时间做论文，一再降低论文标准；在论文答辩中，评审专家及答辩委员本着对学术、对学生、对学位制度负责的态度，对学位论文存在的问题提出批评或质疑，往往受到误解。

显然，这种情况并非普遍，但却不容忽视。因为，它在一定程度上暴露了既有制度安排不合理的问题，也有培养质量难以保证的问题，与高标准要求的创新型人才培养目标的实现相差甚远。

二、改革的具体措施和步骤

我们从 2004 年上半年起，针对厦门大学经济学院研究生的培养做了以下几项主要改革。

（1）从 2005 级起，在研究生入学考试（初试）中，实行硕士研究生专业课程的全院统一考试，博士研究生部分专业课程的全院统一考试制度。为保障考试的公正性和保密性，制定了相应的试卷出题及改卷规则。

（2）进行了硕士、博士两级经济学基础理论平台的课程建设。从 2004 级起，为全院硕士生开设了高级宏观经济学（Ⅰ）、高级微观经济学（Ⅰ）、高级计量经济学（Ⅰ）和数理经济学。并把前 3 门列为经济学硕士生的学位课程。为保证博士生的教学质量，特别规定了博士生必须通过为硕士生开设的上述 3 门经济学课程，不通过者，不得申请博士学位。在此基础上，为全院博士生统开了高级宏观经济学（Ⅱ）、高级微观经济学（Ⅱ）、高级计量经济学（Ⅱ）和经济博弈论，并把前 3 门作为学位课程。我们对两级平台课程均实行了严格的教学管理：硕士生课程采用了国外大学经济学硕士级别的优秀教材，博士生课程专门请了海外大学学术造诣高，有多年教学经验的教授承担。在硕士统开课程教学上，实行统一教学大纲、统一教材、统一试卷、统一密封流水改卷。在考场管理上，采取了严格的考场管理制度，如经济学院领导亲临考场巡视或主持考试。

（3）制定了新的硕士、博士连读生选拔制度。2005年规定，凡是取得高级宏观经济学、高级微观经济学、高级计量经济学，课程平均成绩为全院学生成绩20%之前的才可报名参加硕士、博士连读的选拔。报名之后，第二年必须修完统开的博士级别的经济学理论课程，并应用现代经济学的理论与方法做出一个研究计划，提交专家委员会进行匿名评审和公开答辩，按比例淘汰后，才能入选硕士、博士连读生。2005年9月，我们在2004级硕士生中确定了20%的比例参加选拔，最后经过3轮淘汰，有17名入选，他们于2006年秋季正式成为博士生，修业4年。

（4）制定了硕士博士学位论文的匿名评审制度。自2005年起，厦门大学经济学院的所有博士学位论文由学院统一组织双盲评审。2006年，在研究生院的支持下，启动了全国专家库，并编制了随机抽选评审专家程序。

（5）加强了研究生学术活动的组织领导工作，学院及系所组织了大量的学术讲座及学术会议，广泛邀请海内外知名学者前来讲学，开阔学生的学术视野，激发他们的创新思维，与此同时，院系研究生会等也积极组织了各种学术活动。

（6）启动了研究生教材建设计划。在两年统开课程实践基础上，组织研究生统开课程教材的编撰工作，2006年6月，第一批4本教材已经开始编写。

当然，厦门大学经济学院所进行的研究生培养制度改革，主要是强化学生的基本学术训练，为提高其创新能力奠定必要的知识基础。但是，它在实行过程中，也不断遇到重重阻力。

（1）部分博士生导师对于执行入学（部分）课程统考制度产生了不同看法。

（2）师资力量严重不足。厦门大学经济学院目前每届硕士生人数达400人以上，需要补修硕士统开课程的博士生约80~90人，其他院系要求选修的研究生达500人以上，每门课即使按80~100人大班上课，也需要6位教师。目前，能够承担硕士统开课程的教师却严重不足。

（3）由于课程难度提高，部分学生思想准备不足，学习遇到困难，课程考试不及格，抵触情绪比较严重。一时间怨言甚多。

（4）2006年实行博士论文全国专家库双盲评审，到目前为止，已有8篇学位论文被校外专家判定不合格，约占送审论文的 10%。

2005 年夏季，针对在改革中出现的不同声音，院务委员会委托院研究生会就课程改革在研究生中进行问卷调查。调查证明，大部分研究生是认同我们所进行的课程改革。认为开设这些专业基础课对于未来研究具有重要意义，在"相关密切""有一定相关""基本无关""说不清楚"四个选项中，选择"相关密切"与"有一定相关"的比例之和大于 60%，其中，部分课程的认同度达到了 80%~90%；在学生对这些必修专业基础课的满意程度调查中，博士生、硕士生对绝大多数课程的满意度都高于 70%。到 2005 年秋季，经济学院的研究生教育改革已经逐步为广大师生所接受。教师发现，经过严格的课程训练，学生的现代经济学基础得到较大提高，研究能力尤其是实证研究能力大幅度提高了；学生由于自身能力的提高，对新的培养方案从不理解、抱怨转向理解和公开支持。

三、研究生教育改革所取得的初步成效

厦门大学经济学院两年半来的研究生教育改革，所取得的初步成效归纳如下。

（1）初步形成了经济学院现代经济学教育体系框架。与此前构建的本科现代经济学课程平台配套，初步形成了经济学院现代经济学教育体系的三级课程平台，为今后建立、完善现代经济学教育体系，实现研究生培养模式的根本转轨，奠定了基础，积累了经验。

（2）入学生源质量有所提高。实践证明：实行研究生入学考试按一级学科以至全部经济学科统考制度是可行的，而且有利于提高生源质量：统考使入学新生具有大致相近的经济学基本理论基础，为后续的高级课程教学奠定了良好基础；报考人数并不因为实行统考而下降，甚至较大幅度地提高了；考生的总体质量提高了。由于统考，热门专业择优录取，冷门专业上线生源不足，可以接受热门专业的调剂生，考生的总体质量因此提高了；在博士生中，非院校在职生比例迅速地大幅度下降了，在厦门大学成为第一个不再招收非院校在职博士生的学院。

（3）学生学风改变，素质提高，竞争力上升。由于实行了必要的激励和淘汰制度，严肃了考场纪律，经济学院研究生的学风大为转变。在厦门大学图书馆及各教室中，到处可见埋头苦读的经济学院研究生。课程规范化及学术训练

强度的提高，为学生打下了扎实的专业基础，为研究生的创新性研究提供了必要的知识平台和工具手段。

（4）形成了提高博士学位论文学术水平的外在约束机制。建立在全国专家库基础上的学位论文双盲评审制度，为严格博士学位论文标准，提高博士学位论文质量，建立了外在约束机制，它有利于促进研究生认真从事学术研究，提高学位论文质量，促进导师加强指导，严格把关。

（5）培育、发现了一批新的骨干教师队伍。通过研究生统开课程的设立，规范教学管理、选送出国进修等一系列措施，在经济学院内部发现了一批新人，培育了一批新的骨干教师队伍。这批新的骨干教师平均年龄轻、知识结构新，是经济学院实现向现代经济学教育、科研体系转轨重要的人力资源保障之一，但是这些教师人数还比较少，远远不能满足需要。

四、在高起点上培养创新型人才

两年多来的研究生教育改革需要进一步完善。

（1）入学考试制度有待于进一步完善。一方面，需要赋予研究生导师及导师组在选拔优秀生源方面更大的自主权；另一方面，如何从制度上保障导师招生自主权的扩大能够真正实现选优。笔者考虑，今后在生源比较充足的条件下，可以实行初试全部课程由校院统考，同时提高复试成绩在总成绩中的比重，赋予导师或导师组在复试中更多选拔决策权的双层选拔制度。

（2）进一步优化课程体系，实现培养模式的根本转轨。20世纪80年代中期，厦门大学经济学院每年招收的硕士生、博士生规模较小。2005年，硕士招生规模已达400人以上，博士招生人数达90人左右。厦门大学经济学院近年进行的硕士博士两级平台课程建设，实际上是一种标准化课程培养模式。在一些已经比较成熟的经济学理论及研究方法课程中，通过统一教材、统一教学大纲、统一考试、统一教学管理，建立一批标准化课程，实行大班教学，不仅有利于实现教师资源的优化配置，而且能够在招生规模较大的情况下保证教学质量。最近，厦门大学经济学院正在修订研究生培养计划，基本思想是：按照功能模块、一二级学科分别设计经济学硕士、博士课程体系。课程体系主要由以下模块组成：通识教育模块（政治理论课、方法论、通用技能课程）、经济学基础理论及技能模块；研究性课程及创新技能训练模块（研究seminar、文献选读seminar、学年论文报告、学术会议论文、调研、学位论文等）。厦门大学经济学院准备逐步扩大标准化课程在硕士生课程体系中的比重，争取在数年后，整个经济学院能开出包含经济学基础理论及技能模块、经济学专业理论模块的标准化硕士课程 20 ~ 25 门，供不同专业研究生在导师指导下以课程组的方式选修。将标准化课程占硕士应修课程学分的比例逐步提高 60% 以上，博士课程体系也应逐步完善，开设一批供全院博士生选修的高级课程。此外，根据教师的最新研究成果，开设一批个性化的研究性的学科前沿课程，并辅之以其他培养环节，形成较为完整的培养模式。

（3）重视实践及个性化创新研究指导规划，进一步完善学位论文的全过程指导与论文评审、答辩制度。如由不同学术专长导师组成的导师组制度，贯穿论文研究全过程的定期的文献 seminar、研究性 seminar 课程制度等。

（4）建立标准化教学规范及教育质量监控体系（教材、教学大纲、网上辅导、作业批改、考试制度等）。

（5）健全完善既有的优秀生源选拔制度（优秀本科生推免硕士生、硕博联读生选拔等）。

（6）建立研究生教育的全程质量考核及分流培养、甄别淘汰制度等。

强化学术基础训练的目的是使研究生能在一个较高起点上尽快进入学术前沿，进行具有真实创新意义的研究活动，因此，在此基础上，还需要进一步探索创新型人才的培养机制。与加强专业基础训练，奠定高层次学术研究基础不同，创新是极具个性化的活动，因此，创新能力基本上不能靠课堂教学尤其是标准化课程教学培养。课程教学只能提供必要的专业技能训练，为创新性活动奠定基础。创新型人才必须而且只能在实际的创新性活动中培养。因此，培养创新型人才必须主要依靠导师及其团队的指导。如果导师自己不从事创新性研究，缺乏创新研究能力，势必难以指导研究生进行创新性研究。院系行政在培养创新型人才方面，只能发挥指导及辅助作用，只能在队伍组织、资源投入、制度设计以及业绩评价上为调动教师的创新活动及培养创新型人才的积极性创造必要的条件。就目前而言，我们认为，可以在以下方面进行尝试。

（1）吸引优秀生源。生源质量不尽理想，是妨碍创新型人才培养的重要原因之一。首先，与国内重点大学以及经济学科较强的大学建立合作关系，逐步改变经济学院的生源结构，提高生源质量。其次，从经济学院的历史经验看，还可以从本校理科部分科系中招收部分本科生读研究生。

（2）调整学制。研究生学制应当逐步过渡到三四制及二四制，或实行硕士三年、博士四年制。

（3）扩大硕士、博士连读生的比例。硕士、博士连读在头两年就基本修完了硕士及博士的大部分课程，后四年主要从事研究。这以相应的学习制度和规定的变革与调整为前提。

（4）根据经济学院建立现代经济学教学与科研创新体系的要求，统筹师资队伍建设。师资队伍的结构与质量对于科学创新以及创新型人才的培养具有决定性作用。今后，要下大气力进行师资队伍建设，尽快形成一支适应现代经济学教学与科研创新任务的师资队伍。为此，应对人事制度和科研考核制度作一定的调整与变革。

（5）建设跨学科交叉的创新团队。逐步建立一批创新团队，是建设国内一流、国际知名研究型学院的重要战略步骤。创新团队应根据研究领域或研究方向进行组织，鼓励不同学科之间的交叉，制定创新团队的管理办法，把对创新团队的管理纳入日常的科研管理中去。如何鼓励跨学院、跨一级学科的创新团队建设，是实现科研创新以及创新型人才培养的一个重要突破口；如何形成与现代科学发展趋势相适应的创新团队管理模式，必须进行体制创新。

（6）充分发挥创新团队在创新型人才培养中的作用。创新团队不仅是实现科技创新的载体，而且应当成为创新型人才的培养基地。创新型人才只能在实际的创新型活动中培养。因此，研究生培养，必须纳入创新团队建设计划，必须大力鼓励研究生申请各类研究课题，参与创新团队的课题研究，在课题研究中从事具有真实创新意义的研究工作，在研究实践中形成创新能力。因此，所谓资源分配向创新团队倾斜，也包括招生指标在内。对创新团队工作业绩的考核，也包括对其吸收研究生从事学术研究，培养创新型人才方面业绩的考核。

（7）进一步开展各类国际国内学术交流活动，通过鼓励研究生积极参与各类学术活动，激发其创新思维。国际国内学术交流活动的重心应当逐步下移至创新团队，通过给予创新团队以必要的资源，并规定任务，使创新团队成为国际国内学术交流活动的重要组织者，使学术交流活动与知识创新活动联系起来，相互促进。

向着现代化、国际化、规范化、本土化的目标迈进[*]

——厦门大学产业经济学（博士点）学科建设经验介绍

一、中国产业经济学发展演进的背景和沿革

在中国，产业经济学作为一门经济学分支学科，始于改革开放之后，与国际产业经济学主流接轨的现代产业经济学研究，至今不过 10 来年。期间经历了从部门经济学（工业经济学、农业经济学、商业经济学等）向产业结构经济学为主向今天的产业组织理论的演化过程。

中国的产业经济学的发展之所以形成这样的轨迹，是与中国的社会经济发展现实需要以及经济学理论认识的发展状况相适应的。

计划经济条件下，中国没有严格意义上的产业经济学研究，因为计划经济就本质而言，是排斥市场经济及商品交易的，因此，以市场经济运行为制度背景的微观经济学以及应用微观经济理论研究规模经济与竞争之间关系的产业组织理论，在中国毫无用武之地。

20 世纪 80 年代，产业经济学几乎在一夜之间成为我国经济学界的显学之一，但是，其研究对象却不是国际上的产业经济学的主流内容——产业组织理论，而是与日本相似的产业结构经济学，其所以如此，是由如下社会经济背景决定的：长期的计划经济体制，使中国的产业结构陷入极为不合理的状况，调整不合理的产业结构，使国民经济走出濒临崩溃的境地，成为了当时社会以及

———————————
　＊ 本文是提交中国工业经济学会 2006 年年会的论文，共同作者：靳涛。

决策当局最为关心的问题。

在这种情况下，中国的东邻——日本的崛起，以及 20 世纪 80 年代国际经济学界对"通产省奇迹"的关注，使正从计划经济向市场经济转轨的中国，看到了一个似乎可资借鉴的样板。当时，很多学者和政府官员都认为，借鉴日本产业结构调整的经验，对从计划体制转向市场体制的中国非常必要，而产业结构调整本身就是促进经济增长和向市场转型的重要组成部分。

从计划经济向市场经济过渡，中间必然经历一个政府主导型经济阶段。在政府主导型经济中，政府如何采用非指令性计划的手段，有效地控制经济运行，是决策当局极为关心的问题之一。产业结构政策，是决策当局在当时的历史条件下，所能找到的最好的替代指令性计划的政策工具。我国政府先后制定几个产业政策纲要，对国民经济各产业部门的发展目标及实现措施几乎罗列俱全，名曰产业政策，实则计划变形，各级地方政府的产业政策纲要也大体如此。

正是在这样的社会经济背景下发展起来的中国产业经济学研究，不能不首先借鉴了日本的产业结构经济学的理论，主要以研究产业结构调整的理论与产业结构政策为主。

事实上，产业结构演化并不是规范的产业经济学的研究对象。[①] 日本的产业结构经济学研究的对象，其实与西蒙·库兹涅茨的经济增长研究对象是相当近似的。[②] 产业结构的演变，说到底是一个随着经济增长而必然出现的过程。对经济增长的研究，如果不是仅仅停留在对国民经济总量而是进一步深入部门结构变化的研究，必然要研究产业结构演进趋势。因此，严格地说，产业结构经济学，应当属于宏观经济学中经济增长理论的一个分支，或者发展经济学的一个组成部分，它不应成为产业经济学的研究对象。

与此同时，或许可以提出的是：近 20 年来，我国经济学界一直关注的产业结构政策，其政策有效性是值得怀疑的。自 20 世纪 80 年代所谓的"通产省奇迹"提出以来，国际经济学界就产业结构政策的有效性问题，进行了大量讨论，大体上得出了否定的结论，[③] 就是在日本经济学界，小宫隆太郎等进行的实证研究，也证明日本的产业结构政策是基本无效的，[④] 类似的结论，在对中

---

① 我们的这一判定，是根据阿罗与英特里盖特主编的《经济学手册》仅有《产业组织经济学手册》，而没有《产业结构经济学手册》，以及《产业组织经济学手册》所综述的国际学术界该领域的研究内容做出的。

② 西蒙·库兹涅茨：《现代经济增长》，北京经济学院出版社 1989 年版；西蒙·库兹涅茨：《各国的经济增长——总产值和生产结构》，商务印书馆 1985 年版。

③ Ali M. El-Agraa, UK Competitiveness Policy vs. Japanese Industrial Policy, The Economic Journal, 1997, 107（September）；Wyn Grant ed., Industrial Policy, Edwar Elgar Publishing Limited, 1995。

④ 小宫隆太郎等：《日本的产业政策》，国际文化出版公司 1988 年版。

国的实证研究中也得到了初步验证。①

因此，20 世纪 90 年代以后，随着中国改革开放的深入和明确提出建立社会主义市场经济，垄断与竞争之间的关系、竞争与效率之间的关系逐渐成为中国经济发展中突出的问题，日益引起学者的关注，随着中国国内经济学和国外联系、交流的不断深入和扩展，随着西方主流经济学不断被引进和介绍到中国，中国产业经济学的研究正逐步和国外接轨，逐步把产业组织研究作为产业经济学研究的主要内容。

二、中国产业经济学科和厦门大学
产业经济学学科建设历程

中国产业经济学不仅形成较晚，而且发展过程也比较曲折。在 20 多年里，不仅学科研究的对象在变化，就学科本身的发展而言，也经历其他学科没有的情况。改革开放初期，中国并没有产业经济学这一学科，产业经济学的研究实际上是分散在国民经济学以及工业经济学、农业经济学、商业经济学、建筑经济学、交通经济学等部门经济学之内的，直到 20 世纪 90 年代中后期，国务院学位办才将工业经济学、商业经济学、建筑经济学、交通经济学等部门经济学合并归类，成立了产业经济学博士点。可是，直到现在，国家社科基金委也没有把产业经济学作为申报社科基金项目的单独学科之一，② 这是一个非常奇怪的现象，当然，这主要和中国产业经济学的发展历程与发展背景有关。

在中国传统经济学研究框架中，没有产业经济学，只有与条条管理相对应的各个部门经济学，当时中国的部门经济学主要有工业经济学、农业经济学、商业经济学、建筑经济学、交通经济学等，我国现在各大学的产业经济学学科点，大部分就是从这些部门经济学的学科点演变过来的，例如，厦门大学的产业经济学博士点，在设立之初，是商业经济学的硕士点，后来才逐渐转化为产业经济学的博士点。③ 因此，厦门大学的产业经济学博士点，如果连同它的前身——商业经济学硕士点而言，其研究方向是一个随着中国的改革开放，社会

---

① 李文溥、陈永杰：《经济全球化下的产业结构演进趋势与政策》，载《经济学家》2003 年第 1 期。

② 直至 2006 年，国家社科基金项目的申报数据代码表中，关于学科分类，仍然找不到产业经济学，但是，博士点已经并入产业经济学的工业经济学、农业经济学、商业经济学、建筑经济学、交通经济学却仍然存在！

③ 据笔者所知，其他大学的产业经济学博士点或硕士点，也有过类似的经历。

经济发展的需要以及与国外的学术交流不断地整合和转型的过程，改革开放以来，厦门大学的产业经济学学科发展，大体上可以分为三个阶段：20 世纪 80 年代，以传统的商业经济学为主；80 年代中后期至 90 年代前期，侧重产业结构、产业政策以及市场理论的研究；近 10 年来，逐步转向产业组织理论的研究，但是仍保留了部分产业结构理论的研究。厦门大学产业经济学学科点的发展历程以及学科研究重心的演变，在某种意义上说，也是中国产业经济学学科发展历程的一个缩影。

三、厦门大学产业经济学发展的经验

厦门大学产业经济学的发展和厦门大学经济学院的发展是息息相关的，下面先对厦门大学经济学院作一简单的介绍。

1. 厦门大学经济学院介绍

厦门大学经济学院渊源于 1921 年建校初期的商学部。1949 年以后，在前厦门大学校长、著名经济学家王亚南先生的带领和精心培育下，厦门大学经济学科得到了迅速发展。

1982 年 5 月，经教育部批准，原厦门大学经济系升格为厦门大学经济学院，这是中国大陆综合性重点大学建立的第一所经济学院。厦门大学经济学院是厦门大学规模最大的学院。现有五系一所：经济学系、计划统计系、财政学系、金融学系、国际经济与贸易系，以及经济研究所。此外，还有一个教育部文科重点研究基地——宏观经济研究中心。厦门大学经济学院同时也是厦门大学实力最强的学院之一。拥有财政学、统计学、金融学、政治经济学 4 个国家级重点学科，宏微观经济学、经济思想史、数量经济学、保险学、劳动经济学、世界经济学、国际贸易学、产业经济学也具有较强实力。学院还拥有 1 个国家经济学基础人才培养基地，应用经济学和理论经济学 2 个一级学科博士授权点，2 个博士后流动站；设有 12 个本科专业，25 个硕士专业，25 个博士专业（含自主设立学科专业）。2004 年，厦门大学经济学院在 4 个国家级重点学科和教育部人文社会科学重点研究基地——宏观经济研究中心的基础上，申请"宏观经济分析与预测"国家人文社会科学创新基地，获得批准。为加强和提升现有优势学科的水准，促进厦门大学经济学教学和研究的规范化、国际化，形成一个与国际紧密接轨的新型学术研究机制，厦门大学经济学院用在以国家级重点学科和教育部人文社会科学重点研究基地——宏观经济研究中心为基础申请到的 985 创新平台"宏观经济分析与预测"的建设经费于 2005 年 6 月成立了王亚南经济研究院（The Wang Yanan Institute for Studies in Economics, WISE），希望王亚南经济研究院在不太长的时间内建设成为亚太地区和中国一流的、与国际接轨的现代经济学研究机构。

近年来，厦门大学经济学院在推进经济学教育的现代化、国际化、规范化和本土化方面做了一些工作，为包括产业经济学在内的所有经济类研究生的培养建立一个与国际接轨的规范化的现代经济学学术训练平台。2004 年，厦门大学经济学院大幅度地调整了研究生培养方案。硕士生实行全院入学统考（英语、政治、数学，全国统考；宏微观经济学，全院统考）①，博士生实行部分课程全院统考（外语，全校统考；宏微观经济学，全院统考；专业课，分方向出题考试），建立了本硕博三级经济学基础理论课程平台。为全院所有专业的硕士生统一开设了高级微观经济学（Ⅰ）、高级宏观经济学（Ⅰ）、高级计量经济学（Ⅰ）和数理经济学②，其中，前三门作为学位课程。这些课程都采纳了国外相应级别的高级课程教材。对于博士生，我们要求经过检测，不能达标的博士生必须补修这些课程，博士生在提出学位申请前，必须按与硕士生相同的标准，通过这些课程的考试，与此同时，为全院所有专业的博士生开设了三门学位课程和一门公共选修课：高级微观经济学（Ⅱ）、高级宏观经济学（Ⅱ）、高级计量经济学（Ⅱ）和经济博弈论。在教学计划和教材选用上都力争做到和国外著名大学接轨。目前，硕士级别的这些统开课程，全部由本院教师承担，同时，为保证课程的前沿性起见，博士级别的高级课程则还基本上是聘请国外大学的教授主讲，我们希望经过一段时间的传帮带，逐渐实行这些课程的师资本土化。自 2005 年起，我们实行了经济学院硕士学位论文（1/3）和博士学位论文（100%）双盲评审，2006 年，启动了全国经济类博导专家库（该专家库现有各大学、研究所经济类博导 600 多名）为厦门大学经济学院博士论文盲审专家库，用专用程序随机抽选评审专家。启用全国经济类博导专家库盲审博士学位论文，取得了良好的效果：至 2006 年上半年为止，厦门大学经济学院有 6 篇博士论文（约占总送审论文的 6.7%）在盲审中被校外专家认为不合格，必须认真修改后重新送审。这在厦门大学经济学院甚至厦门大学的博士培养史上，都是前所未有的。下一步，厦门大学经济学院拟根据形势的发展，进一步

---

① 2006 年起，厦门大学的所有经济类硕士生统考宏微观经济学，统一由经济学院命题、改卷。
② 原有的公共基础课《资本论》仍继续开设，并予以加强。

调整研究生的培养模式、课程设置，争取在 3～5 年之内，建立与国际接轨的经济学研究生教育体系，实现厦门大学创立者在建校之初制定的建校宗旨：使中国学生不出国门就能接受到世界其他学术先进国家学生相同水准的教育。

2. 厦门大学产业经济学发展经验

强化经济类研究生的现代经济学基础理论与实证研究方法训练，仅仅为提高各专业的研究生培养水平奠定了一个现代经济学的理论基础，但是，要完成经济类研究生教育向现代经济学教育体系的转轨，还需要各个专业在此基础上的配套改革。实现专业课程、科研训练、论文写作等诸环节的转型。目前，厦门大学产业经济学博士点正在进行这一转型工作。众所周知，厦门大学的产业经济学科的发展经历了一个较长时间的形成、整合与发展历程，它的前身为20世纪80年代初设立的商业经济学硕士点，厦门大学最早设立的硕士点之一，后转为产业经济学博士点。经过多年的建设，该学科发展已初具规模。现在，产业经济学博士点每年招收的博士生和硕士生人数达数十人。在研究方向上，厦门大学的产业经济学博士点正在实现从传统的以产业结构经济学为主向与国际主流一致的以产业组织理论为主的转移，一方面，一部分教师根据现实的需要、学科历史的积淀，继续深化对产业结构经济学的研究；另一方面，从90年代末期开始，另一部分教师则转向了对产业组织的研究。近年来，借助博弈论等现代经济分析工具对中国产业组织分析、政府规制等研究已逐步成为厦门大学经济学院产业经济学研究的最重要的方向之一。在实现学科研究方向转轨的过程中，厦门大学经济学院注重引进、消化和创新的相结合，产业组织理论是国外比较成熟的学科，认真引进和吸收国外既有研究成果，将为厦门大学经济学院的产业经济学研究方向转轨提供较高的起点。因此，从90年代末期起，厦门大学经济学院教师组织了对国外产业组织理论的一些经典或重要学术著作的翻译，李文溥等自1999年起，历三年时间，翻译了 R. 施马兰西、R. D. 威利格主编的《产业组织经济学手册》[1]，陈甫军等组织翻译了《反垄断与管制经济学》[2]，此外，一些国外的经济学著作，目前也正在组织翻译之中。在此基础上，厦门大学经济学院相关专业的老师和博士、硕士生们对自然垄断产业改革、产业竞争与竞争力之间的关系、经济全球化条件下开放经济中的产业政策的有效性、开放经济中的产业结构的演进趋势、新型工业化、工业化与城市化

---

① 经济科学出版社 2009 年版。
② W. K. 维斯库斯、J. M 弗农、J. E 哈林顿：《反垄断与管制经济学》，陈甫军等译，机械工业出版社 2004 年版。

的相互关系等问题都做了一些深入和有影响的研究，并得到了学界的认可。

厦门大学经济学院非常重视产业经济学学科研究生科研能力方面的训练，鼓励在校生，尤其是博士生应在高级别期刊上多发表文章。还强调该专业学生应多做社会调查，到不同的行业和机构去做调查，坚持理论联系实际，2004年，李文溥教授策划和组织了福建省百家民营企业调查，对福建省 9 个设区市的 106 家民营企业进行了问卷及访谈调查及实地观察，形成 80 万字的调查报告①，研究成果受到中共福建省委、福建省人民政府的高度重视，调查报告出版后，荣获第六届福建省社科优秀成果奖一等奖。《中国经济问题》杂志也对产业经济学科的发展予以大力支持，重点发表产业经济学学科的最新研究成果。科学研究是学科建设的立足点和出发点。现在，厦门大学在产业经济学科建设中紧跟国内外产业经济学研究前沿，始终以科学研究为龙头，进而带动教学质量和水平的提高。在产业经济学科教学中也要更多地运用案例教学、讨论式教学、论文教学等新模式，做到教学互动，进而把产业经济学学科建设向前推进一步。

当然，我们的工作仅仅是初步的，目前所实现的进步，与我们期望的实现中国经济学教育的现代化、国际化、规范化和本土化的目标相比，还有很大距离，与国内产业经济学研究最好的院校相比，还有不少差距，我们需要进一步努力和学习，这也就是我们这次来参加本次会议的目的，我们希望通过这次会议，能更多地向其他院校学习、借鉴，以人为镜，加快厦门大学产业经济学科的现代化、国际化、规范化和本土化建设步伐。

---

① 李文溥、龚敏：《福建百家民营企业调查总报告》，引自王碧秀主编《民营经济的崛起与发展——福建百家民营企业调查》，福建人民出版社 2004 年版。

图书在版编目（CIP）数据

中国经济学探索丛稿. 第四卷，产业经济学／李文

溥著. —— 北京：经济科学出版社，2024. 12

ISBN 978 - 7 - 5218 - 4706 - 2

Ⅰ. ①中… Ⅱ. ①李… Ⅲ. ①中国经济 - 文集②产业

经济 - 中国 - 文集 Ⅳ. ①F12 - 53

中国国家版本馆 CIP 数据核字（2023）第 066209 号

责任编辑：初少磊　赵　蕾　赵　芳　尹雪晶　王珞琪
责任校对：郑淑艳
责任印制：范　艳

中国经济学探索丛稿

ZHONGGUO JINGJIXUE TANSUO CONGGAO

第四卷

产业经济学

李文溥　著

经济科学出版社出版、发行　新华书店经销

社址：北京市海淀区阜成路甲 28 号　邮编：100142

总编部电话：010 - 88191217　发行部电话：010 - 88191522

网址：www. esp. com. cn

电子邮箱：esp@ esp. com. cn

天猫网店：经济科学出版社旗舰店

网址：http：//jjkxcbs. tmall. com

北京联兴盛业印刷股份有限公司印装

787 × 1092　16 开　204. 5 印张　3660000 字

2024 年 12 月第 1 版　2024 年 12 月第 1 次印刷

ISBN 978 - 7 - 5218 - 4706 - 2　定价：828. 00 元（全六卷）

（图书出现印装问题，本社负责调换。电话：010 - 88191545）

（版权所有　侵权必究　打击盗版　举报热线：010 - 88191661

QQ：2242791300　营销中心电话：010 - 88191537

电子邮箱：dbts@ esp. com. cn）